冯天瑜（1942—2023），湖北红安人。曾任武汉大学人文社会科学资深教授，武汉大学中国传统文化研究中心主任，教育部社会科学委员会历史学部委员，武汉大学学术委员会副主任、湖北省史学会会长、湖北省地方志副总纂、《荆楚文库》总编辑（之一）等。

冯天瑜教授是中国文化史领域最具代表性的学者之一。先后出版了《中华元典精神》《"封建"考论》《中国文化生成史》等多部经典性著作，在《中国社会科学》《历史研究》等中外重要学术刊物发表数百篇学术文章。多种论著被译为英文、日文、西班牙文、韩文、法文等。曾获得中国图书奖、中华优秀出版物奖、湖北出版政府奖，并多次获得教育部高校人文社科优秀成果奖、湖北省社科优秀成果奖，获得汤用彤学术奖、全国首届教材建设奖等。1986年被授予国家级有突出贡献的中青年专家称号，1988年被评为湖北省劳动模范，1992年被评为全国优秀教师，2006年被评为武汉大学人文社会科学资深教授，2010年被湖北省授予首届"荆楚社科名家"荣誉称号，2021年被授予"湖北省杰出人才"荣誉称号。

武汉大学
百年名典

中华元典精神

■ 冯天瑜 著

武汉大学出版社
WUHAN UNIVERSITY PRESS

图书在版编目(CIP)数据

中华元典精神/冯天瑜著.—武汉:武汉大学出版社,2023.11(2024.4
重印)
武汉大学百年名典
ISBN 978-7-307-23998-2

Ⅰ.中… Ⅱ.冯… Ⅲ.中华文化—通俗读物 Ⅳ.K203-49

中国国家版本馆 CIP 数据核字(2023)第 176886 号

责任编辑:白绍华 责任校对:汪欣怡 版式设计:马 佳

出版发行:**武汉大学出版社** (430072 武昌 珞珈山)
(电子邮箱:cbs22@ whu.edu.cn 网址:www.wdp.com.cn)
印刷:湖北恒泰印务有限公司
开本:720×1000 1/16 印张:39.75 字数:571 千字 插页:4
版次:2023 年 11 月第 1 版 2024 年 4 月第 2 次印刷
ISBN 978-7-307-23998-2 定价:218.00 元

《武汉大学百年名典》出版前言

百年武汉大学，走过的是学术传承、学术发展和学术创新的辉煌路程；世纪珞珈山水，承沐的是学者大师们学术风范、学术精神和学术风格的润泽。在武汉大学发展的不同年代，一批批著名学者和学术大师在这里辛勤耕耘，教书育人，著书立说。他们在学术上精品、上品纷呈，有的在继承传统中开创新论，有的集众家之说而独成一派，也有的学贯中西而独领风骚，还有的因顺应时代发展潮流而开学术学科先河。所有这些，构成了武汉大学百年学府最深厚、最深刻的学术底蕴。

武汉大学历年累积的学术精品、上品，不仅凸现了武汉大学"自强、弘毅、求是、拓新"的学术风格和学术风范，而且也丰富了武汉大学"自强、弘毅、求是、拓新"的学术气派和学术精神；不仅深刻反映了武汉大学有过的人文社会科学和自然科学的辉煌的学术成就，而且也从多方面映现了20世纪中国人文社会科学和自然科学发展的最具代表性的学术成就。高等学府，自当以学者为敬，以学术为尊，以学风为重；自当在尊重不同学术成就中增进学术繁荣，在包容不同学术观点中提升学术品质。为此，我们纵览武汉大学百年学术源流，取其上品，掬其精华，结集出版，是为《武汉大学百年名典》。

"根深叶茂，实大声洪。山高水长，流风甚美。"这是董必武同志1963年11月为武汉大学校庆题写的诗句，长期以来为武汉大学师生传颂。我们以此诗句为《武汉大学百年名典》的封面题词，实是希望武汉大学留存的那些泽被当时、惠及后人的学术精品、上品，能在现时代得到更为广泛的发扬和传承；实是希望《武汉大学百年名典》这一恢宏的出版工程，能为中华优秀文化的积累和当代中国学术的繁荣有所建树。

《武汉大学百年名典》编审委员会

目　　录

献　辞

万物并作，吾以观复。夫物芸芸，各复归其根。
——《老子》第十六章

万物之数括于三：初异中，中异终，终不异初。
——(清)龚自珍：《壬癸之际胎观》第五

　　书籍是人类精神创造的载体、文化传播的重要媒介，她能突破时空的阻隔，使我们得以神交古人，并与域外人对话；她通过符号编码保存前代和异域的思维成果，又经由阅读者的解码工作，达到古与今、中与外的交融互动，提供建构新文化的信息源泉。正如美国诗人艾米莉·狄金森(Emily Dickinson，1830—1886)所描述的——

书

余光中　译

没有大帆船能像一卷书，
将我们送到异乡，
也没有任何骏马像一页
奔腾跳跃的诗章。
最穷的人们也能作此游，
而不受关税的威逼；
载运这人类心灵的车辆
取费是何等便宜。

诗作表达了作者对书籍的崇仰与感激。

笔者呈献的这部文稿，正是在此种情怀驱动下，研习中华民族最富于"元精神"的典册——《诗》、《书》、《礼》、《易》、《春秋》及先秦诸子书的心得结集。

上述典册早已成为中华文化的标志。人们要想透视中国人的灵魂，须借助对它们提供的符号编码的破译，正如透过《吠陀》去了解印度人，透过《荷马史诗》、《理想国》、《形而上学》去了解希腊人，透过《圣经》去了解基督徒，透过《古兰经》去了解穆斯林一样。

这些经籍的创制时代距离我们已相当遥远，但它们一直洋溢着活泼的生命力，其精义如同永远翱翔的不死鸟，越过数千年日月韶光，穿行数万里瀚海关山，并一再突破官方化、教条化导致的僵局，不断注入新的源头活水，始终伴随着我们民族历史的拓展和文化的演进，并构成与西方经典、印度经典鼎足而三的人类原创性精神支柱。直至现代，上述典籍包蕴的精神(诸如忧患意识、变通自强观念、和合融通思维、民为邦本的政治理想、养民厚生的慈念，等等)，通过今人的创造性转换，仍然生机盎然，照向未来。因此，研讨古典，还多有史迹巡礼之外的意义在。

上述典籍作为两三千年前先民行迹和思想的遗存，后人又竞相补订、修饰，今日要复现其真实内蕴，当然殊非易事，对其作新的诠解则更属难能，而研习者要紧的是——

　　对于古人之学说，应具了解之同情，方可下笔。
　　所谓真了解者，必神游冥想，与立说之古人，处于同一境界，而对于其持论所以不得不如是之苦心孤诣，表一种之同情，始能批评其学说之是非得失，而无隔阂肤廓之论。[1]

陈寅恪(1890—1969)道出了典籍阐释第一步工作(发现文本本

————————
　　[1]　陈寅恪：《冯友兰〈中国哲学史上册〉审查报告》，《金明馆丛稿二编》，上海古籍出版社1980年版，第247页。

义)和第二步工作(对文本作价值评判)所应当遵循的法则——对古人学说具了解之同情。当然,典籍阐释还需做第三步工作——立足现时代,对文本意蕴加以引申和发挥。

古典的价值不单由文本自身的性状决定,还得经由阅读者的理解和重铸方能实现。历代阅读者、解释者的反复参与,不仅造成古典的"增值"或"减值",还会导致价值体系的重构,以至古典常释常新,没有终期,这便是"《诗》无达诂,《易》无达占,《春秋》无达辞"①的缘由所在。正因为如此,古典研究不只限于文本探讨,还要观照文本阐释的全过程。

为了求得对古籍本义和古籍阐释史的真解,避免"隔阂肤廓之论",笔者尽力占有先哲和时贤关于古籍研究的成果,以逼近立说古人的境界,并参酌解释学、文化传播学、比较文化学、接受美学的理论与方法,追究古籍阐释诸路向的秘密;而在探讨古籍不朽性及现代意义这一关键问题时,既不一般地采纳"直进史观",又扬弃"退化史观"和"循环史观",运用辩证思维,尤其是以"否定之否定律"作运思指针,再现螺旋式上升的人类精神历程。

宋人郑樵(1104—1162)说:"凡著书者,虽采前人之书,必自成一家之言。"②拙著不免遍引中外古今文籍,却不敢以"成一家之言"自况,虽然其中确乎有纸田墨稼的艰辛,有困知勉行间的体悟,作文完毕也似乎可用"先难后获"自慰,但这又很可能是一种劳顿之余的自我陶醉。昆明西山壁立的台阶,在半山处书有一副对联云:

> 置身须向极高处
> 举首还多在上人

此联直论登山,但借以抒发求学者的襟怀也颇恰当——极目巅峰

---

① 董仲舒:《春秋繁露·精华》,(清)凌曙注,中华书局1975年版,第107页。

② 郑樵:《通志·总序》,中华书局1987年版。

是其高远执著的追求，而已经攀登"在上"的前辈与时贤已经大有人在，抵半山者须奋勇前行！笔者的研习，尚未达到半山处，更应勉力以进，持勤补拙。现在呈献给诸君的正是攀登途中的草创之作，浅陋谬误处在所难免，望大方之家不吝指正。

1992 年 12 月 30 日拟于武昌沙湖之滨
2014 年 2 月 8 日修订于武昌珞珈山麓

导　　论

中国古老而又影响深远的典籍——《诗经》、《易经》、《尚书》、《春秋》、三《礼》①，以及诸子书等素称"先秦古典"，本书拟对其作扼要的"文本"②考察，进而观照其精义怎样在历史长河中被反复阐扬、重新刻勒，尤其考究其在近代化进程中发挥的功能。

在开展有关讨论之前，必须对这批地位独特的典籍给以恰当的命名。

一、"元典"界说

上述先秦古典似宜称之"中华元典"。

"元典"作为一个整词，系笔者创制，却也持之有故。

"典"，原指置于架子上的简册。《说文解字·丌部》称：

> 典，五帝之书也，从册在丌上，尊阁之也。

"五帝"，一指黄帝、颛顼、帝喾、唐尧、虞舜③，一指太昊(伏羲)、炎帝(神农)、黄帝、少昊、颛顼④，均为传说中的上古帝王，

---

① 三《礼》指《仪礼》、《周礼》、《礼记》三部典籍。

② 又称"本文"，指由书写固定下来的话语，构成诠释的对象和基础。泛义的"文本"指一切被诠释的对象，不限于"由书写固定下来的话语"，如一幅画、一首乐曲、一幢建筑也可以成为阐释的"文本"。

③ 见《世本·帝系》、《大戴记·五帝德》、《史记·五帝本纪》。先秦两汉典籍关于"五帝"有多说，此取通用的《史记·五帝本纪》说。

④ 见《礼记·月令》。

其时并未发明文字，当然不会有典籍意义上的"书"。"五帝之书"约指传说中的三坟、五典之类，可泛解为很古老、很原始的书。"丌"是供奉贵重物品的几案，尊之于"丌"上的"册"，自然是尊贵、重要的典籍。

然而，并非一切古老、重要的书籍都可以视为"元典"。只有那些具有本根性和原创性意蕴，又在某一文明民族的历史上长期发挥精神支柱作用的书籍方可称之为"元典"。

笔者曾以"原典"称呼此类特别"文本"，后经友人建议，决定改作"元典"①，因为"元典"更能表述上列"文本"所具有的特性。

原典之"原"，主要有初原、原始含义；而元典之"元"，内蕴更丰，其中十义都切近我们所要讨论的"文本"的性质。

第一，起始、开端。

《说文解字·儿部》："元，始也。"②"元，端也。"③古称大化之始气为"元气"，始娶之妻为"元配"。

第二，首、头。

《尔雅·释诂》："元，首也。"④《左传·昭公元年》疏："人之身体，头为元首，四肢为末。"古称帽子为"元服"，称丞相（首相）为"元相"，三军将帅之首为"元帅"，首恶为"元恶"、"元凶"，岁首之日为"元旦"、"元日"。

第三，本、原。

《正字通》："元，本也。"⑤元、原二字相通假，古书中"原则"亦作"元则"，"原始"亦作"元始"；元、本二字相通，元有"基本"意，

---

①　湖北大学图书馆胡明想君1992年初听罢笔者关于文化原典的学术讲座以后，曾专门致函笔者，建议以"元典"代"原典"。胡君陈义甚高，笔者欣然接受，并特此感谢一字之师。

②　《春秋元命苞》，汉代流行的《春秋》纬书，已佚，有辑本。

③　《易·乾》程传："元者，万物之始。"

④　《礼记·曲礼下》注："元，头也。"

⑤　《春秋繁露·重政》："元，犹原也"，"元者为万物之本"。

6

如基本物质成分称"元素"。康有为在《礼运注》中说："元为万物之本。"

第四，长。

《广雅·释诂四》："元，长也。"古称长孙为"元孙"。

第五，正嫡。

《仪礼·士冠礼》注："元子，世子也。"世子即古代天子、诸侯的嫡长子。

第六，大。

《正字通》："元，大也。"古称大神为"元神"，大圣为"元圣"，大德为"元德"。

第七，善。

《易·乾·文言》："元者，善之长也。"疏："元为施生之宗，故言元者善之长也。"《礼记·月令》注："元，善也。"

第八，美。

《易·坤》注："上美为元。"

第九，上。

《书·舜典》传："元，上也。"

第十，宝。

《吕氏春秋·召类》："元，宝也。"

董仲舒《春秋繁露·重政》对"元"有一系统解释，强调"元"的本始义：

> 唯圣人能属万物于一而系之元也，终不及本所从来而承之，不能遂其功。是以《春秋》变一谓之元，元犹原也，其义以随天地终始也。

把"元"看作万物所系的根本和本原，其恒久性与天地共始终。

综上所列，"元典"有始典、首典、基本之典、原典、长（长幼之"长"）典、正典、大典、善典、美典、上典、宝典等意蕴。

在汉字系统中，与"元典"含义切近的字汇是"经"。东汉许慎(约58—约147)《说文·系部》说："经，织也。从糸，坙声。"清段玉裁(1735—1815)注："织之从丝谓之经。必先有经，而后有纬，是故三纲、五常、六艺谓之天地之常经。"①

甲骨文无"经"。经的初字始见于西周青铜器盂鼎的铭文，隶变后楷书写作"坙"，意为"绷直"、"笔直"、"僵直"。"糸"与"坙"联合起来的"经"表示纺织机上等列布设的纵向的绷紧的丝线(以供纬线穿梭交织)。后引申为治理意，所谓"经维四方"。自战国开始，"经"方含有经典之意，如《荀子·劝学》有"始于诵经，终乎读礼"之说；《庄子·天道》有孔子"十二经"之说。

"经"本为书籍通称，两汉以后尊经，则专指"圣人之书"。所谓：

　　经，径也，常典也，如径路无所不通，可常用也。②

又谓：

　　经也者，恒久之至道，不刊之鸿教也。③

经书不仅内容特别受人尊崇，其形式也格外盛大，所谓"六经之策长二尺四寸，《孝经》谦，半之，《论语》八寸"④。六经简册较之其他书大两三倍，足见地位之崇高。

在汉字系统中，与"元典"含义近似的另一字汇是"藏"。"藏"指经典总汇、多卷本圣典，如佛教经典总称《大藏经》，道教经典总称

---

① 段玉裁：《说文解字注》，崇文书局 1972 年版。
② 刘熙：《释名·释典艺》，《四部丛刊·经部》。
③ 刘勰：《文心雕龙·宗经》，范文澜注，人民文学出版社 1958 年版，第 23~24 页。
④ 何休：《论语集解序》，皇侃疏，《论语集解义疏》，商务印书馆 1937 年版。

《道藏》。西方学者把"藏"译成"正经"（Canon），其实并不十分确切。在西方，"正经"是《圣经》的专称。

西方语汇中，与"元典"概念类似的是"经典"（Classics），指古希腊、古罗马的主要典籍；另一相近概念是"圣典"（Scripture），指希伯来圣书《圣经》之类。

"元典"大约包涵"经典"与"圣典"双重意蕴，而更接近于"经典"。

怎样的典籍方拥有前述"始典、基本之典、大典、常典、上典"诸内蕴，而可以称之"元典"呢？

如果把一个民族跨入文明门槛（以金属工具和文字的发明与使用为标志）之前，称作该民族的"儿童时代"，把跨入文明门槛的初期称作"少年时代"，那么，随着金属工具的普及，国家和城市的发展，较复杂的意识形态应运而生，该民族进入创造力空前旺盛的"青年时代"。而元典正是各文明民族"青年时代"的创作物。

就人的个体生命发展史而言，青年期（Adolescence，其词源于拉丁文 Adolescere）意谓"生长"或"达到成熟"的时期。这不仅是躯体生理成熟之时，而且是智慧发展的重要阶段和性格塑造的关键阶段，对于人的一生，从世界观、性格到智力，都具有决定性意义。如果说，人们在儿童—少年期，感性认识占据优势，即或有体系性思考，也是"无意识"或"前意识"的，而青年期已首次具有较自觉的理论思考，开始注目于深刻而永久的主题，并洋溢着追求真理的蓬勃英气。儿童怀着好奇、惊讶的心态认识世界，少年带着激情、怀疑的心态认识世界，而青年则深受崇高理想鼓舞，义无反顾地去探索万物的奥秘。他们既保有异常的敏感，又具备思考和反省的能力，并试图以"气吞全牛"的魄力去把握宇宙、社会、人生的宏大课题，进而作出自己的价值判断。

与人的个体生命发展史的青年期颇相类似，各文明民族在其文化发展的"青年期"也有区别于此前、此后的独特性格和异乎寻常的创造。在这一时期，人们思考的深度已从第一序列进入第二序列，即不

9

满足于对现实的直观反映，而开始对世界的本质和运动规律作深层次探索，并思考作为实践和思维主体的人类在茫茫时空中的地位，进而反思自处之道，首次系统地而不是零碎地、深刻地而不是肤浅地、辩证地而不是刻板地表达出对于宇宙、社会和人生的观察与思考，用典籍形式将该民族的"基本精神"或曰"元精神"加以定型。这种典籍便可以称之"文化元典"。

正如一个人的青年时代是禀赋、性格和世界观的确立期，因而对其一生切关紧要一样，一个民族"青年时代"的精神创造也有着特殊意义。这一时期涌现的文化元典凝结着该民族在以往历史进程中形成的集体经验，并将该民族的族类记忆和原始意象第一次上升到自觉意识和理性高度，从而规定着该民族的价值取向及思维方式；又通过该民族特有的象征符号（民族语言、民族文字及民族修辞体系）将这种民族的集体经验和文化心态物化成文字作品，通过特定的典籍形式使该民族文化的类型固定下来，并对其未来走向产生至远至深的影响。文化元典因其首创性、涵盖面的广阔性、思考的深邃性而成为该民族垂范久远的指针和取之不尽的精神源泉。

元典不仅在内容方面具有原创性特征，而且其表述形式也富于青年期所特有的质朴性和盎然生机。印度元典《五十奥义书》的中文本引言（中文译者徐梵澄作）对元典的这一特色有精彩的阐明：

> 诸《奥义书》言多朴茂，独此书文采灿然；将非上接《梨俱》诗颂，弘丽辉赫，宜其文独炳也？玄哲文字，愈近世乃愈枯淡，古则不然；直接人生而息息相关，多方寓言以出之，设事亲切，使学者弥觉道不远人，词华不靡，亦后世所难企及者也。

其他民族的元典如中国的《诗经》、希伯来的《旧约全书》、希腊的《荷马史诗》等，也都有着类似的永久的艺术魅力，为后世提供了一种难以企及的范本。

各个文明民族都在自己的"青年时代"（既不是混沌的"儿童时

10

代”、幼稚的“少年时代”，也不是成熟的“壮年时代”）创造自己的文化元典。如印度的吠陀文献和佛典，波斯的《古圣书》①，古希腊柏拉图、亚里士多德等先哲的论著，犹太教及基督教的《圣经》（犹太教、基督教共有的《旧约全书》与基督教的《新约全书》），伊斯兰教的《古兰经》②，都被相关民族或某一文化圈视作“经典”、“圣典”，也即“元典”。

在中华文化系统中，堪称“元典”的首推《易》、《诗》、《书》、《礼》、《乐》、《春秋》等“六经”。因《乐》亡佚③，实为“五经”。某些先秦诸子书也具有“元典”性质，如《论语》、《孟子》被儒家列为主要经典，是“九经”、“十三经”的组成部分，宋以后又与《礼记》中的《大学》、《中庸》并称“四书”，被南宋、元、明、清诸代奉为“圣经”。《老子》、《庄子》则被道家和道教列为主要经典，分别称《道德经》和《南华经》；《墨子》被墨家视作经典。它们都在中华文化系统中享有“元典”之尊。此外，一些专科创始之作，也被该学科视作经典，如《孙子兵法》是军事学经典，有“兵学圣典”、“百世兵家之师”的美誉；此外，《黄帝内经》是医学经典，陆羽的《茶经》是茶学经典，计

①　又称《波斯古经》，音译《阿维斯陀》，琐罗亚斯德教（波斯教）的圣书。约公元前9世纪到前3世纪陆续编成。包括宗教神话、戒律、赞歌、祷辞，其教义认为，宇宙间有善和恶、光明和黑暗两种力量在斗争，善和光明终将战胜恶和黑暗，而火是善和光明的化身，故礼拜“圣火”为其主要仪式。前6世纪末，琐罗亚斯德教被定为波斯帝国国教。南北朝传入中国，称袄教。

②　《古兰经》，一译《可兰经》，伊斯兰教的根本经典。“古兰”系阿拉伯文kurǎn的音译，意为“诵读”。共30卷，114章，62361节，分《麦加篇章》和《麦地那篇章》两部分。内容包括伊斯兰教的基本信仰和基本功课，主旨为安拉是独一尊神，强调顺从、忍耐、行善。《古兰经》广为引用流行于阿拉伯半岛的犹太教、基督教及古阿拉伯人的故事、传说和谚语。由伊斯兰教创始人穆罕默德于公元610—632年传教间以安拉启示名义颁布，由其弟子默记或笔录下来，穆罕默德辞世后，由艾布·伯克尔令穆罕默德的弟子搜集整理，后又经反复订正编纂成书，是伊斯兰教国家立法的最后依据，也是穆斯林—伊斯兰教徒们的世界观和人生观的准绳。

③　一说古时即无作为典籍的《乐》，乐是与诗、礼相配合的谱曲，已失传。

成的《园冶》是园林建筑经典。此类典籍因其原创性而赢得不朽，其精义至今为相关专业所尊崇，成为取之不尽的灵感源泉。

需要指出的是，元典的崇高地位并不是与生俱来的。今天我们尊之为"经典"的那些书籍，在产生时往往并不具备特别贵重、特别神圣的意义，如《圣经·新约全书》成书之初，曾受到罗马统治者的贬抑排斥，只是作为非法抄本在下层人民中秘密流传；又如《尚书》是周代史官辑录的古代史料汇编；《春秋》是鲁国编年史，所谓"断烂朝报"（王安石语），即"流水账"；《诗经》则是周代"行人"和"遒人"等文化官员征集的各地诗歌的选本。它们本来都出自"平凡"，并非什么"圣人作则"。

然而，这些典籍成书久远，又经由众手修订、筛选，虽然文字简约，却保存了大量社会史、思想史的原始材料，蕴含丰富，珍藏着各民族跨入文明门槛前后所积淀的精神财富，其间既保有氏族制时代原始民主及原始思维的遗存，又陈列着初级文明时代的社会风俗、历史事件、典章制度与观念形态，以后在特定的历史条件下，这些抽象的与具象的精神财富逐渐得到社会的崇奉，并通过不断的多角度诠释，其意义被发掘，被阐扬，以至达到出神入化的境地。借用"接受美学"术语，元典作为"文本"，具有广阔的"不确定域"，经由历代解释者和阅读者的"具体化"和"重建"，构筑起愈益广大深厚的学说体系，方成为"高山仰止，景行行止"的圣书。即使在经济基础、社会结构发生深刻变化的后世，元典因其内在精神的超越性和历代解释者的不断"重建"，而具有历时愈久却光辉愈显的不朽性。元典这种在诠释历程中不断被丰富、被放大和被加深的现象是至关紧要的。

元典在诸相关民族的历史生活中拥有的崇高地位，不仅由元典"文本"的内涵（"本义"）丰富性所导致，也由元典的不断被诠释（"引申义"）所强化。元典"文本"的自身性质与元典"文本"的被反复解释发挥的过程，共同铸造了元典的历史地位。因此，元典的诠释史研究与元典的文本研究同样重要。

作为一个民族原创性精神首次得以系统整理，并物化成后世长久奉为生活指针的书籍，元典是在多种条件同时汇聚的特定时期创作出来的，我们可以把这种时期称作"元典创生期"，它相当于人类文明史上的"轴心时代"（Axial Age）①，即公元前 6 世纪前后的几百年间。早于这个时期，不可能涌现思想如此深刻、气势如此磅礴的"大典"、"善典"、"美典"；迟于这个时期，则失去首创性机缘，算不得"始典"、"首典"、"原典"。有关创制元典的"轴心时代"，本书第一章将作展开式论述，此不详述。

二、"记忆"联系古与今

元典及其包蕴的基本精神是一种古代文化产物，然而对后世包括近代发生着久远而深刻的影响。这是因为，具有自觉理性的人类区别于其他动物物种的地方在于，他们是古今贯通的"记忆动物"，能够继承过往时代积淀下来的文化遗产，百尺竿头，更进一步，而不像其他动物那样，一代又一代在本能轨迹内徘徊。诚如王夫之（1619—1692）所说：

> 夫人之所以异于禽兽者，以其知觉之有渐，寂然不动，待感而通也。……禽兽有天明而无己明，去天近，而其明较现。人则有天道命而抑有人道性，去天道远，而人道始持权也。②

动物只凭天然的本能生存，而人类还可以通过自觉的学习活动掌握客观规律，超脱自然的桎梏，达到一种较自由的境界。

动物从脱离母体开始，大多已经具备遗传的物种属性，终其一生，大体停留在本物种的水平线上，只是在"物竞天择"的严酷自然法则的推动下，以千年、万年为尺度缓慢进化；人类则不然，其呱呱坠地虽然拥有人的生物属性，却没有自然而然获得人的社会属性，因而算不得完整意义上的可以称之"万物之灵"的人。人只有在完成两个"精神重演期"之后，才赢得人的社会性，拥有动物所不可比拟的自觉理性和社

---

① 详见本书第一章第一节。

② 王夫之：《读四书大全说》卷七，中华书局 1975 年版。

会实践能力，其进步的速度，与动物相比，可谓"一天等于二十年"。而从"生物人"向"社会人"演化的两个必要的"精神重演期"是：

其一，在婴幼儿阶段，个体通过一定社会环境的熏陶和教化，迅速重演人类由动物到人的精神发展史（人类由动物到人的体质发展史，是个体在其生命史早期自然完成的）。所谓"社会环境的熏陶和教化"，主要指成人对婴幼儿的影响，尤其是语言的传授，这是实现由动物到人的演变过程的必要条件。如果缺少这种条件，婴幼儿便丧失"重演"机会，始终停留在动物性阶段，无以获得人性特征，热带、亚热带地区（如印度及我国南方）的"狼孩"、"豹孩"现象（幼儿被狼、豹等野兽衔走，在兽群生活多年，重回人间后仍保有兽性）即证明了这一点。

其二，从青少年时代开始，人类个体通过接受系统教育，承袭人类在以往数千年文明时代积累起来的文化成果，完成从野蛮人到文明人的过渡，在短暂的数年至数十年间掌握先辈的知识和经验，得以站在前人肩上，攀登更高的文化山峰。完成这后一"精神重演"进程的必要条件，是今人应当尽可能迅速地观照先辈在几千年间创造的文明成果，于须臾间"历经"千古，使个体生命期不过百年的人，成为"检阅"并"把握"人类数千年文化成就的智者。反之，一个人如果丧失观照前辈经验的机会，即使脱离了动物界，也只能算作"野蛮人"。明代思想家王廷相（1474—1544）有感于建文帝之子自幼被夺得皇位的永乐帝幽禁，不与社会接触，"龙凤之裔"成年后竟痴呆无知的事实，发表评论曰：

> 赤子生而幽闭之，不接习于人间，壮而出之，不辨牛马矣；而况君臣、父子、夫妇、长幼、朋友之节度乎？而况万事万物、几微变化，不可以常理执乎？①

---

① 王廷相：《石龙书院学辩》，《王廷相集》，王孝鱼点校，中华书局 1989 年版，第 604 页。

　　人能够超越动物界，了解万事万物的"几微变化"并运用之，是因为人的每一代个体可以通过接受包括元典在内的种种文化遗产，迅速"越过"人类几千年间所经历的文明进程，达到一个新的起跑点。我们可以把这个过程称为对先辈成果的"记忆"。一切无缘获得记忆的"失忆者"(如建文帝之子)都不具备拥有文化的先决条件。

　　中国是一个重史的国度，中国古人称"史"为"记事者也"①，揭示了人类的这种"记忆"特征，这实在是一个言简意赅的定义。重史的中国，也就是重记忆、重传统的中国。

　　重视历史记忆并非中国人所专有的特征，其他文明民族亦然。古希腊人便把"记忆"提升到神格，古希腊神话说，"记忆女神"与主神宙斯结合，诞生九位掌管文化的缪斯，包括历史之神克莱奥，足见希腊人意识到一切精神文明都受惠于"记忆"的恩泽；希伯来元典《圣经》也一再出现"记忆"一词，以及"纪念标志"、"祭品"、"记录"、"纪念"、"铭记"等概念，这都是强调对往事实及经验的不可忘怀。美国史学家康尼尔·李德将历史定义为："历史是指记录下来的或未记录下来的对人类往昔经验的记忆。"②

　　可见，认为历史是对过去知识的记忆，是一种中外相通的共识。人类之所以能成为"宇宙的精华、万物的灵长"③，成为"天地之心"④，在相当程度上归功于这种对实践经验和思想加以"记忆"的能力，否则我们很可能不是与猿猴为伍，便是混迹于野蛮人群之中。

　　元典精神的不朽价值，应该从人类的这种历史记忆力中得到解释。

三、"三"(今)对"一"(古)的创造性复归

　　讨论元典精神的历史意义，除着眼于一般意义的"传统与近代"

---

① 许慎：《说文解字·史部》。
② 见张文杰等编译《现代西方历史哲学译文集》，上海译文出版社 1984 年版，第 244 页。
③ 莎士比亚悲剧《哈姆雷特》中主人公的台词。
④ 《礼记·礼运》。

15

的联系之外，还须注目于"古代—中世纪—近代"三段历程中"三"与"一"之间的否定之否定关系。

历史的辩证法反复昭示：发展不是简单的生长和增进，不全然为直线式运动，而往往是通过一系列螺旋式圈层实现的。在每一个圈层，事物大体经历着"正—反—合"的三段式过程，任何过程的初始阶段已蕴藏着终结阶段的基本因子，正如幼芽包含着树木主要构造（根、茎、叶、花、果）的雏形，哺乳动物的胚胎包含着成兽的全部器官的生长点一样，精神的最初表现也潜在地预示着日后的特征。因此，事物与精神在其发展过程中，往往要在高级阶段上重复低级阶段的某些特征。这样，回复（即"回到"出发点，"回到"开始）便是一种上升的形式，是发挥并"唤醒"事物在其开端时即已蕴蓄着的可能性的一种方式。所以，"回复"不是重复往昔，而是事物前进运动的一种形态。在现实的发展过程中，事物不可能绝对地、完全地重复过去，而是通过"复归"，跃上新的水平线。

否定之否定律是辩证法规律中最富于历史性的规律，天体运动、生命运动和思维运动，莫不遵循否定之否定法则去进行历史运作。当然，否定之否定律并不是一种简单的模式，事实上，各种不同的事物其否定的形式各有特点，天体运动的否定之否定律的具体形态不同于生命运动；一般生命运动的否定之否定律的具体形态不同于思维运动。但是，各类事物的历史进程又有其一般规律，以往的辩证论者往往用"圆圈"形容这个一般规律的形态，但更确切的描述词则是"螺旋"——不断按照"正—反—合"程序运行的"螺旋线"。在一个螺旋圈层内部，作为终结的第三阶段（"合"）综合着前两个阶段（"正题"与"反题"），履行着在新的更富有内容的统一中扬弃其片面性的功能。这每一个"螺旋圈层"，在外观上往往呈现结尾与开端的"吻合"，但事实上，过程的归宿在质地上已不同于最初的形式，因此，否定之否定律不同于循环论，它指示的是一种"发展的、开放的螺旋"，而不是"平面的、闭合的圆圈"；而且，每一个螺旋圈的结尾又是另一个新层次螺旋圈的开端。

作为由具有自觉意识的人类创造的文化，其历史进程比机械运动

16

和一般生命运动更为复杂、更为机动，在许多具体的、个别的发展阶段上，颇富随机性、偶然性，然而，从较长时段观察，人类文化史仍然生动地刻画出螺旋式的发展轨迹，体现易道所谓的"元—亨—利—贞"阶段性进展，并在特定阶段出现"贞下起元"式的辩证回复，一再演绎"正—反—合"的逻辑历程。这在西方文化史和中国文化史中都可以找到相当典型的例证。

　　自 15 世纪开其端绪的世界性近代化运动已把人类引入一个创造能力空前巨大的时代。从文化史角度省视，近代文化在摆脱中世纪羁绊，实现历史性飞跃时，往往藉助于古代文化某些因素的"复归"。当然，这种复归并非复古，而是一种螺旋式上升的进程。欧洲 14—16 世纪发生的文艺复兴运动便以复兴古希腊、古罗马形态出现，用古典的人文主义反抗中世纪的神本主义，从而完成文化史上的一次跃进，所以欧洲人有"新时代是以返回到希腊人而开始的"之说。16 世纪发生在中欧和西欧的宗教改革运动，是对中世纪桎梏人们的宗教秩序的修正，其表现形式则是对基督教元典——《圣经》原始精神的复归。马丁·路德（1483—1546）、加尔文（1509—1564）等宗教改革家抨击罗马教廷，倡言以《圣经》元本为信仰的最高准则，不承认教会享有解释教义的绝对权威，主张教徒个人直接与上帝相通，取消神职人员的中介作用。"文艺复兴"的崇尚古希腊、"宗教改革"的服膺《圣经》，都可以说是"元典精神"的发扬和再造，而欧洲文化正是在发扬和再造元典精神中赢得历史性进步的。

　　这种向"文化元本"、"民族元精神"汲取灵感，获得前进基点的文化现象不仅在西方出现过，在东方也几成通例，中国先哲曾以"复归其根"①、"原始反终"②、"反复其道"③概括这种现象。站在中国古代与近代分界线上的思想家龚自珍（1792—1841）对此有精要概括：

①　《老子》第十六章。
②　《易·系辞传上》。
③　《易·复卦·象传》。

17

　　万物之数括于三：初异中，中异终，终不异初。①

　　这里将事物发展阶段划分为三：一（初）、二（中）、三（终）。二（中）是对一（初）的否定，三（终）是对二（中）的否定，却又是对一（初）的复归。龚氏所说"终不异初"，是中国古已有之的"无往不复"②思想的发展，其说以"万物一而立，再而反，三而如初"③立论，保留着循环史观的框架，却又透现出导向"否定之否定"律的因子，表明近世中国学人已朦胧意识到：一种文化在蜕变过程中，为了挣脱现状的束缚，有着发扬文化"元本"的趋向。而"元本"的发扬，正开创着民族文化的新生面。

　　考之以中国近代思想文化史，"返其初"，也即回归元典精神以突破专制政体的桎梏，可谓俯拾即是，诚如龚自珍所说："仿古法以行之，正以救今日束缚之病。"④19 世纪中叶至 20 世纪活跃在中国思想界的先进人物，从徐继畬、魏源到冯桂芬、郭嵩焘、王韬、薛福成、马建忠、郑观应、何启、胡礼垣，继之到康有为、梁启超、谭嗣同，进而到孙中山、章太炎、邹容，其具体见解虽互有差异，但批评"近古"（秦汉以来，尤其是明清的专制制度），崇尚"远古"（尧舜之时，三代之治），以此求新、求变，却是他们共同遵循的一条思维路向。这条思路似可称之"返本开新"、"以复古为解放"。这里略举郑观应（1842—1922）的言论即可得见近世思想家抨击近古、复归远古以求创新的运思方式：

---

　　①　龚自珍：《壬癸之际胎观》第五，《龚自珍全集》，上海人民出版社 1975 年版，第 16 页。
　　②　《易·泰卦·爻辞》。
　　③　龚自珍：《壬癸之际胎观》第五，《龚自珍全集》，上海人民出版社 1975 年版，第 16 页。
　　④　龚自珍：《明良论四》，《龚自珍全集》，上海人民出版社 1975 年版，第 35 页。

我中国教养之道，自三代以后渺矣无闻，政治民风江河日下。……今日之计，宜废八股之科，兴格致之学，多设学校，广植人材，开诚布公，与民更始。庶百王之敝可以复起，而三代之盛可以徐复还也。①

郑观应抨击近古("三代以后")，赞颂远古("三代之盛")，其目标则在创建近世新文化("今日之计")，这是近代革新思想家的典型论证模式。而"三代之盛"正是中华元典描绘的"理想国"模型，从龚自珍、魏源到洋务派、维新派等近世改革家每以复还"三代之盛"号召天下。

有的现代哲人更以"贞下起元"概括历史周而复始的螺旋式演进。如冯友兰(1895—1990)于抗日战争期间撰写《新理学》、《新原人》等六部著作，合称"贞元之际所著书"，又称"贞元六书"，其间力倡"贞下起元"。这里所谓贞、元，取之《易·乾卦·象辞》的"元、亨、利、贞"。宋代理学家将"元、亨、利、贞"释为"始、长、遂、成"四个发展阶段，这四个阶段周而复始，"贞元之会"即指旧段落告终，新段落开始之际；而"贞下起元"则意味着新起点衔接着前一周期的终点，包含着否定之否定的圆圈发展理论的意味。中国近世哲人不乏深悉"反复之道"者，他们珍视民族文化的原创性精神(即本书称之的"元典精神")，认定这种精神的转换与发挥，可以为近代化事业提供动力之源。

"三"(今)对"一"(古)的复归不仅发生在同一文化系统内部，有时也发生在相异文化系统之间。例如，欧洲18世纪启蒙运动诸大师(伏尔泰、魁奈等)便经常援引富于人文精神的中华元典，以之作为鞭笞欧洲中世纪神学蒙昧主义的巨杖。魁奈(1694—1774)推崇中国

---

① 郑观应：《盛世危言·教养》，见夏东元编《郑观应集》，上海人民出版社1982年版，第481页。

经典(如《书经》)的自然法①；伏尔泰(1694—1778)则认为中国文化是理性的和人道的文化，他对中国士人"没有任何迷信和荒谬的传说，也没有侮辱理性和曲解自然"②表示由衷钦佩，并以中国古典的人文精神与欧洲中世纪的僧侣主义作比较，批驳基督教文化一元论和神学迷信。这是欧洲文化系统走向近代的过程中借鉴中华元典精神的典范例证。此外，西方现代艺术家往往借鉴东方原始艺术和古典艺术，如马蒂斯(1869—1954)、毕加索(1881—1973)从非洲的原始艺术中获得灵感，又从中国古代文人画中学习线条技法，后期印象派代表画家高更(1848—1903)也把眼光投向中国、印度等东方国家的古典艺术。

　　现代中国的先进人物除借鉴西方近代文化之外，也有借鉴外域古典精神的实例。鲁迅(1881—1936)早年著《摩罗诗力说》，博引印度元典《吠陀》、希伯来元典《圣经》、希腊元典《荷马史诗》。其篇名中的"摩罗"即从梵语"恶魔"的音译而来，借指撒旦，喻反抗现状的英国诗人拜伦等浪漫派。鲁迅取法异民族文化元典雄健的原创性精神，以激励国人，呼唤"精神界之战士"诞生。鲁迅在这篇早期名文中还区分两种不同的"怀古"：

　　　　夫国民发展，功虽有在于怀古，然其怀也，思理朗然，如鉴明镜，时时上征，时时反顾，时时进光明之长途，时时念辉煌之旧有，故其新者日新，而其古亦不死。若不知所以然，漫夸耀以自悦，则长夜之始，即在斯时。③

　　指出主体有无自觉的现代意识，是两种"怀古"观的分水岭。这

---

　　①　魁奈：《中国的专制主义》，见《世界名人论中国文化》，湖北人民出版社 1991 年版，第 49~56 页。

　　②　伏尔泰：《哲学辞典》"中国条"，见《世界名人论中国文化》，湖北人民出版社 1991 年版，第 70 页。

　　③　鲁迅：《坟·摩罗诗力说》，《鲁迅全集》第 1 卷，人民文学出版社 1981 年版，第 65 页。

一见解十分精辟。鲁迅日后在新文化运动中猛烈抨击复古派，其实质内蕴并不是抛弃传统，而是与那种抗拒现代意识，一味对传统"漫夸耀以自悦"却不知前行的历史惰力作斗争。对此，论者不可失察。

四、近代化进程与元典精神

在界定"元典"并肯认"元典精神"的不朽价值之后，有必要进而界定"近代化"这一本书所涉及的另一基本概念，进而把握元典精神在近代化进程中的作用。

"近代化"是一个相对的、因时而定的概念。

不同时代的人们站在各自基点上反顾历史，作出各自的古今划分，形成那一时代的"近代观"，诚如清人段玉裁(1735—1815)所说："古今者，不定之名也。三代为古，则汉为今；汉魏晋为古，则唐宋以下为今。"①对于历史发展的一元性递进，西方学者多有概括——

意大利历史学家维科(1668—1744)有一个承先启后的三段划分："神权时代"—"英雄时代"—"人权时代"；

德国狂飙派思想家赫尔德(1744—1803)则把人类文化的历史进程概括为"诗的时代"—"散文时代"—"哲学时代"三个段落；

辩证法大师黑格尔(1770—1831)认为人类文化的内在精灵——绝对精神经历了由"东方世界"、"古典世界"到"日耳曼世界"的发展过程；

实证主义者孔德(1798—1857)则把历史分为"英雄时期"—"过渡时期"—"工业时期"三个阶段，与之相应的是"神学"—"哲学"—"科学"三种相递进的文化主潮。

中国古代的历史进化论者也隐约透见到社会生产力、社会组织结构和社会意识形态的阶段性转化——

成书于战国晚期的《商君书》将历史区别为"上世"—"中世"—

---

① 段玉裁：《广雅疏证序》，见王念孙《广雅疏证》，钟宇汛点校，中华书局1983年版，第1页。

"下世"三段：

> 上世亲亲而爱私，中世上贤而说仁，下世贵贵而尊官。①

这里所谓的"上世"，指西周年间，封建基础在血缘宗法，故"亲亲而爱私"；"中世"指春秋时期，社会价值由重亲缘变为强调个人的德行及能力，故"上贤而说仁"；"下世"指战国时期，王权及官僚决定一切，故"贵贵而尊官"。

今日通常所谓的"近代化"涉及的"近代"概念，大体沿用西方史学界所作的"古代—中世纪—近代"的三段划分。需要稍加说明的是，本书所论及的"近代"，并非专指我国史学界通用的那个与"现代"（1919—1949）相区别的"近代"（1840—1919），而与英语 modern（"摩登"）包含的意思类似，兼具"近代的"、"现代的"、"新近的"、"时髦的"诸意。据此，"近代化"与"现代化"（Modernization）可大略看作同一词汇，特指从古代、中世纪走向近代的一种发展趋向和转型过程。

我们所讨论的"近代化"，内涵十分复杂、丰富，要言之，是指一个社会在经济、政治、文化诸层面综合意义上脱离中世纪轨范，从以自然经济为主体的农业国度转向以商品经济为主体的工业国度的过程。衡量近代化的一个特别鲜明的尺度是人类控制自然的程度，其重要标志是生产材料和能源的变化，如材料主体以铁代木，能源主体由动物性（人力与畜力）转向非动物性（矿物燃料、水力、核能等）。随着材料、能源的变化，生产方式由以手工为主转向以机器为主，"高效率"和"标准化"成为普遍的追求目标。

然而，把近代化发展仅仅视为经济指标的增长，是一种片面而肤浅的见解，"发展越来越被看作是社会灵魂的一种觉醒"②，单纯的经济增长不是构成社会转型的充分原因，与经济条件变迁相联系，还

---

① 《商君书·开塞》。
② 联合国教科文组织编：《1977—1982 年中期规划》，第 64 页。

必须伴之以社会组织结构和人们内在精神世界的转化，如彼此隔绝的静态乡村式社会变为开放的动态城市式社会，同质的单一性社会变为异质的多样性社会，礼俗社会变为法理社会，人际间的社会关系由身份演为契约，政治制度发生从专制向民主与法制的转变，观念形态领域神学或准神学的蒙昧主义则被理性和科学所取代，等等。经济增长得到文化因素综合提高的支援与互补，近代化发展才是健全的与可靠的。正是出于这一考虑，孙中山在1917—1919年撰写的《建国方略》中，从"知难行易"的哲学思考出发，把"心理建设"放在第一位，其次和第三才论及物质建设与社会建设。这是中国人提出的第一个兼顾物质文明与精神文明的近代化社会发展蓝图，虽然尚存某种空想成分，但就战略构想而言，应当说达到相当高的水平。

近代化是一个传统的转轨过程，充满着变异与新生。近代生活好比一台巨大的过滤器，对往昔的文化传统或放行，或阻遏，于弃取之间行扬抑之道。鲁迅在"五四"前夕指出：

我有一位朋友说得好："要我们保存国粹，也须国粹能保存我们。"

保存我们，的确是第一义。只要问他有无保存我们的力量，不管他是否国粹。[①]

鲁迅在这里以激昂的语调道出了一个事实：现代人（即文中的"我们"）对传统文化（即文中的"国粹"）是有所抉择的，而抉择的标准，是能否满足现代人生存与发展的需要。这就提出一个现代文明对传统（元典精神是其内核）的选择问题。文化的进步过程，必然伴随着文化的选择过程，伴随着旧有题旨的改造和结构性转换。任何一种健康的近代化运动，都要在近代生活实践中检验传统的思维定势和行为定势，对元典精神的固有形态，包括其题旨、风格、手段、方法加

---

① 鲁迅：《热风·随感录三十五》，《鲁迅全集》第1卷，人民文学出版社1981年版，第306页。

以重铸与再造，从而开创文化发展的新生面。

在中国近代，人们从社会的政治、经济、文化诸要求出发，立足于文明转型与挽救民族危亡的社会实践，选择中华元典精神里的变通哲学、忧患意识、华夷之辨、革命观念和民本主义、厚生思想，并与外来的西学各相关部分彼此激荡交融，从而锻造出在近世中国发挥巨大作用的社会变革论、救亡图存论、民族国家论、社会革命论和民权主义、民生主义，使中华元典精神发生一次"凤凰涅槃"式的飞跃。

在古今转化过程中，元典精神有所扬弃、有所变异；同时，"今"又与元典精神保持着深刻的内在联系，当下文明伟岸的大厦不是空中楼阁，而是在古代—中世纪文明奠定的广阔而深厚的地基上建筑起来的，除了借助昔日的物质条件外，还对包括元典精神在内的传统意识有所仰赖与承袭。《诗》云"匪今斯今，振古如兹"①，我们的先民已经意识到，许多今日情状，古代便有陈例，今与古是不能一刀两断的。

以往的近代化理论，多强调近代化过程及其结果与传统的巨大差异，强调近代化与传统间的鲜明对照，这当然是十分必要的，缺乏这种对照则无以确立近代与古代—中世纪之间质的区别，也就失去前进的目标；但是，在论及近代化时，我们如果忽略今与古的血肉相关性，便会失去前进的依据。有些学者鉴于以往近代化理论一味强调变异性而忽视遗传性的偏颇，开始注意探讨近代化发展与西方传统的某些因素之间存在的因果关系。如马克斯·韦伯（1864—1920）将近代化精神动力推原于"新教伦理"，认为新教所倡导的勤劳、俭朴、敬业精神，启迪了近世资本主义。又有人溯源于 17 世纪的科学革命（牛顿力学），还有人上溯到 14—16 世纪的文艺复兴，而再向源头追寻，近代社会制度和意识形态的若干萌芽形态，可以溯源于古希腊的城邦民主制、重智主义和殖民传统，资本主义则与希伯来《圣经》关于上帝（实为人类）创造自然的勤业精神和普世主义有着内在因缘。总之，

———————

①　《诗·周颂·载芟》。

晚近的西方近代化理论愈来愈倾向于认为，近代化是西方传统的必然产物，近代化与寄寓在希腊先哲典籍和《圣经》中的西方"元典精神"有着深刻联系，而不主张强为割裂近代化与传统间的相互关系。

然而，马克斯·韦伯的代表作《新教伦理与资本主义精神》在肯定西方传统与近代化的内在联系的同时，又认为中国文化传统与近代化无缘。美国历史学家列文森所著《儒教中国及其现代命运》也有与马克斯·韦伯相类似的观点，断定中国传统文化（以儒家传统为主）"业已死亡"，认为儒家思想"在产生它并需要它的社会开始瓦解之后，它成为一片阴影，只栖息在一些人的心底，无所为地只在心底像古玩般地被珍爱着"。而美籍华裔学者杜维明（1940——　）则力辟此说，他在《近代中国思想人物论——保守主义》中指出：今人可以发现，儒家思想并非一成不变的古代智慧，而是"人文睿智的宝藏"，"这些人文睿智对他们的存在是充满意义的，也关系到他们对现代世界之重要问题的认知"。"轴心时代"诞生的中华元典与希腊元典、希伯来元典同样是人类文化的主要精神传统，可以为现代人提供启迪。笔者并不赞同儒家排他性的"道统"意识，但对杜氏的上述论断则有同感。

近代化是一个扬弃过程，对传统既有承袭又有超越，只有全面观照历史进步过程中遗传性与变异性这两个并存的侧面，方可以对元典精神作出历史估量。

五、后发型近代化对元典精神的借重与转换

与西欧的"原生型"或曰"自发型"近代化相较，中国的近代化可称之"次生型"或曰"后发型"。这种类型的近代化及其运行机制应当怎样科学地认识和正确地把握？西方的影响及本民族文化传统分别发挥着怎样的功能？这两个侧面维持着怎样的相互关系？这是一些重大的理论问题和实践问题，当代中国人无可回避。

有一种由西方学者提出的解释系统，可称之"冲击—反应模式"，把后发型的中国近代化描述成这样的情形：中国社会本是一个封闭自足体系，中华文化本是一个在固有圆圈内循环往复的"实体性精神"，

"很早就已经进展到了它今日的情状；但是因为它客观的存在和主观运动之间仍然缺少一种对峙，所以无从发生任何变化，一种终古如此的固定的东西代替了一种真正的历史的东西"。① 中华文化自身不具备实现近代化转变的原动力，只有依赖西方的经济、政治、军事、文化影响，中国方有转机，西方"冲击"，中国"反应"，一步步被动、勉强地走上近代化道路。

这个被现代西方学术界广泛用以诠释后发型近代化的"冲击—反应"模式，是费正清（1901—1991）等西方学者在 20 世纪中叶正式提出的，但其思路可以追溯到 18、19 世纪亚当·斯密（1723—1790）、黑格尔（1770—1831）等人的论述。20 世纪初中叶以来，美国人类学家弗朗兹·博厄斯（1858—1942）、鲁思·本尼迪克特（1887—1948）等人主张"从本地人角度研究本地历史"，注意讨论当地文化传统对当地近代化进程的影响，这实际上是对"冲击—反应模式"的一种修正。然而，直至今天，"冲击—反应"模式仍然是一种普遍使用的诠释方式，一些中国学人也服膺于此。

"冲击—反应模式"抓住"次生型"或曰"后发型"近代化道路的一个基本特征——处于文化高势能地位的工业化西方的影响，是处于文化低势能地位的后发国家近代化的催化剂。后发国家的近代化是在西方的军事入侵、政治干涉、经济扩张的强烈刺激下逐步展开的。然而，这一模式作为"欧洲中心论"的产物，又有失偏颇，它忽视后发国家自身因素在其近代化历程中的作用。后发国家，尤其是那些拥有悠久文明的后发国家（如中国、印度、日本、埃及等），其文化传统必然要在近代化历程中崭露头角，积极推动或消极滞后近代化进程。以中国而言，其近代化运动的曲折复杂形态，并非单由西方的物质—精神影响所致，而是西方影响与中国社会的固有因素彼此激荡、相互作用的结果。中国的近代经济、近代政治、近代文化便是"古今中西"大交汇的产物，而决非西方经济、政治、文化的简

---

① ［德］黑格尔著，王造时译：《历史哲学》，三联书店 1956 年版，第 161 页。

单位移。

　　"冲击—反应"模式论者或许会这样辩解：我们并不否认后发国家近代化过程中西方影响与当地传统的融会、交合，只是强调后发国家近代化的推动力来自西方(即西方"冲击")，当地传统对近代化的影响主要表现为"滞后"而不是"推动"。

　　这种辩解其实是片面之论。诚然，西方影响确乎是后发国家近代化的初始推动力，然而，一旦当后发国家(特别是那些文明悠久的后发国家)迈开近代化步伐，其文化传统必然会加入动力系统，并且会愈益强有力地发挥作用。这种作用，既有消极滞后的一面(如自然经济对商品经济的抗拒，宗法—专制政体对社会契约和民主政治的抵制，宗法伦理对个性发展的压抑，等等)，同时也有积极推进的一面。仅以促成中国近代化进程的观念性动因而论，中国文化传统也是不可等闲视之的。以往人们注意到西方近代学说在中国近代化运动中的作用，然而，中国传统文化中富于活力的观念，对于中国近代新文化的铸造也发挥着重要功能。例如作为戊戌变法理论指导的康有为的三世进化史观，虽以达尔文的"物竞天择说"和斯宾塞、赫胥黎的社会进化论为触媒，而其基本的思想材料则来自中国古典，如《易》学的"穷变会通说"、《春秋公羊传》的"三世说"(其实是依本于何休的《公羊解诂》)、《礼记·礼运》的"大同小康说"，此外还有《墨子》的"兼爱尚同"、佛学的"众生平等"、"极乐世界"，等等。

　　孙中山(1866—1925)在论及自己思想体系的来源时指出：

　　　　余之谋中国革命，其所持主义，有因袭吾国固有之思想者，有规抚欧洲之学说事迹者，有吾所独见而创获者。①

　　这番话颇有代表性。正是西方近代思潮与"吾国固有之思想"(中华元典精神为其核心)的会通与整合，加之近代中国人的创造性思维

---

① 《孙中山全集》第7卷，中华书局1985年版，第60页。

与实践，方构成中国近代文化异彩纷呈的特有风貌。因此，研讨中国近代文化，进而探究整个中国近代化运动的思想源泉和发展脉络，西学的影响与中华元典精神的发扬这两个侧面不可或缺于一。正是二者的整合，方构成中国近代新文化，造就其良莠并见、苦乐同行的现代形态。

第一章　轴心时代

南亚、西亚、南欧诸文明民族在公元前 6 世纪前后的一千年间纷纷创作《吠陀》、《佛经》、《古圣书》、《圣经》、《理想国》、《形而上学》等辉映千秋的经籍；东亚大陆也在同一时期贡献出《诗》、《书》、《礼》、《易》等垂范久远的典册。

《汉书·艺文志》称，《周易》成书，"人更三圣，世历三古"。所谓"三圣"，指画八卦的伏羲，作爻辞的周文王，作《易传》的孔子；"三古"，指上古（伏羲之时）、中古（文王之时）、下古（孔子之时）。① 如果把这一说法当作"信史"看待，即真以为八卦由一位古帝王伏羲绘制，爻辞确乎是姬昌被殷纣王囚于羑里时所作，《易传》又一定出自孔丘的手笔，则未免迂腐。但是，《汉书·艺文志》"易成三圣"之论作为一种透现着"史影"的传说，却又颇有历史认识价值，它告诉人们：《周易》等元典决非一时一地一人之作，而是在广大地域成自众手（不必把"三圣"理解为三位个体人，而是三个历史阶段的群体），经历长时段方才创制、修订、定型的。而这个"世历三古"的长时段，便是以下将要论及的"轴心时代"。

第一节　概念提出

书籍是知识内容的物化。知识内容是书籍的灵魂，而文字形态、载体方式、书写及印刷形式、装帧形式使书籍获得物质躯壳。书籍是

---

① 《汉书·艺文志》"世历三古"注："孟康曰：《易·系辞》曰：'《易》之兴，其于中古乎?' 然则伏羲为上古，文王为中古，孔子为下古。"

精神产品与物质产品的统一体，只有同时具备精神的与物质的两个方面先决条件，方能诞生。元典作为初始书籍，正是在精神创造与物质成就双双达到特定水平的时代脱颖而出的，这个时代便是"轴心时代"。

一、创制元典的特别阶段

综观世界文化史上几个重要文明民族的元典产生时间及其背景条件，可以发现若干惊人的相似之处。

这些基本上是各自独立产生的元典，其创作时段却大体接近——它们大约酝酿于公元前 1000 年间，成书的决定性时期是公元前 600 年至前 200 年；其时各创作元典的民族所达到的文明水平也颇相近似。

印度"前元典"——"吠陀本集"成书于公元前 1500 年前后；印度元典——《奥义书》等阐释《吠陀》的典籍酝酿于公元前 500 年左右，定本于公元前 100 年。"佛典"于公元前 482 年第一次结集，公元前 250 年第三次结集。

波斯元典——《古圣书》(《阿维斯陀》)于公元前 9 世纪到前 3 世纪陆续编成。

希腊"前元典"——荷马史诗酝酿于公元前 1000 年至前 700 年间，成书于公元前 600 年至公元前 500 年间。希腊元典——诸先哲论著，自公元前 600 年左右初露端倪(以泰利士开其端)，公元前 400 年至前 300 年间，柏拉图、亚里士多德等完成一系列成熟的典籍，构建起希腊元典的主体。

希伯来元典——《圣经》酝酿于公元前 900 年开端的"先知运动"，其《旧约全书》编纂于公元前 6 世纪末至前 2 世纪间；《新约全书》编纂于公元 1—2 世纪。

中华元典——《诗》、《书》、《礼》、《易》、《春秋》等酝酿于公元前 1000 年前后的殷周之际，成书并修订于公元前 6 世纪至前 2 世纪之间的春秋战国至秦汉之际。先秦诸子书《论语》、《墨子》、《孟子》、《老子》、《庄子》等成书于公元前 4 世纪前后。

表 1.1　　　　印度、中国、希腊、希伯来元典生成略表

（公元前）	
1500 年前后	（印度）吠陀本集（《梨俱吠陀》、《娑摩吠陀》、《耶柔吠陀》、《阿闼婆吠陀》）先后成书。
1000 年前后	（中国）易卦由八卦进而重为六十四卦。（印度）婆罗门教经典《梵书》成书，史诗《摩诃婆罗多》主要情节形成。（希腊）进入"荷马时代"。
1000—600 年	（中国）《诗》、《书》编撰，《易》的卦辞、爻辞形成。
600—500 年	（印度）《奥义书》成书。
500 年前后	（希腊）荷马史诗在雅典宫廷整理成书。 （希伯来）返回耶路撒冷的犹太教祭司编纂《律法·先知·文集》（即犹太教《圣经》）。 （中国）《春秋》编纂。
482 年	（印度）佛典第一次结集。
475—221 年	（中国）《易》（包括《经》、《传》）、《诗》、《书》、《论语》、《墨子》、《孟子》、《老子》、《庄子》、《仪礼》、《周礼》编定。
399 年	（希腊）柏拉图《申辩篇》写作。
374 年	柏拉图《理想国》写作。
348 年	（希腊）亚里士多德《物理学》写作。
323 年	亚里士多德《形而上学》交奈琉斯保管。
250 年	（印度）佛典第三次结集。史诗《罗摩衍那》编成。
221—100 年	（中国）《礼记》编定。五经定本形成，经学兴起。
200 年	（印度）婆罗门法典《摩奴法论》成书。
100 年	（印度）佛典《本生经》成书。印度教主要经典之一《往世书》成书。
（公元）	
100—200 年	（希伯来）基督教成立，承袭犹太教《圣经》，命名为《旧约全书》，又编纂《新约全书》，合称基督教《圣经》。

二、"轴心时代"定名

综汇上述，公元前 10 世纪至公元 1 世纪的千余年间，特别是公元前 6 世纪至前 2 世纪的 400 年间，是东地中海沿岸、南亚次大陆、东亚大陆元典形成的关键时期，有学者将世界文化史上的这一特殊阶段称作"轴心时代"。①

"轴"指旋转中心，引申为极重要的所在，"当轴处中"，此之谓也。

"轴心"即中心或枢纽。

首先提出"历史的轴心"这一概念的是德国古典哲学家黑格尔。他说：

> 所有历史都走向基督，而且来自基督。上帝之子的出现是历史的轴心。②

这种将基督教及《圣经》的产生视作"历史的轴心"的说法，显然立足于西方基督教世界，是欧洲中心论的产物，并不能以之概括全部人类历史。此后，德国存在主义哲学家卡尔·雅斯贝尔斯（1883—1969）对这一问题作了更具有普遍意义的分析。

雅斯贝尔斯在《人的历史》中将人类文化划分为四阶段：

---

① 有些重要典籍，如伊斯兰教经典《古兰经》成书较晚（公元 7 世纪）。但这类晚出经典是在"轴心时代"文化的影响下形成的，如《古兰经》借鉴了犹太《圣经》的若干内容，包括排他性的唯一神观念；人类先祖居住乐园，后因犯罪被逐出乐园的故事等，都直接承袭《圣经》。从世界文化史的总格局看，《古兰经》是晚出典籍；但就阿拉伯民族而言，《古兰经》又是首出性和根本性典籍，故仍应视作"文化元典"，或可称之"轴心时代后元典"。

② ［德］黑格尔著，王造时译：《历史哲学》，三联书店 1956 年版。关于这段话的译文是："所以上帝只有被认为是'三位一体'以后，才被认为是'精神'。这个新原则是一个枢纽，'世界历史'便在这枢纽上旋转。'历史'向这里来，又从这里出发。""枢纽"与"轴心"是同义词。

一为"普罗米修斯的时代"，即语言应用、工具发明、引火及用火的时代；

二为公元前5000年到前3000年间，文明出现在埃及、美索不达米亚、印度河流域，稍后出现在中国黄河流域；

第三阶段以公元前500年为中心，从公元前800年到前200年，人类的精神基础同时又是独立地在中国、印度、波斯、巴勒斯坦和希腊开始奠定；

第四阶段，公元前200年至今，其中17世纪以降进入科学和技术时代。①

雅斯贝尔斯着重分析第三阶段，并从中引出"轴心时代"概念。他纠正黑格尔的"基督中心主义"，特别指出：

> 要是历史有一个轴心的话，我们必须依靠经验在世俗的历史中来寻找，把它看成是一种对所有的人都重要的情况，包括基督教徒在内。它必须给西方人、亚洲人以及一切人都带来信念……
>
> 在公元前800年到公元前200年间所发生的精神过程，似乎建立了这样一个轴心。在这时候，我们今日生活中的人开始出现。让我们把这个时期称之为"轴心时代"。在这一时期充满了不平常的事件。在中国诞生了孔子和老子，中国哲学的各种派别兴起，这是墨子、庄子以及无数其他人的时代。在印度，这是优波尼沙②和佛陀的时代；如在中国一样，所有哲学派别，包括怀疑主义、唯物主义、诡辩派和虚无主义都得到了发展。在伊朗，祆教提出它挑战式的论点，认为宇宙的过程属于善与恶之间的斗争；在巴勒斯坦，先知们奋起：以利亚、以赛亚、耶利米、第二

---

① ［德］卡尔·雅斯贝尔斯：《人的历史》，引自《现代西方史学流派文选》，上海人民出版社1982年版，第39页。

② 优波尼沙（Upanishad），印度吠陀经中的梵文论说集。

以赛亚①。希腊产生了荷马，哲学家如巴门尼德、赫拉克利特、柏拉图，悲剧诗人，修昔底德和阿基米德。这些名字仅仅说明这个巨大的发展而已，这都是在几世纪之内单独地也差不多同时地在中国、印度和西方出现的。②

对于公元前 6 世纪前后几百年间人类精神领域发生的无与伦比、影响深远的发展，中国现代诗人、学者闻一多（1899—1946）作过洋溢着诗情和哲理的概括：

> 对近世文明影响最大最深的四个古老民族——中国、印度、以色列、希腊——都在差不多同时猛抬头，迈开了大步。约当纪元前 1000 年，在这四个国度里，人们都歌唱起来，并将他们的歌记录在文字里，给流传到后代，在中国，《三百篇》里最古部分——《周颂》和《大雅》，印度的《黎俱吠陀》（Rigveda），《旧约》里最早的《希伯来诗篇》，希腊的《伊利亚特》（Iliad）和《奥德赛》（Odyssey）都约略同时产生。③

闻一多是从文学角度论及"轴心时代"的，却具有文化学的普遍意义。闻一多洞察到，这一时代各民族出现的文化现象，对各民族日后的文化走向有着确定方向的作用。他指出，中国、印度、以色列、希腊"四个国度里同时迸出歌声。但那歌的性质并非一致的。印度、希腊，是在歌中讲着故事，他们那歌是比较近乎小说戏剧性质的，而且篇幅都很长，而中国、以色列则都唱着以人生与宗教为主题的较短的抒情诗"，"中国，和其余那三个民族一样，在他开宗第一声歌里，

① 以上诸人皆为公元前 9 世纪至前 6 世纪的希伯来或犹太预言家，又称"先知"。
② ［德］卡尔·雅斯贝尔斯：《人的历史》，引自《现代西方史学流派文选》，上海人民出版社 1982 年版，第 39 页。
③ 朱自清等编：《文学的历史动向》，《闻一多全集》第 1 卷，开明书店 1948 年版，第 201 页。

便预告了他以后数千年文学发展的路线……我们的文化大体上是从这一刚开端的时期就定型了"①。

第二节　历史条件

在轴心时代，印度、希伯来、希腊、中国这些相互隔绝的地区，不约而同地如雨后春笋般涌现科学、文学、史学、哲学、宗教等方面的成就，凝集在上述各文明民族的文化元典之中，从而提供确定诸民族文化特质的型范，指示诸民族后来的文化走向，这确乎是一个饶有趣味的历史现象。从社会史和文化史角度探讨，轴心时代，也即元典创制期，究竟具备哪些属性，使之成为人类历史上一个有着关键意义的特殊阶段呢？

在轴心时代，创作元典的诸民族已经跨入文明门槛达千年左右，其时的文明水平约略达到如下层次。

一、高级农业文明·城邦

农业创始于新石器时期，而金属器具被发明，并在生产劳动中得以使用，即进入"高级农业文明"阶段。而创制元典的轴心时代，正值"高级农业文明"初期。此间的社会发展程度略为——

（一）进入定居农耕生活已达千年之久；开始广泛使用青铜器或铁器等硬度大、延展性强的金属工具，人类征服自然的能力显著提高。

（二）随着生产水平的提高和交换的发展，导致手工业与农业的分工和城乡的分离。

（三）各种不同性质的城市（军事堡垒、政治中心、工商业中心，或兼具几者）在东地中海沿岸、南亚次大陆、东亚大陆竞相出现，如中国在战国时，仅韩国便"有城市之邑七十"②。

---

① 朱自清等编：《文学的历史动向》，《闻一多全集》第1卷，第202页。

② 《战国策·赵策一》。

　　高级农业的出现使得人口密度得以大幅提升，脱离农业生产的人群聚集城市，城市及其掌控的乡镇组成城邦，而以城市为中心的城邦正是元典创制的中心。

　　城市作为文化场的内核，是各文化圈的文化能量集结处和文化能量辐射中心。城市的崛起，使人类文化发展从散漫无序趋于较有组织，富于效率。元典的酝酿和成书，正得益于城市的兴起。

　　中国春秋战国时的都会，如齐都临淄城因"稷下学宫"①而形成千古闻名的文化中心，淳于髡、孟轲、邹衍、彭蒙、田骈、接子、慎到、宋钘、尹文、环渊、鲁仲连、荀况曾讲学论道于此，人称"稷下先生"。其他如鲁都曲阜、魏都大梁、楚都郢、赵都邯郸、秦都雍城等，也是政治、经济、军事重镇兼文化中心，是哲人聚会、文学游说之士论辩的所在。《诗》、《书》、《礼》、《易》、《春秋》的编纂、修订，都运作于这些城市。

　　埃及的亚历山大城是东地中海地区的文化中心，其图书馆藏书极富(在40万~70万卷)，亚里士多德、欧几里得、阿基米德都曾讲学并著述于亚历山大城。

　　耶路撒冷是希伯来先知们的聚集地，《圣经》即修订于此。

　　印度的华氏城是《佛经》结集处。

　　小亚细亚的米利都城培育了米利都学派，雅典则是希腊诸哲生息之所，古希腊政治家伯里克利把雅典称为"希腊的学校"。

　　总之，城邦作为文明的集结中心，构成智者汇萃、典籍撰写与传播的处所。从某种意义上可以说，有了城邦，元典便有了温湿度适宜的温床，其苗壮成长，指日可待。

---

　　① "稷下"，指齐国都城临淄(今山东淄博)稷门(西边南首门)附近地区。齐宣王继其祖桓公、父威王在这里扩置学宫、招揽学士数千，是战国百家争鸣的一大中心。慎到的《慎子》十二论，田骈的《田子》二十五篇，接子的《接子》二篇，环渊的《上下篇》，邹衍的《邹子》四十九篇、《邹子终始》五十六篇，宋钘的《宋子》十八篇，尹文的《尹文子》一篇，均为稷下诸子书。《孟子》、《荀子》的大部分文章也是在稷下酝酿编著而成的。

二、国家制度初成·原始民主遗风

与城邦紧密相联，国家典章制度应运而生，而前国家的原始民主记忆仍然鲜活，二者互动是轴心时代政治环境特色所在。

（一）阶级分化已进入社会等级截然有别的阶段，国家典章制度初具规模。印度的种姓制度，以孔雀王朝为高峰的古代国家体系，在此间形成；希腊的城邦国家崛起，寡头政治（以斯巴达为代表）与民主政治（以雅典为代表）在此间并存；中国的宗法封建制度以及君主政治，在这一时段基本成型。

这种社会存在为元典作者提供构思制度文化的范本，如中国有关礼、乐的典籍即是对三代政治制度、社会规范的总结；古希腊哲人柏拉图所著《理想国》等政治哲学论著，即以埃及种姓制度与希腊城邦制度为基本素材。此外，在"轴心时代"晚期，东西方都出现广土众民的庞大帝国，如东亚的秦汉帝国，南亚的孔雀王朝，南欧的亚历山大帝国、罗马帝国，这又为元典的定型和传播创造条件。

（二）轴心时代的各早期国家因"去古未远"，大多保有不同程度、不同形态的原始民主遗存。如希腊建立雅典等城邦，这些城邦以公民大会等形式，让较多的自由民管理国家大事，从而为文化繁荣提供条件。公众性文艺的广泛开展，尊重知识、器重人才的社会风尚，人员自由流动，公民思想自由的提倡，都是希腊元典得以滋长的雨露阳光。

中国三代之时保存着氏族民主遗风，如周代实行辅贰制（设立第二个君主以约束君主行为的制度，系原始军事民主的双头制遗迹），朝议制（大政交付朝廷会议讨论决定的制度，系由氏族会议制沿袭而来），国人参政制（自由民参与国事的制度，所谓"朝国人而问焉"[1]、

---

[1] 《左传·定公八年》："卫侯欲叛晋，朝国人，使王孙贾问焉。"《哀公元年》："吴召陈怀公，怀公亦朝国人而问"，此皆"询国危"。

"致众而问焉"①、"盟国人"②)。当时君主与自由民(主要是贵族)共商的问题有三类:"一曰询国危,二曰询国迁,三曰询立君。"③皆涉及国政根本。周制保有的原始民主遗存,是元典中民本思想的生成土壤,又为晚周百家争鸣局面的出现作了历史铺垫。

总之,轴心时代是一个独断论尚未确立的时代,自由思索得到鼓励,起码没有被严厉禁止。如印度在释迦牟尼出现前后,唯物论、怀疑论、感觉论、诡辩论、虚无论等思想流派竞相涌现,许多城邦国家的统治者对哲学论争颇感兴趣,从不迫害文人学士;

希腊古典时期,众哲人纷纷创立学说,群贤毕至,相与论难,而希腊诸城邦提供了这种宽松活泼的学术环境;

中国的春秋战国时期,与诸侯们竞相变法相关联,"求士"之风大盛,而且,正在进行兼并战争的列国尚未建立一统的观念形态,所谓"道术将为天下裂"④,诸子之学"各引一端,崇其所善,以此驰说,取合诸侯。其言虽殊,譬犹水火"⑤,儒、墨、道、法等学派蜂起,成一空前绝后的百家争鸣局面。

正是在这种思想相对自由、学术空气比较活跃的条件下,几大古文明才有可能进行独立的、富于创造性的精神劳作,洋溢着原创性活力的诸元典得此时代雨露的滋润方能应运而生。

三、专职文化人·载籍·文化传播

轴心时代的一大进步,是专司文化事宜的人群及其创制的记载文化事迹的文籍出现,与此同时,文化传播获得较便捷的手段。

(一)由于剩余产品的日益丰富,脑力劳动与体力劳动的分离进一步明显,专职文化人脱颖而出。希伯来祭司,印度婆罗门和佛教比

---

① 《左传·哀公二十六年》:"文子致众而问焉。"
② 《左传·襄公二十五年》。
③ 《周礼·秋官司寇第五·小司寇》。
④ 《庄子·天下》。
⑤ 《汉书·艺文志》。

丘，希腊哲人和剧作家，中国聚徒讲学、著书立说的士子，便是这种以宗教活动、艺术创造或教育后生、整理典籍为职志的专业文化人。他们摆脱沉重的体力劳动的压力，从求生负担下得到解放，以"劳心"为务，专心致志，从事精神性创造，理性思考、历史反思、哲学玄想、艺术创造成为这部分人的特长和职业。

（二）民族文字及修辞方式基本成熟，印度的梵文、巴利文，希伯来和希腊的拼音文字，中国的汉字及文言文，都在这一时段定型。而且，其时各民族也都有了载籍材料，如纸草、牛羊皮、竹简、帛等。总之，著书立说的主观条件（学者的知识积累与思维能力）和客观手段（文字、书写材料）大体齐备，学者们这时不仅产生了思想学说，而且"恐后世子孙不能知也，故书之竹帛"①。人类第一批系统的典籍具备了诞生的条件。

（三）随着车辆、舟楫等交通工具的广泛使用，以及商业活动和战争的进行，人们逐渐走出狭窄的天地，各区间人群交往增多，文化传播的规模日盛，孤立、静态的生活格局被打破，异质文化相互碰撞、彼此融会，波澜壮阔，蔚为大观。如中国有南北之学（老庄与孔孟）的交会，有农耕文明与游牧文明的互摄（"赵武灵王胡服骑射"为典型事例）；希伯来则躬逢巴比伦、埃及、波斯、亚述、迦南文化的聚会；印度处在本土哈拉巴文化与外来雅利安文化的碰撞，以及吠陀与反吠陀的论争之中；希腊则兼收埃及、巴比伦、波斯、亚述、腓尼基文化的恩泽，又经历了本土文化与北来的印欧语族文化的相互激荡。这种多因素的冲突、交织与渗透，提供了文化选择、文化重组的机会，有可能形成"杂交优势"。一种高质量、多元素的文化"合金"（元典是其结集）正是在这个过程中得以熔铸锻造的。

综上所述，在公元前6世纪前后的一千年间，由于生产力水平的提高，造就了一系列必要的物质条件；又由于阶级矛盾、等级差异、民族交往、宗教教派之争、学术门别之辩，形成复杂错综的社会生活和精神生活，从而给思维主体发出挑战，提供纵横驰骋的广阔天地。

---

①　《墨子·明鬼下》。

而这一历史时段因种种条件的聚会，为人类精神的自由发展创造了一种千载难逢的"和而不同"的环境，人类理性十分幸运地在这一时期首次赢得真正的觉醒，激发精神文明的一次伟大的突破。

第三节　元典创制者属性

一、哲人·智者

"轴心时代"发生的一个重要变化是，解释世界的专利权从"诗人"(指那些运用感性和形象进行思维的人们)转移到观察者、实践者和思想者手中，人类开始拥有第一批哲人、智者，如印度的苦行者，中国游说列国的士子和遁入山野的隐者，希腊群哲，希伯来众先知，等等。他们或者直接摆脱神话世界观的羁绊，运用理性把握世界的本质和规律，如中国先秦诸子、希腊诸先哲即属此类；或者执着于宗教情怀，又超越原始宗教的蒙昧状态，去追求超验真理，达到一种特殊的理性思维，希伯来的先知和印度的宗教家可归入此类。

与上述变化密切相关的是，"轴心时代"的社会心理也随之发生重大转移，即人们已经由英雄崇拜转向圣贤崇拜。轴心时代之前的氏族社会时期，人们或者崇拜孔武有力的超人(如希腊神话中的赫拉克勒斯，中国传说中的后羿)，这种崇拜表现了人们借助想象以征服自然力的追求；或者崇拜发明器物的文化英雄(如希腊的创造字母、数学、天文学、体育、音乐的信使神赫尔墨斯，发明建筑和金属用品的火神维斯托斯，中国的发明农耕及各种器用的炎帝与黄帝)，这实际上是把发明各类文物器用的无数"无名氏"归结为个别"文化英雄"。

虚幻的英雄崇拜到轴心时代大体终结，而某些圣贤型的精神导师则在人群中实实在在地涌现出来。这些"圣贤"通过掌握文字工具而成为往昔经验与现实经验的集大成者。这是一批与幻想中的"英雄"全然不同的，从芸芸众生中产生出来的哲人、智者，他们成为轴心文化的缔造者和传播者。

二、"文明思维"

轴心时代从各文明民族中涌现出来的诸哲人，当然都自有特色，但因时代的共性导致他们存在着许多相通的属性。以思维能力论之，轴心时代的哲人已超越此前人类以"集体表象"为基础的"原始思维"，开始进行自主性、独立性的"文明思维"，这种新思维的特点在于：

第一，情感退居次位，理性上升到主位；

第二，抽象概念渐趋明确、固定，分类也愈益清晰；

第三，原始思维中那种不受任何规则制约的想象力，逐渐受到一定的科学及哲学法则的规范；

第四，具有从前人积淀的思想资料出发，自觉地进行知识重组的能力；

第五，具有从纷繁错综的、偶然的外在因素中抽象出一连串基本问题，并对这些问题作出系统解答的能力。

当然，由于轴心时代"去古未远"，原始思维在轴心时代诸哲人身上还有所保留，如思维的综合性、具体性与直观性，跳跃式的因果判断、神秘性，惯用类比，等等。这些原始思维特质的遗存，通过轴心时代诸哲人也反映到各民族的文化元典之中，《圣经》、佛典的超验性，《易经》的神秘主义色彩，《论语》的"观物比德"等，便是其体现。

三、百科全书式

如前所述，轴心时代已经发生城乡分离、工农分离、体力劳动与脑力劳动分离，从而奠定元典诞生的物质条件和社会基础；然而，轴心时代毕竟又处在社会分工的初级阶段，知识的学科分类初现端倪，却不很明晰。人们，尤其是杰出人物极少专务一业，著作家往往又是社会实践家，黑格尔说："在古代，历史家必然是伟大的军人和政治家。"①希腊第一个哲学家泰利士是热忱的政治活动家，"七贤"之一

---

① ［德］黑格尔著，王造时译：《历史哲学》，三联书店1956年版，第41页。

的梭伦(约前 638—约前 559)是雅典立法者，历史学家修昔底德(约前 460—约前 395)是军事家和屡建战功的雅典将军。哲人们多是旅行家，见闻广博，如德谟克利特(前 460—前 370)曾漫游埃及、巴比伦、波斯，"历史之父"希罗多德(约前 484—约前 425)到过腓尼基、叙利亚、巴比伦、波斯京城苏萨、尼罗河畔的埃及；希伯来先知们都足迹遍及西亚、北非，并积极投身于社会解放事业；中国的先秦哲人是富于献身精神的社会活动家，孔丘(前 551—前 479)曾多次出任职官，并摄行鲁国相事；墨翟(约前 488—约前 376)是手工业者、技术发明家，奔走列国，以"兼爱"、"非攻"救世。总之，学者与行动者、思想家与实践家，在元典时代诸哲那里往往一身而二任焉。这种情形造就了元典"道、学、治一体"的风格，使元典具有理论性与实践性相统一的鲜明属性。

元典时代诸哲的上述特点，使他们之中涌现出第一批百科全书式的渊博学者，他们往往能够对宇宙、社会、人生等广阔领域发表纵横八极的议论，这又导致元典的百科全书式品格，使元典对自然与人文作出全方位观照，从而创立一种整体性的知识体系。意识到整体的存在，追求统一的目标，是诸文明民族元典的共同特征；而力图证明人有能力从精神上将自己与整个宇宙进行比较，从而自觉地迈出认识宇宙、认识人自身的坚实步伐。正因为如此，人类后来每当作新的精神飞跃时，往往要回顾和重新认识轴心时代带有全局性的文化创造，从中寻找文化整体发展的原创性动力。

元典时代诸哲是学者与实践者的统一，具有百科全书式的全方位观照能力，因而他们多是天生的、自发的辩证论者，具有气吞全牛式的总体把握认识对象的能力，在并没有完成实证性个案研究的情况下，立足于中观世界的经验，以天才的预见猜中宏观世界或微观世界的真谛，如惠施(约前 366—?)的"一尺之棰，日取其半，万世不竭"[①]之论，对世界无穷可分性的揭示便极其精辟；柏拉图(前 427—

---

① 《庄子·天下》。

前348）关于微观世界物质结构的推测①，竟被今日的立体化学、同位素理论、结晶学证实其大体正确；佛典作者们关于宇宙无穷宏大以及对宏观宇宙、中观宇宙、微观宇宙的描述，十分接近现代天文学所揭示的宇宙情形。轴心时代诸哲人的智慧确实令人由衷赞叹！

正因为元典具有百科全书性质，又有透见本质的特异能力，所以后世各种学科的源头往往都要追溯到元典那里，不断地从元典汲取灵感和启示。

人类的首批哲人（知名的及更多佚名的）创作第一批概念和范畴，构造出诸民族思维网络上的纽结，包括最核心的中坚范畴，如中华元典里的"道"，印度元典里的"梵"，希腊元典里的"逻各斯"，希伯来元典里的"上帝"（或译作"神"）。诸文明民族的运思方式，由此开始走上各自的轨道。

轴心时代的哲人以巨大热情、雄伟气魄和崇高勇气，建立学科、开创宗教。他们往往各执一端，以惊人的彻底性阐扬真理的某一侧面（如在伦理观上儒家倡导"爱有差等"，墨家主张"兼爱"；人性论上，孟轲极言"性善"，荀况极言"性恶"），高扬学派旗帜。

正是这样一批富于想象力和创造性的早期文化匠师，在前元典时期文化积淀的基础上，编纂、修订诸文明民族的元典，确立诸文明民族的文化走向。

轴心时代观念领域诸属性，都鲜明地体现在文化元典之中。元典提出的一系列根本性问题，创造的首批概念与范畴，形成的各种学科，以及异彩纷呈的学派、播扬久远的世界性宗教，为人类奠定了真实的精神基础。今天，人类的观念领域虽然有着不可同日而语的进展，却仍然建立在诸元典的文化基础之上。从这一意义而言，轴心时代，或曰元典创制期，是一个"前无古人，后无来者"的特殊历史阶段，各个时代的人们都应当认真地研究它、阐释它，不断从这个阶段的遗产中汲取养料，向前跃进。

---

①　见［古希腊］柏拉图《蒂迈欧篇》。

43

第二章　外域元典

世界各主要文化圈的元典创制期，也即元典从酝酿、初创、记载到定本，都经历了漫长时日，短则数百年，长则千余年。当我们对诸元典创制期的历史时段、社会发展水平、精神创造程度加以比较，便会发现若干饶有兴味的类同现象，从中可以透见元典的发生规律和基本属性。以南亚次大陆文化圈的印度、东地中海文化圈的希腊和希伯来作例，鸟瞰外域几种主要元典生成的大略情形，为以后诸章将要展开的中华元典提供一个世界文化背景和相关参照系。

第一节　印度元典

印度是人类文明古国之一。古印度本土并没有国名通称，曾称"婆罗多"，指一个名叫婆罗多的国王建立的国家。古代印度人以"信度"一词表示河流，初指印度河流域，后来，才逐渐包括恒河流域以至整个南亚次大陆。古波斯语将"信度"音变为"印督"；古希腊人又变为"印度伊"，希罗多德的《历史》称为"印度斯"，罗马沿袭此词。

西汉时，中国史书称印度为"身毒"（见《史记·张骞传》），是对当时印度名称（印度河梵文 Sindhu）的音译。东汉及魏晋南北朝时又称"天竺"（见《后汉书·西域传》、《法显传》、《梁书·天竺传》），佛教中"佛"的梵语为 DHARM 或者 DHARMA，发音与汉时"竺"相似，故"竺"即"佛"，"天竺"意为"西天佛国"。唐玄奘《大唐西域记》定名"印度"，并交待与"身毒""天竺"等几个古称的关系：

　　详夫天竺之称，异议纠纷，旧云身毒，或曰贤豆，今从正音，宜云印度。印度之人，随地称国。殊方异俗，遥举总名，语其所美，谓之印度。①

此后"印度"之名就在汉字文化系统中固定下来。

印度文化悠久而博大。早在公元前 2000 多年间，印度河流域的哈拉巴文化已有发达的定居农业和手工业，拥有相当规模的城市，并且发明了文字（近代出土的大量石制印章多有这种文字）。公元前 1500 年，印欧语系的雅利安人从中亚高原南下，穿越兴都库什山诸隘口，进入印度北部。雅利安人本来处于原始公社阶段，但他们在伊朗高原游牧时，也曾零星接受两河流域文明的影响，如耳闻美索不达米亚的古老神话，特别是关于洪水的传说故事（这一点在雅利安人以后的文学创作中得以显示）。进入北印度以后，雅利安人受先进的哈拉巴文化影响，逐渐从游牧转为农耕，并建立奴隶制国家，形成种姓制度。正是在这样的历史转折阶段，也即公元前 2000 年至前 500 年间，印度古老的典籍——"吠陀文献"（包括吠陀本集和解释吠陀的典籍）与"佛经"应运而生。

一、吠陀

"吠陀"（Veda）是梵语"明"、"明解"即"知识"的音译，主要指宗教知识、"超验真理"。吠陀是婆罗门教②、印度教最古的经典，相传古代仙人受神启示诵出，由传说中的圣人"广博"整理成集，用古梵文写成。吠陀本集有四部——《梨俱吠陀》（颂诗）、《娑摩吠陀》（歌曲）、《耶柔吠陀》（经文）、《阿闼婆吠陀》（巫术咒语），它们其实并非出自"广博"一人手笔，而是在公元前 2000 年至前 1000 年间成自众手的，多为对神的赞歌、祭词、咒语。其中最早编订的《梨俱吠

---

① 玄奘撰，章巽点校：《大唐西域记》卷二，上海人民出版社 1977 年版，第 31 页。

② 婆罗门教（Brahmanism），因崇拜的主神梵天（Brahma）音译"婆罗贺摩"而得名。

陀》是雅利安人在中亚游牧时的诗歌与定居印度初期的诗歌合编,共有颂歌、神曲十卷,一千零二十八首,作者是世袭的婆罗门祭司。公元前 7 世纪以前,雅利安人不谙文字记事,凭祭司口授诗歌,代代相传。这些神曲描述印度历史初期雅利安人与自然斗争、征服异族的情形,表现了雅利安人从波斯带来的多神信仰,又根据这些神的位置分为天、空、地三界,天界有天神伐楼拿、太阳神苏利耶、黎明神乌莎斯;空界有雷神因陀罗、风神伐曲、雨神帕尼耶;地界有火神阿耆尼、酒神苏摩、河神娑罗室伐底。《梨俱吠陀》后几卷有从赞美多神向赞美一、二大神(如宇宙大神婆楼耶)过渡的趋势,还出现了抽象神(如“造一切神”、“祈祷主神”、“原人”)。“三界”说①、多神说及主神说、抽象大神说,都对后世印度文化产生影响。吠陀本集已有灵魂观念,却没有产生灵魂轮回思想。吠陀本集以“肤色”区分征服者(白色的雅利安人)与被征服者黝黑的土著人,预示着后来盛行的种姓制度。总之,吠陀本集虽然缺乏系统的理性思维,但印度的种姓制度、宗教情怀、哲理思辨的萌芽都深蕴其间,以后印度人作出种种学问划分,而所有分类体系都以吠陀为基准,给吠陀以最优先权,正如中国古代学科分类以经学为基准,以经书优先一样。

公元前 700 年左右,雅利安人已熟悉铁器使用,生产水平提高,劳动负担减轻,从而为宗教活动、哲学思维提供闲暇,文字记事也开始采用。在这种条件下,“后吠陀”即解释吠陀的《梵书》、《森林书》、《奥义书》等先后汇编成册,它们是印度文化系统中第一批具有较深刻思辨的典籍,如《梵书》为婆罗门教奠定了吠陀天启、祭祀万能、婆罗门至上三大纲领,《百道梵书》首次提出灵魂转世说。《森林书》阐述祭祀理论,研讨人、自然、神相互关系的哲学问题。

吠陀文献的最后一部——《奥义书》,研究吠陀的“最终目的”,即哲学说明,更达到较高的哲理层次,它又称“吠陀檀多”(吠陀的终结),约成书于公元前 7 世纪至前 5 世纪,是印度宗教、哲学知识的集结,其“梵我同一”、“轮回解脱”诸说,构成婆罗门教、印度教的

---

① “三界”即欲界、色界、无色界。

哲学基础。《奥义书》本意为"亲教书"、"侍坐书","其学皆亲近侍坐而授受者也。师一人,徒二、三人,口诵心持,此其书名之由来也"①。其成书情形与《论语》辑师生论难之辞颇相类似。印度后起的各种哲学流派,都能寻出《奥义书》的痕迹,西方近代一些哲学家,如谢林(1775—1854)、叔本华(1788—1860)、雅斯贝尔斯等也从《奥义书》中获得启迪。

成形于公元前 10 世纪至前 6 世纪左右的《梵书》、《森林书》、《奥义书》承接吠陀本集,并超越其水平,具有较为系统、完备的理论形态和流传广泛的文本,堪称印度的文化元典。

二、佛经

从印度文化系统中产生出来的一个有着更加深广的世界性影响的元典是"佛经"。泛称的佛经指一切佛教典籍,包括经、律、论等"众经"、"一切经"。特称的"经"指三藏(《经藏》、《律藏》、《论藏》)之一的《经藏》,其梵文音译是"修多罗",相传是佛祖释迦牟尼亲口所说而于后世结集的经典,故汉传佛教"以此方周孔之教名为《五经》,故以'经'字翻'修多罗'"②。后中国人所称"佛经"则多为泛称。

佛经创生始于佛祖释迦牟尼。释迦牟尼本名悉达多·乔达摩(约前 565—前 485),生活年代相当于我国春秋末期,约与孔子(前551—前 479 年)同时,又与希腊哲人毕达哥拉斯(前 570—前 490年)、赫拉克利特(前 540—前 480 年)同先后,与《圣经》的《旧约》形成期相近。

悉达多本是喜马拉雅山麓(今印度与尼泊尔交界处)释迦部落的王子。释迦族属于混血的雅利安种,也即所谓"破门的雅利安"、"非吠陀的雅利安"。佛经中多次提到释迦牟尼的身体呈紫金色,这可视作释迦牟尼不是白色的雅利安纯种的一个证据。生活在小邦迦毗罗国

---

① 徐梵澄:《五十奥义书》中译本序,中国社会科学出版社 1984 年版,第1 页。

② 释法云编:《翻译名义集》卷四,《四部丛刊·子部》。

的释迦族有反婆罗门、反吠陀倾向，其社会尚处在军事民主制阶段，悉达多的父亲净饭王是选举产生的部落酋长。此时北印度广大地区已建立君主专制的统一国家，婆罗门特权及种姓制度使广大民众陷入水深火热之中。悉达多的佛教正是在对婆罗门教的扬弃中诞生的。佛教继承并改造婆罗门教关于"造业"①和"轮回"②的学说，又反对婆罗门教的烦琐仪式，主张每个人靠自己的修行达到涅槃，并允许受婆罗门教排斥的下层人民入教，又用民众易于了解的方言传道，力倡"众生平等"，反对婆罗门教的特权地位。③ 释迦牟尼提出的教义"三法印"（诸行无常、诸法无我、涅槃寂静）是后来佛教各派教义的基石。释迦牟尼在世所述教义、戒律靠口口相传。释迦牟尼辞世后，弟子迦叶召集众多比丘共同忆诵、确定佛典，称第一次结集。此后又有数次结集。直到公元前 1 世纪前后，佛典才形成文字定本，进而播扬四海。佛经是对《吠陀》和婆罗门教的一种改造，扬弃了其严酷的种姓制度，主张"众生平等"。后来，婆罗门教吸收佛经精义，以印度教形态得以复兴。在这一意义上，可以说佛教是婆罗门教与印度教之间的中介，佛经是婆罗门教"宗教改革"的结晶。

佛经译介到中国，始于东汉明帝永平十年《四十二章经》的译出，到元世祖至元二十年，即公元 67 年至 1283 年间，共译出大小乘经、律、论近一千五百部，一万多卷。佛教典籍丛书总称《大藏经》，原指汉文佛教典籍，后泛指一切文种的佛典丛书，有巴利文《南传大藏经》、汉译《大藏经》、藏文《大藏经》、满文《大藏经》、蒙文《大藏经》、日文《大藏经》及西夏文《大藏经》残本。由于佛教后来在印度基

---

① 佛教认为人由于有欲望，必然在思想行动中有所表现和活动，这些表现和活动便叫"业"。人们受苦是因为前世"造业"。

② "轮回"，意谓如车轮回转不停，众生在生死世界循环不已。本是婆罗门教的主要教义之一，佛教沿袭发展。婆罗门教认为四大种姓在轮回中永袭不变，佛教则主张业报面前，四姓众生一律平等，各种姓因今世善恶表现，在下世轮回中地位可以转化。

③ 原始佛教无庙宇，无牺牲，不承认婆罗门教诸神，仅求自我觉悟，主张绝对的自由平等。

本失传，汉文《大藏经》成为佛典较全的文本。

通过翻译佛经，中国人还获得印度其他文化典籍的大略情况，如印度两大史诗之一的《罗摩衍那》虽未译成汉文，但罗摩的故事通过佛经介绍进来，《西游记》中孙悟空、猪八戒故事的某些部分即由其演化而来。孙悟空这一艺术形象，其原型有两个来源：一为中国神话中形态多变的无支祁①；一为印度史诗中形态多变的神猴哈努曼。

表 2.1　　　　　印度早期历史及元典创生过程简表

（公元前）	
3000 年	印度原始的摩亨佐·达罗人开始使用金、锡和青铜，用石制砝码进行商品贸易。
2350—1700 年	哈拉巴文化：定居农业、城市、印章文字。
2000—1500 年	雅利安人进入印度，原始公社解体，种姓制度出现，吠陀教产生。
1500 年前后	吠陀本集（《梨俱吠陀》、《娑摩吠陀》、《耶柔吠陀》、《阿闼婆吠陀》）先后成书，天文学、几何学、医学兴起。
1500—500 年	印度河、恒河流域出现二十个左右小国。
1000 年	婆罗门教重要经典《梵书》编定。史诗《摩诃婆罗多》主要情节形成。
800 年前后	铁器使用，雅利安文化传播。
600—500 年前后	哲学经典、解释吠陀的《奥义书》成书。 波斯居鲁士大帝征服西北印度。
493 年	摩揭陀国王阿世即位，北印度建立君主专制统一国家，边远地区若干部落还处在军事民主制阶段。

---

① 《西游记》中两处提及"无支祁"（一作巫枝）。又见《太平广记》卷四六七"李汤"条。元末明初的杨景贤所撰《西游记杂剧》中亦借孙行者之口述及："小圣弟兄姊妹五人，大姊骊山老母，二妹巫枝祇圣母，大兄齐天大圣，小圣通天大圣，三弟耍耍三郎。"

续表

510—483 年	释迦牟尼创立佛教。
约 482 年	佛教第一次结集。
约 350 年前后	佛教分裂为上座部和大众部。
268—231 年	阿育王统治印度，立佛教为国教。佛教流传域外，逐渐成为世界性宗教。孔雀王朝的艺术、雕刻建筑及工程技术发展。
约 250 年	华氏城佛教第三次结集。史诗《罗摩衍那》由蚁垤编撰成书。
约 200 年前后	婆罗门教法典《摩奴法论》成书。
约 100 年前后	文字本佛典《本生经》成书。印度教主要经典之一《往世书》汇集成书。

第二节　希腊元典

希腊①是历史悠久的文明古国，被欧洲人视作"精神家园"。从东地中海文化圈观之，希腊文化又是在更为古老的埃及文化和美索不达米亚文化的影响下发展起来的。

公元前 2500 年至前 1200 年间的爱琴文化是希腊文化的黎明。以克里特和迈锡尼为中心的爱琴文化首先受到埃及影响，如克里特岛的石瓶、象形文字、陶轮、泄水管都是由埃及传入的；随后，经由小亚细亚、塞浦路斯，两河流域的铜器、黏土书版做字法以及其他文明文化传入。公元前 1500 年前后，印欧语族从北方陆续迁入希腊半岛及爱琴海诸岛屿，与土著融合为古希腊民族。公元前 1200 年至前 800 年间，随着航海业和商业的发展，希腊氏族制度解体，血缘政治向地

————————

① 古希腊地域不限于现代希腊，而是指爱琴海地区，包括希腊半岛、爱琴海诸岛及克里特岛、小亚细亚沿海地区，还包括希腊殖民地——意大利半岛南部、西西里岛、地中海北非沿岸、黑海沿岸的殖民城邦。

缘政治转化，并借鉴腓尼基文字，创造了希腊文字。形成于此间的《荷马史诗》反映当时的社会情形和历史变迁：铁器开始使用，土地公有，畜牧业、农业、手工业均有发展，氏族贵族和奴隶出现，管理公共事务的是部落军事首长、议事会和成年男子组成的人民大会，等等。公元前8世纪，希腊诸城邦国家建立，"荷马时代"终结。公元前8世纪至前6世纪，贫富急剧分化，阶级社会确立，若干奴隶制城邦在地中海及黑海沿岸建立殖民城市。公元前6世纪，希腊半岛出现以贵族寡头政治的斯巴达和民主政治的雅典为代表的两种奴隶制城邦国家。此后两三个世纪间，希腊奴隶制经济、政治和文化发展到鼎盛时期，辉煌的希腊文化元典也在此间脱颖而出。

一、荷马史诗

论及古希腊文化及其典籍，当然首先应该谈到荷马史诗——《伊里亚特》和《奥德赛》。这两部叙事诗，用六音部节律，铿锵抑扬，富于感染力。史诗反映了古希腊社会从氏族公社制过渡到奴隶制的情形。

"伊里亚特"，意思是关于伊利翁（即特洛伊）战争的诗。《伊里亚特》全书二十四卷，一万五千行，记述希腊人为夺回斯巴达国王墨涅拉斯的妻子海伦而远征小亚细亚的特洛伊城的故事，集中描写特洛伊战争第十年里二十多天的事情，着重歌颂氏族领袖的英雄品质，如杀敌制胜的英勇与机智、个人利益服从整体利益的牺牲精神，等等。诗中也透露，英雄们身上除氏族集体观念外，已萌动着个人意识。

《奥德赛》描写特洛伊战争后，一位希腊英雄奥德修斯返乡途中历险的故事。全书二十四卷，一万二千行，将奥德修斯十年海上历险的过程，用倒叙手法，放在抵家前四十多天的时间内描述，着重表现一场争夺和维护私有财产的斗争，显示了希腊社会中以私有财产为基础的奴隶制关系形成期的生活场景。

荷马史诗及其所讲述的全部神话传说，是希腊人由野蛮时代带入文明时代的主要遗产，它用想象并借助想象以征服自然力，支配自然力，把自然力加以形象化，以幻想的形式解释宇宙的生成和演化，并追寻其本原，反映了永远不能复返的"人类社会的童年"的生活、思想、感情和理想，就美学价值和认识价值而言，荷马史诗提供了一种不可企及的范本，并成为以后的希腊文化，进而也成为整个欧洲文化的源头，诚如古希腊哲人克塞诺芬尼（盛年约在前 570—前 540）所说："从最初的时候起，所有的人都向荷马学习。"

荷马史诗最初形成在公元前 9 世纪至前 8 世纪，作为民间口头文学由歌手们世代传诵。据说，盲诗人荷马（约前 9 世纪至前 8 世纪）是这两部史诗的编订者。其实，我们可以把"荷马"理解为两三个世纪间创作、传播史诗的无数行吟诗人的代称。直至公元前 6 世纪，两部史诗方在雅典宫廷以文字记录下来，成为定本。荷马史诗对后世影响的深广，罕见其匹，然而，作为人类"童年时代"的产物，荷马史诗还没有脱出儿童式的纯真和质朴，英雄传说与神话故事相交织，神界与人间彼此沟通，对世界及认识对象的把握，限于感性表象和拟人化的幻想方式，概念、范畴等理性思维形式尚未得到发展。因此，作为古希腊思想文化宝库和土壤的《荷马史诗》只能视作希腊文化系列中的"前元典"或"初级元典"，与印度文化系统中的《梨俱吠陀》地位类似。

二、希腊群哲诸元典

公元前 600 年前后崛起的米利都①学派是希腊第一个哲学派别，它的出现，宣告古代神话宇宙观的结束。米利都的泰利士（约前 624—前 546）被誉为希腊第一位哲学家，他首次超越神话形态去思考万物的起源和本质，把水看作万物的"始基"。欧洲人认为，"从泰利士起，我们才真正开始了我们的哲学史"②。也可以这样说：以泰利士为端绪，希腊进入文化元典创造期。

---

① 米利都是古希腊的殖民城市，位于小亚细亚西岸门德河河口，由爱奥尼亚人所建。公元前 8 世纪后成为希腊工商业及文化中心之一。

② ［德］黑格尔著，贺麟、王太庆译：《哲学史讲演录》第 1 卷，商务印书馆 1983 年版，第 178 页。

　　米利都学派的三大哲学家(泰利士、阿那克西曼德、阿那克西米尼)都力图从多样性事物中寻求一个根本的东西，并以之说明万物的由来，显示一种自发的唯物主义倾向。继起的毕达哥拉斯学派则认为数是万物的始基，并建立希腊第一个范畴表，即十组对立概念：有限与无限、奇与偶、一与多、右与左、阳与阴、静与动、直与曲、明与暗、善与恶、正方与长方。如果说，米利都学派是在寻找某种感性具体物(如泰利士认为是水、阿那克西曼德认为是"无限"、阿那克西米尼认为是无定形的气)作为万物始基，这种"始基"是变化的基础和源泉，而毕达哥拉斯学派则从变化中找出数量关系。爱菲斯人赫拉克利特(约前540—前480)综合两学派，认为火是万物的始基，变是火的基本性质，过去、现在、未来都是一团永恒的活火，在一定的分寸上燃烧和熄灭。他还提出"一切皆流"，"人不能两次踏进同一条河流"这些著名论点，发展了辩证思维。

　　阿那克西曼德(约前610—约前545)与泰利士围绕着始基是"水"还是中性的"无限"的论争，是首次有记录的哲学论争，是运用理性而并非依凭启示或直觉展开的讨论。此后，经由毕达哥拉斯学派到赫拉克利特，又由赫拉克利特经由巴门尼德(前515—前456)、芝诺(前490—前430)、恩培多克勒(前493—前433)、阿那克萨哥拉(前500—前428)到德谟克利特(约公元前460—前370)，希腊人的哲学思辨得到长足发展，进入"古典时期"，再经过智者学派和苏格拉底(前469—前399)，到柏拉图(前427—前347)和亚里士多德(前384—前322)，希腊人正式创作出光芒万丈的文化元典。

　　之所以把柏拉图与亚里士多德的著作视为正式的希腊元典，除他们的论著达到系统、深刻的程度因而垂范久远之外，还由于他们以前的哲人，其论著多仅存"残篇"，如阿那克西曼德是希腊第一个用文字记下自己哲学思想的人，但他的著作《论自然》已经失传。赫拉克利特关于火为万物始基的论述，存于残篇中，他的名言"一切皆流"、"人不能两次踏进同一条河流"，甚至不是赫拉克利特的原话，而是柏拉图学派的释义。阿那克萨哥拉关于宇宙无限、由无数可分事物组成的思想，仅见于残篇。德谟克利特的原子论及民主政体是最佳政体的思想，亦见于残篇。毕达哥拉斯（前 570—前 490）没有留下残篇，其"数的原则即万物的原则"、"万物都是数"等观点因被柏拉图、亚里士多德、波菲利①、拉尔修②引用方得以流传后世。普罗塔哥拉（前 490—前 420）仅有两条语录传世（其中之一便是名言"人是万物的尺度，是存在事物存在的尺度，是不存在事物不存在的尺度"），还是凭藉柏拉图的对话录《普罗塔哥拉篇》、《克拉底鲁篇》、《泰阿泰德篇》所提供。古希腊渊博的哲人，被称之"第一个为智慧而殉难者"的苏格拉底，一生无著述，其思想由学生柏拉图和色诺芬（约前 430—前 354）记载和整理，颇与"述而不作"的孔子相类。总之，柏拉图以前诸希腊先哲虽然已有深刻的理论，但没有存留系统著作，那些片金碎玉式的论述很难称作元典。

到了柏拉图及其弟子亚里士多德那里，时代方提供必要的社会条件和多方面的文化积淀，这些天才人物继承并发展前辈的成就，创作了大批著作，首次通过系统的典籍总汇古希腊（并包含着埃及和巴比伦）的文化成就。他们蜚声古今的著作堪称希腊文化元典。

柏拉图的《美诺篇》是唯心主义哲学和理性主义伦理学说的范例；《理想国》吸取前苏格拉底思想家在政治社会领域的成果，研究希腊古典时期社会发展中遇到的现实问题，针对希腊城邦制的弊端提出弥补办法，从而创立最早的系统的国家学说，这种国家学说是埃及种姓制度在雅典的理想化。该篇还涉及理念论哲学、文艺理论、教育理论、家庭、婚姻、优生等广泛问题。《巴门尼德篇》提出新的理念论，阐发了辩证的推论方法，是古代辩证法的杰出作品。《蒂迈欧篇》系统讨论自然哲学诸问题，对自然哲学的四个基本范畴（物质、运动、空间、时间）多有天才的认识，其关于微观世界物质结构的猜测与今日自然科学的认知颇有相通之处。《会饮篇》阐发精神的、非肉欲的

---

① ［古罗马］波菲利（Porphyrins，约 233—305），新柏拉图主义哲学家，受教于普罗提诺，将其言论编汇为《几章集》，并著有《普罗提诺生平》。

② ［古罗马］第欧根尼·拉尔修（Diogène，公元 3 世纪），古希腊哲学史家，古代哲学家丛书的编纂者。

爱情观，构思流传千古的"柏拉图式爱情"。

作为古希腊最博学的哲人，"求知者的导师"（但丁语）、"古代世界的黑格尔"，亚里士多德的著作涉及哲学、社会科学和自然科学的诸多领域，完成一次集大成和综合创造的学术工程。他总结以前古希腊的文化成就，将浑然一体的知识分出一系列门类，成为许多学科的创立者。他的《工具论》①是第一部系统的逻辑学著作，因其探讨词、命题、推论、辩驳等问题构成西方思想史上的第一个逻辑学体系，并归纳出十类范畴：实体、数量、性质、关系、地点、时间、姿态、状态、活动、遭受，奠定了西方范畴体系的基石。亚里士多德把科学分为理论科学、实践科学和创造科学即诗学。对于这三个方面，他都有开创性贡献。理论科学分为神学或形而上学、物理学和数学。亚里士多德所著《物理学》，讨论自然万物的一般原理和运动变化的一般规律。此书曾长期湮没，公元 10 世纪后陆续发现手抄本方得到广泛流传，对后世的哲学、自然科学及宗教有深刻影响。他的《形而上学》被称之"物理学之后"，是关于"第一哲学"②基本原理的著作，是对泰利士以来希腊哲学的总结，其中研究和阐述了一系列哲学范畴，仅第五卷就集释三十个范畴，故有"哲学辞典"之誉。实践哲学包括伦理学、理财学和政治学。亚里士多德在这方面的贡献也是巨大的，因其《伦理学》和《政治学》等著作问世，伦理学和政治学首次成为独立学科。亚里士多德所作《诗学》等关于"创造科学"的论著，指出艺术作品在"摹仿"个别事物时，目的在于使事物的一般特征得以表现，这对西方文学艺术及美学的影响至为深远。

总之，从泰利士开其端，古希腊群哲摆脱神话、传说构成的习见，以理性的观察者身份直接探索世界的奥秘，至柏拉图、亚里士多

———————

①　《工具论》由《范畴篇》、《解释篇》、《分析前篇》、《分析后篇》、《正位篇》、《论诡辩式的反驳》组成，它们本是六篇分散论文，公元 1 世纪由安德洛尼可编在一起，6 世纪被拜占庭逻辑学家称作"工具论"，意谓"获得科学知识的工具的学问"，是西方最早把逻辑学当作独立学科的著作。

②　在古希腊，物理学等自然哲学被称作"第二哲学"，形而上学即哲学被称作"第一哲学"。

德达到顶峰，他们把世界当作自然和人类密不可分的整体来看待，从而发展出包罗万象的全方位哲学，其宏富的论著奠定欧洲文化多门学科的根基。在希腊哲人的著作中，可以找到以后各种哲学观点和文化形态的胚胎和萌芽。从西方文化的历史进程而言，柏拉图、亚里士多德的著作是名符其实的文化元典，这些典籍为西方后世树立多方面的典范。黑格尔的评论并不过分：

今生，现世，科学与艺术，凡是满足我们精神生活，使精神有价值、有光辉的东西，我们知道都是从希腊直接或间接传来的，——间接地绕道通过罗马。①

过程哲学创立者、英国科学哲学家怀特海（1861—1947）曾极而言之：

两千五百年的西方哲学史不过是柏拉图一连串脚注。②

如果略去其他含义不计，单就柏拉图以及古希腊哲学对欧洲哲学史的深刻影响而论，这段话讲出了某种真理：西方哲学是在柏拉图为代表的古希腊哲学的阴影下发展的，西方哲学的主要范畴、问题、论点都萌芽于柏拉图等古希腊哲学家的论著，所有后来的西方哲学家都对柏拉图及古希腊哲学葆有一种子女似的依赖性。正是在这一意义上，古希腊被世世代代欧洲人视作文化"家园"。哈佛大学校园立碑的碑文称"与柏拉图同在"。

希腊文化元典传播到南欧、北非及西亚，是在"希腊化"时期（前334—前146）开其端绪的。后来，中世纪欧洲列国和阿拉伯人大量翻

---

① ［德］黑格尔著，贺麟、王太庆译：《哲学史讲演录》第 1 卷，商务印书馆 1983 年版，第 157 页。

② ［英］怀特海：《过程与实在》，转引自巴雷特《非理性的人》，段德智译，上海译文出版社 1992 年版，第 82 页。

译希腊哲学和科学著作,再经文艺复兴时期发掘古典,希腊元典成为欧洲人共认的精神文明之源。

至于希腊文化元典译介到中国,则始于明清之际,即公元 16 世纪末到 18 世纪。译介者由入华耶稣会士(意)利玛窦(1552—1610)、(意)艾儒略(1582—1649)、(德)汤若望(1592—1666)等与中国士子徐光启(1562—1633)、李之藻(1565—1630)、王徵(1571—1644)等两部分人组成。当时对欧洲文化译介的重点是天文历算、物理学、工程技术、地理及地图学、农学、火炮制造等应用性科技知识,也译介了某些希腊元典(主要是亚里士多德的著作),如 1624 年(意)毕方济(1582—1649)译的《灵言蠡勺》(今译名《论灵魂》);1628 年(葡)傅泛际(1587—1563)与李之藻合译的《寰有诠》(今译名《论天》);1631 年傅泛际与李之藻合译的《名理探》(今译名《逻辑学》);1631—1640 年(意)高一志(1566—1640)译的《修身西学》(今译名《伦理学》)。

中国第二个译介西方书籍的高潮是在清末,亦以科技为多,次为法律和史地常识性书籍,"哲学理法"很少介绍,到严复方才开辟译介西方哲理名著的先河,然多为近代论著。较系统译介希腊文化元典到中国,是 20 世纪二三十年代以后的事情,商务印书馆于 20 世纪中叶开始出版"汉译世界学术名著丛书",其中包括希腊文化元典多种;三联书店等出版机构也印行汉译希腊文化元典多种,中国人获得了解西方文化重要源头的材料。

表 2.2 　　　　　　**古希腊历史及元典创生过程简表**

(公元前)	
3100—2700 年	两河流域苏美尔国家形成。
3100—2680 年	埃及统一国家形成。
2500—1200 年	爱琴文化。
2000 年	腓尼基商业发达,向爱琴海区移民,建立殖民地,编出二十二个字母,以后希腊文字据此编成。

续表

1700 年	克里特出现线形文字，氏族社会瓦解，债务奴隶出现。
1400—1200 年	希腊半岛原始公社开始瓦解，青铜器使用，迈锡尼国家全盛。
1000—700 年	荷马时代。青铜被铁器取代，氏族制解体。
800 年	希腊诸城邦兴起。
776 年	奥林匹克运动会首次举行，希腊人以是年为全希腊共认的历史纪年之始。
753 年	希腊阿哥斯城邦王费当铸币，为希腊用钱之始。
640 年	希腊第一位哲学家泰利士诞生。
600—500 年间	《荷马史诗》在雅典宫廷整理成文。
594 年	梭伦任雅典执政，实行改革。
582 年	科林斯城邦成为共和国。
580 年	毕达哥拉斯诞生。
540 年	赫拉克利特诞生于爱菲斯。
525 年	悲剧作家埃斯库里斯诞生。
494 年	小亚细亚米利都城被波斯人攻陷，失去希腊文化中心地位，希腊文化中心转入希腊本土。
490 年	希波战争。雅典军获胜，波斯军退返西亚。
483 年	"历史学之父"希罗多德诞生于小亚细亚。
469 年	苏格拉底诞生。
451 年	雅典重修神殿、庙宇。
431 年	伯罗奔尼撒战争爆发。
427 年	柏拉图诞生于雅典。

续表

约 399 年	柏拉图《申辩篇》写作。
约 386—382 年	柏拉图《美诺篇》写作。
384 年	亚里士多德诞生于马其顿。
374 年	柏拉图《理想国》写作。
370—367 年	柏拉图《巴门尼德篇》写作。
348 年前后	亚里士多德《物理学》写作。
323 年	亚里士多德离开雅典，塞奥弗拉斯特受任主持吕克昂学院，将亚里士多德的《形而上学》等手稿交奈琉斯保管。
280 年前后	伊壁鸠鲁批判柏拉图、亚里士多德，提出物质是"唯一实在"的学说。
100 年前后	逍遥派哲学家安德罗尼柯编纂亚里士多德著作。

第三节　希伯来元典

希伯来(Hebrew)人起源于两河流域。《旧约·创世记》载，希伯来人的先祖亚伯拉罕生于迦勒底的吾珥，据考证，希伯来人起源自幼发拉底河支流伯利基河流域的哈兰。① 作为美索不达米亚诸游牧部落的混合体，希伯来人流徙于两河流域和埃及两大古老文化地区之间，受到这两种文化的影响，尤其被两河流域文化所熏陶，其行为规范和意识形态都承袭其传统。公元前 2000 年前后，在西亚游牧的希伯来人中盛行氏族崇拜、冥事崇拜、畜牧崇拜以及各种禁忌，各个部落都

---

① 德国学者霍尔根·凯斯顿的《耶稣在印度》一书认为，哈兰在克什米尔，希伯来人起源于印度贱民。参见顾晓鸣《犹太——充满"悖论"的文化》导论，浙江人民出版社 1990 年版，第 27 页。

有自己的神，米甸部落崇奉的雨神"雅赫维"（后来读作"耶和华"）便是各部落信奉的诸神之一。

公元前 1900—前 1700 年，由各游牧部落混合而成的希伯来人进入迦南（今巴勒斯坦）。迦南地处亚非两大陆交接点，是联系埃及与两河流域两大古老文明的冲要之地，又是西亚、北非通往小亚细亚和希腊半岛的桥梁。早在公元前 3000—前 2000 年，迦南人已定居于此，在这片被地中海和沙漠包围着的，由地泉与约旦河灌溉的"肥沃新月"经营农业，使用铜器。公元前 1800—前 1500 年，迦南被埃及法老征服，进入青铜时代。抵达迦南的希伯来人从当地居民那里学会农耕，后又被驱赶到埃及为奴，几经周折，希伯来人逃出埃及，于公元前 1250 年起征服并占据迦南这片"流奶与蜜之地"。此后，希伯来各部落出现贫富分化，进入军事民主制阶段，形成两大部落联盟，北边的叫以色列，南边的叫犹大。公元前 1080—前 1028 年，以色列王扫罗率以色列人与腓力斯丁人斗争，屡败腓力斯丁人。在这一过程中学会制造和使用铁器，建立以色列—犹大城邦国家。在犹大王大卫（前 1013—前 973 年在位）及其子所罗门（前 973—前 933 年在位）统治期间，以色列和犹大曾统一为一个国家。大卫将腓力斯丁人驱逐出以色列，定都耶路撒冷，在耶路撒冷的锡安山建筑神庙和宫殿，锡安山因而被犹大教视为圣山。大卫和所罗门统治时期，被希伯来人视作民族历史的黄金时代。所罗门去世后，以色列和犹大又分裂为两个国家。随着社会贫富分化的加剧，在公元前 8 世纪，一些与中下层人民有着联系的宗教职业者——"先知"，借神的名义，揭露贵族的贪婪残暴，创导所谓"先知运动"。公元前 722 年，以色列王国亡于亚述，公元前 586 年犹大王国亡于新巴比伦，犹大的贵族、工匠和部分平民被作为俘虏带到巴比伦，史称"巴比伦之囚"。

自扫罗建立以色列王国，至以色列国、犹大国先后灭亡，希伯来人在迦南聚居立国约五百年。公元前 586 年犹大王国亡于巴比伦以后，至公元 1948 年以色列复国的两千年间，希伯来—犹大人散居世界各地，并无固定国土。使犹太人长期散居而不失特性的，全凭文化纽带维系，而宗教及其元典便是这种纽带的主要构成因素。

一、《律法·先知·文集》

论及希伯来宗教及其元典，其关键时段始于公元前 538 年。该年波斯居鲁士大帝(约前 600—前 529，前 558—前 529 年在位)攻陷巴比伦，允许因于巴比伦的犹太人返回耶路撒冷，重建耶路撒冷神庙。公元前 6 世纪末，犹太人从巴比伦重返耶路撒冷以后，完善了犹太教，崇奉"雅赫维"①为主宰世界的唯一真神，不得崇拜其他神；犹太教宣扬犹太人是雅赫维(即耶和华)上帝的"特选子民"，相信雅赫维将派"救世主"弥赛亚来拯救犹太人，并以割礼作为犹太民族的族类标记，或曰"族类肉身符码"。这些教义构成希伯来文化元典——晚近被我们称之《圣经》的基本内容。

作为犹太教的正式经典，《圣经》是希伯来人在公元前 1000 多年间的宗教著作和民族文献的选集，其编纂者大约是公元前 6 世纪末返回耶路撒冷的犹太教祭司。他们依据四种传本，一为"雅赫维本"，约在所罗门时期形成(公元前 961—前 922)；二为"埃洛希姆本"，约在公元前 8 世纪形成；三为"申命记本"，约在公元前 622 年约书亚宗教改革时期形成；四为"祭司法典"，成书于"巴比伦之囚"时期及以后，约公元前 500 年前后。这项编纂工作一直延续到公元前 2 世纪。祭司们从大量资料中选出二十四卷，审订为犹太教经典，原名《律法·先知·文集》，希伯来文作 kěthūbhim，意为"文章"；希腊文作 Graphai，拉丁文作 Scripturoe。当犹太教经典译成希腊文本后，希腊文 Tàbiblia(复数，原意"诸书"、"一批书")被用以专指这一经典；拉丁文衍为单数词 Biblia，成为犹太教正式经典的专称，汉译名《圣

---

① "雅赫维"在希伯来文《圣经》中写作 Jhwh，后读音失传。犹太教禁止称呼其神名，读经时以希伯来文"阿特乃"(我的主)代之。基督教承袭对这一唯一真神的崇拜，读作"耶和华"。犹太教塑造的"雅赫维"，从部落神升为全能上帝，正是人间日益膨胀着权力的帝王形象在神界的反射。具体而言，希伯来人是通过对犹大王大卫、所罗门的概括，特别是在"巴比伦之囚"前后获得关于波斯帝国居鲁士大帝之类专制帝王的认识以后，方逐步赋予雅赫维那至高无上、无所不能、无所不在的"上帝"特征的。

经》。基督教继承犹太圣经，并袭用犹太教关于神与人订立"契约"的说法，将此书定名《旧约全书》，与产生于公元 1、2 世纪间的基督教正典《新约全书》合为基督教圣经。①

二、《旧约全书》与《新约全书》

犹太《圣经》，或曰基督教《旧约全书》，原始抄本早已失传，中世纪以来基督教所据圣经最早抄本是公元 4 世纪以后的。1947 年，巴勒斯坦地区一贝都印牧童在寻找丢失的羊羔时，在死海西岸发现一卷破羊皮，上面写满希伯来文，经专家鉴定，是古老的犹太《圣经》手抄本。在此后四十年间，考古学家据此线索在死海沿岸又发现各类经卷上万卷，称"死海古经"，被认为是"文艺复兴以来最重大的考古发现"。这些古经系公元前 2 世纪中叶至前 1 世纪中叶的犹太圣经和其他古文献手抄本，分别用希伯来文、亚兰文、纳巴提文、希腊文、拉丁文书写在羊皮和莎草纸上，少数写在金属片上。"死海古经"的最大发现地是库姆兰，其十一个山洞中藏古经数千篇。这些古经是古犹太教的艾赛尼教派②的图书馆藏书，包括各种不同的希伯来文《圣经》及其残篇和其他文献。"死海古经"的发现，证明公元前 2 世纪，犹太教《圣经》在今巴勒斯坦一带已有完备的流行文本；从中还可以得见犹太教演化和基督教起源的交接过程中《圣经》的具体形态。

犹太《圣经》分二十四卷，后来基督教编订《旧约全书》（犹太教并不承认此名），重新编排为三十九卷。按二十四卷本，犹太《圣经》分

①　现行圣经有四种——《犹太圣经》（与基督教《旧约全书》略同），《天主教圣经》（包括《旧约全书》、《新约全书》和《次经全书》），《东正教圣经》（包括《旧约全书》、《新约全书》、《次经全书》，但各卷次序与《天主教圣经》不尽相同），《新教圣经》（只承认《旧约全书》、《新约全书》为"正典圣经"，认为《次经全书》不属正典）。

②　艾赛尼教派（Essenes）是公元 1 世纪巴勒斯坦地区的三大教派之一，该教派的成员身着白衣并食素，像基督教僧侣一样托钵乞讨，由于他们戴的白色饰物，亦被称为大白兄弟会（White Friars）。

《律法书》、《先知书》、《圣录》三部分。

《律法书》共五卷，包括《创世记》、《出埃及记》、《利未记》、《民数记》、《申命记》，相传为摩西所作，故又称《摩西五经》，是《旧约》的基本部分。《创世记》记叙上帝耶和华造天地万物和人类；耶和华与以色列人远祖亚伯拉罕立约。《出埃及记》，题名拉丁文作Exodus，源自希腊文，意为"出来"或"离开"，全书记述以色列子孙在埃及为奴，耶和华选摩西为民族救星，领以色列人出埃及，途中耶和华向以色列人显示，颁布十诫和法律。《利未记》记述祭司的职务和礼仪法规。《民数记》叙述以色列人在摩西率领下在旷野四十年经历的大事。《申命记》叙述摩西的三篇劝诫以色列人的讲辞；《申命记》其名在希腊文本中意为"重作此抄本"，即"重申此命"。《先知书》又称《预言》，共八卷，分早期先知（《约书亚记》、《士师记》、《撒母耳记》、《列王记》）和晚期先知（《以赛亚书》、《耶利米书》、《以西结书》、《十二小先知书》）各四卷，反映犹太人早期历史及诸先知对以色列社会政治生活、宗教生活的评论和神学阐发。《圣录》共十一卷，分三部分，第一部分是三卷诗集（《诗篇》、《雅歌》、《耶利米哀歌》），第二部分是三卷以文艺作品形式出现的哲理书（《箴言》、《约伯记》、《传道书》），二卷宗教故事（《路得记》、《以斯帖记》），一卷历史书（包括《以斯拉书》、《尼希米记》、《历代志》和启示文学《但以理书》）。

犹太《圣经》（基督教称《旧约全书》）凝结了公元前1700—前168年（马加比起义）间希伯来人的集体经验。因希伯来人在千余年间多次流徙，又由于巴勒斯坦处于交通冲要，这部典籍的内容涉及广阔的地域：以迦南为中心，东起美索不达米亚，北至小亚细亚，西至希腊，西南抵埃及，几乎遍及整个东地中海文化圈，因而广为汲取两河流域、埃及、亚述等古老文明的成就，又由饱经忧患的希伯来民族的体验、冥想和综汇，方创作出这样一部象征意蕴十分丰富的典籍，给西方世界提供可以反复加工的"文化脚本"。

犹太《圣经》成书并得以流行之初，犹太人正在罗马的高压下痛苦挣扎，他们多次起义①，均被镇压下去。绝望的犹太民众激发出更强烈的宗教精神，渴望救世主弥赛亚降临人间。公元1世纪二三十年代，犹太教内一个下层派别拿撒勒派认为耶稣就是救世主，提出自己的宗教主张，并反抗罗马统治。公元1世纪末至2世纪，这一派别从犹太教分离出来，成立新的宗教——基督教。"基督"是希伯来文"弥赛亚"（受膏者，意指上帝派遣者、救世主）的希腊文读法，成为对耶稣的专称。

基督教承袭犹太教一神教教义和救世主信念，并接受犹太教《圣经》，改称《旧约全书》，同时，又在公元1世纪中叶至2世纪中叶，用希腊文创作《新约全书》，与《旧约全书》共称基督教《圣经》。

《新约全书》二十七卷，分四类。一为《福音书》，也即基督传，相传分别由马太、马可、路加、约翰等四人写成，通称"四福音书"，叙述基督教创始人耶稣基督的世俗生活、布教、行神迹、被钉于十字架上受难以及复活升天。二为《使徒行传》，相传为路加所著，约出现于公元2世纪30年代，叙述从耶稣升天后到保罗在罗马传教为止的三十余年间的福音传播史，强调以彼得为代表的犹太基督教的地位在以保罗为代表的外邦基督教之上。三为《使徒书信》，包括使徒保罗致各地教会的十三封书信，还有雅各、彼得等人写的八封书信。四为《启示录》，传为使徒约翰根据在拔摩岛上所见异象写下的记录，望穿时空，预言未来，详列世界末日景象，叙述基督的最后胜利。

《圣经》被基督教视为神启示的记录，字字句句皆奉为真理。然而，《圣经》的文化价值并不限于作为宗教经典。《圣经》包含着古代希伯来人综合西亚、北非诸古文明的成就，有关于世界起源的神话，民族起源的传说，初民的历史、法律、道德和文学创作，是一部有着多方面认识价值的杰作。如果说，古代中国人通过卦象符号结构使理性思维具象化，古希腊人以逻辑和哲学使理性思维具象化，古印度人以神秘主义和逻辑（因明学）使理性思维具象化，那么，古希伯来人

---

①　"死海古经"中便有公元1世纪率领犹太人起义反抗罗马占领的巴尔·科赫巴的信函、文件和律令。

则通过《圣经》的传说故事和宗教情怀的阐扬，使理性思维具象化。作为渊深的典籍，《圣经》虽然不能当作信史看待，但透过其隐喻、象征的笔法，可以获得西亚、北非、南欧纪元前后千年间的"史影"，了解从巴勒斯坦至小亚细亚广大区间的经济、政治和社会风习。作为宏富的文学作品，《圣经》堪与《荷马史诗》、《摩诃婆罗多》相媲美，《创世记》的发达想象，《出埃及记》的悲壮，《雅歌》情诗的纯真，都有感人至深的力量。至于《先知书》诸篇所包含的尚未实现和有待实现的预言，更增添一种无穷的魅力；《马可福音》"往世界每个地方向每一个生灵宣讲福音"的普世精神，全部《圣经》昭示的邪恶者必被摧毁，忠诚者必得善报和永久福佑的许诺，都能唤起阅读者的激情。《圣经》还"把时间契合于一种富于建设性的历史维度之中"，从而成为"时间创立者"①，并提供了系统的直进的历史观，认定人类的社会进程是义无反顾的前进过程，从而与古代盛行的历史倒退论和历史循环论划清了界限。总之，《圣经》以其广阔深厚的内蕴，被后世反复阐释、一再发挥，成为犹太—基督教文化圈共认的圣典。可以这样说，古希腊先哲的论著和希伯来《圣经》共同构成西方文化的两大源头。如果说，希腊传统崇尚的是"逻各斯"，重智求真，追求理智和理性，那么，《圣经》传统则崇尚信仰，强调人的不完善性和有限性，信仰方可获得救赎。这两种传统的抗争、融会与互补，构成西方文化深邃而多姿的情状。

　　随着基督教成为世界性宗教，《圣经》的各种文字译本相继出现，其发行量长期名列世界出版物前茅。美国国会图书馆于1991年11月宣布一项全国调查结果表明，《圣经》是美国读者压倒性多数的选择。这大约可以代表西方各国的普遍情形。《圣经》译介到中国，始于唐代。唐贞观年间(公元7世纪)基督教的一个支派聂思脱里派从波斯传入中国，称景教，并有"翻译建寺"之举，景教徒景净翻译景教经文"三十部卷"，其内容大体由《圣经》演化而成。以后又不断有人译

---

　　① 　[法]安德烈·内埃：《犹太文化中的时间观和历史观》，转引自顾晓鸣《犹太——充满"悖论"的文化》，浙江人民出版社1990年版，第33页。

经，但均已佚失。元代至元年间(公元 13 世纪)，罗马教皇派约翰·孟德·高维诺(1247—1328)来元朝传教，高维诺曾把《新约》译成蒙古文。明清之际(公元 16 世纪末至 18 世纪)，天主教较大规模传入中国，《圣经》以各种名目部分译介入华。清末(19 世纪中叶至 20 世纪初)，基督教以更大规模入华，出版汉译《圣经》不下七十种，较有影响的是马士曼—沙拉的译本①和马礼逊(1782—1834)的译本②。现在通用的汉文《圣经》出版于 1919 年，译者不明。这部称作"官话和合本"的《圣经》以白话文译出，有"上帝"与"神"两种版本，对当时的白话文运动有一定影响。

表 2.3　　　　　　　希伯来早期历史及元典创生过程简表

(公元前)	
3000—2000 年	塞姆人(即闪人)迦南部族居住今巴勒斯坦、叙利亚、黎巴嫩沿海，经营农业，创造迦南文化。
2560—2420 年	埃及舰队至腓尼基进行贸易。
2000 年前后	起源于美索不达米亚的希伯来人在西亚荒原游牧，盛行氏族崇拜，其米甸部落崇拜雨神"雅赫维"。
2118—2007 年	乌尔第三王朝统治两河流域，征服叙利亚。
1900—1700 年	希伯来人进入迦南。1887—1849 年埃及第十二王朝法老索斯特里三世在位，侵入迦南。
1538—1525 年	埃及第十八王朝法老吐特摩斯一世在位，远征迦南、叙利亚，直抵幼发拉底河。

① 最早将《圣经》翻译为汉语的是在印度传教的英国浸礼会传教士马士曼(John Marshaman)，他在出生于澳门的亚美尼亚人沙拉(Joannes Lassar)的协助下开始翻译圣经，称《新旧遗诏全书》，史称"马士曼—沙拉译本"。

② 1807 年 9 月 7 日，第一位到中国的新教传教士、英国伦敦会的马礼逊(Robert Morrison)抵达广州，1808 年开始翻译《圣经·新约》，后又在英国传教士米怜(William Milne)的协助下翻译《旧约》，取名《神天圣书》，线装本，二十一卷，史称"马礼逊译本"。

续表

1503—1591 年	埃及吐特摩斯三世在位，征服迦南。
1424—1388 年	埃及第十八王朝法老阿蒙诺斐斯四世在位期间僧侣贵族与王斗争，国内大乱，迦南等属地从埃及分离。
1200 年前后	"海上民族"腓力斯丁人侵入迦南，称其地为"巴勒斯坦"，意即"腓力斯丁人的国家"。希伯来人与腓力斯丁人长期斗争，并从腓力斯丁人那里学会制造并使用铁器。
约 1082—1028 年	以色列王扫罗在位，领导以色列人屡败腓力斯丁人。
约 1013—973 年	犹大王大卫在位，实现统一，犹太人击溃并赶走腓力斯丁人，犹大王国建都耶路撒冷。
973—933 年	犹大王所罗门在位，犹大王国达到最繁盛时代。犹大与埃及、腓尼基商贸频繁。耶路撒冷用石头筑雅赫维神庙。所罗门增加人民捐税，民众不满。
933 年以后	所罗门死，子利荷普阿姆继位。北部独立为以色列国，与南部的犹大国常发生战争。
876—869 年	以色列王俄姆赖在位，国势强大，建新都于撒马利亚。
800—700 年	社会贫富分化加剧，不少人丧失土地，沦为债务奴隶。"先知运动"兴起，借神名义，谴责奴隶主贵族的残暴统治。
722 年	以色列王国亡于亚述帝国。
689 年	亚述灭巴比伦。
681 年以后	埃及、巴比伦、腓尼基从亚述帝国独立出去。
586 年	犹大王国亡于新巴比伦王国，犹太人被作为俘房带往巴比伦，史称"巴比伦之囚"。
550 年前后	新巴比伦王国国势日衰。
538 年	波斯帝国居鲁士大帝攻陷巴比伦，允许被因于巴比伦的犹太人返回迦南。犹太人重建耶路撒冷神庙。耶路撒冷处于犹太教祭司奴隶主集团统治之下，臣属波斯帝国。
525 年	巴比伦军大败埃及军于迦南的卡契米失，埃及控制迦南的企图失败。

500 年前后	返回耶路撒冷的犹太教祭司编纂《律法·先知·文集》（即犹太《圣经》）。
332 年	马其顿的亚历山大大帝攻克腓尼基诸要塞，叙利亚、犹太降。
192—188 年	罗马发动叙利亚战争，以后渐次征服东地中海地区。
63 年	罗马征服巴勒斯坦，大批犹太人沦为奴隶。
53 年	犹太人民举行反抗罗马的起义。
47—44 年	罗马恺撒独裁。
27 年	罗马元首制建立，罗马帝国开始。
4—3 年	犹太人民再度爆发反抗罗马的起义。
（公元）	
66—69 年	犹太人举行空前规模的大起义，被罗马镇压。
120—130 年	巴勒斯坦地区犹太教内下层派别拿撒勒派认为耶稣是救世主。这一秘密教派与"小刀党"等组织联系，反抗罗马统治。
100—200 年	拿撒勒派从犹太教分离出来，建立基督教，承袭犹太教《圣经》，命名为《旧约全书》，又编纂《新约全书》，二者合为基督教《圣经》。基督教起源于巴勒斯坦犹太下层，后在小亚细亚传播，进而传播到罗马帝国，初为罗马统治者所压制。
313 年	罗马皇帝君士坦丁颁布"米兰敕令"，承认基督教与其他宗教有同等权利。此后基督教渐为罗马帝国国教，进而发展成世界性宗教，其《圣经》也广为流布。

第三章　中华元典

人们常用"汗牛充栋"极言中国书籍数量的巨大。而在这浩如烟海的典籍世界里，《诗》、《书》、《礼》、《易》、《春秋》是较初原、较根本的几种。中国传统文化的各个分支，若求其源，可以追溯到这些古老典籍，它们当之无愧地享有"元典"尊位。

西汉末年学者刘歆(前53—后23)继承乃父刘向(约前77—前6)之职，领校秘书府之书，著《七略》①，上奏汉哀帝，首次对图书作系统编类。

《七略》将天下典籍分作六部三十八类，而六部之首便是"六艺"，也即"六经"(《易》、《书》、《诗》、《礼》、《乐》、《春秋》)，外加《论语》、《孝经》及小学诸书。六经之"乐"，在《汉书·艺文志》中无经有记(《乐记》)，故行世者仅为五经。关于六经缺《乐》，有两种解释：古文经学认为《乐》毁于秦火；今文经学认为"乐"本无经，"乐"不过是与诗、礼相配合的曲调，并没有文字。后说似较合理。② 六经本来分称《诗》、《书》、《礼》、《乐》、《易》、《春秋》，至战国中后期方出现"六经"概念。《庄子·天运》说：

---

① 《七略》早已亡佚，《汉书·艺文志》存其大概。《七略》包括辑略、六艺略、诸子略、诗赋略、兵书略、数术略、方伎略，《汉书·艺文志》删去作为《七略》总论的辑略，保留了以下六略。

② 清代今文经学家邵懿辰在《礼经通论》中说："乐本无经也。……夫声之铿锵鼓舞，不可以言传也；……乐之原在《诗》三百篇中，乐之用在《礼》十七篇之中。……欲知乐之大原，观三百篇而可；欲知乐之大用，观十七篇而可，而初非别有《乐经》也。"

孔子谓老聃曰："丘治诗、书、礼、乐、易、春秋六经。"老子曰："夫六经，先王之陈迹也，岂其所以迹哉?"

此为"六经"一词的首见处。因"乐"本无书，汉代流行者仅《易》、《书》、《诗》、《礼》、《春秋》，故汉人多称"五经"。汉武帝(前156—前87)建元五年时立"五经博士"，"五经"之称更为流行。此后，这五部书分别名《诗经》、《书经》(《尚书》)、《礼经》(《仪礼》)、《易经》、《春秋经》。经书及其解经之书被列为群籍之首。

晋初荀勖(? —289)、张华(232—300)整理府库藏书时，撰述目次，分为四部，甲部纪六艺小学，乙部纪诸子、兵书、术数，丙部纪史记及其他记载，丁部纪诗赋，此开四部分类法之先河。唐玄宗时，在东西二都长安、洛阳各聚四部之书，将经、史、子、集分藏于四库之中。经、史、子、集"四库"之名从此确定。清中叶以巨大人力物力编《四库全书》，将当时天下图书分为四部四十四类，四部之首为经部——易、书、诗、礼、春秋、孝经、五经总义、四书、乐、小学，其他三部为：史部、子部、集部。总之，从汉代《七略》的六部分类，到晋以后的四部分类，《诗》、《书》、《礼》、《易》、《春秋》均名列榜首，这正是历史确认元典特殊地位的一种表征。

古人还将一些重要典籍比配经书，如清代黎庶昌(1837—1897)尝谓《庄子》、《离骚》、《文选》、《史记》、《汉书》、《说文》、《通典》、《通考》、《通鉴》、杜诗、韩文等十一书可以配经，使列十三经后。以《庄子》次《孟子》，《楚辞》、《文选》、杜诗、韩文次《毛诗》，《史记》、《汉书》次《尚书》，《通鉴》次《左传》，《通典》、《通考》次三《礼》，《说文》次《尔雅》，各降一等，命曰亚经。① 这类做法，正反映出中国人对元典的尊崇。

---

① 见黎庶昌《周以来十一书应立学官议》，《拙尊园丛稿》卷二，金陵状元阁 1859 年版。

关于这几部经典的排列次序，今文经学与古文经学各有讲究。①

今文经学从教育学的循序渐进原则出发，按六经内容的深浅排列为：《诗》、《书》、《礼》、《乐》、《易》、《春秋》。

古文经学则从史学的历史主义原则出发，按六经产生先后排列为：《易》、《书》、《诗》、《礼》、《乐》、《春秋》。②

元典研究理应本着历史主义原则，依典籍产生的时代早晚论列。然而，古文经学以"伏羲画卦"最早，故《易》列诸经之首；《尧典》系尧时之作，故《书》列诸经之次；《商颂》为商汤时作品，故《诗》列诸经之三；《礼》为周公所制，《春秋》为孔子作，次第在后。这显然是将传说作信史看待，未得历史主义真谛。其实，"伏羲画卦"不过是一种象征性故事，以之为据，称《易经》成书最早，不妥；《尧典》系后人伪作，已为史学界公认，以之证明《尚书》次古，亦难成立；《商颂》晚成，不及《周颂》、《大雅》古老，《诗经》创作上限不宜推至商初；至于周公制《礼》，孔子作《春秋》也被考证为不确。总之，依古文经学的排列次序，并不能真正反映中华诸元典的发生先后，故本章以约定俗成的《诗》、《书》、《礼》、《易》、《春秋》次序，论列中华元典的基本内容、结构及文化意义。关于中华元典的总体发展历程，则在第四章专门讨论。

经书在中国文化史上据有崇高地位，"五经"是中国的最重要经典，这类信息通过明末清初来华的欧洲耶稣会士的传递，欧洲人自

---

① 参见周予同《群经概论》，《周予同经学史论著选集》，上海人民出版社1983年版，第206~215页。

② 唐人陆德明《经典释文》序录称："五经六籍，圣人设教"，"今以著述早晚，六经总别，以成次第"，"《周易》虽文起周代，而卦肇伏羲；既处名教之初，故《易》为七经之首"，"《古文尚书》，既起五帝之末，理后三皇之经，故次于《易》"，"《毛诗》既起周文，又兼商颂，故在尧、舜之后，次于《易》、《书》"，"《周》、《仪》二礼，并周公所制，宜次文王"，"《春秋》既是孔子所作，理当后于周公，故次于《礼》"。南宋正式形成的"十三经"排列，沿用古文经学的顺序，次第为：《易》、《书》、《诗》、《周礼》、《仪礼》、《礼记》、《春秋左传》、《春秋公羊传》、《春秋穀梁传》、《论语》、《孝经》、《尔雅》、《孟子》。

18 世纪以来已有所知悉。黑格尔于 19 世纪初年在柏林大学授课时指出：

> 中国人把这些文书都称为"经"，做他们一切学术研究的基础。"书经"包含他们的历史，叙述古帝王的政府，并且载有各帝王所制定的律令。"易经"多是图象，一向被看作是中国文字的根据和中国思想的基本。这书是从一元和二元种种抽象观念开始，然后讨论到附属于这些抽象的思想形式的实质的存在。最后是"诗经"，这是一部最古的诗集，诗章的格调是各各不同的。古中国的高级官吏有着一种职务，就是要采集所辖封邑中每年编制的歌咏，带去参加常年的祭礼。天子当场评判这些诗章，凡是入选的便为人人所赞赏。除掉这三部特别受到荣宠和研究的典籍以外，还有次要的其他两部，就是"礼记"，或者又叫做"礼经"，以及"春秋"；前者专载帝王威仪和国家官吏应有的风俗礼制，并附录一种，叫做"乐经"，专述音乐，后者乃是孔子故乡鲁国的史记。这些典籍便是中国历史、风俗和法律的基础。①

从黑格尔的这番论述可以得见，欧洲学界较早就粗略了解"五经"的基本内容及其在中国文化的枢纽地位。当然，其所论也有不准确处，如记述官制的是《周礼》、记述帝王威仪的是《仪礼》（又称《礼经》），而并非《礼记》；《礼记》中的一篇专述音乐的是《乐记》，并非《乐经》。不过，这些欠准确处，并未妨碍欧洲人认识"五经"在中国文化的至高无上性，也即其"元典性"。

第一节　前元典

在元典创制之先，有一个相当漫长的酝酿、准备期，其间孕育着

---

① ［德］黑格尔著，王造时译：《历史哲学》，三联书店 1956 年版，第 162页。

若干元典精义的胚芽，可以称之"前元典"。

一、"原始民主"与"观物取象"：氏族制时代留给元典的两大精神遗产

在进入"轴心时代"以前，中国也有过自己的"普罗米修斯时代"，或可称之"燧人氏时代"（以用火为标志）；也有自己的"文明开启时代"，或可称之"炎黄时代"（以农耕为标志）。这两个时代还不可能有典籍出现，却孕育着元典精神的基因，可称为"前元典阶段"。

东亚大陆是文明发达较早的地区，黄河、长江流域出现原始农业和父系氏族公社，已有七千年左右的历史。据 C_{14} 测定，新石器文化的代表——黄河中下游的仰韶文化距今七千年至五千年间，长江下游及钱塘江流域的河姆渡文化距今七千年至六千年间，长江中游的屈家岭文化距今六千年至五千年间。这大约相当于传说中"制耒耜，教民农耕"[①]的神农时代，以及"时播百谷草木，淳化鸟兽虫蛾"[②]的炎黄时代。

关于这一时代，司马迁在《史记》中首列《五帝本纪》，依《世本》、《大戴礼》之说，以黄帝、颛顼、帝喾、唐尧、虞舜为五帝[③]，叙述中华初民始创文明的历程。司马迁曾经声明："百家言黄帝，其文不雅驯，荐绅先生难言之。"[④]表示对上古传说可信性的保留。但《五帝本纪》作为古传说的综会，又经司马迁"西至空桐，北过涿鹿，东渐于海，南浮江淮"[⑤]的实地考察印证，毕竟是最系统的"上古"传说材料，以其为线索，参之以其他文献，并以考古材料佐证，可以较清晰地得见中华初民在氏族制时代所达到的文明水平。而正是此间的物质文明与精神文明成就，为日后中华民族的发展奠定基石，为中华

---

① 《白虎通》卷一。

② 《史记·五帝本纪》。

③ 孔安国的《尚书序》、皇甫谧的《帝王世纪》则以伏羲、神农、黄帝为三皇，少昊、颛顼、高辛、唐尧、虞舜为五帝。

④ 《史记·五帝本纪》。

⑤ 《史记·五帝本纪》。

元典的创生提供先驱材料。

氏族制时代传留给中华元典的一大精神遗产——"原始民主"。

原始社会生产力低下,人们不可能拥有私有财产,因而不存在阶级分野,也就没有阶级剥削、阶级压迫可言,人们相互间"无有相害之心"①,"厚赏不行,重罚不用,而民自治"②。这便是所谓"原始民主",与夏代以后的国家制度形成对照。

中国古代思想家隐约发现,原始社会又分为"无君"时期(相当于原始人群时期)和首领公举时期(相当于氏族公社时期)。

关于"无君"时期的社会关系,古籍有所描述:

> 昔太古尝无君矣。其民聚生群处,知母不知父,无亲戚、兄弟、夫妻、男女之别,无上下、长幼之道,无进退、揖让之礼,无衣服、履带、宫室、畜积之便,无器械、舟车、城郭、险阻之备。③
>
> 长幼侪居,不君不臣。男女杂游,不媒不聘。④
>
> 古者未有君臣上下之别,未有夫妇妃匹之合,兽处群居,以力相征。⑤

总之,这是一个"未有三纲六纪"⑥,"刑政不用而治,甲兵不起而王"⑦的时代,"无君"、"民自治"是其社会生活的特点。

关于首领公举即氏族公社时期的社会政治状况,古籍记述较详,从中我们可以得见:由血缘纽带维系的社会组织渐趋复杂,人们公举

---

① 《庄子·盗跖》。

② 《韩非子·五蠹》。

③ 《吕氏春秋·恃君览》。

④ 《列子·汤问》。

⑤ 《管子·君臣下》。

⑥ 《白虎通》卷七"三纲六纪"条称,"三纲"为君臣、父子、夫妇,"六纪"为诸父、兄弟、族人、诸舅、师长、朋友。

⑦ 《商君书·画策》。

领袖，领袖生活于民众之间，在民众中拥有崇高声望。《尚书》对尧这位氏族时代的著名首领极尽赞誉之词，其中说到尧——

> 克明俊德，以亲九族。九族既睦，平章百姓。百姓昭明，协
> 和万邦。①

描绘了一幅以血缘纽带维系起来的氏族社会亲睦和谐的图景。先秦典籍还昭示氏族领袖大公无私、辛勤俭朴的作风，《韩非子》说：

> 尧之王天下也，茅茨不翦，采椽不斫，粝粢之食，藜藿之
> 羹，冬日麂裘，夏日葛衣，虽监门之服养，不亏于此矣。禹之王
> 天下也，身执耒臿以为民先，股无胈，胫不生毛，虽臣虏之劳，
> 不苦于此矣。②

正因为氏族首领比普通群众更加辛劳，其勤苦可与守门人（监门）、奴仆（臣虏）相比，因而那一时代的人们并不争夺首领之位，而是相与推辞，所谓"古之让天子者，是去监门之养而离臣虏之劳也"③，与后世追逐权势的风尚恰成反照，故人们"轻辞古之天子，难去今之县令"④。

《尚书·尧典》、《史记·五帝本纪》还记载关于尧禅让于舜、舜禅让于禹的传说，又将氏族制时代政务大事必须在"四岳"会议上民主协商，"帝"与"众"相与讨论的情形展现得相当清楚。氏族最高首长的继承，也是在四岳会议上一再商量，经过公举，以"禅让"方式

---

① 《尚书·尧典》。
② 《韩非子·五蠹》。监门，守门人，供养甚薄；臣虏，俘虏，古以俘虏为奴仆。
③ 《韩非子·五蠹》。
④ 《韩非子·五蠹》。

完成交接程序的。①

无君时期和首领公举时期的原始民主，给中华先民留下深刻记忆，这种记忆通过文字符号遗存在元典之中，其最完整的记载见于《礼记·礼运》，该篇对原始民主作了一个理想化的描述：

> 大道之行也，天下为公。选贤与能，讲信修睦。故人不独亲其亲，不独子其子，使老有所终，壮有所用，幼有所长，矜寡孤独废疾者皆有所养。男有分，女有归。货恶其弃于地也，不必藏于己；力恶其不出于身也，不必为己。是故谋闭而不兴，盗窃乱贼而不作，故外户而不闭，是谓大同。

这段话提出了首领公举时期，也即氏族公社时期的社会生活范式，突出氏族社会无私有财产、无阶级压迫的"公天下"特征，与后来的"私天下"社会形成鲜明比照。

中国历史的一个重要特点是，在通向文明时代的过程中，氏族制度解体不充分，地缘政治取代血缘政治的转换完成得不及古希腊那样彻底，诚如侯外庐(1903—1987)所说：

> "古典的古代"(如希腊)是由家族而私有财产而国家，国家代替了家族；"亚细亚的古代"(如中国)则是由家族而国家，国家混合于家族而保留着家族。前者是新陈代谢，新的冲破旧的，即扫除以血缘关系为纽带的氏族制度的革命的路径；后者则是新陈纠葛，旧的拖住新的，即保留氏族制度的维新的路径。②

在"人惟求旧，器惟求新"的夏、商、周三代，氏族制文化，无

---

① 见《尚书》的《尧典》、《舜典》以及《史记·五帝本纪》关于尧禅让舜、舜禅让禹的记述。

② 侯外庐：《自序》，《侯外庐史学论文选集》上卷，人民出版社 1987 年版，第 10 页。

论是其制度层面还是其精神层面，均得到保存和沿袭，其中，氏族民主虽然逐步被君主政治所取代，但是，关于君民同苦乐、君位相禅让的公社传统，却作为一种对于遥远的"黄金时代"的回忆，被元典时代的人们追怀，其精义则为元典所吸纳，构成中华元典政治理念中较富于人民性和超越性的成分。中华元典的"公天下"理想、民本学说、仁爱情怀，以及对虐民残民的暴君的谴责、对爱民利民的圣君的赞颂，都与对氏族民主的"记忆"相关。

古希腊曾经产生过奴隶制的城邦民主制度，这种城邦民主制度是希腊元典诞生的母体，并成为启迪西方近代民主的历史楷模，而中国在跨入阶级社会门槛以后，并未出现过这样的民主制度，倒是进入阶级社会前夕，曾经演运过氏族制民主，它以"尧舜之治"的传说给中国人的脑海打上烙印，而中华元典一再将这种氏族制民主加以理想化描述，使之成为中国整个文明时代悬之高远的政治典范，从而为此后两千余年间的专制君主政体建构一种观念性（并非制度性）的制衡系统，并为抗议专制制度的民众和异端思想家提供常用不衰的精神力量，先秦以降的民本思想、魏晋兴起的无君论、唐宋以至明清的非君论，都从元典记述的氏族民主中汲取营养，获得启迪。中国近代启蒙思想家在抨击专制主义、传播民主主义的时候，也一再援引元典关于氏族民主的记述。凡此种种，足见氏族制时代的精神遗存在中国历史的各个时期，不断被赋予新的解释，发挥着新的功用。

氏族制时代传留给中华元典的又一精神遗产——"观物取象"的思维方式。

原始思维是诸民族都经历过的思维发展阶段，其特点是以未经分化的表象联系代替因果关系，必然性与偶然性尚未分化，人们不承认偶然性，而确信神秘的支配力量。有些民族（如希腊人）在跨入文明门槛以后，基本上抛弃原始思维，以抽象思维体系取代，并辅之以形象思维。而中国人跨入文明门槛，因未与氏族制决裂，也就没有同原始思维彻底分离，抽象思维未能从原始表象思维中剥离出来，而将初民的"观物取象"朝精深微妙发展，形成一种特有的"直观抽象"，在表象思维的基础上，以八卦衍化方式完成中国式的分类、归纳、概括、综合、抽象等高级思维，运用"直观抽象"顿悟因果关系。关于这一点，《易传》有一段值得注意的文字：

> 古者包牺氏之王天下也，仰则观象于天，俯则观法于地，观鸟兽之文与地之宜，近取诸身，远取诸物，于是始作八卦，以通神明之德，以类万物之情。
>
> ……是故，《易》者象也，象也者，像也。①

这便是前文所引的"伏羲画卦"说的具体展开。对于这番话，自然不能作信史看待，但它所反映的"史影"却是颇有解释学价值的。初民观物取象，创作符号以反映现象世界，便是所谓"伏羲画卦"说的真实内蕴。

"象"在中华文化系统是一个重要概念，指客观事物的形象和现象，可引申为现象世界的象征。中华初民以象形符号反映万物的努力，奠定了以象形为主要造字手法的汉字的基础，形声、指事、会意等造字手法亦由象形推衍而来。

观物取象不仅是中国文字的创造原则，而且也成为中国人思维方式的基本法则，这种运思方式为中华元典所普遍袭用。王夫之指出：

> 盈天下而皆象矣。《诗》之比兴，《书》之政事，《春秋》之名分，《礼》之仪，《乐》之律，莫非象也。而《易》统会其理。②

这就揭示出中华元典袭用"观物取象"运思方式的事实。当然，作为"六经之首"的《周易》更具体入微地发展这一特点，《易传》说：

> 《易》者，象也。

---

① 《周易·系辞下》。
② 《周易外传》卷六。

象也者，像也。①

《周易》的八卦分别代表现象世界的八个大的物象——天、地、雷、山、火、水、泽、风，所谓"万物之体自然，各有形象，圣人设卦以写万物之象"②。《周易》所特有的"设卦观象"、"八卦成列，象在其中矣"③的运思方式，与中华初民仰观俯察，创制符号以反映现象世界的努力，存在着深刻的渊源关系。《周易》中的卦，本义是"悬挂物象以示人"，爻的本义是"仿效万物之象"，这都是在初民"观物取象"的基础上发展起来的，又经过"观物取象"和"取象比类"两个层次，实现中华元典所特有的抽象思维——唯象思维。

综上所述，由于中国文化保有明显的"幼体持续性"，因而中国文化的若干形而上特征，应当到中华民族的童年时代——原始公社时期寻求最初原的成因，同理，在探寻中华元典的价值系统和思维方式系统的基因时，也必须追溯到"天下为公"的氏族社会时代（也即传说时代），虽然其时距离元典的正式创制还相当遥远。

二、"夏礼"与"殷礼"：元典前奏

在氏族制社会赢得文明积淀的中华初民，终于迈着艰辛而扎实的步伐跨入文明的门槛。

约四千年前，源于陕晋的夏族向东发展，后来定居伊洛河汾一带，逐渐从"天下为公"，"选贤与能"的"大同"走向"大人世及以为礼"的"小康"④，也即从财产公有、首领公举的氏族公社进入财产私有、首领世袭的阶级社会，中国第一个王朝——夏朝建立。这是一个划时代的进步。司马迁虽然对尧、舜、禹的禅让深表赞赏，但他在论及夏禹从禅让式的"传贤"向世袭式的"传子"转变时，却采取称许态

---

① 《周易·系辞下》。
② 《周易正义》。
③ 《周易·系辞下》。
④ 《礼记·礼运》。

度，他说："禹子启贤，天下属意焉。及禹崩，虽授益，益之佐禹日浅，天下未洽。故诸侯皆去益而朝启。"①连"言必称尧舜"的孟轲，也给禹的"传子"以积极评价。《孟子》载：

> 万章问曰："人有言，'至于禹而德衰，不传于贤，而传于子。'有诸？"孟子曰："否，不然也。天与贤，则与贤；天与子，则与子。……启贤，能敬承继禹之道，益之相禹也，历年少，施泽于民未久……"②

可见，中国古人既向往"天下为公"的"大同"，但对"天下为家"的"小康"也加以认可，而且，他们探讨研究的重心并不在古远的"公天下"的大同时代，而在现实的"私天下"的小康时代，在于"大人世及以为礼"的那个"礼制"。这正是中华元典现实主义品格的表现。

夏代的礼制，原始记载阙如。据后人追述，夏朝已有简单的典章制度，即所谓"夏礼"；有初步的历法，即所谓"夏时"。1958 年以来，经徐旭生教授倡导，豫西一带夏文化考古发现甚丰，特别是在二里头文化遗址出土青铜工具、兵器和礼器，更有大量石制农具和陶器，还发现大型宫殿建筑群基址。这些都证明夏王朝并非子虚乌有。然而，夏朝，以及取而代之的商朝前期（盘庚迁殷以前），至今还没有获得确切的原始文字材料。这七百年间（夏朝近五百年，商朝前期二百年），夏人和商人虽然已经产生私有制和国家，但没有广为通用的文字③，因而也就不可能制作典籍。传本《尚书》中的《虞夏书》和《商书》中《盘庚》之前的几篇推证都是后人所拟。王国维（1877—1927）认为是周初人作，钱玄同（1887—1939）认为是晚周

---

① 《史记·夏本纪》。
② 《孟子·万章上》。
③ 夏代及商前期的出土文物中多有刻画符号，可能是由图画向文字过渡的形态，尚难称作正式文字。

人作。

夏、商两代文明水平不高，又缺乏证史的文献材料，这不仅是今人的看法，两千多年前的孔子就深有此叹：

> 夏礼吾能言之，杞不足征也。殷礼吾能言之，宋不足征也。文献不足故也。足，则吾能征之矣。①

至于有道家倾向的《列子》，则更认为传说时代荒渺莫考。《列子》书中借杨朱之口说：

> 太古之事灭矣，孰志之哉？三皇之事若存若亡，五帝之事若觉若梦，三王之事或隐或显，亿不识一……②

夏代和商代前期作为一个"文献不足征""或隐或显"的时代，当然还没有进入元典创作阶段，但这一时期作为初级阶级社会，人们正在创立国家及一系列典章制度，这便是后人称之的"礼"。《礼记》对"礼"的出现、功能以及运作有一个相当完整的说明：

> 今大道既隐，天下为家。各亲其亲，各子其子，货力为己；大人世及以为礼，城郭沟池以为固，礼义以为纪。以正君臣，以笃父子，以睦兄弟，以和夫妇，以设制度，以立田里。以贤勇知，以功为己。故谋用是作，而兵由此起。禹、汤、文、武、成王、周公，由此其选也。此六君子者，未有不谨于礼者也。以著其义，以考其信，著有过，刑仁讲让，示民有常。如有不由此者，在势者去，众以为殃，是谓小康。③

---

① 《论语·八佾》。
② 《列子·杨朱》。
③ 《礼记·礼运》。

这段话明白无误地告诉人们，随着私有财产的出现，国家应运而生，规定各类人际关系(君臣、父子、兄弟、夫妇)的礼制随之制定。虽然社会矛盾乃至战争层出不穷，但是君临天下的"君子"们则"谨于礼"，"刑仁讲让，示民有常"，即以礼制维系天下秩序的恒常。

"大同"时代为日后产生的元典高悬了一个理想境界，"小康"时代则是元典得以立足的实在地基。在元典正式诞生以前，夏、商两代的文化成就("夏礼"、"殷礼")，可以称之"小康文化"开端，为中华元典提供一个真实的起点，演出了一曲余音绕梁的前奏。

就元典发生史而言，盘庚迁殷具有特别的意义。如果说商前期尚处在游耕农业阶段，都城也一再迁徙，所谓"不常厥邑"，那么，盘庚迁殷后，历八代十三王，共计二百五十八年(前1324—前1066)，商人进入定居农业阶段，商都一直定于殷(今河南安阳小屯村)，"更不徙都"。正是在这种长期定都的条件下，商人文明水平有了显著提高，文字也进入成熟阶段，其标志便是兼具"象形"、"会意"、"形声"等制字规则的甲骨文出现。从现已出土的16万多片带字甲骨统算，总计单字4000多个(已识别和厘定的1700多个)，最长的甲骨卜辞150多字。成熟文字的发明与使用，使迁殷以后的商人率先拥有典籍，这便是后来周公所说："惟殷先人有册有典。"[1]殷墟甲骨文片上多有钻孔，可以想见当年是贯串成编的。在甲骨文中还发现"册六"字样，显系典册编号。传本《尚书》中的《商书》现存今古文共十七篇，其中有些是后世附入的，有些则是商后期的原始文献，即由"殷先人"的"册"和"典"整理而成。

殷代由掌理卜筮和记事的"贞人"书写与保管的典册，是中国最早的一批文献。这些文献虽然"佶屈聱牙"，难以卒读，而且散漫无序，但其间包藏着若干重要思想萌芽，并成为中国散文的端绪。至此，中华元典已经"呼之欲出"了。

---

① 《书·多士》。

第二节 《诗》

诗歌是人类最早的精神创造之一，它不仅先于散文，而且也先于文字的制作。所谓"饥者歌其食，劳者歌其事"①，初民在集体劳动生活中创作了最早的诗篇——"劳歌"，此后，随着社会生活的复杂化，又涌现出"祭歌"、"战歌"、"情歌"，等等。有节奏、富韵律的诗歌，从一开始出现便与音乐、舞蹈相结合，得以广泛流传。待人类发明并使用文字以后，诗歌的文字部分方逐渐被记载下来，成为最早的文献之一。巴比伦的《吉尔伽美什》、希腊的《荷马史诗》、印度的《摩诃婆罗多》、希伯来《旧约全书》中的《诗篇》，都是从口头文学走向文字诗篇的。在中国，最先用文字记录下来的诗集，便是《诗》，即后来称呼的《诗经》。从这一意义而言，《诗经》确乎是中华元典较初原的一部。诸经遭秦火之厄，原书多毁，后来流行文本多有伪作混入，而《诗》虽也有今古文之别，但由于《诗》藉助音乐流传民间，诸诗篇因人们耳熟能详，得以保存真面目，故《诗》是五经中最富于"原版性"的。胡适称，他著《中国哲学史大纲》，"只可从老子孔子说起。用《诗经》作当日时势的参考资料。其余一切'无征则不信'的材料，一概阙疑"②。又说："从前第八世纪，到前第七世纪，这两百年的思潮，除了一部《诗经》，别无可考。"③表达了对《诗经》文献可信度的特殊依赖。

一、创作与编辑

作为我国第一部诗歌总集，《诗》约编次于春秋中叶，主要为周诗（西周及东周前期诗歌），亦有少量商诗（其初原性尚有争议），它

---

① 《公羊传·宣公十五年》，何休注语。
② 胡适：《中国哲学史大纲》卷上，第一篇"导言"，商务印书馆1924年版。
③ 胡适：《中国哲学史大纲》卷上，第二篇"中国哲学发生的时代"，商务印书馆1924年版。

们反映了公元前 12 世纪至前 6 世纪间以黄河流域为主的中原地区广阔的社会生活。①《诗》今存的三百零五篇，除去可能是后人仿作的《商颂》诸篇涉及的时间更久远外，时代可考者，最早为《豳风·东山》，写周公东征后征人解甲还乡途中的思乡之情，本事发生于公元前 1114 年左右；最晚则为《陈风·株林》，讽陈灵公淫夏姬，事发于公元前 600 年左右。

诗产生于民众的生活实践，又与社会的政治、军事、宗教、文娱活动密切相关，赋诗者，上自王者、贵族，下至农夫、皂隶。那一时代尚没有专业诗人出现，作诗者基本是有感而发，并没有想到结集成册，垂之永久。《诗》在春秋间奇迹般得以结集，一受益于音乐的帮助，二得力于周王室的采诗制度。据汉代典籍追记，周代有采诗、献诗风习，王室派"行人"或"遒人"采诗，由太师总汇编纂。《汉书·艺文志》称："孟春之月，行人振木铎徇于路以采诗，献之太师，比其音律，以闻于天子。"这种说法可能受到汉代乐府制度"采诗观风"的启示，但参之以先秦书《国语》的"故天子听政，使公卿至于列士献诗，瞽献曲"②之说，又对照周代官制确有"行人"、"太师"等职守，再考之以《诗》的作者阶层的广泛、涉及地域的辽阔，周代有采诗、献诗之制是合乎情理的。

春秋中叶以后，随着周王室的衰微，政令不能及于列国，采诗之制大体终结，正如孟子所说："王者之迹息而《诗》亡，《诗》亡然后《春秋》作。"③春秋末以至战国，便由"诗的时代"进入"史学及哲学的时代"。

---

① 《诗经》所涉及的地域，以十五国风及颂诗考之，《周南》、《召南》约在今河南南部、湖北北部，《邶风》、《鄘风》、《卫风》、《郑风》、《陈风》、《桧风》约在今河北西南及河南，《齐风》、《曹风》及《鲁颂》约在今山东，《秦风》、《王风》、《豳风》约在今陕西及河南、甘肃，《唐风》约在今山西，《魏风》约在今山西、河南交界处，可见其覆盖面主要在黄河流域，也达到长江的汉水流域。这正是当时华夏文明范围所及的地区。

② 《国语·周语》。

③ 《孟子·离娄下》。

正因为《诗》是广采博取所得，一首诗从民间到王室，反复辗转，多数作者姓名在流转、搜集、整理过程中失传，仅有少数作者姓名可考，一种情况是诗中直记作者姓名，如《小雅·节南山》称"家父作诵"，《小雅·巷伯》称"寺人孟子，作为此诗"，《大雅·崧高》称"吉父作诵"；另一种情况是其他先秦典籍指出某一诗篇的作者为某人，如《左传》称《鄘风·载驰》为许穆公夫人作，《尚书》称《豳风·鸱鸮》为周公作。而后一情况却未必可靠。总之，《诗经》的作者姓名大都淹没于苍茫的历史长河之中，故基本上是一部无名氏的歌咏合集，诚如胡适所说："也应该把《三百篇》还给西周东周之间的无名诗人。"①近有学者认为，《诗》三百篇均出自周卿士尹吉甫手笔②，此说可聊备一格。

《诗经》既为采集、汇编的产物，当然有一个由博而约的筛选过程。这一过程到春秋中期已大体完成。生当春秋末叶的孔子有"诗三百，一言以蔽之，曰：思无邪"③的论断，又有"诵诗三百"④的说法，可见，当时《诗》的规模、篇目与今存三百零五篇的《诗经》约略相当，这是从数量大得多的古诗中筛选出来的。《史记·孔子世家》有"古者诗三千余篇"之说，便是极言作为《诗》的前身的古诗数量之多。

二、分类

《诗》原来可能词谱相配，现存诸篇存词失谱，另六篇有目无诗，即《小雅》中的《南陔》、《白华》、《华黍》、《由庚》、《崇丘》、《由仪》，朱熹认为此六篇为"笙诗"，本来即有声无辞，相当于今日的无词乐曲。

---

① 胡适：《〈国学季刊〉发刊宣言》，《国学季刊》第 1 卷第 1 号（1923 年 1 月）。

② 见台湾学者李辰东《诗经通释》。

③ 《论语·为政》。

④ 《论语·子路》。

　　《诗》现存的三百零五篇，有"风、雅、颂"三分法，有"南、风、雅、颂"四分法(宋人王质《诗总闻》及程大昌《诗论》持此说，"南"本指钟一类乐器，引申为由乐器衍变成乐曲的名称。"周南"指今陕西、河南一带的作品；"召南"指今河南、湖北一带的作品。后人对此说有异议)，还有"风、赋、比、兴、雅、颂"六分法(汉人郑玄注《周礼》即持"六诗"说)。这三种分类，以"风、雅、颂"三分法历时最早(《荀子·儒效》、《乐记》即对《诗》作此种分类)，影响也较大，为世人所认可。

　　"风"含十五国风，即十五个诸侯国或地区的诗——《周南》、《召南》、《邶风》、《鄘风》、《卫风》、《王风》、《郑风》、《齐风》、《魏风》、《唐风》、《秦风》、《陈风》、《桧风》、《曹风》、《豳风》，共一百六十篇，多为民间诗歌，所配乐谱具有地方民乐特色，为土乐；

　　"雅"分《大雅》、《小雅》，共一百零五篇，"雅"有"正"意，指王畿正声，所配乐曲为周朝京邑一带的乐调，为正乐；

　　"颂"分《周颂》、《鲁颂》、《商颂》，是宗庙祭歌，多为颂扬先王功德的赞歌，追念先祖基业的史诗，歌而兼舞。

　　《诗大序》认为《风》用于教化、风(讽)刺，"以一国之事，系一人之本"；《雅》为"言王政之所由废兴"；《颂》是赞王之盛德，通过祭祀"以其成功告于神明"。宋人郑樵(1104—1162)则另有解说：

　　　　风者出于土风，大概小夫、贱隶、妇人、女子之言；其意虽远，而其言浅近重复，故谓之《风》；《雅》者出朝廷士大夫，其言纯厚典则，其体抑扬顿挫，非复小夫，贱隶、妇人、女子所能言者，故曰《雅》；《颂》者初无讽诵，惟以铺张勋德而已，其辞严，其声有节，不敢琐语艺言，以示有所尊，故曰《颂》。①

　　若细究《诗》三百篇，此说不尽圆通，如《风》诗也有贵族之作，《雅》诗亦不乏民歌风格，然从大体言之，郑樵对《风》、《雅》、《颂》

----

　　①　郑樵：《诗辩妄》，《四部丛刊·经部》。

三类诗的作者及内容的归纳有可取之处。

三、文学价值

作为中华元典重要组成部分的《诗经》，其历史作用可从文学价值与教化功能两个方面加以探讨。先论其文学价值。

《诗经》是一部从内容到形式都富于首创性的文学杰作，它的思想倾向与艺术风格影响后世文学至远至深，一部中国文学史，可以说是在《诗》的导引下得以发展的。

首先，《诗经》开拓了中国文学题材的广阔视野。各古代文明民族(埃及、巴比伦、印度、希腊、罗马等)诗歌的常见类型有史诗、情歌、祭歌、农事诗，而《诗经》一应俱全，此外，《诗经》还独有宴饮诗，这与周代兴起的礼乐文化颇有干系，宴饮诗淋漓尽致地表现了周人的礼乐精神。中国后世流行的祭祀诗、宴饮诗、农事诗、战争诗、怨刺诗、情诗，均以《诗经》为源头。

后世的祭祀诗，乃至祭祀文，从典雅、简约的文字，到肃穆、虔敬的氛围，无不效法《周颂》的《清庙》、《维天之命》诸篇。

《小雅·鹿鸣》中的"呦呦鹿鸣，食野之苹。我有嘉宾，鼓瑟吹笙"，则被视为描写宾主间相享以乐、相慰以酒的宴饮诗的开山名篇。①

《大雅》中的《生民》、《公刘》、《绵》、《皇矣》、《大明》展开了周人开国的壮阔画面，是中国式史诗的嚆矢，从杜牧(803—852)到龚自珍、黄遵宪(1848—1905)的史诗均承袭其旨趣。

被誉为"天下之至文"的《豳风·七月》开我国农事诗先河，"七月流火，九月授衣"的节令陈述，"无衣无褐，何以卒岁"的农夫之叹，构造了一种质朴而又深沉的格调，一千多年后，唐人白居易(772—846)的《观刈麦》还回响着《七月》的余韵流风。

《小雅·采薇》写军人出征时"杨柳依依"，回归时"雨雪霏霏"，

---

① 日本明治维新期间，将接待西洋人的馆舍称"鹿鸣馆"，即取《诗经·小雅·鹿鸣》迎候嘉宾之意。

是侧面描写战争的千古绝唱；《小雅》中的《出车》、《六月》、《采芑》，《大雅》中的《江汉》、《常武》，或者"戒王黩武"，或者"赞王武功"，这两种题旨分别为后世战争诗所承继，而其抒写征人的怨愤、家人的悲凄以及彼此间的苦思，更被唐人的边塞诗等历代战争诗文所发挥，形成一大动人特色。

怨刺诗在《诗经》中为数甚多，《小雅·十月之交》对暴政的揭露直指当权者，"下民之孽，匪降自天"，指出民众的灾殃并非天降，而是"职竟由人"，这种社会批判精神给历代怨刺诗提供范例，杜甫（712—770）的诗作便是其卓越的继承者和发扬光大者。

《诗经》中的情诗几占三分之一，周人爱情观较为自由、淳朴，却又不失含蓄，《周南·关雎》的"窈窕淑女，君子好逑"，《周南·汉广》的"汉有游女，不可求思"，《秦风·蒹葭》的"所谓伊人，在水一方"，都是情诗中的名句，其昵而不亵，"好色而不淫"的情致，为后世爱情诗文树立楷模，从《孔雀东南飞》到《长恨歌》，无不承袭这一传统。

其次，《诗经》奠定了中国文学的现实主义根基，《风》、《雅》中的不少篇章，敢于直面惨淡的人生，展开犀利的社会批判，所谓"诗三百篇，大抵圣贤发愤之所为作也"①，"男女有所怨恨，相从而歌"②，其执着的忧患意识，正是《诗经》震撼心灵、旷代不衰感人力量的奥秘所在。汉乐府、建安诗、唐诗、宋词，乃至元杂剧和明清小说均承其绪，一再攀登思想高峰。《风》诗中《卷耳》、《君子于役》、《伯兮》所抒发的思妇旷夫之怨，表现了民众在沉重徭役下的苦痛；《硕鼠》、《伐檀》对剥削者不劳而获的愤怒谴责，蕴藏着深厚的人民性，屈原（约前340—约前278）"哀民生之多艰"的咏唱，杜甫"朱门酒肉臭，路有冻死骨"的吟叹，关汉卿《窦娥冤》呼天抢地的悲鸣，正是对《诗经》这种现实主义传统和社会批判精神的弘扬。

---

① 《史记·太史公自序》。
② 《公羊传·宣公十五年》，何休注。

再次，在艺术风格方面，《诗经》也有开山之功。它那"尽善尽美"、"文质彬彬"，内容与形式统一的追求，"乐而不淫，哀而不伤"①的格调，铸造了中国文学艺术特有的风骨；它"为情而造文"，决不"为文而造情"②，不求外在的华美，而深藏内在的艺术魅力，是后世文学艺术倾慕的高超境界；在表现手法上，寓主观情怀于客观描写之中，"意在言外，使人自悟"③，符合文学特性，而为后世树立榜样。至于《诗经》常用的赋(铺陈)、比(比喻)、兴(启发)三法，则为历代诗人乃至其他文体作家所沿袭；其烘托、比拟、夸张、对偶、排比等技巧，也被中国各种文学艺术门类所吸收，诗文自不待言，即如戏剧、绘画、音乐、建筑也可得见《诗经》艺术风格的痕迹。《诗经》还是韵律之端绪，钱基博说："《诗三百》之用韵，于不规律中渐有规律，而为后世一切诗体之宗。"④总之，《诗经》是中国文化的前驱先路，正如闻一多(1899—1946)所指出的：

> "三百篇"的时代，确乎是一个伟大的时代，我们的文化大体上是从这一刚开端的时代就定型了。文化定型了，文学也定型了，从此以后二千年间，诗——抒情诗，始终是我国文学的正统的类型，甚至除散文外，它是唯一的类型。赋、词、曲，是诗的支流，一部分散文，如赠序、碑志等，是诗的副产品，而小说和戏剧又往往以各自不同的方式夹杂些诗。诗，不仅支配了整个文学领域，还影响了造型艺术，它同化了绘画，又装饰了建筑(如楹联、春帖等)和许多工艺美术品。⑤

现代文学家闻一多从"现代"眼光和"文学"视角出发，评价《诗》

---

① 《论语·八佾》。

② 刘勰：《文心雕龙·情采》。

③ 杨慎：《升庵集·诗史》，《四库全书·集部别集类》。

④ 钱基博：《现代中国文学史》，世界书局中华民国二十二年(1933)版，第16页。

⑤ 朱自清等编：《文学的历史动向》，《闻一多选集》第1卷，第202页。

在中国文学史，乃至中国文化史上的崇高地位。然而，《诗》在历史上被推尊为"经"，人们发言著文，引以为据的，除"子曰"之外便是"诗云"，主要原因还不在于它是中国文学的"祖本"，更重要的是，《诗经》在两千余年间，一直充作"政教之具"。这便是我们所要论及的这一元典的社会功能的另外侧面。

四、教化功能

《诗》是古中国的首席政治—伦理教材，担负着教化万民的任务，即所谓"诗教"①。《诗》被视为"经夫妇，成孝敬，厚人伦，美教化，移风俗"②的文本。

最先论及《诗》的教化功能的，是生于"《诗》三百篇时代"末端的孔子。他在训示弟子时说：

> 小子何莫学夫《诗》？《诗》，可以兴，可以观，可以群，可以怨，迩之事父，远之事君，多识于鸟兽草木之名。③

"兴"指从诗引起联想与启示，使思想情感得到激发与转移；

"观"指考察社会民情，"观风俗之盛衰"；

"群"指汇通思想、联络感情，所谓"群居相切磋"；

"怨"指讽喻不良现象，"怨刺上政"。

《诗》能够引导人们以这四种手法去事君事父，其末事也能增加常识（多识鸟兽草木之名）。"兴—观—群—怨"是对《诗》为礼治服务的功能的系统阐发。孔子认为，《诗》于人的言论和思想情操都极有帮助——

---

① 《礼记·经解》："孔子曰：入其国，其教可知也。其为人也，温柔敦厚，《诗》教也。"。

② 《诗大序》。

③ 《论语·阳货》。

不学《诗》，无以言。①

人而不为《周南》、《召南》，其犹正墙面而立也欤？②

孔子特别强调学《诗》的实践意义——

诵《诗》三百，授之以政，不达，使于四方，不能专对，虽多，亦奚以为？③

先秦时期，《诗》除在祭祀、朝会、筵宴中与乐相配，成为典礼要件外，还被王侯士大夫于交际时广为援引。战国诸子更常以《诗》中文句，作论理依据或增添抒情色彩，《墨子》、《孟子》、《荀子》、《吕氏春秋》多有此类例证。这都是《诗》在理性范围内的运用。

两汉以后，随着儒术独尊地位的确立，《诗》被奉为"经"，注《诗》、解《诗》之作多如牛毛，《四库全书总目提要》载目即有一百四十七部，加上未收及乾隆以后的著作，则不下千种，其间虽然不乏识见精到的佳作，但从整体而言，两汉以降的经学把《诗经》抬到神圣地位，一部活生生的文学杰作被历史化、政治化、功利化。《诗经》中的一些以民间风情为题材的诗篇，被曲解，如歌颂猎人勇猛的《郑风·叔于田》附会为美刺之作：刺庄公而美叔段的好勇善兵；记述农事的《豳风·七月》，被强解为周公遭变，陈王业以救乱的文告；《周南·关雎》本是写青年男子恋慕少女的"男女情思之作"，被《毛诗序》说成是"后妃之德，《风》之始也，所以风天下而正夫妇也"。这种或强以附史，或勉为教化的做法，实际是对《诗》真义的阉割，导至"知《诗》之为经，而不知《诗》之为诗"④。

---

① 《论语·季氏》。

② 《论语·阳货》。

③ 《论语·子路》。

④ 万时华：《诗经偶笺·序》，续修四库全书本，上海古籍出版社 2002 年版。

　　持理性的疑古精神的宋人（如欧阳修等），并不盲从汉代的释《诗》，认为"诗迷商周……孰能无失于其间哉？"①他们力图救正《诗大序》所代表的一味强调"教化"的解《诗》方法，注意恢复作为文学作品的《诗经》的本来面目，从文学的而不单单从政治伦理教化角度阐释《诗经》诸篇的题旨，并肯定了"出于里巷歌谣"的《风》诗特有的社会意义和美学价值。清代学者姚际恒（1647—约1715）的《诗经通论》、方玉润（1811—1883）的《诗经原始》、崔东壁（1740—1816）的《读风偶识》发扬宋人的疑古精神（这里的"古"，指两汉经学之"古"），着意从文学角度开掘《诗经》内蕴，恢复不少诗篇的本义，从而为近世《诗经》学提供前驱经验。

　　无论古人曾经怎样理解和阐释《诗经》，无论其将《诗经》神圣化包含着多少或合理或荒谬的成分，但这部中国首屈一指的诗歌总集的真实价值是不可淹没的。《诗经》的文学意义已如上述，另从社会史、政治史、经济史、思想史、科技史而论，只要运用科学的理论与方法，《诗经》都可以为之打开一座不可替代的宝库——

　　经济史家从中看到西周时代农村公社的全景式图画，其时的土地制度、生产关系、生产方式和农业、手工业、商业的发展水平，均历历在目，因而《七月》、《甫田》、《大田》、《良耜》、《载芟》诸篇成为中国经济史论著中的必引篇章，"雨我公田，遂及我私"②、"千耦其耘"③，"以开百室，百室盈止"④，已经是反映周代经济生活的常见引文。

　　思想史家从《大雅·文王》"天命靡常"之论、《小雅·十月之交》"高岸为谷，深谷为陵"之喻中，发现了当年天命观的动摇和变易哲学的拓展。

①　欧阳修：《毛诗本义》，《四部备要·经部》。
②　《小雅·大田》。
③　《周颂·载芟》。
④　《周颂·良耜》。

《诗经》所包藏的此类内涵，还有待各种学科开启慧眼去发现、去探求。

总之，作为中华元典之一的《诗经》，在各个不同的历史阶段发挥过不同作用，在未来岁月必将不断得到新的阐释，一再放射异彩。

第三节 《书》

一、"政事之纪"

在先秦即与《诗》并称的《书》，也是我国结集最早的典籍之一，其主体为商、周两代的王室诰（政令）、誓（军令）、命（上对下的指示）、训（下对上的报告）、谟（互相谋议），当年为史官录记，作为王室档案资料而编纂、保存下来，堪称我国最古老的官方文件总集。另有部分篇章（《虞夏书》及《商书》中《盘庚》以前诸篇）为后人追述的上古事迹，虽非原始文献，却毕竟是"去古未远"的周人拟作，故也有相当的史料价值。从文体而言，《书》是第一部书诰散文汇编。先秦诸典籍均称其为《书》，如《论语》说："子所雅言，《诗》、《书》、执礼，皆雅言也。"①《孟子》、《左传》、《国语》、《荀子》也多次在"《书》曰"名目下引述其文句；《墨子》则称其为"先王之书"。西汉起，《书》立为官学，充作帝王及士大夫的政治教材，始称《尚书》，又称《书经》。唐人孔颖达（574—648）释《尚书》题意说：

尚者，上也。言此上代以来之书，故曰《尚书》。②

《尚书》基本上是一部政事书，《荀子》说：

---

① 《论语·述而》。
② 《尚书正义》卷一。

《书》者，政事之纪也。①

《史记》说：

《书》记先王之事，故长于政。②

作为最早的一部政治史料集，《尚书》分《虞夏书》、《商书》、《周书》三大部分，涉及传说时代（唐、虞）和几个早期王朝（夏、商、周）的军政要事，《汉书·艺文志》称，《尚书》"上断于尧，下迄于秦"。若从文献的初原性而论，此说有欠精审，传世《尚书》论及传说中的唐尧、虞舜、夏禹的篇目，显系后人制作；可断定为原始文献的是《商书》中的《盘庚》以及《周书》的大部。因此，今人陈梦家称《尚书》"记录了距今 2300 年（指《尚书·秦誓》载秦穆公伐郑的鲁僖公三十三年前后——引者注）至 3000 年（指盘庚迁殷前后——引者注）间王室的诰命、誓言和其他的大事"③，这一年代估算较为坐实可靠。

二、今、古文之分与真伪之辨

据《汉书·艺文志》载，《尚书》原本有百余篇，遭秦火之厄，汉初已难见其文本，济南伏生（曾任秦博士）将藏于墙壁的本子取出，教授门徒。以后加上汉武帝时民间所献《泰誓》，共二十九篇，于武帝、宣帝年间先后立于学官，因以当时通行的隶书书写，故称《今文尚书》。汉武帝末年，鲁共王为扩建宫室，坏孔子宅，于壁中发现用先秦六国文字书写的《书》，称"孔壁本"，较今文本多出十六篇，因以古籀文书写，故称《古文尚书》。据传，孔子后裔孔安国拟将此《古文尚书》献于朝廷，因巫蛊事发，遂罢。西晋永嘉之乱，这十六篇又失传，称《逸书》。东晋时，梅颐呈献自称的《古文尚书》二十五篇，

---

① 《荀子·劝学》。

② 《史记·太史公自序》。

③ 陈梦家：《尚书通论·重版自叙》，中华书局 1985 年版。

与抽出五篇的《今文尚书》合为五十八篇，曾立于学官，这便是自东晋流传至今的《尚书》本子。宋、明均有学者怀疑梅颐所献二十五篇系后作，清人阎若璩（1636—1704）的《尚书古文疏证》更论证其为伪作，惠栋（1697—1758）、崔东壁（1740—1816）则考证孔安国本晋前已佚失，今传《古文尚书》是东晋人从两汉以来的《尚书》注中抄出，拼凑而成的。清代今文经学家则认为《古文尚书》是汉代古文经学家编撰的。总之，晚出的《古文尚书》被视作伪书，是清代以降的通识，故称之伪《古文尚书》。

可见，《尚书》文本最为复杂多歧，正如周予同（1898—1981）所说："《尚书》在诸经中是纠纷最多的一经；因为其他各经，只有字体的异同，只有经说的争辩，而《尚书》则经典本身就有或真或伪之别。"①《尚书》的今古文之争和真伪之辨，是一相当繁难的专门学问，限于篇幅，此不具论，但《尚书》诸篇的实际产生年代，则是一切利用《尚书》资料的学人必须把握的，否则便有颠倒时序、古今错位之虞。胡适参考段玉裁的校经之法总论国学整理之法说：

> 整理国故，必须以汉还汉，以魏晋还魏晋，以唐还唐，以宋还宋，以明还明，以清还清；以古文还古文家，以今文还今文家；以程朱还程朱，以陆王还陆王……各还他一个本来面目，然后评判各代各家各人的义理是非。不还他们的本来面目，则多诬古人。不评判他们的是非，则多误今人。但不先弄明白了他们的本来面目，我们决不配评判他们的是非。②

出于对资料初原程度（也即"本来面目"）的考虑，胡适认为《诗经》较可靠，多引以为据；《尚书》中不少篇目可疑，则避免使用。这

---

① 周予同：《群经概论·本论二·尚书》，《周予同经学史论著选集》，上海人民出版社 1983 年版，第 228 页。

② 胡适：《〈国学季刊〉发刊宣言》，《国学季刊》第 1 卷 1 号（1923 年 1 月）。

种求真精神和历史主义态度是值得参酌的，但《尚书》可信篇目不少，即使伪篇，也自有价值在，不可简单抛却。

三、文化史上的地位与作用

传本《尚书》尽管其篇目有或真或伪的问题，然而，这部书在中国文化史上的地位与作用却不可抹煞。作为我国第一部政治文献总集，它提供的一系列重要观念与命题，影响十分深广。

其一，《尚书》保留了我国典籍中十分罕见的关于氏族民主的记述，这多见之于《虞夏书》。如《尧典》载有帝尧"将逊于位，让于虞舜"的禅让过程；又载有尧与"四岳"（四方诸侯之长）共同制定历法节令、议定百官的情形。《舜典》记述尧禅让舜，而舜却"让于德，弗嗣"（要谦让给有德之人，不肯继承帝位）的情形，生动再现氏族民主制首领推举的情形。这种"尧舜禅让"、古帝王"大公无私"的传说，深入人心，既是后世追慕的高标，也成为一切批判君主专制的思想家一再援引的范例（如黄宗羲《明夷待访录·原君》多次称赞的"古之君"便指《尚书》所载富于原始民主精神的尧、舜）。

其二，《尚书》贯穿着"天命"思想，其中《商书》的天命论是绝对的，毋庸置疑的，如《盘庚》便充满"天其永我命"、"予迓续乃命于天"之类文句，而《周书》则在承袭"上天授命"传统的基础上，强调"以德配天"，主张"明德慎罚"①。周人在取代殷商的"革命"过程中，认识到"天命无常"的道理，周初统治者一再申述"惟命不于常"②，"天不可信"③，因而只有"敬德事天"方能长保政权，这便是周公向成王告诫的："王其德之用，祈天永命（王要谨慎修德，才能祈求上天赐给你永久不变的大命）。"④《尚书》的"天命"论以及"敬德事天"思想，构成中国传统政治哲学的主流，前者是论证帝王统治权力的主

---

① 《书·周书·康诰》。
② 《书·周书·康诰》。
③ 《书·周书·君》。
④ 《书·周书·召诰》。

要依凭，后者则引导出"仁政"、"王道"说，并开启民本思想先河。

其三，《尚书》首创统一思想，如《尧典》、《舜典》记述尧舜巡视四岳四方，划一历法、音律和度量衡；《禹贡》以大禹治水为导引，依自然地理和经济地理划分九州，显示了统一的国家区划思想。这类篇章收在《虞夏书》中，实为晚周乃至秦汉之际思孟学派儒者的作品，正是大一统帝国建立前后社会现实的反映。然而，汉以后这些篇章列入五经之首的《尚书》，成为上自帝王，下至士子庶民研读的文本，这对中国人造成的影响是广远的，统一的观念在中国深入人心，与此颇有干系。

其四，《尚书》虽不是哲学专著，然其若干哲学思想也垂之久远，尤其是《周书·洪范》的五行观，奠定中国传统宇宙论及社会思想的基石。旧说《洪范》为殷周之际的箕子所作，近人倾向于为战国末年思孟派儒者托箕子名撰写。《洪范》将水、火、木、金、土五种物质称"五行"①，并以"五行"附会"五事"（貌、言、视、听、思），又引申出"八政"（食、货、祀、司空、司徒、司寇、宾、师八种官职），进而引申出"五纪"（岁、月、日、星辰、历数），又由五行、五事、八政、五纪提出"建皇极"，即建立君主准则，这便是行"三德"（正直、刚克、柔克），以获"五福"（寿、富、康宁、攸好德、考终命）、免"六极"（凶短折、疾、忧、贫、恶、弱）。《洪范》自然与人事相互感应，彼此诱发的思想，以及由五行推导出的一系列统治术，都对后世产生重大影响。

《尚书》分记事、记言两种。以《今文尚书》二十八篇分类，记事的篇目如《尧典》（记尧、舜事）、《禹贡》（记九州、名山、大川及定赋封国）、《金縢》（记武王、成王时事）、《顾命》（记成王顾命、康王即位）；记言的篇目较多，上告下的"诰命"、"誓词"，有《盘庚》（记商王盘庚迁殷前后对臣民的诰谕）、《大诰》（周公以成王名义告周之诸侯群臣）、《甘誓》、《汤誓》等十四篇，下告上的有《皋陶谟》、《高宗肜日》等八篇，臣下互告的有两篇（《微子》、《君奭》）。

---

① 以"五行"作为构成宇宙万物的元素，是后儒的发展。

《尚书》素以文字艰深著称，所谓"周诰殷盘，佶屈聱牙"①，历代多有注释者，唐人孔颖达的《尚书正义》、宋人蔡沈（1167—1230）的《书经集传》、清人孙星衍（1753—1818）的《尚书今古文注疏》为常见之本；近人杨筠如的《尚书诂》、曾运乾的《尚书正读》、王世舜的《尚书译注》，以及江灝、钱宗武的《今古文尚书全译》等，可作导读之用。

第四节　《礼》

一、礼治兴起与三《礼》入经

"礼"原是宗教祭典上的节文，用以显示参加典礼者的上下尊卑关系，并以乐舞仪程等"礼"的形式表现对祖宗神灵的敬重。周人代殷后，除继续沿用"天命"、"神道"作统治之具外，又特别强调人事，把"礼"的作用从祭典的仪制引申、扩大为社会等级制度和道德规范②，由此周制与殷制便大相径庭——

> 殷人尊神，率民以事神，先鬼而后礼，先罚而后赏，尊而不亲；其民之敝，荡而不静，胜而无耻。周人尊礼尚施，事鬼敬神而远之。③

如果说，殷制是一种尊神敬鬼之制，那么周制则是虚置鬼神而注重人间等级秩序的礼制，它通过繁复的仪法和固定的样式，定名分、成制度，规定人们在社会生活各个领域所必须恪守的准则。然而，周代虽然以"尊礼"著称，却并没有留下关于礼制的系统文献。经孔、

---

① 韩愈：《进学解》，《韩昌黎文集校注》，马其昶校注，上海古籍出版社1986年版，第46页。
② 朱熹在为《论语·为政》作注时说："礼，谓制度品节也。"
③ 《礼记·表记》。

孟、荀等人对"周礼"精义的阐发，战国中后期及秦汉之际的儒生进而搜集周代礼制的各项具体条文，又整理补充，加以理想化发挥，编纂了几部论"礼"的书——《仪礼》、《周礼》和《礼记》，成为先秦典章制度的大汇集，其间也有探讨"性与天道"的形上之作。

在西汉今文经学立于学官的"五经"中，与《诗》三百零五篇，《书》今文二十八篇，《易》的《卦辞》、《爻辞》、《象辞》、《彖辞》，《春秋》相并列的《礼》，仅指《仪礼》十六篇①。东汉末年郑玄(127—200)并注《周礼》、《仪礼》、《礼记》三书，"三礼"之名始流行于世，被列入"七经"、"九经"、"十二经"、"十三经"之中。

二、《周礼》、《仪礼》、《礼记》编次与作者时代

《周礼》原称《周官》(始见《史记·封禅书》："《周官》曰，冬日至，祀天于南郊……")，又称《周官经》(见《汉书·艺文志》)、《周官礼》(见《汉书·艺文志》颜师古注)，是周朝官制及战国时列国制度的汇编，每有儒家政治理想添附其间。古文经学家推崇此书，以为周公制作，刘歆(前53—23)首创此说，郑玄注《周礼》，于首句"惟王建国"下说："周公居摄，而作六典之职，谓之《周礼》。"今文经学家力辟周公作《周礼》之说，宋人苏轼(1037—1101)则直指其为战国作品，以为"其言五等之君，封国之大小，非圣人之制也，战国所增文也"②。更有人指为刘歆伪作。而秦青铜器铭文所载官制与《周礼》基本吻合，此书为战国时作品可以确认。《周礼》分《天官冢宰》、《地官司徒》、《春官宗伯》、《夏官司马》、《秋官司寇》、《冬官司空》六篇，而《冬官》早佚，西汉河间献王刘德(？—前129)以《考工记》补入，称《冬官考工记》。

---

① 《仪礼》本为十七篇，但《丧服传》被认为是战国初年的子夏后作，汉人未将其入"经"，故西汉"五经"中的《礼》仅十六篇，当时认为这十六篇系周公所制。

② 苏轼：《天子六军之制策》，《东坡续集》卷九，《四部备要·集部·宋别集》。

《仪礼》先秦称《礼》，汉代称《礼经》，又称《士礼》，是春秋战国礼制汇编，共十七篇，有戴德本、戴圣本、刘向《别录》本，篇次排列不一，而刘向《别录》本为郑玄所注，流行于世，次第为：《士冠礼》第一、《士昏礼》第二、《士相见礼》第三、《乡饮酒礼》第四、《乡射礼》第五、《燕礼》第六、《大射仪》第七、《聘礼》第八、《公食大夫礼》第九、《觐礼》第十、《丧服》第十一、《士丧礼》第十二、《既夕礼》第十三、《士虞礼》第十四、《特牲馈食礼》第十五、《少牢馈食礼》第十六、《有司彻》第十七，有关于成年礼、婚礼、丧礼、祭礼、宴饮礼、朝聘礼等各种礼仪的具体规定，涉及人的家庭生活、政治生活、宗教生活的各个方面，天子、诸侯、卿、大夫、士都要严守其制，各安于位，不得僭越。旧说《仪礼》为周公制作，孔子订正，近人以书中丧葬制度与考古发掘相比较，认定该书成于战国初中期。

《礼记》又称《小戴记》，是先秦及秦汉之际各种关于礼治的论文选集，相传为西汉晚期戴圣编纂。戴圣的叔父戴德曾编过八十五篇本，称《大戴记》。《小戴记》是从《大戴记》中筛选出来的，共四十九篇。作者是孔子弟子及再传、三传弟子，以至秦汉之际儒者，所谓"七十子后学者所记"①。经学家把孔子及孔子以前的圣人(周公等)所著书称"经"，把孔子以后诸儒直接释"经"的书称"传"，把孔子以后儒者间接发挥经义的论文称"记"。既然戴氏叔侄编辑的文集是后儒所作的间接阐发经义的论著，故称"记"而不称"经"，也不称"传"。论者或谓，《礼记》四十九篇原先大多是其他典籍的组成部分，由西汉初叔孙通，西汉后期戴德、戴圣等人采编而成。这四十九篇大体分为五类：

（一）礼治通论(《礼运》、《经解》、《乐记》、《学记》、《大学》、《中庸》、《儒行》、《坊记》、《表记》、《缁衣》等)；

（二）诠释《仪礼》的专编(《冠义》、《昏义》、《乡饮酒义》、《射义》、《燕义》、《聘义》、《丧服四制》等)；

（三）记孔子言行及孔门杂事(《孔子闲居》、《仲尼燕居》、《檀

① 《汉书·艺文志》班固自注。

弓》、《曾子问》等);

（四）记古代礼仪制度，并加以考证(《王制》、《曲礼》、《玉藻》、《明堂位》、《月令》、《礼器》、《郊特牲》、《祭统》、《祭法》、《大传》、《丧大记》、《丧服大记》、《奔丧》、《问表》、《间传》、《文王世子》、《内则》、《少仪》等);

（五）古代格言记录(《曲礼》、《少仪》、《儒行》之一部分)。

五类中以礼治通论最有价值，如《学记》为中国古代第一篇系统的教育学论文，《乐记》为中国古代第一篇系统的音乐理论论文，而《大学》与《中庸》更深研"性与天道"，是两篇哲学论文，宋代理学家特别将其抽出，与《论语》、《孟子》并称"四书"，又经朱熹作章句，一部《四书集注》成为南宋以降的"圣经"，是科举考试的范本，因而士人诵读不绝。

三、"礼"的文化学价值

三《礼》的学统各异：《周礼》为古文经学所推重，《仪礼》是今文经学的经典，《礼记》的内容则兼采今古文。融会今古文之学的东汉郑玄并注三《礼》以后，"礼学"方突破学派的门户之见，成为一种综合的、整体的学问，提供"礼教"的学说根基，这或许更切近周代礼治思想和先秦原始儒学论礼的本意。

"礼"作为中国式社会规范的总称，单从政治学角度论之，尚难以全面把握其真相，若以文化学观照三《礼》，则可从典章制度的繁文缛节中，透见"礼"的精义。

第一，"礼"是"人禽之辨"的分水岭。《礼记》中多篇文章论及这一点。如《冠义》说：

> 凡人之所以为人者，礼义也。

《曲礼上》说：

> 鹦鹉能言，不离飞鸟；猩猩能言，不离禽兽。今人而无礼，

虽能言，不亦禽兽之心乎？夫唯禽兽无礼，故父子聚麀。是故圣人作，为礼以教人。使人以有礼，知自别于禽兽。

这里把礼看作"人道之始"，因为它体现人所独有的社会本质，规定人所赖以存身其间的社会关系的准则，有了"礼"，也即有了文明制度，人才成其为人，正如荀子所说："故人无礼则不生，事无礼则不成，国家无礼则不宁。"①

第二，"礼"是"华夷之辨"、"文野之别"的标志。先秦论礼者不仅把礼看作"人禽之辨"的分水岭，而且以礼区分民族性。《左传》载，平王东迁后，辛有在伊川看到当地人民在野外披发而祭，已经忘却礼制，于是大发感慨道："不及百年，此其戎乎！其礼先亡矣。"②认为礼的沦丧便意味着由华夏退返戎夷。《左传》在考察华夷区别时，不从身材、发、肤等体质人类学角度立论，而是以礼俗之异也即文化之别来分辨华夷，所谓"诸戎饮食、衣服，不与华同"③。正因为如此，自先秦以来中国人并不以为民族性是固定不移的，而承认华夷可以易位，文野能够变迁，其准绳便是"礼"的存在与否及"礼"的精粗如何。明清之际的王夫之对此有系统论述，笔者曾撰专文评介。④ 以礼之有无、礼之高下鉴别民族的文野，是一种前瞻性方法和开放观念。中国人古来即有强烈民族意识，而又没有陷入种族主义偏执，与建立在"礼论"基础上的民族观念较早确立颇有关联。

第三，"礼"借助吉（祭祀礼）、凶（丧葬凶荒礼）、宾（朝聘过从礼）、军（行师动众礼）、嘉（宴饮婚冠礼）等种种具体的制度，确定各阶层的等级名分，从而建立社会秩序，这是文明社会区别于蒙昧社会和野蛮社会的所在。三《礼》不厌其烦地规定各类"名"与"器"，以确

① 《荀子·修身》。
② 《左传·僖公二十二年》。
③ 《左传·襄公十四年》。
④ 见冯天瑜《明清文化史散论》中《王夫之创见三题》之三"文化中心多元论和文化中心转移论"；《王夫之的文质观与文明演进论》之二"由禽兽到人类，由夷狄之'野'到华人之'文'的文明演进论"。

立各级贵族的特权。

所谓"名"，指名分，"夫名以制义，义以出礼，礼以体政，政以正民，是以政成而民听"①。不同名分有各种不同的待遇，如在堂室地基的高度上，"天子之堂九尺，诸侯七尺，大夫五尺，士三尺"②。在死亡的说法上，"天子死曰崩，诸侯曰薨，大夫曰卒，士曰不禄，庶人曰死"③。在配偶的称呼上，"天子之妃曰后，诸侯曰夫人，大夫曰孺人，士曰妇人，庶人曰妻"④。在祭祀上，"天子祭天地，诸侯祭社稷，大夫祭五祀"⑤。

所谓"器"，指礼器，是显示名分等级的器具，如"诸侯以龟为宝，以圭为瑞"⑥，又如鼎是象征国权的重器，鼎之大小、轻重，即显示国权之大小、轻重。名与器是礼制的具体显现，不可紊乱，更不可丧失，故有"唯器与名，不可以假人"⑦之说。三《礼》所规定的具体的"名"与"器"，多在后代有所变通，甚至废弃不用，但其从观念到制度全方位创作社会规范的努力，却是文化史上的一个切关紧要的实践过程，这个过程所提供的经验值得后人珍视。

第四，"礼"不仅指由名与器彰显的典章制度，更重要的是深蕴着的内在精神。早期的"礼"是以风俗为根基的行为规范，其内容与形式浑然一体。到了晚周，出现礼之"形仪"与礼之"实质"的分野。形仪可以与实质相契合，也可以与实质相离异。面对这种情形，孔子说：

礼云礼云，玉帛云乎哉？乐云乐云，钟鼓云乎哉？⑧

---

① 《左传·桓公二年》。
② 《礼记·礼器》。
③ 《礼记·曲礼下》。
④ 《礼记·曲礼下》。
⑤ 《礼记·王制》。
⑥ 《礼记·礼器》。
⑦ 《左传·成公二年》。
⑧ 《论语·阳货》。

（我们所说的礼，难道只是指玉帛之类的礼物说的吗？我们所说的乐，难道只是指钟鼓这些器乐说的吗？）

认为礼乐的精神比外在形式更重要。而礼乐精神可以用"仁"来表达，故"人而不仁，如礼何？人而不仁，如乐何？①认为人如果没有仁德，即使行礼又有什么意义呢？人如果没有仁德，即使行乐又有什么意义呢？这都是申述礼治决非限于外在的形式的道理。

《礼记》将礼的形式称之礼的"数"或"文"，将礼的精神实质称礼的"义"或"本"，而"礼之所尊，尊其义也"②。"揖让周旋之礼"并非儒家最重视的东西，其内在的名分等级观念才是其着意追求的目标。

儒学的两大端为"礼学"与"仁学"，它们可以说是互为表里的两个方面，仁学以礼治为目标，又要求把礼治从外在形式转化为人的内在精神要求；而礼学则通过具体的制度设置，把仁学精神物化，规范化，达到"非礼勿视，非礼勿听，非礼勿言，非礼勿动"③的境地。仁学与礼学共同完成从外到内、从内到外的社会秩序的构建。实现这两者的统一，方能培养出安顺的民众，所谓"道之以德，齐之以礼，有耻且格"④。三《礼》中有不少篇章阐述这个道理，特别是《礼记》中的《乐记》与《大学》更有淋漓尽致的发挥。

《乐记》阐明礼、乐、刑、政的关系说：

礼以道其志，乐以和其声，政以一其行，刑以防其奸。礼、乐、刑、政，其极一也。

乐者为同，礼者为异。同则相亲，异则相敬。⑤

---

① 《论语·八佾》。
② 《礼记·郊特牲》。
③ 《论语·颜渊》。
④ 《论语·为政》。
⑤ 《礼记·乐记》。

指出礼的作用在于区分贵贱，造成下对上的敬畏；而乐的作用则是和同上下，造成上下间情感的沟通。从文化发生学角度而言

> 乐由中出，礼自外作。乐由中出故静，礼自外作故文。①
> （乐由内心产生，礼体现于外表。乐由内心产生，潜移默化；礼体现于外表，形成仪式制度。）

礼乐的配合就将外在的社会规范与内在的情感精神的呼应结合起来。

《大学》更提出"格物—致知—诚意—正心—修身—齐家—治国—平天下"八个条目，构筑一个由内到外、由精神追求到制度规范相统一的完整体系，将周代以来的礼治思想制度化、系统化，它既是帝王的统治术指南，又是臣民的修养法则与行为准绳，并因其纲领鲜明而被列为《四书》之首篇。

第五，"礼"通过制订一系列制度规范，又与内在的仁学结合，成为整治民众、确立社会秩序的高妙手段，而各阶级、阶层及其各具体分子，只有遵循这些规范才能在社会共同体内各得其位，而不至于因为利益的无限制冲突而同归于尽。当然，这种各得其位，是不平等的，是通过统治者对被统治者的控制、训示乃至讨伐来实现的，所谓"夫礼，所以整民也。故会以训上下之则，制财用之节；朝以正班爵之义，帅长幼之序；征伐以讨其不然"②。然而，不平等的"恶"，正是社会发展的杠杆，在它的撬动之下，历史沿着文明轨道运转，从这一意义上，下面的话包蕴着部分真理——

> 礼，经国家，定社稷，序人民，利后嗣者也。③

---

① 《礼记·乐记》。
② 《左传·庄公二十三年》。
③ 《左传·隐公十一年》。

因而，论"礼"者将其尊奉为政治的根本，所谓"为政先礼，礼者政之本也"①。礼的具体功能，则被展开叙述为：

夫礼者，所以定亲疏、决嫌疑、别同异、明是非也。……道德仁义，非礼不成。教训正俗，非礼不备。分争辨讼，非礼不决。君臣、上下、父子、兄弟，非礼不定。宦学事师，非礼不亲。班朝治军、莅官行法，非礼，威严不行。祷祠、祭祀、供给鬼神，非礼，不诚不庄。②

礼可以完成道德，齐备教化，决断争讼，确定君臣关系，其效用达于政治、军事、祭祀诸方面。从历史的纵深度而言，"前圣继天立极之道，莫大于礼；后圣垂世之教之书，亦莫先于礼"③。

从一定意义言之，一部中国文化史，即是一部礼的发生、发展史。中国文化的光辉与黯淡，成功与挫败，都与礼的运作紧密相联，故而维护文化传统者以"礼之卫士"自任，革新文化传统者必向礼教弊端发起攻击。而以历史主义态度揭示礼的本来面目，并给予科学的阐释，以实现对传统礼治精神的因革取舍，为创建新的社会规范提供借鉴，正是吾辈的使命。

第五节　《易》

一、题解

被《汉书·艺文志》推尊为"群经之首"的《易》，有一个漫长的衍生过程。

---

① 《大戴记·哀公问于孔子》。
② 《礼记·曲礼上》。
③ 陈澔：《礼记集说序》，卫撰《礼记集说》，上海古籍出版社 1987 年影印本。

"易"原为上古卜筮书的泛称。

古时预测法，用烧烤龟甲所现裂纹判断吉凶称卜，用蓍草起卦称筮，合称卜筮。卜筮在古代是国之要务，"国之守龟，其何事不卜"①。相传伏羲、黄帝之时即盛行占卜，《周礼·春官·宗伯》将传说中的伏羲之易《连山》、黄帝之易《归藏》与周代之易《周易》并称"三易"。因《连山易》、《归藏易》亡佚，传世者仅为《周易》，故"易"又专指《周易》。

"易"的含义原来有二，一为"简易"，指筮法（即用筮草占卜的方法）比龟卜之法更简易；二为"变易"，指以揲蓍数目之变②，推问事物的变化，借以释疑。战国晚期，随着君主专制的逐步确立，成书于其时的《易传》又阐述"天尊地卑，乾坤定矣"的"不易"之义。这样，"易"便有三义，所谓简易为德，变易为气，不易为位。郑玄在《易赞》和《易论》中概括说：

> 《易》一名而含三义：易简，一也；变易，二也；不易，三也。

三易中当以"变易"义为基本，《易》主要是一部讲变易的书。

《周易》之"周"，历来有二解：

一为"易道周普"，取变化的普遍性之义。此说见于郑玄的《易赞》和《易论》，他在解释"三易"时说：

> 《连山》者，象山之出云连连不绝；《归藏》者，万物莫不归藏于其中；《周易》者，言易道周普，无所不备。③

---

① 《左传·昭公五年》。

② 据《系辞》所载揲蓍成卦之法，是用五十五根蓍草，实际用四十九根，经过二分、挂一、揲四、归奇四个程序，进行三次推演，得出一爻，所谓"三变成一爻"。一卦六爻，共十八变而成卦。

③ 见孔颖达《周易正义卷首》引文。

唐人贾公彦发挥此说，认为"《周易》纯阳为首，乾为天，天能周匝于四时，故名易为《周易》"①。郑、贾等人以"周"释为"周普变化"、"周匝四时"，可能从《易传·系辞下》的《易》之为书也不可远，为道也屡迁，变动不居，周流六虚"之说中得到启示。

《周易》之"周"的另一种解释是"周代"，周代的易书即《周易》，正如周代的礼书为《周礼》。唐人孔颖达主此说。他援引《易纬》，认为《周易》是"因代以题周"②。此说可从先秦及西汉典籍中得到佐证，如《左传》有"周史有以《周易》见陈侯者"之说③，《史记·太史公自序》也称，"西伯拘羑里，演《周易》"，这里的"周"显然都指周文王(西伯)之"周"。

笔者以为，《周易》本来就是晚出的名称，而《周易》之"周"的"周普"、"周代"两说各有道理，可以并存。而将《周易》释作"成于周代的讲变易的书"，已经约定俗成，不必力加排斥。

二、结构

《易》由卦画符号和解释卦画符号的文字两大部分组成。

先秦的《易》包括卦与卦辞、爻辞。

"卦"指卦画符号。《说文》说："卦，所以筮也。"指出卦的功用是卜筮；《玉篇》说："卦，八卦也，兆也。"进一步将"卦"的具体形态确定为"八卦"，其功用是征兆。

卦的最基本构成单位是"爻"。爻有两种，是分别表示"刚"与"柔"的两个符号——用"▬"代表阳(刚)，用"▪▪"代表阴(柔)，前者为阳性事物，称"阳爻"或"刚爻"，后者为阴性事物，称"阴爻"或"柔爻"。

三爻交叠，成八个基本卦，通称"八卦"，其形象为：

---

① 贾公彦：《周礼疏》。

② 见孔颖达《周易正义卷首》引文。

③ 《左传·庄公二十二年》。

　　八卦又称"八纯卦"、"经卦"、"单卦",分别象征天、地、雷、风、水、火、山、泽。每一卦形(或称"卦象")都包蕴着一定的"卦德",即卦的属性。如离卦象火焰中有一处蓝色焰点;坎卦象流水之形。

　　八卦交相叠加,而成六十四个衍生卦,通称"重卦"、"别卦"。重卦的出现,表现了在数学运算能力上已掌握了多达六十四个的排列组合方式;同时,又把象征宇宙间八种特性的经卦重叠起来,显示事物内部两种对抗性力量的相摩相荡、相反相成的组成情况。如屯卦(䷂),上坎下震,是"刚柔始交"之象,其下体的震象为雷,有动义;上体的坎象为水,有险义,这两种卦德的对立统一,形成新的卦德——动乎险中,有艰险之义,而这种艰险是初创的艰险,亦即天地始生万物的艰险。这样,屯卦的含义较原来的"坎"和"震"要丰富得多。此外,重卦的每一卦中的六爻,在卦象活动中具有变动不居的意义,正如《系辞上》所说:"爻者,言乎变者也。"《系辞下》亦说:"爻也者,效天下之动者也。"这样,重卦的卦德是随时而迁的,动态的。重卦的出现,较之八卦而言,无论对占筮来说,还是对理论思维来说,都是一个飞跃。

　　与由六十四卦组成的卦画系统相联系而又有一定独立性的是文字系统——卦爻辞,它们是经过提炼、概括的占筮记录。

　　说明每卦要义而系于每卦之下的文辞称"卦辞",包括卦名和卦辞两部分，如屯卦(䷂)卦形下的文字说："屯。元亨，利贞。勿用有攸往。利建侯。"其中，"屯"为卦名，"元亨，利贞。勿用有攸往。利建侯"为卦辞。

说明每卦各爻要义而系于每爻之下的文辞为"爻辞"，如屯卦由下而上的六爻下有文字说："初九：磐桓。利居贞。利建侯。""六二：屯如邅如，乘马班如，匪寇，婚媾。女子贞不字，十年乃字。""六三：即鹿无虞，惟入于林，君子几，不如舍。往，吝。""六四：乘马班如，求婚媾。往吉，无不利。""九五：屯其膏。小贞吉，大贞凶。""上六：乘马班如，泣血涟如。"为屯卦的六条爻辞。

《易》共有卦辞六十四条，爻辞三百八十四条，加上乾、坤两卦的两条用辞，凡四百五十条，总称筮辞，也即《易》的经文。

在经文之外，从春秋中叶到战国陆续出现阐扬易义的论说，后由战国末年的儒者编纂成七种十篇，其为：《彖辞》上、《彖辞》下、《象辞》上、《象辞》下、《系辞》上、《系辞》下、《文言》、《说卦》、《序卦》、《杂卦》。因这些论文可作易的经文的辅翼，又共计十篇，故称《十翼》。此名称最早见于汉代纬书《周易乾凿度》："孔子占《易》，得《旅》，息志停读，五十究《易》，作《十翼》。"汉初司马谈《论六家要旨》将《系辞》称《易大传》，《汉书·儒林传》简称《传》。以后又习惯将《十翼》称《易传》。至汉代，这十篇论《易》的文章已附于《易》的经文之下，故汉代以降的《周易》分"经"、"传"两部分。

三、作者及时代

明了《易》的结构，方可讨论《易》的作者。因为《易》的各个不同部分创制的时代大相差别，故议及《易》的作者，必须分层次：作八卦者为谁？重八卦成六十四卦者为谁？作卦辞者为谁？作爻辞者为谁？作传者为谁？

（一）八卦，又称"经卦"、"单卦"，因由三爻组成，亦称"三画卦"。关于作八卦者为谁，主要有二说：

一为"伏羲作八卦说"，依据《周易·系辞下》所说："古者庖牺氏之王天下也，仰则观象于天，俯则观法于地，观鸟兽之文，与地之宜，近取诸身，远取诸物，于是始作八卦，以通神明之德，以类万物之情。"信从此说者甚多，如司马迁、扬雄、王充、孔安国、马融、徐干(171—217)、孔颖达等；

二为"周代筮人作八卦说"，宋人陆九渊创此说，近人容肇祖、郭沫若亦持此说，其论证逻辑为"以殷墟卜辞文字证之，知殷以前绝无卦画"①。"伏羲画八卦之说见《系辞下传》……为先秦文献所未见"②。

以上两说均无直接佐证，只能视作假说。但这两种假说似以"伏羲画卦说"较有价值。当然，如果以为"伏羲"是一位确切的、实有的古帝王，并以为他画出了今日所见的那种规整的八卦，是把想象当作了史实。然而，若以"伏羲"作为初创畜牧的原始时代先民的代称，则"伏羲画卦说"则接近历史真相。因为其时的先民尚未发明文字，却试图用图画符号记录并表达意向，故"伏羲画八卦"的传说透露了原始社会先民创作图画符号的"史影"。③

关于八卦的起源，还有种种推测，较有影响者，如"男根女阴说"、"原始文字说"、"龟卜说"、"结绳说"、"竹筹蓍草说"、"天地说"、"土圭测影说"、"日月星象说"、"宫室建筑说"、"筮数说"等。总之，八卦起源是一个富于神秘意味的问题，至今尚无定论。

(二)将八卦重为六十四卦，何时完成？孔颖达《周易正义》卷首《论重卦之人》称，"重卦"有四说：

一为伏羲画八卦，又重为六十四卦，晋代王弼等主此说④；

二为神农画卦，东汉郑玄主此说；

三为夏禹重卦，晋代孙盛主此说；

四为周文王重卦，司马迁等主此说。

---

① 容肇祖：《占卜的源流》，《容肇祖集》，齐鲁书社 1989 年版，第 19 页。

② 郭沫若：《青铜时代》，人民文学出版社 1954 年版。

③ 关于神话、传说提供"史影"，见拙著《上古神话纵横谈》，上海文艺出版社 1984 年版。

④ 《淮南子·要略》有"伏羲为之六十四卦"之说，故"伏羲重卦说"西汉已有，并非始于晋代。

四说均为推测，但以《周易·系辞下》证之，重卦于周文王时代是较为可信的。《系辞下》说："《易》之兴也，其当殷之末世，周之盛德邪？当文王与纣之事邪？"殷周之际是《易》兴之时，重卦当于此时完成。

(三)卦辞、爻辞的作者为谁？

一说，两者皆为周文王。郑玄据《系辞下》"《易》之兴也，其于中古乎"和司马迁《报任安书》所说"文王拘而演《周易》"，认定卦辞、爻辞均出自周文王的手笔；

二说，卦辞为文王作，爻辞为周公作。马融(79—166)、陆绩(187—219)等以爻辞多有文王以后事迹，故认定爻辞不可能出于文王，所谓"卦下之《象》，文王所作；爻下之《象》，周公所作"①；

三说，卦辞、爻辞皆为孔子作。清人皮锡瑞在《经学通论》、《经学历史》中持此说。

从卦辞、爻辞的文体、内容推断，皆为西周作品无疑。卦辞、爻辞涉的历史事件和人物，多为殷周之际，最晚提到康侯，故成书于周成王时是可能的。又从若干卦、爻辞语气看，作者大约是卜官，不大可能出自文王、周公二人之手。综上所述，卦爻辞可能是周初卜官所记，于西周中后期基本定稿。关于卦、爻辞产生时代，见本书第四章第一节。

(四)易传作者为谁？自司马迁以下，郑玄、陆德明(约550—630)、颜师古、孔颖达等古文经学派，以至近人顾实等，都以为是孔子所作。持此说而影响最大者当为《史记》、《汉书》两部史学名著。《史记·孔子世家》称："孔子晚而喜《易》，序《彖》、《系》、《象》、《说卦》、《文言》。"《汉书·艺文志》也说："孔氏为之《彖》、《象》、《系辞》、《文言》、《序卦》之属十篇。"

东汉王充(27—约97)不同意《十翼》全出于孔子手笔之说，认为孔子只撰写了《彖》、《象》与《系辞》。② 宋学派则认为《系辞》及《系

————————

①　《左传正义》。

②　见《论衡·正说》。

辞》以下诸篇多用"子曰"，显系孔子弟子及后儒所撰述。宋代赵汝谈（？—1237），清人崔述（1740—1816），近人钱玄同（1887—1939）、顾颉刚（1893—1980）等，进而从内容、文字风格方面论证《易传》全非孔子所作，并以《论语》等先秦书为佐证，说明"孔子作《易传》说"不能成立，《易传》是一部杂凑书，与孔子无涉。①

综观《易传》本身及《左传》等先秦典籍提供的材料，《易传》并非全然出自孔子手笔，而是在孔子出世以前的春秋中期，即有若干为《易》的卦辞所作的传文，到春秋末期及战国初期，孔门师徒参与这些传文的增删修订工作，战国中后期的儒者又进一步修改补充之，方形成传世的《易传》十篇。这十篇论文，依托于作为卜筮之书的《易经》，而阐发政治、经济、文化、伦理诸方面的哲理，可谓"去祥神怪而务人事"，进一步使《周易》成为一部有体系的人文哲理著作。

总之，《周易》的经、传是无数位"无名氏"在漫长的岁月中创作、汇集、整理而成的，某几位圣贤在其间发挥枢纽作用，但并不是伏羲、文王、周公、孔子的个人作品。

四、"易道广大，无所不包"

《周易》作为一部广涉社会、政治、军事、经济、文化和个人命运的卜筮书，通过建立完备的理论框架，创造独特的概念、范畴系统，而成为渊深博大的哲学书，其占卜功能渐渐退居次要，故后人有"善易者不卜"之说。关于《周易》的哲学思想，本书第六章第一节将作专门论述，这里仅就其哲理的两个基本范畴——"易"与"象"略作界说。

前文已指出，《周易》之"易"包括简易、变易、不易三层含义，而主要义为变易。《周易》的"经"与"传"都充满变化观念，其《系辞》更直接言"变"——

---

① 见《古史辨》第一卷钱玄同、顾颉刚等人论文。

> 在天成象，在地成形，变化见矣。
> 变化者，进退之象也。
> 一阖一辟谓之变。
> 天地变化，圣人效之。

故《史记》在论及六经功用时说：

> 《易》著天地阴阳四时五行，故长于变。①

《周易》不仅指出万物"行健不息"的变易现象，还揭示了变易的动力，这便是《系辞》所谓"刚柔相推而生变化"、"刚柔相推，变在其中矣"。刚柔的另一表述是阴阳，阴阳的对立统一，构成万物，造成万物的变化，所谓"一阴一阳之谓道"。

《周易》又进而论及变化的进程是由简到繁，《系辞》拟出这种由简而繁的变化程序："是故《易》有太极，是生两仪；两仪生四象，四象生八卦。"以下还有八卦重为六十四卦，内含三百八十四爻，代表着"天下之至赜"和"天下之至动"。《周易》这种以阴阳对立统一解释变化的思想，以及变化由简到繁的思想，包含着深刻的辩证思维，显示了中国古典哲学所达到的高度。

《周易》在"易"之外还提出"象"这一独特范畴。《系辞》说：

> 《易》也者，象也。

将《周易》的要道归结为"象"，也即形象、象征。《系辞》说：

> 圣人有以见天下之迹，而拟诸其形容，象其物宜，是故谓之象。
> 天垂象，圣人则之。

---

① 《史记·太史公自序》。

　　象也者，像此者也。

　　"象"指宇宙万物的"现象"，《易》制作八卦，模拟这些现象，即《系辞》所谓"设卦观象"、"八卦成列，象在其中矣"。《易》对现象世界的模拟，不是对现象的照搬和复制，而是加以抽象，并注入带有人文内容的"意象"，如"失得之象"、"忧虞之象"、"进退之象"、"昼夜之象"等。此外，取法于现象和意象，用之以对于具体事项的指导，则谓之"法象"，如耒耜取象于《涣》卦，集市交易取象于《噬嗑》卦，舟楫取象于《涣》卦等。

　　概言之，"象"有"现象"、"意象"、"法象"三义，《周易》的六十四卦即各自代表某种"现象"、"意象"，并由卦之现象、意象引出某种"法象"。这种"唯象思维"正是《周易》独特的运思方式，学《易》者必须以此入门。

　　《周易》以卜筮书现世，又被各类哲人阐发，形成一门相当复杂的"易学"。

　　易学可分为汉学派和宋学派，前者重象数，后者重义理，两派在清代渐趋融合。汉学派又分为今文派和古文派；宋学派则分为义理派和图书派。易学门别繁杂，其主要区别在于，或重义理，或重象数，可分称"义理易"与"象数易"①，前者侧重哲理研究，将《周易》作为哲学著作加以发挥，与《老子》、《庄子》并称"三玄"；后者侧重象数研究，将《周易》视作预测学范本，入于徵祥，又引申到天文历算等应用学科。

　　《周易》蕴含精到的哲理，又向政治、伦理、军事、经济、科技等各种人生实务开放，并被各行各业所运用。纪昀撰《四库全书总目提要》，论及《周易》的社会功能时指出：

　　《易》道广大，无所不包，旁及天文、地理、乐律、兵法、

---

　　① 当代易学，在"义理易"、"象数易"之外，又涌现出"人文易"、"科学易"。

韵学、算术，以逮方外之炉火，皆可援《易》以为说，而好异者又援以入《易》，故《易》说愈繁。①

关于《周易》对各学科门类的深远影响，已有多种论著言及，《周易》所阐扬的"自强不息"、"穷变通久"、"革故鼎新"等观念对中华民族精神的影响，本书后面章节将展开论说，这里均不赘述，仅以《周易》的二进位制对微积分创立者、德国哲学家莱布尼茨（1646—1716）的启示一例，即可得见这部"东方奇书"深藏的多面价值之一斑，而这种二进位制又是现代计算机运算的基本方法。这段世界科技史上的佳话雄辩地证明着《周易》的贡献并不限于一国一时，《周易》是一座属于全人类的垂之久远的思想宝库。

第六节　《春秋》

一、官修编年国史之滥觞

"春秋"原是西周末期至东周前期各诸侯国编年国史的通称。《国语·楚语》有"教之以《春秋》"，《国语·晋语》有"习于《春秋》"等语，可见楚史、晋史皆名《春秋》。《墨子·明鬼》更征引"周之《春秋》"，"燕之《春秋》"、"宋之《春秋》"、"齐之《春秋》"，说明春秋年间各诸侯国所编国史皆名《春秋》，墨子曾称"吾见百国《春秋》"②，极言其时作为列国国史的《春秋》数量之众。然而，在众多的诸侯国国史中，传世者仅为《鲁春秋》，于是，后来《春秋》成为鲁史专名。《孟子·离娄》说："晋之《乘》，楚之《杌》，鲁之《春秋》，一也。"这里《春秋》已特指鲁史，而与晋史《乘》、楚史《杌》相并列。

---

① 《钦定四库全书总目》（整理本）卷一经部一易类一，中华书局1997年版，第3页。

② 《隋书》李德林答魏收书引《墨子》曰："吾见百国《春秋》。"今传本《墨子》书中未见此语。

《春秋》的得名，盖因各国国史均为编年体，而一年有春、夏、秋、冬四季，交错互举，取"春"、"秋"二字以示编年。杜预《春秋左氏传序》说：

> 《春秋》者，鲁史记之名也。记事者，以事系日，以日系月，以月系时，以时系年，所以纪远近，别同异也。故史之所记，必表年以首事，年有四时，故错举以为所记之名也。

这段话将《春秋》的编年史性质阐述得十分清楚，这部史书的得名之由也就随之昭然。而其他三说，则未免牵强附会，一如《春秋》命名含赏刑之义，所谓"赏以春夏，刑以秋冬"；二如《春秋》命名含褒贬之义，所谓"一褒一贬，若春若秋"①；三如"以其书春作秋成，故云《春秋》"。②

作为编年史的鲁史《春秋》，以鲁国纪元，起于鲁隐公元年③（周平王四十九年，公元前722年），止于鲁哀公十四年（周敬王三十九年，公元前481年）或十六年（公元前479年），计凡十二公，二百四十多年，未曾间断，开我国官修编年国史之先河，也是世界最早的编年史之一。《春秋》记史的方法，上承卜辞，与殷周彝铭接近，以年、月、日系事，文字简约。该书所记史事，以鲁国为主，兼及周王室和其他诸侯国，主要记述政治事件和人物活动，如列国间的聘访、盟会、征伐、城筑，也载有若干自然现象，如水、旱、雪、霜、地震、日食，经济、文化事项则略有记述。

关于《春秋》的作者，自孟轲说"孔子成《春秋》"④，司马迁说孔子"作《春秋》"⑤以降，历来确认为孔子。或谓孔子创作，或谓孔子

---

① 王应麟《玉海》引郑樵语。
② 徐彦《公羊传疏》。
③ 鲁隐公父亲鲁惠公以上的鲁史原始记载亡佚。
④ 《孟子·滕文公下》。
⑤ 《史记·太史公自序》。

据鲁史《春秋》笔削而成。但在记述孔子言行的《论语》中，绝未提及孔子作《春秋》一事，这是"孔子作《春秋》说"的一大疑问。近人钱玄同直称"孔子作《春秋》说"是孟子的伪造。① 据今人徐中舒、罗世烈等考证，《春秋》基本是鲁史旧文，为鲁国太史所记。② 据《左传·昭公二年》载，公元前 540 年（孔丘生前十年），晋国大夫韩起聘鲁，"观书于太史氏，见《易象》与《鲁春秋》"，可见孔丘之前，早有《鲁春秋》。另外，《春秋》前后笔调不一，体例多异，足见非出自一人手笔，而是前后经多个史官编纂而成。而且《春秋》中有"孔子生"、"孔子卒"的记载，也证明孔丘不可能是《春秋》撰写者。孔门弟子以此书作历史课本教授门徒则在情理之中。

二、"笔削大义微言"的"书法"

《春秋》被列入"五经"，甚至被认作"五经"中意旨最高深的一部，主要并非由于它是我国第一部编年史，而是因为《春秋》记事侧重评断，这种评断是通过一种被称之"书法"的形式表达出来的，故章学诚（1738—1801）说："《尚书》无定法，《春秋》有成例。"③所谓"有成例"，即指有一定之法。《春秋》的"书法"，简言之，是以谨慎的用字来显示作者的价值取向，在极洗练的文句中透露其"惩恶扬善"的意图，达到"一字之褒，荣于华衮；一字之贬，严于斧钺"④的效应。这种褒贬的基本准绳是周代的礼制，违背周礼等级名分的僭越行为，必受其谴责；遵守礼制的人和事，必获其表彰。而这种谴责或表彰是通过"书"与"不书"，以及"如何书"显示出来的。晋文公召见

---

① 顾颉刚等编著：《古史辨》第 1 册，上海古籍出版社 1982 年版，第 67~82 页。

② 参见徐中舒《左传的作者及其成书年代》，《历史教学》1962 年第 11 期；罗世烈《孔子与春秋》，《中国史研究》1980 年第 1 期；杨伯峻：《经书浅谈》，《文史知识》1982 年第 5 期。

③ 章学诚：《文史通义·书教》，《章氏遗书》，商务印书馆 1936 年版。

④ 杜预《春秋经传集解序》："《春秋》虽以一字为褒贬，然皆须数句以成言。"

周天子，这当然是僭越之举，《春秋》不直记这一违礼事件，却曲笔写作"天王狩于河阳"，明明是周天子屈尊应晋文公之召，却说成是天子出"狩"，这是"为尊者讳"的典型事例。另外，同样是鲁君亡故，《春秋》或书以"薨"（诸侯亡故的正式说法），或书以"卒"（大夫亡故的正式说法），这也是一种有寓意的"书法"，所谓"内君逝以'薨'，未成君曰'卒'，天王皆曰'崩'"①。对于战争，因其性质之异，《春秋》分别选用伐、侵、袭、入、克、灭、取、战、围、歼、追等不同字汇，以显示某种价值评判。

总之，《春秋》通过史记中的价值评判，达到"正名分"的目的。对于《春秋》的这一意旨，孟轲深有体悟，而且大加阐述。他说：

　　世衰道微，邪说暴行有作。臣弑其君者有之，子弑其父者有之。孔子惧，作《春秋》。②
　　孔子成《春秋》而乱臣贼子惧。③

这里且不论《春秋》是否为孔丘所作，仅就《春秋》使得僭越礼制的"乱臣贼子"惧怕这一点而论，确乎揭示了《春秋》所特有的维护等级名分的社会功能，而这种社会功能又恰恰是通过"载之以史籍"、"垂之以竹帛"的方式体现出来的。在以"立德、立功、立言"为人生"三不朽"的中国人看来，其威力就更加强大了。

《庄子·天下》在论列六经之用时指出："《诗》以道志，《书》以道事，《礼》以道行，《乐》以道和，《易》以道阴阳，《春秋》以道名分。"《春秋》的功能是"道名分"，也即讲述尊卑上下关系的道理。

司马迁也指出《春秋》的特色是"文约而指博"，包藏着褒贬之义，

---

① 陈槃：《左氏春秋义例辨》，上海商务印书馆，《中央研究院历史语言研究所专刊》1947 年第 7 期。

② 《孟子·滕文公下》。

③ 《孟子·滕文公下》。

"故《春秋》之义行，则天下乱臣贼子惧焉"①。司马迁又引壶遂的话说：

> 孔子之时，上无明君，下不得任用，故作《春秋》，重空文以断礼义，当一王之法。②

这里强调的也是《春秋》论断礼义的作用，即所谓"《春秋》道义"——寓褒贬、正名分、辨是非，以礼制作标准评判历史，进而儆戒后人。秦汉以降，"《春秋》大义"成为纲常名教的同义语，《春秋》作为经书也被推尊到至高至贵的地位，汉代董仲舒甚至以《春秋》决狱，"朝廷每有政议，数遣廷尉张汤亲至陋巷问得失，于是作《春秋决狱》二百三十二事"③。当然，鄙视《春秋》，以为其是无条理的流水账者也不乏其人，如王安石讥《春秋》为不足道的"断烂朝报"，便是著名的一例。

三、《春秋》三传

作为记事之史的《春秋》④，文字极简约，二百多年的鲁国及列国史事，仅以一万六千五百七十二字记之，每条多则四十余字，少则一字，缺乏历史细节的具体描述，同时也未能对史料作统筹规划，发掘出其联系性。这样，便陆续出现一些解释《春秋》的书。因《春秋》被尊为"经"，解释这部经的书便称之"传"，传指训解、注释或阐述经义的文字。《春秋》的传文，传世者有《春秋左氏传》、《春秋公羊

---

① 《史记·孔子世家》。
② 《史记·太史公自序》。
③ 见《汉书·艺文志》六艺略《春秋》家著录《公羊董仲舒治狱》十六篇，王先谦补注。
④ 《汉书·艺文志》："左史记言，右史记事；事为《春秋》，言为《尚书》。"

传》、《春秋穀梁传》，合称"《春秋》三传"①。《公羊传》和《穀梁传》是今文，以解释《春秋》经义为务，属"经传"正体；《左传》是古文，详细记述《春秋》所简单涉及的历史事实，属于"史传"，不是经传正体。故有"《左氏》传事不传义，是以详于史"，"《公》《穀》传义不传事，是以详于经"之说。

《春秋左氏传》省称《左传》。西汉以前又称《左氏春秋》，或《春秋》、《〈春秋〉古文》，《汉书·艺文志》始称《春秋左氏传》，以与《春秋公羊传》、《春秋穀梁传》并称。旧说《左传》作者为与孔子同时的鲁国盲史左丘明。② 现代学者考证，《左传》可能由左丘明口授，但成书约于战国初期，执笔者可能与孔子门人相关。其记载史事，起于鲁隐公元年（前722），迄于鲁悼公四年（前464），比《春秋》多出十七年。

《左传》虽大多以《春秋》为依托，但已不再是简短的年代大事记、朝报式的载录，而是历史事件完整的记述，社会生活生动的写照，它广泛而详尽地记载了春秋间的大事件和上层政治生活、军事斗争。如《春秋》对晋、楚间的邲之战，仅记有"夏六月，乙卯晋荀林父帅师及楚子战于邲，晋师败绩"二十一个字，而《左传》却铺陈为二千五百三十五个字，详细记述这场战争的始末，成为我国写战争的史传文学的典范。《春秋》全书仅一万多字，而《左传》共十八万零二百七十三个字，是《史记》以前我国规模最宏大的历史著作。《左传》还记载不少有价值的经济史、思想史、科技史方面的材料，并广为征引古文献，如《商书》、《周书》、《易》、《诗》，其中不少是今本《书》、《易》、《诗》中所不载的佚文，尤显珍贵。

《春秋公羊传》，省称《公羊传》，亦称《公羊春秋》，旧题战国齐

---

① 《汉书·艺文志》著录的《春秋》传有五种，"左氏传三十卷"，"公羊传十一卷"，"穀梁传十一卷"，"邹氏传十一卷"，"夹氏传十一卷"。但"邹氏无师"，即无传授之人；"夹氏未有书"，即仅口说相传，未著竹帛。

② 此说见《史记·太史公自序》。又《论语·公冶长》："子曰：'巧言、令色、足恭，左丘明耻之，丘亦耻之。'"据此，左丘明当与孔子同时或稍前。

人公羊高撰。① 原为口说流传，汉初才成书。它是今文经学的重要典籍，着重阐释《春秋》的"微言大义"，史事记载远比《左传》简略，而且不确切。

《公羊传》特别受到汉武帝推崇，因为《公羊传》适应汉帝国"大一统"的需要。《春秋·隐公元年》："元年春王正月"，《公羊传》释曰："何言乎王正月？大一统也。"董仲舒在向汉武帝提出推明"六艺之科"、"孔子之术"的建策时，开宗明义宣传的也是"《春秋》大一统者，天地之常经，古今之通谊也"②。这种"大一统"思想成为汉代以降的官方哲学。此外，《公羊传》宣扬"君亲无将，将而诛焉"③，认为臣子对君父不能有弑杀的念头，若有此念头，就可以将其诛之。这类思想也为专制帝王所赏识。而《公羊传》所阐发的"张三世"、"通三统"、"绌周王鲁"、"受命改制"等观念，则为后世改制者所沿用。总之，如果说《左传》是我国史学的早期楷模，那么《公羊传》则是我国政治学的初始范本。

《春秋榖梁传》，省称《榖梁传》，亦称《榖梁春秋》，旧题鲁人榖梁赤撰。④ 以往认为榖梁赤与公羊高之学，均受子夏所传。但《榖梁传》与《公羊传》彼此矛盾处颇多，学脉显然不一，故说其同为子夏所传，恐不确。《榖梁传》原来也是口说流传，汉初才成书。体裁略近《公羊传》，是阐释《春秋》经义的作品。

为比较"三传"差异，下以《春秋》经文"隐公元年春，王正月"的三传阐释作例说明之。

　　《左传》："惠公元妃孟子。孟子卒，继室以声子，生隐公。宋武公生仲子。仲子生而有文在其手。曰：为鲁夫人，故仲子归

---

① 《汉书·艺文志》："《公羊传》十一卷。公羊子，齐人。"颜师古《汉书注》称公羊子名高。

② 《汉书·董仲舒传》。

③ 《公羊传·庄公三十二年》。

④ 《汉书·艺文志》："《榖梁传》十一卷。榖梁子，鲁人。"桓谭《新论》，陆德明《经典释文·叙录》称榖梁子为"榖梁赤"。

于我。生桓公而惠公薨，是以隐公立而奉之。

元年春，王周正月，不书即位，摄也。"

《公羊传》："元年者何？君之始年也。春者何？岁之始也。

王者孰谓？谓文王也。曷为先言王而后言正月？王正月也。

何言乎王正月？大一统也。……"

《穀梁传》："虽无事，必举正月，谨始也。公何以不言即位？成公志也。焉成之？言君之不取为公也。君之不取为公何也？将以让桓也。让桓正乎？曰：不正。《春秋》成人之美，不成人之恶。……"

对于《春秋》中同一条经文，《左传》从史事上铺陈：以写实的笔法记述了鲁隐公继位过程，无意从中"激发""画外音"。而且，为说明隐公继位的始末，还写了"先经以始事"的一段话，即"惠公元妃孟子……是以隐公立而奉之"，这本为《春秋》经文"春王正月"以前的史实，显然是《左传》作者直接取材于其他史料补写上去的，以详明史实。《左传》中的这类情况颇多，也正因为如此，《左传》才成为一部记载翔实、有头有尾的史书。而《公羊传》与《穀梁传》则对史事叙述周详不感兴趣，它们从经文的记事性文字中，刻意开掘"大义"，如《公羊传》发挥的"大一统"，《穀梁传》发挥的"受位以正"的礼教观，其实，这些"大义"与《春秋》经文"本义"并不相及。总之，《左传》与《公羊传》、《穀梁传》对《春秋》的阐释走的是两条不同的道路：《左传》拓展了《春秋》作为编年国史的侧面，成为史学巨著；《公羊传》、《穀梁传》则发挥《春秋》"书法"，阐扬"微言大义"，成为政治学的一种特别文本。正如朱熹(1130—1200)评论的：

《左氏》是史学，《公》、《穀》是经学。史学者，记得事却详，于道理上便差；经学者，于义理上有功，然记事多误。①

①　《朱子语类》，中华书局1986年版。

这是对经学、史学的长短得失的精到剖析。

第七节　道、墨、释经籍亦为元典

前述《诗》《书》《礼》《易》《春秋》，因其多由儒者整理、阐释，习常将其归为儒学经典。其实，"五经"并非仅属儒家，道、墨、法、阴阳诸家也祖视"五经"，并各有申发。此意第四章第三节详论，此不赘。

需要特别说明的是：在元典生成期的先秦，诸子便各有贡献，并非某一家专属，自汉晋以降近两千年间更形成"儒释道三教共弘"格局，故中华元典并非限于儒经，道家经籍、墨家经籍、释家经籍对中国人精神世界的铸造，其作用不可小视，"儒家治世，道家治身，佛家治心"即此之谓也。道家之《老子》、《庄子》，释家之《华法经》、《坛经》，以及倡导科学技术、主张"兼爱""非攻"的《墨子》也当纳入中华元典系列。道家的"道法自然"、墨家的"兼爱""尚同"、禅宗六祖的"修行在日常"等意旨，皆为中华元典精神不可缺少的部分。

一、《老子》(《道德经》)、《庄子》(《南华经》)的元典属性

道家经典《老子》、《庄子》成书时期近于《论语》、《孟子》，同为轴心时代的卓异创制。

(一)《老子》是先秦诸子正式分野之前的一部论玄著作，为战国诸子所共仰

此书作者老子(约公元前 571 年—公元前 471 年)，字伯阳，谥号聃，又称李耳。古时"老""李"同音，"聃""耳"同义，"子"为男子尊称，故"老子"、"李耳"、"老聃"为一人多称。老子是楚国苦县人，做过周朝"守藏室之官"(管理国家典藏的史官)，可谓中国最早留名的国家图书馆——档案馆馆长。相传老子辞官，西出函谷退隐，出函谷关前，应关尹喜之请，著五千言。此篇在不同时期有不同的称谓：

春秋末期晋国师旷称之《义经》。

战国末年尚黄老刑名之学的韩非称老子书为《周书》，《韩非子》有《解老》、《喻老》二篇，注解与诠释老子论著，篇中之"老"即指老子书。可见战国时老子书已为诸子研读、阐扬。

西汉初年，齐地方士河上公用神仙家观点为《老子》作注，成《老子河上公章句》八十一章，《老子》书名自此流行。

汉景帝崇黄老，升《老子》入经，因前三十七章首字"道"，称《道经》，后四十四章首字"德"，称《德经》，合曰《道德经》。西汉辞赋家扬雄《汉志·蜀王本纪》说："老子为关尹喜著《道德经》"。足证自西汉起，《老子》又名《道德经》已为人习用。

道教兴起后，封老子为教主，奉为"太上老君"，为最高神位"三清"（玉清元始天尊、上清灵宝天尊、太清道德天尊即老子）之一。道教奉《老子》为经典，称《道德经》或《道德真经》。唐高宗追封老子为"太上玄元皇帝"，尊《道德经》为《上经》，唐玄宗时尊称此经为《道德真经》。

《老子》思想博大精深，由宇宙论而人生论，由人生论而政治论。其最高范畴为"道"（故信奉其说的学派称"道家"，宗教称"道教"），"道"并非由人格神所左右，"自然"才是终极效法对象，所谓"人法地，地法天，天法道，道法自然"。由"自然无为"衍出"无为而治"，谴责专制制度的以上凌下，为庶民疾呼，指出"天之道，损有余而补不足，人之道则不然，损不足以奉有余"；"民之饥，以其上食税之多"；"民之轻死，以其上求生之厚"；"民不畏死，奈何以死惧之"。一切事物均有正反两面，由对立而转化，所谓"反者道之动"，"祸兮福之所倚，福兮祸之所伏"。

其传世文本，三国（魏）王弼的《老子注》最为通行。另有元吴澄的《道德真经注》，明焦竑的《老子翼》，清毕沅的《老子道德经考异》、魏源的《老子本义》，近人马叙伦的《老子校诂》、高亨的《老子正诂》、张松如的《老子说解》和朱谦之的《老子校释》等。长沙马王堆汉墓帛书《老子》甲、乙本是较古的全本。晚近湖北荆门郭店出土的《老子》及其他早期道家著作（《太一生水》）提供了此一元典的原始文本。

清代以前《道德经》版本已有 103 种之多，迄今为止中文校订本共三千多种。贞观二十一年，唐太宗诏玄奘将《道德经》翻译为梵文，此为《老子》外译之始。16 世纪以降，西学东渐、中学西传，《道德经》被翻译成拉丁文、法文、德文、英文、日文等各国文字，据世界教科文组织资料，截至 2014 年为止，可查到的各种外文版《老子》一千多种。世界印数最多的书籍，一为《圣经》，二为《老子》，昭显元典的文化传播功能。《老子》是世界了解中华哲思最重要的文本。

(二)继《老子》之后的道家经典《庄子》，为庄子及其后学的著作集

庄子，战国思想家，名周，宋国蒙(今安徽蒙城县，一说今河南商丘)人，与梁惠王、齐宣王同时。《汉书·艺文志》著录《庄子》五十二篇，但留下来的只有三十三篇。其中内篇七篇，为庄子著；外篇、杂篇可能掺杂门人和后来道家的作品。

庄子继承发扬老子思想，形成独特的学风文风，认为"道"是宇宙万物的本源，天道自然无为，无为而治乃政治极至。提倡仁义、强分是非，世俗社会的礼、法、权、势，皆为加在人身上的枷锁，有"圣人不死，大盗不止"，"窃钩者诛，窃国者为诸侯"的警辟之论。人的生存方式，当崇尚自然、返朴归真，"天地与我并生，万物与我为一"，人生的最高境界是逍遥自得，获得绝对的精神自由，而不是物质享受与虚伪的名誉。

庄子为文，"汪洋辟阖，仪态万方，晚周诸子之作，莫能先也。"①其对文学的影响力深厚久远。

道教继承道家学说，经魏晋南北朝的演变，老庄被神仙化。老子已如前述，庄子也被奉为神灵。唐玄宗天宝元年(724 年)二月封庄周"南华真人"，诏称《庄子》为《南华真经》，与《道德真经》并为道教经典。宋徽宗时封庄周"微妙元通真君"。

以《老子》、《庄子》为经典的道家及道教，是中华文化重要一支，无论从积极面还是消极面言之，其对社会生活的影响力与儒家互竞而又互补，难分轩轾；在国民精神的铸造上道学另辟蹊径，自有深度作

---

①　鲁迅《汉文学史纲要》。

用，"中国文化的根柢全在道教。由此读史，很多问题可以迎刃而解。"①此论自有道理。

老庄代表的道文化与孔孟代表的儒文化，一"出世"，一"入世"；一主"自然"，一主"人为"，构成中华文化对立统一的两极。就形上学而言，《老子》、《庄子》与《周易》并称"三玄"，北齐颜之推《颜氏家训·勉学》称："泊于梁世，兹风复阐。《庄》、《老》、《周易》，总谓三玄。"《隋书·隐逸传·徐则》："〔则〕善三玄，精於议论。"《老子》、《庄子》与"五经之首"的《周易》，是中华元典中思辨最为精深的论著，置于世界哲学视野，也堪称不世之华章。

自先秦始，《老子》、《庄子》即在经典系列中占有无可替代的位置，与《论语》、《孟子》组成中华元典系列并驾齐驱的两类杰构。

二、《墨子》的创识丰富元典精神

墨学由战国初年思想家墨翟(世称墨子)开创，经其弟子发扬，形成博大气象，居思想界要津达百余年，孟子说："杨朱墨翟之言盈天下。天下之言，不归杨则归墨"②。《吕氏春秋》言："(孔墨)从属弥众，弟子弥丰，充满天下。"③《韩非子》称"世之显学，儒墨也"④。足见墨学在元典创制时代所具有显赫地位。秦汉以降，墨学淡出社会视野，然其作为中国文化的一支异军，其精义的辉光不可掩盖，尤可补儒学之不足，故其理当纳入元典系列。

墨家创始人墨子(公元前468—公元前376)，宋人(或鲁人)，晚于孔子(公元前551—公元前479)，先于孟子(公元前372—公元前289)，活动时段约当战国初年。

孟子并不赞成墨子主张，但对墨子"士志于道"的精神十分景仰：

①　鲁迅《书信集·致许寿裳》。
②　《孟子·滕文公下》
③　《吕氏春秋·当染篇》
④　《韩非子·显学篇》。

墨子兼爱，摩顶放踵利天下，为之。①

墨子的"好学而博"为诸子所共认②，其人格的崇高更广受敬重，庄子赞曰：

墨子真天下之好也，将求之不得也，虽枯槁不舍也，才士也夫！③

西汉成书的《史记》广为弘扬墨学精义，其中一些历史人物如夏禹、晏婴等，均闪现浓郁的墨学色彩；墨学的的平民意识、为庶众谋求功利的精神，为司马迁所汲取。

东汉墨学已沉寂两百年，而其时成文的《汉书·艺文志·诸子略》仍对墨家、墨学的熠熠锋芒有真切记述与评骘：

墨家者流，盖出于清庙之守。茅屋采椽，是以贵俭；养三老五更，是以兼爱；选士大射，是以上贤；宗祀严父，是以右鬼；顺四时而行，是以非命；以孝视天下，是以上同；此其所长也。及蔽者为之，见俭之利，因以非礼，推兼爱之意，而不知别亲疏。

"清庙之守"，指管理宗庙事务者，其职守为演习郊祀或其他祭祀礼仪。春秋初的尹佚，便是"清庙之守"。据说他的传人史角居于鲁国，墨子曾前往学习。出自"清庙之守"的墨子教人敬事鬼神，似有创建宗教的意图，其门内纪律严明，几近宗教组织。墨家"任侠"，"墨子之门多勇士"④，墨者尚武，"墨子服役百八十人，皆可使赴火

---

① 《孟子·尽心上》。
② 《庄子·天下》。
③ 《庄子·天下》。
④ 陆贾：《新语·思务》。

蹈刃，死不旋踵"①。

墨子擅长手工，由此推测他曾为工匠。据说他用木头削成的车轴，能承受六百斤重的物体；用木料拼成的木鸟，能在天上飞一天；还比当时的巧手公输盘更早的发明了云梯等。墨家是手脑结合、劳力劳心并重的学派，与强化手脑分离的儒家大相径庭。

战国末期，墨子后学将该学派论著汇编成《墨子》一书，又称《墨经》。墨学因与君主专制相悖，遭统治阶级打压，也为占据学界庙堂的儒家排斥，于秦汉以下被贬为异端邪说，《墨子》被排斥于学宫之外，两千年间学子多不知其为何物，这是中华文化的重大损失。

至近代，有学者释读《墨子》(如孙诒让《墨子间诂》)，颇有发现——

墨家对光学、数学、力学等自然科学的探讨，达到颇高水平，其重逻辑(墨辩)、重践履的科学理性，与被视为近代科学先导的古希腊哲人并辉千古，可见中国传统文化并不缺乏科学精神。

墨家主"兼爱"，发博爱精神之先声，可见中国传统文化并非专讲亲亲互隐，爱有差等，其实也有不亚于基督教的广博大爱。

墨家悲天悯人，力倡"非攻"，谴责"王公大人天下之诸侯"穷兵黩武，屠戮人民；墨子又率子弟积极参加自卫战争，抗御侵略。墨家提出并践行最富人民性的战争观。

墨家力主"利天下而为""一同天下之义"，坚守公正平等，主张使"饥者得其食，寒者得其衣，劳者得息"。

墨家认定"尚贤"(任人唯贤)是为政之本，主张举贤不分门第，"不党父兄，不偏富贵，不嬖颜色"②，批判锋芒直指宗法世袭制，主张抑制特权阶层霸占社会资源。

墨家不同于专论"治民"的儒家和法家(儒家行王道以治民，法家行霸道以治民)，而较多探讨"民治"，《墨子·尚贤上》称赏古制的民选天子、三公、正长，认为"官无常贵，而民无终贱，有能则举之，

---

① 《淮南子·泰族训》。

② 《墨子·尚贤中》。

无能则下之"。①《墨子·亲士》肯定庶众有公开议政的言论自由；肯定人民间的契约是法制的基础。这些思想皆逼近代民治论。

两汉以下居于文化宗主地位的儒学，自有诸多优长，却又存在偏颇(一如忽略科技、藐视劳力，二为依附君权、只讲"治民"不讲"民治")，由此导致中国传统文化出现短板，墨学固然也有明显的理论弱点和偏狭性，但其光辉的德性与卓异的智性不庸否定，墨学救正儒学两项重要缺失的大智慧，尤其值得重视，只有创造性地将其汲纳其内，中华元典精神方称健全，并更具人民性。

三、《法华经》、《坛经》等佛典当归入中华元典

佛经本为印度元典之一支，传入中土，经千百年锻冶，诠释再造，逐渐融入中华元典系统。

(一)《妙法莲华经》等佛典的元典性

佛教是在南亚次大陆创立的宗教，其经典统称"藏经"，也叫"大藏经"，俗称"佛经"，由经、律、论三部分组成。"经"指佛祖释迦牟尼佛亲口所说，由其弟子集成的法本；"律"指佛陀为其弟子所制定的戒条；"论"是佛陀的弟子们学习佛经的心得之作。

佛教于两汉之际传入中土，大略经历两个发展阶段。一是从东汉到魏晋南北朝，共七八百年，主要是吸收南亚、中亚传来的佛教文化，并与儒学及道家道教发生冲突与融会。二是隋唐以来千余年间，佛教逐渐走上中国化道路，本为外来文化的佛学渐渐纳入中华文化系统，华化佛教(华严宗、天台宗、禅宗)和吸收佛学思辨成果的新儒学(宋明理学)成为中古、近古中国的基干文化成分，佛家与儒家、道家俨然并列为中国人的三大精神支柱。

佛经卷帙浩繁，流行中国的佛学十经逐渐演为中土经典：

(1)《般若波罗蜜多心经》(简称《心经》)

(2)《金刚般若波罗蜜经》(简称《金刚经》)

---

① 《墨子·尚贤上》。

（3）《大佛顶如来密因修证了义诸菩萨万行首楞严经》（简称《楞严经》）

（4）《妙法莲华经》（简称《莲华经》）

（5）《大方广佛华严经》（简称《华严经》）

（《楞严经》《莲华经》《华严经》讲修行、开智慧、教人成佛，被佛门高僧并称为"经中之王"）

（6）《阿弥陀经》

（7）《无量寿经》

（8）《观无量寿经》

（9）《长阿含经》

（10）《地藏菩萨本愿经》（简称《地藏经》，讲消灾、免祸、求福、避免遭三恶道苦）

以上诸经皆有元典属性，而《妙法莲华经》以其在中土传播之广、影响力之大，尤当纳入中华元典行列。

《妙法莲华经》七卷二十八品，姚秦高僧鸠摩罗什译。为大乘佛教要典之一。隋代高僧智顗作《法华玄义》、《法华文句》，使《妙法莲华经》便读普及。"妙法"，意为所说教法微妙无上；"莲华经"，比喻经典洁白完美。该经宗旨，在弘扬"三乘归一"，即声闻、缘觉、菩萨之三乘归于一佛乘，调和大乘小乘诸宗派各种说法，宣讲一切众生皆能成佛的一乘了义，所谓"不入法华，不知佛恩之浩瀚"，此经被认作"成佛妙法"。《妙法莲华经》文本称此经为"经中第一"，可见在佛典中地位之高，中国化佛教宗派天台宗等据以为立说的主要经典，诵读者甚众。隋唐信众以抄写《莲华经》为修行成佛的功课，从庶众以至帝王将相皆抄此经。敦煌文书、吐鲁番（高昌）文书多有南北朝隋唐的《莲华经》抄本。笔者先父1935年在新疆获得唐人魏徵手抄《妙法莲华经》长卷，即为中古时此经为士众信从、抄写的见证。

（二）《六祖坛经》

在佛教系统内，"佛经"指佛陀说话的汇编。上述《妙法莲华经》等十典皆冠以"佛说"、"如是我闻"（我听佛是这么说的），属于佛经"经、律、论"中的"经"部；而下面论及的《六祖坛经》，则是唐代僧人言说整理集，当属佛经"经、律、论"中的"论"部。然而，作为中国化佛教最富原创性、民间影响力最强劲的典籍，《六祖坛经》是中国人所著佛学作品中唯一称"经"的。而从世俗主义的学术眼光观之，《六祖坛经》理当进入中华元典行列。

《六祖坛经》亦称《六祖大师法宝坛经》，全称《南宗顿教最上大乘摩诃般若波罗蜜经六祖惠能大师于韶州大梵寺施法坛经》，简称《坛经》，是佛教禅宗六祖惠能言说，弟子法海集录的一部经典。

《六祖坛经》记载惠能一生得法传法的事迹及启导门徒的言教，是中国佛教著作唯一被尊为"经"者。其中心主张是"见性成佛"、"即心即佛"的佛性论，修行观为"顿悟见性"，指众生本具成佛可能性。"菩提自性，本来清净，但用此心，直了成佛"，"人虽有南北，佛性本无南北"。这一思想与《涅槃经》"一切众生悉有佛性"之说一脉相承。《坛经》反对离开世间空谈佛法，"若欲修行，在家亦得，不由在寺。在家能行，如东方人心善；在寺不修，如西方人心恶"。又说："功德需自性内求，不是布施供养之所求也。"

《坛经》的问世是佛教史上的一次革命，禅宗自此成为中国佛教的主流，风靡朝野。从敦煌文书中看到，受庄子思想影响而形成南宗慧能禅，在唐末五代宋初，从南方影响到北方，也影响到西北边地。

佛教禅学与老庄学说在"静则生明"上是一致的，故"庄禅"合称，释道对中国文化的影响颇有相合处。与老庄学说流行朝野相同时，《坛经》也广泛而深刻地作用于中国的文化、社会及民众精神生活。

《坛经》破除迷信，强调自己的命运自己主宰，相信命运是可以改变的，而改变命运不靠神仙，不靠菩萨，只能靠自己，命运掌握在自己手中，靠自己的觉悟："菩提般若之智，世人本自有之。""世人性本清净，万法尽在自性。""三世诸佛，十二部经，亦在人性中本自具有"。人本来就具有这种佛才具有的最高智慧，修行的目的就是要开发、发掘人自身所具有的智慧，所谓"自见本性，自修，自行，自成佛道"。

《坛经》倡导人间佛教。《坛经》矫正只重生后不重生前的出世倾向，指出佛法不在天上而在人间；佛法教化、开悟的不是天仙地神，而是人间众生；觉悟成佛的场所不在天上，而在人间。"佛法在世间，不离世间觉，离世觅菩提，恰如求兔角"，意谓离开人间、离开生活去寻求悟道，等同于寻找兔子的角，决不可得。欲修佛道，不一定要离世出家，只要发心向善，在家同样可以获得正等正觉。"若欲修行，在家亦得，不由在寺。"倡导"入世"的修道方式，行、走、坐、卧皆是道场，砍柴、担水莫非修行。

《坛经》重视社会协调，提倡人与人之间和谐相处，这种协调、和谐的基础不是名分，不是等级，而是平等，不仅倡导人与人之间平等，而且强调"众生平等"，众生包括所有动物在内，即不仅人与人之间，人与动物之间也要和谐相处。作为人，无论男女、凡圣、穷富、智愚、丑美、僧俗，其先天所具有之清净佛性是平等不二的，其成佛的根基完全相同。内在的佛性是根本，外在的差异是次要的，因此，无论任何人，都不可轻悔别人、歧视别人，不能只看到别人过失，而应时时反省自己，做到孝养父母、上下相怜，尊卑和睦，忍让谦和，《坛经》的这些论说提供了重建道德体系，创建和谐社会的宝贵精神资源。

《坛经》的禅文化还是联结海内外、教内外的特殊纽带。《坛经》的出现，使禅宗发展为一个国际性的佛教派别。历史上，禅宗是联系日本、朝鲜、越南、东南亚等国家和地区的重要文化纽带。

中华文化是多元复合体——

其一，中华文化是多民族文化的综汇，决非仅仅是汉族文化；

其二，中华文化是多种学术流派的综汇，决非仅仅是儒学一枝独秀。

历史地理学家谭其骧论中国文化的多样性时，力辟儒学独尊说。谭氏指出：

把中国文化看成一种亘古不变且广被于全国的以儒学为核心的文化，而忽视了中国文化既有时代差异，又有其地区差异，这对于深刻理解中国文化当然极为不利。①

以此议评估元典，亦甚中肯：中华元典并非仅有儒家"五经"及《论》《孟》一路，道家经典(《老子》《庄子》)，墨家经典(《墨子》)，释家经典(《心经》《金刚经》《莲华经》)等，中国人自创佛典《坛经》)共同汇聚为中华元典的长江大河。

余论：中华元典总体特质与文本传播

由《诗》、《书》、《礼》、《易》、《春秋》、《老子》、《庄子》等先秦古籍组成的中华元典，各有特色与功能，正如《礼记·经解》所说：

> 其为人也，温柔敦厚，诗教也；疏通知远，书教也；广博易良，乐教也；絜静精微，易教也；恭俭庄敬，礼教也；属辞比事，春秋教也。

但中华元典又有其总体共性，所谓"五行异气而皆和，六艺异科而皆道。"②崇道、弘道可谓中华元典的基本属性，展现如下特色：

（一）人文性和现世风格

中华元典较少印度元典(《吠陀》与《佛经》)、希伯来元典(《圣经》)那样执着的宗教情怀和出世追求。《隋书·经籍志》将中华元典为主干的中国经籍的人文性格具体描述如次：

> 夫经籍也者，机神之妙旨，圣哲之能事，所以经天地、纬阴阳、正纪纲、弘道德，显仁足以利物，藏用足以独善。③

---

① 谭其骧：《中国文化的时代差异和地域差异》，《中国传统文化的再估计》，上海人民出版社 1987 年版，第 41 页。
② 刘安：《淮南子》卷二〇《泰族训》。
③ 《隋书·经籍志一》。

这就揭示了中华元典的人文倾向：以政治—伦常为旨趣，其基本使命是"树风声，流显号，美教化，移风俗"①。与《吠陀》、《佛经》、《圣经》以"宗教圣典"垂世不同，中华元典以"人文经籍"形态出现，成为自具性格特征的文化元典。

（二）诗学编码

从符号学角度而论，典籍的文字表述分为逻辑编码和诗学编码两大类型。逻辑编码的时空规定性较强，其信息为编码规则所封闭，因而含义较为严格、确定。诗学编码的时空界定较模糊，其信息较少为编码规则所封闭，从而为接受者、传播者的自由发挥、创造性阐释提供广阔天地。

如果说，由柏拉图、亚里士多德等哲人论著组成的希腊元典主要使用逻辑编码，那么中华元典则以诗学编码见长，这不仅体现在以"赋、比、兴"为基本表现手法的《诗经》中，而且常见于其他中华元典，例如穷理尽性的《周易》、《老子》、《庄子》，在很大程度上便是哲理诗，《论语》、《孟子》以及《礼记》中的《大学》、《中庸》也不追求系统的逻辑结构而接近哲理诗风格。中华元典的诗学编码倾向，不但表现在它们讲究文辞的语形美、语音美，富于诗的韵味，而且广为采用比附、隐喻、引申、转义等修辞手法，造成一种"言简而义丰"的格局。中华元典以诗学编码见长的特色，为此后两千多年间的阐释多歧准备了前提。所谓"《诗》无达诂，《易》无达占，《春秋》无达辞"②，正是中华元典长于诗学编码、疏于逻辑编码的一种必然结果。本书第九章第二节将详论于此。

（三）同源众流

汉代以来，人们习惯于将"五经"看作儒学经典。其实，《诗》、《书》、《礼》、《易》、《春秋》等中华元典并非专属儒家。《庄子·天下》以"古之道术"称呼这几部典籍，是颇有分寸的，因为它们是诸子百家"方术"的共同渊薮，而不是儒家独占的源头。先秦时，这几部

---

① 《隋书·经籍志一》。
② 董仲舒：《春秋繁露·精华》。

书被视作社会的通用教科书，不仅儒家以《诗》、《书》、《礼》、《乐》为教，墨子以《诗》、《书》教诲弟子，阴阳家研习《易》理，也是耳熟能详的事实；儒家内部的不同派别，则对元典各有取舍，如孟子学说源于《诗》、《书》，其后学又吸取了阴阳五行之术；荀子学说源于《礼》、《乐》，并收纳名、法二家。

两汉以降，随着儒术独尊的确立，《诗》、《书》、《礼》、《易》、《春秋》被推尊为"经"，并往往被看作"儒经"，其著作权、解释权逐渐成为儒家圣贤的专利。第四章将辨析这一问题。当然，儒家"游文于六经之中，留意于仁义之际，祖述尧舜，宪章文武"①，对于元典的正订、阐发所做的工作最多。而且，自汉代以降，儒家推尊元典的努力又与帝王的需要大体契合，儒者地位随之提高，而"六经治世"、"六经致用"更成为朝野的一般认识，元典遂由古老的文化经籍、学人研习的文本，而一举高登庙堂，成为两千余年中国官方哲学的基本依凭，以致朝廷诏令、群臣奏议皆援引经文作根据；宫殿内的匾额，其词句也大多出自元典；一般士子著文发言，也不离对经典的依傍。更有甚者，还有所谓"以《禹贡》治河"（如《汉书·平当传》载，平当"以经明《禹贡》，使行河，为骑都尉，领河堤"），"以《洪范》察变"（如《汉书·夏侯胜传》载，昭帝驾崩，昌邑王继位，霍光等欲废之，夏侯胜以《洪范》之语警之），"以《春秋》决狱"（见《汉书·艺文志》六艺略《春秋》家著录《公羊董仲舒治狱》），"以三百五篇当谏书"（见《汉书·儒林传》载王式语）等牵强的说法流行于世。

（四）超越性与现实性同在

元典立意高远，悲天悯人，观照时空维度广阔，具有超越性；元典又关切现世问题，以真切的经世致用精神深度参与世务，故又具现实性。这后一属性使元典每为统治阶级所用，难免时有官方化走势（不仅儒、法，道家也难逃此种境遇）。但即使在官学化之际，其超越性依然金身不败。兼具超越性与现实性的元典，其深刻的哲理和富于人民性的追求，是中国文化健康发展的无尽动力。元典的经世观

———————

① 《汉书·艺文志》。

念、变易精神则为各个历史转折关头的革新者所借重，成为他们"改制"乃至"革命"的经典依托。此点本书后面章次将详细研讨。

（五）经学骨干

以中华元典为骨干，加上逐步发展起来的对元典进行阐释的论著体系，构成中国学术文化的正宗和主体——经学。据《四库全书总目》著录，作为四部之首的经部，书籍共有一千七百七十三部，两万零四百二十七卷，这还不包括大量佚书，当然也不包括乾隆以后的经学论著。经书数量的庞大，正是中华元典在历史生活中曾经发挥过巨大作用的一种反映；而在"通经登仕"的策引下，一代又一代士子"皓首穷经"的情形，更史不绝书，《儒林外史》等文学作品对此也有生动描绘，今日读来，仍令人不免唏嘘慨叹。至于经学开辟中国学术文化各个门类的端绪，则是毋庸置疑的事实，周予同曾简要概括道：

> 因经今文学的产生而后中国的社会哲学、政治哲学以明，因经古文学的产生而后中国的文字学、考古学以立，因宋学的产生而后中国的形而上学、伦理学以成。①

（六）传播力强劲

元典在广土众民的中国境内广为传播，而且，作为中华文化载体又播扬世界各地，成为全人类共同拥有的精神财富，以下以日本和西欧为例，略述中华元典在外域的流传情况。

日本很早就有汉籍传入。日本历代天皇"访治于有识，求道于六经"②。据日本现存最早文献《古事记》卷中"应神天皇"条记载，在应神天皇十六年（285）和迩吉师（即百济王仁）向天皇"贡上《论语》十卷，《千字文》一卷"，可见在3世纪，中国经典已传入日本。公元604年推古朝圣德太子制定《十七条宪法》，作为国家立国准则和群臣

---

① 周予同序，见皮锡瑞《经学历史》，中华书局1959年版。

② 源光圀主修：《大日本史》卷三十一，宇多天皇宽平九年七月条，文化七年源治纪刊本。

行动准则。这十七条的第一条"和为贵"即取自《礼记·儒行》"礼之以和为贵";"上和下睦"则取自《左传·成公十六年》"上下和睦"。《十七条宪法》中还有这样的文句:"国无二君,民无两主,率土兆民,以王为主。承诏必谨,君则天之,臣则地之;地欲复天,则致坏耳。"这些语言及思想均来自中华元典,从中可以得见《周易》、《尚书》、《诗经》、《论语》的踪影。此外,《十七条宪法》中还有"惩恶而劝善"句,取自《左传·成公十八年》;有"克念作圣"句,取自《尚书·多方》;"公(王)事靡盬"句,取自《诗·小雅·杕杜》,如此等等,不一而足。公元718年(元正天皇养老二年)日本制定《养老律》,规定大学课程分大经(《礼记》、《春秋左氏传》),中经(《毛诗》、《周礼》、《仪礼》),小经(《周易》、《尚书》)。随着日本向中国派遣"西海使"("遣隋使"或"遣唐使"),大量中国典籍由这些使者带回,日本政府还设立抄写汉籍的机构——"写经所",包括元典在内的各类汉籍在日本广为传播,汉字及元典包蕴的丰富思想为日本人所接纳和吸收。对日本历史产生重大影响的"大化革新"和"大宝令",都是以中华元典为指针制定的。中华元典在日本传播的又一重要阶段是江户时代(1603—1867)。此间,汉籍的买卖一直是中日两国贸易中的大宗货物,据1804年编纂的《商舶载来书目》记载,1693—1803年间,在日本长崎港运进的中国典籍有四千七百八十一种,其中中华元典及阐释论著占颇大比例。日本成为"汉字文化圈"或"儒学文化圈"的成员,与中华元典在日本的流传有直接关系。

中华元典片断传入欧洲,历时颇早,而系统地将中国经籍译介到欧洲,则始于明清之际,来华南欧耶稣会士劳绩甚著。如意大利人利玛窦曾将"四书"(《大学》、《论语》、《孟子》、《中庸》)译以西文寄回本国(未见刊本),他还在《中国札记》中广泛介绍中国经典。意大利人殷铎泽(1628—1696)将《大学》译成拉丁文,1662年木刻,在江西建昌出版。比利时人柏应理(1622—1692)于1662年刊印《大学》及《论语》前五篇的拉丁文译本,名《中国箴言》,此为流行于欧洲的第一部中国经典的译本。葡萄牙人郭纳爵(1599—1666)将《中庸》译成拉丁文,1667年一部分在广州刊印,余在卧亚印行。法国人宋君荣

（1689—1759）以法文译《书经》等五经，宋死后十二年在巴黎出版。①

耶稣会士 17 世纪译介的中华元典，使欧洲人第一次较完整地接触到中国文化精髓，其经验理性、民本主义、象数思维都给欧洲人留下深刻印象。德国数学家、哲学家莱布尼茨（1646—1716）在一封书信中，遍论《书经》、《诗经》、《易经》等中华元典，并以之与欧洲文化进行比较，他还特别提到《易经》与二进位制的关系问题②。莱布尼茨提出二进制以后，从传教士白晋处获悉《易经》中太极、两仪、四象、八卦等概念，这位二元算术的创立者十分兴奋，认为中国古圣王早在几千年前已经运用二元算术的原理安排六十四卦，是二进制的先驱。他又在《最近来自中国的消息》一书中，介绍中国社会和家庭制度。法、德等国启蒙思想家魁奈、伏尔泰、沃尔夫（1679—1754）、歌德（1749—1832）也对中华元典等中国典籍给予积极评价，并以中华元典精神作为他们启蒙思想的一个重要参照系。

中华元典向西方第二次系统译介，是清民之际，其主要翻译者也是来华西方传教士。如英国传教士、汉学家理雅各（James Legge 1815—1897）在中国文士王韬协助下，把"十三经"中的十部经书译成英文，统称为《中国经典》（The Chinese Classics），在西方享有很高的声誉，至今仍被一些西方人视为标准译本。但由于英汉两国语言、文化、思维方式等方面的差异，理雅各译本难免存在曲解、硬译和断章取义。

中国人较早系统从事中华元典外译的是通晓九种语文的辜鸿铭（1857—1928），他 1884 年发表《中国学》一文指出：理雅各翻译《中国经典》，虽然数量惊人，但并不都令人满意。辜鸿铭决定自己翻译儒家经典，1898 年在上海出版了他的《论语》英译本（The Discourses and Sayings of Confucius：A New Special Translation，Illustrated with Quo-

---

① 　见徐宗铎《中国文化西渐之介绍者》，《圣教杂志》第 27 卷第 7 期，另见莫东寅《汉学发达史》，上海书店 1989 年版。

② 　见［德］莱布尼茨《致德雷蒙先生的信：论中国哲学》，《世界名人论中国文化》，湖北人民出版社 1991 年版，第 137～154 页。

tations from Goethe and Other Writers），1906 年又推出《中庸》英译本
（*The Universal Order or Conduct of Life*），以后来又翻译《大学》（*Higher Education*）。辜译元典取意译法，即采用"动态对等"方法，使译文表达元典本义，而不是机械地作译文与原文的字句转换。

　　20 世纪中叶以降，更有一批中外专业学术工作者从事中华元典的译介工作。目前中华元典有多种文字、多种译本在世界各国流行。如《老子》（《道德经》）的英译版本有 300 多种，另有其他 17 种欧洲文字译本，全球发行量排名第二（仅次于《圣经》），在西方有"第二《圣经》"之誉。二战后的德国，从老子身上找到了文化的方舟，今之德国人，平均每四家就拥有一本《道德经》。

第四章　中华元典创制

经历漫长的前文明期和文明初期的酝酿，随着物质文明、制度文明的发展和文化人的成长，终于迎来元典创制的黄金期，这便是古希腊的群哲时代、印度的吠陀—佛典时代，在中国，恰值周朝八百年（西周与东周）。

第一节　元典滥觞于西周王官

一、殷周之际的文化变革

中国的元典创生期发端于殷周交替时期。

对于殷周之际在中国文化史上的特殊地位，王国维的《殷周制度论》有专门论列：

> 中国政治与文化之变革，莫剧于殷周之际。

对于这一总命题，王氏具体解释说：

> 以地理言之，则虞、夏、商皆居东土，周独起于西方。故夏商二代文化略同……夏殷间政治与文物之变革，不似殷周间之剧烈矣。殷周间之大变革，自其表言之，不过一姓一家之兴亡与都邑之移转；自其里言之，则旧制度废而新制度兴，旧文化废而新文化兴……
>
> 周人制度之大异于商者，一曰立子立嫡之制，由是而生宗法

及丧服之制，并由是而有封建子弟之制，君天子，臣诸侯之制；二曰庙数之制；三曰同姓不婚之制。此数者，皆周之所以纲纪天下，其旨则在纳上下于道德，而合天子、诸侯、卿、大夫、士、庶民以成一道德之团体。周公制作之本意，实在于此。①

王氏的论述虽有可商讨之处，但他关于周代基本确定中国文化性格走向的判断，却是不刊之论。他反复申述："周之制度典礼，实皆为道德而设"，"周之制度典礼，乃道德之器械，而尊尊、亲亲、贤贤、男女有别，四者之结体也"②。指出中国文化的"伦理型"范式是在殷周之际通过确立宗法制而得以初步定型的。以周公为代表的周初统治者以夏亡、殷灭为鉴，着力革新政治，并提出"天命靡常"、"以德配天"、"敬德保民"等重要思想，从而奠定中华文化精神的基石，中华元典的德治主义、贤人作风(非希腊式的智者作风)便由此开其端绪。我们虽然怀疑"文王拘而演《周易》"③、"周公居摄六年，制礼作乐"④一类传说，并不认为元典是个别"圣贤"的单独创作，但周公等周初统治者所确定的文化方向，确乎对两周八百年间逐步成型的中华元典的具体形态大有影响。从这一意义言之，"文武周公时期"，也即"殷周之际"应当视作《易》、《诗》、《书》等中华元典创制的至关紧要的滥觞期。

二、周的"维新"

"周"是一个历史几与"商"并肩发端的部族。作为偏处西方的"小邦"，周人曾长期附属于商。经过数百年的惨淡经营，周族渐趋强大，并利用殷统治者的腐败和主力部队转战东南淮夷之机，于公元前

---

①　王国维：《殷周制度论》，《观堂集林》卷一〇，中华书局 1959 年版。
②　王国维：《殷周制度论》，《观堂集林》卷一〇，中华书局 1959 年版。
③　司马迁：《报任安书》。
④　王钦若等编：《册府元龟·外臣部》，中华书局 1960 年版。

11 世纪，武王伐纣，"小邦周"一举战胜并取代"大邑商"。①

　　周朝建立后，一方面因袭商代的种族血缘统治办法，一方面又加以变革，注入若干新内容，正如《诗经》所云：

　　　　周虽旧邦，其命维新。②

　　周的"维新"，包括在商的血缘政治的基础上，建立完备的宗法制和分封制，将上层建筑诸领域制度化，制定周官，确立上下尊卑等级关系固定下来的制度（礼）和与之相配合的情感艺术系统（乐），这便是所谓"制礼作乐"。

　　周代的礼制是周代制度文化、行为文化和观念文化的集中体现，它既是典章制度的总汇，又是政治生活、经济生活、社会生活、家庭生活各种行为规范的准则，同时又反映周人"尊天敬德"的思想倾向。"礼"包括形式和内容两个侧面，其形式曰"仪"，即各种礼节和仪式。周制规定，各级贵族祭祀、用兵、朝聘、婚丧，都要遵循严格的合乎其等级身份的礼节仪式，以体现君臣、父子、兄弟、夫妇的上下尊卑之别。战国时人编纂的《仪礼》（又称《礼经》）一书，便是对西周仪礼的追记和理想化描述。礼的内容，一是"亲亲"，贯穿血缘宗法原则；二是"尊尊"，执行政治关系的等级原则。周代礼制的内容与形式统一在其主旨上，这就是"别贵贱，序尊卑"，以保证"天无二日，士无二主，国无二君，家无二尊，以一治也"③。成书于秦汉之际的《礼记》对周礼的这种概括，当然受到"大一统"的秦汉帝国政治结构的启发，但仍然透露出周代礼制那种"亲亲"、"尊尊"的精神。

　　周礼是沿袭夏、殷两代礼制又加以增减改造发展起来的，即所谓"殷因于夏礼，所损益，可知也。周因于殷礼，所损益，可知也"④。

---

①　夏商周三代工程专家认定：武王伐纣，时在公元前 1046 年。

②　《诗·大雅·文王》。

③　《礼记·丧服四制》。

④　《论语·为政》。

周礼继承了殷礼的"血缘政治"这一基本精神，又颇有变通。殷周文化差异之要者在于——

> 殷人尊神，率民以事神，先鬼而后礼。①
> 周人尊礼尚施，事鬼敬神而远之，近人而忠焉。②

由殷至周，发生文化主旨从神本向人本的转换，这一转换在中华元典那里打上鲜明印记，并对此后的整个中华文化带来深远影响。

三、西周王官——元典制作之所

西周三百年间（前 1046—前 771 年），是"学在官府"时代，典籍由宫廷文化官员们在王室或公室内制作、整理、保存，所谓"官师守其典章，史臣录其职掌"③。《左传》载，春秋时晋太史史墨追述先代官制说："夫物物有其官，官修其方，朝夕思之。一日失职，则死及之。"④这便是周代文书官守的森严情形，平民更绝无闻问权利的，即所谓"礼之专及"。故西周可以称"元典的王官酝酿期"。

周代的王官之学以礼制为基本内容，它是在承继夏礼和殷礼的基础上，损益生发，达到空前繁盛程度的。春秋末年，生当乱世的孔丘对西周无限神往，认为这是"礼乐征伐自天子出"的"有道"之世，他更对周文化赞不绝口：

> 周之德，其可谓至德也已矣。⑤
> 周监于二代，郁郁乎文哉！吾从周。⑥

---

① 《礼记·表记》。
② 《礼记·表记》。
③ 章学诚：《文史通义·诗教》，《章氏遗书》卷一，商务印书馆 1936 年版。
④ 《左传·昭公二十九年》。
⑤ 《论语·泰伯》。
⑥ 《论语·八佾》。

这种"盛矣乎"、"郁郁乎"的周文化，正是培植中华元典的丰厚土壤。西周"尊礼尚施"的宗法礼制，强调"群道"的德化主义，重人事远鬼神的民本倾向，综合常与变、因与革的变易观，构成日后定型的中华元典的基本内涵。而西周王官确乎是中国古老典籍的制作之地。当时在周天子周围，有各类职官，成书于战国的《周礼》将西周官制整齐规划为"天官"、"地官"、"春官"、"夏官"、"秋官"、"冬官"，显然是晚周士人的理想化描述，但参考西周铭文，《周礼》所载西周职官名称不少可与之对上号，可见，《周礼》的官制，并非向壁虚造。《周礼》所述的"春官"，大体是西周的文化职官，属于巫、史、祝、卜之类，他们紧随周天子，执掌神权及各种文化事务，所谓"王前巫而后史，卜筮瞽侑，皆在左右"①。这些文化官员，尤其是史官（如尹氏、作册、内史、史等职官），负有为周王制作诰命、发布文告、记录史事、整理文献的职责，《尚书》中《大诰》、《洛诰》、《文侯之命》等篇章，便出自"史正"一类史官的手笔。不过，他们"注记有成法，撰述无定名"，只能以"无名氏"身份，充作中华元典的初期制作者，正如那一时代造型精美、形体巨大的青铜器是由难以数记的、佚名的"官工手工业"匠师们铸造的一样。

周王室的文化官员不仅参与元典的撰述，他们的另一项有功于元典成书的业绩是汇集和编纂。据秦汉典籍追记，周王室的典藏史专务文籍整理，《书》即出自其手；周王室又有采诗制度，各诸侯国有献诗义务，近人朱自清（1898—1948）在《经典常谈》中推测，诗由"乐工"搜集，周室的太师是诗的总纂。正因为西周王官注意采诗、编诗，春秋时代方能呈现"诵诗三百，弦诗三百，歌诗三百，舞诗三百"②的盛况；另外，各诸侯国的史官有撰史之责，《春秋》即史官所书。总之，由于周室文化官员的工作，《诗》、《书》、《礼》、《易》、《春秋》等渐渐由散漫而至系统，典籍形态初成，以此对三代文化进

① 《礼记·礼运》。
② 《墨子·公孟》。

行一次真实的整合。章学诚指出：

> 三代盛时，无不以吏为师，周官三百六十，天下之学备矣。①
>
> 古者政教不分，官私合一，有官斯有法，故法具于官；有官斯有书，故官守其书；有书斯有学，故师传其学；有学斯有业，故弟子习其业。②

简明概述了西周"学在官府"的具体情形。

正是在这种"以吏为师"、"官守其书"、"师传其学"的制度下，周王官成为元典的创制"作坊"，《诗》、《书》、《礼》、《易》、《春秋》先后在这里成篇、合册。孔子说的周代"郁郁乎文哉"，在一定程度上就是指的周官承袭夏、商两代的文献积淀，编纂一批富于系统性的典籍，从而为后世的订正、发挥、阐释奠定初始的文本基础；春秋私学、战国子学也由此获得孕育的母体。清人龚自珍（1792—1841）深悉个中奥秘，他揭示中华元典与西周王官之学的依存关系：

> 夫六经者，周史之宗子也。《易》也者，卜筮之史也；《书》也者，记言之史也；《春秋》也者，记动之史也；《风》也者，史所采于民，而编之竹帛，付之司乐者也。《雅》、《颂》也者，史所采于士大夫也。《礼》也者，一代之律令，史职藏之故府，而时以诏王者也。……故曰：五经者，周史之大宗也。孔子殁，七十子不见用，衰世著书之徒，蜂出泉流，汉氏校录，撮为诸子，诸子也者，周史之小宗也。③

---

① 章学诚：《文史通义·史释》，《章氏遗书》卷三，商务印书馆 1936 年版。

② 章学诚：《校雠通义》，刘公纯标点，北京古籍出版社 1956 年版。

③ 龚自珍：《古史勾沉论二》，《定庵续集》，《龚自珍全集》，上海人民出版社 1975 年版，第 21 页。

龚氏以章学诚的"六经皆史"立论，认为"史之外无有文字焉"，对此这里且不深议，但龚氏认为"六经"均由"周史"的某一侧面推演而来，从而透见到周文化乃中华元典的渊薮，是真知灼见。近人王国维、章太炎等亦所见略同，以为周代大略确定了中华元典的基本格局。章太炎《诸子学略说》曰：

> 九流皆出王官，及其发舒，王官所弗能与；官人守要，而九流究宣其义。

揭示了晚周诸子之学源于西周王官之学，又突破樊篱，对王官之学发舒、拓展。

周王官是元典的发祥处，还可从一条史料那里得到佐证。《史记·孔子世家》载：

> 孔子问礼老聃，卒以删定六艺。

这里所称的"老聃"何许人也？是否就是老子？（这个问题涉及老子与孔子孰先孰后）历来聚讼未决，此不具论，但孔子向作为周王室掌管四方文书与国家文献典章的"柱下史"、"征藏史"请益，则是多数学者的共识。这段史料透露一条历史消息：元典整理的前提，是整理者向周王室史官求教关于"礼"的知识，也即向周王室内藏之各种典籍文化学习。章太炎曾以尖刻的语言描述孔子对老子的师承关系：

> 老子以其权术授之孔子，而徵藏故书，亦悉为孔子诈取。[1]

排除章氏的嘲讽、谴责孔老之意，而将这段话与《史记·孔子世

---

[1] 章太炎：《论诸子学》，《国学讲习会略说》第 75 页。鲁迅以孔子问学老子及老子出走的故事，写成历史小说《出关》，收入《故事新编》。

家》那段史料联系起来理解，得出六经的文本根据于周王室史官藏典的结论，进而确认周王官为中华元典发祥地，则是有据可信的。

无阶级的氏族社会和初期阶级社会（唐尧、虞舜至夏、商、西周）是前元典初创及元典滥觞阶段。这是文化的集体制作时期。虽然后人曾将元典的创作以及其他文化成就归功于伏羲、周文王、周公等个别"圣王"，而文化人类学、考古学证实的古史告诉我们：这一历史时段的文化创造者只能是"无名氏"，也即先民群体，那些"文化英雄"不过是"无名氏"的代号（时代的代号和区域—氏族的代号）。鲁迅在《门外文谈》中专门论述这个道理。他在批评那种将文明成就一概附会到圣贤身上的谬见之后说：

> 然而做《易经》的人（我不知道是谁），却比较的聪明，他说："上古结绳而治，后世圣人易之以书契。"他不说仓颉，只说"后世圣人"，不说创造，只说换掉，真是谨慎得很；也许他无意中就不相信古代会有一个独自造出许多文字来的人的了，所以就只是这么含含糊糊的来一句。①

这里所论的是文字创造，以之说明元典的创始也颇为恰当。关于元典滥觞阶段的情形，确乎应当像论《易传》作者那样，取谨慎态度，下语不妨宽泛含糊一些，因为那是一个文化的集体制作时期，确指谁为某一经典的原始作者，只能是一种难以实证的大胆假设。

四、春秋前中期列国公卿大夫阐发元典精义

西周是"礼乐征伐自天子出"的时代，周王室是文化典籍创始发源地和诠释中心，而东周以降，随着政治权力转移列国，"话语权"也随之转移：列国公卿大夫成为思想及话语的发纵处。以往的思想史论著详议"春秋末—战国"学术下移民间、诸子学蜂起，但我们不可

---

① 鲁迅：《且介亭杂文·门外文谈》，《鲁迅全集》第6卷，人民文学出版社1981年版，第85页。

忽略，在西周王官之学到"春秋末—战国"诸子学之间，有一重要的过渡阶段——春秋前期列国公卿大夫(特别是具有改革思维的执政卿)在元典创制中的承前启后作用。如春秋早期公卿卫武公(约前853—前758)、郑武公(？—前744)的勤政爱民，齐桓公的上卿管仲(前723—前645)倡导"礼义廉耻"；春秋中后期郑子产(？—前522)"学而后入政"的主张对世卿世禄制的冲击，"天道远，人道迩"理念对神道迷信的突破，强化了元典人文趋向；韩宣子(？—前514)观览《易》《象》与《鲁春秋》，介入元典整理；叔孙豹(？—前537)对世袭权位的批评和对"立德、立功、立言"人生"三不朽"的肯认。

从元典生成史言之，春秋前中期(公元前8世纪至前6世纪)是一个特殊时段，此间"王纲解纽"，王官之学旁落列国，而这时专业学者尚在襁褓中，少有登台者(孔丘算得较早的一位，他登上学坛已到公元前6世纪中晚期)，掌握学术的是列国公卿大夫，他们多接受过完备的《诗》、《书》、《礼》、《易》教育，知晓"郁郁乎文哉"的周代礼乐，又有内政外交，临民用兵经验，面对社会变局，涌现出一批治学一体、践履学思兼备的人物，对元典精义于承袭中有创发，成为从王官学人(巫史祝卜)到私门巨子之间的过渡性学术承载者。

春秋前中期列国公卿大夫作为思想学术发纵者的情形延续两百年(公元前8世纪至6世纪)，至"春秋末—战国"发生新的转折——

随着"士"阶层的崛起，特别是"士"从附属于周王室及列国公室的文化官员演变为拥有个体自觉和独立人格的文化人，登上文化创造的舞台，中华元典的制作方进入一个新的阶段，即职业的文化专门家带着学派意识加工整理、阐释利用元典的阶段。

第二节　从宫廷走向民间

一、学术下移的春秋末期

作为历史段落的"春秋"，始于周平王东迁(前722)，终于周元王元年(前475)，因鲁史《春秋》得名，与《春秋》史载的起讫年代大体吻合而稍有差异①。春秋期间，"弑君三十六，亡国五十二，诸侯奔走不得保其社稷者不可胜数"②，这是王室衰微、诸侯争霸，"蛮夷戎狄"交侵中原、奴隶及国人暴动连绵不绝的时代。

西周时，周王是天下名符其实的"共主"，足以号令诸侯，"礼乐征伐自天子出"③。平王东迁后，周天子名义上虽然还是共主，却徒具虚名，其地位同于一个小国之君，诸侯敢于公开抗拒周天子，甚至号令周天子，召周天子参加盟会，这就一变而为"礼乐征伐自诸侯出"、"自大夫出"，以至"陪臣执国命"④。缅怀周代礼制的孔夫子，自然哀叹这是一个"礼崩乐坏"、天下大乱的时代。

在西周礼乐盛世，文化教育为贵族专有，天子在国都设立"国学"，各级贵族则在自己管辖地区设立"乡校"。国学与乡校都是贵族子弟学校，与庶民无缘。《说文解字·叙》引《周礼》说："保氏教国子，先以六书。""保氏"即文化官员，"国子"即贵族子弟。这是周代教育的典型格局。与王官教育相表里，当时的图书典籍也深藏在王室或公室，由担任文化职务的官员（如太史、保氏之类）世袭保管，《史记》说，老子曾任"周守藏室之史"⑤，也即王室图书馆馆长。这些文化官员不仅掌管图籍，而且向在国学或乡校读书的贵族子弟施教。这便是"学在官府"的大体情景。

进入春秋晚期，随着王室衰微，列国兼并，一些贵族沦落为平民，一些平民又上升为有财势者，甚或登上政治高位，旧有等级关系发生错动。同时，随着周天子"共主"地位的丧失和一些公室的衰落，国学和乡学有倒闭之势。《左传》载，郑国的然明曾向郑相子产（？—前522）提出"毁乡校"的建议，虽然遭到子产的拒绝，却展现了当时

---

① 鲁史《春秋》起于鲁隐公元年（前722年），讫于鲁哀公十四年（前481年）。

② 《史记·太史公自序》。

③ 《论语·季氏》。

④ 《论语·季氏》。

⑤ 《史记·老子韩非列传》。

官学岌岌可危的形势。① "皮之不存，毛将焉附？"王室及一些公室的衰败，国学、乡学的不景气甚至有关闭之虞，使得世守专职的宫廷文化官员纷纷向下层转移。《论语》记载：

> 大师挚适齐，亚饭干适楚，三饭缭适蔡，四饭缺适秦，鼓方叔入于河，播鼗武入于汉，少师阳、击磬襄入于海。②

这段话在《论语》中是接着谈"逸民"之后讲的。意思是：原来在周王室中司礼乐的官员，如乐官长"挚"去了齐国，二级乐师"干"去了楚国，三级乐师"缭"去了蔡国，四级乐师"缺"去了秦国，打鼓的"方叔"移居黄河之滨，摇小鼓的"武"移居汉水附近，少师"阳"和击磬的"襄"移居海边。这里描绘的虽然只是一幅宫廷乐队四散图，却可以推见当年王官"士子"纷纷下移的普遍情形。《史记》载，做过周藏室史的老子"见周之衰，乃遂去"③便是一例；《史记》又载"幽、厉之后，周室微……畴人子弟分散"④则是又一例。《汉书·司马迁传》追述作为史官世家的司马氏从周王室走向各诸侯国的情形，也颇富典型性：

> 司马氏世典周史。惠、襄之间，司马氏适晋。晋中军随会奔魏，而司马氏入少梁。自司马氏去周适晋，分散，或在卫，或在赵，或在秦。

周王室文化官员转移到列国，甚或步入下层、民间，造成的影响十分深远，日后的诸子竞出，端赖于此。《汉书·艺文志》引刘歆的

---

① 《左传·襄公三十一年》："郑人游于乡校，以论执政。然明谓子产曰：'毁乡校何如？'子产曰：'何为？……'"
② 《论语·微子》。
③ 《史记·老子韩非列传》。
④ 《史记·历书》。

话说：

> 儒家者流，盖出于司徒之官；
>
> 道家者流，盖出于史官；
>
> 阴阳家者流，盖出于羲和之官；
>
> 法家者流，盖出于理官；
>
> 名家者流，盖出于礼官；
>
> 墨家者流，盖出于清庙之守；
>
> 纵横家者流，盖出于行人之官；
>
> 杂家者流，盖出于议官；
>
> 农家者流，盖出于农稷之官；
>
> 小说家者流，盖出于稗官。

这里所称先秦诸子与周官的渊源关系，虽有可具体商榷之处，但诸子由西周王室文化官守的各个部门演变而来，这一判断却基本可信。近人章太炎在《诸子学略说》中详论于此。

二、"诸子起于王官"与"诸子起于救时之弊"

上述指陈，《诗》、《书》、《礼》、《易》、《春秋》为诸子共同源头，诸子起于王官而演为民间私学，而有偏取。柳诒徵说：

> 须知吾国学术思想本来一贯，所谓儒、墨、道、法者，皆出于王官，皆出于六艺，特持论有所偏重，非根本不能相容。①

当然，古今人也有不赞同晚周诸子出于王官的。如《淮南子》认为诸子的涌现是出于"救时之弊"②，又进而阐述说："七十余圣，法

---

① 柳诒徵：《论近人讲诸子之学者之失》。

② 《淮南子·要略》。

度不同，非务相反也，时世异也。"①梁启超对《淮南子》的判断给予积极评价，又指出时势之于学术的影响并非仅限于政治层面：

> 自庄荀以下评骘诸子，皆比较其异同得失，独淮南则尚论诸家学说发生之所由来，大指谓皆起于时势之需求而救其偏蔽，其言盖含有相当之真理。虽然，其所谓时势需求者，仅着眼于政治方面，似未足以尽之。政治诚足以影响学术，然不过动机之一而已。②

胡适 1917 年 4 月作《诸子不出于王官论》，专驳章太炎《诸子学略说》中诸子出于周代王官之论。胡适认为："今之治诸子学者，自章太炎先生以下，皆主九流出于王官之说。此说关于诸子学说之根据，不可以不辨也。"胡适在具体分析战国诸子成因后，总括论曰：

> 吾意以为，诸子自老聃、孔丘至于韩非，皆忧世之乱而思有以拯济之，故其学皆应时而生，与王官无涉。③

这是对传统的"诸子出自王官"说的挑战。余英时认为："就胡适对上层文化的冲击而言，《诸子不出于王官论》的重要性决不在使他'暴得大名'的《文学改良刍议》之下。"④

胡适在"五四"前夕发表的《诸子不出王官论》，就破除传统旧说而言，确乎有振聋发聩的作用。胡适颇得意于此说，指出："刘歆以前之论周末诸子学派者，皆无此说也。""诸子起于王官"说是汉以后

①　《淮南子·齐俗训》。

②　梁启超：《饮冰室合集·中国古代学术流变研究》，中华书局 1989 年版。

③　胡适：《诸子不出于王官论》，《胡适文存》卷二，上海亚东图书馆 1921 年版。

④　余英时：《中国近代思想史上的胡适》，台北联经出版事业公司 1984 年版。

的晚出之论。胡氏这种"寻源溯流"的"历史眼光"①继承乾嘉朴学的理性精神，又开后起的"古史辨"派之先河。"五四"时期，胡适著文阐述说："凡是一种主义、一种学说，里面有一部分是当日时势的产儿，一部分是论主个人的特别性情家世的自然表现，一部分是论主所受古代或同时的学说影响的结果。"②这就将思想、学说的产生归结为时势、个人性情和历史及现实思潮的影响三重原因。这种全面的分析，有助于诠解中华元典的形成根源。但需要指出的是，诸子不出王官说并非胡适首创，而是《淮南子·要略》诸子乃"救时之弊"说的沿袭与发挥，而且《淮南子》乃西汉作品，远在两汉之交的刘歆之前。当然，胡适论说较《淮南子》更为充分。

笔者以为，"诸子起于王官"与"诸子起于救时之弊"二说并不相互排斥，而是可以并存的。前者讲的是诸子产生的纵向历史渊源，后者讲的是诸子产生的横向环境条件。如果将历史渊源与环境条件结合起来加以考察，可以较完备地说明诸子学说应运而兴的缘故，也可以得见中华元典在晚周发展与定型的真实因由，而其间的关键环节正是：周王室文化官员的"下移"连同王官典藏"散落"民间。

王官士子流落列国，当然是为着谋求新的"干禄"之所，却同时将文化带到天涯海角，周代的礼乐文化随之发生空前未有的普及。孔门弟子在回答时人询问孔仲尼为何博学时，就归之于"文武之道"失坠，由民间贤人承接，学者可以到民间广采博取，学无常师：

　　卫公孙朝问于子贡曰："仲尼焉学？"子贡曰："文武之道，未坠于地，在人。贤者识其大者，不贤者识其小者，莫不有文武之道焉。夫子焉不学？而亦何常师之有？"③

---

①　胡适：《戴东原的哲学》，《胡适作品集》第 32 册，台湾远流出版社 1986 年版。

②　胡适：《四论问题与主义》，《胡适文存》卷三，上海亚东图书馆 1921 年版。

③　《论语·子张》。

相传孔子曾适周，问礼于老子，学乐于鲁琴师"襄"。如果说周王室和鲁国本来就是礼乐渊薮，到这些地方请益就教不足为奇，但还有孔子向夷人郯子问学的记载，此见之于《左传·昭公十七年》。该年郯子来到鲁国，昭公宴请，席间询问郯子各种历史典故，郯子滔滔不绝，讲得有根有据。时年 28 岁的孔丘得到这个信息，立即"见于郯子而学之"。事后，孔丘对别人说：

　　吾闻之，天子失官，学在四夷，犹信也。①

这是春秋间学问散及四方，鄙野之处皆有精通史事、礼制的贤者的典型事例。

三、元典磨砺、发扬的新机遇

"礼崩乐坏"使孔丘一类怀旧者痛心疾首，但随之而来的"礼失而求诸野"的情形，又是一个发展文化的千载难逢时机。因为在这一历史转折点，较多的人加入士子行列，原先的官守文书流散民间，可以为较多的人所阅读、整理，宫廷文化与民间文化发生碰撞与融会。中华元典——《诗》、《书》、《礼》、《易》、《春秋》及诸子书便是在这一历史关头得到系统整理，并经诸子阐释，开始为广大士子所受用，从而获得新的生机。

《易》、《诗》、《书》等典籍在春秋获得旺盛生命力，同"天子失官，学在四夷"的形势有直接关系。

春秋中后叶，学术授受开始从官府转向私门，所谓"官失而师儒传之"②，私人讲学渐成风气。历来流传"孔子首创私学"的说法，其实，在孔子之前，私相授受学术文化的不乏其人，前述的鲁国乐师师襄、夷人郯子，以及苌弘等人早就私人讲学；郑国的邓析（？—前501）也自行办学执教，著《竹刑》，"操两可之说，设无穷之词"，凡

---

① 《左传·昭公十七年》。
② 汪中：《述学·周官征文》，成都志古堂 1927 年版。

是向他学"讼"（即法律）的，都收费授学。史载邓析"与民之有狱者约：大狱一衣，小狱襦袴。民之献衣、襦袴而学讼者，不可胜数"①。与孔子同时，鲁国有个断足人王骀，也收徒讲学，"从之游者与仲尼相若……与夫子中分鲁"②。鲁国的少正卯更兴办规模颇大的私学，孔子弟子除颜渊外，都去听过少正卯的课，使得"孔子之门，三盈三虚"，"门人去孔子，归少正卯"③。这些记载虽系晚出，带有传说性质，但是，与孔子同先后，私学已如雨后春笋般出现，则是大体可以相信的。

私学涌现，"知识产权"也就非王官所专有，学问开始广播于士子及庶人之中，以往只有"国子"方能学习的礼、乐、书、数、射、御等文化知识和技能，逐渐为民间所掌握，过去深藏宫室的典籍也为士子和庶人所研习。故章太炎说：

老聃仲尼而上，学皆在官；老聃仲尼而下，学皆在家人。④

老、孔等人兴办私学自然需要教材。《史记》称："孔子以诗、书、礼、乐教。"⑤又说："孔子晚而喜易"，"弟子受春秋"⑥。便是讲的孔门教材状况。若征之以《论语》、《左传》诸书，孔门以《易》、《诗》、《书》、《礼》、《乐》、《春秋》为教材，是毋庸置疑的。稍后于孔子，生活在春秋战国之交的墨子（约前468—前376）兴学，较为注重"农与工肆之人"所需要的实际知识技能的传授，但同时也以《诗》、《书》、《春秋》为教。

春秋末、战国初涌现的孔、墨等私家学者重视《诗》、《书》诸典，不仅因为教学的需要，还与他们的人生理想、价值追求颇有关系。他

---

① 《吕氏春秋·审应览·离谓》。
② 《庄子·德充符》。
③ 《论衡·讲瑞》。
④ 章炳麟：《国故论衡·原经》，国学讲习会1910年版。
⑤ 《史记·孔子世家》。
⑥ 《史记·孔子世家》。

们沿袭殷周以来"唯古式训"①的重史传统，不是企图到彼岸世界去寻求"永生"，而是将自己的生命融会到无穷尽的历史中去，以赢得"不朽"。

值得注意的是，春秋末年开始流行的"三不朽"②说中，与"立德"、"立功"相并的还有"立言"。而自春秋末叶开始由武士演为文士的"士"阶层除致力于"立德"、"立功"之外，特别重视"立言"，他们注重典籍的著述、保存、诠释，便是"立言"以"藏之名山，期之不朽"的追求。孔子适周，问礼于老子，其间孔子提到某历史人物，老子答曰：

> 子所言者，其人与骨皆已朽矣，独其言在耳。③

这种以"立言"为"不朽"的认识，正是中华元典得以保存、阐扬的一个精神动力源。

四、孔门师徒与六经成书的关系

春秋末叶的私家学者直接承继西周以降的王官文化，《论语》、《墨子》、《左传》、《庄子》等先秦典籍对此都确认无疑。需要讨论的是，孔门师徒对王官典籍进行了何种性质的工作。

环视古今，围绕孔子与六经的关系，有前后三种论说。

（一）汉以来的传统说法，把孔子视作六经的著述者兼删定者。这种观点发端于《史记》的《孔子世家》和《太史公自序》，其思维逻辑大体承袭着西周以降的"圣人创制文化"观，即把本为长时段、集体创造的各种文化成就归之于个别"文化英雄"。

司马迁认定孔子不仅是六经的编纂者，而且是其中若干篇章的创作者，如说"《书传》、《礼记》自孔氏"，又说"古者《诗》三千余篇，

---

① 《诗·大雅·民》。
② 见《左传·襄公二十四年》。
③ 《史记·老子韩非列传》。

及至孔子，去其重，取可施于礼义"，成三百零五篇；还认定孔子"序《彖》、《系》、《象》、《说卦》、《文言》"①，这便是《易传》出自孔子手笔之说；《史记》还指出，孔子因鲁史记而作《春秋》，"拨乱世，反之正，莫近于《春秋》"②。也就是说，孔子编订《书》，删节《诗》，编修《礼》、《乐》，撰《易传》，作《春秋》，六经皆由孔子"手订"。

两汉经学兴起以后，多强调孔子在六经形成中的决定性作用，孔子"述《易》道而删《诗》、《书》，修《春秋》而正《雅》、《颂》"③几成通行之论，人们普遍认为——

中国言"六艺"者宗于夫子，可谓至圣。④

经学开辟时代，断自孔子删定六经为始。孔子以前，不得有经。⑤

孔子被确认为六经编订者乃至部分篇章的撰述者。

（二）唐宋以降学者怀疑前说，特别是清代学者考释——"六经"并非由孔子"删"、"修"而成，如章学诚（1738—1801）指出，孔子之前，《易》、《诗》、《书》、《礼》、《春秋》已具雏形：

六艺非孔氏之书，乃周官之旧典也。《易》掌太卜，《书》藏外史，《礼》在宗伯，《乐》隶司乐，《诗》颂于太师，《春秋》存乎国史。⑥

---

① 《史记·孔子世家》。

② 《史记·太史公自序》。

③ 《隋书·经籍志一》。

④ 张守节：《史记·孔子世家》正义。

⑤ 皮锡瑞：《经学历史·经学开辟时代》，周予同注，中华书局 1959 年版。

⑥ 章学诚：《校通义》卷一，刘公纯标点，北京古籍出版社 1978 年版。

龚自珍(1792—1841)讲得更明确：

　　仲尼未生，已有六经；仲尼之生，不作一经。①

　　仲尼未生，先有六经；仲尼既生，自明不作；仲尼曷尝率弟子使笔其言以自制一经哉？②

　　上述判断依据史料不少。以《诗》为例：吴国公子季札到鲁国观周乐，鲁国为季札所歌各国诗名与各篇次序，与今本《诗三百篇》大体相同③，其时是鲁襄公二十九年，孔丘七岁，足见《诗》三百篇本子在孔丘之先，并非由其从三千篇删削而成。

　　宋人朱熹(1130—1200)参酌大量古史材料后得出的结论是：对于《诗》，"孔子不曾删去，只是刊定而已"④。清人崔述(1740—1816)也力辟"孔子删诗说"，认为该说是《史记》的虚造，崔氏指出，孔子对《诗》所做的工作，是"厘正次第之，以教门人"⑤。孔子本人对此也有明确述说：

　　吾自卫反鲁，然后乐正，《雅》、《颂》各得其所。⑥

　　《论语》确载，孔子中年自卫国返回鲁国，正订了"乐"，编次了《诗》中《雅》与《颂》的排列。至于"删诗"之说，未见于《论语》这一直接文献。

　　又以《易》为例。传本《周易》的"卦"、"卦辞""爻辞"、"传"几

---

① 龚自珍：《六经正名答问一》，《定庵文集补编》，《龚自珍全集》，上海人民出版社1975年版，第39、38页。
② 龚自珍：《六经正名答问一》，《定庵文集补编》，《龚自珍全集》，上海人民出版社1975年版，第39、38页。
③ 见《左传·襄公二十九年》。
④ 朱熹：《诗集传》序，中华书局1958年版。
⑤ 崔述：《洙泗考信录》卷三，《丛书集成初稿·总类》。
⑥ 《论语·子罕》。

部分分别产生于相距甚远的不同时代。

"卦"大约初萌于原始公社时期，"伏羲画卦"虽是传说，但原始社会后期正是创制"前文字"也即刻画符号的时代，先民创造卦形（不一定是完整的八卦）并流传下来，是完全可能的。至于八卦重为六十四卦，应在殷周之际。据《周官》载，"连山"、"归藏"皆有六十四卦，清人章学诚对此有考证。

解释"卦"的文字——"卦辞"、"爻辞"，也即《易》的"经文"，则只能在发明并使用文字及抽象思维达到相当水平的时候，大约是在周初，可能由周初的巫史们整理而成，这从卦爻辞的内容和巫史的职责可以推断。方克曾列举六条理由，论证《易》的经文（即卦辞、爻辞）形成于周初成康之际①，笔者以为较有说服力。其中尤其值得重视的三条理由是：

第一，综观《周易》全部卦辞、爻辞中所引用的历史故事，都发生在周康王以前，最早的是殷先王亥在易地游牧，被有易部落杀害并被夺去牛羊的故事，最晚的是康叔将成王赐给的马匹用来繁殖的故事，而周康王及其以后的事件，绝未见之《易》的经文，可见其应为成康之际的作品。

第二，《易》的经文从内容到文辞，都与《诗》、《书》中属于周初的篇章相当，若干文句彼此十分切近，如《易·明夷·初九》的爻辞说"明夷于飞，垂其翼。君子于行，三日不食"，与《诗·小雅·鸿雁》的"鸿雁于飞，肃肃其羽。之子于征，劬劳于野"从句式到文意都颇近似。

第三，《易》的卦爻辞，忧患意识是一个贯穿观念，《易·系辞传》认为这种忧患是文王被囚于羑里时发出的，故设问道："当文王与纣之事耶？"这是旧说认定《易经》产生于殷周之际的主要依据。然通考卦爻辞所抒发的忧患之思，其主旨是安不忘危、治不忘乱，告诫人们虚怀若谷、谦退守亨、持盈保泰，凡此种种，都不像一个在野的被囚禁者的忧患，而更像刚刚赢得政权的统治者，为防止骄傲放纵而

① 见方克《中国辩证法思想史》，人民出版社 1985 年版，第 45~50 页。

时时以殷亡为鉴的忧患，这恰恰是周公及成王、康王等周初王者心态的写照。

《易》的经文形成于周初，与孔子无涉。而《易》的"传"与孔子的关系，历来聚讼未决。"孔子作《易传》""孔子作《十翼》"一类说法，自《史记》以后颇为流行。宋人欧阳修（1007—1072）开始怀疑于此，宋人赵汝谈（赵匡胤八世孙，约1200年前后在世）更认定孔子不是《易传》作者。① 清人崔述，近人钱玄同、顾颉刚、郭沫若、李镜池等认为，孔子并非《易传》撰稿人，否定"孔子作《易传》"说。

一些传世文献证明在孔子之前已有诠释《易》的卦爻辞的文字，可称之"春秋时的易传"。《左传·庄公二十二年》（孔子生前一百余年）载有观卦传文字，与传世本《易传》相关文字略同；《左传·闵公二年》（孔子生前几十年）的文字，与传本《易传》的"大有卦"的彖辞相近。《左传·昭公元年》（孔子10岁）的文字，与传本《易传》的"蛊卦"的象辞相近。"易传"连同易的卦象和卦爻辞，都是孔门师徒研习的对象，《论语》云："子曰：'加我数年，五十以学《易》，可以无大过矣。'"②《史记·田敬仲完世家》"孔子晚而喜《易》"，《史记·孔子世家》"韦编三绝"，也似乎讲孔子非《易传》的作者，而是研习者。

（三）20世纪下半叶以来的出土文献，印证孔子与《易》、《诗》等元典的紧密关系，表明孔门师徒深度参与元典的纂集与诠解，证实司马迁《孔子世家》说法有据。③ 马王堆帛书《易传》的《要》篇曰："夫子老而好《易》，居则在席，行则在橐。""孔子《易》，至于《损》《益》二卦，未尝不废书而叹……"该篇载子赣（贡）与夫子的辩论，子赣不理解晚年夫子易学观的转变，夫子则向他解释自己对祝巫卜筮的态度："《易》，我后其祝卜矣，我观其德义耳也。幽赞而达乎数，明数

---

① 清人姚际恒《古今伪书考》："陈直斋振孙《书录解题》曰：'赵汝谈《南塘易说》三卷，专辨《十翼》非夫子作。'今此书无得。"

② 《论语·述而》。

③ 参见郭齐勇：《出土简帛与经学诠释的范式问题》，《福建论坛（人文社会科学版）》2001年第5期。

而达乎德，又仁[守]者而义行之耳。赞而不达于数，则其为之巫；数而不达于德，则其为之史。史巫之筮，向之而未也，好之而非也。后世之士疑丘者，或以《易》乎？吾求其德而已，吾与史巫同途而殊归者也。君子德行焉求福，故祭祀而寡也；仁义焉求吉，故卜筮而希也。祝巫卜筮其后乎？"显示孔子超越卜筮者，而用力于《易》义的诠释。帛书《易传》的《二三子》、《易之义》、《要》、《系辞》、《缪和》、《昭力》中大量的孔子的言论，多为今本《易传》的内容。从帛书《易传》中，可以看到孔子对《周易》的创造性诠释。简帛中发现的子思、公孙尼等七十子后学的资料，亦与《易传》相会通。

出土文献的发现证实孔门师徒深度参与元典创制过程。① 李学勤有明确的判断："孔子之于《周易》不仅是读者，而且是某种意义上的作者。他所撰作的，就是《易传》。""孔子晚年好《易》，《易传》或出其手，或为孔门弟子所记，成书约与《论语》同时。自子思以至荀子等人都曾引用，绝非晚出之书。当然，那时《易传》的面貌，不一定和今传本完全相同，这是古书通例，不足为异。研究孔子，不能撇开《周易》经传。"②

上述古今以来三种评断，似乎走过否定之否定的路径：（1）以司马迁《史记》为代表的两汉学人及其继承者，肯定孔子是六经修纂者；（2）宋人、清人质疑旧说，认为孔子非六经修撰者，而为传述者；（3）今之新出土文献研究者再度肯定孔门师徒参与元典修纂和阐释。

综览学术史全貌，似可作这样的估量：诸元典皆历经漫长岁月，成自众手，不宜以片断文句断论某一圣贤为修纂者，或全然排斥其部分参与修纂的劳绩，而应当对每一元典分段考析其作者及编者群，还复元典生成史的真实轨迹。

《诗》、《易》成书经过已于前述，《书》的情形也大体相类，在孔子之前已有成篇。《汉书·艺文志》倡孔子纂《书》说，内称："《易》

① 参见郭齐勇：《出土简帛与经学诠释的范式问题》，《福建论坛（人文社会科学版）》2001 年第 5 期。

② 李学勤：《缀古集》，上海古籍出版社，1998 年版，第 14~15 页。

曰：'河出图，洛出书，圣人则之。'故《书》之所起远矣，至孔子纂焉，上断于尧，下迄于秦，凡百篇，而为之序，言其作意。"①这就把《书》的编纂和《书序》的写作都归之于孔子。以后郑玄等人也沿袭此说。然考先秦诸典籍引述《书》中文字的情形推测，孔子在世及孔子身后流行着《书》的各种本子，可见，孔子生前，《书》已流行；孔子身后，《书》仍在增减，孔子并非《书》的首要编者，也非《书》的编纂工作的终结者，传世本《尚书》显系晚订。

《春秋》成书于孔子之前，确证见于《左传·昭公二年》载："春，晋侯使韩宣子来聘，且告为政而来见，礼也。观书于大史氏，见《易》、《象》与《鲁春秋》，曰：'周礼尽在鲁矣，吾乃今知周公之德与周之所以王也。'"鲁昭公二年，即公元前 540 年，孔丘 11 岁，其时已有《易》、《象》和《鲁春秋》，这些典籍令韩宣子叹为观止，足见《易》与《春秋》均在孔子之先已有文籍，故"孔子修《春秋》"之说，难以成立。即使说过"孔子作《春秋》"的孟子，其言论也彼此抵牾，如孟子说："《春秋》，天子之事也。"孔子以一布衣，何能僭越此事呢？孟子又说，孔子自称，对于《春秋》"其义则丘窃取之矣"，既然孔丘只是"窃取"《春秋》之义，也可推见孔丘并不是以作者口气在说话。这些都说明，包括孟子在内的"孔子作《春秋》"说，是一种大而化之的、猜测性的言论，决不能以确切断语视之。近人对《春秋》非孔子之所修还多有论证，此不赘语。

综上所述，《易》、《诗》、《书》、《春秋》均为西周王官旧籍，正如《庄子》借老子之名所说：

> 夫六经，先王之陈迹也，岂其所以迹哉！②

孔子之前，已有初步成型的《易》、《诗》、《书》、《春秋》诸典籍，孔子以之作教材培育诸弟子，并教化世人，应为不争之论。故龚

---

①　《汉书·艺文志·六艺略》。
②　《庄子·天运》。

自珍"仲尼未生，已有六经"说基本可以成立，只是"六经"概念是晚出的，春秋末、战国初中期并无这一概念。"六经"作为专门词，《庄子·天运》首用，汉以后方盛行。再参照孔丘的"夫子自道"——"述而不作，信而好古"①，说"仲尼之生，不作一经"，并非贬低孔子，倒是较为切近其原貌，符合孔氏本意的。

生当春秋末年的孔子，在《易》、《诗》、《书》、《春秋》等元典形成史中的地位，并非创作者，而是一定意义上的编辑者，主要是传述者、阐扬者。他对流散民间的周代王官典籍着力汇集，将其应用于私家教育，并在与门人及时贤的论难中，对这些典籍加以诠释，赋予新的意义，从而第一次使元典精神得到系统的阐发，建立起以"仁"学为核心的体系。孔门长于"文学"者，如子游、子夏等，用力于元典编纂，而后学如荀子一派对元典编订尤有贡献。

春秋末、战国初的墨子虽有抨击儒家尊崇《诗》、《书》、《礼》、《乐》的言论，以为儒者不过是"数人之齿，而以为富"②，但墨子对《诗》、《书》也多有引述和阐发。《墨子》称《书》为"先王之书"，引其语录十三段，另引篇名十二个。墨子从"背周道而用夏政"③的宗旨出发，多引《夏书》，少引《周书》，不引《虞书》。《墨子·明鬼》大段援引《夏书·禹誓》；《墨子·非命下》援引"禹之《总德》"等等，显示出墨家学派对夏政的尊崇。墨子对《诗》在春秋末年盛行的情形有专门记述："诵诗三百，弦诗三百，歌诗三百，舞诗三百"④，表明《诗》在当时不仅是口诵之文，还是歌曲之词，舞蹈之节拍，确乎兼具诸侯大夫外交辞令手册、乐工唱本、国学和私门教科书等多重功能。墨子对当时所见的列国史，即周、燕、宋、齐等国的《春秋》也

---

①　《论语·述而》。

②　《墨子·公孟》。

③　《淮南子·要略训》。

④　《墨子·公孟》。墨子论及诗歌盛行，意在批评，认为会导致统治者荒于治，老百姓荒于事，所谓"君子何日以听治，庶人何日以从事"。这是与儒家高度肯定《诗》、《书》、《礼》、《乐》的社会功能大相径庭。

相当重视，称之为"圣人之言，一尺之帛，一篇之书"①，他出游时，常随身携带。

　　总之，学术下移的春秋晚期，因时势所使然，也因孔墨等私家学者的努力，元典走出王官的桎梏，三代文化英华开始为民间所窥探，所谓"周室微，而礼乐废，诗书缺"，一代学人起而"追迹三代之礼，序书传"②，整理"三代三王"郁郁乎的文化遗存。社会的激荡，集"先知、诗人、圣贤"于一身的学者的阐发，使元典从金丝笼内的鸟雀一变而成展翅翱翔的鲲鹏，中国古文化赢得大放光芒的契机，诸子蜂起，百家竞争的时代即将来到。

第三节　系统化及向诸子扩散

一、百家争鸣的战国

　　战国并非一个邦泰民安、国运昌盛的时代，而是齐、秦、楚、燕、魏、赵、韩七个诸侯国争强竞胜、战乱连年的时代。据文献记载，战国二百五十余年间，发生大小战争二百二十余次，所谓"争地以战，杀人盈野；争城以战，杀人盈城"③。当时已有人将这些诸侯国称之为"战国"，如《尉缭子·兵教下》称："今战国相攻，大伐有德"④。而以此二字作时代名称，则始于西汉末刘向（前77—前6）编《战国策》。

　　战国的起讫年代有数说，一般多以《史记·六国年表》开端之周元王元年（公元前475年）为起点，终点则在秦王政二十六年（公元前221年）灭亡东方六国，统一全国。这254年间，以铁器广泛使用为

---

　　①　《墨子·明鬼下》。

　　②　《史记·孔子世家》。

　　③　《孟子·离娄上》。

　　④　另《战国策·秦策》称："山东战国有六。"《战国策·燕策》称："凡天下之战国七，而燕处弱焉。"这些篇章成于战国，汉代编入《战国策》。

标志，社会生产力迅速发展，土地可以买卖的地主—自耕农经济形成；兼并战争大规模展开，在血与火的洗礼中，中国走向统一；经济发展的推动，兼并战争生死攸关的催迫，使列国竞相变法，君主集权政治逐步形成并得以强化。这是一个社会的政治、经济、文化诸侧面全方位大异动的时代，明清之际哲人王夫之(1619—1692)称其为"古今一大变革之会"①，诚精辟论断。

战国是中国文化史上一个学术繁荣、思想活跃的时代，就学派林立、学说自由竞争而论，历史上少有可与比肩者。《汉书·艺文志》据刘歆《七略》，列《六艺略》，又在《诸子略》中把先秦至汉初诸学派分为儒、道、阴阳、法、名、墨、纵横、杂、农、小说等十家，又著录各家著作"凡诸子百八十九家，四千三百二十四篇"。诸子百家多繁衍于战国间，故又称"战国诸子"。

近人王国维解释战国何以学派竞起：

> 外界之势力之影响于学术岂不大哉！自周之衰，文王、周公势力之瓦解也，国民之智力成熟于内，政治之纷乱乘之于外，上无统一之制度，下迫于社会之要求，于是诸子九流各创其学说。②

王氏的这一分析颇有见地。所论"外界之势力影响学术"，涉及学术发展的知识条件和政治原因，包括(一)"国民之智力成熟于内"，指自春秋末年以降王官之学走向民间，私家学者集团出现，民间智力蓬勃兴起，这是诸子在战国年间勃兴的学术动因；(二)"政治之纷乱乘之于外"，指其时"邦无定交，士无定主"③，尚未形成文化专制局面，这是诸子在战国年间勃兴的社会政治环境。

---

① 王夫之：《读通鉴论·叙论四》，中华书局1975年版。
② 王国维：《论近年之学术界》，《静安文集》，《王国维遗书》，上海古籍出版社1983年版。
③ 顾炎武：《日知录》卷一三，《周末风俗》，上海古籍出版社1985年版。

本节不拟对战国学术文化的纷繁多歧展开论述，而只就元典在这一时段的演变及诸子在这种演变中的作用略加评析。

二、元典在战国年间的系统化

概言之，中华元典在战国年间渐趋系统完备，今日我们案头所置的《易》、《诗》、《书》、三《礼》（《仪礼》、《周礼》、《礼记》）、《春秋》及先秦诸子书，大体是在战国年间形成完整本子的。下面以《易》、《书》、三《礼》作例论之。

（一）《易》

《易》的卦及卦爻辞形成颇早，前文已讲，此不赘述。《易传》（即《十翼》）在春秋中叶已有雏形，亦在前文简述。至于传本《易传》的正式创制，多数学者认为在战国晚期。张岱年经过考证认定："《易大传》的年代应在老子之后，庄子以前。""《系辞》的基本部分是战国中期的作品，著作年代在老子以后，惠子、庄子以前。《象传》应在荀子以前。关于《文言》和《象传》，没有直接材料。《文言》与《系辞》相类，《象传》与《彖传》相类，应当是战国中后期的作品。从《象传》的内容看，可能较《彖传》晚些。总之，《易大传》的基本部分是战国中期至战国晚期的著作。"①刘大钧则认为"《易大传》的基本部分是战国初期至战国中期写成"②。总之，战国年间今本《周易》的"经"、"传"两大部分开始齐备，作为中华元典之首的《周易》才算正式形成系统完整的文本。不过，战国末至西汉，《周易》的经与传各自独立，到东汉方由郑玄将"经"与"传"合为一典。③

（二）《书》

《书》包括有关唐尧、虞舜的传说和夏、商、周三代文书，所谓

---

①　张岱年：《论〈易大传〉的著作年代与哲学思想》，《中国哲学》第 1 辑，三联书店 1979 年版。

②　刘大钧：《周易概论·关于〈易大传〉》，齐鲁书社 1989 年版。

③　《三国志·高贵乡公传》："俊对曰：'郑玄合《彖》、《象》于经者，欲使学者寻省易了也。'帝曰："若郑玄合之，于学诚便，则孔子曷为不合以了学者乎？'"

"上断于尧，下迄于秦"，然而具有真实史料价值的是商、周两代文书。

《书》在西周开始汇编，春秋已经流行，《论语》三次提及《书》，如"子所雅言，《诗》、《书》、执礼"①，"或谓孔子曰：'子奚不为政?'子曰：《书》云：'孝乎惟孝，友于兄弟，施于有政。'是亦为政，奚其为为政?"②"子张曰：《书》云'高宗谅阴，三年不言'，何谓也……"③后两条所引《书》中文字，皆不见于传本《尚书》。《左传》引《书》四十六处，其中三十处文字不见于传本《尚书》。④ 可见春秋时人所见《书》与传本《尚书》颇有差异。这些"尚书逸文"可以看作与传本《尚书》具有同样的史料价值，应视作元典的组成部分。

传本《尚书》的某些篇章不大可能是春秋及春秋以前的作品。如从《禹贡》所涉及的疆域看，显系战国晚期人所撰。《洪范》可能是周初作品，却经战国末期人修改补充，因《洪范》力主五行，而五行说盛于战国；另从文体、用词看，《洪范》也有明显的战国末年痕迹。⑤郭沫若(1892—1978)等认为，除《禹贡》外，《帝典》、《皋陶谟》也是战国时儒家思孟学派伪托的。

综览上述，传世本《尚书》于西周、春秋已在编纂，并流行于朝野；至战国，又经多人修改、补充，甚至掺入后作(如《禹贡》)，渐成传本《尚书》，也即《汉书·艺文志》所列"《经》二十九卷"。至于《古文尚书》，情形则十分复杂，本书第三章第二节已作论述，此不另述。需要说明的是，晚出的伪《古文尚书》虽然自有其价值在，却不能与作为元典的《书》相混淆。

战国不仅是传本《尚书》的定型阶段，而且还是对《书》的诸篇作题解、注释、评论的开端。经过诸子的努力，《书》进一步为较多的

①　《论语·述而》。
②　《论语·为政》。
③　《论语·宪问》。
④　见陈梦家《尚书通论》第 1 章先秦引书篇。
⑤　见刘节《洪范疏证》，《东方杂志》，1928 年。

士人认识和利用。《孟子》、《荀子》、《礼记》、《韩非子》、《吕氏春秋》等战国诸书不仅一再征引《书》,而且开始出现关于《书》的某些篇章的题解性文字,如《孟子·滕文公下》论及商汤史事后,用"《书》曰:'葛伯仇饷',此之谓也"概括之;论及尧时洪水泛滥,用"《书》曰:'浲水警余'"概括之;论及周公相武王伐纣史事后,用"《书》曰:'丕显哉文王谟……'"作结语,这都是《书序》的滥觞,说明《书序》并非春秋末孔子所作,而可能是战国孟子及其后学逐步草拟的。《孟子》中还有一些诠释《书》义的文字,如《孟子·梁惠王下》释"我后"(盼望我们的君王)为"奚为后我";《孟子·滕文公下》释"浲水"为"洪水",这实为《书》的最早传注。《孟子》还对《书》有所批评,如说:"尽信《书》则不如无《书》。吾于《武成》取二三策而已矣。"[1]这就开了评《书》之先河。《荀子》则开始确定《书》之界说,如《荀子·劝学》称:"故《书》者,政事之纪也。"《荀子·儒效》称:

> 《诗》言是其志也,《书》言是其事也,《礼》言是其行也,《乐》言是其和也,《春秋》言是其微也。

这就对包括《书》在内的诸元典作出学科分类,指出各自的主要功能。

总之,记录了虞、夏、商、周数代"典"(古代典制)、"训"(君臣间的训诫)、"诰"(诰令)、"誓"(君王、诸侯的誓众词)、"命"(君王任命官员或赏赐诸侯的册命)的《书》,其编纂经历从西周、春秋至战国的漫长时期,到战国末,传本《今文尚书》的各篇齐备,《书序》的基本内容、对《书》进行的初步诠释和评论,也略成规模,后世《尚书》传本及《尚书》研究,至此方奠定起完整而坚实的基础。

(三)三《礼》

从西周以来,"礼"被视作"为政"的根本。自春秋末年起,诗、书、礼、乐并称已成风习。《左传》载晋国赵衰的话:"诗、书,义之

---

① 《孟子·尽心下》。

府也；礼、乐，德之则也。"①至于孔子，则经常强调"学礼"的必要，他认定，"不学礼，无以立"②，又说："兴于诗，立于礼，成于乐。"③战国时的荀子也常将诗、书、礼、乐并称。④ 然而，从春秋末至战国中期，《诗》与《书》确实是两部成文的典籍(虽然尚在定型的过程中)，但当时"礼"却并未形成文本，不过是周代典章制度的总称，"学礼"、"立于礼"、"执礼"都是指的遵循周代礼制，并非已有成文的礼书可供阅读、研习。有关礼制的成文典籍，则在战国年间开始撰写，两汉方流行，先后成书的有《仪礼》、《周礼》、《礼记》，即后来并称的三《礼》。西汉所谓的"礼"，专指《仪礼》；而东汉成书的《汉书·艺文志》的《六艺略》所列"礼"类，则兼及三《礼》：《仪礼》古文经五十六篇，今文经十七篇；《记》(即《礼记》)一百三十一篇；《周官经》(即《周礼》)六篇。

三《礼》学脉相异，或述典章制度，或论礼治义理，各有侧重，但其立意也有共通之处，这就是托名周代礼制，其实却是战国年间至秦汉之际的儒家对周礼的回顾和理想化描述。

《仪礼》是周代宗法社会礼节仪式的记录，带有若干原始宗教仪式的痕迹，如八蜡之祭、迎猫迎虎⑤等，即是初民拜物教遗存。周代礼仪主要有冠、昏(婚)、丧、祭、乡、射、朝、聘等方面，所谓"夫礼，始于冠，本于昏，重于丧、祭，尊于朝、聘，和于乡、射，此礼之大体也"⑥。《仪礼》共有十七篇，古文经学家以为周公所制，今文经学家以为孔子所定，然考其内容和用语特点，《仪礼》是春秋以后、秦汉以前的作品。《史记》说：

---

① 《左传·僖公二十七年》。

② 《论语·季氏》。

③ 《论语·泰伯》。

④ 《荀子·荣辱》："诗、书、礼、乐之分。"《荀子·儒效》："故诗、书、礼、乐之归是矣。"

⑤ 《礼记·郊特牲》。

⑥ 《礼记·昏义》。

诸学者多言《礼》，而鲁高堂生最本。《礼》固自孔子时而其经不具，及至秦焚书，书散亡益多，于今独有《士礼》，高堂生能言之。①

《士礼》即指《仪礼》。这段话有两处值得注意：其一，孔子时虽然"礼"名已盛，却"其经不具"，即没有关于礼的典籍；其二，秦代焚书，《士礼》独存，鲁地的高堂生可以讲解。可见，《仪礼》春秋末尚未产生，又是秦火的幸存者，由此推断，《仪礼》成于战国年间的可能性颇大。《仪礼》的一些内容与《论语·乡党》近似，如《仪礼·士丧礼》云"执圭如重，入门鞠躬，私欢愉如"，与《论语·乡党》"入公门，鞠躬如也，如不容"、"执圭，鞠躬如也……私觌，愉愉如也"从内容到用语都大体吻合。可以推见，战国初年整理《论语·乡党》的孔门后学，可能正是《仪礼》的编撰者之一。

《仪礼》又称《礼经》，是今文经要籍，而《礼记》则是这部"经"的辅翼，属于"传"、"记"性质。《初学记》概述了《礼记》的成书经过：

《礼记》者，本孔子门徒共撰其所闻也。……至汉宣帝世，东海后苍善说礼于曲台殿，撰《礼》一百八十篇，号曰《后氏曲台记》。后苍传于梁国戴德，及德从子圣。乃删后氏《记》为八十五篇，名《大戴礼》。圣又删《大戴礼》为四十六篇，名《小戴礼》。其后，诸儒又加《月令》、《明堂位》、《乐记》三篇，凡四十九篇，则今之《礼记》也。

《礼记》作为一部数百年间儒生论文集，而其时儒家又处在派别分野过程中，故几十篇文章内容庞杂，观点各异，其中有讨论礼制、礼义的，也有的探究"形而上"之学，是儒学体系中难得的哲学论文（如《大学》、《中庸》）。刘向《别录》将《礼记》分为十一类：制度、通论、明堂、阴阳、乐记、丧服、世子法、祭祀、子法、吉礼、吉事。

① 《史记·儒林列传》。

《礼记》中对后世影响较大的几篇是《礼运》、《乐记》、《学记》、《大学》、《中庸》等。班固称，这些文章是"七十子后学者所记"①。此说颇模糊，"七十子后学者"可以定时在战国，也可以定时在秦汉，然而，这种含混说法却比较符合《礼记》诸篇实际。而司马迁称"子思作《中庸》"②，沈约说"《乐记》取公孙尼子"③等明确提法反倒不可信。出于"道统"论，宋代理学家认为《大学》是曾参的作品，《中庸》是子思的作品，将《礼记》若干篇文章都框定为战国中期作品，与孔子的及门弟子(如曾参)或后裔(如子思)拉上直接关系，以提高作品的神圣性。其实，考其文章内容，则可发现这类说法将成文时间大大推前了。从《中庸》有"今天下车同轨、书同文、行同伦"之类文字推断，此篇显然定稿于秦统一中国以后，当然其基本思想承袭着战国中期的思孟学派。从《大学》的主旨看，可能是荀子一派儒者所作，大约定稿于秦汉之际。《礼运》的大同思想，综合儒、墨、道、农诸家，尤其带有汉初黄老之学的痕迹，故《礼运》虽托名孔子与言偃的对话，其实是汉初作品。

综览《礼记》成书经过，似以下说为妥："《礼记》各篇，大都采自他书，要为周秦间作品，撰辑或始自叔孙通，后来亦必有所增损，而其为四十九篇之定本，则似在戴圣时也。"④《礼记》在汉代没有被看作"经"，而视为"记"。后来，其地位逐渐提高，唐代在明经科中设"三礼"(《周礼》、《仪礼》、《礼记》)，"三传"(《左传》、《公羊传》、《穀梁传》)，连同《易》、《书》、《诗》而称"九经"⑤，这是《礼记》列入群经之始。到宋代，司马光(1019—1086)及理学家程颢(1032—1085)、程颐(1033—1107)等从提高儒学的哲理性的需要出发，又将《礼记》中的两篇——《大学》和《中庸》特别加以表彰；朱熹(1130—

---

① 《汉书·艺文志》班固自注。
② 《史记·孔子世家》。
③ 《隋书·经籍志上》。
④ 蒋伯潜：《十三经概论》，上海古籍出版社1983年版，第339页。
⑤ 见马端临《文献通考》卷二九《选举考·举士》，中华书局1986年版。

1200)更为《大学》、《中庸》作注,与《论语》、《孟子》合称"四书"。又以《大学》为初学入德之门,《中庸》为孔门传心之法,故"四书"次第为:首《大学》,次《论语》,再次《孟子》,以《中庸》殿后。南宋及元明清诸代,四书成为最高经典,朱熹的《四书集注》是科举考试的范本,可以说是中国中古及近古的"圣经"。

《周礼》又称《周官》(始见《史记·封禅书》)或《周官经》(始见《汉书·艺文志》),为古文经要籍。相传为汉代河间献王所献①,汉初不立于学官;新莽时,刘歆奏请置博士,称《周礼》为"周公致太平之迹"②;东汉郑玄更认定为周公所作③;南宋朱熹也以《周礼》为周制,"是周公遗典",又说:"《周礼》一书好看,广大精密,周家法度在里。"④"盛水不漏,非周公不能作。"⑤但今文学者否认《周礼》为周公制作"共排为非是"⑥,何休则斥为"六国阴谋之书",宋人胡安国、胡宏父子更认定《周礼》是刘歆伪作。⑦ 可见,关于《周礼》成书期有两种极端之论,早者以为周公之书,晚者以为西汉末年刘歆伪作。较平实的看法是,《周礼》出自战国或秦汉之际。《汉书·艺文志》载《周官经》六篇篇目、《周官传》四篇篇目,证明班固以前实有《周礼》其书。苏轼从《周礼》内容分析,否认其为周公所作,而多为战国文字。⑧ 毛奇龄说,《周礼》"系周末秦初儒者所作"⑨,梁启超判定为"战国秦汉之间,一二人或多数人根据从前短篇讲制度的书,借来发

---

① 《汉书·景十三王传》称:"献王所得书皆古文先秦旧书:《周官》、《尚书》、《礼》、《礼记》、《孟子》、《老子》之属,皆经传说记,七十子之徒所论。"

② 贾公彦:《序周礼废兴》。

③ 《周礼》郑玄注,于"惟王建国"句下说:"周公居摄,而作六典之职,谓之《周礼》。"

④ 朱熹:《仪礼集传集注》,《四部丛刊·经部》。

⑤ 朱熹:《仪礼集传集注》,《四部丛刊·经部》。

⑥ 贾公彦:《序周礼废兴》。

⑦ 见《胡宏集》,中华书局1987年版,第259~260页。

⑧ 见苏轼《天子六军之制策》,《东坡续集》卷九。

⑨ 毛奇龄:《经问》卷二,《西河合集·经集》,《四部丛刊·经部》。

表个人的主张"①。今人彭林详加论证《周礼》成于汉初,其面世时间至迟不得晚于武帝元光五年(公元前 130 年)。②

三、"五经"非唯儒家专属,亦为道、墨、法、阴阳等诸家源头

如前所述,《诗》、《书》、《礼》、《易》、《春秋》系"先王之陈迹",其雏形酝酿于西周王官,春秋末经孔门师徒传述,而正式的今传文本则定于战国。东汉徐防说:

> 《诗》、《书》、《礼》、《乐》,定自孔子;发明章句,始于子夏。③

这段话细论自然不确切(如将经籍定稿都归之于孔子、子夏),然而,大略观之,则基本符合元典的形成时间。这里所谓的"子夏",可理解为战国初年诸儒生,包括子夏、子游,以及传《易》的馯臂子弓等人,他们对元典加工整理,使之系统化、完备化,"于《易》则有《传》,于《诗》则有《序》。……于《礼》则有《仪礼·丧服》一篇,……于《论语》,则郑康成以为仲弓、子夏等所撰定也"。④ 也就是说,经战国初年诸儒生的加工整理,元典初成系统,有正文也有序文,有经文也有传文。到战国中期,孟子(约前 372—前 289)对元典亦有所阐扬,他"治儒术之道,通五经,尤长于《诗》、《书》"⑤。郭沫若认为,"《诗》、《书》的编制是孟氏之儒的一项大业"⑥。荀子(约前 313—前 238)的"传经"业绩更在孟子之上,清人汪中说:"荀卿之学,出于孔

---

① 梁启超:《古书真伪及其年代》,中华书局 1955 年版。
② 见彭林《〈周礼〉主体思想与成书年代研究》,中国社会科学出版社 1991 年版。
③ 《后汉书》卷七四《徐防传》。
④ 洪迈:《容斋随笔》,上海古籍出版社 1978 年版。
⑤ 赵岐:《孟子题辞》,《四部备要·经部》。
⑥ 郭沫若:《十批判书·儒家八派的批判》。

氏，而尤有功于诸经。"①他对《诗》、《春秋》、《礼》、《易》都作过整理和诠释，周予同指出："秦汉儒生所学习的'五经'及其解说，大多来自荀子，则为经学史家们所共同承认。"②

儒家之外的其他战国诸子，也多出入五经，与元典有着内在联系，所谓"诸子为经籍之鼓吹"③，所谓诸子"亦六经之支与流裔"④，"支"指支流，"裔"指衣末，诸子皆为"六经"的次生物，如水之下流，衣之末端。

中国第一篇学术史专论《庄子·天下》明确指出，《易》、《诗》、《书》、《礼》、《春秋》不是儒家专有，而为诸家共有之学脉源头。《庄子·天下》回顾三代以降截至战国的学术文化演变史，指出这是由"一"到"多"的发展历程。天下众多的方术"皆原于一"，这个"一"就是"道"。而"道"体现在诗、书、礼、乐之中。由道家书《庄子》的这番论述可以得知，并非只有儒家崇奉元典，其他诸家也认定五经是古代道术的总汇，因而视其为学术圭臬。《庄子·天下》说，古之道术"其在于《诗》、《书》、《礼》、《乐》者，邹鲁之士缙绅先生多能明之"。这就首先肯定了《诗》、《书》等经典以生活于邹鲁的儒士最为精通，但同时，《诗》、《书》等经典又不为儒士所独占，"其数散于天下而设于中国者，百家之学时或称而道之"。战国诸子欲溯三代文化之源，必须研习寄寓三代道术的元典；欲取舍、损益三代文化，也必须取舍、损益作为三代道术载体的元典，故百家之学导源于元典（六经）道术，诚如清人刘熙载（1813—1888）在《艺概》中所说："九流皆托始于六经。"近人陈钟凡更具体罗列诸子与元典的渊源关系：

儒家助人君顺阴阳，明教化，游文于六艺之中，留意于仁义

---

① 汪中：《荀卿子通论》，《述学》，成都志古堂 1927 年版。

② 周予同：《从孔子到孟荀——战国时的儒家派别和儒经传授》，朱维铮编《周予同经学史论著选集》，上海人民出版社 1983 年版，第 823 页。

③ 《隋书·经籍志一》。

④ 《汉书·艺文志·诸子略》。

之际，其学本六经，无待论矣；**道家**历记成败存亡祸福古今之道，然后知秉要执本，清虚自守，卑弱自持，合于尧之克攘、易之嗛嗛，则其学本于《周易》；**阴阳家**敬顺昊天，历象日月星辰，敬授民时，则其学本于《尚书》；**法家**信赏必罚，**名家**正名辨物，则其学本于《礼》、《春秋》；墨家贵节俭，右鬼神，《礼经》恭俭庄敬之学也；**小说家**街谈巷语，道听涂[途]说者之所造，大师陈《诗》观民风之旨也。①

此说的具体结论（即诸子与六经的各自对应关系）当然有可商榷之处，但认为诸子渊源于元典，又发展了元典，则是可信之论。换句话讲，先秦诸子各具特色的学说，都是从对于元典精神不同角度的反思和阐扬中引申出来的，儒家侧重人伦政治，对元典精神作中庸式的积极方向发挥；道家侧重天道思辨，对元典精神作辩证式的消极方向发挥；墨家发扬元典的经验理性，又兼采谋略和功利主义；阴阳五行家将元典中的神道观念和鬼神观念引申为术数；名家从名实关系反思元典精神。

先秦诸子虽源于元典，却又并非信守《诗》、《书》、《礼》、《易》、《春秋》的故道陈迹，而是各有自己的创获。《史记·论六家要旨》说：

> 《易大传》："天下一致而百虑，同归而殊途。"夫阴阳、儒、墨、名、法、道德，此务为治者也，直所从言之异路，有省不省耳。

既然诸子各自"所从言之异路"，其对元典本义淆乱越轨者多矣，故《庄子·天下》慨叹说：

———————

① 王遽常：《诸子学派要诠·汉书艺文志诸子略序》注引，中华书局、上海书店1987年版。

悲夫！百家往而不反，必不合矣！后世之学者，不幸不见天地之纯，古人之大体。道术将为天下裂。

战国确乎是一个"道术将为天下裂"的时代，也可以说是中华元典所代表的三代文化由"一"走向"多"的时代，元典所包蕴的"大道"、"至理"在战国诸子那里得到了精彩纷呈的发扬，诚如明清之际哲人黄宗羲（1610—1695）所说："道非一家之私，圣贤之血路，散殊于百家。"经由各具特色的诸子百家的追索与创造，中华文化精神的各个侧面得到充分的展开和升华。《庄子·天下》的作者怀着思古之幽情，无可奈何地感叹他所处的时代"道术将为天下裂"，然而，从学术流变史观之，这种发展态势并非"不幸"，而正是处于"简单同一"状态中的元典赢得时代阳光雨露的滋润，向"丰富多元"转化的过程。有了这样一个元典精神从"一"到"多"的扩散与光大，造成诸子争鸣、百家竞存的纷繁多歧状态，秦汉间的学术文化从"多"到"一"，实现新的学术文化整合，方具备坚实而广阔的基础。

第四节　元典定本　经学确立

一、秦帝国文化一统与元典厄运

秦始皇二十六年，即公元前221年，经过多年兼并战争，嬴政（前259—前210，前246—前210在位）终于完成"吞二周而亡诸侯，履至尊而制六合"①的统一大业，中国历史上第一个专制主义君主集权的一统帝国——秦王朝建立，这是与东地中海的罗马、南亚次大陆的孔雀王朝并立而三的世界性大国。

秦王朝的文化政策，主旨是强化专制君主集权政治，"书同文""车同轨"是重要措施之一。东汉许慎追述战国至秦代的变迁说："诸侯力政，不统于王，恶礼乐之害，已而皆去其典籍，分为七国，田畴

---

① 贾谊：《过秦论》。

异亩，车涂异轨，律令异法，衣冠异制，言语异声，文字异形。秦始皇帝初兼天下，丞相李斯乃奏同之，罢其不与秦文合者。斯作《仓颉篇》，中车府令赵高作《爰历篇》，太史令胡母敬作《博学篇》，皆取《史籀》、《大传》，或颇省改，所谓小篆者也。"①秦代将六国文字统一为秦篆，是书写方式的统一，秦王朝兼并六国前后，还致力于思想学术的统一。

战国后期，诸子已开始纷纷尝试以自己的学说统一思想，《荀子·非十二子》、《韩非子·显学》、《庄子·天下》便是这种尝试性作品。成书于秦王政八年(公元前239年)的《吕氏春秋》更系统地展示这种努力。《吕氏春秋》力图综汇战国诸子，成"一代兴亡之典礼"，其中既有墨家薄葬、短丧主张(见《薄葬》、《安死》诸篇)，有商、韩变法改制思想(见《勿躬》、《审应览》、《君守》、《知度》、《察今》诸篇)，有孔、孟仁政德治学说(见《精通》、《执一》、《务本》、《用民》、《达爵》、《分职》诸篇)，还有老子的天道观(见《大东》、《圜道》、《尽数》诸篇)，杨朱的养生之道(见《贵生》、《先己》)。对于《诗》、《书》、《礼》、《易》、《春秋》诸元典，《吕氏春秋》则综而采之。

完成统一事业之后，秦王朝的文化政策更执著于"别黑白而定一尊"，秦国的原始多神教转化为专门尊崇白帝，白帝从西方之神升格为统治全国的上帝，以比附秦国国王上升为全中国的皇帝。秦王朝还从六国的宫廷和民间搜集几乎全部古文献，设立一个规模宏大的皇家图书馆，又征聘七十博士和两千诸生，对这些文献作甄别清算工作。秦始皇自述："吾前收天下书，不中用者尽去之。悉召文学方术士甚众，欲以兴太平。"②然而，诸博士都是旧典的钟爱者、信奉者，仅只去掉杨、墨之学，而用《诗》、《书》等旧典"以非当世"。出于对儒家

---

① 《说文解字·叙》。此处将"书同文"解释为统一字体形状。也有学者认为，"书同文"是指朝政命令的格式、内容的统一。详见谭世保《秦始皇的"车同轨，书同文"新评》，《中山大学学报》1980年第4期。

② 《史记·秦始皇本纪》。

复古主义的深恶，秦始皇三十四年，朝廷决定焚毁《诗》、《书》等旧典。这一举动的因由见之于李斯（？—前208）的策论：

> 今天下已定，法令出一，百姓当家则力农工，士则学法令辟禁。今诸生不师今而学古，以非当世，惑乱黔首。丞相臣斯昧死言：古者天下散乱，莫之能一，是以诸侯并作，语皆道古以害今，饰虚言以乱实，人善其所私学，以非上之所建立。……臣请史官非《秦纪》皆烧之。非博士官所职，天下敢有藏《诗》、《书》百家语者，悉诣守、尉杂烧之。有敢偶语《诗》、《书》弃市。以古非今者族。①

破坏历史旧籍，古已有之，孟子曾叹曰："诸侯恶其害己也，而皆去其籍。"②然而，就规模而论，"秦火"是中华元典遭受的一次空前大灾难，历来被称作中国书籍"五厄"或"十厄"之首。③ 所谓"及秦皇驭宇，吞灭诸侯，任用威力，事不师古，始下焚书之令，行偶语之刑。先王坟籍，扫地皆尽"④。遭秦火之厄以后，《诗》、《书》等典籍尚能传之于后，一是出于汉初传经大师的记忆；二是民间藏匿着若干《诗》、《书》等旧籍的各种文本，汉以后陆续面世。

二、元典在汉代整理、阐释及经学化

汉朝是在反秦战争洗礼中建立起来的又一个一统王朝，其版图与

---

① 《史记·秦始皇本纪》。

② 《孟子·万章下》。

③ 隋秘书监牛弘向隋文帝上《请开献书之路表》，称秦始皇下令焚书，经西汉末年、东汉末年、西晋末年大乱，至南朝梁元帝萧绎将公私典籍焚毁，古书遭五次大灾厄。详见《隋书·牛弘传》。后来，明胡应麟又补充隋末江都大乱、唐安禄山作乱、唐末黄巢入长安、北宋靖康之乱、南宋末元兵攻陷临安，书籍又遭五次大灾厄，连同牛弘所举"五厄"，共为"十厄"。详见（明）胡应麟《少室山房笔丛》卷一，《四部丛刊·集部》。

④ 《隋书·牛弘传》。

事功更在秦朝之上，是当年世界上与罗马东西辉映的两大帝国之一。汉代在中国经籍发展史上居于承先启后的重要地位，是元典的集成时代。

经"秦火"以及项羽的火烧咸阳，古代典籍在秦汉之际曾罕见于世。《汉书》称：

> 汉兴，去圣帝明王遐远，仲尼之道又绝，法度无所因袭。时独有一叔孙通略定礼仪，天下唯有《易》卜，未有它书。①

除作卜卦用的《易》之外别无他书的情形，经汉初数代朝野共同努力方发生改变。惠帝盈（前211—前188）四年，"除挟书律"②，学人方可从秦火余烬和战乱瓦砾中捡出若干残简断片，并从民间搜集私藏，又参之以经师们头脑中的记忆，诸先秦典籍逐步被恢复整理出来，至汉文帝（前202—前157）时，朝廷"求能治《尚书》者"③，"大收篇籍，广开献书之路"④，这样，"天下众书往往颇出，皆诸子传说"⑤，元典在文、景、武、昭、宣诸代由各专门家重新整理，出现一批专科经师。《汉书·儒林传》称：

> 汉兴，言《易》自淄川田生；言《书》自济南伏生；言《诗》，于鲁则申培公，于齐则辕固生，燕则韩太傅；言《礼》，则鲁高堂生；言《春秋》，于齐则胡毋生，于赵则董仲舒。⑥

治某一"经"的专科学者出现，正是经学兴起的一个标志。

史学家司马迁在元典的整理、阐发方面功不可没。他自称"厥协

① 《汉书·楚元王传》。
② 《汉书·惠帝纪》。
③ 《汉书·儒林传》。
④ 《汉书·艺文志》。
⑤ 《汉书·楚元王传》。
⑥ 《汉书·儒林传序》。

六经异传，整齐百家杂语"①，即把"六经"的各种传本融合起来，并吸收进《史记》中，实开援"经"入"史"的先河。《史记》的《五帝本纪》、《夏本纪》、《殷本纪》、《周本纪》多取材于《诗》、《书》；其他"纪"、"书"、"世家"、"列传"行文也常采于《易》、《礼》，至于《春秋》则引证更多。

可见，汉初是元典得以集结、整理、阐释的一个关键阶段，元典研究的流派也竞起蜂生。《隋书》说，汉惠帝(前211—前188)废除秦代禁止挟书的律令后，儒者行其业于民间，其情景是：

> 犹以去圣既远，经籍散逸，简札错乱，传说纰缪，遂使《书》分为二，《诗》分为三，《论语》有齐、鲁之殊，《春秋》有数家之传。其余互有驳，不可胜言。②

至汉武帝(前156—前87，前140—前87在位)时，出于君主集权政治的需要，儒学及《诗》、《书》、《礼》、《易》、《春秋》等元典被特别尊崇，其著名的倡导者是董仲舒(前176—前104)。董氏向武帝建策曰：

> 《春秋》大一统者，天地之常经，古今之通谊也。今师异道、人异论，百家殊方，指意不同，是以上亡以持一统，法制数变，下不知所守。臣愚以为，诸不在六艺之科、孔子之术者，皆绝其道，勿使并进。邪辟之说灭息，然后统纪可一而法度可明，民知所从矣。③

这番话就对"六艺"(即《诗》、《书》、《礼》、《乐》、《易》、《春秋》)的态度，与李斯向秦始皇上焚书议截然相反，但就禁绝异端，

---

① 《史记·太史公自序》。
② 《隋书·经籍志一》。
③ 《汉书·董仲舒传》。

发扬帝王一统意志而言，李斯与董仲舒异曲同工，前后映照，他们两位都是在专制帝国建立后设计"大一统"思想体系和文化形态的主要智囊。不过，李斯企图斩断以六经为代表的古文化传统，因而不可能行之久远，故仅从文化学而论，秦王朝"二世而亡"并不奇怪；董仲舒以阴阳五行学说重铸儒术，又声言排斥儒家以外的诸子百家，当然造成消极的历史影响，同时，着意建立神学体系的董仲舒也未能把握中华元典精神的人文真谛，但他毕竟以元典承接者自居，认识到推行申、韩之术，任刑而轻德，将会激化社会矛盾，而只有以六艺为教、用仁政王道治天下，方能"上下相安，故易治也"①。这又大体遵循了元典精神的民本传统和德化倾向。董仲舒以六经为指针，高扬"崇儒更化"②旗帜，寻觅到与地主制经济、宗法—专制君主政体比较吻合的文化形态，因而其主张在汉至清的两千年间行之久远。

汉武帝以降，《诗》、《书》、《礼》、《易》、《春秋》诸元典由私家书斋登上帝国庙堂，被正式尊为"五经"，并"立五经博士，开弟子员，设科射策，劝以官禄"。原来并不专属儒家的"古之道术"渊薮——《诗》、《书》、《礼》、《易》、《春秋》，一变而为儒家独奉的经典；又因统治者推行"以经取士"的选官制度，以势、利诱之，"经术苟明，其取青紫如俯拾地芥耳"（《汉书·夏侯胜》），天下学士多靡然风从，传经之学和注经之学③成为专门学问，这就是汉代至清代的官方哲学——"经学"④。

在经学系统内，元典被推尊到至高无上的地位，正所谓：

　　说天者莫辩乎《易》，说事者莫辩乎《书》，说体者莫辩乎

---

① 《春秋繁露·制度》。
② 见《史记·董仲舒传》。
③ 注经始于汉代。起初叫"传"，后来叫"注"，都是指分析章句，诠释古书文义，故又称"章句"。
④ "经学"之名，始见《汉书·儿宽传》："以宽为掾，举侍御史，见上，语经学，上说之。"

《礼》，说志者莫辨乎《诗》，说理者莫辨乎《春秋》。①

元典成为各重大领域的"极则"，被视作"万世教本"和"资治之具"。元典在这种官方化和政治功利化的过程中渐渐成为一种御用哲学，与亚里士多德的著作在欧洲中世纪被奉为教条颇有相似之处；与印度《摩奴法典》宣布"不是以圣典为根据的传说，以及一些荒唐的观念，这些都是虚假的，不会在人去世后带来幸福"的独断论如出一辙。中国的经学与欧洲中世纪的经院哲学和印度圣典学其旨趣与方法遥相照应。

中华元典从殷周之际到秦汉之际的一千年间，经历了一个由"王官之学"到"私家之学"，又由"私家之学"到"帝王之学"的螺旋式发展，也即"从一到多"，又"从多到一"的否定之否定过程。截至汉武帝，中华元典完成从酝酿、创作、修订、经典化的全过程。当然，中华元典的生命历程至此远未终结，元典文本的不断诠释，元典精神的多侧面发扬，从两汉到明清，波澜起伏，未曾止息；即使到近代，在新的含义上，这种诠释和发扬仍在继续展开着。因此，中华元典从酝酿、形成到磨砺、阐扬，可以说与中国历史长相依，永相伴。

"睹乔木而思故家，考文献而爱旧邦。"②从中华元典的册页中，可以透见中华民族曲折的经历、雄健的风貌，并且能够展望其壮伟的前景。

三、俗讲元典的童蒙读物之编撰

两汉以降，经学确立，元典成为学术宗主文本、"雅文化"基干。与此同时，朝廷和士大夫也十分重视两项"俗文化"工作：

一是搜集民情民意，如乐府采风，记取田夫野老呼声；

二是使元典精义渗透民间、经学普及孺子幼童，集中表现为童蒙读物的编撰和推广。此一工作成为中古、近古乃至近代文化教育史不

---

① 扬雄：《法言·寡见》。

② 张元济：《印行四部丛刊启》，《四部丛刊书录》卷首。

可忽略的环节。

童蒙读物，又称"蒙养书"。"蒙养"二字连用，始见《周易》：
"蒙以养正，圣功也"①，《周易》对"蒙"的解释是："蒙者，蒙也，
物之稚也"②，故"蒙养书"指对蒙昧者、幼稚者作启蒙式教养的书
籍，所谓"乡校俚儒教田夫牧子之所诵也"③。

最著名的"蒙养书"是"三、百、千"，即《三字经》、《百家姓》、
《千字文》。流传较广的还有《弟子规》、《龙文鞭影》、《幼学琼林》、
《千家诗》、《笠翁对韵》、《声律启蒙》、《治家格言》、《兔园册》、
《二十四孝》等。除《千字文》作于南朝，《兔园册》作于唐朝，大多数
"蒙养书"成于两宋及明清。

"蒙养书"多以韵语编写，利于记诵，高度凝练，篇幅短小，又
每出自名家手笔，大俗见大雅。童蒙读物分为伦理道德类、历史知识
类、博物类、识字类、诗歌属对类、综合类。传统童蒙读物在如下几
方面发挥教育功能。

（一）训练识字能力

《三字经》、《开蒙要训》、《百家姓》、《对相识字》、及《上大夫》
等杂字书，是中国人的识字门径，一代又一代老百姓正是在诵读"人
之初，性本善，性相近，习相远"（《三字经》），"赵钱孙李，周吴郑
王"（《百家姓》），"上大夫，孔乙己，化三千，七十二"（《上大夫》）
的过程中认识汉字的。南宋诗人陆游说："农家十月，遣子入学，读
《百家姓》"，勾画出一幅"农闲识字图"。清人王筠说："蒙养之时，
识字为先，不必遽读书"④，强调识字教育的基础作用。传统社会保
有较高识字率，正得益于童蒙读物的功效。

（二）培养造句及初步写作能力

《千字文》优雅精练的四字句"天地玄黄，宇宙洪荒""寒来暑往，

---

① 《易·蒙卦》。
② 《易·序卦》。
③ 《新五代史·杂传十七·刘岳》。
④ 王筠：《教童子法》。

秋收冬藏"国人耳熟能详，脱口而出。《增广贤文》的警句俚语使用极广，"观今宜鉴古，无古不成今""知己知彼，将心比心""酒逢知己饮，诗向会人吟""近水知鱼性，近山识鸟音"等佳句，活跃在国人的口头笔下，不仅深藏人生智慧，亦洋溢文彩机趣。

（三）传授自然常识、生活经验、舆地知识

《孔子备问书》为自然读本。《名物蒙求》"云维何兴？以水之升；雨维何降？以水之蒸"一类通俗的自然现象解释，使老百姓获得常识。算术歌诀《九九表》国人熟记，普及了应用数学。《幼学琼林》的天文舆地篇虽不乏种种异说，却又颇具知性，其舆地篇云：

> 宇宙之江山不改，古今之称谓各殊。北京原属幽燕，金台是其异号；南京原为建业，金陵又是别名。浙江是武林之区，原为越国；江西是豫章之地，又曰吴皋。福建省属闽中，湖广地名三楚。东鲁西鲁，即山东山西之分；东粤西粤，乃广东广西之域。河南在华夏之中，故曰中州；陕西即长安之地，原为秦境。四川为西蜀，云南为古滇。贵州省近蛮方，自古名为黔地。东岳泰山，西岳华山，南岳衡山，北岳恒山，中岳嵩山，此为天下之五岳；饶州之鄱阳，岳州之青草，润州之丹阳，鄂州之洞庭，苏州之太湖，此为天下之五湖。

堪称一篇精要的中国地名录，今人亦当熟记。

（四）普及历史知识

中国文化有重史传统，童蒙读物在史学传授上尤其用力。历史知识蒙书《古贤集》用生动句式讲述《史记》所载历史人物故事。一些综合类童蒙书以介绍国史为己任，如《三字经》系统陈述朝代更迭：

> 考世系，知终始。自羲农，至黄帝。号三皇，居上世。唐有虞，号二帝。相揖逊，称盛世。夏有禹，商有汤。周文王，称三王。夏传子，家天下。四百载，迁夏社。汤伐夏，国号商。六百

载，至纣亡。周武王，始诛纣。八百载，最长久。周辙东，王纲堕。逞干戈，尚游说。始春秋，终战国。五霸强，七雄出。嬴秦氏，始兼并。传二世，楚汉争。高祖兴，汉业建。至孝平，王莽篡。光武兴，为东汉。四百年，终于献。魏蜀吴，争汉鼎。号三国，迄两晋。宋齐继，梁陈承。为南朝，都金陵。北元魏，分东西。宇文周，兴高齐。迨至隋，一土宇。不再传，失统绪。唐高祖，起义师。除隋乱，创国基。二十传，三百载。梁义之，国乃改。梁唐晋，及汉周。称五代，皆有由。炎宋兴，受周禅。十八传，南北混。辽与金，皆称帝。元灭金，绝宋世。莅中国，兼戎狄。九十年，国祚废。太祖兴，国大明。号洪武，都金陵。迨成祖，迁燕京。十六世，至崇祯。权阉肆，寇如林。至李闯，神器焚。清太祖，膺景命。靖四方，克大定。廿二史，全在兹。载治乱，知兴衰。读史者，考实录。通古今，若亲目。

人称《三字经》为"小纲鉴"，是一点也不过分的。

（五）推动伦理践行

童蒙读物不仅从学理层面介绍元典，而且用力于推动元典精义转化成行为方式。清人李毓秀（1662—1722）撰《训蒙文》，贾存仁修订改编成《弟子规》，题旨取《论语·学而》第六条："弟子入则孝，出则弟，谨而信，泛爱众，而亲仁，行有余力，则以学文。"全篇着力处在指导少儿从家庭生活到社会生活，再到践行礼制，视、听、言、动皆符合仁者风貌。

（六）元典启蒙

五经、诸子是中国文化经典，攻读不易，而蒙求书以生动简约的形式，引人登堂入室。影响广远的《千字文》、《三字经》、《弟子规》属综合类蒙养书，内容涉及自然常识、历史故实、人生经验、经典义理，而贯穿全篇的政治、伦理基旨，多源于元典，堪称中华元典的通俗宣讲本。许多无缘阅读经籍的老百姓，却粗识元典精义，原因之一便是蒙养书发挥功效。

一般认为是宋元之际学者王应麟（1223—1296）所撰的《三字经》

(另说作者为南宋区适子或明代黎贞等)，内容上自天文，下至地理，延及自然常识、历史进程，然其宗旨皆遵元典(主要走思孟学派的元典阐释路向)。《三字经》对元典研习的概述，言简意赅：

> 凡训蒙，须讲究。详训诂，名句读。为学者，必有初。小学终，至四书。论语者，二十篇。群弟子，记善言。孟子者，七篇止。讲道德，说仁义。作中庸，子思笔。中不偏，庸不易。作大学，乃曾子。自修齐，至平治。孝经通，四书熟。如六经，始可读。诗书易，礼春秋。号六经，当讲求。有连山，有归藏。有周易，三易详。有典谟，有训诰。有誓命，书之奥。我周公，作周礼。著六官，存治体。大小戴，注礼记。述圣言，礼乐备。曰国风，曰雅颂。号四诗，当讽咏。诗既亡，春秋作。寓褒贬，别善恶。三传者，有公羊。有左氏，有縠梁。经既明，方读子。撮其要，记其事。五子者，有荀杨。文中子，及老庄。

堪称一部大众朗朗上口的经学简史，确有化艰为易之效。

南朝梁才子周兴嗣(469—521)撰《千字文》，由4,000个不重复的常用汉字组成，韵语成篇，文彩飞扬，分为50个专题，可谓中华文化的小百科全书，而元典精神贯穿其间。

明人所撰《幼学琼林》，更特辟篇幅直述五经：

> 《书经》载上古唐虞三代之事，故曰《尚书》；《易经》乃姬周文王周公所系，故曰《周易》。二戴曾删《礼记》，故曰《戴礼》；二毛曾注《诗经》，故曰《毛诗》。孔子作《春秋》，因获麟而绝笔，故曰麟经。荣于华衮，乃《春秋》一字之褒；严于斧钺，乃《春秋》一字之贬。

清人所撰《增广贤文》集人生警句，虽多感叹世态炎凉之语(如"贫居闹市无人问，富在深山有远亲"，"衙门八字开，有理无钱莫进来"之类)，然亦不乏劝学之殷："书山有路勤为径，学海无涯苦作舟。""黑发不知勤学早，白首方悔读书迟。"

总之，推介元典，阐发元典精义，是多数童蒙读物的共通功能。

童蒙读物因其生动、简练，便利文化传播。以《三字经》为例，清代已出满文本、蒙文本，为少数民族诵读。《三字经》最早的外文翻译，是意大利耶稣会士利玛窦的老师罗明坚（1543—1607）于明末译出的拉丁文本。清道光间入华英国新教传教士马礼逊（1782—1834）翻译的第一本中国典籍便是《三字经》。清末入华美国传教士裨治文（1801—1861），在其主办的《中国丛报》刊载《三字经》、《千字文》，中国童蒙读物英译本传入美国。法籍犹太汉学家儒莲（1797—1873），积四十年之力，翻译《孟子》等中国典籍，其《三字经》法文本尤其传诵久远。日本江户时代已印行各种版本的《三字经》，私塾以之作教材，还出现各种仿本，如介绍日本文化的《本朝三字经》、《皇朝三字经》等。广东南海人潘世兹以精妙的英文翻译《三字经》。1989年新加坡出版潘译《三字经》英文本，1990年被联合国教科文组织选入"儿童道德丛书"，向世界推广。

近代以来，西学东渐，西式教科书普遍使用，然传统教育的某些优长仍辉光闪耀。章太炎等学者推崇《三字经》等童蒙读物，以为其教化功能往往在新式教科书之上。章氏1928年说："余观今学校诸生，或并五经题名、历朝次第而不能举，而大学生有不知周公者"，认为"今之教科书，固弗如《三字经》甚远也"①。当然，时过境迁，《三字经》难免迂腐不切时代的内容，章氏于是亲自动手撰修《重订三字经》，其中关于元典研习，在《三字经》基础上，有所损益：

> 凡训蒙，须讲究。详训故，明句读。
> 礼乐射，御书数，古六艺，今不具。
> 惟书学，人共遵。既识字，讲说文。
> 有古文，大小篆，隶草继，不可乱。
> 若广学，惧其繁，但略说，能知原。

---

① 章太炎：《重订三字经·题辞》。

为学者，必有初。小学终，至四书。
论语者，二十篇。群弟子，记善言。
孟子者，七篇是。辨王霸，说仁义。
中庸者，子思笔。中不偏，庸不易。
大学者，学之程。自修齐，至治平。
此二篇，在礼记。今单行，本元晦。
四书通，孝经熟，如六经，始可读。
六经者，统儒术。文周作，孔子述。
易诗书，礼春秋，乐经亡，余可求。
有连山，有归藏，有周易，三易详。
有典谟，有训诰，有誓命，书之奥。
有国风，有雅颂，号四诗，当讽诵。
周礼者，著六官。仪礼者，十七篇。
大小戴，集礼记，述圣言，礼法备。
王迹熄，春秋作，寓褒贬，别善恶。
三传者，有公羊，有左氏，有榖梁。
尔雅者，善辨言，求经训，此莫先。
注疏备，十三经。惟大戴，疏未成。
左传外，有国语。合群经，数十五。
经既明，方读子，撮其要，记其事。
古九流，多亡佚，取五种，修文质。
五子者，有荀扬，文中子，及老庄。
经子通，读诸史，考世系，知终始。

　　称章太炎《重订三字经》为以元典为核心内容的国学之精要纲领，实不过分。章氏之后，继之涌现《女三字经》、《地理三字经》、《医学三字经》、《西学三字经》、《工农三字经》、《军人三字经》、《佛教三字经》、《道教三字经》，表明蒙养书的内容与形式，至今不乏可取之处。

　　"三百千"等童蒙读物使中华文化切近童叟、深入大众，并走向诸民族、走向世界，元典精义借以传播于广阔时空。无论从学术史角度还是从教育史角度观察，传统童蒙读物都是一份丰厚而富于生命活力的遗产。

第五章　元典题旨(一):"天人之辨"

世界各主要文明民族在其漫长的历史生活中，分别锻造出自己的民族精神，印度人发达的超验玄想、希伯来人执著的宗教情怀、希腊人的重智求真、中国人的实用理性及求善倾向，都在人类精神之林一展英姿。而各民族的精神特色，均通过文化元典得到体现。从一定意义言之，元典精神即是民族精神的集结，是民族精神在雅文化层面的表征。

中华元典精神渊深宏富，归纳概括殊非易事，而有些学者在论列中国哲学的特点时，已经涉及中华元典精神的基本内蕴。如张岱年(1909—2004)将"中国哲学之特色"归结为六点:

> 合知行
> 一天人
> 同真善
> 重人生而不重知论
> 重了悟而不重论证
> 既不依附科学亦不依附宗教①

成中英则将中国哲学分成四种特征:内在的人文主义，具体的理性主义，生机性的自然主义，自我修养的实效主义。② 这些概括是就

---

① 张岱年:《中国哲学大纲》序论，中国社会科学出版社 1982 年版。

② 成中英:《中国哲学的特性》，《中国文化的特质》，三联书店 1990 年版。

中国古代哲学而论的，但对于把握中华元典精神也有所启迪。

作为中国文化原创性内核的"元典精神"，当然是以中国哲学特质为中心内容的，然而又不局限于此，它同时与先秦开始成型的政治学、伦理学、教育学、历史学、民族学的精髓相贯通。"中华元典精神"综合显示了古典的中国意识形态的基本性格，涉及天道观、人文观、发展观、历史观、伦理—政治观等方面。本章讨论的问题大体属于"天人之辨"，包括元典在天道与人道、彼岸与现世的相互关系问题上表现出来的自然生机主义和人文倾向，也即从宇宙本体论的天道自然观，生发出社会论的人文思想，构成中华元典精神的基本路向。

第一节　循天道　尚人文

有些论者认为"中国无纯粹之哲学"①，其表现之一是，与希腊哲学、印度哲学相比，中国哲学欠缺独立发展的本体论。② 笔者不尽同意这种评估。其实，中华元典(特别是《周易》与《老子》)关于宇宙本原、宇宙生成等本体问题的阐扬是颇富特色的，与希腊、印度的本体论③颇相异趣，却决非有无、高下之别。而且，在元典之后，两汉经学、魏晋玄学、隋唐佛学、宋明理学又继续拓展，围绕天道、性命、理气、心性、形神、有无、无极、太极等本体论范畴进行研究。无视这一事实，提及本体论便言必称希腊，忘却自己的祖宗，显然是

---

① 王国维：《论新学语之输入》，《教育世界》第 96 期(1905 年 4 月)。

② 美国学者杰克·波德在《中国的古代神话》一文中说："中国哲学历来对人类的彼此关系以及人对周围环境的适应特别关注，而对于宇宙天体的起源却兴趣不大。"见《民间文艺集刊》第 2 集，第 299 页。

③ 本体论，也称万有论，是研究世界的本原或本性的理论。本体论是古希腊最基本的哲学论题，也成为整个欧洲古代及中世纪的基本哲学论题。正是由于对本体论的不同回答，产生了唯物主义和唯心主义的分野。本体论涉及的诸问题的讨论，历史十分悠久，但这一术语是近代德意志哲学家郭克兰纽、克劳保和法国哲学家杜阿姆尔最早提出的。

不恰当的。当然，中华元典的本体论另成系统，与希腊、印度大相径庭，这一点通过诸民族元典的比较便显示得十分清楚。

一、参照系：诸外域元典的宇宙生成论

人类在跨入文明门槛的初级阶段，还保持着对自然母体的直接依附，从而形成"起源决定论"的哲学思考，正是在这种"推原思维"发达的时段，世界各主要文明民族纷纷制作的文化元典，提出各自的宇宙生成模式，而这种生成模式透露出各民族的文化性格。

印度的两大元典系统——吠陀系统和佛典系统分别创立庞大而精深的宇宙观。吠陀系统认为，世界是在一次阔大的宇宙献祭中产生的，并且由于恰当举行献祭而得以保持。《梨俱吠陀》第十卷第九十首诗写道："当天神们举行祭祀时，以布卢沙（人）为祭品；春是它的酥油，夏是柴薪，秋是祭品。"就在以布卢沙（人）为祭品的大献祭过程中，人间的等级分野和宇宙万物都从布卢沙（人）的某一部分演化而成，其诗云：

12、婆罗门（祭司）是他的嘴；
两臂成为罗尼耶（王者）；
他的两腿就是吠舍（平民）；
从两足生出首陀罗（劳动者）。

13、月亮由心意产生；
太阳由两眼产生；
由嘴生出因陀罗（天神）和阿耆尼（火）；
由呼吸产生了风。

14、由脐生出了太空；
由头出现了天；
地由两足；〔四〕方由耳；

193

这样造出了世界。①

在吠陀系统内部,也有怀疑宇宙神创的观念出现,如《梨俱吠陀》的"创世颂诗"中有一首认为宇宙万物是从"虚无"中涌现出来的,该诗针对宇宙神创说而发问道:

> 这一切从何而来,创世是怎样发生的呢?
> 诸神本身比创世来得更晚,
> 所以,谁能确知,这是升起自何方?②

至于印度的斫婆加派则认为,地、水、火、风是构成万物的元素,这已经是一种自发的唯物主义的宇宙生成说,与希腊泰利士以水为基质,赫拉克利特以火为本原的学说相类似。

佛典作为一种反吠陀系统,进一步否定创造宇宙万物的主宰,佛典说缘起有"十一义",其中一个重要论点便是"无造物主",即"十一义"中的"无作者义",不承认有一个绝对的第一因,任何一个"因"都是因生的,任何一个"缘"都是缘起的,从而否认人格化的造物主,否认作为宇宙本源的理性化存在。③ 佛经提出一个极富于想像力的、时空无限广大的宇宙图式,即所谓"三千大千世界"——以须弥山为中心,以铁围山为外廓,同一日月所照的四天下为一"小千世界";一千"小千世界"为一"中千世界";一千"中千世界"为一"大千世界"。因"大千世界"有小、中、大三种"千世界",故称"三千大千世界"。④ 这个"三千大千世界"不是造物主所造,佛并非造物主,诸神也不是造物主,而不过是众生。世界无非是佛性的展示,所谓"万法

---

① 转引自金克木《比较文化论集》,生活・读书・新知三联书店1984年版,第11~12页。

② 转引自[印]R.塔帕尔:《印度古代文明》,浙江人民出版社1990年版,第35页。

③ 参见赵朴初《佛学常识答问》第一章和第二章,中国佛教协会1983年版。

④ 见《长阿含经》卷十八。

唯识"，即世界一切现象皆由心（佛性）所变现，心外无独立的客观存在；这个佛性展示的世界是无边际、无始终的，时间和空间不是线性的、直进的，而是环形的、曲线形的、球面的。佛学多用"轮"、"法轮"、"转轮王"、"轮回"等概念，即是对这种时空无限、无始无终、循环往复的宇宙观的表述。

希伯来元典——《圣经》提出较之吠陀系统更明晰、完整的神创宇宙观。《圣经》的第一教义便是创世说。"创世说"宣称宇宙有唯一神上帝耶和华，耶和华从未被人见过，却是万物的创造者和主宰者，他"无所不知，无所不能，无所不在，全善、全智、全爱"。《圣经》认定"地和其中所充满的，世界和住在其间的，都属耶和华"①。《旧约全书》第一篇《创世记》描述上帝在六日间创造天地万物，并照自己的形象造人的过程。这种宇宙生成模式把世界分成两个组成部分：主动的"因"和被动的事物。这个主动的"因"又可以称之为"创造物流出因"、"第一因"或"最初因"，其本原便是"神"，也即上帝。《创世记》生动展现了这种两分的世界观念：

> 起初，上帝创造天地。地是空虚混沌，渊面黑暗，上帝的灵运行在水面上。
>
> 上帝说："要有光。"就有了光……②
>
> 上帝说："地要生出活物来，各从其类，牲畜、昆虫、野兽，各从其类。"事就这样成了。于是上帝造出野兽，各从其类；牲畜，各从其类；地上一切昆虫，各从其类。……
>
> 上帝说："我们要照着我们的形像，按着我们的样式造人，使他们管理海里的鱼、空中的鸟、地上的牲畜和全地，并地上所爬的一切昆虫。"

---

① 《旧约全书·诗篇》，中国基督教协会，中国基督教三自爱国运动委员会印。以下引《旧约全书》皆此本。

② 《旧约全书·创世记·第一章》。

上帝就照着自己的形像造人。①

《旧约全书·创世记》描述的宇宙生成过程,以上帝的所思、所言、所行作为起始点,正是由于上帝想到又说出某一意向并付诸实施,就有了某种事态的呈现,这便提出"创造"和"自由意志"两个文化母题。所谓"创造",指上帝用语言和行动在混沌的宇宙间逐一创造万物,包括有生命的动植物和有灵性的人类。而上帝实际上是人虚构的,是人的思想、意愿和形象在神话及宗教天幕上的投影,因而《圣经》中"上帝造物"故事,其实正是"人造自然"这种人的"创造"意愿的曲折反映。而上帝(实指人)的所思、所言、所行随即转化为现实事态,则显示一种"自由意志"倾向,当人们不具备必要的智力和物质手段时,便借助想象,通过神话和宗教去进行"自由意志"的运作。

希伯来元典的宇宙生成模式和人类起源模式似乎可以这样概括:宇宙万物及其秩序,包括人类及社会,都是作为人格神的造物主(上帝)按照"自由意志"渐次"创造"出来的。这种模式可以导引出盛行于中世纪的神学目的论、命定论;在特定的历史条件成熟时,它也可以导引出"西方资本主义兴起的理论基础——新教理论的核心观念。"②人类征服自然、创造人化自然(也即广义的文化)等重要的近世思维走向,在某种程度上便是受此启迪,得以生发开来的。

至于希腊元典系统,自泰利士以降,诸哲人摆脱神话世界观的羁绊,运用理性探索宇宙本原及其生成模式,提出以水(或火,或数)为万物"始基"的思想,从而对"神是本原"观念提出挑战,本书第二章第二节已有论述,此不另沦。需要补充的是,德谟克利特将"原子"和"虚空"作为万物本原,摆脱了把世界本原归结为一种或数种具体物质的局限性,并将对本原的认识深入到物体内部结构中。

古希腊先哲提出较完整宇宙图式的是柏拉图。柏拉图借蒂迈欧的

---

① 《旧约全书·创世记·第一章》。

② 顾晓鸣:《犹太——充满"悖论"的文化》,浙江人民出版社 1990 年版,第 102 页。

名义说,上帝(即造物主)创造了世界,并使天体运行由无序变成有序。① 这种观念与希伯来元典的创世说有相通之处,因而欧洲中世纪基督教神学推崇柏拉图主义便理所当然。柏拉图的宇宙论有深刻的洞见,如他认为"世界造成了一个球形","其在各个方向的端点与中心的距离是相等的"②,这种看法与地球、月球、太阳及太阳系等天体的实际状况颇相吻合。其后,亚里士多德发展柏拉图的观点,认为:

> (天空)被赋予一种圆形的躯体,其本质就是永远在圆形的轨道上运动。③

又说:

> 太阳、星辰和宇宙是永恒地运动着的,我们无须像那些自然哲学家那样,担忧它们有朝一日会停止运动。④

如果说亚里士多德肯定宇宙运动的永恒性,也即宇宙在时间上的无限,那么伊壁鸠鲁(前341—前270)则肯定宇宙在空间上的无限。他说:

> 宇宙是无限的。因为有限的东西总有一个边界,而边界是靠比较才显示出来的。宇宙显然没有边界,也就没有止境……说宇宙无限,是从两个方面说的,一是它所包含的形体无限多,一是它所包括的虚空无限广。⑤

---

① 柏拉图:《蒂迈欧篇》。
② 柏拉图:《蒂迈欧篇》。
③ 亚里士多德:《论天》。
④ 亚里士多德:《形而上学》。
⑤ 伊壁鸠鲁:《致赫罗多德的信》。

古希腊哲人提出的宇宙论，与基督教宇宙论共同构成西方宇宙观的基石。

二、中国式宇宙论的特色

综上所述，印度、希伯来、希腊诸元典系统的宇宙论各执宗旨，彼此辉映，而中华元典也提出卓尔不群的宇宙生成模式，显示了中华先民深邃而独特的思维方式。这种宇宙生成模式的显著特色便是：

既未否定神创说，而神创说又没有获得充分展开。构成中国式宇宙生成论主体的，是天道演运、万物自然化成的观念，也即一种自然生机主义的宇宙观，这种宇宙观又推及对人类起源和人类文化发生的说明，成为"天道"与"人文"彼此契合的宇宙—人生论，可以"循天道，尚人文"概括之。

同其他民族一样，中华先民也经历过"万物有灵"和"神权至上"的阶段，产生过自然崇拜，如《尚书》说，虞舜"禋于六宗"①，便指先民对日、月、星、河、海、岱六种自然物的崇拜和祭祀；又产生过图腾崇拜，如对熊的崇拜、对凤的崇拜、对龙的崇拜，等等；更发达的则是祖先崇拜，所谓"有虞氏禘黄帝而祖颛顼，郊尧而宗舜；夏后氏禘黄帝而祖颛顼，郊鲧而宗禹"②。

先民从对自然神和祖先神的崇拜中，派生出关于"上帝"及"天帝"的思想，殷墟甲骨文和周金文中多有此类记述。但在甲骨卜辞中，"上帝"虽是天上和人间的最高主宰，却不见上帝创世说的痕迹；周金文中"帝"、"上帝"与"天"大体同义，如申述周王"受天有大命"③，但仍然未见上帝创世说；《尚书》中的《大诰》、《召诰》、《康诰》诸篇，反复强调"天命"保有的重要及"天命"变易的不可阻止，如谓"天命不易"，又谓"惟命不于常"，但《尚书》诸篇均未言及创世说。

---

① 《尚书·舜典》。贾逵注六宗曰："天宗三——日、月、星也，地宗三——河、海、岱也。"

② 《国语·鲁语》。

③ 《大盂鼎》。

先秦典籍正面论及宇宙创生的，首推《国语》，其中记载周幽王时的太史史伯对郑桓公说的一番话：

先王以土与金木水火杂，以成百物。①

这是我国史籍所载的第一个宇宙发生模式。与此同时，史伯还对金木水火土杂以成物的法则作了理论概括，这便是

和实生物，同则不继。以他平他谓之和，故能丰长而物归之。若以同裨同，尽乃弃矣。②

《国语》论百物生成虽提及"先王"，但只是托言而已，详述的是金木水火土"杂成百物"，显示了素朴唯物论和素朴辩证法倾向。战国后期荀况的《天论》所说的"万物各得其和以生"，显然渊源于史伯的"和实生物"说。当然，史伯的论述还较简单，其继承者也未能创制出完备详尽的"五行杂成万物"的具体模式。

影响较大的《易传》的宇宙生成模型，不是"五行杂成万物"一类结构式框架，而是整体生机式学说（后面将论及此点）。直到宋人邵雍（1011—1077）提出"先天学"，传《先天图》，中国才出现比较完整具体的结构式宇宙模型。而且，这种结构式宇宙模型仍然是在《周易》整体生机式学说指导下完成的。

如果说《国语·郑语》所载史伯的结构式宇宙创生说较为粗疏，其影响力有限，那么，先秦时即以鲜明而富于感染力的语言提出宇宙生成及人类起源问题，并给后人留下无限遐思的，并非哲学家，而是承袭荆楚玄想之风的诗人屈原（约前340—约前278），他的思绪纵横宇宙人间的《天问》，对宇宙创造、人类起源、社会演变发出一系列深刻而奇异的怀疑与探究，其想象的发达恢弘，与印度《梨俱吠陀》

---

① 《国语·郑语》。
② 《国语·郑语》。

的"创世颂诗"的设问有异曲同工之妙，与古罗马诗人卢克莱修(前98—前53)的哲理诗《物性论》涉及的问题也颇相接近，只是卢克莱修运用原子论对宇宙及人类起源及进化问题作出解答，而《天问》只有设问，未作回答。

《天问》共一百八十八句，其中自首句"遂古之初，谁传道之"到"羿焉彃日，乌焉解羽"共五十六句是问天地的；以下一百三十二句是问人事的。屈原的发问，上自天文、下至地理，更详究人间的善恶和历史的兴衰，而他首先提出的是一个困扰古今人的绝大题目：

> 曰：遂古之初，　　　（请问：远古创始）
> 谁传道之?　　　　　（是谁将它传告?）
> 上下未形，　　　　　（上下混沌未分，）
> 何由考之?　　　　　（又何以审察、稽考?）
> 冥昭瞢，　　　　　　（世界昏暗迷蒙，）
> 谁能极之?　　　　　（谁能加以穷究?）
> 冯翼惟象，　　　　　（元气弥漫无形，）
> 何以识之?　　　　　（何以识其原由?）
> 明明，　　　　　　　（昼夜明明暗暗，）
> 惟时何为?　　　　　（为什么这样变更?）
> 阴阳三合，　　　　　（阴阳二气的参合，）
> 何本何化?　　　　　（哪是本原和化生?）
> 圆则九重，　　　　　（九天像圆盖一样，）
> 孰营度之?　　　　　（是谁环绕、度量?）
> 惟兹何功，　　　　　（工程何等宏伟，）
> 孰初作之?　　　　　（谁是营造的巨匠?）①

屈原在这里提出的问题，归结起来是一个"天道之问"：有没有

----

① 《天问》白话译文采自《诗经楚辞鉴赏辞典》中潘啸龙译文，四川辞书出版社1990年版。

造物主？如果有，他是怎样构造这个世界的？如果没有，这个世界及其秩序又是如何安顿的？一千年后，唐代思想家柳宗元（773—819）作《天对》，试图答复《天问》提出的一系列问题，但限于识见，其关于宇宙起源和天地形成的解释仍然含糊，难令时人和后人满意，屈原地下有灵，恐怕也无法释怀。

　　然而，"创世"、"造物"毕竟是吸引人们注意力的大问题，中国人在这方面虽未创作类似《旧约全书·创世记》那样影响深远的作品，却也自有撰述，其中最著名的便是"盘古开天地"。这个妇孺皆知的故事，是三国时吴国的太常卿徐整吸收南方关于"盘古"的传说，又加以想象和哲理引申编创而成的。宋代《太平御览》卷二引述徐整《三五历纪》说：

　　　　天地浑沌如鸡子，盘古生其中。万八千岁，天地开辟，阳清为天，阴浊为地。盘古在其中，一日九变，神于天，圣于地。天日高一丈，地日厚一丈，盘古日长一丈。如此万八千岁，天数极高，地数极深，盘古极长。……故天去地九万里。

　　徐整之后，又有人托梁代任昉（460—508）之名作《述异记》，进一步铺陈盘古创万物之说：

　　　　昔盘古氏之死也：头为四岳，目为日月，脂膏为江海，毛发为草木。秦汉间俗说：盘古氏头为东岳，腹为中岳，左臂为南岳，右臂为北岳，足为西岳。先儒说：盘古氏泣为江河，气为风，声为雷，目瞳为电。古说：盘古喜为晴，怒为阴。吴楚间说：盘古氏夫妻，阴阳之始也。

　　这种创生神话，与前述《梨俱吠陀》中关于布卢沙（人）躯体演变为宇宙万物的说法颇相类似。而东汉以降，佛教在中国传播日广，印度古代创生神话也随之进入中国，故三国以后"盘古躯体演万物"之类传说，很可能是受其启发衍生而成的。因此，由人格神（如盘古）

201

创造宇宙万物的思想是晚出的，大约不是中国文化的原生物，而且，这类故事虽然家喻户晓，却并未被人认真崇信，不过当作神异说聊作谈资，掌管学术的士大夫更极少真正信从盘古开辟说，《三五历纪》、《述异记》一类书在中国图书系列被视作"志怪传异"的闲文，忝列末座，远不能与《梨俱吠陀》创世说被印度人遵奉、《旧约全书·创世记》被基督徒信从相比拟。

在中华元典系统，神创说没有得到充分发育，人格神创世说不仅未获普遍尊信，而且被儒者视作异端邪说。明清之际思想家黄宗羲（1610—1695）曾作《破邪论》，力辟将上帝奉为人格神的说法，并援引《诗经》论"天"与"上帝"的诗句，指出"上帝"不过是由气构成的"天"或"昊天"的同义语。黄氏认为，后世将上帝人格化，产生"王帝"说，是一种过失；至于佛教的佛坐诸天之中的说法，更是"肆其无忌惮"；天主教"立天主之像记其事，实则以人鬼当之，并上帝而抹杀之矣"①。黄宗羲全方位否定人格神创世说，从而维护了在中国居于主流的"天道"演运创生万物说。

"天"是中国最古老的哲学范畴之一，甲骨文作夨②或天③本有两义，一为头顶，一为天空，含义为人头顶之上的广袤空间和至上至高之物，《说文解字·一部》称："天，颠也，至高无上，从一、大。"

"天"演释出许多种含义，归纳起来有两类：一为天体、自然之总称；二为宇宙及人间之主宰，造化之神，这一意义上的"天"与"帝"相通，《诗》云："胡然而天也，胡然而帝也。"④即此之谓。元典在使用"天"这一概念时，往往两义兼具，而在不同处各有所侧重。

中华元典言及"天"的所在极多，在《尚书》和《周易》中，"天"是商周时人心目中的至高命题，"天命"也即天道流行的法则，被认为

---

① 《破邪论·上帝》，《黄宗羲全集》第 1 册，浙江人民出版社 1985 年版，第 194~195 页。

② 《殷墟文字甲编》三六九〇。

③ 《殷墟文字乙编》九〇六七。

④ 《诗·鄘风·君子偕老》。

是不可抗拒的，所谓"格知天命"、"天命不僭"①，所谓"王其德之用，祈天永命"②，所谓"用大牲吉，利有攸往，顺天命也"③，都表现出那一时代人们对"天"的崇拜和对"天命"的敬畏。到春秋中后期，随着社会矛盾的激化，人们对天的崇拜渐趋消减，怀疑以至指责天的言论此起彼伏，《诗经》中出现"不吊昊天，不宜空我师"（奈何天不扬善，使民穷苦无依）④、"昊天不傭，降此鞠讻；昊天不惠，降此大戾"（老天何等不公，降此特大灾凶；老天何等不惠，降下如此败类）⑤这样一些"谴天"言论，还出现认为天命并非永恒的观念，如"侯服于周，天命靡常"（殷商称臣服周邦，可见天命并无常）⑥。

"天"及"天命"观念在反映殷商西周思想的《书》、《诗》中是至高无上的，然而，又毕竟没有形成《圣经》系统中上帝那样的绝对意义和明确的至上神格，而是以一种介乎自然法则与人格神之间的模糊形态出现，怀疑天并不像犹太—基督教系统中怀疑上帝那样被认作是无可容忍的大逆不道。

到春秋战国时期，由"天"的观念进而发展出"道"的观念。道的本义是路，《说文解字·系部》称："道，所行道也，一达谓之道。"引申为自然及人事所遵循的轨迹，自然之轨迹为"天道"，人事之轨迹为"人道"。天道与人道对称，见于《左传》所载郑子产批评神灶灾异说的言论：

> 天道远，人道迩，非所及也，何以知之？灶焉知天道？⑦

与人道观相分又相联的"天道观"成为中华元典讨论宇宙生成问

---

① 《书·大诰》。
② 《书·召诰》。
③ 《易·萃卦》。
④ 《诗·小雅·节南山》。
⑤ 《诗·小雅·节南山》。
⑥ 《诗·大雅·文王》。
⑦ 《左传·昭公十八年》。

题的主要理论框架。

应当指出的是，在中华元典传述过程中起关键作用的孔丘，不是一个宇宙生成问题的深入探讨者，他的注意重心在伦理政治，属于"人道"范围，其门徒曾感叹：

　　　夫子之言性与天道，不可得而闻也。①

孟轲虽然言及天道，其重点仍在人道，他最热心的话题"王道"便是人道之一种。对宇宙生成问题作深邃思考的中国首席哲人是老聃，他以"道"为最高范畴，以其为"万物之宗"②，认为万物皆由"道生之，德畜之，物形之，势成之"③。老聃在中国率先提出一个宇宙生成程序：

　　　道生一，一生二，二生三，三生万物。④

"一"指天地未分之整体，"二"指天、地，而在那个混沌未分的整体之先，便是作为宇宙法则的"道"。

1989 年春季，笔者访学香港中文大学，曾与饶宗颐先生两次长谈，其间饶先生反复议及：中国人最高的信仰是"天"，如果说中国古来有一种通行的宗教，可以命名为"天教"。我很钦佩饶先生的宏论，并以中国文化史上的多种现象印证之。交谈中饶先生兴致颇高，一再嘱我著文论述此义。抱愧的是，以后我未能就"天教"一题形成专论，但饶先生的嘱托却不曾忘怀，而时下评议"元典精神"议及"天道"，勉力充作对饶先生期望的回应。

---

① 《论语·公冶长》。
② 《老子·第四章》。
③ 《老子》第五十一章。
④ 《老子》第四十二章。

三、《周易》的"天道生机主义"

笔者之所以未能作专文论述"天教"，是因为有这样一层犹豫：中国人固然普遍信奉"天"，并将天列为信仰之首（所谓"天地君亲师"），对"天"的信仰构成中国式宗教意识的重要部分，但毕竟没有形成以"天"为最高神格的宗教（当然这是就本义的"宗教"言之的）。故中国人的"天"论，难以归入宗教，而宜于从宇宙观角度讨论之。这在中华元典中有充分展示。

中华元典系统提出以"天"为本原的宇宙生成模式和人类文明发生模式的，是既先于诸子又综汇诸子的《周易》①。

《周易》发挥天道论，提出"一阴一阳之谓道"，"夫《易》，开物成务，冒天下之道"，"形而上者谓之道，形而下者谓之器"②等重要命题，阐述"道"的几层精义：

道是构成宇宙基本对立物（阴与阳）的根源；

道是自然生化、开物成务的过程；

道是寓于物象之中，又超乎物象之上的规律；

正是"道"的自然演运，方生出宇宙万物。

《周易》的宇宙生成说不同于印度吠陀系统的天神祭祀创造宇宙说，也没有如希伯来《圣经》那样将宇宙生成过程割裂为主动的"因"（上帝）和被动的"果"（万物），而是从"万物含生论"出发，肯定天道自然的无穷创造性与生命力。《易传》说"天地之大德曰生"③，"生生之谓易"④，"成之者性也"⑤，都是确认"天"的自然性和原创性生命力。正是天无可穷尽的演运，才滋生万物，形成仪态万方、生机勃勃

---

① 《周易》的卦象及卦爻辞（即《易经》）形成早于诸子，其说明文字——《易传》形成于先秦诸子终端。

② 《易·系辞传》。

③ 《易·系辞下》。

④ 《易·系辞上》。

⑤ 《易·系辞上》。

的世界，所谓“天地缊缊，万物化醇”①。《周易》的《彖传》在解释乾卦经文“元、亨、利、贞”时，描述这样一幅生趣盎然的宇宙生成图景：

> 大哉乾元，万物资始，乃统天。云行雨施，品物流形。大明始终，六位时成，时乘六龙以御天。乾道变化，各正性命。保合大和，乃利贞。首出庶物，万国咸宁。
>
> （盛大无际的乾阳元始，万物皆取它为开端，它是天的本原；作为乾阳的天，行云施雨于地，使万品物类流动而成形体；这种创物过程是无止境的，终而又始，如乾卦设立方位取龙为象，经“潜龙勿用”、“见龙在田”、“夕惕若”、“跃在渊”、“飞龙在天”、“亢龙有悔”这“六龙”变化的周而复始，驾驭整个天道规律；乾道的变化，赋予万物以生命；天地太和，乃利于万物获得各自的生命和属性，并使这生命和属性正固持久而不夭折；总之，乾阳是万物的本原，居于众物之首，犹如国君居于众民之首，使天下得到安宁。）

《彖传》的这段哲理诗式文字，肯定乾元是万物始点，阐明乾天运作，化生万物的原理和过程，可以说是一部中国式的“创世记”。不过，这部“创世记”不同于各种宗教圣典的创世说。第一，这里没有造物主，尤其没有人格神式的造物主，是天道自然衍生宇宙万物；第二，这里没有截然两分的创作“因”和生成“果”，是天道的自行运作演化出万物，故创物过程是内发的而非外成的，是无止境的而非有尽头的，这与《圣经》中耶和华上帝造物六日，万物创成，便在第七日休息下来的故事大相异趣。

《周易》论宇宙生成的文字，并不单单只有解释乾卦经文的这段《彖传》，另外，解释坤卦经文“元、亨、利牝马之贞”的《彖传》也不可忽略。这段彖辞说：

---

① 《易·系辞下》。“万物化醇”指万物由相互作用而变化生长之意。

至哉坤元，万物资生，乃顺承天。坤厚载物，德合无疆。含弘光大，品物咸亨，牝马地类，行地无疆，柔顺利贞。

（至极无限的坤阴元始，万物皆取它而生成形体，它又总是顺从和奉承天的乾阳而运动；地之厚无物不载，与天之大无物不包相结合，这种结合的功能将是无边无际的；坤承受乾之所施，涵容阳于地中，发扬光大以凝结成万物的形体，使万品物类繁茂亨通；这就像母马虽属地类、阴性，也能行程万里与属乾天的公马相配合，顺从地运动。）

坤卦的《象传》着意阐明阴阳配合、阴随阳动这一宇宙现象。如果说，乾阳呈扩散式创造万物，那么，坤阴则呈吸收式承载万物，二者的有机结合，方是完整的世界生成图式。

《周易》的宇宙观是一种天道自然生机主义，其《系辞》指出：

易与天地准，故能弥纶天地之道。仰以观于天文，俯以察于地理，是故知幽明之故。原始反终，故知死生之说。精气为物，游魂为变，是故知鬼神之情状。与天地相似，故不违。知周乎万物而道济天下，故不过。旁行而不流，乐天知命，故不忧。安土敦乎仁，故能爱。范围天地之化而不过，曲成万物而不遗，通乎昼夜之道而知。故神无方而易无体。

这里揭示了天道自然生机主义的方法论：

对自然仰视俯察，做到"与天地准"、"与天地相似"，方可达到与自然之理"不违"的境界；

从统摄万有、包举万象的全方位观照，建立有机的宇宙生成模式。

这种宇宙生成方式，既不同于希伯来《圣经》的人格神上帝以"自由意志"创世说，佛教的"一切唯心"、"四大皆空"的宇宙论，也不同于希腊哲人以原子论为基础的由微观推及宏观，又以宏观推及微观的宇宙生成论。

以《周易》为代表的中国式宇宙观的这种天道自然生机主义和整体意识,对中国以后两千余年思维的发展、文化的演绎起到了不可忽视的影响。诚如科技史家李约瑟(1900—1995)所说:

> 当希腊人和印度人很早就仔细地考虑形式逻辑的时候,中国人则一直倾向于发展辩证逻辑,与此相应,在希腊人和印度人发展机械原子论的时候,中国人则发展了有机宇宙的哲学。①

成于周初的《易经》,通过其象数体系构造出一个完整的宇宙生成图式,而成于战国晚期的《易传》进而明确描绘这个宇宙生成图式:

> 《易》有太极,是生两仪,两仪生四象,四象生八卦。②

这里把天地未分判前的状态称"太极",太极生出阴、阳"两仪",两仪分出太阴、太阳、少阴、少阳"四象",四象分出乾、兑、离、震、巽、坎、艮、坤"八卦"。此后,八卦相重,成六十四卦,构成斑斓纷呈的世界万象。这种"两分"的和"二进位"的宇宙结构模式,是中国象数思维的典型形态,作为理性思维的一种,与希腊的形式逻辑思维、印度的因明思维彼此辉映,各成一格。

《周易》提供的宇宙生成模式虽然摆脱了神创说,却是一种猜测的和思辨的产物,带有模糊性、神秘性和先定性,富于玄学意味,魏晋时期《周易》与《老子》、《庄子》并称"三玄"③,其原因即在于此。《周易》神秘的和先定性的玄学特质,对中国思想史的影响相当深远。

---

① [英]李约瑟著,中国科学技术史翻译小组译:《中国科学技术史》第3卷,科学出版社1978年版,第337页注②。

② 《系辞上》。

③ 颜之推《颜氏家训·勉学》称:"洎于梁世,兹风复阐,《庄》、《老》、《周易》总谓三元(玄)。"

秦汉时，与阴阳五行说、天人感应说相结合，曾兴起一股占卜、堪舆、谶纬之风；魏晋时，士人竞相习《易》，与《老》、《庄》思想相结合，大倡玄风；宋明时，《易》更成为理学宇宙论和人性论的理论源泉，周敦颐的"太极图说"①、邵雍的象数化宇宙图式均由此导衍而来，程朱理学的若干重要范畴和基本宇宙论框架，也源于《周易》。

《周易》的天道自然生机主义，力图在天文与人文的统一性上求得对宇宙生成奥秘的把握，避免人格神创世说，显示出辩证思维的长处：从整体上看问题、从联系上看问题、从发展上看问题。然而，作为一种宇宙观，企图在一个预设的封闭体系内部穷尽真理，又走到辩证法的反面。

为中国人隐约而普遍信奉的"天教"，是一种未完成的宗教。

四、中华元典的人文精神

所谓"人文精神"，是一种以人为本位的文化精神，与以神为本位的文化精神形成对照。如前所述，中华元典虽然没有断然否定人格神，却将其虚置，而把重点放在天道自然的阐扬上，这是对神本位论的一种否定方式。与此同时，中华元典还特别注目于对人的肯认，高度强调人在宇宙间的地位，所谓"人者，天地之心也"②。这是对神本论的又一种否定方式。否定"神本"的中华元典，确立的是与天道自然观相贯通的"人文精神"。

中华元典所论及的"天道"充满生机，而"天道"又与同样充满生机的"人道"相贯通。"人"字在甲骨文作"𠆎"③，为人体象形。元典称人为"万物之灵"④，汉代董仲舒则说："天地之性人为贵。"⑤但中华元典在强调人的地位时，又认定人与天并不截然两分、彼此对峙，

---

① 周敦颐的《太极图说》建立"无极—太极—阴阳—五行—男女—万物"的宇宙生成图式。

② 《礼记·礼运》。

③ 刘鹗：《铁云藏龟》一九一·一，谭隐庐 1931 年印。

④ 《书·泰誓上》："惟人万物之灵"。

⑤ 《汉书·董仲舒传》。

而是相与化育的：

> 故人者，其天地之德，阴阳之交，鬼神之会，五行之秀气也。①

因而人性的规则(即"人道")与宇宙的秩序("天道")两相契合：

> 夫大人者，与天地合其德，与日月合其明，与四时合其序，与鬼神合其吉凶，先天而天弗违，后天而奉天时。②

由这种人与宇宙合德无间的思想出发，引出富于特色的人文观念，从而使中国文化的主体避免走向宗教。钱穆说：

> 西方人常把"天命"与"人生"划分为二……所以西方文化显然需要另有天命的宗教信仰，来作他们讨论人生的前提。而中国文化，既认为"天命"与"人生"同归一贯，并不再有分别，所以中国古代文化起源，亦不再需有像西方古代人的宗教信仰。③

中华元典的人文精神，归纳起来，有如下要义。

(一)人文以天道自然为起点

《周易》以六十四卦模拟万物，而阐明这六十四卦的编排次序及诸卦前后相承意义的《序卦传》，开宗明义第一句话便是——"有天地，然后万物生焉。"以后又展开论述说：

> 有天地然后有万物，有万物然后有男女。有男女然后有夫

---

① 《礼记·礼运》。
② 《易·乾卦·文言传》。
③ 钱穆：《中国文化对人类未来可有的贡献》，转引自《中国文化》1991年8月，第4期，生活·读书·新知三联书店，第93页。

妇，有夫妇然后有父子。有父子然后有君臣，有君臣然后有上下，有上下然后礼义有所错。①

这就将人间秩序(人文)的开端归之于天道自然。

(二)人文法则出于对天道自然的仿效

《周易》论述八卦的制作过程说：

> 古者包牺氏之王天下也，仰则观象于天，俯则观法于地，观鸟兽之文，与地之宜，近取诸身，远取诸物，于是始作八卦，以通神明之德，以类万物之情。②

这里讲八卦创作过程，也可以泛解为：人类文明的产生仰赖于对天道自然的仿效。当这种仿效达到"极深而研几"的程度时，人类的创造便"与天地参"③，"上下与天地同流"④。

对于人文仿效天道，老子归结为四个级次：

> 人法地，地法天，天法道，道法自然。⑤

《周易》乾卦的《象传》说得更为简易，直接沟通天与人，强调人文对天道的效法：

> 天行健，君子以自强不息。

认为"天"刚健强壮运行不止，"君子"观此象发愤自强，奋斗不息，

---

① 《周易·序卦》。
② 《周易·系辞下》。
③ 《礼记·中庸》。
④ 《孟子·尽心上》。
⑤ 《老子》第二十五章。

以效法乾天之象。

《周易》坤卦的《象传》又说:

地势坤,君子以厚德载物。

认为"地"深厚柔顺,"君子"观此象增厚品德,承载重任,孕育万物,以效法坤地之象。这是《周易》中最重要的两段人文效法天道的名言,有学者用这两语概括中国文化的精髓,比较真切。

(三)以人为天地中心

中华元典以天道为人文的起点,又认为人文仿效天道而成,但是,中华元典讨论的展开部,却并非天道而是人文。《周易》贲卦的《象传》说:

观乎天文以察时变,观乎人文以化成天下。

这段话的前半部讲观察天道的文饰情状以知四季变迁规律,后半部则讲观察人类的文饰情状以教化天下,促成大治。二程解释这段话说:"观人文以教化天下,天下成其礼俗,乃圣人用贲之道也。"这番话深得《易传》要旨。

综观中国传统文化的发展历程,"观乎天文以察时变"并未得到充分发育;"观乎人文以化成天下"则展开成发达的政治学、伦理学和教育学,演为中国文化的主体和展开部。《礼记》说:

圣人南面而治天下也,必自人道始矣。①

道出"人道中心"论的个中奥妙,而"文化"二字是"人文教化"的缩写,更集中表现此种格局。

中华元典精神的"尚人文",立足于对人的评价。虽然中华元典

---

① 《礼记·大传》。

并不特别注重个体人的价值，但对群体人或社会人却给予高度估量，认为人与天地并立，是宇宙三要素之一，《周易》的《系辞》将人道与天道、地道并称"三才"：

> 《易》之为书也，广大悉备。有天道焉，有人道焉，有地道焉。兼三才而两之，故六。六者非它也，三才之道也。①

指明六画卦之所以为六画，意在表达三才——天、地、人，每一"才"又"两之"（以阴阳、刚柔两分），方成六爻。

老子称人为"域中四大"之一：

> 道大、天大、地大、人亦大，域中有四大。②

《礼记·礼运》则说："人者，天地之心也。"以后，董仲舒更极言道：

> 天地人，万物之本也。天生之，地养之，人成之。……人之超然万物之上而最为天下贵也。③

这都是肯定具有理性的人在无限广袤的宇宙间卓然而立的地位，有了人，方有文化的世界，"人文"也就理所当然地成为思索的中心。

总之，中华元典精神在天人关系问题上走的是一条"循天道，尚人文"的路线。这一概括似较单以"天人合一"总论中国天人观更为周全。

中国古代固然有发达的"一天人"或"天人合一"思想，同时也有相当雄辩的"天人相分"论涌现，从春秋时子产（？—前522）的"天道

---

① 《易·系辞下》。
② 《老子》第二十五章。一说"人亦大"为"王亦大"。
③ 《春秋繁露·立元神》。

远,人道迩"①,到战国时荀子(约前 313—前 238)的"明于天人之分"②,皆为卓见。荀子指出:

> 天行有常,不为尧存,不为桀亡。③

肯定天是无意志的自然物,与人世间的兴亡治乱各不相与。

故单以"天人合一"总括中国古代的天人关系论,显然并不全面。然而,"循天道,尚人文"则是元典创制期绝大多数思想家和典籍所共同遵循的运思路径,《论语》、《孟子》及《易传》、《中庸》、《大学》系统自不必说,即使力主"明于天人之分"的荀子,也既重视"天道"的探索,更强调研习人伦和制度,他说:

> 圣也者,尽伦者也;王也者,尽制者也,两尽者,足以为天下极矣。④

至于老、庄系统,其发达的"道论"突破以人格之"天"为最高主宰的世界观,又克服用具体物质(如金、木、水、火、土)解释宇宙本体的局限,提出"道"这个最高范畴,而"道"本身便兼及"天道"与"人道"两个侧面。荀子批评庄子"蔽于天,而不知人"⑤,此言如果指庄子只讲消极顺应自然,忽视人的能动作用,是准确的;如果指庄子把人道排除在视野之外,则不符合实际。庄子"天地与我并生,而万物与我为一"⑥的"齐物论",便是强调人道与天道的最高统一性,并不意味着对人道的弃置不顾。

---

① 《左传·昭公十八年》。
② 《荀子·天论》。
③ 《荀子·天论》。
④ 《荀子·解蔽》。
⑤ 《荀子·解蔽》。
⑥ 《庄子·齐物论》。

人所共知，老子有"绝圣弃智"①的反文化观念，庄子有"逃虚空"的出世倾向，但他们对人生世界的关切，仍然透现于《老子》五千言和《庄子》内外篇的字里行间。老子说：

圣人常善救人，故无弃人；常善救物，故无弃物。②

表现出对人和社会事物何等深切的关怀；"善者吾善之，不善者吾亦善之。""信者吾信之，不信者吾亦信之。"③又流露出何等宽大的胸襟和真诚的救世真心。至于庄子在"来世不可待，往世不可追"的困境中，仍然发出呼唤："迷阳迷阳，无伤吾行！却曲却曲，无伤吾足！"④则显示了何等坚韧顽强的求索精神。用世之心不仅存于儒、墨、法家，在道家那里也潜运默行着。

"循天道，尚人文"可以概括中华元典的天人观，也可以大体涵盖中华元典创生期各种思想流派的天人观。

将融通自然宇宙与社会人生的天人观发挥得最完备周详的，是作为"元典之首"的《周易》。《周易》既区分天人差异，不混淆二者界限，又注重二者联系，其谦卦的《象传》分别论述天道、地道、鬼神和人道"好谦"的不同表现形态，同时指出谦退不自满则亨通，即可以延缓转向对立面而得其利益，既是天地自然，也是社会人生共同遵循的规律。这里讲的是天、地、人的同一性。

《周易》肯定人是自然之子，却不像庄子那样仅仅把人视作自然的一部分，从而失却人的主体性，而是尊天重人，高度肯定人的能动性，所谓"圣人久于其道，而天下化成"⑤。《周易》又没有如《荀子·天论》那样强调"天人相分"和"人定胜天"，而是确认天与人的统一与

---

① 《老子》第十九章。
② 《老子》第二十七章。
③ 《老子》第四十九章。
④ 《庄子·人间世》。
⑤ 《易·恒卦·象传》。

和谐，所谓"夫《易》，开物成务，冒天下之道"①，认为人的创物和成就事业，都是遵循着天地自然的规律。这种天人观，直至近代仍然被思想高远的哲人视作追求目标，熊十力(1885—1968)在《新唯识论》中自述学行时说：

> 余之学儒学佛，乃至其它……确是对于宇宙人生诸大问题，求得明了正确之解决。

熊十力融通儒佛，旁及西学，贯通天人，求索"宇宙人生诸大问题"的"明了正确之解决"，正是"循天道，尚人文"传统行健不息的生命活力在当代的耀现。

第二节　远鬼神　近俗世

与"天人之辨"紧密相联的是"彼岸与现世之辨"。如果说，前者讨论的是人与自然的关系，那么，后者讨论的则是人的终极关怀(ultimate concern)问题。世界各主要文化元典都在这个问题上显示出自己的思维偏向和价值趋势。

一、参照系：希伯来、印度元典对彼岸的深切关注

希伯来元典《圣经》充满对于彼岸世界的向往、追求乃至恐惧。《圣经》的理论立足点是有神论，而且是崇奉唯一神(上帝耶和华)的有神论。《圣经》的一个著名故事，讲到摩西向以色列人晓谕律例、典章，并说这是上帝在何烈山与人类立的约。摩西传达上帝在山上从火中向人类发出的指示：

> 我是耶和华，你的上帝，
> 曾将你从埃及地为奴之家领出来。

---

① 《易·系辞上》。

> 除了我以外，
> 你不可有别的神。
> 不可为自己雕刻偶像，
> 也不可作什么形象，
> 仿佛上天、下地和地底下、水中的百物。
> 不可跪拜那些像，
> 也不可事奉他，
> 因为我耶和华，你的上帝，
> 是忌邪的上帝。
> 恨我的，我必追讨他的罪，
> 自父及子，直到三四代。
> 爱我、守我诫命的，
> 我必向他们发慈爱，直到千代。①

这是极端的一神论教规。正是由此出发，才可以理解基督教毫不妥协的排他性，才可以理解中世纪欧洲列国的宗教战争和十字军东征那样的"圣战精神"，也才可以理解清代顺治、康熙年间，为顺应中国国情，耶稣会中国传教团曾允许中国教徒祭祖祀孔，何以会受到罗马教廷的严厉斥责和禁罚，造成教皇与中国皇帝的公开冲突，此即著名的"中国礼仪之争"。

　　神（上帝）是整个《圣经》系统的中心，是天地万物的创造者和主宰，并对人赏善惩恶。上帝论也即神论，是基督教神学的基本课题。"上帝论"认为，神（上帝）是无可言喻的，本身就是"存在"，其本质亦即是"存在"，是不可能不存在的"存在"，即"必然存在"、"最高存在"和"第一存在"。一切完美属性无不为上帝所具有；上帝对于世人，处于位格而非无人称的哑然存在体；上帝对于自然，是超越万物又内在于万物；上帝对于时空，是无限、单纯和独立的。人则由上帝

---

① 《旧约全书·申命记》第五章，《新旧约全书》，中国基督教协会、中国基督教三自爱国运动委员会印 1982 年版，第 219 页。

所造，其灵性和弱点都是上帝赋予的，耶和华的信徒们曾这样向耶和华唱赞歌：

> 人算什么，你竟顾念他？/世人算什么，你竟眷顾他？/你叫他比天使微小一点，并赐他荣耀尊贵为冠冕。/你派他管理你手所造的、使万物，就是一切的羊牛、田野的兽、空中的鸟、海里的鱼，凡经行海道的，都伏在他的脚下。/耶和华我们的主啊，你的名在全地何其美！①

人既然一切受领于上帝，人便是上帝的臣民，负荷着"原罪"的人唯有信仰上帝，才能得到救赎。这种神本主义的神人观曾统治欧洲中世纪，文艺复兴崛起的人文主义是借助古希腊人文传统对希伯来传统的一个纠正。即使在现代，神本主义的神人观仍对西方基督教世界有重要影响。

印度吠陀系统也大体持有神论，不过，这里并不崇拜唯一神，而是诸神并立，神也并不像《圣经》中的耶和华那样支配一切。印度人从未视神为"绝对者"，诸神低于"绝对者"，"绝对者"即"大法"是一种宇宙法则，在诸神之上，《奥义书》及吠檀多学者注重的是"大法"的权威，而不是神的权威。吠檀多学者创立自我与他我"不二论"，宣称自我与他我统一于"绝对者"、"梵天"或"大法"，神不是梵天、大法的制定者，而是梵天(也即宇宙永恒的"大法")使神成其为神。印度诸神与众生无异，都不是道德典范，他们也有嫉妒、羡慕、不和、背信、贪欲、骄傲、怯懦、邪淫等毛病，与百欲兼具的希腊奥林匹斯山诸神颇相类似，而与希伯来人塑造的那个"全能、全善、全美、全知、全在和全备一切"的上帝耶和华迥然相异。因而，印度人并不是从神寻求道德指教，而是从超越诸神的"大法"中获得道德启示和灵魂拯救。当然，印度也有"黑天"那样的宇宙大神，《薄伽梵歌》称其为"最高的宇宙精神"，但黑天仍然不具备耶和华的自在性和

---

①　《旧约全书·诗篇》，《新旧约全书》，1982年版，第634~644页。

绝对性，黑天是因其英雄业绩而被大神湿婆推尊为宇宙大神的，而并非自来即有、全备一切的创世上帝。

至于佛经系统，虽然借用了婆罗门教诸神，但将这些神视作众生，连佛本身也不是神。佛虽有超人的智慧和能力，却并不能像耶和华那样主宰人的吉凶福祸，佛也受因果律支配。从这一意义言之，原始佛教有无神论倾向。当然，作为一种宗教教义，佛学中包含大量关于彼岸世界的描绘，如在中国广泛流传的《佛说阿弥陀经》便尽述西天极乐世界的庄严美妙：

> 彼土何故名为极乐？其国众生无有众苦，但受诸乐，故名极乐。……极乐国土，七重栏，七重罗网，七重行树，皆是四宝周匝围绕，是故彼国各曰极乐。①

吠陀系统和佛经系统对人的看法也具有特色。从自我、他我"不二论"出发，印度人不仅认为诸神与众生无异，同时也认为人类与众生无异，印度人谈及"人"时，所用词汇是"生物"、"有生类"、"动物"，《梵经》说："人的行为与兽的行为没有什么不同。"佛教的《法句经》说："一切有生类都深深依恋生活"，"众生都欲安乐"。印度各教派的古文献都肯定人兽无差别的观点。第一，认为人属于胎生生物，归属于生物世界；第二，承认一切生类中存在精神因素，不仅人和兽有灵魂，植物也有灵魂。当然，印度元典也看到人是有理性、会思维的动物，因而优于其他生物，《森林书》说：

> 液汁进入草木，动物有脑汁。而"普遍自我"对人的启示是最清楚的，因为人被赋予"知性"。他能看到并且能谈论他所识别的是什么，能预料明日大概怎样，知道现实世界和非现实世界

---

① ［日］高楠顺次郎编：《大正新修大藏经》卷十二，东京市大正一切经刊行会，1928 年铅印。

的区别，虽然他难免一死，但他力图达到不朽。①

佛教则高度珍视"受授人身状态的千载难逢"，认为人的生命应当受到尊重，《大正经》第十五卷称：

> 顺古圣王勿行刑戮，何以故？生人道者胜缘所感，若断其命，定招恶报。

《奥义书》则强调人类受"大法"支配的伦理价值，人若忽视"大法"，丧失伦理，则无异禽兽。《歌者奥义书》称：

> 今世善行之人，来世将再生为婆罗门、刹帝利或吠舍。相反，罪恶之人将投生于狗胎、猪胎，或将沦为无所归宿者。

总之，人是众生之一，神也是众生之一，人和神都是宇宙"大法"的产物，"大法"是人兽之别的界限，遵循大法者才是真正的人。这便是印度元典系统的"神人之辨"和人道观。

二、《尚书》"绝地天通"与《圣经》"巴别塔"之比较

在"神人之辨"方面，中华元典系统与上述希伯来元典系统、印度元典系统有着迥然相异的旨趣，而与人文主义的希腊元典系统有某种近似之处。希腊元典(以柏拉图著作为例)保留着"宇宙的创造者"和"诸神"的地位，认为人是"宇宙创造者"用"宇宙灵魂"与各种元素混合制作出来的，"这个优越的种类便叫作人"②，可见，这里虽然沿袭着神创说，却强调人的崇高。柏拉图还引述普罗泰哥拉的名言

---

① 转引自[日]中村元《东方民族的思维方式》，浙江人民出版社1989年版，第53页。
② 柏拉图：《蒂迈欧篇》。

"人是一切事物的尺度"①，认为人必须透过自己的价值系统去观照宇宙，体认宇宙，发现宇宙的价值。这里洋溢着强烈的人文主义色彩。

在中国，对鬼神的解释甚多。"神"的古字通"示"，又可简作"T"，"丨"为男根，"—"为上意，"T"为生殖器之上，即生命原始起点，故"神"有引出万物的天神之义，又有神明莫测之义。"鬼"甲骨文作𤽎，上部田为面具，下部人为巫师，像戴着面具田的人人，表示祭祀仪式中头上戴着恐怖面具的巫，固然怪异，却毕竟由人演化而来。鬼神往往连用，《正字通》说：

> 神，阳魂为神，阴魄为鬼；气之伸者为神，屈者为鬼。

中国人的鬼神意识是与宗教意识紧密相关的。而中国人的宗教意识也走过了从原始自发宗教到人为宗教的发展过程，从多神崇拜演为至上神（"上帝"或"天"）崇拜。作为中华元典萌芽期的商代，正是盛行鬼神观念的时段，所谓"殷人尚鬼"，"殷人尊神，率民以事神，先鬼而后礼"②。一切"王事"都祈求神佑，"残民奉天"、"残民尊神"是殷人的主张。

西周时鬼神观念发展得更为具体，一谓死为鬼，可图报在生时的恩怨；二谓鬼神能祸祟于人；三谓求神可得福佑。殷墟甲骨卜辞和周金文中多有卜问鬼神的记载，《尚书》也言及周公自称"多才多艺，能事鬼神"③，《礼记》更谓"三代明王，皆事天地之神明，无非卜筮之用"④。正因为人们敬事鬼神，所以在殷周两代充当神人媒介的巫、觋、祝、贞人等宗教职业者地位颇高，而国家统治者则力图将其控制在自己手里，任命为宫廷要员，以掌握解释神意的专利。

---

① 柏拉图：《泰阿泰德篇》。
② 《礼记·表记》。
③ 《书·金縢》。
④ 《礼记·表记》。

《吕刑》是我国现存最早的系统刑法专著,讲的是吕侯劝导周穆王明德慎罚,制定刑律,因而国家大治。接受吕侯建议的穆王发布的诰词说,当年颛顼为平息苗民作乱,"乃命重、黎,绝地天通"①。"重"和"黎"都是传说中的颛顼时人,相传"重"主天神,"黎"主臣民,颛顼作出这种分工安排,为的是禁止民和神相通的法术,神和人再不能升降杂糅,也就安分守纪了。《国语·楚语下》对"绝地天通"作了一番解说:

> 颛顼受之,乃命南正重司天以属神,命火正黎司地以属民,使复旧常,无相浸渎,是谓绝地天通。

韦昭注《国语》这段话,引用观射父的诠释:"绝地天通"就是"绝地民与天神相通之道"。这样,窥探神意的占卜术便作为国家职能操之于最高统治者手中,而不使民间染指。

中华元典的"绝地天通"说,与希伯来元典的"巴别塔"故事颇有相近之处。"巴别塔"故事讲的是:挪亚的子孙向东迁徙,至示拿,见一平原,乃在此建一城和一高塔以达天上。上帝虑彼等今后将无事不成,乃混乱其语言,致使互不通意,乃四散,人类通天的计划遂成空想。②《圣经》的"巴别塔"故事与《尚书》的"绝地天通"说的相似点在于,二者都着意分割天与地、神与人,使下民保持愚昧分散状态,以便操纵。

深入一层剖析,可以发现东、西元典中的两个题旨又大相径庭。西方《圣经》中的"巴别塔"故事展示一个上帝捉弄人类的游戏,这是上帝对人类分而治之的策略,上帝在这里导演着一切,人类及其首领都被玩弄于股掌之中。而中国的"绝地天通"说却由颛顼和周穆王宣示出来,是人间王者控制神权的一种努力,虽然表面沿袭着神道观念,实际上其根柢却在人学原理,是"人王"在操纵神—人关系。由

---

① 《书·吕刑》。
② 《旧约全书·创世记》。

这两种不同的神—人关系准则推演下去，便产生两种相异的文化路向——

在基督教至上的欧洲中世纪，往往是宗教控制国家，神权驾凌于君权之上，走的是"神—人"路线；

而在西周以降的中国，神学逐渐从属人学，国家控制宗教，君权驾凌于神权之上，"重神"转为"重人"，走的是"人—神"路线。

这种"人—神"路线在中华元典里多有体现。如《尚书·微子》记载，殷纣王的庶兄微子见纣王昏暴，又不听规劝，微子忧心如焚，与执掌神权的父师商量，父师告诫微子尽早出逃，因为天已降灾殷朝，以至"今殷民乃攘窃神祇之牺牷牲用以容，将食无灾"。意谓殷的百姓竟然偷盗祭祀天地神灵的猪牛羊三牲，把它们藏起来，或饲养，或吃掉，却没有受到惩罚。这正显示了时人对鬼神的蔑视和神权的失灵。至于《诗经》更有"下民之孽，匪降自天。噂沓背憎，职竞由人"①（黎民百姓受灾殃，灾殃并非从天降。当面欢合背后恨，祸患都因有坏人）一类求福却祸于社会自身的诗句，认定人间的灾难并非天神所降，而是世间坏人肆虐的结果。可见，在中国的君民两大阶层思想深处，"人道"压倒"天道"，此岸关切胜于彼岸探求。

三、"敬鬼神而远之"

如果说，殷商是神权至上的时代，西周还弥漫着鬼神崇拜，那么，春秋以降鬼神观念则渐趋淡薄，春秋中叶之后，祭司阶层的独立性已渐式微，卫献公称"政由宁氏，祭则寡人"②，君主要自掌宗教祭典。

到了春秋末期，"远鬼神，近人事"的思维路向更趋明朗，这在孔子那里有所体现。孔子作为殷周文化传统的承继者，既因袭着殷周盛行的鬼神观念，又受到《诗》、《书》中怀疑天神、疏远天神的新思想影响，而孔子又不是一个深入探索宇宙论的哲人，他没有就鬼神的

---

① 《诗·小雅·十月之交》。
② 《左传·襄公二十六年》。

有无及人神关系等形而上问题展开彻底的思考，而是从开通的入世者的实用理性出发，对鬼神采取一种"存而不论"的态度。他说：

务民之义，敬鬼神而远之，可谓知矣。①

当子路问如何敬事鬼神时，孔子答曰：

未能事人，焉能事鬼。②

孔子是重祭祀的，但他并不以为那被祭的"神"是个真实的实体，不过是人们思念着它，它便似乎就存在着，所谓"祭如在，祭神如神在"③。这是介乎有神论与无神论之间的一种"模糊哲学"，其精义仍然是对鬼神"存而不论"，"事其心"而已。

孔子对鬼神虚应之而决不深论，所谓"子不语：怪，力，乱，神"④，对人及人事则进行周详真切的研讨。孔子论"仁"、论"智"，其指向均在人。

樊迟问仁，子曰："爱人。"问知，子曰："知人。"⑤"人"是孔子仁学的核心，故而"夫仁者，己欲立而立人，己欲达而达人"⑥。孔子的学问可以说是"人学"，其政治论、社会论、伦理论、教育论、历史论，都是由这种"人学"演绎出来的，神学意味淡薄。

春秋开始出现的"远鬼神，近俗世"的思维路向，在战国时期定型的诸元典中得到进一步发挥，其中尤以《春秋左氏传》展开得最为具体。

《左传》成书于战国初年，可能是子夏的一传或再传弟子在魏国

---

① 《论语·雍也》。
② 《论语·先进》。
③ 《论语·八佾》。
④ 《论语·述而》。
⑤ 《论语·颜渊》。
⑥ 《论语·雍也》。

作于公元前 375 年至前 351 年间。《左传》反映春秋战国之交的社会思潮，而此间正由"重神"向"重人"（或曰"重民"）转变，涌现一些向殷商西周神权至上传统提出挑战的人士。

《左传》记载，随国国君自谓祭祀天神的牺牲丰厚，便可以取信于神，但随国贤臣季梁却不以为然。他说："夫民，神之主也。是以圣王先成民，而后致力于神。"①公然把"民"说成是"神之主"，统治者应当首先满足民众的意愿，实现"民和年丰"，才能得到"神降之福"。《左传》还征引周公的名言，"民之所欲，天必从之"②。这些言论虽然没有否定神的存在，却将神意归结为民意，实际是把神权驱逐到虚设的位置上。

《左传·僖公五年》亦有类似记载：晋侯欲借道虞国讨伐虢国，宫之奇谏止。虞公认为自己"享祀丰洁，神必据（依靠）我"，宫之奇在反驳虞公时，提出"民不和，神不享矣。神所冯（凭）依，将在德矣"，要求虞公把注意力从祈祷上天，改变为实行德政，以争取民众的支持。

《左传》还依据"民为神主"的思想，揭起反对人祭的旗帜。如宋襄公欲以鄫子作祭祀的牺牲，宋国的执政大臣司马子鱼加以阻止。子鱼说："祭祀以为人也。民，神之主也。用人，其谁飨之?"③司马子鱼批判盛行于殷周的人祭制度时所运用的思想武器，还是民本主义——既然人是神之主，祭祀是为了人，那么，用人作牺牲，谁还会来享用呢?

对于春秋年间的"重民"政治家，如邾文公、郑子产、齐晏婴，《左传》也加以肯定。《左传》记述，邾文公曾说："苟利于民，孤之利也……民既利矣，孤必与焉。"④子产则提出"天道远，人道迩"⑤的著

---

① 《左传·桓公六年》。
② 《左传·襄公三十年》。
③ 《左传·僖公十九年》。
④ 《左传·文公十三年》。
⑤ 《左传·昭公十八年》。

名论点,劝诫人们不要一味追求那个遥远不可捉摸的"天道",而应更多地注重切身的"人道"。这在对"天"、"神"迷信的时代,是一种新颖而大胆的卓见。当齐王因彗星来临而惊慌,急忙要祝人祈祷时,晏婴却正告齐王:"君无违德,方国将至,何患于彗?"反之,如果违背德政,"民将流亡,祝史之为,无能补也"①。在子产、晏婴这些智慧和理性的言论后面,除了可以看到科学知识对他们的启迪外,还尤其显示人文因素的强劲影响,民众的力量已成为这些政治家考察的主要问题,而冥冥上苍的恩宠或惩罚,已不太为他们所关切了。

此外,《左传》还有许多否定鬼神迷信,从人本身求得人事因由的卓越命题,如"吉凶由人"②,"妖由人兴","妖不自作"③,"祸福无门,唯人所召"④,等等。在《左传》中,神的阴影并未逐出天幕,但神往往被当作虚应故事,并未认真对待,书中着力研讨的是人的好恶和追求,"听于民"才是执政者确定动向的真正准绳,甚至连神本身,也不过被看作人的意志的执行者,所谓"神,聪明正直而壹者也,依人而行"⑤。这样的"神道"观已基本上化入"人道"观之中了。

四、《易传》、《礼记》鬼神观的人文倾向

如果说成书于战国初年的《左传》罗列大量事例,将"远鬼神,近人事"的思维路向通过历史现象加以展示,那么,成书于战国末年的《易传》和《礼记》则从理论形态上将殷周以来人格神的鬼神观化解为人文主义的鬼神观,把鬼神诠释为天道自然的神妙变化。《周易》"观卦"的《象传》说:

> 观天之神道,而四时不忒,圣人以神道设教,而天下服矣。

---

① 《左传·昭公二十六年》。
② 《左传·僖公十六年》。
③ 《左传·庄公十四年》。
④ 《左传·襄公二十三年》。
⑤ 《左传·庄公三十二年》。

《周易正义》对"神道"的解释是："神道者，微妙无方，理不可知，目不可见，不知所以然而然，谓之神道。"这种神道观已与宗教有神论相去甚远。"以神道设教"，意谓效法神妙的天道规律去教化天下，这是在中国影响深远的一种观念。

《周易·系辞上》又说：

> 范围天地之化而不过，曲成万物而不遗，通乎昼夜之道而知，故神无方而易无体。

这里所论之"神"仍然是指天道自然运行规律的神妙莫测，所谓"阴阳不测之谓神"①，"神也者，妙万物而为言者也"②，神在这里不过是阴阳微妙玄通变化的表现，与人格神观念两不相及。

《系辞上》还对"鬼神"的情状作具体描述：

> 精气为物，游魂为变，是故知鬼神之情状，与天地相似，故不违。

这里在阐明鬼神情状时虽然引出"游魂"说，透现出"灵魂不灭"论的痕迹，但主旨是在天道自然的范围内解释鬼神。《周易》还提出另一重要论点：一切天地幻化之神妙，人（通过"圣人"）皆可模拟之，所谓"是故天生神物，圣人则之；天地变化，圣人效之；天垂象，见吉凶，圣人象之；河出图，洛出书，圣人则之"③。这就在天道原创的前提下，肯定人的能动作用，从而将鬼神驱逐到可以忽略不计的位置上。

《礼记》也守持着《论语》—《左传》—《易传》的"人—神"路线。其《中庸》说：

---

① 《易·系辞上》。
② 《易·说卦》。
③ 《易·系辞上》。

子曰："鬼神之为德，其盛矣乎！视之而弗见，听之而弗闻，体物而不可遗。使天下之人齐明盛服，以承祭祀，洋洋乎如在其上，如在其左右。《诗》曰：'神之格思，不可度思，矧可射思？'夫微之显，诚之不可掩，如此夫。"①

这里所说的鬼神既不是人格神，也不是独立于天地之外的精神，而是天道自然本身的微妙属性，高悬于人之上，充溢于人之间。其《祭义》又说：

因物之精，制为之极，明命鬼神，以为黔首，则百众以畏，万民以服。②

这里所说的鬼神仍然是指万物之精华、造化之极品，它们之所以被命名为"鬼神"，是为了使庶众百姓畏服。这显然是"圣人神道设教"的另一说法。

《礼记》将鬼神归之于天道自然的微妙幻化，而认为人才是真正与"道"同在，并对道的运行起具体作用的因素。《中庸》说："道不远人。人之为道而远人，不可以为道。"③意谓道是不能离开人的，离开了人来行道，就不可以行道了。又说：

大哉圣人之道！洋洋乎发育万物，峻极于天。优优大哉！礼仪三百，威仪三千，待其人而后行。④

认为圣人之道伟大至极，但是必须等待有适当的人才能实行，这便是

---

① 《礼记·中庸》。
② 《礼记·祭义》。
③ 《礼记·中庸》。
④ 《礼记·中庸》。

"人能弘道，非道弘人"①。这种人道观的阐释，与孟子的"知其性，则知天"②（知晓人性也就知晓天道）的观念也是一脉相通的，其主旨都在强调以人为本位。

人及人事是中华元典讨论的基本主题，正心、诚意、修身、齐家、治国、平天下等人间世务是其反复研习的课目，至于鬼神，在元典中虽然未被明确否定和排斥，却或者虚设其位，或者化解为天道自然的表现，类似耶和华上帝那样的人格神观念没有得到发展。中华元典勾勒的是一幅幅斑斓的人生现世图，其旨意在于引导人们从生趣盎然的此岸现世学做圣贤，而没有着力构筑一个虚幻的彼岸世界，引导人们到那里去寻找灵魂解脱。中华元典的这一精神导向，对中国人的影响至深至远，中华文化的非宗教倾向，中国宗教的现世化风格，中国人区别于印度人和希伯来人的特别的终极关怀方式，都由此派生出来。

五、中华元典的"世俗性"

说中华元典具有"世俗性"，并不是说中华先民没有宗教意识和创建宗教的实践，而是指中华元典精神的重心在"入世"而不在"出世"，这种价值取向使中华文化的宗教色彩比较淡薄，不同于印度、中东、欧洲等地区长期由宗教左右文化的情形。

以欧洲而论，宗教和神学一直在这个大陆的文化中占据举足轻重的地位。荷马时代的古希腊人确信，现世之上有一个以奥林匹斯山为中心的神的世界。神间冲突、神人冲突构成希腊神话和悲剧的基本内容。当轴心时代的希腊诸哲兴起以后，人文主义高扬，神界退居希腊文化幕后。但在希腊—罗马文化走向衰落之际，来自中东的基督教迅速风靡欧洲，成为中世纪千年间的文化主干。基督教通过天堂与地狱、原罪与赎罪、末日审判等命题，将人世的苦难、短暂，与天堂的幸福、永恒形成鲜明对照，从而引导人们通过信仰上帝超脱现世的苦

---

① 《论语·卫灵公》。
② 《孟子·尽心上》。

难,去求得天堂的解脱。充满神异说和宗教激情的《旧约》与《新约》成为基督教世界人人尊奉的《圣经》。

中国人视作圭臬的元典,讲究的是"君子以经纶"①、"春秋经世"②,人们关心的是现实政治和人间伦常。

中华文化的"世俗倾向"突出表现在广大士人以现实政治为务,而政治又已经从神学中剥离出来,所谓"政,不可不慎也。务三而已:一曰择人,二曰因民,三曰从时"③。政治取决于用人的恰当、民众的拥护和时势的趋向,"礼神"则不是必要的功课。在这种"尊礼"、"近人"精神培育下,大多数中国人不时也会有宗教情怀的抒发,但他们更加执著追求的是世务人情。《大学》、《中庸》、《论语》、《孟子》经宋代理学家倡导和阐释,成为中国朝野敬奉的"圣经"。而这种中国式的"圣经",不语怪、力、乱、神,只是平实地讲述着人生道理。这里没有人格神上帝,没有人格神上帝的创世记,也没有关于彼岸世界的描述和"原罪"、"拯救"观念,有的是由人心修养说和治国平天下谋略共同构成的"内圣外王之道"。中华本土文化的三大主要流派——儒、道、法都不是宗教,而较富于宗教旨趣的墨家在秦汉以后便基本消失,这些都充分显示出中华文化非宗教的世俗倾向。

20世纪初叶,康有为曾经提出以孔教为"国教"的倡议,章太炎当即表示反对,他认为在中国立国教,完全不符合国情与文化传统。章氏指出:"中土素无国教",他进而证之以中国人的国民性:

> 国民常性,所察在政事日用,所务在工商耕稼。志尽于有生,语绝于无验,人思自尊,而不欲守死事神,以为真宰,此华夏之民所以为达。④

---

① 《易·屯卦·象传》。
② 《庄子·齐物论》。有关元典经世的思想,第七章第二节将专门论述。
③ 《左传·昭公七年》。
④ 章太炎:《驳建立孔教议》,《章太炎政论选集》(下),第689页。

章太炎准确把握了中华文化的世俗倾向和实用理性精神，而康有为的"立国教"努力，则因有违国情，只能是一种心劳日拙的空想。

六、中国宗教的现世化风格

说中华文化具有世俗化倾向，决不意味着中国人没有宗教①追求。不过，中国宗教呈现一种现世化风格，这既可从外来宗教入华后的演变看，又可从本土宗教的价值取向看。

先论外来宗教入华后的演变。这里举佛教为例。

产生于南亚次大陆的佛教本是一个力图与外部权威脱离的宗教。原始佛教禁止出家人与国王有联系，佛教经典告诫道："比丘，莫复生心亲近国家。"②佛教相信自己处于国家权限之外，修行者应脱离任何政治事务，所谓"菩萨不侍奉国王，亦不与王子、大臣、官吏联系"③，"比丘不应近王"④，这便是著名的"沙门不敬王者"说。然而，佛教入华后，在中国这块以王权政治为中心的高度现世化的社会里，佛教的中国化过程，改变着"不敬王者"、"莫亲近国家"的原有风格，而变得逐渐靠拢统治阶级，甚至演为帝王工具。中国佛教组织往往从朝廷那里接受土地和财产的赏赐，佛教教派首脑以接受帝王"册封"为荣，而不是像欧洲那样，帝王需要教皇的加冕方博得统治权的正统性。

---

① 中国古代典籍本无"宗教"一词，作为一个外来词有两种源头：一为印度佛教，佛教以佛陀所说为教，以佛门弟子所说为宗，宗为教的分派，二者合称"宗教"，意指佛教教理。二为西文 religion，泛指对神道的信仰。对宗教本质有三种把握相度：一、以神为中心来规定宗教本质；二、把信仰主体的个人体验作为宗教本质；三、以宗教的社会功能来规定宗教的本质。从历史形态区分，宗教可分为自发宗教和人为宗教。人为宗教又分为民族宗教（或国家宗教）及世界宗教。各种宗教体系的宗教观念都要通过一定的语言或文字形式表达出来。那些文字表达形式便是宗教圣典。

② 《增一阿含经》卷四十二。

③ 《华法经》。

④ 《正法念处经》卷五十。

原始佛教不仅"无君",而且"无父",所谓"口不言先王之法言,身不服先王之法服,不知君臣之义,父子之情"①,主张摆脱血缘伦常的束缚。佛教鼓励出家,本身便与孝道相悖。然而,中国化佛教教派渐渐也讲究尽孝,其轮回说竟演为父母死后作超度的佛事,汉译佛典中甚至还掺入伪造的《父母恩重经》,阐发孝道,宣扬忠君,其文义与《孝经》略同。此外,原始佛教本不以俗事为务,而佛教入华以后,逐渐在教义中宣扬入世和功德渡人,并增添许多原始佛教所绝无的人生实务功课。佛教"原版性"的这诸多变化,基本倾向是由"出世"转而"入世",这大约是一种"近朱者赤"和"入乡随俗"的趋势吧!

与佛教入华以后的改变相类似,基督教在明清之际入华,利玛窦等耶稣会士为顺应中国民情风俗,曾允许中国受洗者仍然保持祭祖祀孔习惯。可见中华文化的现世化倾向,是任何一种外来宗教要在中国得以传播所不得不认真对待的特别国情。不过,基督教是一个教规更为严格的宗教,而且有中心机构(梵蒂冈教廷)指挥全球范围传教活动,不能容忍这样直接与基督教一神教教义相违背的大变化,1715年,罗马教皇克雷芒十一世发布《禁约》,因而自康熙末年以后,中国基督徒被允许祭祖祀孔的做法时行时止。1742年,教皇本笃十四世最后裁决,重申《禁约》,基督教也因此遭到清王朝的驱逐和禁绝,直至19世纪中叶以后,基督教在西方殖民主义的坚船利炮的伴随下,才再度入华。

综上所述,外域宗教入华之后,几乎都有一种"出世性"被淡化,"入世性"被强化的过程,这正是中华文化人文精神熏陶感染的结果。

次论中国本土宗教的特性。这里以道教为例。

道教渊源于中国古代巫术和秦汉时的神仙方术,后又吸收《老子》、《庄子》、《列子》诸书思想,基本信仰和教义是"道",认为"道"是造化之根本,宇宙、阴阳、万物都由其化生,这同老庄思想颇接近,然而,老庄并不承认人格神,故非宗教;而道教崇拜最高尊神,即人格化的"三清"(玉清元始天尊,上清灵宝天尊,太清道德天

---

① 韩愈:《论佛骨表》,《韩昌黎集》卷七。

尊)，并有一整套修持方法(服饵、导引、胎息、内丹、外丹、符箓、房中、辟谷等)和宗教仪式(斋醮、祈祷、诵经、礼忏)。作为产生于中国本土的宗教，道教深深熏染了中华文化精神的一些基本特征。与世界其他宗教分裂灵魂与肉体，划分此岸世界与彼岸世界大不相同，道教是一种现世的宗教，其信仰目标并非到彼岸做尊神或与天使同列，而是"羽化登仙"，既在现世享受荣华富贵，又带着这享乐的肉体升腾仙界。道教还专设功名禄位神——文昌帝君，又设财神赵玄坛(即民间所称之"赵公元帅")，以满足信徒们的双重要求：既想长生久视，超度成仙，又不忘怀于现世的功名利禄。《红楼梦》第一回中跛足道人唱的一段歌谣将这种特别心态描绘得贴切：

> 世上都晓神仙好，惟有功名忘不了！古今将相在何方？荒冢一堆草没了。
> 世人都晓神仙好，只有金银忘不了！终朝只恨聚无多，及到多时眼闭了。
> 世人都晓神仙好，只有娇妻忘不了！君生日日说恩情，君死又随人去了。
> 世人都晓神仙好，只有儿孙忘不了！痴心父母古来多，孝顺儿孙谁见了？

道教正好把握住中国人的这种既晓"神仙好"，又"忘不了"现世享乐的二重心态，提供一个出世与入世、成仙与现世享福两全其美的方案。鲁迅说：

> 中国根柢全在道教……以此读史，有多种问题可迎刃而解。①
> (中国人)往往憎和尚、憎尼姑、憎回教徒、憎耶教徒，而

---

① 鲁迅：《致许寿裳》，《书信》，《鲁迅全集》第 11 卷，人民文学出版社1981 年版，第 353 页。

不憎道士。懂得此理者，懂得中国大半。①

就揭示中国国民性的内核而言，这些警句确乎有一语破的之妙。

由于道教从现实性与超越性的统一上适应着宗法的中国人的需要，所以道教颇受统治阶级的青睐，得到帝王的提携，如唐太宗曾颁布《道士女冠在僧尼之上诏》②，规定先道后释，推行"扶道抑佛"政策。两汉以降，不少道士充当朝廷"国师"，朝廷往往也设置"道官"(一般由上层道士担任)以管理道教事务，如金代有"道录"、"道正"之设；明代更在中央置"道录司"，府置"道纪司"，州置"道正司"，县置"道会司"；清袭明制，中央至地方名级均设道官。道教与国家政权的这种密切关系，正是中国宗教"现世性"的一种表现。

七、"人生三不朽"与"复归自然"：中国式终极关怀两走向

有的西方学者(如蒂里希，1886—1965)将宗教定义为人的"终极关怀"(Ultimate Concern)，如果以这种"泛宗教"观论之，非神学的中华元典也不乏宗教情怀。

具有理性的人都有对无限与永恒的追求，而个体人的生命又十分有限，这两者间的矛盾性引出"彼岸与现世之辨"，也即关于终极关怀的探讨。世界各主要文化元典都在这个问题上显示出自己的思维偏向和价值取向。

西方宗教就"彼岸与现世"问题铺陈出庞大的体系，如《圣经》衍出原罪救赎说、天堂地狱说、世界末日说、最后审判说，在人死后的结局和世界的末日等"终极"问题上形成一个完备的"终极论"。中华元典走着一条"循天道，尚人文"、"远鬼神，近俗世"的思维路向，并未着意讨论"彼岸"，而用心于"现实关怀"，以现世为基议论死生和不朽，自成颇具特色的终极关怀。

---

① 鲁迅：《而已集·小杂感》，《鲁迅全集》第3卷，人民文学出版社1981年版，第532页。

② 《唐会要》卷四十九。

　　元典创生期的中国哲人大都不详细论"死"，他们认为，"生前"都没有研究清楚明白，何必去议论无从证实的"死后"呢！这便是孔子在子路"问死"时，简单答复"未知生，焉知死"①的缘故。老子以"出生入死"②概括人的生命过程，并认为，当人与不死的"道"同在，人就"无死地"③。孔、老多有歧点，但不谋求彼岸的永生，却大体近似。这正是中国式的终极关怀的特征所在——一种着意于把握"生"，而又视"死"如归的理智主义。

　　庄子是先秦思想家中最热衷于探讨死生问题的。他从相对主义出发，打破死生的严格界限，认为"方生方死，方死方生"④。又从生机的气化论出发，指出生死是气之聚散，"人之生，气之聚也；聚则为生，散则为死"⑤。他既感慨于生的短暂，所谓"人生天地之间，若白驹之过隙，忽然而已"⑥，又祝贺死的到来，其妻死，"鼓盆而歌"⑦；并描述子桑户、孟子反、子琴张三人"相忘以生，无所终穷"，子桑户死，孟子反、子琴张"临尸而歌"⑧，歌颂一种"死生一如"的人生观。孟子则从仁道观出发，强调死的道义价值，他说："尽其道而死者，正命也。"⑨又说："生，亦我所欲也；义，亦我所欲也。二者不可得兼，舍生而取义者也。"⑩这是一种伦理至上主义的生死观。

　　与上述伦理至上主义的"生死观"互为因果的，是中国特有的历史主义的"不朽观"。

①　《论语·先进》。
②　《老子》第五十章。
③　《老子》第五十章。
④　《庄子·齐物论》。
⑤　《庄子·知北游》。
⑥　《庄子·知北游》。
⑦　《庄子·至乐》。
⑧　《庄子·大宗师》。
⑨　《孟子·尽心上》。
⑩　《孟子·告子上》。

古人的"不朽"意识大体有两类：一类从"神不灭论"出发，认定人的肉身可亡，而灵魂不死。《圣经》是此类不朽观的典型代表，这部希伯来元典反复训示，人的"不朽"在于"与上帝同在"。到彼岸世界去求得永生和超脱，是基督教文化系统"终极关怀"的主旨所在。另一类"不朽"意识则寄寓于历史无穷流变的恒久性，中华元典基本上持这一类不朽观。对此论述较详的，见之于《春秋左氏传》——

鲁襄公二十四年春天，鲁国的叔孙豹出使晋国，晋国的范宣子问叔孙豹何谓"死而不朽"？叔孙豹未答。范宣子举出的例子，说他的祖系从尧、舜、夏、商、西周直至当代的晋国都受封享禄，应当算是"不朽"了。叔孙豹则不以为然，认为这不过是"世禄"而已，并非"不朽"。他进而正面阐明自己的不朽观：

> 豹闻之，大上有立德，其次有立功，其次有立言，虽久不废，此之谓不朽。①

"三不朽"说的主旨是将个人有限的生命融入无尽的历史。当一个人确立起崇高的道德，建树起宏伟的功业，留下内容与形式双美的言论文字，其德、行、言影响时人和后人至深至远，其人便经久而名不废，与无止境的历史同在，斯之可谓"不朽"。

《韩诗外传》曾举出一系列历史故事，论证这种不朽观：

> 王子比干杀身以成其忠，柳下惠杀身以成其信，伯夷叔齐杀身以成其廉，此三子者皆天下之通士也。岂不爱其身哉？为夫义之不立，名之不显，则士耻之，故杀身以遂其行。由是观之，卑贱贫穷非士之耻也，天下举忠而士不与焉，举信而士不与焉，举廉而士不与焉，三者存乎身，名传于世，与日月并而不息，天不能杀，地不能生，当桀纣之世不之能污也。②

---

① 《左传·襄公二十四年》。
② 《韩诗外传》卷一。

这里赞扬一种伦理至上的生死观，其基石便是个体生命价值与历史相融会的不朽观，由此构成中国式的"终极关怀"，树立起"君子生以辱不如死以荣"①的信念，培养出墨家式的"赴火蹈刃，死不还踵"②的精诚勇毅，儒家式的杀身成仁、舍生取义的节操。宋人文天祥（1236—1283）在被元军俘虏后，坚不投降，慷慨就义时，衣带中有一赞词曰：

> 孔曰成仁，孟曰取义，惟其义尽，所以仁至。读圣贤书，所学何事？而今而后，庶几无愧。③

文天祥的"所学何事"之问，其答案正是那"三不朽"，尤其是"立德"，也即道德的完成。这是中国式"终极关怀"的生动注解：辞别人世时考虑的既不是现世的享乐和苟且偷生，也不是求得彼岸世界的超脱，而是立德行于永恒的历史，所谓"时穷节乃见，一一垂丹青"④，所谓"人生自古谁无死，留取丹心照汗青"⑤。实现道德的完成，便能垂之于史册，上可顺乎天道，告慰列祖列宗，下可教育后人，使正气长存，自己的灵魂也就得到了安顿，"而今而后，庶几无愧"。晚清曾国藩也用力于"立德、立功、立言"，被清儒推为两个半"三立完人"中的半个（另两位"三立完人"是诸葛亮、王阳明）。

如果说，从《左传》的"三不朽"到文天祥的"留取丹心照汗青"，主要体现儒家式的终极关怀，那么，道家则显示一种自然主义的终极

---

① 《春秋繁露·竹林》。

② 《淮南子·泰族训》。

③ 文天祥著《文山全集》卷十四，清吉水焉文堂据明刊本重刊。

④ 文天祥著《文山全集》卷十四，清吉水焉文堂据明刊本重刊。"丹青"，指丹砂、青两种可作颜料的矿物，丹青之色不易泯灭，比喻坚贞不渝。

⑤ 文天祥著《文山全集》卷十四，清吉水焉文堂据明刊本重刊。"汗青"，指史册，古时在竹简上书写，为免虫蛀，先以火炙青竹令汗。"垂丹青"、"照汗青"指载诸史册，永垂不朽。

关怀。老聃把"自然"视作最高范畴，所谓"人法地，地法天，天法道，道法自然"①。认为崇仰并复归于自然，方是"长生久视之道"。庄周也主张顺应自然，认为人的生，适时而来；人的死，适时而去。② 生与死像黑夜和白天转换一般自然。③ 因而庄周把"死生存亡之一体"视作高妙境界，提倡"坐忘"，使与自然相融会。儒家的伦理主义和历史主义，道家的自然主义，是中国式终极关怀的两大路向，它们互为补充，共同构成中国人安身立命的精神支柱。

有些人认为中华文化系统中缺乏"终极关怀"。此说是从《圣经》之类的终极关怀模式出发，以为不谈或少谈天堂地狱、世界末日、赎罪拯救，便不能算作"终极关怀"。其实，中华文化除研讨政经社会、外王事功这些"现实关怀"之外，也精思安身立命、内圣成德等"终极关怀"，不过其题旨和完成方式自有鲜明的人文特色，论者不可失察。

有人认为中国传统的终极关怀存在弱点，如胡适指出，中国的"三不朽"说只局限于少数有道德、有功业、有著述的人，于绝大多数人的人生实践无关，因而是"寡头的不朽论"；同时，"三不朽"说只从积极一面着想，没有消极的裁制，其涵盖范围也失之模糊。④ 道家复归自然的终极关怀又有可能导向消极无为之一途。这些批评意见皆有道理，指出了上述两说有待改善之处。

其实，立德、立功、立言的"三不朽"说可以而且应当超越寡头的专利，普通人能够迈向"三不朽"，普通人在平凡生活中亦能立德、立功、立言，禅宗讲得好，担水挑柴皆寓佛性。"三不朽"说、"复归自然"说可以演绎于广大民众的生活实践。当然，这是一个艰巨而繁难的文化课题，近古顾炎武、近代梁启超等注目此类启蒙工作，今人当循径前行。

---

① 《老子》第二十五章。

② 《庄子·养生主》："适来，时也；适去，顺也。"

③ 《庄子·大宗师》："死生，命也，其有夜旦之常，天也。"

④ 胡适：《不朽》，《胡适文存》卷四。

时下人们往往忧思国人陷入"精神困境"、"信仰危机"，而超克之法就在眼前，其一为：求诸自己的文化遗产，便会发现脱困释危的真实出路，如中华元典阐发的"三不朽"说和"顺应自然"说，不仅精义深邃，而且切实可行，资以疗治精神疾患的素材甚丰，若能创造性地扬弃其历史局限，并与世界诸元典精神相互比配，可望建设新时代的"终极关怀"、提升国人的精神境界。

第六章　元典题旨(二)：通变之道

第五章讨论中华元典的"天人之辨"，肯定中华元典具有独创一格的本体论和自成一系的终极关怀。然而，本体论并不是中华元典的中心题旨，也不是中华元典的展开部。中华元典并没有像希腊元典、印度元典那样，围绕着本体论展开学派。以希腊为例，各学派竞相对世界的本原问题作出解释，从而形成壁垒分明的唯物主义①(泰利士、阿拉克西曼德、阿拉克西米尼、赫拉克利特、伊壁鸠鲁为代表)、唯心主义②(普罗塔哥拉、苏格拉底、柏拉图为代表)和徘徊二者之间的学派(亚里士多德为代表)。亚里士多德将"本体"列入范畴，他指出：

> 本体，从这个词最真实、原始而又最明确的意义说是指既不能被断言于主体又不依存于主体的事物。③

并认为"本体"高于其他一切范畴，是其他范畴的中心。本体论作为

---

① 唯物主义(Materialism)，承认宇宙统一于其物质性，精神或意识是物质的产物，客观物质世界离精神而独立存在，人的认识为其反映。西方的唯物主义发展分为三阶段：古希腊罗马的朴素唯物主义，16 世纪至 18 世纪的机械唯物主义，19 世纪以来的辩证唯物主义。

② 唯心主义(Idealism)，认为世界或实在本质上是作为精神或意识而存在的。唯心主义有两种基本形式：主观唯心主义和客观唯心主义。按哲学部门划分，又有形而上学的唯心主义、认识论的唯心主义、价值论的唯心主义、美学唯心主义和伦理学唯心主义，等等。

③ 亚里士多德：《范畴论》。

欧洲哲学的中心论题，从古代、中世纪到近现代都没有改变。

与希腊相比，轴心时代的中国诸哲人并没有普遍关注本体问题，如在孔子那里，"性与天道不可得而闻"，很难从他的言论中归纳出明确的宇宙本体观；中国也有重视本体论的哲人(如老子和《易传》作者)，但他们基本上没有对本体作结构性研究，而只是作总体的、过程的研究，因而往往将本体论与发展论交织在一起，较少专门讨论本体论，如老子提出的最高概念——"道"，既是一个宇宙本原论范畴，又是一个宇宙发展论范畴，老子说：

> 有物混成，先天地生。寂兮寥兮，独立而不改，周行而不殆，可以为天下母。吾不知其名，字之曰道，强为之名曰大。①

这里的"道"，便兼具本原论和发展论双重含义。而且，老子的道论没有像赫拉克利特、苏格拉底的学说那样，就世界的本原究竟是物质的还是精神的作出明确答复，因而哲学史界对于老子究竟是唯物主义者还是客观唯心主义者，至今仍然聚讼未决，甚至同一学者先认为老子唯物，后又认为老子唯心。② 之所以发生这样分歧的诠释，乃是由于《老子》书中并没有断然确定宇宙本原是物质的还是精神的。

似乎可以这样说，元典时代的中国哲人(孔、孟自然不必说，即使老、庄也在内)关切的重心并不在宇宙本原是物质还是精神，他们把世界作为一种过程加以把握，讨论的铺陈处是发展论。"子在川上曰：逝者如斯夫，不舍昼夜"③，将宇宙、社会和人生看成一道奔流不息的河川，是元典时代中国哲人的共识。

老子提出的最高范畴"道"，在许多场合下不是在本体论意义上使用的，而是在发展论意义上使用的，诸如——

---

① 《老子》第二十五章。
② 见任继愈主编《中国哲学史》第 1 册，人民出版社 1963 年版。
③ 《论语·子罕》。

功成身退，天之道。①

以道佐人主者，不以兵强天下。②

天道无亲，常与善人。③

天之道，利而不害。圣人之道，为而不争。④

这些"道"字，很难确认其本体论意义，而只宜作"客观规律"解，讲的是天或人的运作法则。这种情形在中华元典里具有普遍性。即使详论天道、人道的《周易》，也并没有明确回答宇宙的本原是物质还是精神，但对天道、人道的演运过程却作了充分展开的论述。《周易大传》所论之"道"，具有万物构成之道与万物变易之道的双重内蕴，而并非专门的本体论范畴，这同古希腊哲学以"始基—本原"为第一范畴和讨论的基本课题是颇不相同的。

总之，中华元典虽然提出具有特色的本体论，但本体论却没有得到独立的、充分的发育。从这一意义而论，说中华元典缺乏"纯粹的本体论"是言之有据的，运动论或曰发展论才是中华元典的展开部。

本章讨论的两个题目(发展观及历史观)，涉及中华元典精神的"展开部"诸问题，包括常与变的相互关系、变易的模型(非直线而行圆道)，以及从宇宙、社会和人生的变幻靡常导出的历史意识。这是一个从对天道自然、社会人生发展规律的把握，引申出对历史演进的深沉理性思索的逻辑过程，显示了中国式辩证思维的特色。

第一节　通变易　守圆道

一、运动与发展——人类思考的又一母题

世界的运动性问题，也即关于自然界、社会及人本身的发展问

---

① 《老子》第九章。

② 《老子》第三十章。

③ 《老子》第七十九章。

④ 《老子》第八十一章。

题，是紧随本体论之后的人类思考的又一母题，它涉及常与变、静与动、因与革等相关范畴。围绕这些问题，世界诸文化元典都提出过自己的看法。希伯来《圣经》的创世故事中的时间意象和直进史观，显示了对于世界运动性和发展性的初步把握。其《传道书》说：

> 一代过去，一代又来；地却永远长存。
>
> 日头出来，日头落下，急归所出之地。风往南刮，又向北转，不住地旋转，而且返回转行原道。①

这首哲理诗从自然到人生的现象描述，透露出对于世界变异性与常住性的认识。

印度吠陀文献和佛典中都有丰富的关于运动性的论述，吠檀多派哲人商羯罗（约788—820）在《梵经注》中阐述印度元典的辩证思维说："认识的对象按过去、现在、将来而变化，但认识的主体未变，因为认识主体的实质是永久的现在。正如'自我'的本质是'永久的现在'一样，躯体可化为灰烬，而认识主体不会毁灭；不仅如此，我们甚至不应设想认识主体会变得与现在不同。"这就从"梵我不二论"出发，阐述了常与变、动与静的并存性。

在希腊元典中，变与不变这对范畴是紧随基始—本原、存在与非存在这两组本体论范畴之后产生和展开的。与希腊哲学有唯物和唯心的鲜明对垒相联系，希腊哲学还有变与不变两种对立的发展观，前者的代表是赫拉克利特，后者的代表是巴门尼德。

爱菲斯学派的赫拉克利特认为，一切皆流、万物常新，他的名言是：

> 我们不能两次踏进同一条河。

---

① 《旧约全书·传道书》，《新旧约全书》，1982年版，第751页。

> 太阳每天都是新的，永远不断地更新。①

此论成为古典辩证法的旗帜。

与之相悖反，爱奥利亚学派的巴门尼德则认定"有"或"存在"是单一的、有限的、不变的，他说：

> 存在者是不动的，被巨大的锁链捆着，无始亦无终；因为产生与消灭已经被赶得很远，被真信念赶跑了。它是同一的，永远在同一地位，居住在自身之内。②

这两种对立的运动观，分别强调了世界的变异性和常住性。

接着"一切皆动"和"一切皆静"的争辩，又有"外力推动说"和"自动说"的讨论，将古希腊的运动学说引向深入。柏拉图将运动与静止这对范畴在思辨中达到辩证统一。而亚里士多德则将"运动"列为一个重要范畴，并研究了运动与其主体及世界万物的关系，对运动作了系统分类，又探讨运动与时间和空间的关系，考察运动的永恒性与无限性，探究运动与静止的关系，对赫拉克利特"一切皆动"和巴门尼德"一切皆静"两种极端观点进行辩证的整合，从而创立了完整的运动观和发展论。

中华先民在其"筚路蓝缕，以启山林"的生产—生活实践中，很早就注意到世界万物的变化，上古神话中便凝结着先民关于运动和矛盾转换认识的萌芽，如《山海经》所载的"夸父逐日"显示人类追踪飞逝着的太阳的愿望，而追日不止的巨人夸父终于"道渴而死，弃其杖，化为邓林"③。这个故事包含着时间演运和事物变异的思想因子。

---

① 《赫拉克利特著作残篇》，北京大学哲学系外国哲学史教研室编译：《西方哲学原著选读》上卷，商务印书馆1984年版，第23页。

② 《巴门尼德著作残篇》，"北京大学哲学系外国哲学史教研室编译：《西方哲学原著选读》上卷"。第33页。

③ 《山海经·海外北经》。"邓林"即桃林。

此外，鲧违于帝命，"殛之于羽山，化为黄熊，以入于羽渊"①的故事；炎帝之女淹死于海，变成精卫鸟，"常衔西山之木石，以湮于东海"②的故事；以及屈原在《天问》中的质疑："夜光何德，死则又育？"(月亮有什么本领，居然可以死而复生，亏而复盈？)都是中华先民的"变化"观念在神话及诗歌中的遗存。

二、《诗》、《书》的常变观

进入元典时代，人们对事物的变异性和常住性有较具体的思考和较真切的把握。同其他民族的元典相比，中华元典围绕运动观和发展论提出许多富于特色、自成体系的命题，构成人类辩证思维中一支绚烂的奇葩。

中华元典最富于初原性的《诗经》与《尚书》都不是专门的哲学著作，然而其间已有关于常变问题的精彩思想。《尚书》的名言：

> 人惟求旧，器非求旧，惟新。③

在一个句式内，提及变(惟新)与不变(求旧)两种对立的状态，即人事上维持贵族统治现状，经济上求器具之更新，这是殷商统治者企图在王朝内部通过技术性改良以稳定大局的一种努力，可以说是关于常与变、因与革关系的早期把握。

周革殷命是一次空前的社会激荡，对那一时代人们(特别是新起的统治者)思想的震撼和启迪是巨大的。商人长期宣扬的"予畏上帝"④，"古帝命武汤，正域彼四方"⑤，"帝立子生商"，"帝命不违，至于汤齐"⑥等对天帝无限敬畏和感激的观念动摇了。周初统治者为

---

① 《国语·晋语八》。
② 《山海经·北次三经》。
③ 《尚书·盘庚上》。
④ 《书·汤誓》。
⑤ 《诗·商颂·玄鸟》。
⑥ 《诗·商颂·长发》。

论证周的王位是上天给予的，说过"天命不易"①、"天命不僭"②之类的话，强调天命不可改变、天命不会有差错。但周人更多申述的是变革思想，如周公训诫幼弟康叔时说，周王朝取代殷王朝是天命攸归，可见"惟命不于常"③，即天命是不固定、非守常的；召公向成王也反复陈述天命更易的道理："皇天上帝改厥元子，兹大国殷之命"④(皇天上帝更改了天子，收回了给大国殷的大命)；周公在对召公致答辞时，肯定了召公"天不可信"的论说，并提出"天命不易"，即天命不容易把握、难以保持的观点。⑤ 这种天命变异的思想，还可见于《诗经》反映周初生活的篇章，如《大雅·文王》的名言——

> 周虽旧邦，其命维新。
> (歧周虽是旧邦国，接受天命新气象。)
> 侯服于周，天命靡常。
> (殷周称臣服周邦，可见天命并无常。)

总之，殷周交替的事实，动摇了天命不可更改的传统观念，可变、可革的思想应运而兴。保存至今的《诗》、《书》的若干篇章相当清晰地报告了这种时代消息。

历史推进到西周末年，随着生产力的进步和科学知识水平的提高，天文、地质、农事、气象等诸多领域的材料进一步启发了人们的变易思想，而此间社会矛盾的尖锐化趋势，国人暴动、戎狄交侵、王者丧权的事实，都破坏着社会稳定的常态，诱发变易观念朝纵深发展。《诗·小雅·十月之交》是显示这种思想动向的典型作品。这首政治抒情诗有声有色地描绘自然界惊人心魄的剧烈变动——

---

① 《书·大诰》。
② 《书·大诰》。
③ 《书·康诰》。
④ 《书·召诰》。
⑤ 《书·君奭》。此处的"天命不易"意谓天命不容易，与《大诰》中的"天命不易"(天命不可更易)含义不同。

日有食之，　　　　　（出现灾异有日食，）

亦孔之丑。　　　　　（这也真是大坏事。）

彼月而微，　　　　　（那月亮，昏无光，）

此日而微。　　　　　（这太阳，昏无光。）

…………

烨烨震电，　　　　　（烈电闪闪雷隆隆，）

不宁不令。　　　　　（天下受灾不安宁。）

百川沸腾，　　　　　（百河千江洪波涌，）

山冢崒崩。　　　　　（崇山峻岭尽碎崩。）

高岸为谷，　　　　　（高高崖岸陷为谷，）

深谷为陵。　　　　　（深深山谷升作陵。）①

自然界的异常变化（日食、地震），在诗人笔下成为社会政治动乱的比兴材料，"高岸为谷，深谷为陵"不仅是一种地质现象的记载，而且直接类比着人世间的沧桑变幻。这一诗句在先秦已作为阐发变易思想的名言为人们所传诵。《左传》载，赵简子询问晋国太史史墨：鲁国专权大夫季氏赶走国君，人民却服从他，诸侯都支持他，其道理何在？史墨除用季氏以数代功业赢得民心进行解释外，还从哲理层面论证，用事物的矛盾性以及矛盾对立双方地位的转化来阐明季氏受到拥护的缘由，并得出一个重要结论：

> 社稷无常奉，君臣无常位，自古以然。故《诗》曰："高岸为谷，深谷为陵。"三后之姓，于今为庶，主所知也。在《易》卦，雷乘《乾》曰《大壮》，天之道也。②
>
> （代表政权的社稷本是没有常主的，君臣的位置也并非固定不变，自古如此。所以《诗》说："高高的堤岸可以变成低谷，深

---

① 译文采用袁梅译《十月之交》，《诗经楚辞鉴赏辞典》。

② 《左传·昭公三十二年》。

深的山谷也可变成丘陵。"虞、夏、商三代帝王的子孙,如今都成了平民,这是你所熟悉的。《易》的卦象上,代表诸侯的震置于代表天子的乾之上的卦叫作大壮,这就是天道啊!)

《诗经》中关于自然物异动的描写("高岸为谷,深谷为陵"),在《左传》中再次升华为比拟社会秩序变迁的材料,并引申出"无常"的哲学意蕴。然而,《左传》中史墨论"君臣无常位"的言论,已经具有理论色彩,史墨在对"君臣无常位"进行哲理说明时,征引《易经》的"大壮"卦包含着"弱小、卑贱超过强大、高贵"的意蕴。

总之,《诗》、《书》等元典已有变易思想的阐发,然而多为现象描述,中华元典关于常与变、静与动、因与革等运动观问题较纯粹、较深入的理论探讨,主要是由哲学化典籍——《周易》完成的。

三、《易》之三义:简易、变易、不易

作为卜筮之书的《周易》,反映了两周抽象思维所达到的水平,并对中国人的思维走向造成深远影响。

《周易》哲学思辨的特征之一是"定数论",认为万物在宇宙间都处于一定位置并保持某种相互关系,这便是"数"。而事物的数位是先定的,事物的运行遵循着先定的规律,也即早有"定数"。①《周易》的整个预测系统,正立足于对"定数"的肯认,进而试图破译这种"定数",以达到"神以知来"、"穷神知化"。定数论很容易陷入命定主义泥淖,但由于在探求"定数"之中含有对"数"的运行规律的把握,因而破译"定数"的思维过程也推动着辩证认识的发展。

《周易》哲学思辨的特征之二是"对立论"。《周易》以阴阳对立为基点,提出宇宙间存在一系列对立,如正反、高下、往复、强弱、刚柔、凶吉,等等,涉及自然、社会、人生等各个领域。《周易》的对立论不是僵化、静止的,而是能动、转化的,由此导出变易思想,所

---

① 《左传·僖公十五年》载晋国的韩简子说:"龟,象也。筮,数也。物生而后有象,象而后有滋,滋而后有数。"这是对《周易》定数论的一个简要说明。

谓"刚柔相推而生变化"①，阴阳间的"相感"、"相摩"、"相荡"导致万物的变化。

在一般印象中，《周易》是一部谈变易的书。其实，变易只是《周易》的题旨之一。西汉末的纬书《周易乾凿度》（又名《易纬·乾凿度》）说：

> 孔子曰：易者，易也，变易也，不易也。……易者，以言其德也。……光明四通，简易立节，天以烂明，日月星辰，布设列张，八卦错序，律历调列……不烦不扰，淡泊不失，此其易也。变易者，其气也。天地不变，不能通气，五行迭终，四时更废，君臣取象，变节相和，能消者息，必专者败……此其变易也。不易者，其位也。天在上，地在下，君南面，臣北面，父坐子伏，此其不易也。②

东汉经学家郑玄（127—200）据此在《易赞》和《易论》中将《易》的题旨概括为三：

> 《易》一名而含三义：易简，一也；变易，二也；不易，三也。③

《周易》包含"简易"（容易、简单）、"变易"（转化、改变）、"不易"（不变）三层含义，其中"简易"是《周易》之"易"最本初的含义，指《周易》所使用的预测方法——"筮法"比甲骨占卜的预测方法简便容易。"变易"和"不易"是后来演变出来的含义。"易"一名而含三义，贯穿在《周易》全书，尤其在《易传》的《系辞》中有所表露：

---

① 《易·系辞上》。
② 《周易乾凿度》卷一，郑玄注，《四库全书·经部易类》。
③ 《周易正义》卷首，《十三经注疏》，中华书局1980年影印版，第7页。

"易简而天下之理得矣"①(了解容易与简单的原理，也就明白天下一切事物的道理)，是"简易"之义；

"《易》之为书也不可远，为道也屡迁。变动不居，周流六虚，上下无常，刚柔相易，不可为典要，唯变所适"②，是"变易"之义；

"天尊地卑，乾坤定矣；卑高以陈，贵贱位矣；动静有常，刚柔断矣"③(天在上尊贵，地在下卑贱，乾卦象征天，坤卦象征地，乾坤的地位是确定的。天高地卑的现象摆在那里，因此人们的尊贵或卑贱的地位就确定了。天经常是动的，地经常是静的，因而天的刚性、地的柔性就可以断定)，是"不易"之义。

"变易"(转化、改变)是指宇宙万物都在变化，"简易"(容易、简单)和"不易"(不变)是指事物变化遵循的道是简单的，事物变而道却不变。钱锺书认为：

> "变易"与"不易"、"简易"，背出分训也；"不易"与"简易"，并行分训也。④

也就是说，《易》一名而三训，其中"变易"与"不易"、"简易"是"反训"，两义相违相仇；"不易"与"简易"是"并行分训"，两义虽不同却并不相背。有学者认为以"不易"释"易"，正如以"不仁"释"仁"，是不通之论。⑤ 钱锺书则举出《庄子·大宗师》"生生者不生"，《庄子·知北游》"物化者一不化"，古希腊哲人"唯变斯定"、"不动而动"、"不变而使一切变"等辩证命题，论证"易"与"不易"、"变"与"常"之间不仅相对立，而且相联系，有彼此转化的可能。⑥

---

① 《易·系辞上》。
② 《易·系辞下》。
③ 《易·系辞上》。
④ 钱锺书：《管锥篇》第 1 册，中华书局 1979 年版，第 6 页。
⑤ 张尔歧：《蒿庵闲话》卷上，《贷园丛书初集》，上海商务印书馆铅印本 1935 年版。
⑥ 钱锺书：《管锥篇》第 1 册，中华书局 1979 年版，第 7~8 页。

四、"长于变"

易一名而三义，此说言之有据。然通观《周易》全书，三义又并不平列，其主要精神是"变易"。

"易"字本义是手持酒器倾注酒于另一酒器，含"赐与"之义，而赐酒这一动作本身就寓含"更易"、"变更"。正如司马迁阐述六经时指出的：

> 《易》著天地阴阳四时五行，故长于变。①

"变"确乎是《周易》的首要题旨。

《周易》包括《易经》和《易传》两部分。形成于周初的《易经》已有发展变化思想，当然，这里直接论及的并不是客观世界的发展变化，而是讨论象数的发展变化，不过，在象数变化中曲折反映着客观世界变化的某些法则。下举《易经》数例说明。

（一）乾卦䷀

其六段爻辞，通过描述"龙"的不同处境，说明事物由弱小、潜伏到强大、显著的阶段性发展过程，进而揭示"物极必反"的运动规律。

> 初九，潜龙勿用。
> 九二，见龙在田，利见大人。
> 九三，君子终日乾乾，夕惕若，厉，无咎。
> 九四，或跃在渊，无咎。
> 九五，龙飞在天，利见大人。
> 上九，亢龙有悔。
> 用九，见群龙无首，吉。②

---

① 《史记·太史公自序》。
② 《易·乾卦》。

这里讲到龙的六种状态：

1. 潜伏阶段，无所作为；

2. 出潜而呈现地上，可有作为；

3. 行事不息，时刻警惕危难，方可无过错；

4. 或跃起，或在渊，进退自如；

5. 跃起飞天，达到鼎盛；

6. 飞到极点，必有过悔。

龙从"潜"到"现"，从准备升腾，到飞升上天，直至盛极而衰，是一个完整的发展过程，《易经》借这一过程，喻示君子正确掌握出处、进退，当潜隐则潜隐，当准备跃动则准备跃动，当展翅翱翔则展翅翱翔，但要防止成为"亢龙"，"知进而不知退，知存而不知亡，知得而不知丧"①。

(二)渐卦☶☴

其爻辞以候鸟鸿雁在迁徙飞行时进退升降均有秩序，以喻渐进不乱之义。六段爻辞分别写道：

> 鸿渐于干
>
> 鸿渐于磐
>
> 鸿渐于陆
>
> 鸿渐于木
>
> 鸿渐于陵
>
> 鸿渐于陆②

描述鸿雁从水旁(干)进入稍高的磐石旁(磐)，再进入山上高平地(陆)，山上树木(木)，进入更高的丘陵(陵)，终于飞上天空，四方皆是通途，故言"于陆"。象征事物从低到高的前进运动和变迁的

---

① 《易·乾卦·文言》。

② 《易·渐卦》。

吉凶休咎，其卦义为"渐进"——前进宜迟不宜速。

(三)豫卦䷏

本卦讨论如何对待安乐，尤其值得注意的是"六二：介于石，不终日，贞吉。"[1]这段爻辞中的"介"同"界"，"介于石，不终日"意谓像疆界之石那样坚固的东西，也可能毁于一旦，以此启示占者：今天如磐石般坚固，明天可能转化为不坚固，也即安乐潜藏着忧患。懂得这个转化的道理，便可得到吉利。

(四)革卦䷰

"革"，原意皮革，由兽皮加工而成，故含改革、变革之义。革离下兑上，水在火上，受火烧，随时变化，故称"革"。此卦阐释变革的原则步骤，其卦辞曰：

　　革：巳日乃孚，元亨，利贞，悔亡。[2]

大意谓："巳日"是变革之日，此时变革有诚信，具备元始、亨通、祥和、坚贞之性(变革是一种非常之举，会发生一些令人后悔的事情，但具备以上四性)，就可以使后悔消除于未然。

以下的六段爻辞，分别讲到变革的内外条件和进行程序：

　　初九：巩用黄牛之革。

　　(变革须先巩固自己。)

　　六二：巳日乃革之，征吉，无咎。

　　(变革必须时机成熟。)

　　九三：征凶，贞厉，革言三就，有孚。

　　(变革即使势在必行，也应谨慎，考虑再三。)

　　九四：悔亡，有孚改命，吉。

　　(当变革超过一半，改革者应当既不畏怯，亦不妄进，想象

---

① 《易·豫卦》。
② 《易·革卦》。

中的后悔消失，要争取群众的信赖和支持，才会吉祥。）

　　九五：大人虎变，未占有孚。

　　（大人物变革，要像老虎的斑纹，到秋天自己变得光泽鲜明，并非外在的修辞装扮，不用占卜，也可知道会得群众拥戴。）

　　上六：君子豹变，小人革面，征凶，居贞吉。①

　　（君子变革，如同豹子换毛，小人变革，只是表面变化，出征有凶，这时不如安定下来，才会吉祥。）

　　《革卦》可以说是一篇论变革的绝妙文章，显示了《易经》作者将变易哲学运用于社会实践所达到的较高水平。这正是《易经》经验理性特征的典型表现。《革卦》的卦爻辞讲到变革应遵循如下原则：

　　变革须捕捉良好时机；

　　变革者先须巩固自身；

　　变革要取得民众的信任和拥护；

　　变革作为非常行动，应当非常慎重，既不畏怯，又不冒进；

　　变革不能满足于表面文章，而要有彻底性，并推及于群众；

　　变革获得成功后，上下应洗心革面，并及时与民休息，以获得安定吉祥。

　　《革卦》创作已有三千年，今日读来仍觉生机盎然，启示良多，这正表明"范围天地之化而不过，曲成万物而不遗，通乎昼夜之道而知"②的"易理"，因总结人们在变革社会的实践中发现的规律而赢得某种程度的常青性。

　　五、"反复之道"

　　《易经》的变易思想还表现为"反复"观念。《泰卦》爻辞曰：

---

　　①　《易·革卦》。
　　②　《易·系辞上》。

无平不陂，无往不复。①

（平必有倾斜，往必有回归。）

以自然物向对立面变换，象征人世间一切事物无不相互转化；

《旅卦》爻辞曰："鸟焚其巢，旅人先笑后号咷，丧牛于易，凶"②（鸟巢被烧毁，旅行者开始高兴，后来只有大哭。牛在牧场丢了，凶），其历史背景是：殷先祖王亥客居易国，意气骄纵，为易君所杀，被夺其牛羊。"先笑后号咷"指王亥先骄纵后被杀的遭遇，含有乐极生悲的寓意；

《坤卦》爻辞"履霜，坚冰至"③（秋末足踏薄霜，念及严冬坚冰将至），有见微知著、防微杜渐的意蕴，是一种预见性的发展观；

《履卦》爻辞"履虎尾，终吉"④（走在虎尾这样的险地，如果戒慎恐惧，不走错脚步，终可得吉），认为矛盾的转化（由凶化吉）有赖人的主观努力（谨慎，不出错）；

《鼎卦》爻辞"鼎折足，覆公，其形渥"⑤（鼎足折断，佳肴将倾覆在地，令人面红耳亦，无地自容），说明稳重庄严之物，也有折足倾覆，使人丢丑的可能，劝喻人们不要忽略意外性事变。可见，《易经》关于变化发展问题虽无系统论述，但涉及的侧面甚多，显示了周初的变易思想已相当丰富。

《易经》的"复"道，也即关于变化模式问题，是一个值得注意的观念。而《易经》论"反复之道"最集中的是《复卦》，其卦辞说：

复：亨。出入无疾。朋来无咎。反复其道，七日来复。利有攸往。⑥

---

① 《易·泰卦》。
② 《易·旅卦》。
③ 《易·坤卦》。
④ 《易·履卦》。
⑤ 《易·鼎卦》。
⑥ 《易·复卦》。

　　（复卦亨通，出入无妨碍，有朋友来，没有灾难。来回无道
路，七天便可，有利于前往。）

这段卦辞对于"反复"是以"亨"（通达）和"无咎"（无灾难）视之的。
　　以下的六段爻辞从不同角度论"复"：
　　《复·初九》爻辞说："不远复，无悔，元吉。"（走不远即返回，
不至于后悔，吉利。）
　　《复·六二》爻辞说："休复，吉。"（美滋滋地返回，吉祥。）
　　《复·六三》爻辞说："频复，厉，无咎。"（皱眉而返，有危险，
终于无灾。）
　　《复·六四》爻辞说："中行独复。"（中途独自返回。）
　　《复·六五》爻辞说："敦复，无悔。"（敦厚而知返，没有后悔。）
　　《复·上六》爻辞说："迷复，凶，有灾眚。用行师终有大败，以
其国君凶，至于十年不克征。"（迷途不知返，凶险，有灾祸。行军作
战必大败，以至国君都会有凶灾，十年内也无法征伐敌人。）
　　这六段爻辞除"中行独复"一条未对"复"作判断外，其他五条都
是肯定"复"的，或认定其吉利、吉祥，或认定其无灾、无后悔，而
执迷不知反复者，则有大祸临头。
　　此外，《解卦》的卦辞"无所往，其来复，吉"（困难缓解后，回来
是吉祥的）。《小畜·初九》爻辞"复自道，何其咎，吉"（回到本来的
位置，没什么灾祸，吉祥）。《小畜·九二》爻辞"牵复，吉"（携手并
进回复原位，吉利）。这些都是赞赏"复"道的。
　　综上所述，《易经》的变易模型并非直线式的，而为环状的。后
来，《易传》阐述的"原始反终"说，"一阖一辟谓之变，往来不穷谓之
通"[1]说，以及《吕氏春秋》的"天地车轮，终则复始，极则复反"[2]
说，便从《易经》的反复之道发展而来。

----

① 　见《易·系辞上》。
② 　《吕氏春秋·仲夏纪·大乐》。

六、"变动不居"

《易传》是战国末年合成的战国间诠释《易经》的论文选集,包括《彖》上下、《象》上下、《系辞》上下、《文言》、《说卦》、《序卦》、《杂卦》等七种著作,共计十篇,因是对《易经》的解说而起着辅翼作用,故又称"十翼"。《易传》通过对卦象、卦辞、爻辞作注并引申发挥,较系统地阐扬易理,将"变"的哲学推到极点。

(一)变化的普遍性

《易传》将阴阳范畴引入易理系统,提出"一阴一阳之谓道"①,从而将《易经》固有的矛盾观提升到一个新水平,揭示事物内部普遍存在着的阴阳对立,表现在自然界是天与地的矛盾,表现在人类社会是男与女、夫与妇、父与子、君与臣、君子与小人的矛盾,表现在抽象数字是奇与偶的矛盾,表现于万物运动及反映在人的认识运动中是泰与否、盈与谦、恒与革、离与合、损与益、屈与伸、易与险、简与阻、治与乱、安与危、存与亡、几与著的矛盾。②《易传》关于矛盾普遍性的认识,直接导引出关于变化普遍性的认识。《系辞上》说:

> 阖户谓之坤,辟户谓之乾;一阖一辟谓之变,往来不穷谓之通。
>
> (关起门来幽暗就是坤阴,打开门大放光明就是乾阳。这阴阳就如门的开闭而生变化,阴阳变化无穷就会通达。)

这段话揭示了坤阴乾阳这组无所不在的矛盾,导致无处不显现的阴阳转化。《易传》进而展开从自然界到人类社会的变化现象:

> 在天成象,在地成形,变化见矣。③

---

① 见《易·系辞上》。
② 参见方克《中国辩证法思想史》第13章第2节,人民出版社1978年版。
③ 见《易·系辞上》。

（宇宙在天上呈现日月星辰、昼夜、季节气候变化，在地上形成山河、动植物等形体变化，而卦与爻的变易更由此出现。）

日中则昃，月盈则食，天地盈虚，与时消息，而况于人乎，况于鬼神乎！①

（日到正中，便要偏斜；月亮盈满，不久亏缺；天地的盈亏变化，随着时间消长，更何况是人，何况是鬼神呢！）

这就从对自然界变迁的描述，引申出如下结论：无意识的自然界尚且变化不息，在自觉意识支配下的人类社会更不会僵硬不动，其盛衰升沉尤为变幻多端，至于那悠游八极的鬼神，当然也不会长享一姓祭奉，不会长赐恩福于一门。总之，自然、人类、鬼神均在变动，从而确认变化的普遍性和绝对性。

《易传》论变化的一大特征，在于从对外在世界变动的现象性描述升华到卦象变易的哲理层面，通过象数系统的运作，创造中国式辩证思维的特有形态。《系辞下》说：

《易》之为书也，不可远，为道也屡迁，变动不居，周流六虚，上下无常，刚柔相易，不可为典要，唯变所适。

（《易》是与人类密切相关不可疏远的一部书，《易》的法则经常变迁，这种变迁是不停息的，在卦的六个爻位间普遍流通无常，刚爻与柔爻相互变易，不可被固定的格式拘束，唯有适应变化。）

这已不是对客观事物的变化作"高岸为谷，深谷为陵"式的现象描摹，而是将变化抽象为卦爻的"周流"和"无常"，"屡迁"和"相易"。《易传》概括以卦爻为要素的象数系统的生成程序："易有太极，是生两

①　《丰卦》彖辞。

仪，两仪生四象，四象生八卦。"①八卦又按一定规则彼此相重，组成六十四卦。这六十四个卦象和内含的三百八十四爻，寄寓着无穷的变化之道。

《系辞》以"唯变所适"（唯有以变化去适应之）归纳易理。这虽然讲的是象数系统变化的普遍性，却也曲折反映了客观世界变化的普遍性。

（二）变化的动因——刚柔相推、阴阳相交

事物变化的原动力，是来自造物主（如《圣经》中的耶和华上帝）或其他外力，还是来自事物内部的矛盾运动，这是两种对立的变化动因论。《易传》明确地将变化动力归结为事物自身的阴阳矛盾，"一阴一阳之谓道"②（宇宙间一切变化法则都是阴与阳的对应作用造成的）便是对变化内因论的最简练概括。由于事物内部的阴阳矛盾既相摩、相推，又相交、相感，构成事物内部的对立与统一，提供事物生生不已、日新又新的根据。

《易传》关于阴阳矛盾促成变化的观念，是通过揭示阴与阳各自的属性——柔与刚的相互关系得以阐明的。《系辞上》把"刚柔相摩，八卦相荡"（刚与柔这两种属性相互交错摩擦，八卦象征的八种自然现象也相互鼓动推荡）视作宇宙万物变易、八卦演为六十四卦的动力。《系辞上》指出：

> 刚柔相推而生变化。……变化者，进退之象也。刚柔者，昼夜之象也。六爻之动，三极之道也。
>
> （刚与柔互相推演，产生变化。……卦爻的变化，是前进与后退的象征。刚与柔是昼夜交替的动与静的象征。六爻的变动，显示天、地、人等"三极"的道理。）

《系辞下》从象数系统的推演进一步阐述"刚柔相推而生变化"的

---

① 《易·系辞上》。
② 《易·系辞上》。

道理：

> 八卦成列，象在其中矣。因而重之，爻在其中矣。刚柔相推，变在其中矣。系辞焉而命之，动在其中矣。①
>
> （八卦形成序列，宇宙万物的现象就包含其中了。又将八卦重叠为六十四卦，六爻的奥义也就包容在内了。刚与柔的互相推移相错形成宇宙的一切变化也就包含在内了。再附加爻辞指出吉凶的征兆，宇宙间的一切活动就包含在内了。）

阴阳矛盾对立、刚柔相互作用，成为变化的动力，这便是《易传》变化内因论的主旨，是与一切外因决定论划然有别的界限所在。

《易传》追究变化的动因，不仅论及刚柔的"相摩"、"相推"，即由对立面的碰撞、激荡、推演造成大化之象，而且还论及阴阳的"相交"、刚柔的"相感"，即由对立面的相互联系、彼此渗透导致变化。《归妹卦》的《彖》辞说：

> 归妹，天地之大义也。天地不交，而万物不兴，归妹，人之终始也。②
>
> （少女出嫁，天地之大义也。天地不相交，而万物不会生长。婚嫁是人类轮转的始终。）

这段《彖》辞从男女交媾，繁衍后代，引申出阴阳交感产生万物的哲理，从而将事物生化的动因归之于阴阳这组矛盾对立面的相互联系和彼此渗透。

总之，《易传》兼顾矛盾双方的对立性与联系性这两个侧面，认为事物的变化，是矛盾双方（阴与阳、乾与坤、柔与刚等）既相反又相成的结果，运动着的世界仰赖于此：

---

① 《易·系辞下》。
② 《易·归妹卦》。

乾坤其易之蕴邪，乾坤成列，而易立乎其中矣。乾坤毁则无以见易，易不可见，则乾坤或几乎息矣。①

这就将矛盾双方(乾与坤)对立面的统一与对立面的斗争视作万物运动变化的根源，并认为没有万物的运动变化，矛盾双方也会停止其生命。《易传》的这种变化内因论是相当完备而深刻的，显示了中国式辩证思维早在两千多年前已达到颇高水准。

(三)变化的运作形态——物极必反

与《易传》的变化内因论相联系的是"物极必反"的矛盾转化论。

《易传》从对矛盾双方既对立又统一、既排斥又联系的观念出发，揭示矛盾双方的地位、性能相互转化的规律，从而阐明变化的运作形态问题。如前面列举过的《丰卦》的象辞，讲到太阳从正中转为偏斜，月亮从盈满变为亏缺，都指示着"变"的要义在于向反面转化。《序卦传》在阐释剥卦的主旨时更对事物向反面转化的道理作出理论概括：

剥者，剥也。物不可以终尽剥，穷上反下，故受之以复。②
(剥，即剥落。事物不会老是剥落净尽，往上边去走不通，就回到下边来，所以接着是复卦。)

这里提出"穷上反下"的命题，指阳爻由剥卦的上位，到达极点后，反居复卦的初位，这正是"物极则反"③思想的一种象数表述。这类命题告诫人们万事不可做过头，"亢龙有悔，穷之灾也"④；在

---

① 《易·系辞上》。

② 《易·序卦》。

③ "物极则反"，语出《周易正义》，《乾·上九》爻辞"亢龙有悔"的孔颖达疏："物极则反，故有悔也。"意谓乾卦至上九爻，龙飞至高，达到穷极生变，是向反面之时。

④ 《易·乾卦·文言》。

事物发生转化之前，就要预作准备，防患于未然，"君子以思患而豫防之"①。

《易传》"物极则反"的思想有循环论意蕴，这在《复卦》的象辞"反复其道，七日来复，天行也"等论述中可以得见。然而，"物极则反"又有创新、进步意味，《序卦传》说：

> 井道不可不革，故受之以革，革物者莫若鼎，故受之以鼎。②

> （井年久了就污秽，不可不更革，所以接着是革卦；改造食品的最好器具是鼎，所以接着是鼎卦）

《杂卦传》将这层意思说得更明确：

> 革，去故也；鼎，取新也。③

《系辞上》还指明变化的创新含义："富有之谓大业，日新之谓盛德，生生之谓易。"认定宇宙是一生生不已的大化之流。而"革故鼎新"、"与时偕行"、"变化日新"，正是《易传》变化论中富于朝气和进取性的思想，从中还引申出社会变革合理的观念。《革卦》的象辞说：

> 天地革而四时成。汤武革命，顺乎天而应乎人。革之时，大矣哉。

> （天地变革才会四季变化，商汤、周武的革除夏桀、殷纣的天命，顺应天时民心。可见依时势而变革，其意义有多大。）

---

① 《易·既济》。
② 《易·序卦》。
③ 《易·序卦》。

认定变革是自然与社会的普遍法则，是"顺天应人"的大好事。这一重要思想在中国古代和近代一再被诠释、发挥，在许多历史关头起到巨大作用。

七、变易观的阴柔型与阳刚型

元典时代的中国哲人普遍肯认变易，然而其议论变易的切入角度却各不相同，大略言之，有阴柔型变易观和阳刚型变易观，《老子》是前者代表，《易传》是后者代表。

（一）知雄守雌的《老子》

《老子》不承认固定不移的事物、固定不移的方面和固定不移的性质，而认为一切事物、一切事物的方面、一切事物的性质，都在向反面转化。不过，《老子》是从退守、主损、含藏内敛的角度谈变化的，所谓"知其雄，守其雌，为天下溪"①（能深知雄强，而反能以雌弱守之的人，其胸襟方可像众水所归的溪流一样虚空广阔）。这就把"守雌"作为向雄强广大转化的立足点。在论及如何方能坚守道之"母"时，《老子》说：

> 塞其兑，闭其门，终身不勤。②
> （塞住小聪慧，闭住有限的能力，不做任意的表演。）

这段话的意旨在于，以不变应万变，方能守住根本。

《老子》书中还有"见素抱朴，少私寡欲"③，"致虚极，守静笃"④等命题，都包含着"无为而无不为"、以不变应万变的阴柔精神，构成元典时代变易观的一大类别。

---

① 《老子》第二十八章。
② 《老子》第五十二章。
③ 《老子》第十九章。
④ 《老子》第十六章。

（二）行健不息的《易传》

与《老子》形成对照，《易传》的变易观则洋溢着阳刚精神。《乾卦》的象辞在阐释乾象时说：

天行健，君子以自强不息。

（天体运行永恒不息，体现着天道的刚健本性，人应该学习这种精神，从而自强不息。）

此外，《乾卦》的爻辞"君子终日乾乾"（君子必须时刻努力不懈），《系辞上》的"知周乎万物而道济天下"（以宇宙万物的规律去匡济天下），《需卦》的象辞"需，须也。险在前也，刚健而不陷，其义不困穷矣"（在艰险困难面前，刚健精神是战而胜之，超越险阻的决定性条件），都充满乾阳刚劲的风格，与《老子》的坤阴柔弱风格恰成照应。总之，《老子》讲的是"柔德"，《易传》讲的是"刚德"。

当然，《易传》没有一味强调阳刚之风，而并提"圆而神"与"方以知"①，警惕持盈、过分。《易传》在赞美乾象的"自强不息"的同时，也赞美坤象的"厚德载物"，显示了刚柔兼顾的特点。当然，《易传》刚柔相济而偏重于刚，《说卦传》指出：

乾，健也；坤，顺也。

主张刚柔两全，但二者并不平列，而是以乾之刚健支配坤之柔顺。

《易传》和《老子》是中华元典变易精神的两大代表作，前者扬雄健之风，高歌猛进；后者倡雌柔之道，寓进取于退守，它们共同展现中国式发展变化思想的异彩丰姿。

八、乾坤定位论

《易传》洋溢着"变动不居"、"生生不已"的辩证精神，然而，与

---

① 《易·系辞上》。

这种"变易"观相并列的,《易传》还有"不易"观的赫然屹立。其《系辞上》开宗明义指出:

> 天尊地卑,乾坤定矣。卑高以陈,贵贱位矣。动静有常,刚柔断矣。方以类聚,物以群分,吉凶生矣。
>
> (天是高的,地是低的,因此象征天的乾与象征地的坤的性质就确定了。天高地低的现象已经摆在那里,人们的尊卑贵贱的地位也就确定了。天是动的,地是静的,因而天的刚性、地的柔性也就断定了。人们的意向相同就彼此结合,万物的种类不同就彼此分开,吉和凶就从此而生。)

这段话强调的是宇宙秩序和人间秩序的确定性。与《易传》通篇常用的"变"、"易'、"不居"等语汇相对立,这里出现的是"定"、"断"、"有常"等概念。笔者以为,对于《易传》中的"不易"观,不宜简单予以否定。这是因为,常与变、静与动、因与革是事物发展过程中的两种状态,常驻性与变异性是运动着的万物具备的两种属性,因而人们应当"体常而尽变"[1],守常以达变。《易传》在肯定万物变易的同时,又肯定万物变易之中有不易的常则,揭示出"变中有常"的奥秘,这正是《易传》变化观完备性的表现。

《易传》的"不易"论又确实存在着弊端,然而,这种弊端并不在于肯定事物的常驻性,而在于割裂事物的常驻性与变异性这两种并存的属性,把世上万物分成变异的与常驻的两类。如《系辞上》提出的一个重要命题——"动静有常,刚柔断矣",通过对乾与坤内蕴的阐发,将事物分为变与不变、动与不动两种。《周易集解》对这一命题的解说是:"乾刚常动,坤柔常静。"《周易正义》则说:"天阳为动,地阴为静,各有常度,则刚柔断定矣。"这种以天为动、以地为静的观点,是那一时代人们对宇宙现象的一种直观错觉,不符合现代科学所证明的"天动地亦动"的天体运行实际。先民从这种直观错觉出发,

---

① 《荀子·解蔽》。

误导出"坤静乾动"的非辩证法结论。

另一方面，也是更重要的原因，《易传》作者作为战国末期"大一统"趋势的思想代表，期待着社会政治和思想学术从"殊途"走向"同归"，由"百虑"趋于"一致"①。在这种精神要求的推动下，《易传》着意将当时的社会等级秩序论证为亘古不变的宇宙法则，所谓"天尊地卑，乾坤定矣。卑高以陈，贵贱位矣"。这种乾坤"定位"说和尊卑"不移"说将宇宙及人间的尊卑上下关系固定化，从而与由《易经》到《易传》一再阐扬的"易位"说和"道有变化"说直接发生抵牾，也是春秋间即已出现的"社稷无常奉，君臣无常位"的变易哲学的一种悖论。

自西周末叶开始，夷狄交侵和民溃、民变的频繁爆发，使周王室的统治权威迅速下降，大夫芮良夫曾向厉王提出"王室其将卑乎"②的警告，而厉王终因国人发难，于出逃间身亡，活生生证明着王室的衰微。进入春秋战国时期，周天子尸位素餐，出现诸侯力政、大夫专权、陪臣执国命一类"上下僭越"的情形，一系列诸侯国在兼并战争中灭亡，更使社会呈现剧烈震动、新旧更替的状态，那一时代的变易哲学正是在这种社会现实的启迪下应运而生的。如果说，"变易"哲学是周王朝从"礼乐征伐自天子出"的"一统"局面走向"礼乐征伐自诸侯出"、"自大夫出"的"多元"局面的产物，也即由"一"到"多"的历史转换进程的观念反映，那么，战国末年至秦王朝专制一统帝国建立的由"多"到"一"的历史进程，则呼唤着"不易"哲学的兴起。

自殷周之际开其端绪，中经西周末年，到春秋战国间得到充分发育的"变易"观，与战国末年至秦王朝建立时崛起的"不易"观，是周秦之际哲人们围绕发展问题提出的两种主要命题。这两种在不同时代产生的命题一起综汇入《易传》体系之中，从而使得《易传》包罗万象的系统既拥有一种活泼的"生生不已"的变的哲学，又兼备一种凝重的"乾坤定位"的不变的哲学。《易传》作者企图将二者统一于易理之内，然而却未能消除两者的"二律背反"状态。《系辞上》宣称：

① 《易·系辞下》："天下同归而殊途，一致而百虑。"
② 《史记·周本纪》。

易无思也，无为也，寂然不动，感而遂通天下之故。

（易本来无思无为，寂静不动。用易占卜，以诚感之，则易能通天下事故。）

这就把《周易》视作一个封闭的系统，能以静寂测万象的变动，从而将认识主体静定化，与"为道屡迁"、"变动不居"说相悖又相辅，"易之三义"共同构成变易与恒定对立统一的体系。

九、循环论

中华元典不仅深入探讨常与变、因与革等变化观问题，而且力图探寻变化的线路模式，勾勒出颇具特色的变易图，概言之，从《易经》到《老子》，进而到《易传》，都排斥直线发展观，倡导变易循环论。

如前所述，《易经》提倡"反复其道"，其《复卦》的卦辞和爻辞对于"复"（回复、反复、复返）都加以积极的肯定，《泰卦》的爻辞更提出"无平不陂，无往不复"的著名命题，勾勒一个平倾交替、往来无穷的环形发展线路。但《易经》毕竟还没有创立明确的循环论。《老子》则较《易经》深入一层，提出如下重要命题：

反者道之动。①

（事物向反面转化，便是"道"的运动。）

大曰逝，逝曰远，远曰反。②

（"大"是永远不停地走的意思；永远不停地走，就会返回原地。）

万物并作，吾以观复。夫物芸芸，各复归其根。归根曰静，

---

① 《老子》第四十章。
② 《老子》第二十五章。

静曰复命，复命曰常，知常曰明。①

（能在万物并作的情形下，观察出它们往复的道理。万物虽是芸芸之众，但终将复其根源。这归根的道理就叫"静"，静下之后，即叫"复命"，也就是向道复命归根。这种复命之理，就叫做"常"，知此常道，就叫做"明"。）

这就将发展变化的具体形态归结为"反"与"复"。

《老子》的"归根复命"说，是从无到有，从有到无的循环论，此论用于自然现象的描述，便是"飘风不终朝，骤雨不终日"②；用于社会现象的描述，便是"金玉满堂，莫之能守"③，万物都不会永守原状，而在不断转化，其归结点是返本复初，所谓"周行而不殆"④，这里的"周行"也即圆圈而行、回环而行。

《易传》在《易经》和《老子》的基础上，更详明地勾勒出反复之道，并认定"复，其见天地之心乎"⑤，即以循环往复为宇宙运动规律的核心。又说：

无往不复，天地际也。⑥
（因为有循环往复，所以天地相接。）

《系辞下》提出：

易穷则变，变则通，通则久。⑦

---

① 《老子》第十六章。
② 《老子》第二十三章。
③ 《老子》第九章。
④ 《老子》第二十五章。
⑤ 《复卦》象辞。
⑥ 《泰卦》的象辞。
⑦ 《易·系辞下》。

认为事物发展到无可再进时，名曰"穷"，此时不得不变易转换，变换则通达，通达则长久。以下的"潜台词"是：长久了，事物又发展到无可再进的地步，于是又展开一轮"穷则变，变则通，通则久"的循环。

循环往复既是自然界和社会变化的必然规律，也是象数系统的运作法则。《序卦传》在描述六十四卦的编排次序及诸卦的相互关系时，把六十四卦作为对世界万象存在的反映，并将其纳入周而复始的因果之链，形成一个"诠释圆环"，从"乾卦"到"未既卦"为一大周期。然而，"物不可穷也，故受之以未济，终焉"。"未济"像为"事未成"，以此卦作六十四卦之末，可见事物演运并未终结，即将终而又始，进行下一轮的从"乾卦"到"未既卦"的周期性运转。

六十四卦是一个循环往复的轮回系统，每一个卦的内部往往也包藏着循环的意蕴。如《乾卦》的卦辞为"乾：元，亨，利，贞"[1]，《彖传》、《象传》、《文言传》分别对元、亨、利、贞作出解释，归结起来，"元"是大与始的意思，相当于种子萌芽；"亨"是通达无碍的意思，相当于生长；"利"是祥和有益的意思，相当于开花；"贞"是持续纯正的意思，相当于结果。元、亨、利、贞四德，依时序循环不已，终而又始。一轮循环完成即进入"贞元之际"，将出现"贞下启元"的新旧交替。"元—亨—利—贞"四德循环与佛教哲学的"成—住—坏—空"四阶段轮回的观念颇有近似之处，它们都成为中国人描述事物生成消亡的循环往复过程的常用模式。

总之，《周易》构筑一个封闭的自循环系统，这个系统既包罗宇宙万象的运动规律，又落脚于象数自身的运作法则。《易传》的作者认为在这个封闭的自循环系统内穷尽了真理，达到"神而化"的地步。

与《老子》、《易传》的循环论相近似，《庄子》也言及终始反复：

> 阴阳相照，相盖相治，四时相代，相生相杀。……安危相

---

[1]　《周易》中"元亨利贞"连用凡六，除乾卦外，屯、随、临、无妄、革卦的卦辞均出现这四字。

易,祸福相生,缓急相摩,聚散以成。……穷则反,终则始,此物之所有。①

这段话是庄子虚拟的两个人物"少知"和"大公调"之间的问答,少知询问:"万物何以产生?"大公调答曰:"阴阳相应,相消相长;四时循环,相生相杀。……物极则返,终而复始,这是万物所具有的现象。"这里的"穷反终始"说,与《易经》的"反复"说,《老子》的"归根复命"说,《易传》的"无往不复"说一脉相通,与荀子的"始则终,终则始,若环之无端也"②的变易圆环类似,足见元典时代的哲人是以"宇宙人生循环往复"为共识的。

战国末年成书的《吕氏春秋》,承袭《易经》、《老子》、《易传》、《庄子》的反复观,提出"圜道"说,对元典时代的循环论作了一个总结:

物动则萌,萌而生,生而长,长而大,大而成,成乃衰,衰乃杀,杀乃藏,圜道也。③

云气西行,云云然,冬夏不辍;水泉东流,日夜不休,上不竭,下不满,小为大,重为轻,圜道也。④

这就把事物从萌动、生长、盛大、衰亡、收藏看成一个圆形的发展过程;把云气不停西行,下降为雨,江河东流(海水又升为云气,云气又西行,降雨成河东流),也看成一个不休不止,反复无穷的圆形发展过程。《吕氏春秋》对这种环状发展还多有表述,如:

---

① 《庄子·则阳》。
② 《荀子·王制》。
③ 《吕氏春秋·季春纪·圜道》。"圜"即"圆"。
④ 《吕氏春秋·季春纪·圜道》。"圜"即"圆"。

日夜一周，圜道也。①

天地车轮，终则复始，极则复反，莫不成当。②

总之，万物大化呈"圜道"，人世演运为"循环"，是元典勾勒的一种变易线路。较之直线发展观，"圜道"观富于辩证性，却忽略变化的前进性。以后，西汉董仲舒在《春秋繁露》的《五行对》、《五行相胜》中提出的"五行相生、相克"公式，是这种模式的完成形态，构成一个更加完整的循环系统③；将"圜道"观推向封闭化和程式化。

"圜道"观是盛行于农业—宗法社会的"推原思维"的产物。这种思维的特点是出发点与归宿点"重合"。这正是农业生产周期和植物从种子到种子周而复始的轮回衍化所暗示的，同时也受到王朝周期性盛衰更迭、治乱分合的往复交替现象的启发。这类思维方式长期制约着中国人。

两汉魏晋隋唐后流行中国的佛教，其因果报应、生死轮回、修行解脱说，也是一种循环论。而将儒、释、道三教熔为一炉的宋明理学，其史观仍然是循环论，邵雍的"元—会—运—世"周而复始的模式即是典型。这种循环的自然—社会观念影响深广，《三国演义》第一回开宗明义第一句："话说天下大势，分久必合，合久必分"，既为骚人雅士所乐道，也被贩夫走卒所传诵，成了一种雅俗共认的习惯性见解。

在中国古代，突破循环论、圜道观，提出进化史观的是明清之际哲人王夫之。他从"气化日新"的自然观引申出由禽兽到人类，由夷狄之"野"到华夏之"文"的文明演进论④，王氏指出：

洪荒无揖让之道，唐、虞无吊伐之道，汉唐无今日之道，则

---

① 《吕氏春秋·圜道》。
② 《吕氏春秋·大乐》。
③ 董仲舒的"五行相生、相克"论，组成两个封闭圆圈。
④ 见王夫之：《思问录·外篇》及《读通鉴论》卷二十八。

今日无他年之道者多矣。①

　　这就把历史视作"日进无疆"的发展过程，创导了进化史观。然而，王夫之的著作当时大多未能面世，谈不上社会影响。鸦片战争以前，从士大夫到老百姓，流行的仍然是"天地如车轮"、"分久必合，合久必分"之类的循环史观。直至近代工业文明大规模进入中国，进化论在20世纪初叶广为传播，循环论才被突破，中国人的思想发生一次革命性跃进。

　　中华元典的循环论包藏的某些命题，如"无往不复"、"物极必反"、"穷则反，终则始"所阐述的事物向反面转化的思想，高潮过后退回低点的思想，进步与倒退相交织的思想，闪耀着辩证法的光辉，对今人救正直线单向发展观的偏颇来说不失一剂良药。

　　达尔文创立的进化论击破神创说和循环史观，成为19世纪进步思潮的主流，对20世纪中国思想界影响深刻，其功不小。然而，进化论将生物世界描绘成一个直线的、单向的日趋完善的进化过程，又失之简单化，无法解释进化中的退化和进化中的周期性循环等客观事实。正是参酌了古典思维中事物无不向反面转化与事物相互联系的思想，又获得现代科学进展强有力的支持，当代兴起网状思维型制，重视事物间错综复杂的、彼此制约的多元关系，将否定之否定、螺旋上升、网状联系作为建立事物变化模式的指导思想。这种新的发展变化思想，是对古典的变易循环论和近代的单线直进进化论加以整合的产物，是迄今为止人类对发展变化问题提出的较完善的思想体系。而元典精神为这个体系的建立提供了不容忽视的前驱性思想材料，无论是其正面启迪，还是其负面教训，都滋润着后世新思维的成长。

第二节　追先祖　垂史范

　　在中华元典系统中，其本原性不亚于"尊天"观念，而与人文传

---

① 《周易外传》卷五。

统密切相连的，是"敬祖"意识，以及由此推演出来的"重史"传统。尊天、法祖，尚人文、重史乘，构成中华元典精神的主动脉，显示了中国式意识形态的基本特征。这也是中华元典发展观在历史意识层面的直接延伸。

一、历史在诸元典系统中的不同地位

与中华元典系统形成鲜明对照，印度元典系统虽然有着极富想像力的神灵崇拜，却少有祖先崇拜，反映到社会生活中，便是孝亲敬祖观念的不发达。古印度法律规定，必须敬重宗教长老，如《摩奴法典》说："谦恭礼侍长老者都将大大增强他的四'法'——长寿、学识、安乐与力量。"但印度法律却缺乏关于侍奉父母和崇敬祖先的具体规定，同中国礼法强调"尊祖""奉先"大相径庭。与忽略敬事祖先相关联，印度元典精神追求的是永恒的普遍法则，如"梵天"、"佛性"等等，而对于具体历史事实的记述和历史经验的总结则相当漠然。正如奥登博格在《源出印度》一书中所指出的：

> 对印度人来说，历史不是一门真正的学问。一般来讲，他们脑海中的学问是指导人们的行为适合规范体系的技术。①

印度古代典籍甚众，而史书却不多。在这些为数较少的史书中，包括被认为最详尽可靠的历史著作《大史》、克什米尔王朝的编年史《王统谱》，都掺杂着大量夸张的、神奇的传说，文字华美而史实不确。总之，在印度人那里，时间、地点、事件的错讹并未被当作问题，反之，记诵《吠陀》圣典稍有差误，则被看成严重过失。正因为如此，印度一直没有形成统一的记载历史的体系，出现过二十种以上的划分历史时期的方法，史学著作往往与神异的传说、绚烂的诗篇相混淆。可见，印度的民族精神确乎寄寓在史学价值之外的诸因素（如

---

① 转引自[日]中村元著，林泰、马小鹤译：《东方民族的思维方式》，浙江人民出版社1989年版，第58页。

宗教、艺术)之中。

关于印度与中国文化系统中"历史"所占地位的差异，黑格尔曾反复加以比较，其中较重要的论述是：

> 当我们开始领略印度文献无数宝藏的时候，我们发现这个地方这样富于精神的、富于深湛的思想的产物，却没有历史；在这一点上，和中国形成最强烈的对照——中国，这一个帝国却有一种非凡卓越、能够回溯到太古的"历史"。①
>
> 中国人具有最准确的国史……中国凡是有所措施，都预备给历史上登载个仔细明白。印度则恰好相反。……印度人在几何学、天文学和代数学方面曾经享有很大的名誉——他们在哲学方面曾经有很大的进展，而且他们对于文法学所下的功夫很深，……但是关于历史一门却完全忽略，简直可以说是没有什么历史。②

与印度情形类似，希伯来元典系统"法祖重史"传统也未能获得充分发展，其唯一神——耶和华上帝并不是祖先神，《圣经》的主旨也不是祖先崇拜。《圣经》虽然创立了直进史观，却并没有提供一部理性化的，以具体历史事实为依据的史学线索。《圣经》所述的犹太史曾在欧洲中世纪当作经典史学被崇奉和研习，但那毕竟不是真实的历史。我们固然不否认《圣经》在象征、比拟意义上所具有的史学价值，然而，只有在依据其他历史文献和考古材料的基础上，《圣经》提供的象征性"史影"才能作为恢复真实犹太史的一个参考性材料使用。

希腊元典的历史意识比较浓厚。古希腊神话说，众神之父宙斯与记忆女神谟涅摩辛结合，生下九位文艺女神缪斯，其居首的便是司勇士之歌的女神克莱奥，她的标志为一卷纸草或羊皮纸，寓"记载"之

---

① [德]黑格尔：《历史哲学》，三联书店 1956 年版，第 102 页。
② [德]黑格尔：《历史哲学》，三联书店 1956 年版，第 204~205 页。

意。到了元典创制期(公元前 6 世纪至前 4 世纪),克莱奥被确立为司历史的女神,逐渐成为西方作家笔下"历史"或"历史学"的代名词。

正在克莱奥被认作司历史女神的时期,希腊人摆脱神话史观的束缚,以理性眼光看待历史,产生了希罗多德(前 484—前 428)记述希波战争的《历史》、修昔底德(约前 455—约前 399)记述伯罗奔尼撒战争的《伯罗奔尼撒战争史》、色诺芬(前 434—前 355)记述曼提亚战争的《希腊史》及记述色诺芬本人军事经历的《远征记》等卓越的史著。古希腊人重视史学,一是为了"保存功业",二是为了"垂训后世"。希罗多德申明著史的目的——

　　　　是为了保存人类的功业,使之不致由于年深日久而被人们遗忘。①

希罗多德立志把历史事件的因由记载下来,"以永垂后世",给后人评判美丑善恶的道德教训。而要完成这两项使命,史著应力求"真实"、"客观",秉笔直书。希腊"求真"、"垂训"的史学传统在罗马时期得到发展。

到了中世纪,随着古典文化的式微,希腊的历史精神也遭横厄,而代之以"上帝"史学,即基督教神学解释的历史,以《圣经》的神话传说与历史相糅合,出现"神圣"的历史与"世俗"的历史相并列的史书。由神学家奥古斯丁(354—430)开其端,历史被描述成"天上王国"与"地上王国"斗争的历史,这便是所谓"双城史"②。直至文艺复兴以后,尤其是 18 世纪启蒙运动以后,西方史学才"重新回到希罗多德",恢复其人文主义史学传统。

可见,"鉴往知来"的史学在诸元典系统所受重视的程度不一。在印度与希伯来,历史理念被宗教情怀所掩盖;在希腊,理性化的历

---

①　希罗多德:《历史》,商务印书馆 1960 年版,第 167 页。

②　奥古斯丁的信徒弗雷沁著《双城史》,近代英国文学家狄更斯借其义,将自己反映法国大革命的小说命名为《双城记》。

史意识一度勃兴，却又未能一以贯之地保持下去；唯有中国，其元典精神中的重史传统强劲而不可阻遏，在几千年间浩荡前行，这归因于中国"孝亲敬祖"、"慎终追远"的民族性格，以及力图从先例中发现生活规则的社会心理。这种民族性格和社会心理因其植根于相对稳定的农业—宗法社会的土壤之中，更增进了坚韧性和延续力，所谓"人道亲亲也，亲亲故尊祖，尊祖故敬宗，敬宗故收族"①。"尊祖"是"人道亲亲"的宗法社会派生的意识，这种意识又成为"敬宗"、"收族"也即强化宗法制度的工具。

二、法祖·生殖崇拜·孝道

在中华元典系统里，作为"合族之道"的基本观念是"尊天"与"法祖"。所谓"万物本乎天，人本乎祖"②。"天地者，生之本也；先祖者，类之本也。……无天地，恶生？无先祖，恶出？"③

敬祖、法祖是殷商即已确立的一种传统。据统计，殷墟甲骨卜辞中关于祭祀祖先的多达一万五千多条，其中关于上甲的一千一百多条，成汤的八百多条，祖乙的九百多条，武丁的六百多条。可见，敬奉先公先王，是商人的第一等要务。进入周代，敬祖意识更趋强化，而且有所变异。在殷商，对男性祖先崇拜固然已占优势，但祭典中先妣(即殷先王的配偶)的地位仍相当显赫，殷墟卜辞中多见"中母"、"少母"、"多妣"、"多母"字样。而在宗法制度进一步确立的周代，对祖先神灵的尊崇只限于男性先祖。

法祖观念的原型是生殖崇拜，这是人类最古老的崇拜之一——对生命源泉的崇拜。《周易》在论及人类起源、万物化生以及文明发端时，每以两性交媾比附之，其"乾卦"的《象传》有"云行雨施，品物流形"之谓；此外还有许多类似论述：

---

① 《礼记·大传》。
② 《礼记·郊特牲》。
③ 《荀子·礼论》。

天地纲缊，万物化醇；男女构精，万物化生。①

天地相遇，品物咸章也。②

天地不交，而万物不兴。③

《诗经》也多以"云雨"比喻性爱；《礼记》则称"天地合而后万物兴焉"④，这都是早期的生殖崇拜给两周时期创作元典人们的启示。

生殖崇拜始于母系氏族社会，其时的崇拜对象是女阴。中国最古老的祭祀场所称"社"，所谓"国以民为本，民以食为天，故建国君民先命立社也"⑤。"社"的初文为"土"，有人释为"地乳之形"，显系女性生殖崇拜的产物。另外，土与地同义，地从"土"从"也"，《说文·乙部》解"也"字为"女阴也"。当母系氏族社会进入父系氏族社会以后，随着父权的独尊，生殖崇拜的对象转为男根，祖先崇拜即由此确立。"祖"字甲骨文作添加"𠂤"⑥，为男根象形。殷人在祭祀时，往往裸体在高丘(京)向上帝祷告⑦，有展示男根之意。另外，《尚书·洛诰》有"王入太室裸"之句，含义相同。《说文·大部》解"大"为"象人形"，"太"字即在人的阴部指示生殖器，故太室为生殖器崇拜之室。王裸入太室，大约是通过展示男根，追念先祖，求得祖先神的保佑。

值得一提的是，在盛行祖先崇拜的殷周，论及"帝"或"上帝"的不亚于"祖"。而"帝"与"祖"基本上是近义的。在甲骨文中，"帝"字是花蒂的象形，"帝"即"蒂"，指果实的发生处，用以象征种族的本根，与"祖"以男根象征种族的本根相似，不过"帝"以植物器官象征

---

① 《易·系辞下》。

② 《易·彖辞》。

③ 《易·归妹·彖辞》。

④ 《礼记·郊特牲》。

⑤ 《礼记外传》。

⑥ 刘鹗：《铁云藏龟》四八·四。另说𠂤象切肉平分，供祭祀。

⑦ 《诗·大雅·文王》："殷士肤敏，裸将于京。……殷之未丧师，克配上帝。"

之,"祖"以动物(人)器官象征之。故对"帝"的崇拜与对"祖"的崇拜意义相近,古时的天帝崇拜与祖先崇拜大体是同一的。

从元典创制期盛行的祀天祭祖的内涵可以清楚看出,由生殖崇拜演化而来的祖先崇拜,在其宗教形态的背后更多的蕴藏着富于人文意味的"反古复始"观念。《礼记》说:

> 天下之礼,致反始也。……致反始,以厚其本也。①
>
> 郊之祭也,大报本反始也。②
>
> 筑为宫室,设为宗祧,以别亲疏远迩,教民反古复始,不忘其所由生也。③

"反古复始",对于本宗族既是血统上的追念祖先,同时也进而扩展为对宗族历史以至国家历史的记忆、怀念和延续的决心,《诗经》中《大雅》里的《生民》、《公刘》、《绵》、《皇矣》、《大明》诸篇,便是通过对周人祖先(后稷、公刘、太王、王季、文王、武王)的追念赞颂,叙述并歌咏了周族创业开国历史。如《生民》对后稷"艺人荏菽,荏菽旆旆"的稼穑之功的歌颂;《公刘》对公刘"干戈戚扬"、"于京斯依"的武功及迁徙的铭记;《绵》关于古公亶父率周民由豳迁歧,使周道兴盛的描写("率西水浒,至于岐下");《皇矣》对古公亶父至文王征服敌国,"王此大邦"业绩的陈述;《大明》对武王"牧野彭彭,战车煌煌"的灭殷壮举的重彩描摹,构成一幅"肆伐大商"的宏伟历史画卷。这些诗篇都堪称"史诗"或"诗史"。"追祖"与"述史"融为一体。

由敬祖观念推演出的一个重要伦理范畴是"孝",所谓"修宗庙,敬祀事,教民追孝也"④。甲骨文中"孝"字仅一见,且用于地名,可

---

① 《礼记·祭义》。

② 《礼记·郊特牲》。

③ 《礼记·祭义》。

④ 《礼记·坊记》。

见殷代"孝"的观念尚未发育。而周金文及《尚书·周书》、《诗经》、《国语》中多有论"孝"（金文为𡥝）之处，而且往往与神灵及祖先崇拜、祭祀相联系，所谓"言孝必及神"①，所谓"率见昭考，以孝以享"②，说明随着重视血缘纽带关系的宗法制度在周代的进一步确立，孝的观念得到发展。"孝"的含义是多重的，奉养父母为孝③，延绵先辈事业更是孝的题中之义。

《诗经》、《尚书》等元典论孝时，常常提到子女报答父母生养之恩这一层意思，如"父兮生我，母兮鞠我，拊我畜我，长我育我，顾我复我，出入腹我，欲报之德，昊天罔极"④。这显然是以血缘亲情，激发孝道的一种"感动法"。然而，元典论孝并不局限于此，其更深一层的内涵是：通过提倡孝道，引导人们踵武前辈足迹，沿袭前辈法式，所谓"追孝于前文人"⑤，"永言孝思，孝思维则。……昭兹来许，绳其祖武"⑥，"孝子不匮，永赐尔类"⑦。这种"追孝于前"的意识，必然导致重传统、重历史。孔子发挥孝道维系传统的特殊含义说：

> 三年无改于父之道，可谓孝矣。⑧

不轻易改变前辈的行为准则便是"孝"，足见孝的精义在于强化历史的线性延续。这与孔子的"信而好古"⑨说是一脉相通的，而所谓"好古"便是求知于历史，孔子否认自己的知识是与生俱来的，并且毫不

---

① 《国语·周语》。
② 《诗·周颂·载见》。
③ 《书·酒诰》曰："肇牵车牛，远服贾用，孝养厥父母。"
④ 《诗·小雅·蓼莪》。
⑤ 《书·文侯之命》。
⑥ 《诗·大雅·下武》。
⑦ 《诗·大雅·既醉》。
⑧ 《论语·学而》。
⑨ 《论语·学而》。

含糊地指出，知识从历史经验中求得，"我非生而知之者，好古，敏以求之者也"①。"古"字《说文》释为：

古，故也。从十口，识前言也。

古可以理解为历史，是知识和智慧的源泉。"好古"必然走向"重史"，司马迁说，孔子有感于"周室微，而礼乐废、诗书缺"，决心"追迹三代之礼，序《书传》"②。我们且不深论《周礼》及《书传》是否孔子所作，但说古哲怀着"续亡继绝"之念去"追迹三代"，却切合元典时代智者的心态，如老子讲"执古之道，以御今之有"③，充溢着"续亡继绝"、"执古御今"的历史意识。

三、"古训是式"

中华元典的历史意识，首先表现为对"古训"的崇尚。

《尚书·盘庚》载，商王盘庚在对民众训话时，为强化自己言词的权威，一再说"古我先王"、"古我先后"、"古我前后"，都是以先祖的训诫为颠扑不破的最高指示。

《诗经·大雅·民》在赞颂周代贤大臣仲山甫时，特别肯定他的"古训是式"(遵循古训无差错)和"缵戎祖考"(祖先事业你继承)。

这种对"古训"的崇尚，也即对传统的极端尊重，是一种氏族社会的遗风。氏族制度的血缘宗族关系和狭窄的生活范围使人们以传统规则为圭臬，思想与行为必须在古典那里求得指导和检验。中华先民在跨入文明门槛以后，血缘纽带未曾崩解，宗法式社会得以长期延续，恪守"古训"也就成为中国的一种历史惯性，政治上尊崇"正统"，思想学术上讲究"道统"，文学上推尊"文统"，艺术和手工业技艺上则追求"家法"、"师法"，这都是元典"古训是式"的表现，连佛教在

---

① 《论语·学而》。
② 《史记·孔子世家》。
③ 《老子》第十四章。

传入中国以后，也逐渐接受这种思维范式，中国化的佛教宗派禅宗便以"古教照心"作为基本态度。①

有着明显的非宗教和现世化倾向的中国文化，从其元典开始，奉行"古训是式"，并不是从神秘主义和宗教虔诚的角度对待"古训"（历史）的，而是从一种现世化的、人文色彩浓厚的观念出发，把历史视作现实的借镜，所谓"殷鉴不远，在夏后之世"②（殷代不久远的鉴戒，是夏代的灭亡）。《尚书·周书》中反复提到以夏、殷的亡国为鉴，召公引述周公的话告诫年轻的成王说：

> 我不可不监（鉴）于有夏，亦不可不监（鉴）于有殷。③

作为中华元典的《诗》、《书》开创了"章往所以察来"的"历史—未来"一以贯通的思路，孔子对此加以阐发：

> 殷因于夏礼，所损益可知也；周因于殷礼，所损益可知也。其或继周者，虽百世可知也。④

把夏、殷作为"过去"的代称，周作为"现在"的代称，百世作为"未来"的代称，而现在是对过去的"损益"（减少、增加），未来则是对现在的"损益"，因此，知道了过去与现在，便有了预知未来的依据。

这种"鉴往知来"的故事，元典时代所在多有，如西周末年，幽王乱政，诸侯多叛，深感不安的郑桓公便向史官太史伯询问建国的地点，太史伯根据已有的历史知识，断言"独洛之东土，河济之南可居"；郑桓公又问："周衰，何国兴者？"太史伯明确指出："齐、秦、

---

① 见怀海：《百丈清规》卷六，《大正新修大藏经》第 48 册。
② 《诗·大雅·荡》。
③ 《书·召诰》。
④ 《论语·为政》。

晋、楚乎！"①太史伯以周代王室与各诸侯力量消长的历史趋向为据，认为齐、秦、晋、楚将相继称雄，而这些预测与后来的春秋史大体吻合，足见史学"章往察来"的准确性，这是与当时盛行的神秘主义的"卜筮预测"相并行的另一条预测路子，可以称之"鉴史预测"。

元典的"古训是式"，是一种"向后看"的思维方式，在这里，知识学问不是自由思索和创造性考虑的产物，而是从古训中求得的，是古训教导的结果。这是中华元典精神"循故"性的表现。诚如近人严复在比较中西文化时所说：

> 中之言曰，今不古若，世日退也；西之言曰，古不及今，世日进也。惟中之以世为日退，故事必循故，而常以愆忘为忧。惟西之以世为日进，故必变其已陈，而日以改良为虑。②

这里所称"事必循故"、"常以愆忘为忧"，正道出了中国文化"向后看"的特性。

当然，"古训是式"、"事必循故"的中华元典并非没有前瞻性。中华元典的前瞻性表现在"章往以知来"，前述太史告诫郑桓公的一番话，便证明着经由"向后看"，导引出"朝前看"，历史昭示着将来，知殷周者，百世可知。从这一意义言之，元典的"古训是式"不能视作保守消极的思维范式，其间潜藏着积极进取的势头。而强调历史的借鉴作用，便包含着发扬历史的前瞻性可能。一些有创意的后来人正是在以史为鉴上做文章，如南朝刘勰(约465—约532)便对历史的现实教化作用进行了系统阐述，并将"殷鉴"提升为"历史的镜子"这一普遍性概念，认为史学的目的在于"表征盛衰，殷鉴兴废"③。此类

---

① 见《史记·郑世家》。

② 严复：《主客平议》，《严复集》第 1 册，中华书局 1986 年版，第 117 页。

③ 刘勰：《文心雕龙·史传篇》。

观念代有申述者，所谓"以古为鉴，可知兴替"①，所谓"见出以知入，观往以知来"②，都是讲的这个道理。

元典创制期的哲人虽然大多"尚古"，然而，他们的"古训是式"并不一味盲从古说。"言必称尧舜"的孟子就没有无条件信从历史记载，而是对历史记载采取理性的分析态度。孟子在论及最有权威性的古文献汇编——《尚书》时，说过这样的话：

> 尽信《书》，则不如无《书》。吾于《武成》，取二三策而已矣。仁人无敌于天下，以至仁伐至不仁，而何其血之流杵也？③

孟子从"仁政"思想出发，认为周武王率仁义之师讨伐不仁不义的殷纣王，怎么会像《书》的《武成》所记述的那样杀人到了"血之流杵"的程度呢？由此，孟子提出了不可全信历史记载的著名论断——"尽信《书》，则不如无《书》"。孟子又说：

> 故说《诗》者，不以文害辞，不以辞害志。以意逆志，是为得之。如以辞而已矣，《云汉》之诗曰："周余黎民，靡有孑遗。"信斯言也，是周无遗民也。④

意谓：解说《诗》的人，不要拘于文字而误解词句，也不要拘于词句而误解原意。用自己切身的体会去推测作者本意，这就对了。假如拘于词句，那《云汉》说过："周朝剩余的百姓，没有一个存留。"相信了这句话，那么周朝便没有存留一个人了。（这难道讲得通吗？）可见，最崇信《诗》、《书》的孟子也没有无条件遵从《诗》、《书》的记

---

①　吴兢编：《贞观政要》，上海古籍出版社 1987 年版。

②　《列子·说符》。

③　《孟子·尽心下》。孟子所见《尚书·武成》显然记载的是武王士卒杀人，而现存伪古文尚书的《武成》则写为殷纣王士兵倒戈自相残杀，导致"血之流杵"，与孟子所见书不同，系后人改作。

④　《孟子·万章上》。

述，而是用常识和哲理加以分析，将不合理的记述断然抛弃之。

四、对于"藏往"的高度重视

元典历史意识的又一表现则是对于历史事实记载的高度重视。《易·系辞》说："神以知来，知以藏往。"这里的"藏往"即指保存历史资料。注意保存历史资料，总结历史经验，便达到"智"（知）的境界，也才有可能"神以知来"。缺乏史料，则无法作判断，孔子说："夏礼吾能言之，杞不足征也；殷礼吾能言之，宋不足征也；文献不足故也，足则吾能征之矣。"①既然文献是立论的依据，其记述就极关紧要了。《尚书·尧典》的名句"诗言志，歌永言"，现在多解释为"诗与歌都是表达思想感情的"，其实，"诗言志"的原始意义是"载道"和"记事"，尤其是"记事"。《尧典》的作者与《诗》的形成时期相去不远，深知《诗》中许多篇章本是氏族和国家的历史记载，前列《大雅》中的五篇属于此类，其他如《崧高》、《生民》、《韩奕》、《江汉》、《常武》等五篇亦记周室大事，这十篇均可视作"周之史诗"；而《商颂》五篇（《那》、《烈祖》、《玄鸟》、《长发》、《殷武》）则可视作"商之史诗"。

"以史入诗"，成为中国文学的一种传统，唐人杜甫（712—770）、杜牧（803—约852），近人黄遵宪（1848—1905）等对这一传统颇有发挥，显示了中国文学家和诗人敏锐的"第六感觉"——历史感，他们的作品都有"诗史"之称，这正是自元典即已养成的一种思维惯性。

与此相呼应的，则是学者的"以诗证史、以史说诗"，即以富于历史感的文学作品作为史料使用，以之证实历史，陈寅恪的《元白诗笺证稿》和《柳如是别传》是典范之作。

"以史入诗"、"以诗证史"，都是中国文化"重史"传统的鲜明体现。

古中国的注重"藏往"，不仅是一种观念性特征，它还有一系列实体性表现。

---

①　《论语·八佾》。

第一，史官设置早而且不曾中断。

"史"字原为官名①，初见于甲骨文，象为手执简册以记事(𦘒)，引申为记事职官。《说文解字·史部》释"史"字为"从又持中"。"中"(簿)是古代的簿书，将一条条事务记于"中"(簿)上，是史官的任务。殷代王室有史、大史等史官之设，不过，当时史与巫没有严格区分，充当神人之间的媒介是巫史的共同任务。当然，史官也有较专门的史学职守，诸如记录先公先王的世系，记录商王的行事等等。西周至春秋史职渐繁，有大史、小史、内史、外史、御史等五史分职。各诸侯也有史官，如周平王的太史辛有的次子，入晋为史，称"董史"，著名的"良史"董狐即为其后。诸侯之下擅权的大夫，也往往设有史官，如"田文，齐之一公子尔，每坐对宾客，侍史记于屏风"②。秦赵两国诸侯渑池之会，各命御史记载其事。可见，当时从天子到诸侯，以至执政大夫等各级统治者，都重视历史记载，因而都有史官之设，操简笔于门下。周代以下历朝均有史官设立，秦、汉称太史令，三国时魏置著作郎，晋、南北朝、隋、唐、五代均置著作郎，唐又以他官兼典史职，称修撰、直馆。宋、元、明、清称修撰、编修、检讨。这种一以贯之的史官制度在世界上是少见的。

第二，记史早而且延续不辍。

我国成文历史始于商代先公示壬、示癸时期，距今三千七百余年。③ 从殷商甲骨文开始，时间、地点、人物和事件始末等历史记载要件渐趋完备，历史著作产生的条件趋于成熟。《礼记·玉藻》称：

> 动则左史书之，言则右史书之。

提出"记事(动)之史"与"记言之史"分工说。

---

① "史"字衍为记载历史事迹的书名，始于汉代。

② 刘知幾：《史通·史官建置》，中华书局影印本 1961 年版。

③ 于省吾：《略论甲骨文"自上甲六示"的庙号以及我国成文历史的开始》，《社会科学战线》1978 年第 1 期。

在一定意义上，殷商甲骨文、殷周金文即为"记事之史"的前身。《诗经·大雅》的《周颂》、《商颂》记载着商、周史实，是"记事之史"的滥觞；而《尚书》多记国王、诸侯的诰令，有典(重要的史事记录)、谟(臣对君的谋划)、训(君臣间、大臣间的训诫)、诰(君对臣的谈话)、誓(王誓众之辞)、命(册命或君王的命辞)等诸种载言之文，为"记言之史"的第一部集大成之作，所谓"《书》者，古之号令。号令于众，其言不立具，则听受施行者弗晓"①。

《春秋》开编年体史书之端②，《左传》等续其统，特别是《左传》，"言事相兼，烦省合理"③。自此，中国史籍相因相袭，以连续完备的记述和多种著作体裁(主要有编年体、纪传体、纪事本末体)，构成中国史学的辉煌阵容。

自公元前 841 年(周代共和元年)起，中国即有了持续不断的、正确的纪年，而且有许多以"纪年"、"纪元"命名的专书④，详细记载历代纪年、纪元，显示了中国人对于历史时间性的重视，这是印度、希伯来等古老文明民族所不能比拟的。中国古代历史时序记载的准确令人惊叹，周代以后自不必说，即以商代而论，《史记·殷本纪》颇有条理地记载了商代诸王世系，以往人们不大相信其可靠，以为带有臆测性。后经王国维利用殷墟甲骨文材料考证，发现《殷本纪》所载商代先公先王世系与甲骨文基本符合(见王国维《殷卜辞中所见先公先王考》、《续考》等文)，说明司马迁当年很可能看到了殷史官留下的商代先公先王世系记载材料。

---

① 《汉书·艺文志》。

② 据墨子称，"吾见百国春秋"(语见《墨子间诂》附录)，《墨子·明鬼下》还列出《齐春秋》、《燕春秋》、《宋春秋》，可见当时各国均有史书。不过传世的只有《鲁春秋》，即现在列为《五经》之一的《春秋》。

③ 刘知幾：《史通·载言》。

④ 如北宋宋庠撰《纪年通谱》，记汉文帝后元元年(前 163)至宋仁宗庆历元年(1041)一千二百零四年的年号；明清之际万斯同撰《纪元汇考》起于唐尧，迄于明末，将四千年间帝王年号与甲子并列；清代陈景云撰《纪元要略》，记汉迄明帝王建元及历年；陈景云之子陈黄中又撰《纪元要略补》。

五、以史"资治"，以史"垂戒"

元典时代重史，不但注意"藏往"，还尤其表现在重视历史的"资治"、"垂戒"功能。《国语·周语上》谈到周朝"天子听政"，有公卿列士献策，其中"史献书"、"瞽史教诲"是重要环节，天子听到这些意见后，"斟酌焉，是以行事不悖"。史官"言古以剀今"，训导君王，教其"不得为非"，足见史官通过历史教训的授受，成为王者之师；而王者也确乎以历史作为他们治国平天下的教科书。当时史官的记载，不单是为了传之后世，而且往往立即被当作现实的训诫，史官的记录刚刚完成，便"立于朝"，并通过瞽史（盲史）的说唱，使之传扬开来，达到"惩恶扬善"的目的。

历史成为统治阶级自我教育的范本，在《尚书·周书》中表现得尤为充分，称其为用历史教导王者的论文集是不过分的。

其《泰誓》、《牧誓》作为武王伐纣的战前誓众辞，多处出现"古人有言曰"，即以历史经验作证；

《武成》中，武王以周先人公刘、太王、王季、文王的历史业绩为训；

《大诰》中，周公以文王事迹教导成王和诸老臣；

《康诰》中，周公以"丕显考文王"（伟大英明的父亲文王）"明德慎罚"的历史经验告诫少弟康叔；

《酒诰》是周公命令康叔在卫国宣布戒酒的诰词，其中回忆了文王创立周邦时的反酗酒指示，又列举商代从汤到帝乙诸明君贤相潜心国事，决不酗酒的故事，然后以商纣王好酒纵乐导致亡国的教训，告诫人们切勿"湎于酒"；

《召诰》中召公向成王总结夏、殷灭亡的历史教训；

《多士》是周公以成王的命令告诫殷商旧臣，其中罗列殷灭和夏灭的历史，以论证革命的合理、周取代殷的正常，周公在训诫心怀不满的殷遗民时说："惟尔知，惟殷先人有册有典，殷革夏命。"①（你

---

① 《书·多士》。

们知道，殷人祖先有记载历史的典籍，上面记载着殷革了夏的命。）言下之意便是：周革殷命既然是以殷革夏命为先例的，你们殷人就不必愤愤不平了。

这种"以史为证"的论式，在元典中颇为常见，构成一种历史纵向比附的思维定向。战国初年墨子提出"三表法"——

有本之者，有原之者，有用之者。①

"三表"作为认识和检验真理的三个标准，其中第一条便是"上本之于古者圣王之事"，即以有历史根据作为开宗明义的真理标准，这正是元典"追祖重史"精神的概括。

以历史作平治天下的依据这一思维路向，深为后世学者认同。宋人曾巩(1019—1083)说："史者，所以明夫治天下之道也。"②清人戴名世(1653—1713)说："夫史者，所以纪政治典章因革损益之故，与夫事之成败得失，人之邪正，用以彰善瘅恶，而为法戒于万世。是故圣人之经纶天下，而不患其或敝者，惟有史以维之也。"③力陈史学的"资治"功能。

宋人司马光(1019—1086)主编一部供帝王作资治之用的"上起战国，下终五季"的编年体史书，所谓"监前世之兴衰，考当今之得失"，初名《通志》，宋神宗(1048—1085)深会其意，"赐其书名曰《资治通鉴》"④，并肯定这是一种袭自元典的传统：

《诗》、《书》、《春秋》，皆所以明乎得失之迹，存王道之正，垂鉴戒于后世者也。⑤

---

①　《墨子·非命上》。
②　曾巩：《南齐书序》。
③　戴名世：《南山集·史论》，《四部丛刊·集部·清别集》。
④　宋神宗：《御制资治通鉴序》。
⑤　宋神宗：《御制资治通鉴序》。

史学"垂鉴戒"以"资治"的功用昭著于世。

六、历史记载与历史诠释的尊严性

在中华元典系统，历史既然被视作资治之具、垂训之典范和检验真理的标准，因而历史记载与历史诠释被赋予高度尊严。

就历史记载而论，元典提倡一种不畏强暴、直书不隐的精神，其著名例子便是宋末文天祥《正气歌》所列举的"在齐太史简，在晋董狐笔"。

"齐太史"的史事载于《左传·襄公二十五年》：齐庄公六年(公元前548)，大夫崔杼杀庄公。齐国太史立即记载曰："崔杼弑其君。"齐太史遂为崔杼所杀。太史的两个弟弟相继作此记载，又先后被崔杼所杀。太史的另一弟弟仍然坚持做此记载，崔杼见无法制止，只好作罢。齐国的另一史官南史听到太史尽死的消息，执简以往，准备冒死记载崔杼弑君的事实，途中得知已有史官(即太史的一个未被杀害的弟弟)记载此事，乃还。后人称赞这一可歌可泣的事情说："齐有直史，崔杼之罪所以闻。"

如果说，"齐太史"坚持的是一种求真精神，不避险阻，不惜杀身，将史事据实而书，成就了一类"直史"典范，那么，与之齐名的"晋董狐"则不顾尊者、贤者的颜面，不仅据实记载其言其行，而且对其言行作出道德评判，成就了另一类"直史"典范。故"直笔载史"的代称，不仅有"太史简"，还有相并列的"董狐笔"。其史事记于《左传·宣公二年》：周匡王六年(公元前607)，晋灵公无道，欲害正卿赵盾(即赵宣子)，盾为避祸出走，其族人赵穿杀灵公。当时晋国的太史董狐立即记载此事："赵盾弑其君。"以示于朝，赵盾说："不然。"董狐反驳道："你身为正卿，居然逃亡，族人作乱你又不讨伐，这弑君之责不在你在谁？"赵盾大喊委屈而又无可奈何。孔子就此事发表评论说：

> 董狐，古之良史也，书法不隐；赵宣子，古之良大夫也，为

法受恶。惜也，越竟乃免。①

　　这里提出了"良史"的准则——"书法不隐"，同时又感叹赵盾"为法受恶"。这里的"法"，即指"书法"，也即记载历史的法则，认为像赵盾这样的"良大夫"也不能逃避"书法"的批评，足见历史记载是何等严峻。这种作史风格后来被称之"直笔"，与"曲笔阿时"、"谀言媚主"②形成反照。

　　清人章学诚在刘知幾提出的"史才三长"（史才、史学、史识）的基础上，又增加"史德"一说，所谓"史德"，就是"著书者之心术"，指作史者应忠实于客观史实，做到"善善而恶恶，褒正而嫉邪"③，其内蕴与"直笔"相通。

　　历史记载的严肃性还表现在，自元典时代开始，记载当代史事的国史，国君不得亲见，以避免统治者利用权势任意篡改史实。这是一个了不起的传统，在专制君主集权的时代尤其难能可贵。为夺皇位，玄武门斩射兄弟，是唐太宗的一大心病，唯恐史书记载，曾试图从史官那里取阅，遭史官拒绝，太宗又询问房玄龄："不知自古当代国史，何因不令帝王亲见之?"显然有索看当代国史之意，房玄龄犹豫难决，后来侍中魏徵的奏文阐明了直笔载史以及人主不得干预的必要性：

　　　臣闻人主位居尊极，无所忌惮，惟有国史，用为惩恶劝善，书不以实，后嗣何观?④

　　直笔传统，是史学求真的保证，也是元典精神的要义之一。

---

①　《左传·宣公二年》。
②　刘知幾：《史通·曲笔》。
③　见章学诚《文史通义·史德》。
④　《贞观政要·文史》。

　　元典不仅视历史记载为十分严肃的事业，容不得丝毫苟且，同时也高度看重历史诠释的意义，认为不但要"存史"，而且要对历史作出价值判断，这便是"惩恶扬善"的"书法"。元典之一的《春秋》对于这种"书法"有充分运用，从而显示出强烈的政治—伦理倾向性，因而古来即有"《春秋》以道名分"①、"《春秋》以道义"②之说。这里所谓"名分"，指礼制下的等级秩序，"道名分"、"道义"指以谨慎简练的用字，按礼制评判史事的是非曲直，达到"一字之褒，荣于华衮；一字之贬，严于斧钺"的地步，司马迁阐述《春秋》的这种评判功能时说：

　　　　夫《春秋》上明三王之道，下辨人事之纪，别嫌疑，明是非，定犹豫，善善，恶恶，贤贤，贱不肖，存亡国，继绝世，补敝起废，王道之大者也。③

　　正因为《春秋》高张价值判断的旗帜，故历来被视作"诸经之总龟"，所谓"《春秋》成而后人事浃，王道备"④。《春秋》评价史事的主要标准是"礼"，凡属"非礼"的事情，《春秋》都谴责之或曲笔之。如吴楚之君自称"王"，这当然是违礼的，《春秋》则不称其为"王"而贬之曰"子"；践土之会实为晋文公召见周天子，而《春秋》讳之曰"天王狩于河阳"。从这一意义言之，"《春秋》不是记'实然'的史实，却是'应然'的理想的发挥"⑤。《春秋》笔削"大义微言"，开"为尊者讳，为亲者讳"⑥之先河，往往有悖史学"求真"原则，与前述"直笔"精神相悖，其消极影响深远。

　　元典重视历史诠释，着意于给历史以价值评判，特别表现在对历

---

①　《庄子·天下》。

②　《史记·太史公自序》。

③　《史记·太史公自序》。

④　张尔田：《史微·案春秋》，多伽罗香馆丛书第一种，民国元年刻本。

⑤　李长之：《司马迁之人格与风格》，三联书店1984年版，第59页。

⑥　《春秋公羊传·闵公元年》。

史人物的扬抑臧否上，《诗》、《书》对尧、舜、禹、汤、文、武、周公及其他诸先贤的赞颂，对桀、纣、幽、厉的抨击，早已为人所熟知，此不详论；《论语》中也多有对各类历史人物画龙点睛式的评析，如称尧"巍巍乎其有成功也，焕乎其有文章"①，称泰伯为"至德"②，称禹"吾无间然矣"③，称伯夷"不念旧恶"④，称子产"有君子之道四"⑤，称晏婴"善与人交"⑥，称晋文公"谲而不正"、齐桓公"正而不谲"⑦，这些鞭辟入里的评断，其视角多样，有道德的，有事功的，有情趣的，显示了一种精当的论史方式。

值得注意的是，元典创制期的哲人们评价历史人物，已经开始注意研究人物所处的时代。孟子在与弟子万章讨论交友问题时说：

> 以友天下之善士为未足，又尚论古之人。颂其诗，读其书，不知其人，可乎？是以论其世也。是尚友也。⑧

意谓：和天下优秀人物交朋友还不够，便又追论古代人物。(怎样才能与古人"交朋友"呢？)吟咏他的诗歌，研读他的著作，不了解他的为人，可以吗？所以还要讨论他那个时代。这就叫作追溯历史与古人交朋友。孟子的这番话提出了相当精彩的思想：第一，了解古人不仅要阅读其留下的文字作品，还要了解其为人，"听其言，观其行"，以言行两方面的材料评判古人，而不能单凭其说过什么作判断；第二，要弄清古人的言行，不能就其言行论言行，还得将其置于

---

① 《论语·泰伯》。
② 《论语·泰伯》。
③ 《论语·泰伯》。
④ 《论语·宪问》。
⑤ 《论语·公冶长》。
⑥ 《论语·公冶长》。
⑦ 《论语·公冶长》。
⑧ 《孟子·万章下》。

古人的生活背景中讨论，这样，就必须研究古人所处的时代。这就是所谓的"知人论世"。

总之，元典的"实录"精神和"直笔"传统，不仅表现在追求历史记载的真实性上，而且表现在追求历史评判的道义崇高性上。当然，古人关于历史记载真实性和历史评判道义崇高性的认识，在今日看来可能有所不足，但那种维护历史记载与历史评判尊严性的努力，却是难能可贵的，是值得今之治史者认真学习的。

在农业—宗法社会的土壤里生发出来的中华元典，蕴含着厚重的崇敬祖先的精神，这种精神可以导向宗教信仰，也可以导向经验理性和重史主义。在中国，这两种走向并存，但其主要走向是后者而不是前者。这与中华元典的天道自然观和人文精神相关。天道自然观阻挡了天神意识的发育，使中华文化带有一种非宗教的现世化倾向，由此形成人文主义的价值趋势。中国人不是向高踞彼岸的上帝求得灵魂解脱，而是效法曾经在"现世"真实活动过的祖先。这种人文气息浓厚的"敬祖"观念直接发展成深沉的历史意识，开创坚韧持续的"重史"传统。可以说，像中国人这样法祖重史的民族，在世界上是不多见的，中华文化的优长与缺失，都与此颇有干系，

中国作为一个延续数千年的古国，其文明能奇迹般地不曾中断，颇得益于这个"重史"传统，正如章太炎所说：

> 国之有史久远，则亡灭之难。自秦氏以迄今兹，四夷交侵，王道中绝者数矣；然者不敢毁弃旧章，反正又易。藉不获济，而愤心时时见于行事，足以待后。故令国性不堕，民自知贵于戎狄，非《春秋》，孰纲维是！①

诚哉斯言！

---

① 章太炎：《太炎别录》，《章太炎全集》第4册，上海人民出版社1985年版。

第七章 元典题旨(三):
"内圣"与"外王"

文化发展总是在特定的时间和空间中运行。前者造成文化的时代性,后者造成文化的民族性。而正是文化的民族性构筑了文化类型,这种文化类型又在时代推移中不断演进。人类各民族因地理环境、物质生产方式和社会组织结构的差异性,造成各种不同的文化类型,这些类型一经形成,就获得顽强的延续力,形成某种定势。因此,文化类型研究具有特别的理论意义和实践意义,成为文化学和文化史学的一个重要课题,本书第五、六两章已涉及文化类型问题,而本章将探讨"求善"型的中华文化的生成机制。

第一节 重伦常 崇教化

在中华元典系统中,道德论压倒知识论是一种明显倾向,构造出一种"重德求善"的文化类型,与"重知求真"的希腊文化类型形成鲜明对照。

中国人很早便对文化类型有所认识,当然,古人的文化类型观主要是在中原地区华夏族(后来演变为汉族)的农耕文化与周边四夷的游牧文化或渔猎文化的比较中建立起来的,也即通过"华夷之辨"来把握自身及异民族的文化类型。值得注意的是,自元典时代起,中国人在区分族别时,主要不是从体质人类学着眼,而侧重于文化分野,如《左传》有"非我族类,其心必异"[1]之说,从心态上区分族类;同

---

[1] 《左传·成公四年》。

时又有"裔不谋夏，夷不乱华"①之说，把"四裔"、"夷狄"与华夏作为两种不同的文化系统加以对比。孔子在论及管仲时，并未拘泥于管仲改换主公的行迹，而从其对华夏文化类型保持的历史贡献立论：

> 管仲相桓公，霸诸侯，一匡天下，民到于今受其赐。微管仲，吾其被发左衽矣。②

把管仲作为维护并发扬华夏文明的民族英雄来加以赞颂，而在论及华夏文明传统时，是以服饰为标志来加以表述的。服饰和风俗作为行为文化的一种表现，历来被中国人作为族类差异的象征。这也是中国人的文化民族主义的反映。

由于中原地区华夏人的农耕文化其总体水平高于四夷，华夏族及后来的汉族往往称夷狄文化为"陋"③，为"无礼仪"④，甚至认为"夷狄之有君，不如诸夏之亡(无)也"⑤。沿着元典的这一思路，中国人历来以文化类型之异来区分华、夷，如称西方的羌人，"所居无常，依随水草，地少五谷，以产牧为业。其俗氏族无定"⑥，这显然是从物质文化和制度文化上界定其特征，并与汉人形成鲜明对照。

明清之际思想家王夫之更系统地把华夷之辨纳入文化类型考察的范围，通过比较，对华夏文化(或曰汉文化)的特征作出具体的、理性主义的概括。王夫之常将"中国"与"夷狄"对称，"中国"即汉民族聚居的中原地区，是有城郭可守，墟市可利，田土可耕，赋税可纳，婚姻仕进可荣的文化圈，而"夷狄"则法制疏略，自安逐水草，射生饮血，忘君臣，略昏宦、驰突无恒。⑦ 这就从经济生活、政治制度、

---

① 《左传·定公十年》。
② 《论语·宪问》。
③ 《论语·子罕》："子欲居九夷，或曰：'陋如之何？'"
④ 《白虎通》："夷者蹲也，言无礼仪。"
⑤ 见《论语·八佾》。
⑥ 《后汉书·西羌列传》。
⑦ 王夫之：《读通鉴论》卷二八，《诗广传》卷五。

社会风俗方面，探讨具有发达农业经济和先进政治制度、伦理观念的华夏族(汉族)与从事游牧生活、处于氏族制阶段的少数民族间的文化差异。通过这样的比较，汉民族自尊为"礼义之邦"、"声明文物之邦"，并颇为此骄傲。当然，两汉以后，中国人还将本土以入世精神为特征的儒家文化与来自南亚的以出世精神为特征的佛教文化加以比较，如唐代韩愈谴责佛教"弃而君臣，去而父子，禁而相生养之道，以求其所谓清净寂灭者"①，从而将君臣父子之义、孔孟仁义之道，作为万世不移的道统加以崇奉，这便突出了中国文化重伦常礼教的类型特征。

一、伦理型文化的生成机制

中华文化是多民族文化的总汇，这是不应忽略的，但汉文化是中华文化的主体，也是毋庸回避的事实。由于汉族人口众多，生活地域辽阔，又有着悠久的文明史，把握其文化类型相当不易。汉文化独特的格局和传统，自有其复杂的生成机制，而其中关键之一是氏族制解体不充分，血缘纽带在几千年的古史(乃至于近代史)中一直纠缠不休，社会制度和组织发生过种种变迁，但由氏族社会遗留下来的，以父家长为中心，以嫡长子继承制为基本原则的宗法制的家庭、家族却延续数千年之久，构成社会的基础单位，所谓"天下之本在家"②，直到近代还大体保留着如此格局。这种社会结构对汉族文化类型的确立和演化，产生了深刻而久远的影响。

大约四五万年前，汉族的先民(主要指生活在黄河中下游一带的先民)进入氏族社会。"氏族"是一种血缘组织，其英语对应词Ceng意指"生育"，引申为人类社会最原始的血缘集团。在汉语系统中，氏字甲骨文 𐤟，加长了人字 𐤟 的下垂手臂，本义为低头垂手至地，引

---

① 韩愈：《原道》，《韩昌黎文集校注》，马其昶校注，上海古籍出版社1985年版。

② 荀悦：《申鉴·政体》，(明)黄省曾注，涵芬楼1936年据明文始堂刊本影印。

申义"宗族根底"，转义为姓氏。"三代以前，姓氏分而为二，男子称氏，妇人称姓。"①姓字从女从生，是母系氏族社会产物，氏为父系氏族社会产物。一个氏族一般有几十到百余人，由同一女性始祖或男性始祖的几代亲属及配偶组成。几个血缘较近的氏族组成胞族，若干彼此通婚的氏族、胞族组成部落，又由于生产劳动和战争的需要，邻近部落组成部落联盟，这已经是国家的前身。由血缘纽带组合起来的氏族社会，是世界各地区诸民族全都经历过的发展阶段。然而，诸民族在氏族制解体以后的发展形态却千差万别。

生活在海洋型地理环境中的希腊人，由于人员流动频繁、商品交换规模较大，跨入文明社会以后，氏族社会的血缘纽带被挣脱，以地域和财产关系为基础的城邦组织取代以纯人身关系为基础的宗法组织。古希腊神话津津乐道的泰顿巨族夫妇争权、父子夺位；迈锡尼王阿伽门农为妻所杀，其子俄瑞斯忒斯又杀母为父报仇；黑暗之神爱莱蒲司逐父娶母等故事，形象地表现了希腊这一时期氏族制解体、血缘纽带断裂的事实。在希腊非血族的社会结构之上，产生出一种混合型的城邦文化：挣脱血亲束缚，走遍地中海沿岸的希腊人利用伯罗奔尼撒半岛特殊的地理环境，广为采纳来自巴比伦的天文学、腓尼基的文字、埃及的科技和哲学、赛赫司人关于铁和武器的知识、古爱琴人的商业和航海技术以及对文学艺术自由的爱好。由这一切熔铸、整合而成的希腊文化，不是植根于古代原始型自然经济之中的文化，而是从多元、易变的海洋型开放性经济中获得营养和灵感的城邦文化。

与希腊形成反照的是，生活在东亚大陆上的华夏人及以后的汉人，栖息于由大河灌溉的辽阔而肥沃的原野间，自结束流动性的渔猎生活后，很早就从事定居农业。虽然华夏人及以后的汉人掌握古代人类的两种运输手段——牲畜(马匹和骆驼)及船舶的能力并不亚于其他民族，"昔在黄帝作舟车以济不通，旁行天下"②一类记载不绝于书，但定居农业的优越性使他们对土地产生一种特别执著的感情。中

---

①　郑樵：《通志·氏族略序》。

②　《汉书·地理志》。

华元典这样赞美大地：

> 至哉坤元，万物资生，乃顺承天。坤厚载物，德合无疆，含弘光大，品物咸亨。①

如果说元典时代的先民对天尊敬如严父，那么对提供生存基础、财产来源的大地则亲近如慈母，所谓"乾，天也，故称乎父；坤，地也，故称乎母"②。《礼记》则说：

> 地载万物，天垂象，取财于地，取法于天。是以尊天而亲地也。③

这种对土地的深深眷恋，使汉民族养成一种"固土重迁"的习惯，所谓"鸟飞返故乡兮，狐死首丘兮"④。除少数行商走贩和从事"宦游"的士子外，大多数华夏人，尤其是农民，终身固着在土地上，"日出而作，日入而息"，如果没有严重的灾荒和战乱，一般是不愿脱离故土的，从氏族社会遗留下来的，由血缘家族组合而成的农村乡社，便世世代代得以保留。即使迁徙别地，原来的血缘家族及乡社也得以保留。希腊、罗马的城邦国家，积市而成；而古中华国家则积乡而成。

"乡"字金文，像二人对食。作为华夏及后来汉人社会的基层单位，乡包含家庭宗族与邻里乡党两个环节。《周礼》中的"乡师"、"乡大夫"，《汉书·百官公卿表》中的"三老"，便是乡党首领兼家族、宗族长老，负有组织农耕协作、实行义务教育、维持社会治安等职责。充满血族温情、相对静止的乡社生活，大大强化了土地对农民

---

① 《易·坤·象传》。
② 《易·说卦》。
③ 《礼记·郊特牲》。
④ 屈原：《哀郢》。

的固着力，使古老的氏族社会传袭下来的血缘纽带愈益牢固，中华元典一再阐发的伦常观念，以至国家观念都由此派生而来。

中华元典的伦常及国家起源论，有两个显著特点：

其一是自然主义的，将"天地"视作国家、人伦的始原；

其二是血缘至上的，认为国家基于亲缘，社会关系由血亲关系导生。

《易传》的说法十分典型：

> 有天地，然后有万物；有万物，然后有男女；有男女，然后有夫妇；有夫妇，然后有父子；有父子，然后有君臣；有君臣，然后有上下；有上下，然后礼义有所错。①

由血缘纽带维系着的华夏社会，承认血缘族类，而不太注重个人的独立价值。与之大异其趣的是，解脱了血缘羁绊的城邦化的希腊人，承认个人(当然是指奴隶以外的自由民的个人)独立原则，进而承认个人间的后天契约原则，并将这两点认作国家的基石。黑格尔曾概括希腊人的观念说："照原子论的政治学看来，个人的意志本身就是国家的创造原则……而共体或国家本身只是一个外来的契约关系。"②东西方伦常—政治观念分歧便由此派生出来。

原始公社解体，出现从"人不独亲其亲，不独子其子"的"公天下"向"天下为家，各亲其亲，各子其子"的"私天下"的大转变。③值得注意的是，古希腊完成这一转变，发生奴隶主民主派推翻氏族贵族统治的革命，荷马史诗(尤其是《奥德赛》)生动展现了这种冲突斗争。而华夏系统关于上古社会的历史记述以及神话传说却表明，先民跨入阶级社会的门槛，氏族首领直接转化为宗法贵族，部落联盟领袖虞舜禅位于中国第一个私家朝代的第一位帝王——夏禹，便是这种历史性

---

① 《易·序卦》。

② 黑格尔：《小逻辑》，商务印书馆1981年版，第215页。

③ 见《礼记·礼运》。

交接的特殊形态。以后，周革殷命，也是走的"人惟求旧，器非求旧，惟新"①的路线，满足于礼器的更新，却保留被血缘纽带束缚着的"旧人"，沿袭殷商宗法贵族旧制。在夏、商、周三代，家族奴隶制发展成宗法封建制，而不是像希腊罗马那样由家庭奴隶制转变为劳动奴隶制。总之，中华古史的发展脉络，不是以奴隶制国家代替由血缘纽带联系起来的氏族社会，而是由家族走向国家，以血缘纽带维系阶级制度，形成一种"家国一体"的宗法封建制。② 商王朝便"以国为姓"③，殷墟甲骨文记载的奴隶，大多冠以族名；周王朝更进一步将家国一体的结构完善化，通过氏族血缘纽带实行国家的政治统治，这便是宗法制度。周天子自称天帝的长子，是姬姓家族的"大宗"，天下的"共主"，其王位由嫡长子继承，次子以下封为诸侯，是周天子的"小宗"，诸侯在自己的封国内又是"大宗"，由嫡长子继承，次子以下封为卿大夫，是诸侯的"小宗"。如此次第构成一个宗法等级网络，宗法礼制兼具权力统治和道德制约的双重职责。周代大略确立了中国传统社会结构的定式，正如王国维所说：

> 周人制度之大异于商者，一曰立子立嫡之制，由是而生宗法及丧服之制，并由是而有封建弟子之制，君天子臣诸侯之制；二曰庙数制；三曰同姓不婚之制。此数者，皆周之所以纲纪天下，其旨则在纳上下于道德，而合天子、诸侯、卿、大夫、士、庶民，以成一道德之团体。④

周人制度被以后历朝所承袭，"复周"成为千百年来许多人号召天下的口号，正表现了宗法制度在古代中国的一以贯之。当然，后世

---

① 见《书·盘庚上》。

② 中国古史分期长期聚讼未决；中国到底有没有奴隶制社会，也一直是未了的公案，其重要原因之一，盖在于此。

③ 见《史记·殷本纪》。

④ 王国维：《殷周制度论》，《观堂集林》卷十。

对西周制度也是有因有革的，时至东周，西周由氏族贵族的血缘纽带攀联而成的统治体系便有崩解之势，周初"兼制天下，立七十一国，姬姓独居五十三人"①。而历经春秋兼并，到战国时，七雄中只剩下燕国为姬姓，其余六国都由异姓掌权。

秦汉以降，国家政权与家族趋于部分的分离，虽然皇帝和王侯的继统依然由家族血缘确定，"立嫡以长不以贤，立子以贵不以长"是大多数朝代的帝王和贵族的继承准则，但其他统治集团成员主要由考选产生。以郡县制为基础的中国官僚制度以"贤贤"取代"亲亲"。然而，这仅是问题的表层，实际上，构成中国社会奠基石的，始终是由血缘纽带维系着的宗法组织，由一个男姓先祖的子孙团聚而成的家族，因其经济利益和文化心态的同构性，往往超越朝代，千百年来作为一种社会实体，代代传袭，成为社会机体的细胞群，王朝不可或缺的基层组织和赖以维系的支柱；由家族制度产生的族权，是仅次于政权的巨大权力系统，是束缚中国人民四条极大的绳索之一②。总之，由于氏族社会的解体完成得很不充分，因而以血缘家族为基础的宗法制度及其意识形态的残余大量积淀下来，诚如梁启超所说：

> 吾中国社会之组织，以家族为单位，不以个人为单位，所谓家齐而后国治是也。周代宗法之制，在今日其形式虽废，其精神犹存也。③

印度同样是在氏族制度解体很不充分的情况下跨入阶级社会的，但印度不像中国的汉人社会那样确立一种父系家长制的宗法制度，而是以农村公社取代氏族公社，进入初期阶级社会(吠陀时代)起，伴随着雅利安人的入侵及对土著的达罗毗荼人的奴役，形成种姓制度。

---

① 见《春秋公羊传·隐公元年》。
② 毛泽东在《湖南农民运动考察报告》中，将神权、政权、族权、夫权并列称之为"束缚中国人民特别是农民的四条极大的绳索"。
③ 梁启超：《新大陆游记节录》，《饮冰室合集》第7册。

婆罗门(僧侣)、刹帝利(武士)、吠舍(雅利安自由民)、首陀罗(由被征服的达罗毗荼人组成的贫民集团)四大种姓截然有别,每个种姓都有长老会议,有权裁判本种姓成员。不同种姓成员禁止通婚,前三个种姓与首陀罗之间尤其壁垒分明,首陀罗不得参加高级宗教仪式,生命也少有保障。这一制度沿袭三千余年,直至现代,印度仍有数以千万计"不可接触的贱民"。在古代欧洲,贵族、平民、奴隶之间的等级差异亦十分鲜明;中世纪更有三大等级的区别:僧侣、贵族、平民,贵族内部还有公、侯、伯、子、男的级差。

中国华夏系统虽然也有贵贱等级的划分,如《尚书·尧典》所对举的"百姓"与"黎民",又如《左传》不厌其详地罗列身份级别:

> 天有十日,人有十等。下所以事上,上所以共神也。故王臣公,公臣大夫,大夫臣士,士臣皂,皂臣舆,舆臣隶,隶臣僚,僚臣仆,仆臣台。①

但自战国以后,贵族阶级走下坡路,学术重心也自官府移于民间,社会失却了如古代印度和中世纪欧洲列国那样森严的等级制度,社会赖以运转的轴心,是宗法原则指导下确立的父子、君臣、夫妇等伦常—政治系统,正是在这一基础上,有些中国哲人力倡"人无贵贱,道在者尊"②。如果说,魏晋间的"九品中正制"一度造成"下品无高门,上品无寒门"的族第之风盛行,那么,隋唐以后的科举取士,则将仕进的大门朝一切有力量"进德修业"的人士敞开,唐太宗之类的帝王遂得意地发出"天下英雄,入吾彀中"的喟叹。从这一意义上可以说,中国的宗法社会较之印度和欧洲的封建社会,获得了更宽阔的统治基础。

宗法制度在汉民族中根深蒂固,不仅由于氏族社会解体不充分,

---

① 《左传·昭公七年》。

② 蔡邕,严可均校辑:《劝学篇》,《全上古三代秦汉三国六朝文》,中华书局1958年版,第900页。

还由于此后自然经济的强固有力，男耕女织的家庭无以崩解，进一步由家庭而家族，再集合为宗族，组成社会。每一家族都建立祠堂，供奉祖先牌位，形成家族中心；每一家族又续修家谱，以便把同一祖先的后裔联络起来；每一家族还拥有族田，作为维系家族活动的经济基础。在小农经济和家族制度的地基上，宗族关系便得以延传，从而达到"管摄天下人心，收宗族、厚风俗，使人不忘本"①的目的。这种社会结构给宗法思想的迁延、流衍提供了丰厚的土壤。战国时期，新兴封建主对宗法制度曾经有所冲击，但仅限于在政治领域里用"贵贵而尊官"原则取代旧贵族利用血缘关系所推行的"亲亲而爱私"原则②，至于以家庭为细胞的农业型自然经济和血缘宗族关系，则并未有所摇撼。因此，虽然在战国年间曾有"法后王"与"法先王"的论战，"尊法"与"亲亲"的冲突，但在整个宗法—专制时代，"尊先王"、"复三代"一直是占主导地位的意识，人们始终以宗法氏族社会传说中的圣人——尧舜为圣人，以宗法氏族社会实行的"井田制"为土地制度的极致，以宗法氏族社会的"大同世界"为社会关系的理想境界。严复在《社会通诠》一书的译序中，曾讲到这种情形：

> 由唐虞以迄于周，中间二千余年，皆封建之时代；而所谓宗法亦于此时最备。其圣人，宗法社会之圣人也；其制度典籍，宗法社会之制度典籍也。物穷则必变，商君、始皇帝、李斯起，而郡县封域，阡陌土田，燔诗书，坑儒士。其为法欲国主而外，无咫尺之势。此虽霸朝之事，侵夺民权，而迹其所为，非将转宗法之故，以为军国社会者欤。乃由秦以至于今，又二千余岁矣。君此土者不一家，其中之一治一乱常自若。独至于今，籀其政法，审其风俗，与其秀桀之民所言议思惟者，则犹然一宗法之民而

① 张载，章锡琛点校：《宗法》，《张载集》，中华书局1978年版，第258页。

② 《商君书·开塞》："上世亲亲而爱私，中世上贤而说仁，下世贵贵而尊官。"

已矣。

中国汉人聚居区的封建社会是宗法封建制。父亲在家庭君临一切,"家有严君焉,父母之谓也"①。君王则是全国民众的严父,"夫君者,民众父母也"②。总之,君、父并称,父是家之君,君是国之父,彼此互为表里;治国与齐家也相互为用,"治国必先齐其家者,其家不可教而能教人者,无之。故君子不出家而成教于国"③。君父一致,家国同构,宗法关系就这样渗透到政治生活的最高层及社会生活的最底层,各阶层的人们都在宗法关系的羁绊下行动,以至直到近代,国人皆"宗法之民"。

二、维系血缘纽带的伦理观念构成文化中心环节

宗法社会既然以血缘关系联络、束缚成员,表现在文化意识上,便格外注重对于在血缘关系制约下的种种习惯的维护和推行,由此而产生的伦理学说,就成为宗法社会首屈一指的文化门类。这一点中华元典有鲜明的表现。

伦理学的希腊语对应词为 ethika,出自 ethos,意为"习惯",它研究的对象是道德,而道德是以善与恶、正义与非正义、公正与偏私等原则来评价人们行为和调节人与人的关系的。伦理学的使命是解决生活中最实际的德行问题,而德行的原则不是学者所能独立建构的,而是人们在社会实践过程中约定俗成的,这些原则反映着许多世代大量的生活经验和习惯,伦理学者不过是把这些原则概括起来加以系统化。如前所述,氏族制在中国解体不充分,而氏族社会的特点是,人们的思想行为以千百年来形成的生活经验和习惯为准则,历来的习俗就把一切调整好了。在这些生活经验和习惯加工为法律之前,便已化育为伦理观念,左右着宗法社会下人的思想行为;当成文法出现以

---

① 《易·家人》。
② 贾谊:《新书·礼三本》,中华书局 1985 年版。
③ 《礼记·大学》。

后，"宗法之民"仍然乐于或者说更习惯于主要通过伦理观念支配自己，而让成文法退居幕后。商鞅、韩非等法家企图用"前刑而法"取代"先德而治"①，结果只见效一时而不能行之久远；宗法社会选择的文化主体，终究是元典的德治主义。"民，吾同胞；物，吾与也"②等一类充满血缘亲情的哲理，渗入汉民族心灵的深层。

在宗法血缘纽带较早解体的民族和国度，如希腊、罗马，更多地仰仗法律维系社会秩序，与之相随的是，主体与客体两分、心灵与物质对立的观念应运而起，人们的视野也不局限于伦常关系，转而探索大自然的奥秘和人类的思维规律，宇宙生成学和形而上学得以发展。在古希腊人那里，伦理哲学不过是整个学术文化中与其他门类并立的一端。如柏拉图所代表的古希腊哲学体系包括思辨哲学、自然哲学和精神哲学（又称道德哲学），以后，斯多葛派明确地把哲学分为逻辑学、物理学（即自然哲学）、伦理学（即精神哲学）。近代的黑格尔是在承袭这种三分法的基础上，建立起自己庞大的哲学体系的。总之，从希腊到近代西方，"求真"型的科学文化构成主潮。这种文化类型把宇宙论、认识论与道德论严加区分，分别作纵向研究，因而本体论、认识论得到独立发展，没有与道德论混为一谈。

古中国的情形却别具一格。中华元典阐扬人伦效法自然，自然又被人伦化，形成天人合一、主客混融的局面。自然界既然未被当作独立的认识对象同人伦相分离，因此，以外物为研究对象的学科遭受压抑，自然哲学也就不发达，思辨哲学也无以获得充分发育，而伦理学一枝独秀，其他一些学科门类往往以伦理为出发点和归结点。如政治观念大都是从伦理道德观念中引申而来的，三纲五常本是讲的伦常关系，后来被政治化、法律化，不忠不孝被视作"大逆不道"，可判极刑；全忠全孝，做道德完人，成为"最大的政治"。社会各阶层的人们都习惯于用道德准则评判政治，政事往往被归结为善恶之别、正邪之争、君子小人之辨，很少将政治问题置于知识论的基础上加以考察

①　见《商君书·开塞》。

②　张载：《正蒙·乾称篇第十七上》，《张载集》。

和评析。

以三纲五常为基本内容的伦理观念占据汉文化的中心位置,并构成选择异质文化的"过滤器"。在古代和中世纪,许多国度和民族以宗教作为撑持社会秩序的精神支柱,汉文化系统虽然容纳多种宗教,却避免了全社会的宗教化,原因之一是宗教精神难以通过纲常名教这个"过滤器"。大多数宗教都漠视世俗的人伦关系,如佛教教义主张无君无父,一不敬王者,二不拜父母,不受礼教道德的约束,"口不言先王之法言,身不服先王之法服,不知君臣之义、父子之情"①,而注重血亲关系的宗法制社会是不能容忍这一点的。某些中国本土宗教(如道教)和外来宗教的中国化教派(如佛教的禅宗)在尽孝、尽忠这伦理的两大端上作出让步,方获国人的理解,得到顺利的发展。总之,在汉族系统,曾经长期充当社会精神支柱的,是伦理道德学说,或称伦理世界观,它在某种程度上起着与欧洲中世纪神学世界观相类似的作用,成为一种"准宗教"。

与伦理中心主义直接相联系的,中国的"治道"特别注重道德化和身教的作用:

> 以身训人是之谓教,以身率人是之谓化。②

尊者、长者尤其要讲究以表率服人:

> 父不慈则子不孝,兄不友则弟不恭,夫不义则妇不顺。③

帝王在发生灾荒或社会动乱时,便下诏"罪己"。这类行径是氏族制遗风:领袖检讨工作,并进行道德上的自我批评,以求得氏族成员的

---

① 韩愈:《论佛骨表》,《韩昌黎集》卷七。
② 管同:《与朱干臣书》,《因寄轩文初集》卷六,《四部丛刊·集部·清别集》。
③ 见《颜氏家训·治家》。

谅解和支持。以后，国家建立，相继颁布无数成文法，但在宗法社会，道德的威力始终被看得比法律更为重要和有效，孔丘说的"道之以政，齐之以刑，民免而无耻，道之以德，齐之以礼，有耻且格"①，便点明此种"德治主义"的精义。中国的统治者往往主要是以伦理的训条，而不是单以法律精神治理国事；每一个个人首先考虑的也不是遵从国家的法制，而是如何在错综复杂的人际关系中履行伦理义务：臣对君尽忠，子对父尽孝，妇对夫尽顺，弟对兄尽悌；与此同时，君、父、夫、兄等尊者长者，对臣、子、妇、弟等卑者幼者也有特定的义务。这两者的配合，便构成宗法式社会的"和谐"。

总之，汉族作为一个颇富于义务感的民族，其社会意识主要不是靠宗教和法治支撑，而是依赖建立在宗法制度基础上的伦理观念加以维系。

高度重视伦理道德学说，不只是某一学派的信念，而且是整个中国汉文化系统的共同特征。儒家创始者孔丘极端注重伦理学说，是人所共知的，他以"仁"为"至德"，而把孝悌、忠信、礼、勇等都从属于仁的总原则之下。"仁"从人从二，讲的是如何处理人际关系。它以"亲亲"为出发点，推及到"尊尊"，认为"孝悌"是"仁"的根本，又由血亲之爱的"孝悌"生发开去，演为对尊贵者的忠诚，"其为人也孝悌，而好犯上者鲜矣！"②这样，"仁学"便成为宗法思想与国家观念的中介，实现了"亲亲有术"与"尊贤有等"的统一，因而在宗法时代受到特别的推崇。孟子又将孔子的道德学说加以条理化，提出"仁义礼智"、"孝悌忠信"、"父子有亲，君臣有义，夫妇有别，长幼有序，朋友有信"等道德条目，并进一步将"亲亲"与"尊贤"调和起来，正如思孟学派著的《中庸》所说：

　　　　敬其所尊，爱其所亲。

---

① 《论语·为政》。
② 《论语·学而》。

　　　　尊贤则不惑，亲亲则诸父昆弟不怨。①

这套原则为整个宗法时代所崇奉。
　　墨家面对"天下大乱"的时代，一力探究"乱源"，其结论是：

　　　　当察乱何自起？起不相爱。臣子之不孝君父，所谓乱
　　也。……若使天下兼相爱，国与国不相攻，家与家不相乱，盗贼
　　无有，君臣父子皆能孝慈，若此，则天下治。②

墨家的"兼爱"(无阶层差等的普遍爱)与儒家的"爱有差等"颇相径
庭，但在企图用劝导人们完善道德的办法来救世这一点上却很相近。
墨家虽然有比较发达的自然学说，但伦理学说仍然是其体系的核心
内容。
　　道家尖锐抨击儒墨两家宣扬的世俗道德观念，尤其是其中的君臣
父子之道，但道家自身也十分注重伦理的探讨。《老子》又名《道德
经》，其中所讲的道与德，除哲学本体意义外，还有伦理学意义：

　　　　以道莅天下，其鬼不神。③
　　　　天之道，利而不害；圣人之道，为而不争。④

句中的"道"，指人类活动的最高准则。

　　　　修之于身，其德乃真。⑤
　　　　常德乃足，复归于朴。⑥

---

①　《礼记·中庸》。
②　《墨子·兼爱上》。
③　《老子》第六十章。
④　《老子》第八十一章。
⑤　《老子》第五十四章。
⑥　《老子》第二十八章。

句中的"德"，指人的本性和品德。

老子反对仁义忠孝等礼教德目，倡导"贵柔"、"知足"、"不为天下先"、"不争"等道德信条。

庄子则追求"保身"、"全生"、"养亲"、"尽年"①。老庄思想表现了宗法社会注重个体修养和伦常关系的倾向，是伦常中心主义的另一种表现形态。

法家与儒家歧见迭出，但法家学说同样全神贯注于伦理问题的探求。如韩非曾提出"臣事君，子事父，妻事夫"为"天下之常道"的三纲思想，认为"三者顺则天下治，三者逆则天下乱"②；《管子》以"礼义廉耻"为民族的精神支柱（"四维"），认为：

四维不张，国乃灭亡。③

任何事务都可以弃而不顾，唯独干系"君臣之义，父子之亲，夫妇之别"的学问一刻也不能马虎，而要时时加以切磋。

由元典及诸先秦思想家构造起来的伦理学说，其历史土壤是宗法家长制，而它一经产生，便对中国民族精神产生巨大影响，魏晋玄学的"名教自然之辨"，宋明理学的"天理人欲之辨"，都是运用思辨去满足伦理需要的范例。直至明清之际，早期启蒙思想家也仍然恪守伦理中心主义，王夫之等对"人欲"的正当性加以肯定，但更为重视"人"对社会国家的伦理义务，认为只有在这个范畴内，"人欲"才具有合理性。

伦理中心主义还渗透到意识形态的各个分支中，如汉文学高度强调"教化功能"，将文学作为"载道"的工具；史学以"寓褒贬，别善恶"为宗旨；教育以德育压倒一切，智育成为德育的附庸；哲学

---

① 《庄子·养生主》。
② 《韩非子·忠孝》。
③ 《管子·牧民》。

则与伦理学相混合,孔孟的哲学更成为一种"伦理哲学",都是突出表现。

作为伦理型的汉文化,将人推尊到很高的地位,所谓"人为万物之灵","人与天地参","天有四时,地有其材,人有其智"①。把人与天地等量齐观,并列论之。因此,有的学者将欧洲中世纪神本主义的基督教文化称为"天学",将宣传"轮回"、"因果报应"的印度佛教文化称为"鬼学",将重视人伦道德的中国儒学称为"人学",这种概括不无道理。不过,汉文化系统的"重人"意识,并非尊重个人价值和个人的自由发展,而是将个体与类、将人与自然和社会交融互摄,强调人对宗族和国家的义务。因此,这是一种宗法集体主义的"人学",与近代勃兴的以个性解放为旗帜的人文主义属于不同范畴。

以元典的伦理中心主义为出发点,又生长出"贵义贱利"的价值观。所谓"正其谊(义)不谋其利,明其道不计其功"②,把统治阶级的最高利益推尊为"义"和"道",要求人们为之献身,却禁绝人们去谋求自身的"功"和"利",将动机和效果截然两分,只强调动机,不注重效果。与此同时,又派生出"德力分离"的观念,引导人们追求道德上的完善和道义上的胜利,漠视功利与生的特质——力,认为,"德之所在","义之所在",生死赴之,物质欲望与力的夸耀都被认为是不道德的、低贱的。这种文化氛围养育了士大夫脱离实际、空论仁义的陋习,成为与"经世致用"既相矛盾又相联系的另一传统。

中华元典时代延续下来的伦理中心主义,是以"忠君、孝亲"意识为主体的伦常主义,曾长期制约着中国人的思想方式和生活方式,直到近古,才有突破,如明代晚期泰州学派的何心隐便置君臣、父子、夫妇等伦理规范于不顾,所谓"人伦有五,公舍其四,而独置身

---

① 《汉书》卷五十六《董仲舒传》。
② 《汉书》卷五十六《董仲舒传》。

于师友贤圣之间"①。清明之际的顾炎武则主张区分天下人之"天下"
与一姓一朝之"国家"，并明确指出：

> 保国者，其君其臣肉食者谋之；保天下者，匹夫之贱，与有
> 责焉耳矣。②

黄宗羲、王夫之、唐甄等人也有类似见解。但这类具有初级启蒙
色彩的思想并未在社会普及开来，清代占统治地位的仍然是伦常中心
主义。直至五四新文化运动，才真正把辨析伦常中心主义的任务提上
日程。

第二节　觅治道　求经世

一、"经世"与"入世"

与伦理中心主义紧密相连的，是经世主义。这一联系性在中华元
典中表现得十分清晰。

经世，亦即治世。这里的"经"字，从糸从巠，巠义为"绷直"、
"笔直"、"僵直"。"糸"与"巠"联合起来的"经"表示"绷直的丝线"，
是纺织的纵线，与横线"纬"交织成纺织品。引伸为经营、治理。先
秦典籍中往往与"纶"字并用，含有"匡济"之意，《周易》说："君子
以经纶。"③《周易正义》释曰："经谓经纬，纶谓纲纶。"《中庸》说：
"惟天下至诚，为能经纶天下之大经。"朱熹注："经者，理其绪而分
之；纶者，比其类而合之。"④"经世"并用，则首见于《庄子》：

---

① 李贽：《何心隐论》，《焚书》卷三，中华书局 1961 年版。
② 顾炎武：《正始》，《日知录》卷十三。
③ 《易·屯》。
④ 朱熹：《四书集注·中庸章句》。

　　春秋经世，先王之志，圣人议而不辩。①

　　秦汉以后，更常见经世、经术(经世之术)、经实(经世之实用)、经济(经世济民)等用语。它们大体都是指一种与消极遁世相悖的价值取向，其精义在于引导人们经邦治国，建功立业。

　　"经世"的前提是"入世"。而积极入世恰恰是儒家主导的中国文化的一种基本倾向。这种入世文化不着意构筑彼岸世界和灵魂永生的幻象，却教导人们在此岸世界"学做圣贤"，"立德、立功、立言"，达到人生"三不朽"境界。正是由于这种风尚的弘扬和普及，使中国得以避免全民族的宗教迷狂，造就出一种非宗教的、以人伦纲常为中心的文化，与西亚、欧洲、南亚次大陆的民族和国度在古代和中世纪长期被宗教神学所主宰相区别。

　　"经世致用"是伦理—政治型的中国文化的一种传统精神。这种经世精神由元典确立，又播及诸子，延及后代。

　　当然，经世意识的强弱显隐程度，在不同学派间又有差异。中国学术很早便有"内圣"与"外王"两条发展路径。强调内圣之学的派别(如先秦的思孟学派，宋明的理学)虽未放弃经邦治国的目标，但经世意识愈益为个体修养及宇宙本体研究所掩没；而强调外王之学的派别(如先秦的荀况，南宋的事功派)则以"隆礼"为职志，致力于"修实政"、"施实德"，高扬"经世致用"旗帜。同时，经世意识的强弱显隐程度还直接受到历史条件的左右。一般而言，社会生活平稳，文化专制强有力，经世观念往往作为一种"潜质"埋藏在士人古色古香的学术外壳内，隐而不彰；到了社会危机四伏的关口，国家民族面对纷至沓来的内部的或外部的挑战，文化专制有所松动，士人的忧患意识觉醒，其学术也在现实生活的冲撞、磨砺下，沿着经世方向发展。

　　经世观念的确立，始于元典时代。如果说，殷商时期政教合一，治道与巫术未分，那么，晚周思想家的一项重要工作是把政治从宗教中离析出来，使其还原成现实的治理之道。春秋战国之际的人们曾这

---

　　① 《庄子·齐物论》。

样描述政治：

> 政，不可不慎也。务三而已：一曰择人，二曰因民，三曰从时。①

政治已经不再突出"礼神"，而关注"治民"。中华元典作为"尊礼"、"近人"的周文化的体现，将殷周以降的天命鬼神观念虚置起来，不予深论，其实也就是淡化"礼神"而强化"经世"。

古代的知识阶层——"君子"，其职业大略有三类：

其一是司天文。战国时的阴阳家大抵由此类职业者演变而来。②

其二是司宗教事务。"夫人作享，家为巫史。"③在商周，沟通神人的巫、史、祝、卜是当时文化的主要执掌者。

其三是人君的政治辅佐者。这类佐理政务的人物，《尚书》称作"谋人"。

《汉书·艺文志》认为："儒家者流，盖出于司徒之官，助人君顺阴阳，明教化也。"先秦诸子是否分别源于某一王官，儒家是否由掌管国家土地人民、官司籍田、负责征发徒役的"司徒之官"演化而来，一向聚讼未决，但儒家显然已与宗教职业者和专司天文者相分离，从而区别于"出于清庙之守"的墨家，"出于史官"的道家，"出于羲和之官"的阴阳家；同时，又由于儒家与负有"教化"之责的祭师阶层有承袭关系，所以儒家除"助人君"的一面之外，还有"道与艺合，兼备师儒"④的功能，从而区别于虽然佐理人君，却"无教化，去仁爱，专任刑法"的"理官"出身的法家。⑤ 所以，儒家完整地体现中华元典的"伦理—政治"型特征。

---

① 《左传·昭公七年》。

② 《汉书·艺文志》："阴阳家者流，盖出于羲和之官，敬顺昊天，历象日月星辰，敬授民时。"

③ 见《国语·楚语》。

④ 阮元：《揅经室文集·国史儒林传序》，清道光阮元本影印本。

⑤ 见《汉书·艺文志》。

中华元典"入世—经世"价值取向的确立,还与先秦历史背景相关。《汉书·艺文志》指出,发展元典的"诸子十家,其可观者,九家而已。皆起于王道既微,诸侯力政,时君世主好恶殊方,是以九家之术蜂出并作,各引一端,崇其所善,以此驰说,取合诸侯"。这里有两点值得注意:

第一,先秦诸子产生在"王道既微,诸侯力政"的春秋战国时代,各学派均由剧烈的政治斗争所诱发、所左右;

第二,诸子"蜂出并作",顺应着"好恶殊方"的"时君世主"的需要,诸子百家都纷纷以自己的一端之说"取合诸侯",足见其政治依附性之强。而当时各个诸侯国,各个政治派别,都面对着生死攸关的军事政治斗争形势,容不得依附于自己的士人们去一味从事高远的玄思,进行从容不迫的纯学术研究。

总之,时代对各个学派提出的要求是拿出应世的方略,而不是一般意义上的玄妙理论。这就使得先秦诸子大都自觉不自觉地选择了"入世—经世"的价值取向,正如黄宗羲所说:

> 古者儒墨诸家,其所著书,大者以治天下,小者以为民用,盖未有空言无事实者也。[1]

就连形似逍遥、超然世外的老庄,"齐物"是为了"齐人",骨子里也琢磨着何以"应帝王"。这种特定的社会背景使历史学、伦理学、政治学等直接探讨社会治理问题的学科,在先秦首先得到发展。六经之名得于后世,而其内容却出现得很早,"孔子之未生,天下有六经久矣"[2]。六经所涉及的学科主要是历史学、伦理学、政治学,所谓"《诗》以道志,《书》以道事,《礼》以道行,《乐》以道和,《易》以道

---

[1] 黄宗羲:《今水经序》,《黄宗羲全集》第 2 册,浙江古籍出版社 1986 年版。

[2] 龚自珍:《定庵文集补编·六经正名》。

阴阳，《春秋》以道名分"①。一言以蔽之，"六经"皆经世致用之学，孔子要弟子研读六经，也不是为着造就徒托空论的学究，他明确告诫弟子：

> 诵诗三百，授之以政，不达；使于四方，不能专对；虽多，亦奚以为？②

清人方苞领悟"夫子之义"说：

> 古之所谓学者将明诸心以尽在物之理而济世用，无济于用者则不学也。③

"通经致用"，"六经治世"，成为中国古学之惯常。通经者方可以取仕，朝廷的诏令、群臣的奏议，也无不以六经为准绳和依据。清人章学诚指出：

> 六经皆史也。
> 六经皆先王之政典也。
> 六经皆先王得位行道，经纬世宙之迹，而非托于空言。④
> 夫子之述《六经》，皆取先王典章，未尝离事而著理。⑤

揭示了元典的经世主义特征。

晚周儒者虽然经世心切，却很不行时。司马谈、司马迁父子对儒

---

① 《庄子·天下》。
② 《论语·子路》。
③ 方苞：《传信录序》，（明）刘宗周撰《四库全书·集部别集类》。
④ 章学诚：《文史通义·易教上》。
⑤ 章学诚：《文史通义·经解中》。

者的评论是"博而寡要，劳而少功"①，"迂远而阔于事情"②。然而，儒者却十分自负，孔子对自己的治世能力便有极高估价，他曾宣称："苟有用我者，期月而已可也，三年有成。"③也即一个月初见成效，三年大见成效。这种预测，在"礼崩乐坏"的周季显然是不切实际的。孔子本人的政绩记录是：

> 斥乎齐，逐乎宋、卫，困于陈、蔡之间……累累若丧家之狗。④

然而，儒家"入世—经世"的信念并没有因政治上的不得志和同时代人的不理解而有所动摇。

儒者的"入世—经世"思想行径，在当时曾遭到主张遁世的隐者的嘲笑。如荷蓧丈人斥责孔门师徒"四体不勤，五谷不分"⑤；石门的看门人（晨门）称孔子是"知其不可而为之者"⑥；楚国狂人接舆唱着凤歌，劝孔子不要继续徒劳于政事了，因为"今之从政者殆而"⑦；躬耕隐居的长沮、桀溺更要孔门师徒追随他们一同逃避乱世⑧。在言极简约、惜字如金的《论语》中，竟有五六处记载隐者批评儒者经世的地方，有些段落还特别长，足见与隐者的交往、论难，被孔门所注重。这正是春秋间隐者遍布国中，遁世思想影响不可小视的社会状况的反映，而儒家的"入世—经世"观念正是在与"遁世"思潮论辩中得以阐扬的。

本来，孔子对于乱世中的隐者常常抱有同情，他曾把避世的人们

---

① 《史记·论六家之要指》。
② 《史记·孟子荀卿列传》。
③ 《论语·子路》。
④ 《史记·孔子世家》。
⑤ 《论语·微子》。
⑥ 《论语·宪问》。
⑦ 《论语·微子》。
⑧ 《论语·微子》。

称作"贤者"①，并特别夸赞伯夷、叔齐这些"逸民"，"不降其志，不辱其身"②，这与他"天下有道则见，无道则隐"③，"邦有道则仕，邦无道则可卷而怀之"④的处世哲学相通。而且，在整个儒学体系中，"仕"与"隐"始终是互为补充的两个侧面。不过"出仕"毕竟是儒学的主流，"归隐"仅仅是辅助，儒者归隐也往往"心存魏阙"，所谓"居庙堂之高，则忧其民；处江湖之远，则忧其君"⑤。就孔子言之，他虽然在遇挫时，偶有逃世之论⑥，但他的基本旨趣却是反对逃世的。他在听罢子路转述长沮、桀溺的避世说之后，很失望地讲："鸟兽不可与同群，吾非斯人之徒而谁与？天下有道，丘不与易也。"⑦表明自己不愿像隐者那样消融于自然之中，与鸟兽为伍，他认定自己只能与人共事，积极参与世务。

孔门的另一高足子夏指出：

仕而优则学，学而优则仕。⑧

把"学"与"行"，"学"与"仕"看作互为表里的、二而一的事情。《说文·人部》在解释"仕"义时，明确指出："仕，学也。"章太炎也说："言仕者又与学同。"⑨总之，儒家承袭元典道、学、治三者贯通一气的古风。清人程晋芳说：

---

① 《论语·宪问》："贤者辟(避)世，其次辟地，其次辟色，其次辟言。"
② 《论语·微子》。
③ 《论语·泰伯》。
④ 《论语·卫灵公》。
⑤ 范仲淹：《岳阳楼记》。
⑥ 如《论语·公冶长》载："子曰：'道不行，乘桴浮于海，从我者其由与。'"
⑦ 《论语·微子》。
⑧ 《论语·子张》。
⑨ 章太炎：《检论·订孔》。

夫古人为学，皆以自治其身心而以应天下国家之事，故处则为大儒，出则为大臣，未有剖事与心为二，剖学与行为二者也。①

龚自珍则将这种风格概括为：

自周而上，一代之治，即一代之学也。一代之学，皆一代王者开之也。……道也，学也，治也。则一而已矣。②

这种"古无经术治术之分"③的仕学合一传统，正是儒学"入世—经世"风格的体现。"入世—经世"之风成为中国士子的主旋律，其优点和缺点都与此相联系，在某种意义上可以说：只有抓住"入世—经世"这一线索，才把握了中华元典的精义，把握了"伦理—政治"型的中国文化的真精神。

二、元典经世的两走向："内圣"与"外王"

中华元典平实的入世精神，执著的经世致用价值取向，在漫长的矛盾运动历程中，虽有淡化之时，变形之象，却始终延绵不绝，于起伏跌宕之中一以贯之。不过，在元典时代，特别是在元典后时代，经世主义出现两个相歧异的走向，这是中国文化史上至关紧要的问题。

中华元典的"伦理—政治"型学说体系，包括内在的人的主观伦理修养论和外在的客观的政治论这样两个彼此联系着的组成部分，前者被儒家发展为"仁学"或"内圣之学"；后者被儒家发展为"礼学"或"外王之学"。在孔子那里，这两个侧面还浑然统一在一个体系之内，他主张"学人事"的"下学"与"达天命"的"上达"彼此系于一线，"下

①　《正学论三》，贺长龄、魏源辑：《皇朝经世文编》卷一，学术二，上海百宋斋 1891 年版。

②　见《龚自珍全集·乙丙之际箸议第六》，第 4 页。

③　王昶：《经义制事异同论》，《皇朝经世文编》卷一。

学而上达"，不应相互割裂。①

　　孔子还主张，修己与安人、修己与安百姓相贯通②；他认为最理想的境界是舜帝那样，"恭己正南面"③。然而，孔子之后，下学与上达，修己与治平两个侧面发生离异。造成这种离异的原因，是战国以降"天下大乱，贤圣不明，道德不一"④，出现"内圣外王之道而不明，郁而不发；天下之人，各为其所欲焉，以自为方"⑤的局面。这种"道术将为天下裂"⑥的趋势，不仅造成统一的元典精神分化为诸子林立的局面，而且在同一学派内部也流别横生。就儒家而言主要分化出孟轲、荀况两派。前者侧重发展儒学原教中的"内圣之学"，后者侧重发展儒学原教中的"外王之学"。当然，孟荀两派都分别追求着某种程度的内圣与外王的统一，不过其侧重面有所歧异。

　　孟轲的思想大约是从曾参、子思这条线索衍传下来的。他平生"治儒术之道，通五经，尤长于《诗》、《书》"⑦，并与孔子的"入世—经世"风格一脉相通。面对"世衰道微，邪说暴行有作"⑧的战国之时，孟轲有着强烈的治世雄心，他宣称："如欲平治天下，当今之世，舍我其谁也？"⑨孟轲"平治天下"的方策，要义在于通过"正人心"来达到"息邪说，距诐行，放淫辞"⑩的目的。因此，孟轲对于元典经世学说的一个侧面——外在的"礼学"并不重视。他声明："诸侯

---

　　①　《论语·宪问》："子曰：'不怨天，不尤人，下学而上达。知我者其天乎！'"皇侃《义疏》："下学，学人事；上达，达天命。"

　　②　《论语·宪问》："子路问君子，子曰：'修己以敬。'曰：'如斯而已乎？'曰：'修己以安人。'曰：'如斯而已乎？'曰：'修己以安百姓。'"

　　③　《论语·卫灵公》："无为而治者其舜也与？夫何为哉？恭己正南面而已矣。"

　　④　《庄子·天下》。

　　⑤　《庄子·天下》。

　　⑥　《庄子·天下》。

　　⑦　赵岐：《孟子题辞》。

　　⑧　《孟子·滕文公下》。

　　⑨　《孟子·公孙丑下》。

　　⑩　《孟子·滕文公下》。

之礼，吾未之学也。"①对于孔丘颇为称道的齐桓公、晋文公、管仲这些事功显赫的霸主和权臣，孟轲十分反感，并公开声言，"仲尼之徒，无道桓、文之事者"②。这便显示出孟轲有意贬抑"外王"倾向，而着力发挥经世学说的另一侧面——内在的"仁学"，并把仁学引申到政治领域，提出仁义礼智内求说：

> 仁义礼智，非由外铄我也，我固有之也……故曰："求则得之，舍则失之"。③

认为人只要把内心固有的仁义礼智这"四端"挖掘出来，便"足以保四海"④。

这也就是所谓"仁政"。根据这一理论，孟轲设计的经世路线是由内而外、由己而天下：

> 人有恒言，皆曰："天下国家"。天下之本在国，国之本在家，家之本在身。⑤

思孟学派的代表作《大学》，对这一经世方案作了更具体的阐述：

> 古之欲明明德于天下者，先治其国。欲治其国者，先齐其家。欲齐其家者，先修其身……自天子以至于庶人，壹者皆以修身为本。

思孟学派这种以个人修养为出发点以达到治国平天下的经世方略，既

---

① 《孟子·滕文公下》。
② 《孟子·梁惠王上》。
③ 《孟子·告子上》。
④ 《孟子·公孙丑下》。
⑤ 《孟子·离娄上》。

要推行于普通人之中，又尤其是替人君国主设计的。孟轲认为，"不以仁政，不能平治天下"，而实施仁政的关键在于由仁人充任国君，仁人为君便有仁政，进而国家治、天下平——

> 君仁莫不仁，君义莫不义，君心莫不正，一正君而国定矣。①

儒学另一倾向的代表荀况则以"礼"学为出发点，他说：

> 礼有三本：天地者，生之本也；先祖者，类之本也；君师者，治之本也。无天地恶生？无先祖恶出？无君师恶治？三者偏亡焉，无安人。故礼，上事天，下事地，尊先祖而隆君师。是礼之三本也。②

礼是建立外在事功的前提，正如清儒所称，"古圣王经世之道，莫切于礼"③。荀子之学用力于研讨制度性"礼"的完善，以实现对外部世界的征服：

> 物畜而制之。
> 制天命而用之。④

侧重于内圣或用力于外王，是孟荀经世路径的分野所在。荀况强调人的社会性，即"群性"⑤，而社会性的人群组合起来便不能单靠人的善意，这里需要的是建立秩序，即需要有所区别（"分"与

---

① 《孟子·离娄上》。
② 《荀子·礼论》。
③ 纪昀：《四库全书总目·经部·礼说提要》。
④ 《荀子·天论》。
⑤ 《荀子·君道》："道者，何也？曰：君之所道也，君者何也？曰：能群也。"

"辨")，以及对这种区别的信守("义")。而将社会中的"分"和"辨"加以条理化、制度化，就是所谓"礼"。

荀况的经世学说，其中心内容就在于对"礼"的阐述。荀况认为，礼的起源不在人的先天灵性，而发端于人的物质要求，也即发端于人的欲望以及对于欲望的制约：

> 礼起于何也? 曰：人生而有欲，欲而不得，则不能无求，求而无度量分界，则不能不争。争则乱，乱则穷。先王恶其乱也，故制礼义以分之，以养人之欲，给人之求。使欲必不穷乎物，物必不屈于欲，两者相持而长，是礼之所起也。①

荀况论及礼的功能，主要申述其政治治理作用：

> 人无礼则不生，事无礼则不成，国家无礼则不宁。②
> 规矩者方圆之至，礼者人道之极也。③

荀况对元典的解释，也从外在的事功着眼：

> 故《书》者，政事之纪也;《诗》者，中声之所止也;《礼》者，法之大分，类之纲纪也。④

这实际上已开后世"六经皆史"、"六经皆先王之政典"等说法之先河。而且，对于诸经，荀况特别突出《礼》，强调读《礼》、隆《礼》的重要性。他所指示的为学路径是："始乎诵经，终乎读《礼》。"⑤

---

① 《荀子·礼论》。
② 《荀子·修身》。
③ 《荀子·礼论》。
④ 《荀子·劝学》。
⑤ 《荀子·劝学》。

荀况的理想境界，是一个在"礼"的规范下，秩序井然，上下等级分明，而又充满外在事功成就的世界：

> 一天下，财万物，长养人民，兼利天下，通达之属，莫不服从。①

这种"圣王之迹著矣"②的画面，实际就是大一统帝国的蓝图。关于这一蓝图，荀况有相当具体的设计。他首先谈到国君的重要：

> 故无分者，人之大害也；有分者，天下之本利也。而人君者，所以管分之枢要也。③

继之申述置相的必要："若夫论一相以兼率之，使臣下百吏莫不宿道乡方而务，是夫人主之职也。"④进而强调使民富裕乃国君的职责："故王者富民，霸者富士。"⑤又指出富民的途径在于节约开支和发展生产："足国之道，节用裕民，而善藏其余。……裕民则民富，民富则田肥以易，田肥以易则出实者百倍。"⑥总之，荀况从君主职能、官吏设置到经济政策，为新兴的大一统政治，提供了完备的切实可行的方案。而秦汉帝国的建立，正是荀况的"外王"经世方略的成功实践。

三、秦汉以后经世精神的复杂形态

有如上述，经世的两个走向其成败曲直似乎已被战国—秦汉间的社会实践所检验、所鉴别，历史似乎已经从这两个经世走向中作出了对"外王"的选择。然而，问题却远非如此简单。

---

① 《荀子·非十二子》。
② 《荀子·非十二子》。
③ 《荀子·富国》。
④ 《荀子·王霸》。
⑤ 《荀子·王制》。
⑥ 《荀子·富国》。

在"外王"路线指引下建立起来的大一统的专制帝国，赢得了显赫的文治武功，秦皇汉武们的威权和功业都超越前代。但是，大一统的专制帝国这个社会实体很快又被自身的矛盾所困扰，使得统治者和知识阶层（士人）都要对经世方略作新的调整。统治者发现，仅有外在的事功是不够的，也是不牢靠的，还需要按照某种特定模式塑造人们的灵魂，训练勤谨而又安分的百姓。希望有一种关于心灵修养的学说来维持人们内心的平衡，直至皇帝本人，通过"格君心之非"促使其"行善政"，即所谓"正心以正朝廷"。

在世界许多民族和国度的中世纪，涉及灵魂铸造和限制世俗君权的任务是由宗教和神学完成的。而在中国，宗教和神学虽然也发挥过相当作用，但铸造人们灵魂（其中包括教化君主）的使命主要落到儒学身上。思孟学派所发挥的"内圣"之学便重振旗鼓，遇时而兴，"修、齐、治、平"成为士人的生活信条，《大学》更被视作"君天下者之律令格例也。本之则必治，违之则必乱"①。荀况的"外王"之学反倒退居幕后，尽管继续为统治阶级所实际运用，却不太为人所称道。从这一意义而言，思孟学派的"内圣"之学，在汉以后的两千年间起了"准宗教"的作用，并因而成为高踞庙堂的胜利者。

随着时代的推移，孟轲的地位愈益提高。汉代赵岐称孟轲为"亚圣"，唐代韩愈认定孟轲才是孔学衣钵的嫡传正宗，他提出"尧—舜—禹—文—武—周公—孔—孟"这样一个发展系统，并特别指出："轲之死，不得其传焉。"②韩愈虽然也推崇荀况，说"荀卿守正，大论是弘"，但毕竟是"大醇而小疵"③，因而被排斥在儒学正统之外；唯有孟轲，才是完美无缺的，所谓"孟氏醇乎醇者也"④。韩愈实际上已提出"道统"说。宋代理学家也大体作如是观，不过他们更从理论上阐扬"道统"，并发展孟轲的内圣之学，将其进一步与外王之学

---

① 真德秀：《大学衍义序》，《四库全书·子部·儒家类》。
② 韩愈：《原道》，《韩昌黎文集校注》。
③ 韩愈：《原道》，《韩昌黎文集校注》。
④ 韩愈：《读荀》，《韩昌黎文集校注》。

分离开来，对立起来。程颐说："圣人之学，若非子思、孟子，则几乎息矣。"①这既是对孟轲的推崇，也是对发展外王经世路线的荀学的抨击。理学家还明确提出内本外末，修身为始，治平为终的观点：

> 学莫大于知本末终始。致知格物，所谓本也，始也；治天下国家，所谓末也，终也。治天下国家，必本诸身。其身不正，而能治天下国家者，无之。②

这就把以"正心诚意"为内容的"修身"抬高，以至压倒并控制"治国平天下"，甚至认为只有"修身"才具有本体论意义，"治平"成为一个不需要实际探讨和具体努力的，自然而然可以达到的目标。

总之，秦汉以后，沿着孟荀指引的"内圣"和"外王"两个方向，儒学分道扬镳。近人康有为对此作了如下概括：

> 孔子之学，有义理，有经世。宋学本于《论语》，而《小戴》之《大学》、《中庸》及《孟子》佐之，朱子为之嫡嗣，凡宋明以来之学，皆其所统，宋元明及国朝学案，其众子孙也。多于义理者也。汉学则本于《春秋》之《公羊》、《穀梁》，而《小戴》之《王制》及《荀子》辅之，而以董仲舒为《公羊》嫡嗣，刘向为《穀梁》嫡嗣，凡汉学皆其所统，《史记》、两汉君臣政议，其支脉也，近于经世者也。③

康氏所论，大体勾勒出儒学的两大主潮，但需要订正和补充：

其一，所谓"义理"（即内圣）与"经世"（即外王）两种价值取向，其源头均应追溯到元典，而且并非只有义理一派本于《论语》。其实，

---

① 程颢、程颐著，王孝鱼点校：《河南程氏遗书》卷十七，《二程集》，中华书局 1981 年版。

② 《论学篇》，《河南程氏粹言》卷一。

③ 康有为：《长兴学记》，1892 年思阙斋翻刻版。

经世派的崇尚《论语》决不下于义理派。从荀况以至于宋代的叶适、陈亮，明清之际的顾炎武、黄宗羲、王夫之以至于清代中后期的龚自珍、魏源等力倡经世实学的学者，也都是以《论语》为其学术圭臬的，他们在力斥理学空疏之时，往往以《论语》的救世精神为指针。

其二，宋明理学虽然激烈批评荀学的外王路线，着重发展义理之学，但无论是程朱还是陆王，都并未抛弃儒学经世这一基本宗旨，因此，经世风格并非由"荀况—董仲舒"等经世派所完全垄断。如二程便一再申述儒学的经世致用传统：

> 穷经，将以致用也。……今世之号为穷经者，果能达于政事专对之间乎？则其所谓穷经者，章句之末耳，此学者之大患也。①

二程还反复指斥佛教的"无实"②，批评学禅者的"平居高谈性命"，于"世事""不晓"③。

宋学的另一支——邵雍的象数之学，以抽象虚玄的形态出现，但也在意"经世"，邵雍的主要著作标题便标明这一职志：《皇极经世》、《经世衍易图》。

至于朱熹，更特别强调内圣之学兼有"修身"和"治平"两方面的功能。他指出，思孟学派的代表作《中庸》"放之则弥六合，卷之则退藏于密，其味无穷，皆实学也"④。朱熹还发挥孔子"下学而上达"之义，认为应当在深研人事的"下学"方面多用气力，"上达"方有根基。他说：

> 圣贤教人，多说下学事，少说上达事。说下学功夫要多，也

---

① 《河南程氏遗书》卷四。
② 《河南程氏遗书》卷十三。
③ 《河南程氏遗书》卷十八。
④ 《中庸章句》。

好；但只理会下学，又局促了。须事事理会过来，也要知个贯通处。不去理会下学，只理会上达，即都无事可做，恐孤单枯燥。①

特别重视"内圣"功夫的心学大师陆九渊、王阳明同时亦以平治为己任，时人称王阳明"事功道德，卓绝海内"②；连反理学健将清人颜元也认为陆王"精神不损，临事尚为有用"③。可见，元典时代以后内圣与外王两翼的差别，并不在于要不要经世，而是如何经世——是通过"内圣"之径达到经世目的，还是直接着力于外在事功。至于理学末流，尤其是王学末流，则确乎有悖于经世宗旨，他们"平居高言性命，临事茫无措手者，彼徒求空虚之理，而于当世之事未尝亲历而明试之"④，这已经脱离了元典经世精神的轨道，流于空疏清谈一途。

其三，康有为论经世派，只到董仲舒及两汉议政家为止。事实上，与义理派相抗衡相补充的经世派，汉以后还有非常重要的发展，尤其是当义理派发展到宋明理学，与其相反相成的学派更列出堂堂之阵，与之论难。这是因为，程朱陆王虽然没有抛弃经世传统，但他们吸收了佛道二教注重宇宙论研究和个体修炼的特点，并与思孟学派的内圣之学相融会，这样，他们用力的重点已转移到宇宙本体的思考和个人修养的完善上来，在哲学和伦理学两方面超越前人，然而其拯救社会的热情已大大冷却。诚如章学诚所言："性命之学，易入虚无。"⑤故"性命之学"的发达显然是对中华元典固有的救世风格的淡化，也与两宋以降国家民族面临的严峻局势形成强烈反差，这样，与朱陆相抗衡，以南宋叶适、陈亮为代表的事功学派便应运而起。清人

---

① 朱熹著，王星贤点校：《朱子语类》，（宋）黎靖德编，中华书局1986年版。
② 张燧：《千百年眼》卷十二，《笔记小说大观·外集》。
③ 戴望：《颜氏学记》卷一，商务印书馆1933年版。
④ 陈仙鹤：《储功篇下》，《皇朝经世文编》卷一。
⑤ 见章学诚：《文史通义·朱陆》。

全祖望在《宋元学案》中对这种势态作了清楚的表达:

> 乾、淳之际,婺学最盛。东莱兄弟(吕祖谦、吕祖俭)以性命之学起,同甫(陈亮)以事功之学起,而说斋(唐仲文)则为经制之学。①

叶适、陈亮高举经世旗帜,一反朱陆以理气心性为中心的学术路线,却以政治、军事、经济等社会实际问题为出发点,决不讳言事功。叶适的批判锋芒,更不限于朱陆,他还指向思孟学派。叶适说:

> 曾子之学,以身为本,容色辞气之外,不暇问。于大道多遗略,未可谓至。……而子思作《中庸》……则高者极高,深者极深,非上世所传。……世以孟子传孔子,殆或庶几。然开德广,语治骤,处己过,涉世疏。学者趋新逐奇,忽亡本统,使道不完而有迹。②

这显然是对思孟内圣路线的非议,因而也就包蕴着对荀学外王路线的肯定和阐扬。

事功派在元明两朝并未得到发展,理学的朱陆两派则相继大盛天下,其内圣之学的片面性也愈益推向极致——"道问学"的程朱派日趋空疏,"尊德性"的陆王派更流于禅释,终于导致明末的"空论亡国",迷恋于心性之学的士人们"愧无半策匡时难,惟余一死报君恩"③。明清之际的顾炎武重新高举经世大旗,尖锐抨击心性之学:

> 窃叹夫百余年以来之为学者,往往言心言性,而茫乎不得其

---

① 黄宗羲撰,全祖望补修,陈金生、陈运华点校:《宋元学案·说斋学案》,中华书局1985年版。

② 《宋元学案·水心学案》。

③ 颜元撰,王星贤等点校:《存学篇》,《颜元集》,中华书局1987年版。

解也。……今之君子则不然，聚宾客门人之学者数十百人，"譬诸草木，区以别矣"，而一皆与之言心言性，舍多学而识，以求一贯之方，置四海之困穷不言，而终日讲危微精一之说……①

顾氏显然是从元典经世精神出发，批评理学的空寂。而他针对时弊，力主"明道救世"，提倡学人之为学"非利己而已也，有明道淑人之心，有拨乱反正之事，知天下之势之何流极而至于此，则思起而有以救之"②。与顾炎武同时的黄宗羲也提出"史学经世"的口号，他指出："夫二十一史所载，凡经世之业，无不备矣。"③王夫之亦认为史学的功用在于"述往以为来者师"，使"经世之大略"彰明昭著。④此外，王夫之论政为了资治；论风俗，富于警世作用；论财赋，意在追究治乱兴衰之源；论学术，主旨在寻找政治之迹。可见，提倡经世致用，成为明末清初的一种学风。

顾炎武的门人潘耒曾批评一般人误将顾氏之学仅仅看做考据之学，他说，顾氏"留心当世之故"，"抄节经世要务，一一讲求"，如果仅仅"以考据之精详，文辞之博辨，叹服而称述焉，则非先生所以著此书之意也"⑤。然而，清中叶乾嘉间的学界，恰恰只继承和发展顾氏的"考据之精"，抛弃顾氏"明道救世"的主旨，以致考据学极一时之盛，经世精神则隐而不彰，其原因如章太炎所说：

多忌，故歌诗文史楛；愚民，故经世先王之志衰。⑥

纠正清中叶这种沉溺于故纸堆的逃世学风的，是道光咸丰间的经

---

① 顾炎武撰，华忱之点校：《亭林文集·与友人论学书》，《顾亭林诗文集》，中华书局 1959 年版。

② 《亭林文集·与潘冶耕札》。

③ 黄宗羲：《南雷文定·补历代史表序》，中华书局 1983 年版。

④ 王夫之：《读通鉴论》卷六。

⑤ 顾炎武：《日知录序》。

⑥ 章太炎：《检论·清儒》。

世学者龚自珍和魏源。龚、魏等人面对鸦片战争前后的社会危机,一反当日学者专事考证的媚古之习,力倡"以经术为治术",留心社情政务,研讨本朝掌故之学,边疆及域外史地,为当时诸大政献计,谋求富强之策。龚、魏的学术,成为中国传统的经世之学走向睁眼看世界,救亡图存的近代新学的过渡形态和桥梁。

概而言之,以元典时代为开端,经世传统沿着"内圣"和"外王"两个方向朝前发展,二千余年间,此伏彼起,却不绝如缕。

由中华元典昭示的经世精神及其两个走向彼此间的冲突和交融,既是中国宗法—专制社会各种矛盾运动的反映,又铸造着中国宗法—专制社会政治、经济、文化以至于民族性格的内在精神。例如,中国人具有一种执著的对国家民族命运的忧患意识(所谓"天下兴亡,匹夫有责"),同时,又往往把道德的自我完善置于创造性的社会活动之上,这显然渗透着经世精神两个走向的影响。

中国士人似乎普遍怀抱经世之志,但其中高者以天下国家为己任,"先天下之忧而忧,后天下之乐而乐",为了挽救国家民族不惜抛头颅洒热血;低者则一味"求干禄"、"觅仕进",钻寻终南捷径,一旦成为"政要之官",则只"知车马、服饰、言词捷给而已,外此非所知也"[①]。中国士人的这高下两种思想行径均与经世传统有联系,都可以从元典中找到渊源。

经世精神在近代中国各种政治派别中也各有运用和发展。一方面,近代中国的革新者和革命派,无不保有经世、救世的激情,康有为的公车上书,谭嗣同的绝命诗,孙中山的一系列政论,邹容的《革命军》,陈天华的《警世钟》、《狮子吼》、《猛回头》,其间固然贯注了新的时代精神,同时又充溢着经世济民的古风。以戊戌变法和辛亥革命为代表的近代政治运动,从所承袭的文化思潮而言,固然与西学的刺激熏染大有干系,但同时也与贯穿于两千余年间的经世济民精神有着深刻的血肉联系。另一方面,晚清"中兴名臣",如曾国藩、胡林翼、左宗棠,也颇有励精图治的经世精神。曾国藩在姚鼐"义理、

[①]　龚自珍:《定庵文拾遗·明良论二》,《龚自珍全集》,第32页。

考据、词章"之外，加上"经济"一门，称"为学之术有四：曰义理，曰考据，曰词章，曰经济"，指出：

> 经济者，在孔门为政事之科。①

将经世致用之学提到重要地位。

从学术本身而论，中华元典开创的经世学风，在后世一直与经学联系在一起，保持着分工不细、学科分类未能获得充分发展的状态；又由于经世之学依附官方，士人经世的渠道主要引向"仕进"一途，这对古代及近现代的中国知识阶层以至广大民众的影响未可低估。理学虽然有意把哲学和伦理学从经学中离析出来，将思考宇宙本体的学者与治理政务的官吏区分开来，却由于抑制了实证科学的发展而陷入空疏；而事功派固然洋溢着救世热情，并有发展政治学、经济学、社会学、军事学、历史学等学科趋向，但同样由于没有获得实证科学的有力支持，而失之于笼统，他们在抨击心性之学与社会生活实际相脱节时，也只能沿袭"道、学、治"三位一体的古老传统，所谓"必内本于道德，而外足以经世"②。因此，事功派的经世实学中尽管包蕴着某些启蒙因子，但毕竟难以独立发展成近代新学。

---

① 《曾国藩全集·家书》，岳麓书社 1986 年版，第 3662 页。
② 汤斌撰，王廷灿辑：《汤子遗书·黄庭表集序》，《汤子遗书》卷三，清同治九年刊。

第八章　元典题旨(四)：
"重民"与"尊君"

　　如果说，中华元典的宇宙论是围绕"天人之辨"展开的，讨论宇宙生成、终极关怀也不离人文精神，那么，中华元典政治论的人文精神便更加浓郁充沛。中华元典关于国体和政体的论述，是从伦理哲学引申出来的，即由"亲亲"导向"尊尊"，由"孝亲"导向"忠君"，因而是一种"德治主义"的政治论。

　　就国体而言，东亚大陆出现国家后，经历了奴隶主专政、封建领主专政、地主专政等阶段，而其间封建领主专政向地主专政转变，发生在春秋战国，也即元典时代；就政体而言，中国先后出现过神权制、贵族制、君主制，而以君主制发展得最充分，历时也较长久(达二千年以上)，同时，此前的贵族制时期，已经包含着君主制的成分。因此，君权一直是中国政治论的中心问题。由这个中心问题进而展开"君民之辨"、"君臣之辨"，也即讨论统治者与被统治者的区别、联系和分工。中华元典在研讨这组关系问题时，阐发了"民本"和"尊君"这样两种相反而又相成的观念，它们共同奠定了中国古典政治学说的基石。

第一节　君民之辨的左翼——民本主义

　　中国古代政治论既以"君权"为本位，而君权又是在对民众实行统治的过程中体现出来的。君与民是对立的统一体，二者相与抗衡，又互为依存。中华元典正是从君民对立统一的视角讨论君民关系的，如《诗·大雅·泂酌》把指挥水利灌溉的君主尊之为"民之父母"；《书·

多方》则认定君主政治的要旨为受民、享民、治民。然而，当元典深论君民关系，其重心也发生偏移，向左翼发展，便成就了民本主义；向右翼发展，便成就了尊君主义，二者共同融会为"重民尊君"的政治论体系。

一、德治与民本

民本思潮有一个漫长的发展历程，它的源头可以追溯到作为元典时代的西周。

周代以前的殷商，是神权至上的时代，"殷人尊神，率民以事神"，一切"王事"都祈求于祖先神的保佑。民众在殷商是全然没有地位的，殷墟卜辞少见"民"字，多有"仆"、"妾"、"臣"、"众"等被凌辱者的字样。金文"民"字，作刺目形，像受刑之人，为奴隶之总称。作为会意字的民从尸从氏，"尸"意"身体不动弹"，引申为"不迁徙"。"氏"意"国族"、"族"。"尸"与"氏"合成的"民"表示"本地常住氏族"。

周人追论，殷商时代的王者，"残民奉天"、"残民尊神"。在殷贵族眼里，"仆"、"众"、"臣"是可以任意驱使、买卖以至屠戮的会讲话的牲畜，根本不具备独立的人格。盘庚迁殷时，对"大众"的训言，充满了"汝共作我畜民"、"我乃劓殄灭之"①一类威吓性的语汇。殷墟甲骨文的"仆"、"妾"等字皆有黥首的象形，"奴"、"役"皆从殳背，"奚"提其发，"羌"系其颈……这都表露了奴隶制社会的本质——奴隶主不仅占有一切生产资料（土地和工具），并且还占有人。而在当时，奴隶不仅不算是公民，而且不算是人。正因为奴隶连同自己的劳动一次而永远地卖给了自己的主人，所以殷王对臣民不担负任何义务，却拥有无限的权力，所谓"天子作民父母以为天下王"，"惟辟（君）作福，惟辟作威，惟辟玉食"②。通观甲骨卜辞也可发现，殷人尚无表示义务观的道德的表述，而仅有揣测统治者自身福祸吉凶的

---

① 《书·盘庚》。
② 《书·洪范》。

宗教意识，这便是王国维所说的"殷先王失德"。此种情形，直到西周方有所变更。

　　殷周交替的社会大动荡显示了民众的力量。殷周间的朝歌决战，因奴隶军倒戈，使"泱泱大国"的殷归于灭亡，不可一世的纣王终于焚身鹿台。这类惊心动魄的事实，使周初统治者意识到"小人难保"①，从而产生了"敬德保民"的新观念。"德"，金文德，形"直心"，意为直心的人，此句式中的"德"指统治者的权力和义务，是统治者克配天帝、受土受民的根据，失德便会失土失民。所以，要"保民"(即保持对民众的占有)就必须"敬德"。于是周的统治者十分讲究"德政"，"惟乃丕显考文王，克明德慎罚，不敢侮鳏寡，庸庸、祗祗、威威、显民。用肇造我区夏"②。这显然是对民众力量有所畏服，不在民众面前张牙舞爪。可见，西周确立的德治主义，其基础是"保民"，而保有对民众的占有的方法，是安定民生，进而取信于民。春秋战国之交以"从周"自命的孔丘师徒，对文武周公确立的德治主义有深切的领悟和精辟的发挥。孔丘说：

　　　　为政以德，譬如北辰，居其所，而众星共之。③

孔丘的弟子有若对鲁哀公解释德政，其精义在于：保证民众的生存权是保证君主统治权的前提：

　　　　百姓足，君孰与不足？百姓不足，君孰与足。④

　　德治主义的更深一层含义是，赢得民众的信任，也即征服民心。子贡问政，孔丘以"足食、足兵、民信"三者应之。子贡问，如果要

---

① 《书·康诰》。
② 《书·康诰》。
③ 《论语·为政》。
④ 《论语·颜渊》。

去其一，先去哪一项？孔丘答："去兵。"子贡又问，再去其一，去哪一项？孔丘答："去食。"并且强调指出：

　　　　自古皆有死，民无信不立。①

把道德（信）置于生死之上，认为失德（失信）就会失民，这是政治家最根本的失败，比丧失军力、粮草更为严重。

　　孔门师徒的上述言论，将民本思想与德治主义的内在关系揭示得十分清楚。而确立这种德治主义的周代，也就是确立民本思想的特定时期，周代也就成为伦理型（或曰德治型）的中华文化的奠基阶段。战国兵家吴起（？—前381）也深知此中三昧，当别人强调"山河之固"的军事价值时，吴起对曰："在德不在险。"②两千多年后的清朝康熙皇帝（1654—1722）在《古北口》诗中，凭吊长城说："形胜固难凭，在德不在险。"认为巩固国家，不在凭借山川险阻、城墙坚实，主要靠施行德政，凝结人心。

二、《书》、《诗》及老子、孔子③、墨子的民本思想

　　民本思想兴起于周代，成于其时的《尚书》、《诗经》透现民本思想的处所，数不在少。《尚书》载周武王的一个重要命题：

　　　　天视自我民视，天听自我民听。④

将"天意"归结为"民意"的昭示，这是一个巨大的思想飞跃，与殷统治者无视民众意愿，一味借"天意"肆行无忌的横暴态度大相径庭。然而，西周统治者这种"保民"观念又是在"祈天"的前提下萌动的，

---

① 　《论语·颜渊》。
② 　《史记·孙子吴起列传》。
③ 　老子与孔子孰先孰后，学术界颇有争议，笔者取"老先孔后说"。
④ 　《书·泰誓》。

所谓"不可不敬德……王其德之用,祈天永命"①。同时,我们在西周文献中也没有看到解放奴隶的记载,而买卖、赠与奴隶的事迹,则在周金文中随处可见(只需提一提人们熟知的《鼎铭》、《矢令簋铭》、《盂鼎铭》即可),这说明用奴、卖奴在西周的流行。

尽管西周还没有全面解放奴隶,但西周毕竟是人文色彩浓厚的朝代,奠定了重民思想的根基。在这一意义上,周文王以及他的两个儿子武王和周公,是民本主义的创始人,发展这种民本主义的儒家崇拜"文武周公",力主"从周",其缘故也正在此。

《尚书》还有一些传之久远的富于民本思想意味的名句:

> 民可近,不可下。民惟邦本,本固邦宁。②
> 元首明哉,股肱良哉,庶事康哉!……元首丛脞哉,股肱惰哉,万事堕哉!③

这都是强调国家(邦)和统治者(元首)的命运与民众紧密相连,有民众拥护,则统治稳固,否则便会堕毁。

春秋年间编辑成集的《诗》,也有力地显示了"民"的力量。《诗》中多有反映民众疾苦之作,发出民愤呼声。特别是国风中的《北门》、《伐檀》、《硕鼠》诸篇,高唤出劳苦大众的满腹怨愤,严厉警告滥用威权的统治者。这样的诗篇被采集,并被广为传播、援引,反映了春秋年间民众的呼声已被社会所注重。《诗》中还有这样的句式:

> 天生烝民,有物有则。民之秉彝,好是懿德。④

肯定"民"对规律的把握能力和趋向优良品德的天性,这应当说是从

---

① 《书·召诰》。
② 《书·五子之歌》。
③ 《书·益稷之谟》。
④ 《诗·大雅·烝民》。

智力论和道德论角度承认民众的价值。

上述观念领域的新动向，是社会存在发生变化的一种反映。随着铁器发明于春秋，普及于战国，生产力发展突飞猛进，劳动者开始从笨重的生产过程中得到一定程度的解放，并在经济生活与社会政治生活中日益显示决定性的力量。统治者认识到，民众的生产劳动提供了君国存在的物质基础：

> 夫民之大事在农，上帝之粢盛于是乎出，民之蕃庶于是乎生，事之供给于是乎在，和协辑睦于是乎兴，财用蕃殖于是乎始。①

民是君的财富渊薮，失民，君王便统治失据，这一道理已为统治阶层所认识。周景王铸大钱，以搜括民财，单襄公劝阻道：

> 绝民用以实王府，犹塞川原而为潢汙也，其竭也无日矣。若民离而财匮，灾至而备亡，王其若之何？②

楚灵王的臣子伍举也说过类似的话：

> 夫君国者，将民之与处，民实瘠矣，君安得肥？且夫私欲弘侈，则德义鲜少；德义不行，则迩者骚离而远者距违。③

总之，统治阶层认识到，民众的背向，决定着政权的存亡，所谓"民弃其上，不亡何待？"④尤其是奴隶暴动、国人起义，有如火山爆发，使一些强大的封国毁于一旦。《春秋》便多处记载"民变"、"民

---

① 《国语·周语上》。
② 《国语·周语下》。
③ 《国语·楚语上》。
④ 《左传·昭公二十三年》。

溃"的事实，其影响所及，深深震撼列国统治者，他们发现，"政之所兴，在顺民心；政之所废，在逆民心"①。因此，亲民、利民成为统治者的必修功课。楚王有犯吴的打算，子西谏阻说：

> 吴光新得国，而亲其民，视民如子，辛苦同之，将用之也。②

晋士芮在劝诫晋侯时也说：

> 夫民，让事、乐和、爱亲、哀丧，而后可用也。③

要想"用民"，必先从物质利益和情感交流上取悦于民。以至一些贵族为了换取臣民的忠心和效力，不惜解放奴隶身份，如范宣子焚丹书、取消斐豹奴籍的故事便是突出的一例。④ 又如赵简子与郑国作战前誓师说：

> 克敌者上大夫受县，下大夫受郡，士田十万，庶人工商遂，人臣隶圉免。⑤

赵简子除用论功行赏的办法鼓舞士大夫外，还以解脱枷锁的许诺激励庶民工商、人臣隶圉的战斗意志，其结果颇为奏效——"郑师大败"。可见，解除了人身依附的庶众能焕发出巨大的力量，而这力量恰恰被奴隶解放的赞助者——新兴地主所用。

民众的力量日益展现出来，并为新统治者所认识、所重视，他们开始注意倾听民众的呼声，在一定程度上满足民众的要求，并顺应民

----

① 《管子·牧民》。
② 《左传·昭公三十年》。
③ 《左传·庄公二十七年》。
④ 《左传·襄公二十三年》。
⑤ 《左传·哀公二年》。

众的某些意愿去改善政治。因为只有如此，统治者才能维持自己的统治。

晚周的这种社会大转变，在思想领域里的表现，便是民本思潮的全面崛起。

纵观中华元典及晚周诸典籍，我们可以发现，民本思想在春秋战国之际已形成一股声势浩大的潮流，诸子大都卷入。

老子思想的主流是自然主义，"法自然"①是老子的最高境界，老子在政治论方面又力主以民为本位。众所周知，老子有浓厚的愚民思想，认为"古之善为道者，非以明民，将以愚之。民以难治，以其知多"②。这种返古愚民的思想，是老子克服"文化悖论"的一种设计（详见本书第九章和结语）。与此同时，老子又是一位深切同情民众的哲人，他提出"爱民"的命题，主张以"无为"的办法"爱民治国"，并认为统治者应该以民众的意愿为自己的意愿——

　　圣人无常心，以百姓心为心。③

谴责"以百姓为刍狗"的做法是"不仁"，严厉警告统治者：

　　民不畏死，奈何以死惧之。④

揭露统治者的横征暴敛导致民众的饥困——

　　民之饥，以其上食税之多，是以饥。⑤

① 《老子》第二十五章："王法地，地法天，天法道，道法自然。"
② 《老子》第六十五章。
③ 《老子》第四十九章。
④ 《老子》第七十四章。
⑤ 《老子》第七十五章。

老子的出发点可能是复归质朴的上古,但上述言论确乎表明,这位深邃的哲人看到民众的苦难,也意识到民众的力量,并以为统治者万万不可撄其锋。他告诫世人:

> 知雄守雌,知白守黑,知荣守辱。(知其雄,守其雌……知其白,守其黑……知其荣,守其辱。)①
> 将欲废之,必固兴之;将欲夺之,必固与之。②

这已大不同于殷商时统治者可以任意处理民众的生杀予夺的情形。老子的上述思想,是一种退守谋略,这种谋略正表明民众这一实体已被认识和重视。

儒家扬弃老子的自然无为思想,从经世角度将民本主义发展得更为鲜明。孔子一方面主张保留愚民政策,认为"民可使由之,不可使知之"③,同时又发挥"爱民"思想,提出重要命题:

> 节用而爱人,使民以时。④
> 修己以安人……修己以安百姓。⑤

其意均在劝告统治者节制自己,给民众以休养生息的机会。其理想中的"圣人",是"博施于民而能济众"的仁者。孔门所倡导的"仁政"说,以"裕民"为前提,希望统治者"因民之所利而利之"⑥,不可一味中饱私囊,因为——

---

① 《老子》第二十八章。
② 《老子》第三十六章。
③ 《论语·泰伯》。
④ 《论语·学而》。
⑤ 《论语·宪问》。
⑥ 《论语·尧曰》。

> 百姓足，君孰与不足；百姓不足，君孰与足？①

这些都是孔门为治人者的长治久安而设想的精密的统治办法。它们反映了这样一个事实——统治者已不能无视民众的利益；只有对民众的剥削适时、适度，才能获得长久可靠的权益。这是对西周德治主义的发挥。

《论语》中还透露出这样一些消息：子路曾用"有民人焉，有社稷焉"来抵制学习周朝礼制②，可见"民间学问"对孔门弟子已有相当吸引力。又如樊迟请求"学稼"、"学圃"③，子贡"不受命而货殖焉"④，虽然孔子对此很不满意，但"小人之事"为青年一代所崇尚，却是难以阻挡的趋势。这些情形都生动地说明春秋年间民众及民众之学的上升。

论及原始儒家的民本思想，有一关键问题必须讨论：倡导"民本"的思想家的立足点。在周代文献中常见两个彼此区分的词汇："人"和"民"。熊十力(1885—1968)指出：

> 古代所谓"民"者，即指天下劳苦众庶而言。"人"字多指统治者。⑤

赵纪彬在《论语新探》中更详细阐发这一观点，认为截至春秋，"人"和"民"分别是统治者与被统治者的专称，《论语》中大体保留了这种分野。日人松本光雄也认为，西周至春秋初，中国社会结构基本单位是"邑"，支配者是"人"，被统治者是"民"。⑥

---

① 《论语·颜渊》。
② 《论语·先进》："子路曰：有民人焉，有社稷焉。何必读书，然后为学？"。
③ 《论语·子路》。
④ 《论语·先进》。
⑤ 熊十力：《原儒》，1956 年刊行本。
⑥ 松本光雄：《中国古代的邑与民、人之关系》。

据此说，可以得出如下结论：以"德治"为手段，以"保民"(保有对民众的所有权)为目标的民本思想，大体上是作为统治阶级的"人"的一种富于政治远见的思想，是着眼于"人"的万世基业的一种深谋远虑。孔丘所创立的原始儒家，代表着"人"(治民者)的根本利益，承认并关注"民"的生存权，力图使"人"和"民"都能实现"老者安之，朋友信之，少者怀之"①。而达到这种"上下相安"的和谐境界，最好的办法是"德治"——"道之以德，齐之以礼，有耻且格"②。孔丘确乎为"人"(治民者)构思了上乘的统治办法：

　　孔夫子曾经计划过出色的治国的方法，但那都是为了治民众者，即权势者设想的方法，为民众本身的，却一点也没有。③

而这种为"人"的长治久安所作设计，构成儒家民本主义的基旨。

至于代表"贱人"的墨家，则与儒家明显不同。墨家代表"农与工肆之人"④，揭示"民之三巨患"——"饥者不得食，寒者不得衣，劳者不得息"⑤，愤怒谴责"今王公大人"的腐化堕落，力主非乐、非命、节用、节葬。墨翟(约前468—前376)劝诱当政者向庶众开放政权，不搞贵族专政——

　　不党父兄，不偏富贵。⑥

希望统治者采取"役夫之道"，"与百姓均事业"、"共劳苦"，反映了民众对平等与公正的要求。

---

①　《论语·公冶长》。
②　《论语·为政》。
③　《且介亭杂文二集·在现代中国的孔夫子》，《鲁迅全集》第6卷，人民文学出版社1981年版，第318页。
④　《墨子·尚贤上》
⑤　《墨子·非乐》。
⑥　《墨子·尚贤中》。

墨翟的"民本"主张表现在，一反对儒家的差等之爱，力倡"兼爱"，中心思想是：

兼相爱，交相利。①

据《墨子引得》统计，《墨子》书中"爱"字250见，"利"字330见，这正是墨翟倡导"爱利万民，爱利百姓"②的表现，与墨学对立的孟子也称叹道：

墨子兼爱，摩顶放踵，利天下为之。③

二主"尚贤"，德义用人：

举义不辟贫贱，举义不辟亲疏。④

对"厚乎德行，辩乎言谈，博乎道术"⑤的贤能者，"举而上之，富而贵之，以为官长"⑥，反之对"不肖者，抑而废之，贫而贱之，以为徒役"⑦，倡导任人唯德唯贤，反对任人唯亲。

三主"天志"，而天的意志集中表现在：

兴天下之利，而除天下之害。⑧

---

① 《墨子·兼爱中》。
② 《墨子·兼爱中》。
③ 《孟子·尽心上》。
④ 《墨子·尚贤上》。
⑤ 《墨子·尚贤上》。
⑥ 《墨子·尚贤中》。
⑦ 《墨子·尚贤中》。
⑧ 《墨子·天志中》。

墨翟的"利"与"害"皆从劳动者出发，提出"赖其力者生，不赖其力者不生"①的命题，以"饥者得食，寒者得衣，劳者得息"为奋斗目标。

墨翟是从庶众产生出来的中国第一大哲人，其思想的优长与缺失，正反映了那一时代庶众的认识水平。墨学在战国年间影响巨大，"徒属弥众，弟子弥丰，充满天下"②，与儒学并称"世之显学"③。在墨子前后，战国年间下层民众登上政治舞台者屡见不鲜，如家奴出身的淳于髡、鄙家出身的子张、大盗出身的颜涿、大骇出身的子石、巨狡出身的素卢参，这些人都因某方面的特长而成为王公贵族的谋臣智士或武士侠客，受到优礼待遇。凡此种种，表明晚周"贱人"、"役夫"的声势已相当浩大。秦汉以后，墨学中绝，则与庶众被剥夺政治、文化权利的社会趋势互为因果。

最集中地反映晚周民本思想，并流播广远的作品，是《左传》和《孟子》。这两部著作秉承春秋以来的"重民"思想，并从新的生活环境中吸取丰富的营养，改造和发展这一思想，使其宗旨更为明确，实施办法更为具体，从而创立了比较系统而完备的民本主义政治学说。与《左传》并存的《春秋穀梁传》也提出"民为君之本也"④的命题，较之《尚书》的"民为邦本"更进一步，标志着民本主义挣脱"君本"的走向。

如果说老聃和孔丘是走下坡路的贵族中的有识之士，他们看到了民众是不可一味压制的，统治者应当认真研究"何为则民服"⑤，由此而产生"重民"思想，墨翟则呼唤出劳苦庶众的要求，那么，《左传》和《孟子》的作者则是新兴地主和自耕农的代言人，力倡确认民众在国家的基础地位，要求王侯们在经济及政治生活中给民众以应有的

---

① 《墨子·非乐上》。
② 《吕氏春秋·尊师》。
③ 《韩非子·显学》。
④ 《穀梁传·桓公十四年》。
⑤ 《论语·为政》。

权益。这些新观念的提出，当然不能单单归结为思想家个人的善意，其客观的生成机制在于：新的生产方式要求劳力者在生产中表现出某种主动性，并在社会结构中保持稳定守序，其前提是治人者对被治者提供生存空间和某种程度的尊重。晚周民本主义，正是此种诉求的发挥，而《左传》、《孟子》为其代表作品。

三、《左传》和《孟子》对民本的阐扬

《左传》和《孟子》的民本思想是一脉相通的。但二者又各有侧重，这与它们产生的时代特点密切相关。

《左传》成书于战国初年。据徐中舒先生考证，《左传》成书于公元前375年至前351年，可能是子夏的一传或再传弟子在魏国所作，反映了春秋战国之交的社会思潮。而此间正是由"重神"向"重民"转化的时代。《左传》作者站在时代潮流前列，提出"民"为"神之主"的崭新命题，这是向殷商以来神权至上的传统观念的挑战。

（一）民为神主

《左传》记载，随国国君自谓祭祀天神的牺牲丰厚，便可以取信于神，但随国贤臣季梁却不以为然。他说：

> 夫民，神之主也。是以圣王先成民，而后致力于神。①

明白无误地称"民"为"神之主"，统治者应当首先满足民众的意愿，实现"民和年丰"，才能得到"神降之福"。《左传》还征引周公的名言：

> 民之所欲，天必从之。②

此类论说虽然没有否定天神的存在，却将天意归结为民意，实际上是

---

① 《左传·桓公六年》。
② 《左传·襄公三十年》。

把神权驱逐到虚设的位置上,实际考察民欲(民意)。

《左传·僖公五年》亦有类似记载:晋侯欲借道虞国讨伐虢国,宫之奇谏止。虞公认为自己"享祀丰洁,神必据(依靠)我",宫之奇在反驳虞公时,提出"民不知,神不享矣。神所冯(凭)依,将在德矣",要求虞公把注意力从祈祷上天,改变为实行德政,以争取民众的支持。

《左传》还依据"民为神主"的思想,揭起反对人祭的旗帜。在宋襄公欲以人作祭祀的牺牲,宋国的执政大臣司马子鱼加以阻止。子鱼说:

> 祭祀以为人也,民,神之主也;用人,其谁飨之?①

司马子鱼批判盛行于殷周的人祭制度时的思想逻辑是——既然人是神之主,祭祀是为了人,那么,用人作牺牲,谁还会来享用呢?这正是民本主义的运思线路。

(二)远天近人

对于春秋年间的"重民"政治家,如邾文公、郑子产(? —前522)、齐晏婴(? —前500),《左传》以明显的赞赏态度记载其言行。邾文公曾说:"苟利于民,孤之利也……民既利矣,孤必与焉。"②郑卿子产(? —前522)的名论是:

> 天道远,人道迩。③

不赞成一味追求那个遥远不可捉摸的"天道",而主张更多地注重切近的"人道"。这在充满对"天""神"迷信的时代,是一种新颖而大胆的卓见。

---

① 《左传·僖公十九年》。
② 《左传·文公十三年》。
③ 《左传·昭公十八年》。

当齐王因彗星来临而惊惶，急忙要祝人祈祷时，齐卿晏婴（？—前500）却正告齐王：“君无违德，方国将至，何患于彗？”反之，如果违背了德政，“民将流亡，祝史之为，无能补也”①。

在子产、晏婴这些充满智慧的言论后面，除了可以看到科学知识的启迪外，还显示出民众力量已成为政治家考察的主要问题，而冥冥上苍的恩宠或惩罚，已淡出他们的视野。

《左传》的民本思想，重点放在摆脱“神”对“民”的桎梏和压制上（而“神”在这里实际上是“君”的一种神格代称），而产生于战国中期的《孟子》，则直截了当地在君民关系上强调“民”的作用和地位，从而将民本主义发挥到极致。

《孟子》阐述君民关系的言论很多，最重要的一条是：

> 孟子曰：“民为贵，社稷次之，君为轻。是故得乎丘民而为天子，得乎天子为诸侯，得乎诸侯为大夫。”②

这里提出“民为国本”的思想：社稷（政权）为民而立，君主之尊系于民和社稷的存亡，故有“民为贵，社稷次之，君为轻”的秩序排列。

有研究者认为，孟轲的“得乎丘民而为天子”，是把传统的尧舜时代天子民选制度加以理想化的产物。③ 此说有一定的道理。孔孟确乎把尧舜时代（即氏族民主时代）理想化，将其作为一种高悬的乌托邦，供人景仰。但孟轲“民贵君轻”的思想，更重要的却来自现实社会生活给予的教训——民众的拥戴与否，是当代以及数百年来夏、商、周三代兴衰治乱的主要因由。基于此种观察，孟轲指出，尧舜得天下，因得其民；桀纣失天下，因失其民：

---

① 《左传·昭公二十六年》。
② 《孟子·尽心下》。
③ 林志纯：《孔孟书中所反映的古代中国城市国家制度》，《历史研究》1980年第3期。

得天下有道，得其民斯得天下矣。

暴其民甚，则身弑国亡；不甚则身危国削，名之曰幽厉。①

正是桀、纣"身弑国亡"，幽、厉"身危国削"的历史教训，使孟轲产生"政得其民"的辉煌命题。故"得乎丘民而为天子"之说，并非倡导君主民选，而是以历史故实警示君主：得民拥护者可以得天下，失民拥护者便会失天下。这是战国时代政治经验的总结，当然，传说中尧舜时代的原始民主，也提供某种启示。

在"政得其民"的前提下，孟轲提出君王必须"爱民"、"利民"，而不可"虐民"、"残民"、"罔民"。这种思想，《左传》已有。晋国大夫师旷曾对晋悼公说："天之爱民甚矣，岂其使一人肆于民上，以从(纵)其淫而弃天地之性？必不然矣！"②晏婴也谴责君王"陵民"③，子产则指出，"众怒难犯，专欲难成"④。孟轲更警告统治者，不可做桀纣那样的"独夫民贼"。他说："一人衡行天下，武王耻之。"⑤当齐宣王(？—前301)询问诛桀纣是否合法时，孟轲答曰：

　　贼仁者谓之贼，贼义者谓之残，残贼之人，谓之一夫，闻诛一夫纣矣，未闻弑君也。⑥

根本不把桀纣一类残民的暴君看作君，而视为国人共诛之的独夫。

孟轲既有"政得其民"的指导思想，所以他认为君的地位并非神圣不可侵犯、凛然不可更动，不仅桀纣那样的民贼可以诛之讨之，而且那些"四境不治"的君也可以撤换⑦；君有大的过错，经过谏净，

① 《孟子·离娄上》。
② 《左传·襄公十四年》。
③ 《左传·襄公二十五年》。
④ 《左传·襄公十年》。
⑤ 《孟子·梁惠王下》。
⑥ 《孟子·梁惠王下》。
⑦ 见《孟子·梁惠王下》孟轲与齐宣王对话。

"反复之而不听，则易位"①。

当然，孟轲这种相当激烈的政治主张，并不准备在现实生活中立即实行。在孟轲看来，当时的列国诸侯多是"罔民"、"残民"的罪人，如果按他"政失其民"君则更换的原则，这些诸侯全应倒台。但孟轲明白这是不可能办到的，所以他只说"得乎丘民而为天子"，也即丘民拥戴与否只与天子的得位有关，至于诸侯、大夫地位的获得与"丘民"并无直接关系。他说："不仁而得国（诸侯国）者有之矣，不仁而得天下，未之有也。"②而战国年间周天子早已形同傀儡，在现实政治中起作用的是列国诸侯。孟轲的上述论证方法，显然是有意缓和自己的政治理想与现实生活的尖锐矛盾，把自己的理想抽象化，将其实现的时日推移到遥远的未来。但尽管如此，孟轲还是用"政得其民"、"失民将要失政"一类观点去说服和打动当时的执政诸侯们，这是他游说天下的主要任务之一。

孟轲对诸侯们反复论证的基本思想是，既然"政得其民"，那么统治者要想巩固自己的政权就必须争取民众，所谓"保民而王，莫之能御也"③。关于"保民而王"的具体办法，孟轲有一系列论述，要者有如下三方面。

第一，轻刑薄税，制民之产。

孟轲从统治者的长远利益着想，反对竭泽而渔、杀鸡取卵，主张蓄水养鱼、饲鸡取卵。他说：

> 不违农时，谷不可胜食也；数罟不入洿池，鱼鳖不可胜食也；斧斤以时入山林，材木不可胜用也。谷与鱼鳖不可胜食，材木不可胜用，是使民养生丧死无憾也，养生丧死无憾，王道之始也。④

---

① 《孟子·万章下》。
② 《孟子·尽心下》。
③ 《孟子·梁惠王上》。
④ 《孟子·梁惠王上》。

孟轲用生动的比喻,论证对民众的剥削必须适量。这是针对战国年间列国诸侯的过分剥削而发的拨乱反正倡议。

孟轲当然是拥护私有制之下的剥削的。但他认为,对民众的剥削应当限制在合理的范围之内,如果超出了限度,民众无法生存,就不可能实现简单再生产,更谈不上扩大再生产,这种超负荷压榨,究其根本是于统治者不利的,它会造成劳动力危机,出现"君之民老弱转乎沟壑,壮者散而之四方者,几千人矣"①。而一旦失去"劳力者",那些"食于人"的"治人者"②就会无以生存。正是出于这种考虑,孟子主张,"明君"应当制民之产,使老百姓"仰足以事父母、俯足以畜妻子,乐岁终身饱"③,建议统治者给民众以一定的土地及其他生产资料,保有"恒产"。民众有了"恒产",才能有"恒心",有了稳定地从事生产的积极性。

孟轲对于民众获得"恒产"后的情景作过一番描述:

> 五亩之宅,树之以桑,五十者可以衣帛矣。鸡豚狗彘之畜,无失其时,七十者可以食肉矣。百亩之田,勿夺其时,数口之家可以无饥矣。谨庠序之教,申之以孝悌之义,颁白者不负戴于道路矣。七十者衣帛食肉,黎民不饥不寒,然而不王者,未之有也。④

有些研究者以这段话证明孟子企图恢复氏族公社制,笔者以为,孟子其实是勾勒出一幅自耕农社会的理想化图景,奏出以宗法家庭为单位的自然经济的田园牧歌。

孟轲希望统治者"省刑罚,薄税敛","施仁政于民"⑤,如此生

---

① 《孟子·梁惠王下》。
② 《孟子·滕文公上》。
③ 《孟子·梁惠王上》。
④ 《孟子·梁惠王上》。
⑤ 《孟子·梁惠王上》。

活资料才能"不可胜用"、"不可胜食"①。反之，如果剥削过量，贫富悬殊太大，"庖有肥肉，厩有肥马，民有饥色，野有饿莩"，便是"率兽而食人"的做法②，必然要激起民众反抗，统治者则难免桀纣、幽厉的下场。

第二，倾听国人意见。

孟轲要求统治者注意倾听民众政见，如此方能用人得当、刑赏有度：

> 左右皆曰贤，未可也；诸大夫皆曰贤，未可也；国人皆曰贤，然后察之；见不可焉，然后去之。左右皆曰可杀，勿听；诸大夫皆曰可杀，勿听；国人皆曰可杀，然后察之，见可杀焉，然后杀之，故曰国人杀之也。如此然后可以为民父母。③

不偏信身边亲信及官吏，而以民众意见作为施政依据；大臣的进退选择，罪犯的生杀纵擒，都以国人舆论为定。这就带有提倡并重视民众议政的意味，与孔丘"天下有道，则庶人不议"④之论颇相差异，表明战国年间民众在政治生活领域里作用的提升。

孟轲的这一思想，可以追溯到《尚书》所言：

> "人无于水监，当于民监。"今惟殷坠厥命，我其可不大监抚于时。⑤
>
> （"人不要把水作镜子，而应把民众作镜子。"现在殷已丧失上天降给的大命，我怎敢不以殷亡的教训为鉴呢!）

---

① 《孟子·梁惠王上》。
② 《孟子·梁惠王上》。
③ 《孟子·梁惠王下》。
④ 《论语·季氏》。
⑤ 《书·酒诰》。

这是周初统治者总结殷灭的教训得出的结论。孟轲劝诫公卿们注意倾听国人呼声，其意与此略同。

当然，对孟轲"听政于国人"之议，也不可任意拔高。联系孟轲这段名言前面的一句话，便可看出孟夫子并未全然脱出传统观念的束缚。他说："国君进贤，如不得已，将使卑逾尊，疏逾戚，可不慎与!"①孟轲把"进贤"时启用卑者、疏者，视作"不得已"，并要国君特别慎重。他认为最好还是维持"尊尊"、"亲亲"的老办法。可见，在孟轲那里，"过去"还拖着"现在"；"死人"还拖着"活人"，旧有的等级和宗法观念还桎梏着新兴的民本思想。

第三，与民同乐。

孟轲以为，统治者要想"王天下"，还必须从情感上与民众相沟通，这便是"与民同乐"。他曾劝谏梁惠王，对于"台池鸟兽"之美、"钟鼓管龠"之音的欣赏，以及"田猎"等纵游的投入，都要"与民同乐"。只有"与民偕乐"，统治者的"乐"才有保障。②

在与齐宣王对话时，孟子进一步指出，君应当"乐民之乐"、"忧民之忧"③，切不可"独乐"。统治者"独乐"必然引起民众的怨愤——人民因"父子不相见，兄弟妻子离散"而"举疾首蹙頞"，便会起而反抗。所以，当齐宣王自称"寡人有疾"("好货"、"好色")时，孟轲答复道，"王如好货，与百姓同之"——使得"居者有积仓，行者有裹囊"；"王如好色，与百姓同之"——使得"内无怨女，外无旷夫"④，天下夫妻团聚。这便是——

　　　　乐以天下，忧以天下，然而不王者，未之有也。⑤

①　《孟子·梁惠王下》。
②　《孟子·梁惠王下》。
③　《孟子·梁惠王下》。
④　《孟子·梁惠王下》。
⑤　《孟子·梁惠王下》。

孟轲的"与民同乐",与其整个"民贵君轻"的思想一样,要点在于预防"贼民兴,丧无日"①的来临。提出"与民同乐",其鹄的在于使统治者"得民心"。其逻辑是——

"得其心"才能"得其民";"得其民"才能"得天下"②。"得民心"是君王的"得天下有道"③。

这种思想,《左传》已有载述:赵简子问史墨,鲁国的季氏僭越鲁君,却受到民众的拥护,是何缘故?史墨答道:

> 天生季氏,以贰鲁侯,为日久矣,民之服也,不亦宜乎?鲁君世纵其失,季氏世修其勤,民忘君矣……民不知君,何以得国!④

把民众的支持与否看作统治者能否"得国"的主要依凭。孟轲则进一步把民众的好恶看作君王施政的依据。齐国战胜燕国,齐宣王问应否收取燕国版图,孟子说:"燕民悦,则取之……燕民不悦,则勿取。"⑤把民众意愿作为决策取向的指示器。

然而,孟轲调和阶级矛盾的方案是难以实施的。一意"暴夺民衣食之财"以供自己挥霍,并图谋称霸天下的齐宣王等公卿王侯,不愿实行孟轲的学说,在他们眼里,孟轲不过是一个迂阔而多智的老夫子。同时,孟轲学说本身也充满无法解决的矛盾,他一方面宣扬民本主义,另一方面又强调"礼义",不许紊乱上下等级名分,一再宣告"君臣大义"不可违背。他还说:"为政不难,不得罪于巨室。"⑥在"巨室"(贵族宗室)的赫赫势焰面前失去"为民请命"的勇气。他还

---

① 《孟子·离娄上》。
② 《孟子·离娄上》。
③ 《孟子·离娄上》。
④ 《左传·昭公三十二年》。
⑤ 《孟子·梁惠王下》。
⑥ 《孟子·离娄上》。

说："位卑而言高，罪也。"①认为低贱的下民议论上位者主持的政务，是罪过。可见，孟轲的"民本"，并无民权、民治的含义，只是重视民众在社会生活中的基础作用，主张保障民众的生存权利和从事再生产的条件，以便维持社会的长治久安。

稍晚于孟轲的荀况也有类似思想，他说：

　　君者舟也，庶人者水也。水则载舟，水则覆舟。②

孟荀两家尽管多有歧见，但他们都发现民众的力量不可忽视。这种器重民众的力量和作用的见解，与殷商盛行数百年之久的神权思想针锋相对，为击破旧的精神枷锁起了"批判的武器"的作用。战国中期以降，列国的君主专制制度基本确立，民本思想开始与尊君论发生矛盾，又彼此交织、互为表里，分别在不同层面上为两千余年的皇权政治所用。汉、唐建国初年在开创"文景之治"、"贞观之治"的局面时，便记取了孟轲"轻刑薄税"、"制民之产"，荀况"载舟覆舟"一类训言。至于杜甫、白居易等现实主义作家在挥写揭露社会弊端的诗篇时，除了现实生活的启示外，晚周民本思想的影响也是显而易见的。在杜甫"朱门酒肉臭，路有冻死骨"的名句里，不是可以发现孟轲谴责"庖有肥肉，厩有肥马，民有饥色，野有饿莩"的余韵流风吗！

第二节　君民之辨的右翼——尊君主义

中华元典的"君民之辨"是以君主为本位的，其向左翼伸展而为民本主义，向右翼伸展则为尊君主义，二者共同构成君主政治的一体两翼。民本主义前已阐述，本节再议尊君主义。

---

① 《孟子·离娄上》。
② 《荀子·王制》。

一、元典所见之尊君论

(一)君·王·天子·予一人

"君",金文君,《说文解字》云:"君,尊也。从尹;发号,故从口。"①"尹"示治事,"口"示发布命令,合义为发号施令,治理国家。原指君主,又泛指拥有爵位和领土的各级统治者,《仪礼·丧服》称:"君,至尊也。"郑玄注:"天子、诸侯及卿大夫有地者皆曰君。"也为男子的敬称。

《左传》则从与"天"和"民"的相互关系中论"君":

君,天也。②
天生民而立之君,使司牧之,勿使失性。③

上例皆肯定君是天选的民之主。

"君"既为天选的据土临民者,故又含有社会组织者、领导者的意蕴。荀况曰:

君者何也?曰:"能群也。"能群也者何也?曰:"善生养人者也,善班治人者也,善显设人者也,善藩饰人者也。"④

与"君"近似的概念是"王"。荀况说:

令行于诸夏之国谓之王。⑤

---

① 《说文·口部》。
② 《左传·宣公四年》。
③ 《左传·襄公十四年》。
④ 《荀子·君道》。
⑤ 《荀子·正论》。

《战国策》说：

> 王，有天下也。①

《说文解字》称：

> 王，天下所归往也。②

董仲舒《春秋繁露》曰：

> 古之造文者，三画而连其中谓之王。三者，天、地、人也；而参通之者也。

认为"王"是贯通天、地、人而统治天下的人。

综上所述，君王有"天选"、"领有天下"、"贯通天地人"、"令行四方"等属性，其尊严、高贵在人间是无可比拟的，在宇宙间仅在"天"之下，故称"天子"。《礼记》追述西周制度及称号时说：

> 凡自称：天子曰"予一人"。③

《尚书》载殷王盘庚的言论：

> 勉出乃力，听予一人之作猷。④
> （你们要付出全力，叫我一人决断、指挥。）

---

① 《战国策·秦策》。
② 《说文·玉部》。
③ 《礼记·玉藻》。
④ 《书·盘庚》。

再向上追溯，殷墟甲骨卜辞中，王多自称"余一人"。这种"余一人"、"予一人"的自称，正显示了王把自己与其他人对立起来，高高在上，处于绝对尊长的地位。

(二)尊君主义

作为观念形态的尊君论，是君主专制制度这一社会存在的反映。而君主专制自殷周已初步确立。当然，殷商西周时是以宗法分封形态出现的君主专制，分封的诸侯们既享土又临民，对中央君主有较大的独立性，从而在一定程度上限制了中央君主的权力，而呈现一种分权状态。不过，殷周君王在人间的至高无上地位是确立无疑的。殷商时，王已与上帝(天帝)相对应，称"下帝"，不少殷王庙号加"帝"，如纣王之父，庙号"帝乙"。商王还声称是上帝后裔，所谓"天命玄鸟，降而生商"①。周边各族都要臣服商王，《诗经》说："昔有成汤，自彼氐羌，莫敢不来享，莫敢不来王。"②王可用上帝名义征伐四方，"古帝命武汤，正域彼四方"③。这都是以神权论证君王的至尊地位。

从"君—民"、"君—臣"关系而言，殷周时的君主已拥有权威。《书·盘庚》所记载的殷王盘庚对"众"、"民"发布的训词，便充满"以尊临卑"的告诫和威胁，活现出专制君主的尊严和权力。周代更强调天子对臣民和土地的领有权。

如果说，西周呈现天子一统天下的理想图景，那么，东周时诸侯分权，周天子尸位素餐，权力架空，而"君主"概念扩及到诸侯甚至卿大夫，"君尊臣卑"意识非但没有淡化，反而愈益强化、具体化。《左传》、《国语》一方面多有强调"重民"、"民本"的言论，同时也大量出现"尊君"之议，例如：

　　　　事君不贰是谓臣，好恶不易是谓君。君君臣臣，是谓

---

① 《诗·商颂·玄鸟》。
② 《诗·商颂·殷武》。"享"，为祭祀而贡献。
③ 《诗·商颂·玄鸟》。

明训。①

　　竭力致死，无有二心，以尽臣礼。②

　　成书于战国而多载春秋事迹的《左传》还提出君主专制主义的若干重要命题，例如——

　　国不堪贰。③

　　(君权应保持单一的、至高无上的地位，禁绝并行权力的存在。)

　　由君权单一至上出发，更竭力防范各种危及君权的势力发展。

　　并后、匹嫡、两政、耦国，乱之本也。④

　　内宠并后，外宠二政，嬖子配适(嫡)，大都耦国，乱之本也。⑤

　　君异于器，不可以二。器二不匮，君二多难。⑥

又例如——

　　本大而末小。⑦

　　(以君为本，臣为末。君的权力要大，臣的权力要小，不得造成尾大不掉的局面。)

---

①　《国语·晋语四》。
②　《左传·成公三年》。
③　《左传·隐公元年》。
④　《左传·桓公十八年》。
⑤　《左传·闵公二年》。
⑥　《左传·哀公六年》。
⑦　《左传·桓公二年》。

"本大而末小"的结果是君权稳固，"是以民服事上而下无觊觎。"①

再例如——

> 唯器与名，不可以假人。②

那位提出过"社稷无常奉，君臣无常位"这一民本主义命题的晋国的史墨，同时又认为"是以为君，慎器与名，不可以假人"③。建议君王万万不可将权力和反映权力的名分交给别人。

此外，《左传》还有"君命无贰"④，"臣无二心，天之制也"⑤等尊君论命题，要求臣"死君命"⑥，又提倡移孝为忠：

> 子之能仕，父教之忠，古之制也。⑦

综上所述，在民本主义发育的元典时代，尊君主义也在一并生长，甚至在同一部典籍、同一个思想家那里，这两大主义取"共生状态"。究其原因，这两种思想体系其实是从一个母体生发出来的——它们都是农业宗法专制社会的派生物。这种社会既需要民众(以农民为主体)安居乐业，从事生产和再生产，又需要在高度分散的小生产者组成的村落、城镇之上，有一个威权无限的专制帝王去统合政治、教化、军事、财政等事务。于是伸展出民本论和尊君论这左右两翼，两翼齐飞，君本位便得以平稳翱翔，国泰民安(汉代"文景之治"、唐代"贞观之治"、宋代"嘉祐之治"、明代"洪永之治"、清代"康乾之治"为其典范)，如果一翼发生故障，君本位则有可能倾斜以至覆亡。

---

① 《左传·桓公二年》。
② 《左传·成公二年》。
③ 《左传·昭公三十二年》。
④ 《左传·成公八年》。
⑤ 《左传·庄公十四年》。
⑥ 《左传·文公十八年》。
⑦ 《左传·僖公二十三年》。

在中国历史上出现的主要问题，往往是尊君论压倒民本论，尊君论"在朝"，民本论"在野"。

二、尊君论在儒法两家的演绎

(一)原始儒家的尊君论

一般印象中，法家与尊君主义紧密相连。然究其源流，尊君主义并非法家的特产，先秦原始儒家也有尊君倾向，后世以"儒"自命的哲人，更发扬尊君主义，但儒家始终在"民本"与"尊君"的互动中言"尊君"，与法家的绝对尊君主义有区别。

儒家阐述的"尊君论"远不及法家那样淋漓尽致和无所顾忌，但崇仰君主的倾向也相当明显。《礼记》称：

> 唯天子受命于天，士受命于君。故君命顺，则臣有顺命。君命逆，则臣有逆命。①

这里，君权在"天"之下，是对君权的一种制约，但君权又仅仅在"天"之下，而在一切其他要素(臣、民、士)之上，臣民们的命运全然取决于君。这已经是一种不含糊的尊君论。诸如此类的例证不可胜数，略举如次：

> 诸侯不敢祖天子，大夫不敢祖诸侯。②
> 君不与同姓同车，与异姓同车不同服。③
> 为人臣者，君忧臣劳，君辱臣死。④

可见，尊君论在先秦儒学中已有相当程度的阐发，君主被视作

---

① 《礼记·表记》。
② 《礼记·效特牲》。
③ 《礼记·坊记》。
④ 《国语·越语下》。

"一言而兴邦"、"一言而丧邦"①的宰制性人物，因而"文、武之政，布在方策。其人存，则其政举；其人亡，则其政息"②，这里所谓的"人"，便指的执政者，也即君王。君王既然是国家政治兴衰的枢机所在，"尊君"的必要性便自不待言。至于《诗经》所说"溥天之下，莫非王土；率土之滨，莫非王臣"③等申言君权的名句，被儒家视为准则。

《尚书》论述王道皇极：

> 无偏无陂，遵王之义；无有作好，遵王之道；无有作恶，遵王之路，无偏无党，王道荡荡；无党无偏，王道平平；无反无侧，王道正直。④

这里把"王道"作为认识、行为的准绳和核心。虽然《尚书》所论"王"还不能等同于后世的专制帝王，而是指抽象的"圣王"，但儒家对这种"王"的极力推崇，成为后世尊君论发挥的文本基础。

富于人文色彩的《易传》在谈及"民"的地位时，也肯认"百姓日用而不知"⑤，即百姓是只能行动而不知道理的浑浑噩噩的一群，也即《考工记》所谓的"作而行之"⑥的一群，至于君王、圣者的任务则是"坐而论道"⑦，他们"可以赞天地之化育"⑧。这种关于君、民分工的言论，实际上已为"尊君论"作好了理论铺垫。

儒家创始人孔丘有"君君臣臣"之说，其间既包含尊君意蕴，又对君主有所制约。不过，孔丘在要求"君使臣以礼"的同时，要求"臣

---

① 《论语·子路》。
② 《礼记·中庸》。
③ 《诗·小雅·北山》。
④ 《书·洪范》。
⑤ 《易·系辞上》。
⑥ 《周礼·冬官·考工记》。
⑦ 《周礼·冬官·考工记》。
⑧ 《礼记·中庸》。

事君以忠"①，其后一侧面给人的印象更为强烈。

自战国以降，随着专制主义的君主集权政治的确立和日益强化（先是在各诸侯国，后是在全国范围），君主的特权逐渐膨胀，君主愈益上升为超社会的偶像，成为高踞万民之上，操纵万民生杀予夺之权的"寡人"。而与这种社会存在相适应的，便是尊君论成为社会的统治思想，而民本论多处于受压抑地位。

(二)法家将尊君论推至极峰

尊君论滥觞于先秦，最热烈的倡导者是法家，代表人物有春秋时郑国的子产、齐国的管仲，战国前期的李悝，战国中期的吴起、商鞅、慎到、申不害等，而极端尊君论的集大成者是战国晚期的韩非（约前 280—前 233）。他从天下定于"一尊"出发规定君民、君臣关系：

> 君上之于民也，有难则用其死，安平则用其力。②
> 夫所谓明君者，能畜其臣者也；所谓贤臣者，能明法辟、治官职，以戴其君者也。③
> 人主虽不肖，臣不敢侵也。④
> 贤臣之为人臣，北面委质，无有二心，朝廷不敢辞贱，军旅不敢辞难，顺上之为，从主之法，虚心以待令，而无是非也，故有口不以私言，有目不以私视，而上尽制之。⑤

韩非认为，君对臣应当畜养以供驱使，而臣对君则必须唯命是从；臣不具备独立的人格，视、听、言、动皆以君之旨意为转移。这就把君臣关系等同于主奴关系。

---

① 《论语·八佾》。
② 《韩非子·六反》。
③ 《韩非子·忠孝》。
④ 《韩非子·忠孝》。
⑤ 《韩非子·有度》。

韩非还抛弃了"君义臣忠"这种对君臣的双向要求，赤裸裸地指出二者间的关系是"主卖官爵，臣卖智力"①。因为韩非认为道德之争是古代的事情，今日则争于诈谋和气力，君主便应"独制四海之内，聪智不得用其诈"②，而这种君主专制主义的国度，其格局是：

> 事在四方，要在中央。圣人执要，四方来效。③

需要指出的是，韩非从"君、道同体说"出发，认为知"道"的"圣人"正是君主、帝王。

韩非把君本位的右翼——尊君主义发挥到极致，而将其左翼——民本主义断然抛弃。以韩非学说为蓝图建立起来的秦王朝，大体就是这样一只单翼巨禽，其寿不永，二世而亡，也就事非偶然了。

（三）汉唐以下儒家的尊君论

汉代以降的儒家大都力图综合"民本"、"尊君"两翼，但尊君论色彩较先秦原始儒家更浓厚。西汉今文经学家董仲舒（前179—前104）赋予尊君论以神学色彩。他说：

> 天子受命于天，天下受命于天子。④
> 《春秋》之法，以人随君，以君随天。⑤

把君描述成天与人之间的媒介，君的职务是代天宣化，臣民则应当像顺从天那样顺从君。不过，董仲舒有以"天"制约"君"的设计，认为君权不是无限制的。

唐代大儒韩愈（768—824）进一步设计君、臣、民三者的社会

---

① 《韩非子·外储说右下》。
② 《韩非子·有度》。
③ 《韩非子·扬权》。
④ 《春秋繁露·为人者天》。
⑤ 《春秋繁露·玉杯》。

使命：

> 君者出令者也，臣者行君之令，而致之民者也。民者出粟米麻丝、作器皿、通货财以事其上者也。君不出令则失其所以为君。臣不行君之令而致之民，民不出粟米麻丝、作器皿、通货财，以事其上，则诛。①

韩愈大倡尊君抑民之说，其程度不亚于韩非。此后，二程、朱熹等宋代理学家以更加富于思辨性的理论体系为"君权神圣"作论证，将"君为臣纲"归结为"天理"。但理学家以"帝师"自命，企图以"道"教君，故其尊君论也不是绝对的。

第三节　民本与尊君的论战

民本主义同尊君主义共存一体，当然有其同一性。但它们毕竟又是一体之左右两翼，其差别性和对立性也是显而易见的。这种差异和对立，在元典时代已有所展示。

一、以"民本"制约"尊君"

《国语》、《左传》在罗列"君命不贰"、"臣死君命"等尊君论命题的同时，又多处阐扬了"义高于君"、"殉道不殉君"的思想。《国语》载丕郑反驳荀息的一段话，便展现元典时代民本论与尊君论之间的抗衡。荀息说：

> 吾闻事君者，竭力以役事，不闻违命。君立臣从，何贰之有？②

---

① 韩愈：《原道》，《韩昌黎文集校注》。
② 《国语·晋语一》。

这番言论同后来的韩非、韩愈的绝对君权论别无二致，而丕郑针锋相对驳斥道：

> 吾闻事君者，从其义，不阿其惑。惑则误民，民误失德，是弃民也。民之有君，以治义也。义以生利，利以丰民，若之何其民之与处而弃之也？①

这就把"义"作为最高准则，君义，则从君；君不义，则不必阿君。因为义是有利于民的。违义即违民，违民之君，不必无条件追随，而可以抛弃。

《左传》载齐悼公的言论，强调君臣关系以道义为要，"义则进，否则退"②。这也是反对盲目的、无条件的尊君。

《左传》载孔丘言论："鸟则择木，木岂能择鸟！"③荀况将这番话更直接引申为：以木比君，以鸟比民。君善，民择之；不善，民弃之。这都是以"民本论"抑制"尊君论"的哲言。

《论语》有一段孔门师徒的对话，很值得玩味：

> 子路曰："桓公杀公子纠，召忽死之，管仲不死。"曰："未仁乎？"子曰："桓公九合诸侯，不以兵车，管仲之力也。如其仁，如其仁。"④

齐襄公时，召忽与管仲本是公子纠的门客，随公子纠奔鲁，公子纠之弟小白奔莒，后小白立为齐桓公，逼迫鲁国令公子纠自杀，召忽杀身殉主，而管仲却转而投奔齐桓公做了卿相。⑤ 子路显然对管仲颇有微

---

① 《国语·晋语一》。
② 《左传·哀公六年》。
③ 《左传·哀公十一年》。
④ 《论语·宪问》。
⑤ 见《史记·齐太公世家》。

词,以为"未仁";而孔丘却不这样看,认为管仲帮助桓公成就大业,这本身就是"仁"。孔丘还申述道:

> 管仲相桓公,霸诸侯,一匡天下,民到于今受其赐。微管仲,吾其被发左衽矣。岂若匹夫匹妇之为谅也,自经于沟渎而莫之知也。①

这也是立足于民本大义,而对盲从性的尊君论给予批评。

总之,民本主义从诞生之日起,即与尊君论有着彼此抗衡、相与论难的对立关系。这一层对立关系,有时经人调节而有所缓和,如汉初文帝君臣多有关于"民本"与"尊君"相统一的政论和实际措施;唐初太宗与魏征常就君民关系反复研讨,其要旨也在协调"民本"与"尊君",而魏征承继《荀子·王制》和《孔子家语》,发挥出如下千古名论:

> 怨不在大,可畏惟人;载舟覆舟,所宜深慎。②

唐太宗接受这一告诫,以"民本"制约"尊君",造就了"贞观之治"这一君主政治的成功范例。

唐太宗、魏征等君主、重臣申述"民本"之道,是从维系王朝的长治久安出发的,而一些贴近下层民众的现实主义文学家所发挥的"民本"思想则更具人民性,杜甫的"三吏"、"三别"可谓典范。清人袁枚的七绝《马嵬》,高度肯认杜甫《石壕吏》,以为比唐明皇马嵬坡痛失杨贵妃,其忧愤深广得多。袁枚诗云:

---

① 《论语·宪问》。
② 魏征:《谏太宗十思疏》。其思想前导,一为《荀子·王制》,引文见前节;二为《孔子家语》:"孔子曰:夫君者舟也;人者水也。水可载舟,亦可覆舟。君以此思危,则可知矣。"

莫唱当年长恨歌，人间亦自有银河。石壕村里夫妻别，泪比长生殿上多。

这是更富于人民性的思想的发挥，大体从"君本位"迈入"民本位"。

二、民本论对极端尊君论的抗争

"民本"与"尊君"的对立关系在唐宋以降，总趋势是渐次加剧。这是专制主义君主集权政治在唐宋元明清诸代愈演愈烈的反映。绝对君权在明代更达到登峰造极的程度。明太祖朱元璋（1328—1398）为了"收天下之权以归一人"①，废除沿袭一千多年的丞相制和沿袭七百多年的三省制，将相权并入君权；撤销行省，设立分别直接受制朝廷的"三司"（布政使司、按察使司、都指挥使司）；废大都督府，分设五军都督府，同兵部分掌军权；此外，还有"不衷古制"的廷杖和锦衣卫的设立，将君权扩展到极点。清代沿袭明制。明清的专制君主制，诚如黑格尔谈及中国专制国家"实体"时所指出："'实体'简直只是一个人——皇帝——他的法律造成一切的意见。"②这样的专制帝王对于元典中的民本思想自然是十分忌恨的，朱元璋甚至将孟轲逐出孔庙，洪武五年"罢孟子配享"③。他对于《孟子》中"君以臣为草芥，臣则视君为寇雠"，以及诛桀纣为诛独夫等语极为恼火，认为这些话"非臣子所宜言"，遂于洪武二十七年令人将《孟子》删去三分之一，共八十五条。并决定"自今八十五条之内，课试不以命题，科举不以取士"④。朱元璋还怒气冲冲地说："使此老（指孟轲——引者）在今日，宁得免耶?"⑤看来，如果孟夫子生当明朝，难免于洪武皇帝的刀锯之刑了。这就鲜明展示了极端君权主义与民本主义的对垒。

---

① 王世贞：《州史料》卷十一，《弇山堂别集》，广雅书局刊本。

② 《历史哲学·东方世界·中国》，三联书店1956年版，第165页。

③ 见《明史》卷五十《礼志》四。

④ 黄佐：《南雍志》卷十八，江苏省立国学图书馆影印原本。

⑤ 全祖望：《鲒埼亭集》，黄之眉选注，齐鲁书社1982年版。

历史的辩证法昭示:当事物发展到极端,其对立物必然应运而起。《明夷待访录》正是君主专制制度走到登峰造极地步的对应产物。明清之际哲人黄宗羲"有鉴于明季秕政"①,从元典的思想武库里,寻觅出民本主义这一投枪,加以改造,用以向极端尊君论发起猛烈进攻。

被近人称作"奇书"、"怪书",或"中国之《社会契约论》"的《明夷待访录》,标题寓意深沉,用典古雅,昔人解说多失之简约,今之读者颇觉费解,甚至往往由对书名训诂歧异而导致对这部名著主旨理解的大相径庭。其实,《明夷待访录》题旨的取得,是来自元典的,这只要疏通"明夷"和"待访"二词的本义和引申义,进而统观连贯义,便十分清楚。

"明夷"是《周易》六十四卦中第三十六卦的卦名。②《周易》作为周初的一部卜筮书,用卦爻辞指告人事的吉凶祸福。"明夷"卦主要卜测行旅及狩猎、骑射的吉凶。《易传》释"明"为日,释"夷"为灭、没。故"明夷"意谓日入地中,比喻贤人被囚系或贬斥。唐人孔颖达疏注说:

> 明夷,卦名。夷者,伤也。此卦日入地中。明夷之象施之于人事,暗主在上,明臣在下,不敢显其明智,亦明夷之义也。③

《周易·明夷》的卦辞主要有如下几条:

> 明夷,利艰贞。
> (在日入地下的黑暗时代,利在坚守贞正之德。)
>
> 象曰:明入地中,"明夷"。内文明而外柔顺,以蒙大难,

---

① 周寿昌:《思益堂日札》卷五,许逸民点校,中华书局 1987 年版。
② 据《十三经注疏·周易正义》。
③ 《十三经注疏·周易正义》卷四。

文王以之。"利艰贞",晦其明也,内难而能正其志,箕子以之。①

(《象传》说:"太阳隐没地中,是以卦名曰'明夷',此是象贤人蒙受大难。其次,离为文明,坤为柔顺。然则'明夷'之卦象又是象贤人'内文明而外柔顺'。如周文王内有文明之德,外用柔顺之道……而竟遭大难,被殷纣王囚于里,正与此卦象相似。卦辞云'利艰贞'者,因其卦象是日入地中,隐晦其光明也。正如贤人'内难而能正其志',即在朝内处于艰难之境,然能正其心,亦终有利矣。箕子有光明之德,而被殷纣王贬为奴隶,囚于牢狱,然箕子坚持正道,不阿谀取宠,正与此卦卦辞所云相似。")

由上述卦辞可以得见,"明夷"的本义是日入地中,借指贤明之臣因逢暗主,不能伸张清正英明的政见,无法显其明智。

诠释了"明夷"二字,再讨论"待访"二字。

黄宗羲《明夷待访录》自序称:

冬十月,雨窗削笔,喟然而叹曰:昔王冕仿《周礼》著书一卷,自谓"吾未即死,持此以遇明主,伊、吕事业,不难致也。"终不得少试以死。冕之书未得见,其可致治与否,固未可知;然乱运未终,亦何能为大壮之交。吾虽老矣,如箕子之见访,或庶几焉!岂因夷之初旦,明而未融,遂秘其言也!

这里所谓的"箕子之见访",正是《明夷待访录》"待访"二字的出处。箕子是殷纣王的叔父(一说为纣的庶兄),名胥余,官太师,封于箕(今山西太谷东北),曾劝谏纣王。纣怒,贬箕子为奴。《论语·微子》说:"微子去之,箕子为之奴,比干谏而死。"讲的是纣的几个直谏之臣或被贬斥,或为奴隶,或被剖心。箕子为奴以后,佯狂装疯。

---

① 译文参见高亨《周易大传今注》,齐鲁书社1987年版。

《庄子·大宗师》释文引《尸子》曰："箕子胥余漆体而为厉，披发佯狂。"《战国策·秦策》曰："箕子接舆漆身为厉，被发为狂。"《史记·宋微子世家》曰："纣为淫佚，箕子谏，不听……乃被发佯狂为奴。"纣王见箕子佯狂，便把他囚禁起来。以后，周武王兴师灭殷，纣自焚鹿台，武王释放箕子。《礼记·乐记》载此事说："武王克服反商，释箕子之囚。"武王又求教于箕子。箕子将自己的政见毫无保留地呈献武王。

这段事迹，见之于《尚书·洪范》：

> 武王胜殷杀受(纣)，立武庚，以箕子归，作《洪范》。
> 惟十有三祀，王访于箕子。王乃言曰："呜呼！箕子，惟天阴骘下民，相协厥居，我不知其彝伦攸叙。"
> 箕子乃言曰："我闻在昔，鲧堙洪水，汩陈其五行；帝乃震怒，不畀洪范九畴……"

武王灭纣，带回箕子，意在笼络殷人，但也有器重前朝贤臣箕子的政治经验的考虑。而箕子则视武王为明君，将那些曾被纣所弃绝的"大法"（"洪范"）和盘托出。

黄宗羲的"自序"说："吾虽老矣，如箕子之见访，或庶几焉！"他以箕子自比，企望圣君前来造访，以便陈述自己改革弊政、兴邦安国的见地。

综上所述，《明夷待访录》书名全义似可释为——在日入于地中，贤人政见不得伸张的黑暗时代，记录下这些建策，以等待圣明之君前来造访。

在这部"奇书"中，黄宗羲首先针对"天下受命于天子"，臣民必须"顺上之为"等尊君论的基本观点，尖锐提出"天下"与"君"孰主孰客的问题：

> 古者以天下为主，君为客，凡君之所毕世而经营者，为天下

也。今也以君为主，天下为客，凡天下之无地而得安宁者，为君也。①

黄宗羲树立了一个"天下为主，君为客"的古代理想社会，用来对照"以君为主，天下为客"的今世政治制度的弊端。这种犀利的论证方式和新颖、大胆的论点，在极端君主专制笼罩全社会的明清之际，确乎是惊世骇俗的。然而，加以推究即可发现，这类命题与《左传》的民为"神之主"，《孟子》的"民贵君轻"、"政得其民"的思想存在着血肉联系。

从"天下为主，君为客"的总命题出发，黄宗羲还把批判的锋芒指向"君权神授"论。他认为天子与庶民同贵贱，天子不过是众人中才德超群者，是人民拥戴出来为之兴利除害的人，若无才无德，则不配做天子。由此他提出，"贵不在朝廷也，贱不在草莽也"②，认为无德天子，不如草野贤人；再向前引申的结论便是"天子之位，惟有德者乃能居之"。这种思想已含有摆脱"身份"而向"契约"转化的意味，这正是中世纪向近代政治理念迈进的重要标志。有人把黄宗羲的《明夷待访录》比拟为卢梭的《社会契约论》，其缘故正在这里（当然，这两部书也存在着质的差异，对此不能详论）。

《明夷待访录》尽管含有近代思想的萌芽因素，但它的思想前导，却可以追溯到久远的元典时代。"有德者方居君位"一类观念，在孟轲的"得乎丘民而为天子"的论述中，已初露端倪。黄宗羲在锻冶自己颇富启蒙意味的思想时，显然是从元典朴素的民本思想获得启示，正如欧洲文艺复兴运动的人文主义在批判中世纪的神学蒙昧主义时，从古希腊思想家那里借用过武器一样。

极端尊君主义从"君权神授"论和身份等级论出发，全然取缔臣民的独立人格，规定君有无限的权力，而臣民惟有服从君命的义务，

---

① 黄宗羲：《明夷待访录·原君》，以下引此书，只注篇名，《黄宗羲全集》第1卷，浙江古籍出版社1984年版，第2页。

② 《原法》，《黄宗羲全集》第1卷，浙江古籍出版社1984年版，第6页。

臣民身受君罚，还得咏之曰："臣罪当诛兮！天王圣明。"黄宗羲认为这种君臣关系是极不合理的。他指出，君和臣都是为"天下"办事的人，臣子"出仕"目的当是——

> 为天下，非为君也；为万民，非为一姓也。吾以天下万民起见，非其道，即君以形声强我，未之敢从也。①

这类思想使人联想起《左传》、《晏子春秋》中阐述的晏婴的"不死君难"主张。晏婴说："君为社稷死，则死之；为社稷亡，则亡之。若为己死而为己亡，非其私，谁敢任之！"这就是说，国君若为天下国家而献身，臣应当至死不移地追随之；如果国君是为一己之私而身败名裂，臣则不必跟着去当殉葬品。孟轲以诛讨桀纣等独夫民贼为理所当然的观点，也与晏婴的"不死君难"说相类似。而黄宗羲的思想正与此一脉相通。他继承并发扬晏婴、孟轲等先秦民本主义者的传统，将君臣关系纳入"天下"的总前提下，高唤出这样的警句：

> 天下之治乱，不在一姓之兴亡，而在万民之忧乐。②

他进一步阐发君臣的合理关系道：

> 夫治天下，犹曳大木然，前者唱邪，后者唱许。君与臣，共曳木之人也。③

把君与臣比喻为共同拖木头的人，彼此的关系是相互唱和，共同

---

① 《原臣》，《黄宗羲全集》第 1 册，浙江古籍出版社 1984 年版，第 4~5 页。

② 《原臣》，《黄宗羲全集》第 1 册，浙江古籍出版社 1984 年版，第 4~5 页。

③ 《原臣》，《黄宗羲全集》第 1 册，浙江古籍出版社 1984 年版，第 4~5 页。

协力。

黄宗羲指出，君臣关系应当是师友关系、同事关系，而不应是主奴关系。他讥讽"今之世"的大臣们，惟君之命是听，把自己降低到宦官、宫妾的水平，"君有形无声之嗜欲，吾从而视之听之，此宦官宫妾之心也"①。

黄宗羲还对明代权相张居正作出不同凡响的评论。明人多指责张居正权倾一时，对万历帝不尊重，有悖于为臣之道。而黄宗羲则认为，张居正的可取之处正在于他以帝师身份，大胆用事，做出一番事业；其不足之处则恰恰在于没有将这一点坚持下去，"不能以师傅自待，听指使于仆妾"②。

如此论述君臣关系，确乎是超越古人的，但其风格和旨趣，仍然源于元典精义。《左传》中记载的子产、晏婴一类贤臣，《孟子》中记载的孟轲在与君王们交往时，都是以师傅的身份与之辩难并施加教诲。不过，17 世纪的黄宗羲在新的历史条件下，明确提出君臣关系是同事关系、师友关系，这较之先秦民本思想家又有所飞跃；就盛行"君为臣纲"的绝对尊君论的明清之际而言，更如同振聋发聩的惊雷。

黄宗羲社会批判思想的锋芒还指向专制主义律法。他提出"三代以下无法"③的总命题。这当然并不是说三代以下无法律条文，而是指斥历代专制王朝的"法"都是为着确保"家祚永传"，都是"思患于未然以为之法"，因此，其"所谓法者，一家之法，而非天下之法也"④。这种"顺我则昌，逆我则亡"的"一家之法"，"法愈密而天下之乱即生于法之中"⑤。黄宗羲在否定"一家之法"的前提下，向往建立一种"未尝为一己而立"的"公法"，这种公法将保护民众"各得其

① 《原臣》，《黄宗羲全集》第 1 册，浙江古籍出版社 1984 年版，第 4～5页。

② 《原臣》。这里说张居正"听指使于仆妾"，指张居正为确保权位，多仰仗太监（如冯保）、后妃（如李太后），浙江古籍出版社 1984 年版。

③ 《原法》，《黄宗羲全集》第 1 册，浙江古籍出版社 1984 年版，第 6 页。

④ 《原法》，《黄宗羲全集》第 1 册，浙江古籍出版社 1984 年版，第 6 页。

⑤ 《原法》，《黄宗羲全集》第 1 册，浙江古籍出版社 1984 年版，第 6 页。

私，各得其利"。他的以"天下之法"取代"一己之法"的法治思想，显然是孟轲"听政于国人"一类观念的向前跃进，并直逼近代法治观的边缘。

黄宗羲还强烈抗议君主专制制度的压制舆论。作为东林党人的后裔，黄宗羲承接明末东林党"讽议朝政、裁量人物"的"清议"传统，主张把学校作为"清议"的重要场所和独立的舆论机关，反对由皇家操纵舆论。黄宗羲指出：

> 天子之所是未必是，天子之所非未必非，天子亦遂不敢自为非是，而公其非是于学校。①

这种设想，与孟轲的"听政于国人"当然有继承关系，却大大向前跨进一步。黄宗羲心目中的学校，不仅是教育单位，而且应当成为"公其是非"的论坛，连君王的指令也可以在这里品评一番。胡适认为，黄宗羲设计的议政学校，已含有近世代议机关的性质。此说虽然有拔高之嫌，但黄宗羲的这一思想确乎有超越君主专制轨范而直逼近代政治的意味。而这类思想与元典的民本思想存在亲缘关系，是土生土长的中国式的民主主义萌芽。

《明夷待访录》与先秦民本思潮之间的继承关系，黄宗羲本人是直言不讳的，他强调，"孟子之言，圣人之言也"，"至废孟子而不立，非导源于小儒乎！"②明白无误地宣称自己的思想源于孟子，而并非其他后世"小儒"。在《置相》等篇里，他又一再引用《孟子》中的话作为依据。后人也清楚地看出《明夷待访录》的先导所在。《清史稿·礼志三》说："宗羲《明夷待访录》'原君'、'原臣'诸篇，取义《孟子》。"另据清人陈衍《自订年谱》载，光绪末年，清廷曾就黄宗羲、顾炎武、王夫之三人能否入文庙从祀一事展开辩论，有人"以三儒颇言民权"，反对将其从祀，张之洞则坚持将黄从祀，并"疏孟子言民权

---

① 《学校》，《黄宗羲全集》第1册，浙江古籍出版社1984年版，第10页。
② 《原君》，《黄宗羲全集》第1册，浙江古籍出版社1984年版。

者数条，曰：诸君亦将孟子摈出文庙乎！"①可见，当民本思想发挥到极致，将引起统治阶层的忌恨，但也能得到统治阶层中富于远见者（如张之洞）的理解和容纳。

三、非君论与无君论：民本主义批判尊君主义的盟友

如前所述，民本思想大体是"治人者的思想"，是治人者从久远利益着想设计的协调治者与被治者关系的方案。当然，民本思想向左翼发展，便与尊君论形成更尖锐的对立，而人民性进一步增强，已不能以"治人者的思想"全然概括，如《明夷待访录》即如此。这种向左翼延伸的民本思想与中国古代的政治"异端"——非君论与无君论接近。这是我们在探讨中华元典民本精神演化史时应予注意的一个问题。以下仍以《明夷待访录》为例加以说明。

《明夷待访录》承袭元典的民本精义，这是毋庸置疑的，但黄宗羲激进的政治思想的来源又并非独此一家，他还有广泛的吸取。不过，这一点他本人并未明示，我们只能从其作品的思想、文字中加以揣摸。

先秦民本思想最激烈的表述，莫过于孟轲谴责夏桀、殷纣为独夫民贼，以为可讨可诛，但这仅限于对暴君的否定。通观《左传》、《孟子》诸书，尚不可得见一般意义上的抨击君主。然而，《明夷待访录》的锋芒所向则宽泛得多。它在肯定古之君"以千万倍之勤劳，而己不享其利"②之后，对"今之君"则一概骂倒。他一针见血地指出：

> 后之为人君者不然，以为天下利害之权皆出于我；我以天下之利尽归于己，以天下之害尽归于人，亦无不可。使天下之人不敢自私，不敢自利。以我之大私为天下之大公。③

---

① 陈衍：《自订年谱》，光绪三十四年戊申。
② 《原君》，《黄宗羲全集》第 1 册，浙江古籍出版社 1984 年版。
③ 《原君》，《黄宗羲全集》第 1 册，浙江古籍出版社 1984 年版。

这种对私有制确立后的君主("今之君")的总批评，颇类似于黑格尔的言论：在中国只有专制帝王一人是自由的，因其剥夺了其他所有人的权利和自由。这类犀利、彻底的观点，显然是先秦民本思想所不具备的。而黄宗羲形成整体否定"今之君"的观点，除从现实生活中吸取营养外，还从秦汉以来各朝各代的异端之作那里获得启示。

《明夷待访录》对君主发起总攻击，首先立论于对"君权神授"的否定。而东汉末年的仲长统(180—220)对此已有论及。仲长统揭露专制帝王"熬天下之脂膏，生人之骨髓"，实开黄宗羲谴责"今之君"的先河。仲氏还指出，君主的得国，非由天命，乃靠强力：

> 豪杰之当天命者，未始有天下之分者也。无天下之分，故战争者竞起焉。于斯之时，并伪假天威，矫据方国；拥甲兵，与我角才智；程勇力，与我竞雌雄；不知去就，疑误天下，盖不可数也。①

指出君主夺取天下，不过是"伪假天威"，实际靠的是"才智"和"勇力"窃夺天下。《明夷待访录》与仲长统旨趣颇近，揭露帝王为夺取政权，不惜"屠毒天下之肝脑，离散天下之子女，以博我一人之产业，曾不惨然。"②

《明夷待访录》猛烈抨击君主的虐民、残民，其风格与西晋的阮籍(210—263)、东晋的鲍敬言如出一辙。阮籍在《大人先生》中说：

> 君立而虐兴，臣设而贼生。坐制礼法，束缚下民，欺愚诳拙，藏智自神。③

阮氏的批评，已不是像孟轲那样仅限于诅咒暴君，而是对专制君主制

---

① 仲长统：《昌言·理乱》。
② 《原君》，《黄宗羲全集》第1册，浙江古籍出版社1984年版。
③ 严可均校辑：《全三国文》卷四六，中华书局1958年版。

确立以后的"君"进行总攻击。这一点很可能对黄宗羲提出"天下之大害者,君而已矣"①有所启迪。

继阮籍之后,鲍敬言进一步指明,君臣之义并非自古即有,更不是如董仲舒所说的那样是"不变"之道。鲍氏说:"曩古之世,无君无臣,穿井而饮,耕田而食,日出而作,日入而息。"君臣之道的出现乃是强力的结果:"夫强者凌弱,则弱者服之矣;智者诈愚,则愚者事之矣。服之,故君臣之道起焉;事之,故力寡之民制焉。"②《明夷待访录》追述"古之世"与"今之世"的区别,认为古之君是为民谋利的,今之君则凭强力夺天下之产业,"传之子孙,受享无穷"③,这类论述同鲍敬言有着明显的相通之处。

至于鲍敬言揭露君主罪恶的言论,《明夷待访录》更与之类似。请看葛洪转述鲍敬言谴责帝王的言论:

> 役彼黎烝,养此在官,贵者禄厚,而民亦困矣。
>
> 君臣既立……夫獭多则鱼扰,鹰众则鸟乱,有司设则百姓困,奉上厚则下民贫。
>
> 繁升降损益之礼,饰缫冕玄黄之服,起土木于凌霄,构丹绿于棼撩,倾峻搜宝,泳渊采珠;聚玉如林,不足以极其变;积金成山,不足以赡其费。澶漫于淫荒之域,而叛其大始之本。④

鲍敬言还揭露帝王的无穷纵欲,造成"内聚旷女,外多鳏男",又说君王"肆酷恣欲、屠割天下,由于为君,故得纵意也"。而对照《明夷待访录》谴责君王的言论(如《原君》所说"敲剥天下之骨髓,离散天下之子女,以奉我一人之淫乐,视为当然"),可以发现,二者从思想到语言都极其近似。

---

① 《原君》,《黄宗羲全集》第1册,浙江古籍出版社1984年版。
② 葛洪:《抱朴子·诘鲍》。
③ 《原君》,《黄宗羲全集》第1册,浙江古籍出版社1984年版。
④ 葛洪:《抱朴子外篇·诘鲍》。

　　鲍敬言反复论证"有君之苦"和"无君之乐"，两相对照，从而提出自己的社会理想——一个无君无臣的无政府世界，那里的人们"身无在公之役，家无输调之费，安土乐业，顺天分地，内足衣食之用，外无势利之争"①，这是一种陶渊明描绘的"桃花源"式的乌托邦。在这一点上，民本主义者黄宗羲与无君论者鲍敬言是大相径庭的。黄氏持"好政府主义"，他的理想社会是：上有"明乎为君之职分"的君王，下有作为君王师友的贤臣，宰相可以代天子"批红"，制定国策，国家立有"三代之法"那样的合理制度，公众可以通过学校来议政并监督政府……这一切直接承袭着先秦民本传说，又显示了早期市民摆脱君主专制政治的憧憬。可见，作为17世纪启蒙大师的黄宗羲吸取阮籍、鲍敬言"无君"论中的社会批判思想，却又扬弃两晋时期带有道家"自然无为"倾向的无政府解决方案，从而表明新民本思想与无君论的根本界限。

　　与阮、鲍思想相近的是唐代无名氏所作的《无能子》。这部著作抨击圣人、君王、礼法制度的猛烈程度，不亚于阮、鲍二氏。区别之处在于，《无能子》语言较含蓄，又不说无君，而主张君王至公无为，恤民无私。

　　《无能子》认为人类与虫同源而平等。人类应当"任其自然，遂其天真。无所司牧，濛濛淳淳"②。而以后之"圣人君主"的罪过便在于"强立宫室饮食以诱其欲，强分贵贱尊卑以一其争，强为仁义礼乐以倾其真，强行刑法征伐以残其生，俾逐其末而忘其本，纷其情而伐其命。迷迷相死，古今不复。谓之圣人者之过也"③。《无能子》的矛头不仅指向桀、纣、王莽一类暴君，也指向汉光武帝这样的"明君"，该书托严陵④的语辞，斥责光武帝刘秀(前6—57)说：

---

①　葛洪：《抱朴子外篇·诘鲍》。
②　王明校注：《圣过》，《无能子》卷上，中华书局1981年版。
③　王明校注：《圣过》，《无能子》卷上，中华书局1981年版。
④　严陵，即严光，东汉初人。曾与刘秀同学，刘秀即位后，他改名隐居。后被召到京师洛阳，为谏议大夫，他不肯受，归隐于富春江。

> 王莽更始之有天下，与子之有天下何异哉？同乎求为中国所尊者尔，岂忧天下者邪！今子战争杀戮不知纪极，尽人之性命，得己之所欲，仁者不忍言也，而子不耻，反以我渔为耻邪！①

毫不留情地披露帝王欲夺天下不惜大肆杀戮天下人。其观点和语言都可看作《明夷待访录·原君》的前导。

当然，鲍敬言和《无能子》的思想是否直接启迪过黄宗羲，尚无确切证据。但《明夷待访录》同鲍敬言和《无能子》批判专制帝王的观念存在着历史的逻辑联系则是确定无疑的。

继《无能子》之后，生当宋元之际的邓牧再次发出声讨君主专制的呼唤。

邓牧首先提出，帝王并不神圣，普通人也可以做。他说："彼所谓君者，非有四目两喙鳞头而羽臂也，状貌咸与人同，则夫人固可为也。"②然而，帝王们却装出神圣的姿态，意在驾驭百姓，帝王遂由百姓的仆人变成百姓的主人。由此出发，邓牧向专制帝王提出强烈的控诉：

> 夺人之所好，聚人之所争。
> 头会箕敛，竭天下之财以自奉。
> 凡所以固位而养尊者，无所不至。③

这些语句，更使人想到邓牧的《伯牙琴》是黄宗羲《明夷待访录》的前驱著作。

《明夷待访录·原君》曾追溯道，人的本性是自私的，而三代以前的国君由于是为人谋利的，"其人之勤劳，必千万于天下之人"，因而许由、务光等人都不愿意作君，尧、舜当了君以后又辞职不干，

---

① 《严陵说》，《无能子》卷中。
② 邓牧撰，张岂之·刘厚校注：《伯牙琴·君道》，中华书局 1960 年版。
③ 《伯牙琴·君道》。

禹是先不愿作君，后来不得已而为之。总之，古代之君专门利人而毫不利己，人们都不去争夺君位，而彼此推让。到了后世，君王"以天下之利尽归于己"，争夺君位者遂层出不穷。黄宗羲回顾君主制的演变历程，叙述得虽然不尽科学，但确乎包藏着真理。不过，这类论点并非黄氏首创，邓牧的《伯牙琴》早有近似的说法。

邓牧认为，在上古"至德之世"，国君同人民的差别很小：

> 饭粝粱，啜藜藿，饮食未侈也；
> 夏葛衣，冬鹿裘，衣服未备也；
> 土阶三尺，茆茨不剪，宫室未美也。①

君民间十分平等：

> 为衢室之访，为总章之听，故曰：皇帝清问下民，其分未严也。②

那时当帝王无利可图，谁也不争着去做，人们顾虑的是无人当帝王为大家谋福利，根本不用担心有人争夺帝位：

> 独以位之不得人是惧，岂惧人夺其位哉！③

而后世的情形大变，帝王享有种种特权，人们便竞相逐鹿，帝王则深怕别人抢夺宝座：

> 日以盗贼为忧，以甲兵弧矢自卫。
> 焚诗书，任法律，筑长城万里，凡所以固位而养尊者，无所

---

① 邓牧撰，张岂之、刘厚校注：《伯牙琴·君道》，中华书局 1960 年版。
② 邓牧撰，张岂之、刘厚校注：《伯牙琴·君道》，中华书局 1960 年版。
③ 邓牧撰，张岂之、刘厚校注：《伯牙琴·君道》，中华书局 1960 年版。

不至，而君益孤，惴惴然，若匹夫怀一金，惧人夺其后。①

邓牧这番精辟议论，同《明夷待访录·原君》开宗明义的一大段论及君主演变历史的话，意蕴完全一致，我们有理由认为，《伯牙琴》是《明夷待访录》的范本。清人邓实已指出这一点：

> 梨洲著明夷待访，其原君、原臣二篇，实本先生（指邓牧——引者）。②

近人陈登原在《国史旧闻》第二分册中以更确凿的考据方法，证实《伯牙琴》同《明夷待访录》的渊源关系。

总之，元典的民本思想—中古的无君论—近古的新民本思想，是一条前后贯通又发生变异的思想脉络，与尊君论既相抗衡，也相联系，共同构成中国传统政治的左右两翼。

---

① 邓牧撰，张岂之、刘厚校注：《伯牙琴·君道》，中华书局 1960 年版。
② 清人邓实语，见邓实《古学复兴论》，《国粹学报》1904 年第 9 期。

第九章　中华元典阐释

元典是各文明民族在一个特定的历史时段——轴心时代的创作，在各民族的精神长河里"当轴处中"，其地位的独特、关键，其影响的深远、巨大，令人叹为观止。而元典在历史的及现实的生活中能够发挥何种作用，既由元典的文本属性所决定，又与这些文本的阐释史密切相关。总之，元典文本自身的特质与元典文本不断被阐释这两个方面的有机结合，共同决定着元典的社会功能。本书第三章检阅中华元典诸文本，第四章综合考察这一文本群体产生及演变的过程，本章则探究中华元典怎样被后人一再诠解发挥、反复刻勒，以适应各个不同历史时期的需要，并为林林总总诸类型的人们所运用。

第一节　元典皆史

论及元典的阐释历程，首先面临一个前提性问题——元典文本究竟是"神"或"圣人"传递先验的永恒真理的圣书，还是经受社会实践历练、承袭前代文化积淀的人们的编创之作？本书第四章通过元典发生史的陈述，已经从一介侧面回答了这个问题，然而，由于元典自从被各相关民族崇拜以来，长期被神圣化，有的至今仍然笼罩着神异的光环，因此有必要正面论述一个平凡的真理：元典并非"神"或"超人"的显圣之作，而是人间智者在特定的历史时段创制的历史作品；元典的一再被阐释，也是顺应各发展阶段社会要求的时代产物。元典皆史，元典绝不是什么超时空的"河出图，洛出书"式的神异昭示。

一、元典的经院化与经学化

如前所述，元典本是各文明民族在漫长的社会生活中逐步形成的，是起于平凡的历史作品。然而，由于元典自身所具有的某些特色，如思想及其表述方式的首创性、主题的恒久性，又由于人类精神生产的相对独立性、异代人们的认同意识和文化结构里心态内核的稳定性，使得元典在一定程度上超越时空局限，被异域异代的人们所崇奉景仰。这一切使元典理应赢得独特而崇高的地位。

元典在生成及演绎的过程中，因为特定的历史条件所导致，被赋予许多非理性的诠解，不断神圣化，被说成是"天启"、"神喻"、"圣人作则"。这是古代、中世纪以来的一种世界性现象。

元典在创制之初，并没有被视作不可怀疑的绝对真理的载体。

希伯来诸先知便对《律法·先知·文集》(即后来称之的《圣经·旧约全书》)多有论辩以至非议；

《佛经》在成书前后，众比丘对经义也常常展开激烈论战，特别是释迦牟尼涅槃后举行的四次结集，僧众对佛说多有争辩，其中第二次结集所确定的戒律——"十非法事"，毗舍离的僧侣并不服从，佛教长老们只得再次召集万人以上参加结集，宣布十事为合法，此后，佛教各宗派对佛说的诠释更颇有歧义；

中华元典在先秦也没有被看作神圣，诸子对《诗》、《书》、《礼》、《易》各有取舍、各有阐说，即使以崇奉《诗》、《书》著称的孟轲也有"尽信《书》，不如无《书》"的名论。

可见，在轴心时代，也即元典形成及编纂过程中，元典虽然被作为宗教读物或教育课本使用，却是完全可以讨论的，人们并没有对它们无条件信从。

元典被推尊到神圣的殿堂，罩上神异的光环，是在中古时代实现的。因为这是一个需要制造神明与圣典的时代，也是一个神明与圣典能够得以流行的时代。

元典神圣化是一种中古的世界性现象，其时的列国统治者(宗教领袖或世俗帝王)从巩固专制权力的需要出发，推尊元典，使其神圣化、神秘化、教条化，这种努力的理论形态，较典型的是欧洲中世纪的"经院哲学"和中国两汉至清代的"经学"。

"经院哲学"是欧洲封建社会居统治地位的基督教哲学，盛行于公元9世纪至15世纪，其时学者墨守《圣经》经文，强加申述，以之解释一切，不研究自然和现实社会，认定一切真理都被《圣经》完成，哲学可以做的只是说明已由《圣经》提出的真理，而且这种说明无需仰赖经验的帮助，只需要纯粹逻辑推理就足够了。经院哲学将希伯来元典——《圣经》神圣化、神秘化，甘当神学百依百顺的婢女。经院哲学还以希腊元典——亚里士多德著作为依据，但只是抓住亚里士多德著作中僵死的东西，而不是活生生的东西，从而将希腊元典教条化。总之，经院哲学把西方文化的两大源头——希伯来元典和希腊元典生机盎然的辩证精神和人民性加以阉割，使之沦为束缚人的自由思维的教条。欧洲中世纪文化的僵化、顿滞，与经院哲学的上述特性互为因果。

同欧洲中世纪的"经院哲学"东西辉映的是中国的"经学"。经学作为训解、诠释儒家经典的学问，其特点是把《诗》、《书》、《礼》、《易》、《春秋》等元典神圣化，将其奉为"天地之常经，古今之通谊"①，认为宇宙和人生的"至理"、"大道"已由诸经揭示殆尽，所谓"经学之外无学问"，所谓"六经如太阳，不学如长夜"②。刘勰(约465—约520)说：

> 三极彝训，其书曰经。经也者，恒久之至道，不刊之鸿教也。③

后人的任务只在训诂其文句、阐明其意蕴。经学作为思想"大一统"的产物，在两汉以迄明清的两千年间，一直充作文化正宗和主干，

---

① 《汉书·董仲舒传》。
② 张邈：《自然好学论》。后来东晋稽康作《难自然好学论》，批驳此说。
③ 《文心雕龙·宗经》。

"崇圣尊经"成为这一时代普遍的社会心理，而"以经取士"的考选制度，更强化了这种"崇圣尊经"传统，以至此间的思想学问，无论有无新意，多是用注经释典的方式表达出来的。这便是经学的"笺注主义"。

经学的笺注主义的要旨在于，学者对元典深怀一种虔敬崇拜的心理，以元典的篇章乃至字句为依凭和出发点，逐字逐句地加以传注、疏解。一部中国经学史，数以千记的论著，几乎全以笺注形态出现，最为人所熟知的《十三经注疏》①便是其集大成者。笺注对于诠释元典文本本义，当然是必要和有用的，我们今日阅读古籍还得依凭笺注，但如果以笺注取代独立创作，必然阻碍创新学派的发生与发展，战国间诸子争鸣的局面不能重现于两汉至明清的二千年间，显然与此颇有干系。

自从元典神圣化以来，"述而不作，信而好古"便成为一种笼罩士人的普遍心理，这里所谓的"述"，便是述元典之旨；所谓的"古"，便是元典诞生时的"三代"之古，"标新立异"往往成为"异端邪说"的同义语，正如王充（27—约97）所批评的：

> 世儒学者，好信师而是古，以为圣贤所言皆无非，专精讲习，不知难问。②

即使西汉那位思想活跃、学脉广博的司马迁，也忌讳"离经叛道"，

---

① 《十三经注疏》为十三部儒学经典的注疏合刊本，共四百十六卷。《周易》用魏王弼、韩康伯注，孔颖达正义；《尚书》用伪孔安国注，孔颖达正义；《毛诗》用汉毛公传、郑玄笺，孔颖达正义；《周礼》、《仪礼》用郑玄注，唐贾公彦疏。《春秋左传》用晋杜预注，孔颖达正义；《春秋穀梁传》用晋范宁注，唐杨士勋疏；《春秋公羊传》用汉何休注，唐徐彦疏；《论语》用魏何晏等注，宋邢昺疏；《孝经》用唐玄宗注，邢昺疏；《尔雅》用汉赵岐注。南宋以后，开始合刻，明嘉靖、万历年间都曾刊行。清乾隆初有武英殿本，其后阮元据宋本重刊，现流行多为此本影印本。

② 《论衡·问孔》。

他在陈述《史记》宗旨时，自称他的工作是"拾遗补艺"，即补"六艺"（六经）之阙；是"成一家之言，厥协六经异传"①，一面豪迈地宣称"成一家之言"，一面又拜倒在元典脚下，自认其作品不过是取协于六经的"异传"，不敢以独创自居。

汉唐以降，那些一味"循古"、"宗经"的学人在元典面前不越雷池一步，著文说话都要"引据大义，正之经典"②，甚至连前辈对元典的注释也迷信起来，唐人孔颖达纂《五经正义》便立下"疏不破注"的原则，即使前贤的注解错了，也不能与之正面冲突。正如清人皮锡瑞所揭示的：唐宋义疏之学"注不驳经，疏不驳注，不取异义，专宗一家"③。有些学者则以模仿元典为务，如隋代王通（584—617）自比孔子，拟《论语》，作《中说》（即《文中子》）。模仿本来就不算高妙的治学之径，但这种做法仍被后儒斥为狂妄。朱熹（1130—1200）曾以辛辣的词句谈到王通的"自比孔子"、"重做一个三代"，并以为这是大逆不道。朱熹认为，一个本分的学者，应当"虚心下意，自莫生意见，只将圣人书玩味读诵，少间意思自从正文中迸出来，不待安排不待杜撰"④。这番话正道出托庇于元典之下的历代学人的依附心理："自莫生意见"，意见只能在读经书正文时"迸出来"，否则便是"杜撰"。朱熹的《四书集注》⑤便是这种以经书作文本依凭，通过笺注方式表达己意的代表作。

在中国学术史上，即便是那些富于革新精神的哲人，也不能走出元典巨大的阴影去直接沐浴生活的阳光。诸如"文起八代之衰"的韩愈（768—824），素以"不蹈袭前人"自励，却又以《原道》、《原性》、

---

① 《史记·太史公自序》。
② 《后汉书·荀爽传》。
③ 皮锡瑞：《经学历史》第七章。
④ 朱熹：《朱子语类》卷一三七，《战国汉唐诸子》。
⑤ 《四书集注》，全称《四书章句集注》，包括《大学章句》一卷、《中庸章句》一卷、《论语集注》十卷、《孟子集注》七卷。"四书"由此定名。注释中颇多阐扬理学思想，成为明、清数百年间士子的必读注本、科举考试的范本。

《师说》等文"与孟轲、扬雄相表里而佐佑《六经》"①。又如创意盎然的王安石（1021—1086）、王夫之（1619—1692）、戴震（1723—1777）等人也未能脱离经典笺注轨范，他们的著作，如王安石的《道德真经集义》、《洪范传》、《周官新义》，王夫之的《周易外传》、《周易内传》、《读四书大全说》、《春秋家说》、《礼记章句》、《诗广传》、《尚书引义》，戴震的《诗补传》、《孟子字义疏证》、《中庸补注》、《尚书义考》等，从书名即可得见其依傍经典的特性。至于其内容与经典的联系也是显而易见的，如王安石的社会变革论，托古于《周礼》；王夫之的一系列带有早期启蒙因子的论点，则是通过阐述《周易》、《尚书》、《老子》引申出来的；戴震抨击"以理杀人"的振聋发聩命题，也是在疏解《孟子》时得以发挥的。②

　　"经院哲学"和"经学"在诠释元典方面自有劳绩，而且，在西方和东方这两种长期身居文化正宗地位的学说形态内部，也涌现出富于生命活力的派别，如欧洲经院哲学中的"唯名论"不承认一般概念的真实存在，表示了对基督教普遍教义的怀疑；中国经学的今文经学派的"托古改制"和"公羊三世"说，古文经学派的将经书还原为历史典籍的努力，都包含着合理成分，在历史上发挥过不容忽视的进步作用。然而，从总体言之，经院哲学和经学的基本倾向是将元典推尊为绝对真理，奉为万世不易的准绳，从而陷入迂腐，这直接同元典中洋溢着的辩证精神相悖，在历史上起着负面作用。黑格尔指出，经院哲学家"也有高尚的、好学深思的个人、学者。但经院哲学整个讲来却完全是野蛮的抽象理智的哲学"，"不是纯朴、粗野的野蛮，而是把最高的理念和最高的文化野蛮化了"。③ 经院哲学和经学虽然自有历史价值在，但它们确乎使元典这种凝聚着先民智慧的"最高的文化"

---

① 《新唐书·韩愈传》。

② 在《孟子字义疏证·与某书》中，戴震提出"酷吏以法杀人，后儒以理杀人"的重要观点。

③ ［德］黑格尔：《哲学史讲演录》第3卷，商务印书馆1983年版，第322、323页。

沦为教条，将其变成貌似"神圣"而实则僵化的东西，因而也就令其"野蛮化"了。欧洲中世纪弥漫着神学蒙昧主义和独断论，中国"经学时代"（汉至清）盛行文化专制，都与此直接相关，而东西方文化在中世纪末期与近代的历史性进步，则是通过突破经院哲学和经学的束缚，促成思想解放方才取得的，其表现之一，便是抛弃将元典神圣化、神秘化的中古传统，复归元典历史的、人文的内蕴。

二、元典在西方①的"神化"与在中国的"圣化"

将元典神圣化是一种世界性现象，西方中世纪的经院哲学与中国两汉至清代的经学也颇有类似之处，但是，同中有异，由于文化土壤的差别，各主要文明民族元典神圣化的表现形态又不尽相同。

简言之，在希伯来、印度、中世纪欧洲等宗教氛围浓重的地区，其元典演为宗教圣典，如《圣经》、《吠陀》、《佛经》、《古兰经》等，或被基督教，或被印度教、佛教，或被伊斯兰教奉作教义文本，其在世间流传也主要与宗教的播扬相为表里；而在希腊、中国等人文倾向鲜明、世俗文化气息强烈的地区，其元典则发展为人文经籍，如《理想国》、《形而上学》，以及《诗》、《书》、《礼》、《易》、《春秋》等，都是作为世俗的文化经典被人们研读、崇奉的。如果说，《圣经》、《佛经》、《古兰经》被基督徒、佛教徒、穆斯林所"神化"，那么，《诗》、《书》、《礼》、《易》、《春秋》则被中国的儒士所"圣化"，希腊元典《理想国》、《形而上学》等既被欧洲人所"圣化"，同时又被中世纪经院哲学家所"神化"，以与《圣经》相呼应，成为宗教信仰的印证。

"神化"与"圣化"都是使元典获得超越性的努力，但二者又各具特色。所谓"神化"，是将某元典（如《圣经》、《古兰经》）直接看作神的授意；所谓"圣化"，则是将某元典（如"五经"）看作效法天意的圣

---

① 这里的西方，包括西亚、欧洲，也包括印度，古代中国人便把印度称"西土"、"西天"。

人的制作，所谓"圣者法天，贤者法圣"①。而圣人固然超乎凡人之上，却又不脱离人文性，所谓"圣人，人伦之至也"②。"神化"与"圣化"的差异，导致某些元典(如《圣经》、《佛经》、《古兰经》)演为宗教典籍，某些元典(如"五经")演为世俗的人文典籍。

中华元典主要沿着"圣化"路线发展，而没有朝"神化"推演，与中华文化的人文倾向很早便确立起来直接相关。"圣"的概念最先出现于《尚书》：

> 惟圣罔念作狂，惟狂克念作圣。③

孔安国作传，将"狂"释为"狂愚"，其反义的"圣"则寓"明智"意。

《尚书》在论列"五事"之一的"思"时，有"思曰睿"之说；又进一步界定"睿"的功用为"睿作圣"。孔安国作传，对"睿作圣"的"圣"所作的解释是：

> 于事无不通谓之圣。④

这里都是强调"圣"的"智慧"意，而很少含有"神异"意。正是由此种人文价值取向出发，中国人把自己的先民创制的元典视作具有高度智慧的"圣人"的作品，而没有将其看作神明的授意。这样，当欧洲中世纪以阐述西方元典为职志的经院哲学成为神学的附庸，依托于教会之际，中国汉至清以阐述中华元典为职志的经学作为人文性的儒学的主干，则依托于朝廷。此点在本书第五章已有所阐述，这里不再铺陈。

东西方元典在中古时代神圣化的两种不同路向，深刻影响了东西

---

① 董仲舒：《春秋繁露·楚庄王》。
② 《孟子·离娄上》。
③ 《尚书·周书·多方》。
④ 《尚书·周书·洪范》。

方文化的类型发展；反之，也可以说是这两种文化类型决定了东西方元典分别沿着"圣化"与"神化"的路向演进。

三、将元典还原为历史文献的理性努力

欧洲摆脱元典神圣化倾向的努力，萌动于中世纪经院哲学内部的"唯名论"。作为教会正统派的"唯实论"，肯定一般概念是独立存在的精神实体，将基督教的普遍教义，如上帝、原罪、三位一体等视作独立实体，从而把《圣经》奉为神圣；而与之相对立的"唯名论"则不承认一般概念的真实存在，这样，《圣经》中的普遍教义便被作为可以讨论、应予验证的观念，《圣经》隐然变成凡人能够评议的作品。唯名论者在中世纪往往遭到官方和教会的压制与迫害，原因正在于，它动摇了《圣经》无上尊崇、神圣的地位，也正因为如此，"唯名论"成为突破中世纪神学独断论的前奏。

经过文艺复兴和宗教改革，元典进一步被欧洲人赋予"人文"色彩，其"神文"的光环渐趋暗淡。进入17世纪，这一理性化倾向的代表人物是荷兰犹太人、无神论哲学家斯宾诺沙（1632—1677），他背弃神学传统，直言不讳地将《圣经》当作历史著作加以理解和诠释，认为《圣经》中的《律法书》等篇章是以色列人出于社会需要而制定的，强调只能以《圣经》的历史来解释《圣经》，反对神化《圣经》。他以自然神论（无神论的一种形态）解说宇宙诸现象，他经常宣传三个观点：灵魂就像呼吸，随肉体而死亡；上帝就是自然；天使是人心中的幻想。他认为自然就是它自己存在和变化的原因，不存在任何超自然的原因，也就不存在超自然的上帝。他把上帝、实体、自然这三个名词看作同一客观存在的不同名称，并用泛神论解说《圣经》，使《圣经》复归为初民的历史作品。

此后，德国唯物主义哲学家费尔巴哈（1804—1872）以人本学诠释《圣经》，指出基督教的上帝不过是人的自我异化的产物，是人的自身本质的虚幻反映，从而也就把《圣经》从"天书"还原为"人书"。他的名言"人是人的上帝"，"人的上帝就是人自己的本质"，揭示了基督教神学的真实内涵，将上帝解释为人的创造，还《圣经》以历史

作品的本来面目。这可以称之为西方的"元典皆史"论。

在中国，与元典神圣化、神秘化倾向相抗衡，古来即有对元典作理性解释的传统，其主要表现形态便是打破"经"、"史"之间的壁垒，力倡"以经为史"。早在《史记》中，司马迁便屡屡将"六经经文"作"史事"使用，开创"以经为史"的先河。《汉书·艺文志序》更明确地将《春秋》作为纪事之史，《尚书》作为记言之史。① 隋代思想家王通（584—617）则将《诗》、《书》、《春秋》三部经书列为"圣人述史"的例证：

> 昔圣人述史三焉：其述《书》也，帝王之制备矣，故索焉而皆获；其述《诗》也，兴衰之由显，故究焉而皆得；其述《春秋》也，邪正之迹明，故考焉而皆当。此三者，同出于史而不可杂也，故圣人分焉。②

如果说，王通只是肯定《诗》、《书》、《春秋》"同出于史"，而并未触及经书神圣性问题，那么，唐人刘知幾（661—721）则一再批评经书中的不合理论点，认为《春秋》有爱憎由己、曲笔隐讳之弊；《尚书》、《论语》中也有"饰智矜愚"的败笔，因而得出"远古之书，其妄甚矣"的结论。刘知幾还独具只眼，指出诸经所歌颂的尧舜禅让，其实与后世的篡夺并无二致。有鉴于此，他对诸经发表"大不敬"的言论：

> 《五经》立言，千载犹仰，而求其前后，理甚相乖。③

这是对元典神圣性的挑战，其武器是"疑古"、"惑经"。唐人啖助（724—770）、赵匡、陆淳（？—806）、柳宗元（773—819）等承袭刘知

---

① 《汉书·艺文志序》："古之王者，世有史官，君举必书，所以慎言行，昭法式也。左史记言，右史记事，事为《春秋》，言为《尚书》。"

② 王通撰，阮逸注：《中说》卷一《王道》，《四部备要·子部》。

③ 《史通·疑古》。

幾，发展这种疑古、惑经之风。

时至宋代，一方面，理学家推尊元典；另一方面，史学家进一步"疑古"、"惑经"，如司马光（1019—1086）作《疑孟》，对《孟子》提出十一条质疑。① 欧阳修（1007—1072）则著文对河图、洛书说的真实性表示怀疑。② 王安石更指出《春秋》非孔子作，并且"诋圣经为断烂朝报"③。这些"疑古"、"惑经"之说，都以理性为武器，剥去元典的神圣面纱，不留情面地揭示其缺陷、错漏和时代局限性。清人崔述（1740—1816）的"剖析疑似，以求其真"④的《考信录》等著作，将这种疑古、惑经的风格发展得更系统、完备，五四时代的疑古派钱玄同、顾颉刚等人颇受崔述的影响。

当然，在中国文化史上，与元典神圣化倾向相抗衡的，主要是"以经为史"说，也即将经书还原为历史典籍的努力。此说虽然不及"疑古"说那么尖锐，却能于平和中瓦解元典神圣化的根基。元人刘因（1249—1293）提出"古无经史之分"的论断，明人王守仁（1472—1528）的"五经皆史"更是此说的代表性论点。王守仁认为，元典同其他典籍一样，是历史的产物，反映着某一特定历史时代的思想和事迹，他打通"事"与"道"、"史"与"经"的严格界限，一针见血地指出：

> 以事言之谓之史，以道言之谓之经，事即道，道即事，《春秋》亦经，五经亦史。《易》是包牺氏之史，《书》是尧舜以下史，《礼》《乐》是三代史，其事同，其道同。⑤

---

① 见司马光：《司马温公全集》卷七三，《丛书集成初编·文学类》。

② 见欧阳修：《廖氏文集序》，《居士集》卷四三，《四部丛刊·集部》。

③ 见王应麟撰，翁元圻注：《困学记闻》卷六，商务印书馆 1959 年版。又见周茂振《跋孙莘老春秋经解》，孙觉撰《春秋经解》，商务印书馆 1935 年版。

④ 刘师培评语，见《国粹学报》第 34 期。

⑤ 王守仁撰，吕何均重编：《王阳明全集·传习录上》，大东书局 1935 年版。

此论堪称慧眼卓识。

明人李贽(1527—1602)提出与"五经皆史"相类似的"经史相为表里"说：

> 经史一物也。史而不经，则为秽史矣，何以垂鉴戒乎？经而不史，则为说白话矣，何以彰事实乎？故《春秋》一经，春秋一时之史也。《诗经》、《书经》，二帝三王以来之史也。而《易经》则又示人以经之所自出，史之所从来，为道屡迁，变易匪常，不可以一定执也。故谓六经皆史可也。①

将经书由"圣"还"俗"的最有力者，是清人章学诚(1738—1801)，他从"官师合一"，"道器合一"观念出发，发挥王守仁的"五经亦史"说，提出"六经皆史"说。章氏指出，经、史、子、集四部书皆与史相关：

> 盈天地间凡涉著作之林，皆是史学。"六经"圣人取此六种之史以垂训者耳！子集诸家，其源皆出于史。②
> 六经皆史也。古人不著书，古人未尝离事而言理，六经皆先王之政典也。③

章学诚又力主作周、孔之分，认为周公是政治家，是六经等政典的综合者；孔子是学者和教育家，是六经的传述者，"六艺存周公之旧典，夫子未尝著述也"④。他还进而指出：

---

①　见李贽《焚书》卷五《经史相为表里》。
②　章学诚：《丙辰札记》，《章氏遗书》外编卷三。
③　章学诚：《文史通义·报孙渊如书》。
④　章学诚：《文史通义·诗教上》。

　　六艺非孔氏之书，乃《周官》之旧典也。①

把"六经"视作"先王"时代的政教典籍，是夏、商、周三代各守专官的掌故，应以历史文献相看待，六经并非"圣人"为垂教后世而刻意创制的，因而不必奉为至高至圣之物。章学诚在提出"六经皆史"的同时，又提出"六经皆器"，驳斥"离器言道"说，反对把元典从特定历史范畴中抽象出来，变为超时空教义，从而把"治经"引向"治史"，或曰以治史精神去治经，使考证史料与发挥义理相结合。这实际上是对两千年来以经书为万古不易教条的经学传统发起的有力挑战，同时又打破了经学与史学间的森严壁垒。

　　清代嘉道间思想家龚自珍（1792—1841）也认为六经即史，他说："孔子述六经，则本之史。"②又指出，经书、子书皆应以历史文献视之，"五经者，周史之大宗也"。"诸子也者，周史之小宗也"③。正因为典籍即是泛义上的史书，因而从典籍中"求道"（寻求真理）必须带着真切的历史主义眼光。龚氏说：

　　　　出乎史，入乎道，欲知大道，必先为史。④

正是从这种"六经皆史"的观点出发，龚自珍认为将经与史分作两橛是不妥当的，他批评说："号为治经则道尊，号为学史则道诎，此失其名也。"⑤

---

① 章学诚：《校雠通义·内篇·原道第一》。
② 龚自珍：《古史钩沉论四》，《龚自珍全集》，上海人民出版社 1975 年版，第 27 页。
③ 龚自珍：《古史钩沉论二》，《龚自珍全集》，上海人民出版社 1975 年版，第 21 页。
④ 龚自珍：《尊史》，《龚自珍全集》，上海人民出版社 1975 年版，第 81 页。
⑤ 龚自珍：《古史钩沉论二》，《龚自珍全集》，上海人民出版社 1975 年版，第 21 页。

晚清学者服膺"六经皆史"的数不在少。如张尔田力辟经史两分说，认为"六艺皆古史，而诸子又史之支与流裔也"①。他进而具体阐述：

> 《周易》为伏羲至文王之史，《尚书》为尧舜至秦穆之史，《诗》为汤武至陈灵之史，《春秋》为东周至鲁哀之史，《礼》、《乐》为统贯二帝三王之史。……六艺相续为史，可以心知其意矣。②

这些议论，从史学侧面揭示六经的历史价值和史料层面上的作用，一反将经书神圣化、神秘化的传统，还其历史文献的本来面目，是以历史主义眼光看待元典的真知灼见。

近代中国的一些学者，承接王守仁、章学诚的元典皆史思路，发挥"经史相通"精义，如章太炎认为，"六经皆史之方"③：

> 《尚书》、《春秋》固然是史，《诗经》也记王朝列国的政治，《礼》、《乐》都是周朝的法制，这不是史，又是什么东西？惟有《易经》，似乎与史不大相关。殊不知道，周礼有太卜的官，是掌《周易》的，《易经》原是卜筮的书，古来太史和卜筮是测天的官，都算一类，所以《易经》也是史。④

章太炎认定，"六经都是古史"，"经外并没有史，经就是古人的史，史就是后世的经"。⑤ 章氏还在《书·订孔》等文章中指出，孔子删定六经，虽有保存史料的劳绩，却不能为百世制法，六经决非万代

---

① 张尔田：《史微·凡例》。
② 张尔田：《史微·史学》。
③ 章太炎：《明解故》下，《国故论衡》卷中。
④ 独角(章太炎笔名)：《论经的大意》，《教育今语杂志》第 2 期。
⑤ 独角(章太炎笔名)：《论经的大意》，《教育今语杂志》第 2 期。

可以尊奉不移的神圣经典和亘古勿易的教条。这些见解在章学诚"六经皆史"说的基础上又有进展，不仅将经书还原为历史典籍，而且正面否定其神圣性，因而具有鲜明的近代启蒙思想色彩，构成新文化运动的组成部分。

中国近代其他一些启蒙学者也以圣化元典的经学传统为抨击对象，倡导思想解放。如严复（1854—1921）批评"唯古式训"的经学方法是"则古称先，但云某圣人云然，某经曰尔，以较其离合也"①，如此治学，必然"所考求而争论者，皆在文字楮素之间，而不知求诸事实。一切皆资于耳食，但服膺于古人之成训，或同时流俗所传言，而未尝亲为观察调查，使自得也"②。梁启超则将一味迷信古圣先贤的经学方法称之"学界之奴性"，而力主"破之"。

四、"信古"·"疑古"·"释古"

传统经学大体走着"信古"一路，将传世经书视作信从对象，是历史解说、义理阐释无可置疑的起点和依据。而唐宋以至明清，部分新锐学者（如前引之唐人刘知幾、柳宗元，宋人欧阳修、司马光，清人姚际恒、崔述等）纷纷从史学考据角度，质疑经书的可信度，兴起"疑古"之风。近代在西洋实证科学方法启发下，"疑古"更成新史学的时尚。

胡适（1891—1962）以"实验"方法，克服传统经学的"信古"局限，多方位"疑古"，认为这样"可以解放许多'古人的奴隶'"③。胡适的《中国哲学史大纲》跳出传统经学圈子，以"平等的眼光"，即以价值中立的学术态度评判中华元典和先秦诸子，从而完成一次范式性（Paradigm）变革，使学者从"毫无边际的经典注疏的大海之中"解脱

---

① 严复：《法意按语》，《严复集》第 4 册，中华书局 1986 年版。
② 严复：《论今日教育应以物理科学为当务之急》，《严复集》第 4 册，第 281 页。
③ 胡适：《杜威先生与中国》，《胡适哲学思想资料选》（上），华东师范大学出版社 1981 年版，第 182 页。

出来。对于"五经"，胡适借助理性的校勘手段和历史主义的评析方法，认为《诗经》较为可靠，故全部接受；《尚书》、《礼记》尚待考证，疑点甚多，故避免引用。对于其他先秦典籍也都是"考而后信"。总之，主张"直接回到可靠的史料，依据史料重新寻出古代思想的渊源流变"①，从而将元典还原为某一特定时代的文献，令其在理性和历史的法庭上接受质疑，从而重新审度其价值，决不因古来即被认作是"圣经贤传"而无条件信从。正是从这种理性的历史观出发，胡适认为，六经并非铸造人才的万应灵丹，他说："鄙意以为制造士大夫之具，往往因时代而不同，而六经则非其主要之具。"②

"五四"以后兴起的"古史辨派"（钱玄同、顾颉刚为代表）大体与胡适采取相似步调，他们继承王充、刘知幾、柳宗元、欧阳修、崔述疑古惑经学风，又采纳近代理性思辨与实证科学方法，突破经学传统，对一系列古史问题，包括中华元典的真伪、成书时代、内涵真义等问题，都重新加以评估。顾颉刚（1893—1980）还提出"累层地造成的中国古史说"，认为在古史记载中——

> 时代愈后，传说的古史期愈长。
> 时代愈后，传说中的中心人物愈放愈大。③

顾颉刚剥去经学关于古史和元典许多"定说"的神圣外衣，使其传说性、非信史性大白于天下，这样就将古史研究置于真实的历史地基之

---

①　胡适：《中国古代哲学史》第 1 篇《导言》，《胡适作品集》第 31 册，台湾远流出版公司 1986 年版，第 10 页。

②　胡适：《论六经不够作领袖人才的来源》，《胡适文存》第 4 集第 4 卷。

③　顾颉刚：《与钱玄同先生论古史书》，《古史辨》第 1 册中编。顾氏此说源于清人崔述。崔述的《考信录提要》上说："世益古则取舍益慎，世益晚则其采择益杂，故孔子序《书》，断自唐虞，而司马迁作《史记》，乃始于黄帝。……近世以来……乃始于庖牺氏或天皇氏，甚至有始于开辟之初盘古氏者。……嗟夫，嗟夫，彼古人者诚不断后人之学之博至于如是也！"崔述此说已十分切近"累层古史说"。

上。古史辨派著名的"疑古"之例，一为指出由"盘古开天"、"三皇五帝"构成的古史整齐序列，乃先人"托古造说"或"取于寓言"，二为对《周易》《尚书》等元典传世本的真伪加以辨析。

古史辨派的具体论断未必全都精当，常有"疑古过勇"之弊，但他们破除经书神圣化迷信、还复元典历史本来面目的努力，是功不可没的，尤其是他们廓清古史传说，将"三皇五帝"还原为上古氏族首领的代称，是理性主义历史观的成就，从而为中华元典发生研究提供一种较可靠的史学基础，"河出图"、"洛出书"、"圣人作则"、"伏羲画卦"、"文王作易"等长久流行的说法，终于得到澄清，而代之以理性的分析、实证的考察，元典研究获得了近代科学方法的奥援。

钱穆在肯定古史辨派实证精神的同时，批评古史辨派的"疑古过勇"，主张理性对待古史和古书，要对传世文献保持基本的尊重与敬意。古史专家李学勤提出，应从"疑古"思潮的阴影下走出来，进入"释古"时代。① 此系真知灼见。但需要指出的是，顾颉刚等从"辨伪"到"疑古"，其实所做的正是"释古"工作，也即对古史、古籍作理性的诠释。其"疑古过勇"固不可采，务须扬弃，然带着历史主义的怀疑精神研习元典，与尊重、敬畏元典，都是必要的，二者可以互补互动，不应偏废。当然，在考古材料更为丰富、新的理论与方法更为完备的今日，我们可以在新的深度和广度上释古，更自觉地进入"信古—疑古—释古"三阶段的第三个梯级。

五、经史之别与元典的超越性

将元典（即经书）还原为历史典籍，可以破除关于元典神圣的迷信，在这一意义上，"元典皆史"是一个颇有价值的命题。但是，将这一命题无限延伸，抹杀经书与史书、经学与史学之间的区别，将二者混为一谈，也是不恰当的。

（一）经史之别

经书固然同史书一样，是历史的产物，反映着某种历史内容，因

---

①　李学勤：《走出"疑古时代"》，《中国文化》1992 年第 7 期。

而可以纳入广义史书的范围，然而，经书又独具自身属性，拥有特定的功能，与狭义史书大相径庭。

最先论述经史之别的，是经学初成时代而有志编纂史学巨著的司马迁。司马迁曾以《春秋》为经书代表，以自作的《太史公书》（即《史记》）为史书代表，比较经史的差异性。他在答复上大夫壶遂的质疑时指出，自己著史书虽然有意承袭孔子"修"《春秋》的事业，但史书与作为经书的《春秋》是颇不相同的。

司马迁说，《春秋》的功能是"为天下仪表"，其特色是：

> 辩是非，故长于治人。
> 《春秋》以道义。拨乱世反之正，莫近于《春秋》。①

揭示了经书的基本属性：

其创作动机是行道救世，树立天下仪范，通过治人以达王事；

其研究对象是"义法"，即社会道德行为的法则；

其学术性质是反省、批判与预言；

其学术方法则是扬抑褒贬，正面揭示价值评判。

至于司马迁从事的史书撰修，则另有旨趣：

> 余所谓述故事，整齐其世传，非所谓作也。②

这就明白昭示自己著史另有属性：

创作动机并非提出某种思想观点，而是保存天下史迹，通过"述往"以重建历史；

研究对象是"故事"（即过往的事迹）；

学术性质是叙述与推论；

学术方法是搜集史料，然后记述之、评论之。

---

①　《史记·太史公自序》。
②　《史记·太史公自序》。

史书对人物事件也有扬抑褒贬，但主要寓于述事之中，而甚少直接诉诸哲理式评论；史书也可能对未来作出预测，但那是通过"述往事"以实现"思来者"，一般极少直论未来。

正因为司马迁明确意识到经史之别（这种区别近似于哲学与史学的区别），所以他决不愿意将《史记》混同于《春秋》，故而他毫不含糊地告诉壶遂："而君比之于《春秋》，谬矣。"①

（二）元典的超越性

以历史主义眼光肯认元典（经书）为历史作品（广义史籍）；又以学科分类尺度肯认元典（经书）具有区别于狭义史籍的特殊性格。从这两种视角对元典作双重观照，方可全面把握元典的复杂属性和特殊功能，也才可以在确认元典时代性的同时，又确认元典超越具体历史载籍的内在机制。

元典作为一种被相关民族反复研读、一再诠释的文本，仰赖于其哲理性发挥作用。元典的不朽，主要并非因为讲述了一些具体知识，反映了一些具体历史事迹，而是由于所包藏的基本精神能够观照久远岁月。千百年间，人们依托这些基本精神，不断加以重新铸造、反复发挥，从而对相关民族的价值取向、行为方式、审美情趣、思维定势造成深远而又常新的影响，这是元典超越性的关键所在。这种超越性并非由神秘因子造成，乃是由元典的基本特质所导致——

元典的思考指向宇宙、社会和人生的普遍性问题，而这些问题又是各个时代、各个地域的人们所始终关心的，也就是说，元典讨论的是不朽的主题；

元典在回答这些始终激动着、困扰着人类的普遍性问题时，所提供的是一种哲理式的原型，而并非实证性的结论；

元典展示一种开放性的框架，而并非封闭式的教条。

这一切使元典不致因内容和形式的时代局限沦为明日黄花，而以一种灵感的源泉，一再发挥启迪功能。《老子》、《周易》、《佛经》、《圣经》、《形而上学》等东西方文化元典都具有上述特性。

---

① 《史记·太史公自序》。

元典为一代又一代后人奉作崇高而又取之不尽的精神文本，与元典的内涵和外延拥有广阔的"不确定域"大有干系。这种"不确定域"使元典在历史进程中可以不断被人们作出新的诠释，以适应各个不同发展阶段的人们的特殊需要，今人金岳霖（1896—1984）指出：

> 中国哲学非常简洁，很不分明，观念彼此联结，因此它的暗示性几乎无边无涯。结果是千百年来人们不断地加以注解，加以诠释。①

金氏这番话揭示了中华元典在后世能够不断被赋予各种各样解释的奥秘所在。古人深悉此一道理，两千多年前的司马迁就说过：

> 居今之世，志古之道，所以自镜也，未必尽同。②

诠释包蕴在元典中的"古之道"，不过是各代人"自镜"（自己发现自己）而已，元典的诠释是一个以今判古、推陈出新的过程，因而各代人自有各代人的解说，各类人自有各类人的释义（"未必尽同"），元典的诠释史也就无限丰富多彩了。

当然，元典为各有关民族所世代尊崇，就元典文本自身的原因而论，在于元典将该民族的精神类型用系统的、富于特征的符号确定下来，印度吠陀文献和佛典的超验性及神秘主义，希伯来《圣经》的殉教热忱、普世主义和直进史观，希腊先哲论著的理性思辨和求真倾向，中华元典的人文精神、忧患意识和求善倾向，既是各民族在特定的地理环境、经济生活、社会组织构成的文化生态中养育出来的璀璨奇葩，同时，又对各民族的历史进程和文化走向提供了一种"动力定型"，这种"动力定型"在某种程度上规定着民族精神发展的趋向。因此，元典的"文本"研究是典籍研究的龙头，始终受到人们的重视，

---

① 金岳霖：《中国哲学》，《哲学研究》1985 年第 9 期。
② 《史记·高祖功臣侯者年表》。

而元典的"精神"阐释则可以成为认识各主要文明民族特性的突破口。至于元典在近现代仍然不断被诠解的事实，则告诉人们：元典研究不仅是古代文化的重要课目，也是近代文化乃至当代文化的题中应有之义。

历史是一道浩荡前行的巨流，它推动并激发人物的登场、事件的演化，又"浪淘尽千古风流人物"，冲淡多少曾经显赫一时的人物与事件，无怪乎寄籍昆明的孙髯翁作《大观楼长联》，在列举历代"伟烈丰功"之后，要感慨那一切"都付与苍烟落照，只赢得：几杵疏钟，半江渔火，两行秋雁，一枕清霜"。

元典这个历史如椽之笔的巨制，没有在时代的迁衍中暗淡、消弭，历时愈久而愈益光耀夺目，正所谓"青山不老，绿水长存"。

第二节 "《诗》无达诂"：元典阐释诸路向

元典的"不朽"，是在元典的阐释史中体现出来的，其机制既寓于元典文本的特质中，又寓于文本丰富的内蕴给阅读者、解释者、信奉者提供多方面的阐释路向上，从而贴近不同时代人们的各种精神要求。而中华元典的重于诗学编码，疏于逻辑编码，更增加了其"不确定域"的广度和深度，导致日后阐释的"亡羊歧路"。董仲舒深悉此中奥妙，他指出：

　　《诗》无达诂，《易》无达占，《春秋》无达辞。①

"达"为明白、晓畅之意；"诂"指以今言释古语。"无达诂"意谓对故有文本难有精准通达的解释。宋人颇服膺此说，而明清之际的王夫之又有"《诗》无达志"②之说。"《诗》无达志"与"《诗》无达诂"分别揭示了元典文本多歧和阐释多歧这两个重要现象。

---

① 董仲舒：《春秋繁露·精华》。
② 王夫之：《唐诗评选》卷四。

"《诗》无达诂"讲的是：由于阅读者知识、经验、情志、心境的千差万别，导致对作品理解的林林总总；

"《诗》无达志"讲的是：由于作者内心世界的复杂多面，导致诗意在思想情志上表现得复杂多变。

原作本义的复杂性，加之读者对文本理解的纷纭多歧，造成各种不同的元典阐释路向。

一、"本义"确认与"引申义"发挥——"我注六经"与"六经注我"之辨

元典是历史作品，却能在后世不断获得现时代意义，一再为后人所用，成为千百年来人们精神生活中不可或缺的构成因素。中国人对"经"的解释，颇能表达元典的这种特殊功能：

　　经，径也，如径路无所不通，可常用也。①

元典的"常用"不衰这一现象，提出一个解释学的基本问题——一代又一代的人们能够"常用"元典，是因为元典文本确乎"放之四海而皆准"，适合千秋万代的需要，还是因为后人借助元典文本的躯壳，注入他们在现时代所要求的东西？或者说，人们在着手理解和解释元典文本时，是认定"文本"原来已经包含着独立于理解和解释之外的意蕴(可称之"本义")，还是"文本"的意蕴原是处于未定状态，只有经过人们的理解、解释和发挥(可称之"引申义")，其意蕴方得以确立和完成？

元典作为在特定的历史时代由若干特定作者创制的"文本"，自然有着反映特定时代和特定作者思维成果的具体内涵，也就是说，文本的"本义"是一种客观的历史存在。而对客观存在的文本本义的认识，不能脱离对文本的语言文字的真实把握，以及对文本所涉及的社会背景的具体了解。汉代经学家在这方面做过不少开创性工作，如刘歆提出"六书"是汉字造字法则，许慎(约58—约147)《说文解字》更

---

① 刘熙：《释名·释书契》。

吸收前人成果，成为一部汉字学的系统专著，为正确理解元典文义奠定基础。而郑玄（127—200）则遍注诸元典，从字音、字义的考究，到典章制度的追溯都下过深入工夫，故"郑学"在发掘元典"本义"方面劳绩甚著。但由于郑玄信奉谶纬，故他所发挥的元典"引申义"多不足为训。一千多年后，清代乾嘉学派承接汉儒，在发掘元典本义方面进行了更加浩大的工程，他们以文字学为基点，从训诂、音韵、典章制度、历史、地理、天文、历法研究入手，力求逼近元典本义的堂奥，其杰出代表戴震（1723—1777）说：

> 经之至者，道也。所以明道者，其词也。所以成词者，字也。由字而通其词，由词而通其道。①

这种"由字通词，由词通道"的从"小学"走向"大学"的路径，是力求经由文字训诂开掘元典本义的一种努力。戴震还从自身治学经历出发，概括把握元典形上之道的途径：

> 仆自十七岁时，有志闻道，谓非求之《六经》、孔、孟不得，非从事于字义、制度、名物，无由以通其语言。宋儒讥训诂之学，轻语言文字，是欲渡江而弃舟楫，欲登高而无阶梯也。②

　　这里讨论的是探求文本本义的方法问题。这种讨论的前提，当然是承认文本本义的客观存在。既然文本本义是客观存在的，阐释者的任务就是通过文本语言去开掘它，确认它。

　　文本除客观存在"本义"之外，在阅读者和解释者那里，还有一个理解问题，以及由不同的理解导致的不同解释和多样发挥。例如，《圣经》的《雅歌》无疑是爱情的颂歌，但是，它所表现的是谁对谁的爱？历来却有不同的解释。犹太人把它看作上帝对犹太民族之爱，并

---

① 戴震：《与是仲明论学书》。
② 戴震：《孟子字义疏证·与段若膺论理书》。

将其视为犹太民族的一部史诗，包括她的过去、现在与未来。然而，基督教徒却看不出《雅歌》的诗中有犹太史，而只看到基督对教会和个人灵魂的爱心。中世纪的经院学者则从《雅歌》中发现了"智慧之爱"，发现了知识分子对真理之爱。这便是同一文本在不同接受者那里产生不同理解的典型例证。美国哈佛大学比较宗教史名誉教授史密斯说过一段颇有意味的话：

> 篇章本身并不等于是圣典，也没有一个篇章会自行成为圣典。只有当一个篇章被看成圣典时；只有当某一民族或社团以一种特殊的方式看待它时，它才成为圣典。①

我们也可以说，元典文本最初也不具备特别的意蕴，只有当该民族以神圣待之，它才成为具有神圣意蕴的典籍。总之，元典丰富的意蕴是由文本自身特征和解释过程共同造就的，而且，在很大程度上，是解释者不断"重铸"所赋予的。

鲁迅在论及人们阅读《红楼梦》的不同感受时，说过一番颇富于解释学哲理的话：

> 《红楼梦》是中国许多人所知道，至少，是知道这名目的书。谁是作者和续者姑且勿论，单是命意，就因读者的眼光而有种种：经学家看见《易》，道学家看见淫，才子看见缠绵，革命家看见排满，流言家看见宫闱秘事……②

这种"仁者见仁，智者见智"现象的出现，一来是由于文本内涵的丰富性、多面性导致了广阔的"不确定域"，二来由于不同的接受者、

---

① 见史密斯 1989 年 5 月在中国社会科学院世界宗教研究所座谈会上的发言：《圣典及其学术研究》。

② 鲁迅：《集外集拾遗补编·〈绛洞花主〉小引》，《鲁迅全集》第 8 卷，人民文学出版社 1981 年版，第 415 页。

解释者有不同的视角、不同的接受心态和阐发方向，因而对同一文本，可以有大不相同的理解和诠释。

各种解释学学派对文本的"本义"和"引申义"各有不同的侧重，由此推引出迥然相异的学术路线。

在西方，古典的解释学主要用以诠释古希腊诗文（如《荷马史诗》）和希伯来《圣经》。这种解释学肯认文本本义的存在，从而把解释的任务确定为通过语法上的阐释，又参照古代典籍所提供的有关背景材料，力图发现文本的本义，再现历史典籍的原有内蕴。当然，古希腊也有注重文本引申义的解释传统，如基督教的希腊教父克雷芒（约150—约215）认为，哲学是归向基督的预备。他继承并发展了亚历山大学派"寓意释经法"传统，主张《圣经》的字句后面隐伏着更深的含义，诠释者的任务便在于开掘这种含义，他的《杂记》等论著，都在《圣经》某一句子之后，引申出一大段"深意"来。

西方近代的诠释学理论大体承继并发展了上述两种诠释传统，但居优势地位的近代诠释学是沿袭后一传统，这种诠释理论设想历史典籍的意蕴是流动未定的，诠释的任务在于使文本流动、模糊的意蕴通过解释明晰起来。

西方近代解释学开端于意大利哲学家维科（1668—1744），他认为"真理与事实是可以改变的"，文本中使用的符号与概念，其规则与约定都是人造的，因而是任意的。19世纪，西方解释学回复到把理解和解释视作一种"意义的重建"，也即再现文本的原意，达到文本与解释者、作者与读者间的沟通，这里强调的是解释的客观性。

20世纪崛起的现代解释学对文本意义的客观性又有新的认识。德国哲学家伽达默尔（1900—2002）创立的"哲学释义学"，认为人文科学与自然科学的对象和方法都有不同，自然科学的对象往往与解释者无内在联系，研究者可以客观地审视它，自然科学关心的是真；人文科学的对象直接同人的经验相联系，它关心的不仅是真，还有善与美，因而人文科学不能满足于自然科学的实证方法，还要有价值判断、审美判断；人文科学也不能局限于自然科学的客观考察，还要有主观的参与，对一个文本的解释，必须有阅读者、解释者的主观体验，想象的参与，才能实现意义的重建。

正因为对于文本本义的客观存在与否有着歧义的理解，随之而来的，就产生"解释一元"与"解释多元"的分野。

肯认文本本义的客观存在，就认定解释只能是一元的，也即对文本本义的复归；

认为文本本义不是一个简单的认识客体，其发掘必须伴之以阅读者的主观感受，这就对解释采取开放态度，承认多元解释的合理性。

中国虽然没有出现自觉的解释学理论及其学派，但自汉代以来，围绕对经典的诠释，产生过各种理论和学派，其影响最大者为汉学与宋学。大体言之，汉学是用训诂考据方法治经，注意发掘元典的"本义"，力求窥见元典内蕴的"本来面目"，这有些近似西方古典解释学和 19 世纪传统解释学的追求；

宋学在解释元典时则倾力于发明本心，不太拘泥元典的本义，而着重开出其"引申义"①，这又与维科的解释学理论和西方现代解释学的旨趣相类。

出于对元典"本义"和"引申义"的不同侧重，形成汉代至清代两大元典诠释体系——汉学与宋学。汉宋之争，除与各时代政争相关外，从学理层面而言，主要是由对元典本义客观性的确认与否，以及对元典引申义合理性的肯定与否造成的。

此外，在元典的汉学诠释体系内部，又有今文经学和古文经学两大流派。今文经学以元典为政治教科书，着重发挥经文的"微言大义"，也即更多地在"引申义"上用力；而古文经学以元典为历史文献，偏重于"名物训诂"，也即较注目于"本义"的开掘。

确认文本本义，追求文本本来面目的恢复，对阐释者来说是一种历史的、客观的工作，提供了元典研究的基础，可用"我注六经"概括之；

---

① 宋学中的心学派对于元典的阐释抱有极端的看法，如陆九渊认为，对经书作集注、章句，与经书本义无关，不过是"好事者藻绘以矜世取誉而已"（《象山全集》卷十四《与侄孙》之三）。

发挥元典引申义，对元典文本作现时代的价值评估和阐释者主观意图的申述，即陆九渊（1139—1193）所谓"六经皆我注脚"①，则是一种现实的、主观的工作，能使元典之树保持常青，可用"六经注我"概括之。

"我注六经"与"六经注我"是两种极端之论，实际上，这两种努力应当是双向同构的，分则两伤，合则双美。较完善的元典阐释路径是：

> 各还他一个本来面目，然后评判各代各家各人的义理是非。不还他们的本来面目，则多诬古人；不评判他们的是非，则多诬今人。但不先弄明白了他们的本来面目，我们决不配评判他们的是非。②

对于中国传统的两种元典诠释体系——汉学与宋学，清代开始进入综汇其长的阶段，有些学者认为不要限于汉宋门户之见，而应使二者相得益彰，这便是"合汉宋"的元典诠释路线，即以训诂立足，开掘文本"本义"，又着意发挥文本"引申义"，并作出现时代的价值评判。

总之，元典作为历史文献，自有存在的客观内蕴，揭示这种客观存在的内蕴（即文本的"本义"）及其在原时代的价值，是一种"我注六经"的过程；元典作为后世反复研读、阐释的文本，又必然要不断注入一代又一代晚出的阅读者和解释者的感受和理解，不断被重新铸造和再度刻勒，从而以更新了的精神被后人所利用，这又是一种"六经注我"的过程。而元典正是在人们反复地"我注六经"和"六经注我"的双向过程中，赢得历史典籍的客观地位和生活教科书的常青性。

因而，元典既是历史的，又是不朽的；既属于过去，又属于现在

---

① 陆九渊：《象山全集》卷三四《语录》，中华书局 1936 年据明李氏刻本校刊。

② 胡适：《〈国学季刊〉发刊宣言》，《胡适文存》第 2 集第一卷。

和未来。诚如意大利哲学家、历史学家克罗齐(1866—1952)所说：

> 每一种真正的历史都是现代史。①

他又强调，在使用这一命题时，应当"排除一种似是而非的东西"②。克罗齐指出：

> 死亡的历史会复活，过去的历史会变成现在，这都是由于生命的发展要求它们的缘故。罗马人和希腊人躺在他们的坟墓里，直到文艺复兴时代，才被欧洲精神新的成熟所唤醒。文明的原始形式，那样粗糙，那样野蛮，躺在那里被人遗忘，或很少为人注意，甚或被人误解，一直要到欧洲精神的新阶段，即大家知道的浪漫主义或恢复运动才来"同情"它们——那就是说，承认它们作为自己现在特有的兴趣。就是这样，历史的伟大论著现在对我们说来是编年纪录，许多文献目前是默默无声，但是等到时来运转，生命的新的闪光又会从它们的身上掠过，它们又会重新侃侃而言。③

作为历史"编年纪录"的元典，其文本"本义"自文本诞生之日就客观地存在着，如同矿物藏埋在深山一样。在人们开掘它以前是"默默无声"的，但当人们出于现时代的需要，勘探它、采掘它(即发现文本"本义")，进而还要去冶炼它、加工它(即发挥文本"引申义")，元典就从寂寞的古董变得生机盎然、异彩焕发，并展示出全新的功能，"重新侃侃而言"。

---

① ［意］克罗齐：《历史和编年史》，转引自《现代西方史学流派文选》，上海人民出版社 1982 年版，第 334 页。
② ［意］克罗齐：《历史和编年史》，转引自《现代西方史学流派文选》，上海人民出版社 1982 年版，第 334 页。
③ ［意］克罗齐：《历史和编年史》，转引自《现代西方史学流派文选》，上海人民出版社 1982 年版，第 334 页。

这便是元典客体("经")与阐释者主体("我")之间的双向互渗关系。

二、现实评判与历史估量——今文经学与古文经学之辨

作为中国传统学术核心的经学，以疏证、诠释经书为使命。经学也即中国的元典阐释学，一部中国经学史，便是一部中华元典阐释史。

经学阐释元典，有现实的与历史的两种视角，我们可以称之"现实的评判"与"历史的估量"。因为这两种视角的差异，便造成中华元典阐释学两大流派——今文经学与古文经学的对垒与互动。

经学的今、古文之争，始于西汉末年的哀、平之际。本来，西汉初、中期，只流行今文经(即以当时通用的隶书书写的经书)，立于学官的经书都是今文本。成帝时，命光禄大夫刘向(约前77—前6)校经传诸子诗赋，其子刘歆(？—23)在襄助校书时，称自己发现一部用先秦六国"古籀文"①书写的《春秋左氏传》，以后又陆续发现《毛诗》、《逸礼》、《古文尚书》。刘向死，刘歆嗣父之业，已是哀帝时期。刘歆奏请哀帝将他所发现的古文经立于太学，哀帝要刘歆先与经学博士们讨论，而"诸博士或不肯置对"②。哀帝死，平帝立，王莽以大司马辅政，刘歆成为王莽"改制"的论证者，古文经当然顺理成章地立为官学。自此，儒学经典便有了今、古文之分，经学也有了今文经学与古文经学之歧。

今文经学与古文经学宗派有异，学脉各别，其分歧点甚多，要者为：

今文经学认为六经皆孔子手订，孔子之前无"经"；古文经学认为六经皆古代文献，并非始于孔子。

今文经学以孔子为政治家、哲学家、教育家，故尊其为"素王"，六经乃致治之道，是政治教科书；古文经学以孔子为史学家，是"述

---

① 大篆相传由周宣王的太史籀(音"轴 zhǒu")所造，故名。
② 《汉书·楚元王传》。

而不作，信而好古"的古文化保存者，故尊其为"先师"，六经乃古代史料。

今文经学按六经深浅，排列为《诗》、《书》、《礼》、《乐》、《易》、《春秋》；古文经学按六经发生先后，排列为《易》、《书》、《诗》、《礼》、《乐》、《春秋》。

今文经学以《春秋公羊传》为主要经典，着力发挥"微言大义"；古文经学以《周礼》为主要经典，用功于先秦典章制度的考订。

经学的今古文之辨，是一个千余年来聚讼未决的复杂问题，这里不具体辨析，只拟从元典阐释学角度对今文经学与古文经学作一基本界定。

今文经学承袭儒家的思孟之学和道家的阴阳之学，着重于对元典进行"现实评判。"

今文经学并不注意元典的文字以及从文字中所反映的古代史事，而力求从经书中搜寻、发扬治国安邦的"大道"、"至理"，因此十分关心元典所蕴藏的"义"，认为这个"义"才是圣人的心力所寄，正如孟轲讲到《诗》亡《春秋》作时所说："其事则齐桓、晋文，其文则史。孔子曰：'其义则丘窃取之矣。'"①既然元典的要旨在于孔丘从《诗》三百篇中借用来的褒善贬恶的大义，而这种"微言大义"又不能从元典的文字中直接表露出来，于是就给阐释者的发挥留下广阔余地，这种发挥又往往顺应着现实政治的需要。如《春秋公羊传》引申出来的"复父之仇"、"复九世之仇"的义项，被汉武帝时的今文经学家们解说为征伐匈奴以替高祖复仇，这便深获武帝的欢心。此类事例甚多。今文经学的末流为迎合统治者的喜好，还大讲阴阳、灾异、谶纬。此为不足道者。

另外，今文经学有"张三世"（据乱世、升平世、太平世为"三世"）、"通三统"（夏、商、周为"三统"）之说，可以诠解出"变通"、"改制"之义，这样，处在某些历史转折关头的今文经学家便利用这种经学模式为现实的社会改革作论证。如清代嘉道间的龚自珍以"公

① 《孟子·离娄下》。

411

羊学""讥切时政"，呼唤"改制"；道咸间的魏源则力倡"公羊三世说"，认为世分治、乱、衰三世，而他所谓的"衰世"便指自己所处的时代，只有"更法改图"方能转"衰"为"治"。龚、魏发扬今文经学"现实评判"的传统，造成清代学风从乾嘉间历史主义的纯学术研究向道咸间现实主义的经世研究转变。诚如今人齐思和所说：

> 夫晚清学术界之风气，倡经世以谋富强，讲掌故以明国是，崇今文以谈变法，究舆地以筹边防。凡此数学，魏氏或倡导之，或光大之。①

清末，康有为更发扬龚、魏以"公羊学"议政的风格，作《新学伪经考》、《孔子改制考》和《大同书》，一面推翻刘歆以来的古文经，称其为"伪经"，一面以《礼记·礼运》的大同理想为最高目标，又力倡公羊三世进化之义，作为达到理想的阶梯，并把孔子铸造成"托古改制"的通天大教主，借"素王"的名义鼓吹变法维新，从而将今文经学的"现实评判"发挥到极致。

古文经学与儒家的荀学和道家的自然思想有较多相通之处，着重于对元典进行"历史估量"。

古文经学认定经书是历史文献，是记载着古代事迹和典章制度的史料，因此，古文经学着力于元典的文学训诂、历史事实的考辨、典章制度的订定。由于先秦古文与两汉隶书的差异，古文经学为辨识经籍，建立了系统的文字训诂方法，《尔雅》、《说文解字》是其代表作。古文经学讲求实学，以名物训诂为务，反对灾异、谶纬等迷信，显示了朴实的学风。

古文经学创始于西汉末年的刘歆，发达于东汉。东汉末年的郑玄（127—200）则立足于古文经学，又兼采今文经学，破除家法传统，广采众说，遍注群经，达到今古文经学初步一统的局面，所以"郑

---

① 齐思和：《魏源与晚清学风》，《魏源思想研究》，湖南人民出版社1987年版，第67页。

学"又可称经学的"通学派"。"郑学"只注意于经典的名物训诂，而不讨论义理，成为后世考据学的端绪。唐代保持着经学的统一，对元典主要做注疏工作，走的大体是古文经学路子。至清代，古文经学昌盛，对元典作严肃的"历史估量"，成为士人的追求。清初学者顾炎武说："读九经自考文始，考文自知音始"，"学者读圣人之经与古人之作，而不能通其音，不知今人之音不同乎古也，而改古人之文以就之，可不谓之大惑乎？"①力主通过古音研究以达到恢复元典的历史本来面目。乾嘉间的戴震（1723—1777）一派（皖派）即导源于此。

皖派问学路径为：欲明经义，必先考订文字，从文字、音韵、训诂入手，占有丰富资料，以客观态度阐释经书，力图对元典作出准确的历史估量。此派代表人物还有程瑶田（1725—1814）、段玉裁（1735—1815）、王念孙（1744—1832）、王引之（1766—1834）等。

乾嘉间惠栋（1697—1758）一派（吴派）则主张广为搜集汉儒经说，加以疏通，互相参证。其学风为：博而尊闻，不讲义理，信古尊汉，述而不作，致力于对元典作"历史判断"，又特别强调"治经而不可驳经"，以一味保守汉人经说。此派代表人物还有江声（1721—1799）、钱大昕（1728—1804）、王鸣盛（1722—1797）、江藩（1761—1830）等。

皖派以"精断"见长，以文字学为基点，略探儒家哲理之源；而吴派以"详博"取胜，以汉人经说为基点，旁及史学与文学。它们大体都走着"纯学术"路子，与今文经学纵横八极的经世议政之风大相径庭。

三、文本的笺释与义理的开掘——汉学与宋学之辨

纪昀（1724—1805）在《四库全书总目》中归纳汉代以降"学凡六变"，又总括道：

> 要其归宿，则不过汉学、宋学两家互为胜负。夫汉学具有根

---

① 顾炎武：《答李子德书》，见《顾亭林诗文集》，中华书局1959年版。

柢，讲学者以浅陋轻之，不足服汉儒也；宋学具有精微，读书者以空疏薄之，亦不足服宋儒也。消融门户之见，而各取所长，则私心祛而公理出，公理出而经义明矣。①

经学中的今、古文两派虽然在经典来源与对经典阐释的角度上颇多相左，但执著于经典的文本释证却是它们的共通之处。由于今文经学和古文经学都发源于汉代，故清人将其合称"汉学"，以与宋代崛起的用力于开掘元典义理的"宋学"相对应。

"汉学"、"宋学"这两个名词，因惠栋的再传弟子江藩著《国朝汉学师承记》、《国朝宋学渊源记》二书而广为流行。江藩上述二书，宗汉抑宋，引起宋学派方东树（1772—1851）的论难。方东树作《汉学商兑》（成书于道光六年，即 1826 年），详列汉学弊端，并为宋学张目，称朱熹"与孔、孟无二"②。一时间，汉、宋二学的对立愈加昭著于世。

（一）实事求是的汉学

清人所论"汉学"虽然也可泛指兴起于汉代的整个经学（包括今文经学和古文经学），但主要是指古文经学，尤其是指在清代乾隆—嘉庆两朝（1736—1820）达于高峰的考据之学，故"汉学"与"乾嘉考据学"往往为同义语，"实事求是"、"无征不信"是其学风主旨。梁启超概括，"乾嘉诸老"大约做了如下工作：

1. 经书的笺释

2. 史料的搜补鉴别

3. 辨伪书

4. 辑佚书

5. 校勘

6. 文字训诂

7. 音韵

---

① 纪昀等：《四库全书总目》卷一，中华书局 1965 年版。

② 方东树：《汉学商兑》三序。

8. 算学

9. 地理

10. 金石

11. 方志之编纂

12. 类书之编纂

13. 丛书之校刻。①

这些工作的对象以元典为核心，又扩及到其他典籍，而工作的重心是元典文本的笺释，属于"考据"一途，于"义理"甚少涉猎，即使要探求义理，也是通过训诂实现的，诚如钱大昕概括戴震的治学特色时所说：

> 研精汉儒传注，及方言说文诸书，由声音文字以求训诂，由训诂以寻义理，实事求是，不偏主一家。②

这也是乾嘉考据家的一般性格。

(二) 发挥义理的宋学

"宋学"是作为"汉学"的补充物和对立面发展起来的。两汉经学笺注经典，其弊端一为繁琐，东汉思想家桓谭(前? —后56)曾举例说明这种繁琐考释所达到的骇人听闻的程度："秦近君能说《尧典》篇目两字之谊，至十余万言；但说'曰若稽古'，三万言。"③其弊端之二为"只是以章句训诂为事"④，因而被程颐批评为"不知要"⑤。这个"要"便是元典文本所蕴含的"义理"。宋学反汉学之道而行之，不注重章句训诂，抛开传注，深研元典义理，开出元典研究的又一道

---

① 见梁启超《中国近三百年学术史·清代学术变迁与政治的影响》，中国书店1985年版。

② 钱大昕：《戴先生震传》，《潜研堂集》卷三九，《四部丛刊集部》。

③ 桓谭：《新论正经》，上海人民出版社1977年版。

④ 《二程集》卷十八，中华书局1981年版。

⑤ 《二程集》卷十八，中华书局1981年版。

路。清人钱大昕说宋人王安石"以意说经，诋毁先儒，略无忌惮"①，如果抛开这番评语的贬义，则较为真切地反映了宋人释经的风格——不以前人经说为限，而无忌惮地发挥自己所认定的义理。

汉学家认定，考证、训诂是义理的基础，所谓"训诂者，义理之所由出，非别有义理，出乎训诂之外者也"②。此言包括部分真理。但平心而论，汉学的训诂工夫可以解决古典中的名物、典制、音读、史实、地理等具象问题，却未必能够解决古典中有关天人之际、人伦之辨方面的抽象问题，而这些玄思名理、道德节目等哲理层面的论题，需要作超越性的思辨，需要治学者身体力行、精研证悟方能获得深解。训诂在这里只能提供思辨的材料基础，并不能代替思辨本身。在这一意义上，方东树对汉学家一味注重训诂的批评是有道理的。方氏在驳斥戴震的"经之至者，道也；所以明道者，其词也；所以成词者，未有能外小学文字者也"③之论时指出：

　　夫谓义理即存乎训诂，是也，然训诂多有不得真者，非义理何以审之。④

这里强调的是理论思维的指导性作用；方氏还由此肯定学者超越性思辨的重要性：

　　盖义理有时实在语言文字之外者。⑤

肯定哲学思辨自有其独特的功能，这种功能不是史学考证所能取代的。

----

① 钱大昕：《宋儒经学》，《十驾斋养新录》卷十八，上海书店 1983 年版。
② 钱大昕：《经籍纂诂序》，《潜研堂集》卷二四。
③ 戴震：《古经解钩沉》，《戴震集》卷一。
④ 方东树：《汉学商兑》卷中。
⑤ 方东树：《汉学商兑》卷中。

　　由唐代韩愈发其端，至宋代庆历（宋仁宗年号）间正式兴起的义理研究，是对两汉至隋唐以来经书训诂、义疏走向的一种反动，其间又汲取道家和道教的宇宙化生说，并受到入华佛学的启迪。

　　宋学家基本承袭孔孟儒学的伦理—政治学说，以其礼法刑政为核心，扬弃佛教的宗教教义，却又接纳佛学的思辨方法。宋学家是以"辟佛"面目出现的"新儒家"，但实际上，宋学家又做了大量"援佛入儒"工作，佛学精深的本体论和方法论开阔了宋学家的眼界，其精研义理、探幽寻微的追求，与佛学影响颇有关系。宋学家因以儒学"道统"自居，故往往讳言与佛学哲理的因缘，但佛门却记述甚详。谢无量指出，佛学的禅宗诸大师对宋学家颇有影响，如"圆通居讷与欧阳修善，佛印了元又周濂溪所契者也，有《寒山欧雪记谈》载其事"。"《归元直指》记黄龙、慧南禅师与周濂溪诸人之关系，有濂溪与张子厚同诣东林叩常总论性云云，及记黄龙派灵源性清禅师答程伊川书云云，《朱子语类》及《伊洛渊源录》评程门高弟游、杨、谢诸子，皆从禅学入。"[1]宋代理学家"皆从禅学入"，正指明宋学与佛学的某种依存关系。

　　宋学的门别甚众，所谓"庆历之际，学派四起"[2]，后演为濂、洛、关、闽诸学。

　　"濂学"创于周敦颐（1017—1073），他从《易传》发展出"无极而太极"的宇宙构成学说，又主张模仿"太极"建立"人极"。而"人极"即"诚"，通过主静、无欲方可达到此境界。

　　"洛学"创于程颢（1032—1085）、程颐（1033—1107）兄弟。二程学说有异，但讲论"天理"为其共通之处。

　　"关学"创于张载（1020—1077），他提出"太虚即气"，认为"气"的聚散变化，构成万物，又因为人和物同受"天地之气"以生，故"民吾同胞，物吾与也"。

　　"闽学"创于朱熹（1130—1200），他承袭二程的天理论，提出"理

---

① 引自梁启超、章太炎编辑《中国学术论著辑要》，世界书局排印本。
② 全祖望：《宋元儒学案序录》。

在气先"论断。朱熹对经学的各个方面都有建树，而用力最勤的，首推《四书》，其次为《诗经》。其编纂的《四书集注》成为南宋以降列朝的"圣经"。朱熹对于《四书》的阐释，正体现了宋学的特征：于名物训诂时有疏忽，而托经以言哲理，则详慎精到。

梁启超在《王荆公》一文中，于纵论两汉经学得失以后，又品议宋学功过：

> 至于宋而濂、洛、关、闽之学兴，刊落枝叶，鞭辟近里，经学壁垒又为之一新。顾其所畸重者，在身心性命，而经世致用之道，缺焉弗讲，谓但有得于身心性命，而经世致用之道，举而措之矣。其极也，乃至专标《论语》、《孟子》、《大学》、《中庸》，跻而尊诸群经之上，而汉以来所请六艺者，几于束阁。①

宋人阐释元典，确有"为之一新"的立意，他们敢于怀疑汉人经说，如欧阳修认为《易经》中的《系辞》、《文言》等"十翼"非孔丘所撰，而是后人之作；司马光指出，《孟子》不是孟轲本人所著。这些论断被近古以至现代的学术研究证明其可信，这是宋人怀疑精神的卓异之处。但是，宋人因将"义理"置于首位，元典文本中凡不符宋人认定的"义理"者，便要推倒重写，这样，宋人有不少删经、改经的故事。

朱熹在《大学章句》中，为附会自己确认的"义理"，数处移易经文，甚至给《大学》补入"格物传"一百多字，便是典型的一例。此外，宋儒所认定的"义理"，有些与元典本义无关，如朱熹将伪古文《尚书》中《大禹谟》的"人心惟危，道心惟微，惟精惟一，允执厥中"说成是孔门"十六字心传"，称其为尧、舜、禹心心授受的修身治国要义。朱熹解释道："人心""生于形气之私"，与物欲联系，故很危险；"道心""原于性命之正"，很微妙；只有"精则察夫二者之间而不杂"，才

---

① 梁启超：《王荆公·第二十章荆公之学术》，《饮冰室合集》第7册。

能使"危者安，微者著"，达到中庸境界。① 且不论伪古文《尚书》是后人所托，与尧、舜、禹、周、孔无涉，即以这十六个字的本义，也扯不上中庸之道，朱熹的这番论说不过是借经书文句外壳，自己另做的一篇义理文章。宋人经说中这样的例子不胜枚举。清人皮锡瑞评说：

> 宋儒乃以义理悬断数千年以前之事实。②

此为确当评论。

（三）综汇汉宋

汉学与宋学这两种诠释元典的路向，在分途发展相当长时期以后，至清代渐呈综合之势。清代因以《四书》朱注为科举试帖之本，故士子普遍熟稔宋学，即使诸汉学大师，如惠栋、戴震、段玉裁等均有相当的宋学功底。反之，清代的宋学家因受乾嘉考据学的熏陶，也对汉学绝不生疏。至咸丰、同治以降，随着社会危机的尖锐化，为了挽救纲常名教，清朝统治者和士子们也有抛弃门户之争，兼采汉、宋的要求。例如曾国藩本来"一宗宋儒"③，曾讥讽乾嘉汉学为"破碎之学"④，但他于壮年以后又对汉学发生好感，以为汉宋不应彼此攻讦，而当走"合汉宋"之路。曾氏曰：

> 乾嘉以来，士大夫为训诂之学者，薄宋儒为空疏；为性理之学者，又薄汉儒为支离。鄙意由博乃能返约，格物乃能正心，必从事于礼经，考核于三千三百之详，博稽乎一名一物之细，然后本末兼赅，源流毕贯。⑤

---

① 朱熹：《中庸章句序》。
② 皮锡瑞：《经学历史》。
③ 曾国藩：《复颖州府夏教谕书》，《曾文正公全集》之《书札》卷二〇，上海国学整理社 1948 年版。
④ 曾国藩：《朱慎甫遗书序》，《曾文正公全集》之《文集》卷一。
⑤ 曾国藩：《复夏甫》，《曾文正公全集》之《书札》卷十三。

具体路径是，推本礼教，"以通汉、宋二家之结"①。

如果说曾国藩是以宋学为本，走向"兼综汉宋"的话，那么张之洞(1837—1909)则以汉学为本，综采汉宋之长。张氏认为，偏于汉、宋一隅，都不能探获"圣人之道"，合理的学术态度是兼采汉学的认真读书和宋学的深入穷理②，如此方能进入元典之堂奥，获元典之精义。张氏指出：

> 汉学，学也；宋学，亦学也。……大要读书宗汉学，制行宗宋学。汉学岂无所失，然宗之则空疏蔑古之弊除矣。宋学非无所病，然宗之则可以寡过矣。至其所短，前人攻之，我心知之。学人贵通，其论事理也，贵心安。争之而于己无益，排之而究不能胜，不如其已也。……使者于两家有所慕而无所党，不惟汉、宋两家不偏废，其余一切学术，亦不可废。③

张之洞不赞成一味争辩汉宋之异，而主张兼采二者之长，达到和衷共济、相得益彰的结局。

"兼汉宋"是清人企图综合元典诠释两路向的一种努力，自有其心得所在。但由于曾、张诸人仍然未能脱出传统经学的窠臼，因而这种综合并不能引起深刻的学术进步。更高层次的综合汉、宋两种诠释系统的任务，只能期之以后来者。

四、"引古"以"筹今"，"复古"以"新变"——元典精义的古今之辨

上述"我注六经"与"六经注我"之歧、今文经学与古文经学之争、汉学与宋学之辨，从元典阐释学论之，都导源于对元典文本态度的差异，以及对元典文本阐释角度的区别，也与对元典功能的不同认识有关。综观历代诸学派，其于元典见仁见智，各有创获点，

---

① 曾国藩：《复夏甫》，《曾文正公全集》之《书札》卷十三。
② 张之洞：《轩语》，《张文襄公全集》卷二〇四，中国书店1990年版。
③ 张之洞：《创建尊经书院记》，《张文襄公全集》卷三一三《古文二》。

而又各有失足处。周予同将今文经学、古文经学和宋学称作"经学的三大派"：

> 今文学以孔子为政治家，以六经为孔子致治之说，所以偏重于"微言大义"，其特色为功利的，而其流弊为狂妄。古文学以孔子为史学家，以六经为孔子整理古代史料之书，所以偏重于"名物训诂"，其特色为考证的，而其流弊为烦琐。宋学以孔子为哲学家，以《六经》为孔子载道之具，所以偏重于心性理气，其特色为玄想的，而其流弊为空疏。①

就三派大略论之，周氏评语是公允的。但需要特别申述的是，任何学派都是从其所处的现实生活土壤中生长出来的，归根结底也要发挥一定的社会功能，今文经学自不待言，古文经学又何尝"不食人间烟火"，与现世无所干系。

古文经学因为详考周代礼制，其学说曾为变法家所用，此为历史事实。西汉末年王莽（前45—后23）改制便一依古文经《周礼》，伊尹当过阿衡，周公当过太宰，王莽便做衡宰；《周官》、《礼记》有"加九锡"的记载，王莽便敢于受九锡；周公辅政后又称王，王莽便一面辅孺子婴，一面践天子位。至于王莽建立的新朝，其一切典章制度无不遵从《周礼》，地名则要合于《禹贡》。然而，包藏在这些"复古"外衣之下的，则是王莽试图克服西汉末年一系列社会危机的现实努力。站在"祖刘"立场上的史家们抨击王莽"诵《六艺》以文奸言"②，这种道义谴责我们今日可以不必介怀，但王莽改制确乎是诵《周礼》等"六艺"文辞的一次现实变革，是遵循元典教义进行的一次社会试验，不过是以乌托邦幻灭而告终。

此外，北周宇文氏革典，奉《周礼》为圭臬；宋代王安石变法，

---

① 周予同：《经学史与经学之派别——皮锡瑞〈经学历史〉序》，《周予同经学史论著选集》，上海人民出版社2010年版，第92页。

② 《汉书·王莽传》。

也以古文经《周礼》为据，他设立"经义局"，训释儒经，为新法提供理论说明。他还亲撰《周官新义》，成为"熙丰新法之渊源"①。当然，王安石并非迂腐的复古者，他袭用《周礼》陈法，自有其策略考虑，清人纪昀指出：

> 周礼之不可行于后世，微特人人知之，安石亦未尝不知也。安石之意，本以宋当积弱之后，而欲济之以富强，又惧富强之说必为儒者所排击，于是附会经义，以钳儒者之口，实非真信周礼为可行。②

这与八百年后康有为"借古以自重"的做法，前后映照。康氏说：

> 布衣改制，事大骇人，故不如与之先王，既不惊人，自可避祸。③

王安石的征引古文经《周礼》，与康有为的崇奉今文经《公羊传》，其要旨是相通的——为现实的"改制"、"变法"寻求历史经典根据。

清代乾嘉考据学家一般被认作是"为学术而学术"的"纯学者"，但详考他们的思想言行，可以发现他们"通经"的终极目标仍在"致用"，即或他们自己的一生未能得到"致用"机会，但他们希望用元典精义去变革现状的潜在心理时有流露。例如，皖派巨擘、文字学家段玉裁晚年读到外孙龚自珍充满社会批判精神的《明良论》四篇时，不禁激动起来，他大加称誉青年龚自珍的文章：

> 四论皆古方也，而中今病，岂必别制一新方哉；髦矣，犹见

---

① 黄宗羲：《宋元学案·荆公新学略》。
② 纪昀：《四库全书·〈周官新义〉提要》。
③ 康有为：《孔子改制考》，中华书局1958年版，第267页。

此才而死，吾不恨矣！①

这是一位毕生从事元典笺释的硕儒对于元典"古方"能切中"今病"的由衷赞叹，从中透现出，即使是"纯学术"的考据家，也以"引古筹今"为高妙境界。

中华元典阐释系统的"引古"，其目的固然在于"筹今"，但这个阐释系统又确乎呈现一种"复古"的表象，从孔子的"祖述尧舜，宪章文武"，到董仲舒的"崇儒更化"，可以清楚看到这样一条表象线索。至于清代学术的"复古"，更是典型地展现中华元典阐释系统在古今关系问题上的曲折形态。

梁启超在论及清学特色时曾经指出：

> "清代思潮"果何物耶？简单言之：则对于宋明理学之一大反动，而以"复古"为其职志者也。其动机及其内容，皆与欧洲之"文艺复兴"绝相类。②

梁氏以清学复古与欧洲的文艺复兴相类比，当然不十分恰当，因为二者在性质上毕竟颇有差异，但清学"以'复古'为其职志"则是不争的事实。

言及清学"复古"，人们往往首先想到的是以汉代许郑之学为楷模的乾嘉诸老，他们以考释古籍、训诂名物为终身职志。其实，清学的"复古"还可以追溯到清初，顺康间哲人已高张复古旗帜，使明学乃至秦汉以降的正统思想得一解放，这在黄宗羲、顾炎武、阎若璩等人的学术工作中有鲜明表现。下以黄宗羲的名著《明夷待访录》为例加以说明。

《明夷待访录》作于清顺治十八年（1661），完稿于康熙元年（1662），

---

① 《龚自珍全集》，上海人民出版社1975年版，第36页。
② 梁启超：《清代学术概论》，《饮冰室合集》专集第3册，中华书局1989年版，第3页。

是黄宗羲总结明朝亡国教训，进而追究整个专制君主制度弊端的一部政治哲学杰作。黄氏以明王朝为主要解剖标本，兼及秦汉以来两千年间的专制政体，对其政治、经济、文化诸领域存在的病灶展开鞭辟入里的揭露、情理并致的声讨。黄氏在开展这一惊世骇俗的批判时，所依凭的社会典范是"三代之治"和"尧舜盛世"；所援引的文本是先秦元典，特别是其中的民本思想。《明夷待访录》通篇的论证逻辑可用"颂古非今"四字概括。这里所谓的"古"，即三代尧舜之古；所谓的"今"，即秦汉以降(尤其是明代)之今。颂三代尧舜之古，非秦汉以迄明代之今，是黄氏的基本思路。

《明夷待访录》首篇《原君》，可谓讨伐君主专制政体的檄文，而这种讨伐是藉助古今比照完成的，该篇提出"古之人君"与"今之为人君者"两个正反照应的概念，从政治学和伦理学的双重意义上，赞颂"公天下"的"古之君"，谴责"私天下"的"今之君"：

> (古之人君)其人之勤劳必千万于天下之人。夫以千万倍之勤劳而己又不享其利，必非天下之人情所欲居也。……
>
> 后之为人君者不然，以为天下利害之权皆出于我，我以天下之利尽归于己，以天下之害尽归于人，亦无不可。……
>
> 古者以天下为主，君为客，凡君之所毕世而经营者，为天下也。今也以君为主，天下为客，凡天下之无地而得安宁者，为君也。①

正由于"古之君"与"今之君"有这种根本性差异，他们在民众心目中所占据的位置也就恰成反照——"古者天下之人爱戴其君比之如父，拟之如天，诚不为过也。今也天下之人怨恶其君，视之如寇仇，名之为独夫，固其所也。"②由此出发，黄氏疾呼："为天下之大害者，君而已矣!"将中国古代抨击君主专制的非君论推向极致。

---

① 《明夷待访录·原君》。
② 《明夷待访录·原君》。

《明夷待访录》以古今对比的方式讨论"君道"之后，又进一步以同样方式讨论"臣道"、"法制"、"学校"、"田制"、"财计"等问题。

其《原臣》篇指出，"古之为臣者"，"为天下，非为君也；为万民，非为一姓也"。而后世之为臣者昧于此义，"以谓臣为君而设者也"，这种人臣，不过是"君之仆妾"。① 黄氏向往三代那种相为师友、相为同事，共同服务于天下的君臣关系，深为鄙视后世君为主宰、臣为奴仆的君臣关系，他的批判锋芒直指秦汉以降盛行的"三纲"说的首项——"君为臣纲"，此诚为旷古之卓论。

其《原法》篇则一语破的，指出"三代以上有法，三代以下无法"，因为三代以上之法，是为天下人立法，"未尝为一己而立也"；三代以下之法，是人主得天下后，"唯恐其祚命之不长也，子孙不能保有也，思患于未然以为之法"，这种法，不过是"一家之法，而非天下之法也"。② 这就戳穿了秦汉以降各王朝法律的神圣外衣，揭示出为帝王一己之私效劳的本质。

其《学校》篇赞扬"古之圣王"不仅以学校作养士之所，而且以学校为"治天下之具"的出处，所谓"天子之所是未必是，天子之所非未必非，天子并遂不敢自为非是，而公其非是于学校"③。黄氏追慕是非公诸学校的古代，深恶秦汉以降的朝廷独断，天子独断，文中揭露道："三代以下，天下之是非一出于朝廷。天子荣之，则群趋以为是；天子辱之，则群以为非。"虽然东汉太学生运动、宋代诸生伏阙鼓请起李纲，尚存"三代遗风"，然又为朝廷所忌恨，屡遭弹压，造成一种"朝廷与学校相反"的对立状态。文中对此痛心疾首，斥之为"害士"。通观《学校》篇，黄氏从"三代之治"引申出士子议政，公是非于天下的思想，并将其诉诸学校这一实体，确乎极富近代意味。胡适在为《明夷待访录》作序时，曾将黄氏这一构想与西方近代议院制相类比，又称《明夷待访录》为"中国之《民约论》"，其说固然可以商

---

① 《明夷待访录·原臣》。
② 《明夷待访录·原法》。
③ 《明夷待访录·学校》。

榷，却也不无道理。

此外，《取士》篇称"古之取士也宽，其用士也严；今之取士也严，其用士也宽"，而"宽于取则无枉才，严于用则少进"，故古法优；"严于取，则豪杰之老死丘壑者多矣；宽于用，此在位者多不得其人也"，故今法劣。①

《财计》篇为破除汉代以降的"重农轻商"传统，抬出"古圣王崇本抑末之道"，对"本"与"末"重新加以解释，指出"以工商为末"不过是后儒的曲解、妄议，在古代，工商属于"本"的范围，"夫工固圣王之所欲来，商又使其愿出于途者，盖皆本也"②。后人将黄氏的这一论断概括为"工商皆本"，被认为是颇富近代意味的命题，而这一命题恰恰是藉助"复古"的方式提出的。

总之，《明夷待访录》中一系列具有进步色彩的启蒙思想，都以"复三代"的形态出现。顾炎武读毕这部奇书后致函黄宗羲，赞叹曰：

> 大著《明夷待访录》，读之再三，于是知天下之未尝无人，百王之敝可以复起，而三代之盛可以徐还也。③

可谓英雄识英雄。三十年后，黄宗羲还念念于兹，他在一部书的题辞中感叹知己说："余尝为《待访录》，思复三代之治。昆山顾宁人见之，不以为迂。"④

明清之际的黄宗羲、顾炎武等具有早期启蒙思想的哲人，都是真诚地"思复三代之治"，期望着"三代之盛可以徐还"。另一清初思想家唐甄抨击君主专制的作品《潜书》，也被时人视作古道重现，认为是"汉唐以来所未有"，"周秦而后仅见之作"⑤。唐甄不仅赞赏三代

---

① 《明夷待访录·取士》。
② 《明夷待访录·财计》。
③ 黄宗羲：《南雷文定》附录。
④ 黄宗羲：《破邪论·题辞》。
⑤ 唐甄：《潜书·张廷枢序》，中华书局 1983 年版。

政治，对古代学风也称道备至，他说："古人多实，今人多妄，是故古人自知，今人不自知。"①其"颂古非今"之慨溢于言表。这里便产生了一个问题——走在时代前列的先进哲人为何高张"复古"旗帜？他们提出的颇富近代意蕴的思想为什么往往以"古学"形态出现？"新变"与"复古"是一种什么关系？

人类文化史是一个日进无疆的历程，但这种发展并非直线式的，而是一个否定之否定的螺旋式上升过程。如果把中国古代文化史分成上古(三代以上及三代)、中古(秦汉至明中叶)、近古(明清之际以后)三段，近古文化既是对中古文化的继承和发展，同时也力图挣脱中古某些束缚社会进步的制度和观念。而近古文化在实现这种对中古文化的否定时，往往藉助于对上古文化某些因素的"复归"。

欧洲文艺复兴运动以复兴古希腊、古罗马文化的形态出现，用古典的人文主义反对中世纪的神本主义，从而完成文化史上的一次跃进。中国的明清之际由于社会条件的限制，未能完成这种文化跃进，后继的乾嘉考据学更放弃清初诸哲的政治追求，而埋首于古典整理，"复古主义"折入另一路径。然而，明清之际一批先进的思想家(如黄宗羲、顾炎武、王夫之、朱舜水、傅山，以及稍后的唐甄等)纷纷起来批判明朝的专制弊政，并进而上溯，全面声讨秦汉以降的专制体制，这虽然是一种未竟之业，却毕竟颇有创意，值得后人咀嚼。这批哲人在开展社会批判和思想清算时，不约而同地打开先秦思想宝库，从元典中请出富于原始民主精神(尧舜—三代之治)，藉以充作抨击秦汉以降专制帝制的思想武器，并以之作为与中古政治、学术比较长短优劣的参照系。颂三代而非明清，成为这批哲人论学议政的通常格式。司马迁曾说："盖三王正若循环，穷则反本。"②宋人叶适也说："欲挽而复于三代之上"，"因孔氏之经以求唐、虞、三代之道"③。身历明朝亡国之祸的明清之际哲人正是进行"穷则反本"、"欲挽而复

---

① 唐甄：《潜书·尊孟》。

② 《史记·历书》。

③ 叶适：《叶适集·水心别集》卷七，《总述》，中华书局1961年版。

于三代之上"的历史思辨。

《明夷待访录》的"复古"，背后又蕴藏着"新变"。它所阐扬的君臣同事观、君民平等观、士人议政观、公是非于天下观、工商皆本观、地方自治观，都是富于创新意味的思想，反映了明末清初社会的最新追求。不过，这种崭新的思想均以"三代之治"的原始民主作历史依托，以《礼记》"公天下"的大同理想为准绳，又借用《吕氏春秋·贵公》"天下非一人之天下也，天下之天下也"的民本思想，从而增添论述的历史厚度，避免那种天马行空式的浮泛发挥。可见，"新变"与"复古"是一个否定之否定的过程，而并非截然对立的两个不相干的方面，诚如清人吴乔所说：

> 诗道不出于变复。变，谓变古；复，谓复古。变乃能复，复乃能变，非二道也。①

吴氏所论的是诗道，又不限于诗道，包括《明夷待访录》在内的许多文化现象的"复古"与"新变"的辩证关系，也可从中得到诠释。古人云"观之上古，验之当世"②，又所谓"望今制奇，参古定法"③。明末清初一些新颖观念，正是在把握古今辩证关系的基础上应运而生的。

第三节　出土文献：元典阐释新起点

前已论及，元典文本在历史中形成，包蕴着丰富的历史内容，故"元典皆史"，元典文本是元典精义阐释的基点。

元典文本诞生后有两种命运：一为持续地在世间流传，在流传间不断被加工再造，经历着完整的流变史；二为在某时某地被封存(埋

---

① 吴乔：《围炉诗话》，《丛书集成初编·文学类》。
② 贾谊：《过秦论》。
③ 刘勰：《文心雕龙·通变》。

入墓中、藏进墙壁内等），其流变史即暂告中断，直至后世被人发现，呈现封存之际的原始状貌，与流行世间的文本样态相异，从而为元典阐释提供别样的基点。故关注元典文本上述两种类型，参校其异同，是文化阐释史的题中应有之义。

一、"传世文献"与"出土文献"

传世文献，指自古传抄递印下来，得以世代研习流播的文献，可称传统文献，大体与作为古籍整理对象的"古籍"相当。时下学界对"古籍"约定俗成的界定是：上自先秦下迄清末（或延至"五四"前）的历朝刻本、写本、稿本、拓本等。元典阐释多以《诗》《书》《礼》《易》《春秋》《论语》《孟子》《老子》《庄子》等先秦典籍的传世文本为出发点。

出土文献属于考古文物范围，指从地下及其他隐秘处发掘出来的文字性材料（包括图画），如带文字的甲骨、龟壳、竹简、木简、帛书、帛画、纸本，乃至瓦当、玺印、碑刻、墓志等所载之文献。就对元典阐释发生影响的文本而论，"出土文献"要指先秦（延及秦汉之际）以古文字书写的材料。

传世文献于流传间，经过历代朝官、学者校勘考订，文本愈益精当。古人很早就开始文献整理工作，史籍对此多有记述。《国语》载周王室对商代颂诗的考订工作：

> 昔正考父校商之名颂十二篇于周太师，以《那》为首。①

《汉书》载春秋间王官衰落，《雅》《颂》等诗篇的整理编纂由孔子等民间人士进行：

> 王官失业，《雅》、《颂》相错，孔子论而定之，故曰："吾自

---

① 《国语·鲁语下》。

卫反鲁，然后乐正，《雅》、《颂》各得其所。"①

西汉末年，刘向、刘歆父子主持大规模文献整理：1. 对文字、篇章进行校勘。2. 汇编与辑佚。3. 辨伪与存疑。此后，历代学人致力文献整理，尤以清代乾嘉考据学家所做工作最为浩大与精密。

传世文献经不断修订而趋于完善，但同时又会在抄印中发生文字讹误、错简、篇章脱漏，乃至有人蓄意增删，著名的例子是南宋朱熹对《大学》文本的改造和题旨的重新诠释，使之理学化；明代王阳明及弟子钱德洪再度改造《大学》文本、重释题旨，使之心学化。因此，传世文本不一定保持初原性，往往注入若干后世传习者有意无意的改窜。

而出土文献藏于隐秘处，历千百载，保持着文本入土时的原始面貌，与不断修订的传世文献颇有差异。故出土文献往往成为元典阐释及古史研究的新起点。王国维说：

　　古来新学问，大都由于新发现。有孔子壁中书出，而后有汉以来古文家之学；有赵宋古器出，而后有宋以来古器物、古文字之学。②

中国学术史上多次发生因新材料发现而导引出元典阐释的新格局，略举三例——

(一)西汉"古文经"发现，衍出元典阐释史上与今文经学相对应的古文经学路向

西汉末年，刘向、刘歆父子领校秘书，发现内容及书写文字不同的两种经书文本并存，一种为汉初以来由老儒背诵、口耳相传的经文，用当时通行的隶书(今文)记录下来的经典("今文经")；另一种

---

① 《汉书·礼乐志》。

② 王国维：《最近二三十年中国新发见之学问》，载《王国维学术经典集》，浙江人民出版社 1997 年版，第 175 页。

为用先秦古文字（如蝌蚪文）书写的经典（"古文经"），来源于山岩屋壁所藏，由王公贵族及民众贡献朝廷，其中最著名的是：相传汉武帝晚年，鲁共王刘馀为扩展宫殿，拆孔子故宅，得《书》、《礼》、《论语》、《孝经》等图籍数十篇，皆用汉隶以前的文字书写，故称"孔壁古文"（又称"壁经"）。① 这些文本与汉初以来传世经书颇有差别，如孔壁发现之《论语》共21篇，较流行本（"齐论"）多《从政》一篇（由《尧典》篇析出），此本称"鲁论"。孔壁中发现的其他古文典籍，也成为刘向父子整理古书的依凭，《汉书》曰：

> 刘向以中古文校欧阳、大小夏侯三家经文，《酒诰》脱简一，《召诰》脱简二。率简二十五字者，脱亦二十五字，简二十二字者，脱亦二十二字，文字异者七百有余，脱字数十。②

古文经的出土，引发了与西汉初年形成的经学（以当时流行的隶书书写的经书为文本，故称"今文经学"）颇相差异的"古文经学"，形成元典阐释的两大分歧路向。前已论述，此不赘。

（二）"汲冢古文"对传世战国史的校正

晋咸宁五年（279 年），汲郡人偷盗魏襄王陵墓，得到竹书数十车，全是蝌蚪文（战国古文字）书写，称"汲冢古文"。经过晋代学者荀勖、束晳等人释读整理，写定先秦古书约十余种共七十五篇，统称《汲冢书》，或名《竹书》、《汲冢古文》等。

据《晋书·束晳传》载，《汲冢书》中有如下篇目：《易经》二篇，"与《周易》上下经同"。《易繇阴阳卦》二篇，"与《周易》略同，《繇辞》则异"。《卦下易经》一篇，"似《说卦》而异"。《公孙段》二篇，记"公孙段与邵陟论《易》"。《国语》三篇，"言楚、晋事"。《名》三篇，"似《礼记》，又似《尔雅》、《论语》"。《师春》一篇，"书《左传》诸卜

---

① 《汉书·艺文志》载："武帝末，鲁共王坏孔子宅，欲以广其宫，而得《古文尚书》及《礼记》、《论语》、《孝经》凡数十篇，皆古字也。"

② 《汉书·艺文志》。

筮"。《琐语》十一篇，为先秦"诸国卜梦妖怪相书也"。《梁丘藏》一篇，"先叙魏之世数，次言丘藏金玉事"。《缴书》二篇，"论弋射法"。《生封》一篇，记"帝王所封"。《大历》二篇，记"邹子谈天"。《穆天子传》五篇，记"周穆王游行四海，见帝台、西王母"，为先秦古小说。《图诗》一篇，"画赞"类古论文。另有《周食田法》、《周书》、《论楚事》、《周穆王美人盛姬死事》等十九篇"杂书"。

《汲冢书》最有价值的是《纪年》，即经整理而成的《竹书纪年》12篇（因原本为竹简得名），叙夏、商、西周、春秋时晋国和战国时魏国史事，与传世史籍记载多异，可校正《史记》所载战国史事。不同于《春秋》（《左传》等随之）以鲁国纪年记史，《竹书纪年》用晋国纪年记录春秋之事，以魏国纪年记录战国之事，提供了记史参照系。

古本《竹书纪年》至宋代佚失。清代学者有辑校本，为研究先秦史的重要资料。

（三）敦煌文书为中古文化史开出新生面

敦煌文书指甘肃敦煌莫高窟所出 5—11 世纪的多种文字古写本，总数超过四万件，其中汉文写本在三万件以上，另有少量刻印本。敦煌汉文写本中佛典占百分之九十五，包括经、律、论、疏释、赞文、陀罗尼、发愿文、启请文、忏悔文、祭文、僧传、经目等。非佛典文献占百分之五，其中包括经、史、子、集四部。经部中，隶古定本《尚书孔氏传》及皇侃撰《论语疏》引起学者注意，卷文中的账簿、官私文书对经济史、社会史研究打开新窗口。

这些曾被封存千百年的文献面世，对中古文化研究意义重大，仅以《坛经》一例即可见其价值。

《坛经》是中国人所撰佛典中唯一一部以"经"称之者，以元代至正年间定本的"宗宝本"（禅僧宗宝编定）最为通行，这个传世文本有两万多字。1923 年，日本人矢吹庆辉在大英博物馆发现由斯坦因携去的敦煌文献中的一个《坛经》抄本（编号为 S5475）。此后几十年间学者又在北京、敦煌等地陆续发现类似的四个抄本，虽文字上有个别出入，内容大同小异。敦煌抄本的《坛经》篇幅比传世本少得多，约有 12000 字，据考证大约形成于 10 世纪，也就是唐末五代之际，是目前所知《坛经》诸本中最早的，应该是接近于慧能时代原貌的本子。比较敦煌本和传世本《坛经》，可以发现，传世本中多出的内容，很大一部分是具有神异色彩的传说故事，涉及禅宗派别流变的叙述上，也与敦煌抄本明显不同。此外，人们耳熟能详的那首慧能"题壁呈心"偈语，传世本中仅有一首，敦煌本中则有两首；传世本的那句"本来无一物，何处惹尘埃"，在敦煌本中则谓"佛性常清静，何处有尘埃"。传世本的偈语立足于佛教的"空观"思想，而敦煌本则更契近"佛性"学说，在思想上，也体现出微妙的差别。总之，敦煌本面世，加深了禅宗形成与演变的研究。

二、"二重证据法"

传世文献与出土文献各有价值，可相互参校、比证，共同构筑丰满的元典阐释系统。

以顾颉刚为代表的古史辨派，接续康有为、崔适的疑古学说，对传统的古史观作全盘的检讨清理。在此期间，王国维 1925 年在清华国学研究院讲授《古史新证》，既批评了"信古之过"，也指摘了"疑古之过"。他认为疑古学者"其于怀疑之态度及批评之精神不无可取，然于古史材料未尝为充分之处理也"。王国维在《古史新证·总论》中肯认出土文献对传世文献的补充校正作用，提出著名的"二重证据法"：

> 吾辈生于今日，幸于纸上之材料外，更得地下之新材料，由此种材料，我辈固得据以补正纸上之材料，亦得证明古书之某部分全为实录，即百家不雅驯之言亦不无表示一面之事实。此二重证据法，惟在今日始得为之。虽古书之未得证明者，不能加以否定，而其已得证明者，不能不加以肯定：可断言也。

王国维辞世后，陈寅恪将王氏的二重证据法概括为三层意思：

> 一曰取地下之实物与纸上之遗文互相释证；

二曰取异族之故书与吾国之旧籍互相补正；

三曰取外来之观念，以固有之材料互相参证。①

二重证据法(后有学者补入民俗材料，发展出"三重证据法")的要领是广采各类材料，对多种来源的文献相互比照、补充，有利于揭示真象、引出较近真理性的结论。傅斯年在"中央研究院"史语所提倡"上穷碧落下黄泉，动手动脚找东西"，也是主张搜求多种来源的原始材料，以形成坚实的研究基础。

出土文献可弥补乃至修正传统结论。如《汉书·艺文志》兵书略载有《吴孙子兵法》八十二篇，图九卷。《齐孙子兵法》八十九篇，图四卷。两书分属孙武、孙膑。后因《孙膑兵法》失传，人们对《汉书·艺文志》著录产生怀疑，有人认为孙子是一人而非两人，也有人认为《孙子兵法》是一书而非两书，1972年山东临沂银雀山汉墓出土《孙膑兵法》残简，证明《汉志》所载有据，孙武、孙膑系前后二人，《吴孙子兵法》之后确有《齐孙子兵法》。

对于《文子》、《尉缭子》、《鹖冠子》、《晏子春秋》、《六韬》等书的真伪问题，历有争议，而1973年河北定县汉墓出土《晏子春秋》、《文子》、《太公》，同年长沙马王堆帛书出土《鹖冠子》残简，使以往的疑团得以冰释。

出土文献的大量发现，将在一定程度上改写中国学术史。但学术史又不能单凭出土文献改写，不能笼统地以出土文献否定传世文献，而须对二者慎加比勘。我们既不应一概盲从传世本，也不可低估传世本，不可轻断传世本作者当年资料占有偏窄。

1973年长沙马王堆三号汉墓出土大批帛书。其中的一种，后来被定名为《战国纵横家书》，其中有关苏秦的记述，与《史记》、《战国策》等传世本大相径庭。唐兰、杨宽、马雍等学者据以对《史记》、《战国策》的可信性提出质疑。如唐兰说："(司马迁)没有见到关于苏

① 陈寅恪：《王静安先生遗书序》，《金明馆丛稿二编》，上海古籍出版社1980年版，第219页。

秦的第一手史料,因而把公元前三世纪初的苏秦事迹,推到前四世纪末;把张仪、苏秦的时序改为苏秦、张仪;五国伐秦错成了六国合纵,还推早了四十五年(前 228 年—前 333)。时序既差,事迹中既有弄错的,又有假造的,他的《苏秦传》就等于后世的传奇小说了。"但详考传世本,发现撰《史记》的司马迁和编《战国策》的刘向似看过与今出土之马王堆帛书相类似的文献。《苏秦列传》赞语说:"世言苏秦多异,异时事有类之者皆附之苏秦。"可见,司马迁看到的后人假托附会的"苏秦"文本不在少数。《战国策》中也有若干署名苏秦的篇章时间较后。如:《齐策二·秦攻赵长平》,《齐策三·楚王死》、《孟尝君将入秦》、《齐策四·苏秦自燕至齐》、《苏秦谓齐王》、《赵策一·苏秦说李兑》、《赵收天下》、《韩策三·韩人攻宋》,《燕策一·奉阳君李兑甚不取于苏秦》。先有苏秦联合六国,后有张仪散纵连横,这是战国纵横最基本的事实,《史记》、《战国策》对此都有明确记载,并非始由今之出土文献首次披露。司马迁作《六国年表》,主要依据《秦记》,表中涉及苏秦、张仪事迹,有明确编年的资料就多达八条。太史公"紬史记石室金匮之书",有诸侯史记作参考。

二重证据的重要性在外国文化史研究中也多有实例。如长期以来西方的圣经学把《旧约全书》视作古犹太史的可信史料,但近有学者运用放射性碳测年技术,判断古犹太人驯化骆驼最早在公元前 900—1000 年间,而《旧约全书》记亚伯拉罕、雅各和约瑟等公元前 2500 年左右的犹太先祖事迹,提及使用骆驼达 20 余次之多,如《旧约·创世记》第 24 章讲述亚伯拉罕的仆人骑骆驼为以撒寻觅一位妻子,这种明显的年代性错误说明传世本《旧约全书》并非三千多年前的亚伯拉罕时代的原始作品,而是在之后千余年编纂,所记难免后世情节的掺入,故研究犹太古史,必须将传世之《旧约全书》与考古实物加以比较,也即必须运用"二重证据法",方可逼近历史真象。

三、现代出土文献丰富元典文本

(一)"发现时代"

清光绪、宣统间(19 世纪末、20 世纪初),近代意义的考古学在中国发轫，出土文献纷至沓来，王国维概括曰：

> 光宣之间我中国新出之史料凡四：一曰殷墟甲骨，二曰汉晋之简牍，三曰六朝及有唐之卷轴，而内阁大库之元明及国朝文书实居其四。①

此外还有"中国境内之古外族遗文"。1925 年王国维在清华国学院讲课时，称正处"自来未有能比者"的"发现时代"②。先父冯永轩（1897—1979）系清华国学院一期生，亲聆王国维讲课，晚年多次议及当年王先生的此一论说，还难抑内心的激动，先父告我：学者应用心于新材料的开掘，更不可辜负新发现提供的创新机遇。先父的这一叮嘱渊源于王国维的训导：

> 古来新学问起，大都由于新发现。③

以王国维为例，他利用殷墟甲骨文这一新见出土文献，证明《史记·殷本纪》大体为有据之信史，并非如疑古之宋人、清人指为无据传说。王氏根据甲骨卜辞，排列"殷世数异同表"，更正《史记》中《殷本纪》、《三代世表》及《汉书》中《古今人表》的若干错讹，进而比照出土文献与传世文献，对殷周制度作综合研究，发现商代传位遵"父死子继"、"兄终弟及"两种规则，周代则确定"立子立嫡之法"，并据以得出重要结论："中国政治与文化之变革莫剧于殷周之际。"④继起之学人，沿袭王国维学术理路，以出土文献提供的新材料诠释古史，却又修正王氏的某些具体结论。如陈梦家（1911—1966）比勘出土卜辞与《史记》等传世文献，指出：

---

① 王国维：《库书楼记》。
② 王国维：《最近二三十年中国新发现之学问》。
③ 王国维：《最近二三十年中国新发现之学问》。
④ 王国维：《殷周制度论》。

王氏论商继统法,常为学者援引而认为定论者。但我们若细加考察,则无论就《殷本纪》本身或就卜辞所见来说,他的基本论定是有着严重的缺陷的,根据《殷本纪》与卜辞一致处,以及根据卜辞的世系传统,我们得到与王氏相反的结论。就是:(1)子继与弟及是并用的,并无主辅之分;(2)传兄之子与传弟之子是并用的,并无主辅之分;(3)兄弟同礼而有长幼之别,兄弟及位以长幼为序;(4)虽无嫡庶之分而凡子及王位者其父得为直系。这些才真正是商制的特点而异于周制者。①

王国维的《殷周制度论》及其修正者(如陈梦家)的古史新释,是"发现时代"的学术成就,其新见的获得及其不断深化,皆得益于"出土文献"的发现和精解。郭沫若指出:"谓中国之旧学自甲骨之出而另辟一新纪元,自有罗、王二氏考释甲骨之业而另辟一新纪元,决非过论。"②此语不仅是对罗振玉、王国维甲骨卜辞研究的高度评价,也是对出土文献在古史研究中关键作用的肯认。

(二)"前所未有的大发现时代"

自 20 世纪中期以来,随着空前规模的考古发掘展开,出土文献现世之多更超迈前代。郭齐勇对 20 世纪下半叶的先秦、秦汉文献出土有一简明概述:

50 年代,河南信阳出土了有关墨家、儒家内容的楚简,甘肃武威出土了记载《仪礼》的汉简。70 年代,古代文献的出土震惊世界,如山东临沂银雀山汉简中的丰富的兵家丛书,河北定县汉简中的《论语》、《儒家者言》、《文子》等,湖南长沙马王堆汉墓帛书《老子》、《周易》、《黄帝四经》、《五行》、《德圣》、《刑德》等,安徽阜阳双古堆汉简中的《诗经》、《易经》等。90 年代,湖北江陵王家台秦简中的《归藏》等,湖北荆门郭店楚简中的《老

---

① 陈梦家:《殷墟卜辞综述》,第 370 页。
② 郭沫若:《中国古代社会研究》,人民出版社 1954 年版,第 214 页。

子》、《太一生水》、《缁衣》、《五行》、《性自命出》、《六德》等一批早期道家、儒家文献以及上海博物馆购藏的流失到香港文物市场上的楚简(其中有《尚书》、《周易》、孔子(或子夏)诗论等一大批儒家文献)。郭店楚简和上海博物馆购藏楚简中的许多内容涉及诗书礼乐、天道观与心性修养。此外还出土了大量的记录卜筮祭祷等文辞的简牍和历代官私文书、秦汉法律文书等。①

出土文献外，近几十年还发现大量碑刻、墓志等"石文"，不完全估计，中古石文不下 15000 篇，为史学及文学史研究提供丰富的第一手材料。

因甲骨文、敦煌文书等出土文献于 20 世纪世纪初现世，王国维称自己处于"发现时代"。21 世纪初李学勤接续其说，指出："我们正处在前所未有的大发现时代。"这是并不夸张的。

出土文献，有第一手资料(如甲骨文、金文及其他铭文)，真实度较高；也有当年的传抄本，真实度需作具体分析。仅就与元典研究直接相关的出土文献而论(如 1972 年出土的银雀山汉简、1973 年出土的马王堆帛书、1975 年出土的云梦秦简、1993 年出土的郭店楚简等)，其中有些是传世文献的西汉或战国抄本，有的是传世文献以外的佚书。这些新材料的发现，对以往基于传世文献展开的元典研究，既是补充，也是挑战。它们的大量面世，有多方面的作用：

1. 呈现简帛书籍实物，展示当时的书籍制度，证实"早期古书没有专用的书名"，"不署作者之名"，"多以部分篇卷或单篇别行"等古书特点。长期来认为，古代中国不使用标点符号，标点符号是近代舶来品，而出土文献告诉我们，作句读用的简单标点符号甲骨文即有。

2. 扩大史料范围，如以往限于史料，认为道家宇宙生成论只见于成书战国晚期的《老子》，但郭店楚简《太一生水》、上博楚简《恒

---

① 郭齐勇：《出土简帛与经学诠释的范式问题》，《福建论坛(人文社会科学版)》2001 年第 5 期。

先》，证实战国前期还存在着好几种带有宇宙生成论的道家思想。①

3. 校正传世文献之谬误，郭店楚简的《缁衣》与通行本《礼记·缁衣》的进行比较，可为订正传世文本提供参校。

4. 发现传世古籍的源流，如上博楚简《周易》、马王堆帛书《周易》、阜阳汉简《周易》与今本《周易》的许多部分进行比较，可见《周易》的成书经过；上博楚简《民之父母》与《礼记·孔子闲居》、《孔子家语·论礼》进行比较，可见"礼"的思想演变过程。

5. 帮助解决古书里比较重大的问题，如郭店楚简《六德》和上博楚简《周易》的发现，证明战国前期《易》已经成为儒家经典，《易》的经典化和秦始皇的焚书及挟书律并无关系。

裘锡圭将出土文献的作用概括为六：（1）带动文字学方面的发展。（2）与传世文献校勘文字，可以屡屡补正传世文献中的错乱。（3）提供探讨经典原义的线索。（4）可以探讨传世文献的文本形成。（5）可以再探讨后世对古书的评价是否恰当。（6）可以再探讨后代的注释是否恰当。②

郭齐勇从思想文化史研究角度，指出新近出土文献证明——

1. 诗、书、礼、易等元典是列国政教的核心内容。

2. 初原的儒、墨、道、法诸家的分歧与对立，并非如后世学者所说的那么壁垒分明。

3. 周秦之际南北文化的交流互动远比人们想象的要普遍而深入得多，楚文化中含有大量中原文化的内容。

4. 孔子与六经关系密切，不仅有传述之功，亦参与编纂。（此点似材料证据不足——引者）

5. 礼教与乐教互渗，德—情—礼—乐相与。

---

① 见［日］浅野裕一—柳悦：《新出土文献与思想史的改写——兼论日本的先秦思想史研究》。

② 见裘锡圭：《出土文献与古典学重建》，《光明日报》2013 年 11 月 14 日。

6. 大小传统互动。①

总之，综览近几十年出土文献，仅就元典生成及阐述史而论，便提供了丰富的基础材料，若能认真地与传世文献作系统的参酌比较，必能扩大元典阐释视野、深化古史及元典的研究。

---

① 见郭齐勇：《出土简帛与经学诠释的范式问题》，《福建论坛(人文社会科学版)》2001 年第 5 期。

第十章　元典与"文化重演律"

　　中华元典作为"农业—宗法社会"①形成阶段(夏、商、周"三代")的文化结晶，在两汉到明清的两千年间，不断被解释和放大，后人面临困境，往往求解于元典，试图通过向精神母体复归寻得出路。时至近代，中华文化在全新的世界环境中发生转型，处于"千古之奇变"的国人，再次自觉不自觉地取法元典精义，元典似乎也再次开放其价值体系和思维模式，在新时代焕发生机，构成近代文化动力体系的有机组成部分。

第一节　文化重演律

一、元典精神：近代化的一个重要思想动力源

　　从世界范围而言，近代化运动发端于18世纪的西欧。② 而希腊元典、希伯来元典是西方近代化的重要思想渊源。

　　自19世纪中叶以降，由于西方资本主义的侵入，中国开始卷入世界性近代化过程。作为一种次生的近代化类型，中国的近代化过程由于受到特定的国际、国内条件制约，进路曲折。百余年来，中国前

---

　　①　拙著《中华文化史》(上海人民出版社1990年版)上篇较详细地论述"农业—宗法社会"的形成及其特点，此不另述。

　　②　此说以产业革命作为近代化的开端标志。如果以资本主义生产方式萌芽作为近代化的发轫，则可以推前至14—15世纪，其时，南欧亚平宁半岛，东亚长江三角洲一带已产生一定规模的工场手工业，出现了早期的资产者和工业无产者。

后经历器物层面近代化独进的洋务运动①、侧重政治制度更新的戊戌变法和辛亥革命、突出观念变革的新文化运动等阶段。此后，中国的近代化历程以更为错综复杂的形态演进，但大体仍然包含着上述三方面的内容，其不同段落又各有侧重。然而，无论是强调器用进步的阶段，还是强调政制变革的阶段，都伴随着一定程度的观念维新，因而必然与元典精神发生某种关系。

本书导论提及的由西方学者倡议，并得到某些中国学者响应的解释中国近代化进程的"冲击—反应论"，是"欧洲中心主义"的产物，它的合理部分在于，从全世界范围看，由于近代化发端于西欧，近世西欧(以英、法为代表)的经济、政治、文化模式对其他地区的影响深远。18世纪以降，世界可以说是"欧风普被"，各国度、各民族的"近代化"在某种程度上被视作"欧化"的同义语。"欧风"挟其工业文明的巨大势能，造成"草上之风必偃"的大趋向，中国也不例外。

然而，"冲击—反应论"又有明显的失误处——它忽略各国度、各民族内部因素的作用。当我们从较长时段观察各国近代化的发展轨迹，便愈益发现各国的内部因素(经济土壤、社会结构、文化传统)对其近代化的制约力不可小视。例如中国，其近代化运动的特殊形态决不单单由西方的物质—精神力量的影响所决定，而是西方冲击与中国社会的固有因素在彼此激荡中构成的"历史合力"造成的。就经济领域的近代化而言，西方人来华开埠、经商、建厂的影响固然应予重视，而自明清以来长江中下游等地商品经济的发展为中国近代化奠定的物质基础，也决不应当忽略。限于本书的论题范围，笔者不拟在这

---

① "洋务"一词，最早见诸官方文字，是道光二十年(1840年)六月江南道御史陆应谷的奏折(见《道光朝夷务始末》卷一一)，意为对外洋事务之称。此后"洋务"、"夷务"并称。咸丰八年(1858年)四月，在籍户部侍郎罗惇衍上奏，强调仍应"明刊办理夷务字样，方足鼓舞人心"(《咸丰朝夷务始末》卷二二)，流露出"天朝上国"俯视夷狄的虚骄心理。但自19世纪60年代以后，社会上对于外洋事务逐渐通称"洋务"，诸主办近代洋务的大吏被称"洋务大吏"，由洋务大吏发动的器物层面近代化运动称作"洋务运动"。由于洋务大吏尝称"自强"，这场运动又被称为"自强运动"。台湾学者多持后说。

里具体研讨经济问题。从促成中国近代化运动的观念性动因考察，应当说，决非只有来自西方的一种动力源，而存在着被此互动的内外两种动力源。

中国近代化运动的"思想动力源"之一，是自 19 世纪下半叶开始大量传入的西方近代政治、社会学说，如进化论（尤其是社会达尔文主义）、民约论（又译作社会契约论）、民权论与天赋人权论、民族主义与民族国家思想、三权分立与君主立宪论、民主共和理想等。这些 18、19 世纪欧美资本主义的代表性社会思潮传入中国，立即成为先进中国人的精神武器，中国的近代化运动经此思想触媒的点化，得到突变性进展。梁启超在 20 世纪初放歌曰："我所思兮在何处，卢孟高文我本师"，以 18 世纪法国启蒙大师卢梭（1712—1778）、孟德斯鸠（1689—1755）为自己追慕的思想导师，正表现了西方近代思潮对中国思想界的狂飚式影响。可以这样说，如果没有西方近代思潮的传入中国，中国的近代化运动必然大大推迟，其形态也将是另一种模样。

然而，中国近代化运动的"思想动力源"并非仅此一端，在中国近代化的实践过程中，还有另一重要的思想动力源，这便是中国的文化传统。当然，中国文化传统对于近代化运动发挥着相当复杂的作用，其消极的与积极的影响都不可低估。关于文化传统在近代化过程中的负面效应，人们以往所论甚多，此不赘语；关于其正面效应，以往所论欠详，应作深入研究。而且，传统的正、负效应往往又是相互联系的，并且在不同条件下有可能彼此转化。因而考察中国文化传统与近代化运动的相互关系，必须辩证运思。同时，作为现代人，我们在进行这一考察时，其视角当然是现代的，所要抓住的一个关键问题是，中国文化传统的内核——中华元典精神能否为近世中国人提供有效的思想武器？如果答案是肯定的，那么，随之而来的问题是：三千年前后诞生的元典，其包藏的精神何以能够在文明转型的近代再展英姿？

运用历史与逻辑统一的观点考察这些问题，我们便会发现，"文化重演律"在不以人们意志为转移地顽强运作。

二、"文化重演律"界说

诞生于公元前6世纪前后(即"轴心时代")的元典在两千余年以后,当历史处于由中古向近代转型的关键时刻发挥着某种精神变换剂的作用,这在世界文化史中并非个别特例。我们可以把这一饶有兴味的现象称作"文化重演律"的显现。

西方及东方的各文明民族的近代史一再昭示:民族传统的反思和人类当代意识的追寻(或曰世界新声的摄取),是建设现代文化的两大依据,是新文化成长的两个相反而又相成的必要条件。而且,在一定意义上,当代意识的追寻有赖于传统的反思,传统的反思又不断接受当代意识的启迪。此所谓"用现代批判传统,用传统格义现代"。总之,新文化的构建遵循着"文化重演律"方得以运行。

"文化重演律"是"否定之否定律"的一种表现形态,指文化的演进不是直线式的,而是在螺旋状的"回复"与"重演"中得以前行的。

文化在其发展过程中,往往出现某种类似动物个体生命史中的"返祖现象",也即通过回复祖先某些性状来实现个体生命的前行运动。动物的每一代个体都从受精卵分裂开始,重新经历本物种系统走过的进化路径。例如,作为两栖动物的青蛙,其个体发育史为:受精卵—桑椹胚—囊胚状—原肠胚—鱼状幼体—青蛙成体。一只青蛙的个体发育过程,迅速重演本物种在千万年进化史中从单细胞动物到团藻样动物、腔肠样动物,进而到鱼样动物,最后演为两栖动物的过程。青蛙在个体生命史中"重演"两栖动物的系统进化史。各类动物都大体遵循着与此相类似的"重演律"。

文化重演律作为重演律的高级表现形态,又有自己的特点,它不同于生物通过机体本身对祖辈性状的重演来完成个体演变史,而是在独立于人的机体之外作体外演化。从人的主观方面而言,文化重演是智能层面(不是肉体层面)对古人某些思想的"重演";从人的客观环境而言,文化重演是社会结构层面(不是生物人层面)对古代社会某些性状的"重演"。不过,文化重演律虽然自有特色,却同样会发生某种"返祖现象"。先哲常以"反本"、"复性"、"复其初"、"复如归"

一类文词概括这种现象。

中外文化史告诉我们，由于历史条件的差异性，人类文化的发展既有直线式的前行运动，又有曲线式的回环运动，各民族某些时段的文化进展有时是伴随着"文化回复"得以实现的。如古希腊文化在迈锡尼时代(公元前 1600 年)曾达到较高水平，但后来并未沿此直进，在公元前 1100 年至前 770 年间，希腊文化进入一个创造力薄弱的时期，希腊与其他地区的贸易萎缩，希腊人几乎忘却了如何航行，书写能力也逐渐丧失，这便是古希腊的"黑暗时代"。时至公元前 8 世纪，希腊人通过恢复海外贸易和殖民活动，再度振奋起来，公元前 750 年从腓尼基带回书写方式，迈锡尼时代的文化成就重新得以复兴，而荷马史诗就是在这一文野交界期，也即"重演"古文化的关键阶段得以创作的。这便是今人不大提及的古希腊的"文艺复兴"。希腊人在"黑暗时代"陷入文化沉沦，他们又通过对迈锡尼时代的"返祖"而得以重整旗鼓，由此，希腊进入古典时代——空前辉煌的文化昌盛时代。这正是"文化重演律"的一个例证。

从文化史更长时段的视角观察，所谓"文化返祖"，其所返之"祖"，往往是元典所储蓄的某一民族文化的"元精神"。这种由元典通过文字确定、凝结起来的"元精神"，好比是细胞中的遗传基因，我们权且称之"文化全息基元"。正如生殖细胞中的遗传基因包含着某类生物机体日后发展的基元一样，"文化全息基元"也具有初始性和全息性。它以初始形态蕴涵着该民族整个文化系统以后发展过程的信息，换句话说，后来的全部文化信息高度浓缩于基元之中。

柏拉图、亚里士多德等哲人创制的希腊元典，几乎包蕴着欧洲文化的各种基本命题，提出了欧洲人至今赖以思维的网结———系列范畴，并且天才地"猜中"许多后世方能科学论证的问题。正是在这一意义上，人们说，一部欧洲哲学史便是柏拉图著作的注脚；又说，没有希腊文化所奠定的基础，也就没有现代欧洲文化。从文学艺术角度而言，荷马史诗提供的希腊神话传说，被欧洲文学家、艺术家反复运用，构成其题材和灵感的源泉；古希腊的悲剧和喜剧则启迪了莎士比亚等近代戏剧大师。由于古希腊文化包含着欧洲文化以后发展的全息基元，所以被后人一再借重，作为新的跃进的起跳板。

《圣经》不仅是中世纪经院哲学的圭臬，而且也提供欧洲近代文学、艺术以无尽的启示，文艺复兴"三杰"的雕塑和壁画多取材《圣经》人物、故事，人们已耳熟能详。英国近代杰出诗人弥尔顿（1608—1674）的长诗《失乐园》即取材《旧约·创世纪》，俄国作家陀思妥耶夫斯基（1821—1881）的以刻画灵魂搏斗见长的小说，其意境也多承袭《圣经》。总之，希腊元典和希伯来元典是欧洲文化取之不尽的灵感之源。

再如，中华元典奠定了中华文化的基石，中国人在自元典时代以降的两三千年间，其思维方式和行为方式都深受其影响，古人以"征圣"、"宗经"律己又教人，其"新变"也往往依托于元典。

三、"文化重演律"的典型范例：文艺复兴与宗教改革

文化重演律不是一种无限制的规则，而是依凭特定条件方得以显示的。这是因为元典所潜藏的文化信息元，并非随时能够登上现实生活的舞台一展英姿，当条件不具备时，它们将长久地"冷藏"着，无声无息，似乎与世无争；只有在某种特定的社会条件和文化氛围下，元典潜藏的"文化信息元"重新苏醒过来、活跃起来。这与人的精神世界具有的三种系统（意识系统、前意识系统、无意识系统）中的前意识系统的状况颇为类似。前意识作为过去的观念、思想，现在变成"记忆"，当受到某种特别的刺激，便被"回忆"出来，召唤回来，重新演为意识系统的组成部分，用完以后，它又将退回到前意识系统中去。如古希腊就有哲人提出过"太阳中心说"，阿利斯塔克（约前310—前230）第一个了解到宇宙的宏大，认为居于宇宙中心的是太阳，而不是地球。但这一认识不仅当时未引起注意，此后千余年间也无人问津。在中世纪，基督教神学统治着精神领域，托勒密（90—168）的"地心说"被认作绝对真理，只是到了中世纪末叶的文艺复兴时代，新的历史条件培育出哥白尼（1473—1547），才发掘古希腊的太阳中心说，并加以阐扬，从而震撼全欧洲。与此同类，古希腊的城邦民主制、科学精神、人文精神，在中世纪已被遗忘，只是到了文艺

复兴以后，当欧洲从中世纪的千年黑暗中觉醒，人们在冲决神学蒙昧主义罗网时，才如饥似渴地向古希腊、古罗马的政治、文艺、学术宝库寻求武器、获取灵感。

"文化重演律"最典型的例证是欧洲的文艺复兴。这是中世纪后期伴随着城市工商业的兴起，商品经济的扩展而成长起来的新兴市民阶层的文化运动。市民们为了突破封建等级特权和神学禁欲主义的束缚，向洋溢着人文精神的希腊古典文化复归。这是一次"以复古为解放"的范例。

"文艺复兴"一词最早是由意大利史学家瓦萨利（1511—1574）在所著《意大利最优秀的建筑家、绘画家和雕刻家的生平》一书中提出的。瓦萨利创造的 Rinascita 这一新概念，含有"再生"与"复兴"之意。1751 年出版的法国《百科全书》以此词专指 14 世纪至 16 世纪欧洲的思想文化运动。1860 年，瑞士学者布克哈特（1818—1897）在其名作《意大利文艺复兴时期的文化》中，将文艺复兴运动上溯到 13 世纪后期，下迄 16 世纪中叶。文艺复兴运动包含三个组成部分：人文主义、宗教改革、自然哲学的唯物主义。而这三者的源头都可以追寻到希腊元典。中世纪末期的南欧人藉助对古希腊文化的"返祖"，实现一次深刻的思想解放，近代文化之船由此打破中世纪坚冰，驶向辽阔的海洋。

关于"文艺复兴"的主旨，布克哈特有精辟的解析。他认为，用古学的"再生"来概括文艺复兴是片面的，其实，文艺复兴的辉煌成就是古学复兴与意大利人的创造天才相结合的产物。布克哈特指出：当意大利人摆脱中世纪的精神枷锁以后，需要一个导师来帮助他们认识物质世界和精神世界。他们在希腊、罗马古典文化中找到这样一个导师。文艺复兴时期意大利的一些统治人物和文化匠师好古成癖，搜集古物，珍藏并整理古籍成为一种时尚。诗人佩脱拉克（1304—1374）、作家薄伽丘（1313—1375）以《抒情诗集》、《十日谈》著称于世，但他们同时还是希腊古籍的杰出收藏家，曾组织翻译希腊文的荷马史诗。美术大师达·芬奇（1452—1519）、米开朗琪罗（1475—1564）、拉斐尔（1483—1520）等"三杰"都深入钻研过古希腊、罗马的哲学、文学和自然科学，继承发扬了希腊罗马绘画雕塑的风格，他们的作品一改中世纪宗教美术的呆滞、僵化，在圣母、耶稣等圣经题材，以及希腊、罗马神话传说题材和现实题材的创作中，以人性取代神性，贯注了人文精神。其代表作《蒙娜丽莎》、《最后的晚餐》、《最后的审判》、《西斯廷圣母》，表达了人在天地间的自尊和力量，刻画出人性的丰富与微妙。文艺复兴时期的意大利政治学家马基雅弗里（1469—1527）针对中世纪的政治体制，倡导复兴希腊城邦制，在肯认王权专制的同时，认为普通人比国王聪明，监察、审判、任免官吏等权力应该属于人民。

　　文艺复兴生动地展现了否定之否定律，它以这样的形态揭开近代文化的序幕：与基督教流行的中世纪决裂，而直接与古典时代希腊、罗马的异教文化和人文传统携起手来。正如布克哈特所指出的，文艺复兴时代的意大利民族之所以能够"成了近代欧洲的儿子中的长子"①，乃是因为"在同一个民族的文化上将两个遥远的时代结合起来，如果结合的条件相同，就被证明是正当的和有成绩的"②。文艺复兴的巨人们诚然"嗜古成癖"，但他们的终极目标并非"复古"，而是穿上古典文化这种久受崇敬的"服装"，用这种借来的"语言"，演出世界历史的新场面。

　　紧随文艺复兴之后，受到人文主义激发的宗教改革，是15、16世纪欧洲市民阶层反抗罗马教会、争取民族统一的思想运动，它也是"文化重演律"的一次生动演示。如果说文艺复兴是以希腊元典所代表的古典世俗文化为圭臬，唤起人文主义狂飙，从而开辟文化近代化的一条路向，那么宗教改革则是以希伯来元典所代表的古典宗教文化为圭臬，唤起宗教原始民主精神，从而开辟文化近代化的又一路向。而正是这"两希"（希腊与希伯来）的"复兴"，开创了欧洲近代文化的

①　［瑞士］雅各布·布克哈特：《意大利文艺复兴时期的文化》第2篇第1章第1段，商务印书馆1979年版。
②　［瑞士］雅各布·布克哈特：《意大利文艺复兴时期的文化》第3篇第1章第1段，商务印书馆1979年版。

新生面。

基督教是公元 1、2 世纪在罗马帝国境内形成的，其教义文本为希伯来元典——《旧约全书》与《新约全书》，其中包含若干原始平等意识。基督教在其产生时本是一种被压迫者的运动：它最初是奴隶和被释放的奴隶、穷人和无权者、被罗马征服或驱散的人们的宗教。后来，基督教逐渐被有钱有势者所控制，公元 4 世纪成为罗马帝国的国教，中世纪更成为欧洲封建统治的重要组成部分和精神支柱。中世纪后期，罗马教会日趋腐化，教皇颁布各种法令，对民众巧取豪夺。在这种情势下，宗教改革从中欧发端。捷克人扬·胡斯（1369—1415）率先起来反对教会的权威，否认教皇是上帝的代表，力倡《圣经》的"在上帝面前人人平等"精神，主张个人思想自由。

德国教士马丁·路德（1483—1546）是宗教改革最重要的思想家，他利用神秘主义，提出个人可以经过一种神秘的直觉，与上帝直接交往，人人可以为僧侣，教皇、主教、教士并无独掌"人—神"沟通的特殊权利。他还用德国人民的语言译出《圣经》，使农民与平民能用《圣经》章句作为斗争武器。路德在《圣经》译本中使得公元最初几世纪的纯朴基督教和当时已经封建化了的基督教形成鲜明的对照，使得一个不知层次重叠的、人为的封建教阶制度为何物的社会和正在崩溃的封建社会形成鲜明的对照。马丁·路德正是通过对原始基督教的复归，实现对中世纪神学的超越，从而走上近代文化的坦途。马丁·路德于 1525 年创作的赞美诗《我主是坚固堡垒》，高扬《圣经》元精神，向中古思想宣战，被近人称为"16 世纪的《马赛曲》"。有人曾把统治封建欧洲的罗马教廷比喻为"奥吉亚斯牛圈"。相传希腊奥吉亚斯有个三千头牛的大牛圈，长期没有打扫，肮脏无比。而马丁·路德第一个清扫了教会这个"奥吉亚斯牛圈"，他使用的扫帚便是希伯来元典——《圣经》，藉助《圣经》原始民主精神的发挥，向中世纪罗马教廷长期经营的宗教秩序挑战。此后，瑞士人加尔文（1509—1564）以复归《圣经》元精神为宗旨，创立与罗马天主教相抗衡的新教。16 世纪中叶，英国国教会内许多信徒在加尔文宗教改革思想影响下，要求教会清除罗马天主教的影响，建立廉洁教会，反对教俗领袖的骄奢淫逸，提倡勤俭节欲以自洁，因此得名"清教徒"（Puritan）。17 世纪英国资产阶级革命初的长期国会（1640—1653）支持清教徒的主张。"清教精神"成为资本主义发展的一种思想动力。

经过马丁·路德和加尔文的宗教改革，西方宗教精英作为独立于政治大系统之外的精神监护人而崛起，他们通过对《圣经》原始义的发挥，倡导勤业精神、商业精神和殖民精神（以宗教普世主义、向世界各地传布福音为外在形态），从而成为呼唤近代工业文明的预言者。正是在这一意义上，马克斯·韦伯肯认新教伦理与资本主义精神之间的内在联系性和生成关系。[①] "文艺复兴"与"宗教改革"都是通过"元典精神"的复归与再造，实现由中古文化向近代文化的跃进的。它们是"文化重演律"的典范性显示。

第二节 中国古代的"文化重演律"

一、"文化重演律"在古代中国的一般显示

"文化重演律"在中国古代文化史也有演释。

夏、商、周三代孕育的元典精神，自从运行于中国大地之日起，便不断被人们"重演"，而每一次"重演"都伴随着某种特定的变革内容。

创立原始儒学的孔孟，"祖述尧舜，宪章文武"[②]，力倡"复三代"，试图以元典精神匡正春秋战国的"乱世"，建立一个实行"仁政"的"王道"之世。

西汉初年的董仲舒鼓吹"崇儒更化"，企求以他所理解的元典精神去建设一个在神权羽翼下"屈民而伸君，屈君而伸天"[③]的"大一

---

① 见马克斯·韦伯《新教伦理与资本主义精神》，黄晓京、彭强译，四川人民出版社 1986 年版。

② 《礼记·中庸》。

③ 董仲舒：《春秋繁露·玉杯》。

统"的帝国和"罢黜百家，独尊儒术"的一统文化。

西汉末年的王莽面对"汉历中衰"，一方面提倡谶纬之学，以"符命"思想为自己"篡汉"提供神学依据；另一方面又以《周礼》为圭臬，幻想以恢复井田制、朝廷垄断工商业来克服土地兼并导致的社会危机，其"改制"以"托古"的形态展开。

王安石针对宋代中叶土地兼并剧烈，财政危机、国防危机深重的现状，援引《周礼》以推行新法，同样也是走的一条"托古改制"的"文化重演"之路。

朱熹则从学术角度论及"旧学"与"新知"的关系：

> 旧学商量加邃密，新知培养转深沉。却愁说到无言处，不信人间有古今。①

强调新旧相承、古今相通。

中国古代的"文化重演"在文学方面的表现尤为鲜明。"诗骚"、"秦汉"、"唐宋"一直成为后世追慕的对象。特别是唐、明两代发起的"文学复古运动"，更是文人们自觉地通过对古典文风的复归，去荡涤当代文风的萎靡。唐人要复汉、魏之古，以清扫六朝文风的浮华；明初人则倡言"载道之文，舍六籍吾将焉从"②，"文字法度一不敢背于古"③，明代前后七子"文必秦汉，诗必盛唐"④；清人也企图上追先秦两汉。有人将"起八代之衰"的唐代古文运动和"以起衰救弊为己任"的明代文学复古运动称之中国古代的两次"文艺复兴"。如果从"文艺复兴"一词的泛义论之，此说是有道理的，唐人和明人的用意虽有所差异，其文学成就也有高下之分，但他们都不同程度地试图以复古求新变。

---

① 朱熹：《鹅湖寺和陆子寿》。
② 宋濂：《文原》。
③ 王慎中：《遵岩集·与江午坡书》，《四库丛刊·集部·别集类》。
④ 《明史·文苑传》。

总之，向元典精神寻求解决现实问题的处方，是中国古人的一种思维定势。其功过得失姑且不论，但用以说明中国人早已自觉不自觉地运用"文化重演律"，则是并不勉强的。

从学术史而论，清学是"文化重演律"的一个相当典型的实例。梁启超曾这样论及清学：

> 本朝二百年之学术，实取前此二千年之学术，倒影而缫演之，如剥春笋，愈剥而愈近里，如啖甘蔗，愈啖而愈有味，不可谓非一奇异之现象也。①

这实在是关于"文化重演律"的一段绝妙描绘。梁氏在另一论著中更详尽地概述了清学这种"倒影而缫演之"的具体情形：

> 综观二百余年之学史，其影响及于全思想界者，一言以蔽之，曰："以复古为解放"。第一步：复宋之古，对于王学而得解放；第二步：复汉、唐之古，对于程朱而得解放；第三步：复西汉之古，对于许、郑而得解放；第四步：复先秦之古，对于一切传注而得解放；夫既已复先秦之古，则非至对于孔孟而得解放焉不止矣。②

清学经历了顺康间顾炎武等人批判阳明心学末流的空疏，返回宋代朱熹之学的第一阶段；乾嘉间考据学家扬弃宋学，复兴东汉古文经学的第二阶段；道咸间经世派扬弃考据学，取法西汉今文经学的第三阶段；同光以降学者直溯先秦，向元典追求真解的第四阶段。

清末经学史家皮锡瑞(1850—1908)在论及清学演变时指出：

---

① 梁启超：《论中国学术思想变迁之大势》。
② 梁启超：《清代学术概论》，第13页。

> 学愈进而愈古，义愈推而愈高；屡迁而返其初，一变而至于道。①

清代学术史可以说是"文化重演律"的一次完整的显示。农业——宗法社会养育的中国学术文化坚韧的延续力，以及与之相关联的保守性、因袭性和回复性，在清代学术史中得到典范式的表现。

二、以"文化重演律"透视明清之际进步思潮

中国古史上的"文化重演"现象，多带有浓厚的因袭性和回复性，但有时也突显出进步性与上升性，明清之际即为一例。

明清之际，指明代万历至清代康熙年间，也即 16 世纪末叶和 17 世纪末叶的一百年间。这是一个大动荡的时代。一些敏感的哲人不约而同地用"天崩地解"（黄宗羲语）、"天崩地裂"（王夫之语）等惊人心魄的字句描绘自己所处的时代，决不是偶然的。17 世纪前后，中国延绵两千年之久的宗法——专制制度显露出一系列颓败的症候，而资本主义生产方式的萌芽在这个衰老社会的母体内初露端倪。自秦汉即已确立的专制主义的君主集权政治，则达到登峰造极的程度，其弊端也暴露得淋漓尽致，朝廷与广大农民、工商业者以至相当一部分士大夫尖锐对立，"外论所是，内阁必以为非；外论所非，内阁必以为是"②，呈现一种被统治者不能照旧生活下去，统治者不能照旧统治下去的危机状态。而明末农民战争和明清间的民族战争更有席卷全国之势，在其冲击下，相对静止时期被视作金科玉律的某些宗法教条（如君臣之道、崇义贱利等等）露出败象。以上势态，标志着中国的宗法——专制社会步入这样一种境地——这个制度全面崩溃的时刻还没有来临，但在这个制度内部进行自我批判已有必要性。与此同时，明代中后期商品经济的繁荣、活字印刷的普及，则为文化的发展带来比

---

① 皮锡瑞：《经学历史·经学复盛时代》。
② 黄宗羲：《明儒学案》卷五八，《东林学案》，《明史纪事本末》也有类似记载。

较充分的物化手段，而此间西洋文明的输入，又开阔了人们的视野。凡此种种，都在知识的准备上为这一时代思想敏锐的文化人进行历史反思提供了可能性。宋应星（1587—?）便是在这一意义上称他所处的时代为"圣明极盛之世"①；方以智（1611—1671）更体悟到自己这一代人达到可以"坐集千古之智，折中其间"②的佳境。正是这一切，孕育并促成明清之际早期启蒙文化的勃兴。

"启蒙文化"在世界文化史上的确定含义，是指18世纪末叶法国大革命前夕出现的反对教会权威和封建制度，呼唤"理性王国"降临的新文化。其代表人物为伏尔泰（1694—1778）、卢梭（1712—1778）、狄德罗（1713—1784）等启蒙大师。稍后，在德国，其代表人物为莱辛（1729—1781）、赫尔德（1744—1803）；在俄国，其代表人物别林斯基（1811—1848）、赫尔岑（1812—1870）也发起了类似的文化运动。中国近代先进的人们在19世纪末、20世纪初引入的民权论、民约论、民主共和思想，主要便采自这种"启蒙文化"。与之相较，明清之际的文化思潮还存在着一大段差距。以17世纪中国最富于战斗精神的政治哲学著作——黄宗羲的《明夷待访录》、唐甄（1630—1704）的《潜书》与18世纪法国启蒙运动政治学说的两部代表作——孟德斯鸠的《论法的精神》、卢梭的《社会契约论》相比较，便可发现，它们虽然抨击中古专制帝王的猛烈程度不相上下，但黄宗羲、唐甄们尚提不出新的社会方案，而只能用扩大相权、提倡学校议政等办法限制君权③；用"人君能俭"之类的"善政"去实现"天下大治"④。而孟德斯鸠、卢梭们则拿出以"三权分立"论为基础的君主立宪制或人民主权论为基础的民主共和制等新的国家蓝图。

这表明，中国明清之际的进步思潮与欧洲18世纪的启蒙思潮分

---

① 宋应星：《天工开物》，钟广言注释，广东人民出版社1976年版。

② 方以智：《通雅·考古通说》，侯外庐主编《方以智全书》，上海古籍出版社1988年版。

③ 见黄宗羲《明夷待访录》中《置相》、《学校》诸篇。

④ 见唐甄《潜书》中《富民》诸篇。

属两个不同的历史范畴。前者是中世纪末期社会批判的产品,后者却是近代社会的宣言书。有些学人将这两种形态的文化等量齐观,并不十分恰当。① 如果要在欧洲文化史上选择一个阶段同中国明清之际的进步文化作比拟,无论从产生的背景还是从所包含的内容而言,都以欧洲封建社会的最后几个世纪(14—17世纪),也即严复说的西方"古学"转向"新学"②阶段发生的文艺复兴运动较为相当。

中国和欧洲的中古社会,存在着明显差异。贵族庄园制经济、骑士封建制度是中世纪欧洲的主要特征。地主—小农制经济、高度强化的专制主义君主集权政治,则是中国中古社会的基本格局。然而,无论是中世纪的欧洲还是秦汉以降的中国,经济关系与阶级关系的本质是近似的——自给自足的自然经济占据主体地位,地主占有土地和不完全占有生产者。奠基于此的中古意识形态,在东方和西方也存在着共通之处。

欧洲中世纪黑暗时期,充满宗教迷狂,其时意识形态的主体是宗教和神学,科学成为教会的婢女,哲学成为神学的奴仆,文学是"圣者"的言行录,史学沦为寺院的编年史,连数学也用神学观点解释:"1"代表上帝,"3"代表"三位一体"。《圣经》被奉为社会生活、精神文化的最高准则。谁敢越雷池一步,便会投入牢狱甚至惨遭火刑。中国没有像欧洲那样出现席卷全社会的宗教迷狂,但自西汉以来,儒学定于一尊;宋明以后,程朱理学挟朝廷之力风靡天下。明清两代的八股取士制度明确规定,命题取自四书五经,答题须依朱注,连字数多寡,也有严格规定。凡"有乖于圣学经义","离经叛道"者,便被指斥为"异端"。宋明理学作为一种世俗哲学,当然不同于欧洲的基督教神学,但在坚持独断论,宣扬禁欲主义等方面又有一定程度的相通

---

① 见侯外庐《中国思想通史》第五卷,人民出版社1959年版。

② 严复在《天演论》卷下指出,元明以前西方"新学未出",人们崇奉"雅里氏"(即亚里士多德),与中国人尊信孔子无异,这时西学与中学没有大的差距。明中叶以后(即16世纪以后),"柏庚(即培根)起于英,特嘉尔(即笛卡儿)起于法",奈端(即牛顿)、嘉里列倭(即伽利略)继起,新学方兴,"而古学之失日著"。

之处。

历史推进到中世纪晚期，中国和欧洲都出现一种新的文化潮流，它是作为此后几个世纪诞生的启蒙文化的先驱而降临世上的，因此，可以把它称作"早期启蒙文化"。这种文化形态不约而同地在旧大陆东西两端兴起，是因为在欧洲和东亚的中世纪晚期，出现类似的经济条件。文艺复兴产生的经济背景是，14、15世纪在地中海沿岸的某些城市已经稀疏出现资本主义生产的最初萌芽。而中国明代嘉靖至万历间（16世纪中叶至17世纪初叶），长江中下游等地的纺织、制瓷、矿冶等行业出现类似的新的生产关系。

新的历史条件孕育着新文化，南欧的文艺复兴的主旨是人文主义，其锋锐直指中世纪的神学蒙昧主义和禁欲主义。

中国明清之际诸大师则树起理性主义旗帜，清算董仲舒等人编制的谶纬神学中的蒙昧主义和宋明理学中的禁欲主义，提出"饮食男女之欲，人之大共也"①，"私欲之中，天理所寓"②等命题。

文艺复兴的巨匠们在自己的作品中，辛辣地嘲讽僧侣和贵族，向教会的"精神独裁"提出挑战。而中国明代后期也出现这种抗拒独断论的思想流派。被称为"异端之尤"的李贽便直接对宗法社会的偶像——孔子的权威表示"大不敬"，他批评理学家们"一步一趋，舍孔子无足法"③；泰州学派的何心隐（1517—1579）则置君臣、父子等宗法伦常于不顾，所谓"人伦有五，公舍其四，而独置身于师友贤圣之间"④；17世纪中国思想界的一支"异军"——傅山（1607—1684）也一反儒学独尊的传统，将周秦诸子与孔子等量齐观，并且重申"天下者非一人之天下，天下人之天下也"⑤。

---

① 王夫之：《诗广传》卷二。
② 王夫之：《四书训义》卷二六。
③ 李贽：《藏书·王通》。
④ 李贽：《何心隐论》，《焚书》。
⑤ 傅山：《霜红龛集·谈〈老子〉道常无名解》，阳曲高级小学1936年重印本。引语原出《吕氏春秋·贵公》。

黄宗羲更认为"天子之所是未必是，天子之所非未必非"①，痛诋专制君主为"天下之大害"②。唐甄甚至詈骂道："自秦以来，凡为帝王者，皆贼也"，"杀人者众手，天子实为大手"③。这些大胆言论都是对中国宗法—专制社会的最高权威——圣人和天子提出的怀疑与抗议。诚如近人陈登原所说，贬抑君权，是明清之际思想界的一种趋势。④

与文艺复兴时期出现的薄伽丘(1313—1375)《十日谈》一类反映市民情趣的作品相类似，明代中后期通俗文学也兴盛起来，它们一扫内容空虚、徒具华丽形式的"台阁体"和"文必秦汉，诗必盛唐"的文学复古主义，展现出火辣辣、活泼泼的生机。这种文学倾向的理论表现是李贽(1527—1602)的"童心说"和公安"三袁"的"独抒性灵说"。其代表作品则有世情小说《金瓶梅》，短篇小说集《三言》、《二拍》，以及汤显祖(1550—1618)的《临川四梦》等戏剧。这类作品或以无所顾忌的笔墨，记录专制制度及其统治阶级的罪恶和道德的沉沦，将"风俗颓败，赃官污吏遍满天下"⑤的情状暴露无遗；或以生动的故事，栩栩如生的人物形象，反映市民的意愿、渴求和价值观念，并提供长江三角洲一带城镇中资本主义萌芽的经济细节；或以悲剧形式，直接抨击宗法礼教的不合理，呼吁男女平等、婚恋自由，表现"真情"与"天理"的对立⑥，其尖锐程度已超过元杂剧《西厢记》，从而与学术领域批判理学的潮流彼此呼应，交相推引。

欧洲文艺复兴的使命之一是摆脱宗教教义的束缚，冲破中世纪经院哲学的烦琐和空疏，把人们的视线由虚渺的"天界"拉向真实的"人间"，由"神性"转向"人性"。实实在在的自然界和社会现象，特别是

---

① 见黄宗羲《明夷待访录·学校》。

② 见黄宗羲《明夷待访录·原君》。

③ 见唐甄《潜书·室语》。

④ 陈登原：《国史旧闻》第 3 册，台湾明文书局 1984 年版。

⑤ 兰陵笑笑生：《金瓶梅》第三十四回，王汝梅等校点，齐鲁书社 1987 年版。

⑥ 见汤显祖《牡丹亭》，徐朔方、杨笑梅校注，人民出版社 1963 年版。

人本身，开始成为研究和描写的对象。从这一意义上说，由"虚"走向"实"，是欧洲文艺复兴出现的一种新的文化动向。无独有偶，在中国的明清之际，也兴起了清算明代学术的空疏，高张"经世致用"旗帜的"实学"。这是明清之际早期启蒙文化在学术领域里引人注目的表现。

中国中古文化的主体是理学。历经宋、元、明三朝，理学的两种主要形态——理一元论的程朱理学和心一元论的陆王心学都建立起庞大的体系，它们分别从不同的本体论角度论证宗法—专制秩序的永恒性，将纲常名教归结为宇宙的本原——"理"或"心"，因而深得统治者的青睐，被推尊为官方哲学和科举考试范本。但随着宗法—专制制度走向衰微，理学在明代日渐陷入空疏和僵化，明代的正宗文化呈现一派衰落气象：天下士人兢兢以求的科举经义都以朱熹的注疏为准绳，考试更规定一种极端形式主义的八股文，文章内容又须"代古人语气为之"。这使得广大士人将"一生有用之精神尽消磨于无用八股之中"①，发展了模仿古人、因循保守的作风；而明代中后期陆王心学传衍，理学进一步禅学化，其末流更滋长了空谈心性的陋习，一些名士清流，自相标异，专立门户，玄黄互战，一味迷恋于冥想、游谈，"以无端之空虚禅悦，自悦于心，以浮夸之笔墨文章，快然于口"，"欲一切虚无以求妙道"②。那些高居庙堂的士大夫则高唱"存理灭欲"，极少有人致力于自然和社会实际问题的研究，"见钱谷兵马之数，条陈胪列之事，无不昏昏瞌睡，唯恐其言之不尽，甚至有掷而弃之者。及见阳攻阴刺，舞舌反唇之谈，则欣欣相告，寻绎无倦"③。这一切都表现了末世文化的颓唐。

明朝灭亡后，一批士子痛定思痛，纷纷起来总结亡国教训，同声谴责八股之害和学风的空疏。清朝顺治初年，有人在北京大明门上张

---

① 蔡尔康：《纪闻类编》卷四。
② 《明语林》卷七。
③ 茅元仪：《石民四十集》，《四库全书·史部》。

贴红纸，书曰："奉送大明江山一座"，落款为"八股朋友同具"。①
这一嬉笑怒骂的揭帖，表达了士人们对明朝八股空言导致亡国的愤
慨。朱舜水(1600—1682)则沉痛指出，明亡于清，"亦中国士大夫之
自取之也"，其祸根之一，便是"明朝以制义举士……父之训子，师
之教弟，猎采词华，埋头咕哗，其名亦曰文章，其功亦穷年皓首，惟
以剽窃为工，掇取青紫为志，谁复知读书之义哉!"②顾炎武对明代中
后期空疏的学风作了更为深沉的总结："以明心见性之空言，代修己
治人之实学。股肱惰而万事荒，爪牙亡而四国乱，神州荡覆，宗社丘
墟。"③认为士风的颓败进而导致天下倾覆。王夫之则系统地从哲学上
揭示这种空疏学风的理论基础即陆王心学的谬误和思维教训。费密
(1623—1699)痛论"清谈害实"，认为这套空疏之学"何补于国! 何益
于家! 何关于政事! 何救于民生!"其流行的结果，必然导致"学术蛊
坏，世道偏颇，而夷狄寇盗之祸亦相挺而起"④。唐甄也反对宋明理
学家的空谈心性，认为"儒之为贵者，能定乱、除暴、安百姓也。若
儒者不言功……但取自完，何以异于匹夫匹妇乎!"⑤

　　清中叶学者阮元(1764—1849)指出明代空疏学风对自然科学的
阻碍："自明季空谈性命，不务实学，而此业(指天文、历算、数学)
遂微。"⑥总之，明代学术空疏的病弊，至其末年已大白于天下，一种
与之相抗衡的"实学"便在明清之际应运而起。这一阶段的学风力矫
"束书不观，游谈无根"之弊，易主观玄想为客观考察，改空谈为实
证，把学术研究的领域扩大到自然和社会的众多实际领域，天文、地
理、九经、诸史、河漕、兵工、山岳、风俗、吏治、财赋、典礼、制

---

① 蔡尔康:《纪闻类编》卷四。
② 朱舜水:《中原阳九述略·致虏之由》,《朱舜水集》上册,中华书局
1981年版,第1页。
③ 顾炎武:《日知录》卷七,"夫子之言性与天道"条。
④ 见费密《弘道书》,《丛书菁华·怡兰堂丛书》本。
⑤ 见唐甄《潜书·辨儒》。
⑥ 阮元:《畴人传》卷四四,《西洋·利玛窦》,《经堂文集》,据清道光阮
元本影印。

度、文物，莫不精究。如"实学"开创者之一徐光启（1562—1633）"平生所学，博究天人，而皆主于实用"①，专志于"学务可施用于世者"②。顾炎武的风格也与之类似，他"综贯百家，上下千载，详考其得失之故，而断之于心，笔之于书，朝章国典，民风土俗，元元本本，无不洞悉。其术足以匡时，其言足以救世"③。

明清之际实学内部流派甚多，其知识论也各有差别，如顾炎武的知识论接近于经验论，他治学"每一事必详其始末，参以证佐"④；王夫之则近于理性论，他重视悟性，但又认为悟性离不开经验，主张"证之以可闻之实"⑤。这些不同的知识论有一个共通之点——以"实事求是"为治学圭臬，注意考镜源流，不泥守旧注古训，重视调查研究和第一手材料的占有，并有对外来文化兼容并包的阔大襟怀，从而将元典时代的优良传统发扬光大，达到我国文化史上又一个辉煌的高峰。

文艺复兴后期出现的培根、伽利略等科学巨人，开始运用近代思维的基本形态——数学语言和实验方法，同以思辨性和模糊性为特征的中世纪学术有了根本区别。中国明清之际涌现的实学派的一个支脉——"西学派"，如徐光启、李之藻、王徵等人，虽然还不能像培根那样锻造出"新工具"，但他们继承中国古典科学传统，并吸收耶稣会士带来的欧洲自然科学成就，在思维近代化的道路上跨出最初的步伐。例如，徐光启颇为重视"象数之学"，把它比拟为刺绣者的"金针"，掌握它，就可以"明理辨义"、"立法著数"，由"数"达"理"，步入科学大殿的堂奥。徐光启论及《几何原本》时说"能精此书者，无一事不可精"⑥，这是因为他洞察到万事万物中都存在着量的特性和

---

① 陈子龙：《农政全书·凡例》，《徐光启集》，王重民辑校，上海古籍出版社1984年版。

② 徐光启：《徐氏家谱·文定公传》。

③ 潘耒：《日知录·原序》。

④ 见纪昀等《四库全书总目提要》。

⑤ 王夫之：《思问录》外篇。

⑥ 徐光启：《几何原本杂议》，《徐光启集》卷二，第76页。

关系，"非度数不为功"①，因而他不仅在自然科学领域使用数学语言，而且还把数学方法引入社会科学。在《农政全书·田制》中，徐光启对历史和现实的人口资料进行统计，发现"生人之率，大抵三十年而加一倍，自非有大兵革，则不得减"，这是世界上较早明确提出的人口增殖率概念。徐光启还在《处置宗禄查核边饷议》中，针对明代"极弊而大可虑"②的宗禄问题，进行数学分析，指出"自今以后，百余年而食禄者百万"，"为禄当万万石"，"竭天下之力，不足为赡"。由于徐光启的分析基于科学统计，因而他的警告较之一般朝臣的泛泛议论要有力和确凿得多。此外，徐光启、方以智等人还十分重视实验方法，徐光启坚持以经验事实作为科学理论的唯一有效验证，他在天文观测和农学实验方面都作出巨大努力。

方以智更从理论高度肯定"质测"（实证科学）的重要性，认为"质测即藏通几（哲学）者也"③。王夫之则赞扬方以智父子的"质测之学，诚思学兼致之实功"④。王夫之本人在论证物质不灭原理时，运用的也是实证方法："车薪之火，一烈已尽，而为焰、为烟、为烬，木者仍归木，水者仍归水，土者仍归土，特希微而人不见尔。一甑之炊，湿热之气，蓬蓬勃勃，必有所归；若盖严密，则郁而不散，汞见火则飞，不知何往，而究归于地。"⑤这种实证方法，在顾炎武的考证之学中也有所体现，他的音韵学研究以"本证"与"旁证"相参验，系统地应用归纳法，带有某种近代思维特征。

中国明清之际的进步思潮同欧洲的文艺复兴一样，其创新意识是通过"文化重演律"得以展现的。文艺复兴运动是以复兴希腊罗马古典文化出现的，但正如伏尔泰所指出的，文艺复兴的重大意义不在于

---

① 徐光启：《刻几何原本序》，《徐光启集》卷二，第74页。
② 见《明史·食货志》。
③ 见方以智《物理小识·自序》，《方以智全书》，上海古籍出版社1988年版。
④ 见王夫之《搔首问》。
⑤ 见王夫之《张子正蒙注·太和篇》。

复古，而在于创新。① 与此相类似，明清之际的大师们是在阐扬先秦诸子和复兴"三代之制"的旗帜下，展开对专制制度及其意识形态的批判的。黄宗羲的《明夷待访录》高度赞美"古之君"的大公无私，愤怒谴责"今之君"的贪婪残暴；顾炎武也热情期待"三代之盛""徐还"②，但他们这些思想言论都并非真要复古，而是"以复古为解放"，"其动机及其内容，皆与欧洲之'文艺复兴'绝相类"③，即借理想化的"三代之盛"去衬托"今世之弊"，用传统中的氏族民主制的某些精义谴责专制君主，以"百家争鸣"的诸子之学声讨盛行于中世纪的文化专制。在文艺复兴巨匠们重新展示出来的古希腊文化的光辉面前，中世纪的幽灵消逝了。可见，这种"复古"本身就包含着前进的意味。王夫之曾以"六经责我开生面"的句式，将早期启蒙文化貌似复古、实则创新的精神画龙点睛地指示出来。这正是历史老人遵循"否定之否定"的法则行事——

西欧中世纪经院哲学、中国中古经学否定古代文化的辩证精神，而到了中古末世，在新时代将至而未至的时刻，进步思想界还没有可能创立全新的体系，只能请出古典文化，藉助它的某些带有民主色彩和辩证指向的思想和古色古香的语言，去完成对中古蒙昧主义的自我批判。这正是中西早期启蒙文化共同的历史使命，也是"文化重演律"的一次生动显示。

三、明清之际进步思潮与欧洲文艺复兴之比较

明清之际进步思潮从其产生背景和所包蕴的内容而言，均与欧洲的文艺复兴有某些相似之处，然而其发展前景却颇相歧异，这表明"文化重演律"并没有提供某种独一无二的模式，而呈现异象纷呈的

---

① ［法］伏尔泰：《论各族的风尚与精神》，《风俗论》下册，谢戊申等译，商务印书馆1982年版。

② 黄宗羲：《南雷文定》附录。

③ 梁启超：《清代学术概论》《饮冰室合集》专集第3册，中华书局1989年版，第3页。

多样化格局。

欧洲和中国早期启蒙文化之所以表现为两种不同的发展前景，与双方文化传统存在着差异有直接关系。黑格尔曾经表述这样的看法：人类各民族精神文化，无不具有"民族精神的标记"①。民族精神是"推动那个民族的一切行动和方向"②的动力。我们在考察东西方早期启蒙文化时，须把握它们各自的"民族精神的标记"。

西方近代文化的"三大精神"（个人自由精神、国家精神、宗教精神），都有其源头。个人自由精神，渊源于希腊，可称"希腊精神"；国家精神，渊源于罗马，可称"罗马精神"；宗教精神，渊源于来自中东的基督教，可称"希伯来精神"。这里我们侧重讨论西方近代文化与其"家园"——希腊精神的继承关系。

灿烂的古希腊文化，是西方近代文化的源头。而希腊文化具有如下鲜明的特色：

第一，"构成希腊人主要民族性和重要业务的，就是同感官的自然性相反的人格欢乐的意识，以及个人权力表现的需要，不是单纯寻求娱乐的需要，藉此取得特别的显荣和相随而来的享受。自由自在，宛如中天歌唱的小鸟，只有人类在这里才这样表示着他的无拘无束的人性里的一切，靠这种表示来证实自己，来获得承认"③。个性原则构成希腊精神的基本性格。"各个人都保持他自己的地位"，专注于个性的发展，"要表现他们自己，并且要在表现中找着快乐"。那描绘健美形态的雕塑、绘画，那蔚然风气的竞技比赛，在很大的意义上出自于希腊人表现自己美丽形态、表现自己力量的心理趋向。这种民族精神必然推动人们对个人实体价值——自然价值和社会价值——的追求。

第二，在古希腊文化中，哲学具有重要地位。而古希腊哲学发源于自然科学，以对自然普遍原理的求索肇始。正如亚里士多德所言，

---

① 黑格尔：《历史哲学》，三联书店 1956 年版，第 117 页。
② 黑格尔：《历史哲学》，三联书店 1956 年版，第 118 页。
③ 黑格尔：《历史哲学》，三联书店 1956 年版，第 286 页。

哲学是从对自然万物的惊异而发生的。希腊人探索哲理"只是为想脱出愚蠢。显然，他们为求知而从事学术，并无任何实用目的"①。这种学术途径导致希腊思想家在冷静观察自然、思考自然的思维活动中，普遍具有追求严密的公理化系统的倾向。与此同时，也造就了古代希腊哲学与自然科学相互渗透、结为一体的特点。许多著名的哲学家本身也就是自然科学家。亚里士多德不仅在哲学上建立严密的形式逻辑体系，而且在自然科学上颇有建树，他是古希腊哲学家中"最博学的人物"。希腊精神元素在欧洲世界广泛地播下种子。欧洲早期启蒙文化的人本主义倾向以及对自然科学的高度注意，当然是那一时代历史土壤的产物，但希腊元素在其中所起的作用也不容漠视。

中国文化源远流长，而春秋战国时期的诸子学术可谓中国精神文化之母，先秦诸子形成的某些风格和传统，给后世文化造成某种定势，打上深刻烙印。

其一，重伦理的传统。本书第七章已有专节讨论，这里所要说明的是，重伦理的倾向，在先秦学术精神中带有排他性意味，凡与伦理精神相悖的学问，往往被斥为"无用之辨，不急之察"，先秦的名辨逻辑之学就是这样被冷落下去的。所谓"无用之辨，不急之察，弃而不治。若夫君臣之义、父子之亲、夫妻之别，则日切磋而不舍也"。由先秦思想家构造起来的伦理学说，其历史土壤是宗法家长制，而它一经产生，便对中国传统精神产生巨大影响。黑格尔用"家庭的精神"一语来概括中国民族精神的特质，含有合理成分。而这种"精神"对中国早期启蒙思想的影响是显而易见的。

如前所述，文艺复兴的大师们在抨击封建蒙昧主义时，高度肯定"人"的价值，认为人是世界的中心，世界以"人"为本，人是衡量一切事物的尺度，他们要求最充分地发展人的"人性"和事业，满足人的"欲望"。从这一思想主流来看，欧洲早期启蒙文化可称为"人本型文化"。而中国早期启蒙思想家虽然也肯定"人"的价值，肯定"人欲"的正当性，但是，他们更为重视"人"对社会国家的伦理义务，认为

①　见亚里士多德《形而上学》，商务印书馆 1959 年版。

只有在这个范畴内，"人"的价值、"人欲"才具有合理性。王夫之便是如此，他一方面提出"珍生"主张，反对贱形、贱欲、贱生；另一方面又强调"有公理，无公欲。私欲净尽，天理流行，则公矣"①，主张"行天理于人欲之内，而欲皆从理"②。他特别强调"仁"的意义，在他的未来国家蓝图里，君主"仁天下"，庶民"亲亲"，充满了理想的伦理道德的诗意。顾炎武、颜元、戴震等尖锐批评程、朱、陆、王学说的某些部分，但又不约而同地承认"仁义"是道德的最高范畴。如顾炎武所言："子之孝，臣之忠，夫之贞，妇之信，此天之所命，而人受之为性者。"③（"顾天之明命"条）。当然，明清之际进步思想家的伦理思想已含有批评传统的因素及启蒙因子，但从他们对伦理道德的高度重视而发出的和声中，我们不妨说，中国早期启蒙文化具有浓烈的"伦理型"色彩，这与欧洲文艺复兴重视个人的人本主义文化路线是大相径庭的。

其二，重政务的传统。如果说希腊哲学发端于对自然界的惊异之中，那么先秦哲学则产生于复杂、激烈的政治斗争中。春秋战国时代是一个社会大转变的时代，各派思想家站在各自的立场上，展开一场空前规模的学术大辩论。正是在这空前活跃的氛围中，先秦诸子学术得以诞生。因此，与探索自然奥秘、关注自然科学的希腊哲学不同，先秦学术基本上是由伦理学引申出来的政治哲学。而正是在高度重视政治事务、政治方向的先秦学术中，产生了关注民众力量及民众生活状态的民本主义，产生了以关注政治事务为中心的经世主义，而自然科学，乃至自然哲学没有得到充分发育。后来发展成为中国文化主干的儒学，"游文于六经之中，留意于仁义之际"④，视"百工居肆"为"小道"，农业技术为"小人之事"，认为穷究"物之理"并非认识的终极目的，而"圣也者，尽伦者也；王也者，尽制者也，两尽者，足以

---

① 见王夫之《思问录·内篇》。
② 王夫之：《读四书大全说》卷六。
③ 见顾炎武《日知录》。
④ 《汉书·艺文志》。

为天下极矣"①。把伦常政制看作认识的最高峰。元典时代比较重视自然哲学和科学技术的墨家，在上述主潮的冲击下，被视作"役夫之道"②、贱人之学，汉代以降渐趋衰微，以至绝灭。这种"重政务，轻自然，斥技艺"的传统对后世影响殊深，中国近代文化的曲折坎坷，与此并非无涉。反观承袭着希腊元典时代科学精神的文艺复兴，一大特点是高度重视自然科学，在欧洲中世纪的黑夜之后，科学以其意想不到的力量一下子重新兴起，并且以神奇的速度发展起来。造成这种情势的根本原因当然是社会生产力的发展，但文艺复兴大师们复归古希腊的自然哲学和实证科学传统，也起了至关紧要的作用。文艺复兴"三杰"之一的达·芬奇（1452—1519）便倡导人们把视线转向对大自然的研究，做"能创造发明和在自然与人类之间作翻译的人"。他不仅把人文精神注入《最后的晚餐》、《蒙娜丽莎》等美术创作中，而且以极大的热情进行浩繁的科学试验。在他的后半生中，大部分时间都用于科研和机械设计上，并在应用科学上作出大量卓越的发明和创造。

英国唯物主义和整个现代实验科学的真正始祖法兰西斯·培根（1561—1626）提出"知识就是力量"的名言，号召人们冲破封建蒙昧主义的迷雾。文艺复兴诚然是一次伟大的变革，是一个需要巨人而且产生了巨人——在思维能力、热情和性格方面，在多才多艺和学识渊博方面的巨人的时代……那时，差不多没有一个著名人物不曾作过长途的旅行，不会说四五种语言，不在几个专业上放射出光芒。

中国明清之际的诸大师们同样是那个时代集成性与创造性的巨人：王夫之将中国古代唯物主义推进到一个灿烂的阶段；黄宗羲的《明儒学案》是中国第一部系统的学术史，而他的史学研究直接启迪了清代"浙东学派"的兴起；顾炎武在音韵学和考据学上成绩卓异，实开清代"汉学"之先河。明清之际的进步文化在自然科学方面相对薄弱，虽然其时也产生了徐光启这样的科学先驱，但以他为首的"西

---

①　《荀子·解蔽》。
②　《荀子·王霸》。

学派"在当时士大夫群中属于凤毛麟角，影响甚微；在王夫之、方以智的哲学思想中，尽管含有关于物质和运动不可分的理论论证以及关于物质不灭和能量守恒原理的论述，但在他们的哲学体系中，自然哲学仍然只居次要地位。

综观清初大师，不难看到，他们全力关注的是民族国家的命运与民生疾苦。中国早期启蒙思想家中的大多数往往从青少年起便"以天下为己任"，慷慨悲歌，纵论天下事。王夫之"自少喜从人间四方事，至于江山险要、士马食货、典制沿革，皆极意研究"①。方以智自述，青少年时代"处泽国，好悲歌，……好言当世之务，言之辄慷慨不能自止"②。徐光启少时便"以天下为己任"③，他一生的活动，始终如一地以"富国强兵"为宗旨。在明末清初特殊历史条件下，黄宗羲、王夫之、顾炎武、方以智积极参加抗清活动，顾炎武更提出"天下兴亡，匹夫有责"，王夫之提出君主"可禅、可革、可继"论。

早期启蒙思想家对在自然经济、专制政治下辗转呻吟的民众表示深切同情。王夫之描绘农民、织女、渔夫、猎人以及淘金、采珠者的艰难的生活，表达自己"寒心而栗体"④的心情。顾炎武在《天下郡国利病书》中，广泛披露当时人民所受的深重压迫："南人困于粮，北人困于役"，"至有今日完租，而明日乞贷者"。剥夺已极的贫民"必至于冻馁"，"欲不逃亡不可得矣"。他突破一个曾有八百亩江南土地的缙绅地主的阶级局限，发出"民之所以不安，以其有贫有富"⑤的呼吁。启蒙思想家们提出"平均地权"的主张。如黄宗羲的"平均授田"；王夫之的"有其力者治其地"；李贽的财产私有为"自然之理，必至之符"⑥；颜元的"天地间田，宜天地间人共享之"⑦……

---

① 王夫之：《姜斋公行述》，《船山全书》第 16 册。
② 见方以智《浮山文集·孙武公集序》，《方以智全书》。
③ 徐骥：《先文定公行实》，《徐光启集·附录一》。
④ 见王夫之《黄书·大正》，王伯祥校点，北京古籍出版社 1956 年版。
⑤ 见顾炎武《日知录·庶民安放财用足》。
⑥ 李贽：《藏书》卷二。
⑦ 见颜元《存治编·井田》，《颜元集》。

对伦理、政务强烈关注，是明清之际启蒙文化的特点，并成为中国近代的爱国主义和救亡思潮的直接先导。

第三节　中国近代的"文化重演律"

"文化重演律"不仅在中国古代文化史一再演绎，也在中国近代文化史作出精彩表现，不过其产生的社会氛围和运作机制另有特色。

一、近代与古代文化生成环境的差异

在东亚大陆独立发展起来的中华文化，很早就构筑起物质的与精神的万里长城，既能对异域文化有选择地汲取与排拒，又能消解或受容自生的文化异己，从而保持一种因革均衡的渐进性稳态。截至19世纪中叶以前，中华文化的进程虽然多有起伏跌宕、损益变通，但是，自先秦产生、两汉定型的价值体系及其运作系统并未出现过根本性危机，始终保持着一以贯之的发展序列，成为世界史上罕见的连续性文明。而中国古代屡屡演出的"文化重演"活剧，当然有上升性和进步性意蕴，但更多地呈现回复性和因袭性。

中华古文化延续性的长期保持，就其内部条件而言，是这个系统拥有辽阔的地域和众多的人口，自成一个完整而庞大的格局，足以提供古代文化回旋进退所必要的空间。更重要的是，中华文化的物质器用层面(农业—手工业紧密结合的自然经济)、制度层面(家国同构的宗法社会和专制君主政体，及其一系列完备的律令，尤其是为广大士子提供晋身之阶的考选制度，扩大该政体的政治基础)、行为层面(以纲常名教为核心的伦理规范)、观念层面(儒释道相维相系的意识形态)彼此契合，相互为用。而自殷商以降三千余年间一脉相承的书写语文(即后来称之的"汉字")，以及通过汉字表达的文化经典所确立的民族精神，更强化了这个文化系统的认同力。上述一切，结构成一个从物质到精神，从典章制度、行为方式到符号系统高度同一的机体。这个机体若干成分间当然也会发生违碍，大规模的社会动荡也时有发生，但是，农业—宗法社会提供的坚韧的传统力量，却能够一再

发挥调适、整合与重建功能，使中华文化于变异中保持遗传惯性，衰而复盛，顽强地遵循自身轨迹，延绵伸展，始终维系并丰富着中华文化的基本品质和固有风格。

中华文化延续性的长期保持，与特定的外部条件也大有干系。东亚大陆养育的中华文化，是在沙漠、盐原、群山、海洋围护着的相对隔绝于外的环境里成长起来的，它虽然也多次迎受过种种外来挑战，但其根基却没有发生动摇。这是因为，自三代以降，同以华夏—汉族为主体的中原王朝交往的异族外邦，文明程度大多低于，甚或远远低于中国。作为先进的农耕文明的代表，中国人曾一再遭遇拥有强弓骏马的"夷狄"（周边游牧人）的侵扰，然而文化上的优胜地位却从未丧失，即使在军事上数度被剽悍的"马上民族"所征服，结果却总是演出一幕又一幕"征服者被征服"的活剧。

自西汉末年开始，从南亚次大陆传入的佛教文化，思辨巧密，体系庞大，可与中华本土文化一较短长，并使不少中国人为之倾倒，雅文化和俗文化都深受其熏染，以至在魏晋—隋唐间风靡朝野，成一"佛学时代"。不过，佛教文化一直以和平形态入华，并未与军事征服、商品倾销相随相伴，没有构成动摇中华文化本位的物质力量，并在经历十个世纪的冲突、融会与消化之后，佛教及佛学逐渐演为一种协和成分汇入以儒学为主体的中华文化系统之中。而吸收佛学成果的新儒学——宋明理学，濡染华夏气质的中国化佛教流派——华严宗、天台宗、禅宗，便是中华本土文化接纳、化合外来佛教文化的两大综汇性产物。

总之，在19世纪中叶以前，中国始终雄踞文化高势能地位，其调适自身和吞吐异域英华的能力游刃有余。中国人长期在这种氛围里高视阔步，"莅中国而抚四夷"，一直自信是世间少有的，甚或是绝无仅有的文明民族。"吾闻用夏变夷者，未闻变于夷者也"①，便是昔日中国人普遍具备的乐观、自负的文化意识。

---

① 《孟子·滕文公上》。

19 世纪中叶以降，以著名的中英"鸦片战争"①为端绪，中国人开始面对一种迥然有别于以往的全新境遇：与历来从西北大陆腹地袭来的"夷狄"不同，这一次的侵袭者主要从东南沿海进入，这些蓝眼赤须的西洋人与野蛮落后的游牧人大异其趣，拥有整体水平已经超前的、冲击能量强大的工业文明。他们装备着坚船利炮，贩卖着物美价廉的商品，还裹带着荼毒生灵的鸦片，首先从军事上，继之从经济上、政治上和文化上给中国人以当头棒喝，毫不留情地摧垮中华帝国的千古尊严，宣布着东方农耕文明优胜地位的历史性终结。中华民族从此卷入世界性近代化过程，其文化的器用层面、制度层面、行为层面和观念层面彼此协调契合的格局打乱了、错动了，从而开始一个脱胎换骨的、相当痛苦的转型过程。

古代中国是在社会背景和文化氛围大体保持一贯性的情形下，根据某一时期的特定社会需要去实现"文化重演"的，元典的文本本义与重申者、发挥者之间虽然有一定距离，但又大体吻合；然而，近代中国的社会背景、文化氛围已与元典时代相去更远，元典文本本义与近代重申者、发挥者所要表达的现实意向间隔遥远，因此，元典精神被近人所用，需要进行比古人复杂得多的转换工作。

近代中国的文化重演不仅比古代中国的文化重演其运行机制复杂，而且与近代欧洲的文化重演大相径庭。

19 世纪特定的国际背景，使中国人面对"数千年来未有之强敌"，身处"数千年未有之变局"②，从而被动地迈入近代社会的门槛，这与肇始于 17 世纪的西欧的近代化历程颇相差异。

意大利、尼德兰、英吉利、法兰西等西欧国度的近代化运动，是从该地区中世纪社会母胎内孕育出来的，由工场手工业引发近代机器工业，由行会师傅演为资产阶级，文艺复兴—宗教改革—工业革命—启蒙运动—政治大革命，一个接一个社会变革自内而生，推动着西欧各民族国家由中世纪迈入近代社会。我们把这种原动力主要来自内部

---

① 英国称"贸易战争"。

② 李鸿章语，见《筹办夷务始末·同治朝》卷九九。

的近代化称之"原生型"或者"自生型"。形成比照的是，中国的近代化并不全然是中国文化自然而然地演化出来的，而在相当程度上是在西方近代文化楔入的强刺激下运作起来的，可称之"次生型"或"外发型"近代化。

"自生型"近代化，顺理成章地把本民族的元典精神视作源头，如欧洲近代文化的两大主旨——科学和民主，都是藉助于对古希腊的复归得以建树的。而作为"外发型"的中国近代化，其文化重演就显得更为坎坷曲折，一方面，当国人为着捍卫民族独立，便要坚持文化本位立场，力图从中华元典寻求精神支柱；另一方面，当国人致力于文明的近代转型，又要抛弃某些固有传统，去认同西方传统。这两种走向在近代中国时分时合，今天已到达了在较高层次上会通、整合的阶段。

二、历史大螺旋与历史小螺旋

讨论中国近代史上的"文化重演律"，除应着眼于宏观历史的否定之否定过程外，还应着眼于中观历史和微观历史的否定之否定过程。

所谓"宏观历史"，是指整个文明史；"中观历史"是指文明史中的某一大的阶段(如上古时期的夏、商、周"三代"，又如中古后段的宋、元、明、清)；"微观历史"则指一个较小的阶段，如某一朝代，或某一运动时期。事实上，文化重演不仅见之于宏观历史，而且也见之于中观历史和微观历史。

本书导论阐明，文化史的进展呈现"正—反—合"的三段式螺旋状。这种螺旋式上升状态是不断运行的，若干小的螺旋又构成一个大的螺旋。大螺旋即宏观历史过程，约略分为"古代—中世纪—近代"三阶段。近代文化在完成对中世纪文化的否定与超越时，要藉助对古代文化的"复归"。关于这种在历史大螺旋中发生的文化重演现象，本书导论已有所论说，第十一章和第十二章还将作更详尽的阐发，此不赘述。这里所要着重探讨的是，中国文化从中世纪末期到近代初期这一历史小螺旋中的否定之否定式运动。

这一历史小螺旋，具体时段为明代中期至清代中后期，也即 16 世纪中叶到 19 世纪中叶的三个世纪间。中国文化在这段时期走过一个"正—反—合"的螺旋全程。

各个民族和国度社会发展的大趋向虽然是同一的，但由于受到不同内外条件的制约，其前进的具体路径却呈现千姿百态的多样性。欧洲一些国家历经资本主义萌芽阶段，伴随着地理大发现、殖民扩张、世界市场建立，资本的原始积累顺利地得以完成，产业革命和资产阶级大革命接踵而至，在 17、18 世纪，一批欧洲国家相继进入资本主义社会，与此同时，近代文化越过文艺复兴这一朦胧的早春季节，在 18 世纪和 19 世纪之交迎来辉煌的夏天。

与此形成对照的是，亚欧大陆东端的中国，由于"耕织并重"的自然经济难以突破，与之相伴生的宗法—专制制度及其意识形态也特别强固。此外，中国历史上反复出现的游牧民族对中原地区农业社会的冲击，再次发生在明清两朝交替之时，长江三角洲等商品经济比较发达地区备受兵火之害，"扬州十日"、"嘉定三屠"之类惨绝人寰的战祸，使一系列繁荣的工商业城镇毁于一旦，这当然造成文明近代性走向的严重摧折。综合各方面材料看，直到清代乾隆年间，我国生产力，尤其是商品经济的发展程度，才恢复到明代万历年间的水平。因此，同欧洲资本主义迅速成长的情形大相径庭的是，中国在 16 世纪至 19 世纪中叶，资本主义生产方式走过了"萌芽—夭折—再度萌芽"的曲折道路，整个社会的主体仍然停滞在宗法—专制制度的轨范之内。

与社会发展的总趋向相吻合的是，这三百年间，中国文化也步履蹒跚，17 世纪曾颇有声色的早期启蒙思潮，在 18 世纪和 19 世纪初叶却只回荡着零星的回音，这一阶段虽然也有戴震等人对理学的抗争，出现过《红楼梦》这样从思想到手法都打破传统格局的文学巨著，但在文字狱一类文化专制政策的威压下，这一百多年间思想文化界是沉闷的，各学派间即或有所论争，却大多局限于传统儒学的范围之内，"百经宗孔孟，百行法程朱"①。在"家齐于上而教成于下"的理

---

① 惠栋：《红豆山斋楹联》。

学笼罩下，广大士子或者执意揣摹八股时文，以图仕进；或者陷进故纸堆中，作古书的训诂考证。"避席畏闻文字狱，著书都为稻粱谋"，19世纪上半叶思想新鲜的龚自珍的这一诗句，表述了那个高压时代文化界的郁闷心情。18世纪的学术出现了由"经世"向"逃世"退化的趋向，在这一百余年间，乾嘉学派盛极一时，"几乎独占学界势力"，呈现一种"古典考证学独盛的局面"①。这个学派虽然奉顾炎武为"开山祖师"，而且在考据的精密和条理化，以及考据的范围之广、成就之高等方面超过顾炎武，但他们缺乏顾氏那种"明道救世"的雄心，而沉湎于古字古句的钻寻，"躲起来读经，校刊古书，做些古时的文章，和当时毫无关系的文章"②。这种整理古文化的工作，同欧洲文艺复兴巨匠借阐述古希腊文化以掀起人文主义狂飚的情形相去甚远，同明清之际早期启蒙大师活泼、犀利、富于社会批判精神的思想相比，也有所倒退。在研究方法上，乾嘉间学者将微观考察、枝节剖析发挥到极致，取得空前的成就，但在宏观研究和历史理论的建造上却较少涉猎。乾隆间史学家章学诚便一针见血地指出同代人学风的流弊："近日学者风气，征实太多，发挥太少，有如桑蚕食叶而不能抽丝。"③

　　正当整个中国社会同其思想文化界陷入"万马齐喑"的境况之时，19世纪三四十年代，西方资本主义殖民者大举东侵，中国这个老大的宗法—专制帝国紧锁的大门被外人强行打破，而与外界完全隔绝曾经是保存旧中国的首要条件，当这个"首要条件"一旦丧失，宗法的中国社会这具"木乃伊"便迅速风化，面临着一种前所未见的变局。一些敏感的士人在"海警飚忽，军问沓至"④的刺激下，开始把视野由故纸堆转向矛盾丛生、危机四伏的现实世界，从而在新的历史条件

---

① 梁启超：《中国近三百年学术史》，中国书店1985年版。

② 鲁迅：《三闲集·无声的中国》，《鲁迅全集》第4卷，人民文学出版社1981年版，第12页。

③ 章学诚：《文史通义》外编三。

④ 魏源：《圣武记》序，《魏源集》，中华书局编辑部编，中华书局1976年版，第166页。

下，再次经历文化潮流的转变。

19世纪上半叶，改革派龚自珍、魏源首先举起学风丕变的旗帜。龚、魏等人青年时代都受教于乾嘉学派，但他们面对"世变之亟"，痛感考证之学"锢天下聪明知慧，使尽出于无用之一途"[1]，他们对于清中叶一百余年间彼此对垒的汉学和宋学，都加以讥弹，并力图跳出其褊狭的格局，寻觅一种能够"经世济民"的思想武器。在当时那种历史条件下，他们一方面借助适于比附现实的今文经学，发挥《公羊》三世说，讲解微言大义以干预时政，力主变法以谋富强；另一方面，又复兴17世纪的经世实学传统以求筹边、御外之术，发扬明清之际的社会批判精神以向专制制度的种种病端开刀。清代文化主潮以此作契机，为之一变。此后，从早期改良主义者冯桂芬、王韬、马建忠、郑观应、薛福成、陈炽、何启等人，到严复、康有为、梁启超、谭嗣同，以至革命派，分别从不同角度推进这个新的文化大潮，终于形成浩浩荡荡的"新学"洪流。

在一定意义上，中国近代新学乃是对明清之际早期启蒙文化的"复归"，正如梁启超所说，他本人及其同道们的学说，是"残明遗献思想之复活"[2]。这是一个值得注意的论断，它对于我们把握中国近代新学的民族文化渊源，提供了有益的启示。当然，这种"复归"、"复活"决不是对往昔的简单重复，也不是在封闭体系内实现的，而是在西学强有力的刺激下完成的螺旋式上升的圆圈。

三、中国近代新学对早期启蒙文化的"复归"

关于中国近代文化对古文化（元典精神为其核心）的"复归"，本书第十一、十二章将具体论述，这里所要指出的是，就"近古至近代"这一历史小螺旋中，还存在着近代文化对明清之际早期启蒙文化的"复归"。又由于明清之际启蒙思想家（如黄宗羲等人）有着复归元

---

① 魏源：《武进李申耆先生传》，《古微堂外集》卷四，《魏源集》，中华书局1976年版，第358页。

② 见梁启超《中国近三百年学术史》，中国书店1985年版。

典的趋向，所以，近代新学的复归明清之际启蒙思潮，实质上也就是复归元典精神。换句话说，明清之际早期启蒙思潮，是作为近代新学与中华元典精神之间的"中介"而发挥作用的——

近代新学通过对明清之际早期启蒙思潮的"复归"，进而达到对中华元典精神的"复归"，以此获得民族文化的原创性动力，创造近代新文化。

任何新的学说，必须首先从已有的思想材料出发，虽然它的根源深藏在经济的社会的事实之中。19 世纪中后叶萌动的中国近代新学，除利用进口的西学作为触媒外，还要寻觅民族文化的依托形式，而明清之际早期启蒙文化便是其现成的借用对象。这正与欧洲文艺复兴充当 18 世纪启蒙运动的前导相类似。

中国近代新学经历了一个相当复杂的发展历程。粗略言之——

甲午战争以前，新学家（包括道咸改革派和同光改良主义者）主张在维持清王朝现存统治的前提下进行变革，以达到富国强兵、抵御外侮的目的。而明清之际的进步思想家多是反清志士，不少人以明朝遗民终其身，其著作在清代前中期往往遭到冷落甚至禁止。甲午以前的新学家既然尚未与清王朝的现存统治形式发生尖锐对立，也就很少直接提及明清之际诸大师，但在学术路线上，却与之一脉相通。

甲午战争以后，尤其是戊戌以后，随着民族危亡迫在眉睫，清王朝作为"洋人朝廷"进一步激起各阶层民众的公愤，新学家们改革清朝旧制的意识趋于明晰，"排满革命"的呼声愈益高涨。这样，许多新学家便以明清之际诸大师的后继者自居，接过 17 世纪前辈们的社会批判思想和民族主义旗帜。黄宗羲、顾炎武、王船山、朱舜水、吕留良等人的名字和著作，在 20 世纪初叶的各家新学刊物上竞相出现，改良派和革命派都积极宣传明清之际诸大师的思想和节操。①

中国近代新学的前后两个发展段落虽然对明清之际早期启蒙文化采取不尽相同的态度，但近代新学作为一个整体，与明清之际早期启

① 见张枬、王忍之编《辛亥革命前十年间时论选集》，三联书店 1960—1977 年版。

蒙文化相承袭，则是显而易见的历史逻辑。近代新学继承并发挥明清之际早期启蒙思潮的所在甚多，大体有如下几个方面：

（一）经世致用，复兴"实学"

中国近代与明清之际的社会性质固然不同，但这两个时期都处在社会矛盾、民族矛盾尖锐化的关头，类似的氛围使这两个时期的文化人产生一种强烈的忧国忧民、匡时济世的历史责任感。明末东林党人顾宪成宣称：

> 士之号为有志者，未有不汲汲于救世者也。①

黄宗羲说东林党人"一堂师友冷风热血洗涤乾坤"②。近代进步文化人继承这种以天下为己任的传统，他们面对"日之将夕，悲风骤至"的"衰世"，悲歌慷慨，"大言不畏，细言不畏，浮言不畏，挟言不畏"③。正是忧国伤时的悲壮心理，驱使着近代进步文化人步明清之际诸大师的后尘，以"经世致用"为研究学问的出发点，"梦中疏草苍生泪，诗里莺花（指罂粟花，喻鸦片战争）稗史情"，龚、魏以降的进步文化人著史、作文、吟诗，无不与民族兴亡，时局变幻息息相关。

如果说明清之际诸大师是怀着复兴故国之心，于"江山险要，士马食货，典制沿革，皆极意研究"④，那么近代进步文化人则是为着挽救民族危亡而探讨"天地东西南北之学"⑤，力主"革虚而之实"⑥。他们尖锐批评清代盛行的"浅陋之讲章，腐败之时文，禅寂之性理，

---

① 顾宪成：《赠凤云杨君令峡江序》，《泾皋藏稿》卷八。
② 黄宗羲：《东林学案卷首》，《明儒学案》卷五八。
③ 龚自珍：《平均篇》，《龚自珍全集》，上海人民出版社1976年版，第80页。
④ 《姜斋公行状》，《船山全书》。
⑤ 吴昌绶：《定庵先生年谱》，《龚自珍全集》，上海人民出版社1976年版，第604页。
⑥ 魏源：《海国图志》叙，《魏源集》，中华书局1976年版，第206页。

杂博之考据，浮诞之词章"①，认为这一套学问"民瘼之不求，吏治之不习，国计边防之不问；一旦与人家国，上不足制国用，外不足靖疆圉，下不足苏民困，举平日胞与民物之空谈，至此无一事可效诸民物，天下亦安用此无用之王道哉？"②这种对清中叶空疏学风的批评，与明清之际诸学者对明代学风之弊的抨击何其相似乃尔！

近代进步文化界力图把人们的注意力从空谈性理、繁琐考据、科举利禄拉向解决现实问题的正道上来。龚、魏与林则徐、贺长龄、包世臣等人便针对禁烟、吏治、边防、海防、漕运等实际问题发表议论，开展研究，确乎做到了"一代之治，即一代之学"③。

近代进步文化人还继承王夫之、黄宗羲修当代史④和顾炎武著《天下郡国利病书》的传统，发挥章学诚"史学经世"的精义，一反清代史学详古略今，一味考订校勘的"考史"之风，致力于写当前的活动的历史。魏源的《道光洋艘征抚记》，便对刚刚结束的鸦片战争作了忠实记述；《海国图志》中的《筹海篇》总结鸦片战争的教训。此后，研究本朝掌故的史著大量涌现。还有一些人讲求边疆地理(尤其是西北史地)以谋筹边，研究外国史地以谋对外，如龚自珍的《御试安边绥远疏》、《西域置行省议》，徐继的《瀛寰志略》，姚莹的《康輶纪行》，梁廷楠的《夷氛闻记》，夏燮的《中西纪事》，何秋涛的《朔方备乘》便是这类史地论著。晚清的经学方向也发生大改变，由训诂、典章、名物之学，转而讲解微言大义，以求通经致用，为变法图强服务。晚清进步文化人大量介绍西学，也意在以西学之"实"克服中学之"虚"。他们认识到："泰西之国岂天国耶？泰西之人岂天人耶？头同圆也，足同方也，趾同五也，肢同四也，心思之慧，才力之雄，相

---

① 何启、胡礼垣：《〈劝学篇〉书后·〈循序〉篇辩》。

② 魏源：《默觚下·治篇一》，《古微堂内集》卷三，《魏源集》，中华书局1976年版，第35页。

③ 龚自珍：《乙丙之际著议》第六，《龚自珍全集》，上海人民出版社1976年版，第4页。

④ 王夫之修《水历实录》，黄宗羲撰《明儒学案》，均属修当代史、当代学术史。

为仲伯，而强弱之形，盛衰之势，判若天渊者何哉？务实学不务虚文者之故耳。"①这种概括，并不十分精当，但改变中国旧学之虚空确乎是近代先进文化人的共同要求。而这种"诵史鉴，考掌故，慷慨论天下事"②的风气，在近代开创于龚、魏，而其前导则可追溯至明清之际诸大师。

（二）抗议君主专制的社会批判思想

近代新学的政治思想，其中心点在于与君主专制相对立的民权主义。它萌芽于龚自珍的"讥切时政，诋诽专制"。到早期改良派如陈炽等人，则直抒"国以民为本"③的思想，"戊戌六君子"之一的谭嗣同更呼唤：

> 冲决利禄之网罗
> 冲决君主之网罗
> 冲决伦常之网罗。④

唐才常也有类似言论："天下非一人之天下，亿兆京垓人之天下也。"⑤这种民权思想当然受到西学的启迪，尤其受到卢梭的《民约论》（今译名《社会契约论》）的影响，但唐才常等新学家们在当时即已指出，民权观念并非全然取自"西法"，中国"古已有之"——

> 任举《孟子》、《公羊》及六经中一言一例，无弗重民、贵民，

---

① 《论实学》，《中外经世策论合纂》卷二四，（清）听秋旧庐主人编辑，1902 年石印本。

② 龚自珍：《定庵文集》卷下，世界书局版，第 23 页。

③ 陈炽：见《庸书·旅人》，知今斋 1898 年石印本。

④ 谭嗣同：《仁学》自序，《谭嗣同全集》，蔡尚思、方行编，中华书局 1981 年版。

⑤ 唐才常：《支那汉族黄中黄》、《沈荩》第 5 页，《唐才常集》，湖南省哲学社科研究所编，中华书局 1980 年版。

公权于民者。①

这自然是对《孟子》等典籍的现代化解释。

近代民权主义较切近的历史渊源是以《明夷待访录》为代表的明清之际的非议绝对君权的思想。梁启超对这一点有清楚的说明：

> 我们当学生时代，(《明夷待访录》)实为刺激青年最有力之兴奋剂。我自己的政治运动，可以说是这部书的影响最早而最深。②

> 梁启超、谭嗣同辈倡民权共和之说，则将其书节钞，印数万本，秘密散布，于晚清思想之骤变，极有力焉。③

谭嗣同甚至认为"三代下无可读之书矣！"但黄梨洲的《明夷待访录》和王船山的《遗书》例外，二书"皆于君民之际有隐恫焉"④。五四时期"只手打倒孔家店"的吴虞，是反对独断论的健将，他把明末的异端思想家李贽视作自己的前驱，他曾为李贽辩诬，批驳纪晓岚在《四库全书总目提要》中定李贽为"名教之罪人"的说法。⑤ 章太炎在谴责清朝专制政权的苛酷暴虐时，也援引唐甄的《潜书》⑥。

总之，明清之际谴责专制君主的社会批判思想，是从先秦民本思想和中世纪各种抗议君主专制的异端哲学走向近代民主、民权思想的桥梁，它为中国近代先进的人们接受西方民主政治观念提供了民族文化的深厚土壤。

---

① 唐才常：《辩惑》，原载《湘报》，后辑入《觉颠冥斋内言》卷四，《唐才常集》，中华书局1980年版。

② 梁启超：《中国近三百年学术史》，中国书店1985年版，第47页。

③ 梁启超：《清代学术概论》，《钦冰室合集》专集第3册，第14页。

④ 谭嗣同：《仁学》卷下，《谭嗣同全集》，中华书局1981年版。

⑤ 吴虞：《明李卓吾别传》，《吴虞文录》卷下。

⑥ 章太炎：《驳康有为论革命书》，《章太炎政论选集》，汤志钧编，中华书局1977年版。

　　(三)强烈的爱国主义和执著的民族精神

　　明清之际的启蒙大师都是热切的爱国者，在明清间的民族战争中表现了不屈不挠的民族自卫精神。"愁看京口三军溃，痛说扬州七日围。"①亡国之恨始终缠绕在这批坚贞的文士心头。明亡之后，他们或者削发为僧(如方以智)，或者孤处穷乡僻壤(如王夫之、黄宗羲)，或者远走他乡(如顾炎武)，但都为复兴民族而著述不辍。"阒山中兮无人，塞谁将兮望春"②，是这些哲人沉郁而又积极向上的民族精神的写照。他们的爱国主义，自然停留在传统的"夷夏之防"的种族观念之内，"今族类之不能自固，而何地仁义之云云"③。但是，这种旧式的爱国主义和民族主义，作为反抗异族入侵、维护本民族的生存权利和文化传统的精神武器，自有其正义性。

　　近代中国人由于西方殖民者的侵略，面临更加深重的民族灾难，理所当然地与明清之际的爱国主义和民族主义发生共鸣。清末有不少革命党人提倡民族气节，皆以王夫之、顾炎武、张煌言为榜样。如章太炎本名炳麟，因仰慕顾炎武(原名绛)的民族精神，改为章绛，号太炎。他还在日本翻印王夫之和顾炎武的著作以及《张苍水集》。章太炎曾这样讲述自己"排满革命"思想的形成经过："余年十三、四始读蒋氏《东华录》，见吕留良、曾静事，怅然不怡。……弱冠睹全祖望文，所述南田、台湾诸事甚详，益奋然欲为浙父老雪耻。次又得王夫之《黄书》，志行益定。"④他还说，光复革命的思想，"不离吕(留良)、全(祖望)、王(夫之)、曾(静)之旧域也"⑤。这种思路在辛亥志士中颇有代表性。

　　当然，近代爱国主义和民族主义有其新的内容。章太炎便说："民族主义非专为汉族而已，越南、印度、缅甸、马来之属，亦当推

---

　　①　顾炎武：《赠朱监记四辅》，《顾亭林诗文集》，中华书局 1959 年版。
　　②　王夫之：《被禊赋》，《船山遗书》，李英侯等校辑，上海太平洋书店 1933 年排印本。
　　③　王夫之：《读通鉴论》。
　　④　章太炎：《光复军志序》，《检论》卷九。
　　⑤　章太炎：《光复军志序》，《检论》卷九。

己及之。"①这是一种更广阔意义上的反对民族压迫、种族压迫的爱国主义和民族主义。至于孙中山、邹容、陈天华等人宣传的爱国主义，则有更鲜明的反帝色彩，突破"夷夏之防"的旧樊篱，然而，明清之际诸大师阐扬的爱国主义和民族主义毕竟给近代爱国志士以激励和启示。

（四）注意发展生产，提倡工商业，关注科学技术

"安贫乐道"、"知足尚俭"、"重农轻商"、"重政务轻技艺"，是中国儒学的传统，它们是自然经济占统治地位的宗法社会的典型意识形态。在明清之际，与商品经济发展、资本主义萌芽相伴生，出现工商皆本②的新观念，并产生注意生产问题及自然科学的文化动向。这一时期涌现出潘季训的《河防一览》、徐光启的《农政全书》、宋应星的《天工开物》、李时珍的《本草纲目》、方以智的《通雅》和《物理小识》等一系列科技著作，进入我国古典科学技术的总结阶段。与当时的国防需要相联系，徐光启还提出"火器今之时务也"③，开始致力于冷兵器向热兵器的转变。当然，上述动向，后来中止或减缓下来，中国文化仍然在宗法的故道内徘徊。这种格局直到近代方被打破。19世纪中叶，徐寿、华蘅芳等自然科学家重新翻读明清之际徐光启等人与利玛窦合作的科学著作和译作，"甚为欣羡，有惬襟怀"，并且感慨"忽过二百年而与此新理相觌面"④。

近代新学家重视生产和自然科学的并不限于自然科学家。王韬便反对以农为"本"、以工商为"末"的传统观念，认为"富强即治之本"⑤。他还著《火器说略》一卷，编著《西学辑存》六种，即《重学浅说》、《格致学提纲》、《光学图说》、《西洋天说源流》、《华英通商学略》、《泰西著述考》，广泛介绍自然科学知识。戊戌维新志士则创办

---

① 章太炎：《复仇是非论》，《别录》卷一。

② 见黄宗羲《明夷待访录·计财三》。

③ 见徐光启《徐氏庖言》。

④ 傅兰雅：《江南制造总局翻译西书事略》，载张静庐辑注《中国近代史料》，中华书局1953年版。

⑤ 王韬：《弢园文录外编》卷二《兴利》。

《农学报》、《算学报》、《格致新报》等宣传自然科学的报刊，又在综合性报刊上开辟"格致"、"算学"专栏。谭嗣同在南学会举办的演说会上，讲述天文地理知识，向听众进行科学启蒙。这种关注生产发展、重视自然科学进步的趋向，在明清之际开始萌动，而后遭受压抑，到近代方得以发扬，直至五四时期提倡"德赛二先生"，仍在继续解决这个问题。足见以科学战胜愚昧，在中国是一件何等艰难的事情。

（五）重视社会风俗的研究和改造

明清之际进步思想家在总结明代亡国的教训时，并未把眼光仅仅停留在统治阶层的弊端上面，他们还将视线投向社会风气、民间习俗等更为广阔的领域，认为"治乱之关，必在人心风俗"①。顾炎武在这方面尤有卓识，他引用罗仲素的话说道，"风俗者，天下之大事"，倘要"论世"，必须首先"考其风俗"②。这应当说是一种颇为深刻而进步的思想。顾炎武本人极重视风俗的研究，他的代表作《日知录》最用意处，便在卷十三的论风俗。黄宗羲在《明夷待访录》中也提出"习俗"的改造问题，并力主革除奢侈的风俗习惯和宗教迷信。③

近代新学家与顾炎武、黄宗羲一脉相通，他们为了引导国民冲破蒙昧主义的重重障壁，莫不高度重视风俗的改造，严复曾提出"鼓民力"、"开民智"、"新民德"④的口号；梁启超力主"振刷国民之精神"⑤；邹容更大声疾呼：

　　　　拔去奴隶之根性，以进为中国之国民。⑥

---

① 顾炎武：《顾亭林文集》卷四《与人书》九。
② 顾炎武：《日知录》卷一三《周末风俗》。
③ 见黄宗羲《明夷待访录·财计三》。
④ 严复《原强修订稿》。
⑤ 见梁启超《戊戌政变记》。
⑥ 见邹容《革命军》第五章"革命必先去奴隶之根性"，《邹容文集》，周永林编，重庆出版社1983年版。

章太炎指出，革命"不仅驱除异族而已，虽政教学术，礼俗材性，犹有当革命者焉"①。维新派与革命派都开展过一系列改造风俗的实际运动，如禁缠足、禁鸦片、提倡体育、讲究卫生、改变服装，乃至提倡工作和生活时间的条理化。尽管近代先进人物改造国民性的思想与明清之际启蒙大师的思想不可同日而语，但顾炎武等人注意到人心风俗对社会面貌的重大影响，注意到匡正风俗对社会进步的重要性，这一切无疑都给后哲以启示。从这一意义上说，维新派、革命派，都是顾炎武等早期启蒙大师改造社会风俗思想的继承者和发扬光大者。

（六）勇于并善于借鉴外来文化的开放精神

中国存在两种相对立的传统：容纳、吸收外来文化的博大气象和深闭固拒的排外情绪。而明清之际的进步文化则继承前一种优良传统，其卓越的代表人物是徐光启。徐光启与明末来华的利玛窦等耶稣士以师友相处，为译介西方学术做了巨大的工作。徐氏学习西方文化，意在富国强兵，他在驳斥那些排外主义者时说："苟利于国，远近何论焉。"②他钦佩西方学术，以"其实心、实行、实学，诚信于士大夫"③，这种学术"可以补儒易佛"④。作为一个爱国主义者，徐光启还提出"欲求超胜，必须会通"⑤的口号，可见，在他的规划中，"会通"中西只是第一步，"超胜"西学才是鹄的所在。在明末清初学术界中，对外来文化与徐氏持相仿看法的，还有李之藻、方以智、王

① 邹容：《革命军·序》。

② 徐光启：《辨学章疏》，《徐光启集》卷九，上海古籍出版社1984年版，第431页。

③ 徐光启：《泰西水法序》，《徐光启集》卷二，上海古籍出版社1984年版，第66页。

④ 徐光启：《泰西水法序》，《徐光启集》卷二，上海古籍出版社1984年版，第66页。

⑤ 徐光启：《历书总目表》，《徐光启集》卷八，上海古籍出版社1984年版，第373页。

应麟、王徵等人，他们认识到西学能"补开辟所未有"①，西学中"有中国累世发明未晰者"②，"翼我中华，岂云小补"③。徐光启等人会通中西学术的活动，显示了中国早期启蒙学者探求文化进步的开放精神。这种开放精神后来遭到扼杀，直到近代，中国人被西方炮舰惊醒，再度睁眼看世界，更大规模地重新开始徐光启们会通中西的工作。

以魏源提出"师夷之长技以制夷"为开端，近代文化人纷纷学习西学，一反顽固派夜郎自大的愚蠢态度，承认中国有许多地方落后于西方，"人无弃材，不如夷；地无遗利，不如夷；君民不隔，不如夷；名实必符，不如夷"④。薛福成指出，应当去掉文化上夷夏之别的陈腐之见，"衣冠语言风俗，中外所异也。假造化之灵，利生民之用，中外所同"⑤，科学"乃天地间公共之理，非西人所得而私也"⑥。既然科学是无国界的，中国人当然应该去学习它，而只有学习外国人的成果，才有可能赶超外国人，"欲胜人，必尽知其法而后能变"⑦。其观点和语言都酷似徐光启的"会通超胜"说。谭嗣同更进一步指出：

　　　　道非圣人所独有也，尤非中国所私有也。……彼外洋莫不有之，以私诸中国，则大不可。⑧

---

① 方以智：《考古通说》，《方以智全书》，上海古籍出版社 1988 年版。

② 李之藻：《浑盖通宪图说序》，《明清间耶稣会士译著提要》，中华书局 1985 年版。

③ 王应麟：《利子碑记》，《熙朝崇正集》，崇祯十二刻本。

④ 冯桂芬：《制洋器议》，《校邠庐抗议》，清光绪十八年敏德堂校刊本。

⑤ 薛福成：《筹洋刍议·变法篇》，《薛福成选集》，丁凤麟、王欣之编，上海人民出版社 1987 年版。

⑥ 薛福成：《庸庵海外文编》卷三，《薛福成选集》，丁凤麟、王欣之编，上海人民出版社 1987 年版。

⑦ 薛福成：《筹洋刍议·变法篇》，《薛福成选集》，丁凤麟、王欣之编，上海人民出版社 1987 年版。

⑧ 谭嗣同：《思纬壹"壹"台短书·报贝元征》，《谭嗣同全集》，中华书局 1981 年版。

承认学理非中国所独有，而且外国有超过中国之处，这是一种勇敢的科学态度。在谭嗣同之前三百年的徐光启便已经这样做了，他指出，传教士带来的"显自法象名理，微及性命宗根"的西学，"较我中国往籍，多所未闻"①。正是这种科学的精神与爱国主义相结合，促使徐光启等明末士人致力于中西文化交流，创造了16、17世纪东西"两大文明之间文化联系的最高范例"②，而近代新学家走在会通中西的同一路线上。

科学精神与爱国主义在近代的再度结合，促成新学在中国的广泛传播，使中国社会突破宗法制度的沉重压迫，走向近代世界，创造出并将进一步创造辉煌灿烂的新文化。

四、近代中国"文化重演"的旨趣：激动种性、西学中源、以古证今

学术文化在从先秦以迄明清的古代中国一再发生"重演"、"返祖"现象，如果可以用农业—宗法社会发展的迟缓性和重复性作部分解释，那么，时至清末民初，即19、20世纪之交，社会变革急骤，知识分子已开始将西方近代思潮提供的价值系统纳入文化内核，中华元典精神不再是唯一的思想支柱，但是，即使在这种时候，士子精英仍然要不断回溯元典，促进文化认同，其方法有三——

（一）以文化激动种性

中国是一个文化传统悠久的国度，中华民族是一个民族情结深切的民族，而中国人的民族情结，又不是种族主义的，而是文化主义的。用"寻根"方式，通过对传统文化的弘扬，可以激发民族情感，唤起爱国主义热忱。这便是章太炎所说：

---

① 徐光启：《修改历法请访用汤若望、罗雅谷疏》，《徐光启集》卷七，上海古籍出版社1984年版，第343页。

② 李约瑟：《中国科学技术史》第4卷，第2分册，科学出版社1978年版，第693页。

> 用国粹激动种性，增进爱国的热肠。
>
> 古事古迹，都可以动人爱国的心思。①

章氏还列举可以"激动种性"的三种文化内容：

1. 语言文字
2. 典章制度
3. 人物事迹

正是从"激动种性"的目的出发，清末民初先进士人在译介西学的同时，又倾力于中华古文化的阐扬。当时有人用诗赋式的语言歌咏"中国魂兮归来"：

> 于是上九天下九渊，旁求泰东西国民之粹，囊之以归，化分吾旧质，而更铸吾新质。吾使孔子司炉，墨子司炭，老子司机，风后力牧执大革，运气以之，而黄帝视其成。彩烟直上，纠蟠空际，天花下降，白鹤飞来，而国民乃昭然其如苏，呆然其如隔世，一跃而起，率黄族以与他种战。国旗翻翻，黄龙飞舞，石破天惊，云垂海立，则新灵魂出现而中国强矣。②

可见，中国古典文化与西学同样被近代先进士子视作铸造国民新灵魂的精粹材料。这是他们不忌讳"文化返祖"的原因之一。

(二)倡言"西学中源"

清末民初西学涌入，长期处于封闭状态的国人一时难以承受。在这种情势下，那些致力于介绍西学的知识分子便引经据典，论证"西学源于中学说"，以缓和国粹气浓厚的人们对外来文化的抵制心理。

---

① 章太炎：《东京留学生会演说词》，《民报》第六号。
② 章太炎：《国民新灵魂》，《章太炎全集》。

"西学中源说"滥觞于清初。①

经由明清之际来自南欧的耶稣会士介绍，西学（主要是西方科技）开始为部分中国士大夫所认识，同时也引起保守分子的攻击与排斥。值此之际，有人倡言西学并不怪诞可怖，其实"西学源于中学"，东西学术颇有相似之点，如欧洲的代数、几何与中国古来的算学别无二致；他们又囿于华夏优胜的观念，断言西学是从中国传过去的，如康熙帝认定耶稣会士带来的学术"源出自中国，传及于极西"②。一些士大夫纷纷附和之，如沈大成说：

> 天圆地亦圆之说，见于《大戴礼》。天形即王蕃鸟卵之测，见于晋《天文志》。三角之算法，本夏禹之勾股，见于《九章》，皆吾儒之法也。③

"西学中源说"一时成为热门题目。

时至近代，当士子向西方寻求真理时，面对抵制西学的社会思潮比清初更加强烈。这些先进士子出于认识的限制，并受到清初以来思维定势的影响，同时又从策略考虑，大力宣扬"西学中源说"。如邹伯奇引经据典，论证"西学出于墨子"④，倡西方科技源于中国说。以后，徐继畬、冯桂芬、王韬、薛福成、郑观应等人又论证西方政治

---

①　与"西学中源说"形成对立一极的是西方学者于 20 世纪初叶提出的"中学西源说"，如法国历史学家、考古学家拉克伯里著《中国古文化西源说》，称中国文化起源于西亚，认为黄帝、神农氏、庖牺氏均系巴比伦人。俄国学者瓦西里耶夫、美国学者亨廷顿、瑞典汉学家安特生等人也持类似观点。如果说，"西学中源说"是秦汉以来华夏中心主义的产物，那么，"中学西源说"则是 18 世纪以来欧洲中心主义的产物。它们都忽略了文化起源多元的事实，而限于某一文化是世界唯一文化源的偏颇。

②　《康熙政要》卷一八，1910 年刊本。

③　沈大成：《送旌德刘山人序》，《学福斋文集》卷八，《四库全书·集部·别集二》。

④　邹伯奇：《学计一得》卷下，《邹征君遗书》，广州拾芥园，同治十二年（1873）版。

学说(如议院制)也来源于中国的"三代遗风"。如王韬说:"中国天下之宗邦也,不独为文字之始祖,即礼乐制度天算器艺,无不由中国而流传及外",并声称"中国为西土文教之先声"①。

　　"西学中源说"显然失之牵强,严复曾著《救亡决论》,力陈"西学中源说"的荒唐。然而,"西学中源说"在解除中国人学习西学的顾虑方面,当时还是颇有助益的:既然西学来源于中学,是中国古已有之的,后来被外人承袭发挥,那么,"礼失而求诸野"便是完全正当,一点也不失体面的事情。郑观应的言论颇有代表性。他在劝导那些疑忌西学的人们时指出:

　　　　不知我所固有者,西人特踵而行之,运以精心,持以定力,造诣精深,渊乎莫测。所谓礼失而求诸野者,此其时也。②

郑观应还专门论证,议院精义中国古已有之,但后来真正实行的却是西方人:

　　　　盖闻立国之本在乎得众;得众之要在乎见情。故夫子谓:人情者圣人之田,言理道所由生也。此其说谁能行之,其惟泰西之议院。③

既然"泰西议院"充分地实行中国古圣人的理想,今之中国人起而仿效,当然就是名正言顺的事情了。这正透露"西学中源说"的微旨。

　　薛福成(1838—1894)则以更明白的语言阐述了"西学中源说"的真实意图——诱劝中国人学习西方先进文化。薛氏说:

　　　　昔者宇宙尚无制作,中国圣人,仰观俯察,而西人渐效之;

---

① 王韬:《弢园文录外编·原学》,中华书局 1959 年版。
② 郑观应:《盛世危言·西学》。
③ 郑观应:《盛世危言·议院上》。

今者西人因中国圣人之制作而踵事增华，中国又何尝不可因之？①

"西学中源说"确乎是近代中国先进士人的苦心孤诣之作，我们今日可以批评它的不科学，却不能抹杀它在当年所起的推动国人开放文化门户的积极作用。

（三）沟通今古

与"西学中源说"密切相关，介绍西学的士子还反复论证近代西学与中国古学的精神相通性。这是一种更富于历史洞察力和理性精神的见解。

与林则徐、魏源同为较早"开眼看世界"的徐继畬（1795—1873）最先向国人介绍英、美、法的民主政治。他在19世纪40年代撰写的《瀛寰志略》一书中，称赏华盛顿及其所实行的民主共和制度。值得注意的是，这种盛赞之词恰恰是将近代西方比拟为中国三代，将西方近代民主政治比拟为中华元典（如《礼记》）所早已阐发的"禅让"、"天下为公"等"古道"。徐氏说：

> 华盛顿，异人也。起事勇于胜广，割据雄于曹刘。既已提三尺剑开疆万里，乃不僭位号，不传子孙，而创为推举之法，几于天下为公，骎骎乎三代之遗意。②

这里所谓"推举之法"、"天下为公"诸语均取之中华元典的固有概念，借指西方民主选举制度，而以"三代之遗意"夸赞华盛顿的言行，更直接开辟以西方近代民主政治附会中国"三代之治"的先河，"借古以证洋"，使久为国门封闭所囿的中国人能够较顺利地理解外域新知。继徐氏之后，改良派思想家几乎一无例外地采用类似的运思方式。

冯桂芬（1809—1874）在19世纪60年代即倡导学习西方技艺，他

---

①　薛福成：《出使英法意比四国日记》卷二，岳麓书社1985年版。

②　徐继：《瀛寰志略》卷九，台湾文海出版社手稿影印本。

反复论说：只要有长处，"虽蛮貊吾师之"。为了阐明"鉴诸国"的必要性，冯桂芬请出"元典"："孔子作《春秋》，有取于百二十国宝书。伊古儒者未有不博古而兼通今，综上下纵横以为学者也。"①为了证明改革现实政治的合理性，冯桂芬一再援引中华元典：

> 古今异时亦异势，《论语》称"损益"，《礼》称"不相沿袭"，又戒生今反古。②

稍后于冯桂芬的诸改良派多有类似言论。如郭嵩焘(1818—1891)在申述学习西方的必要性时，"拟西国于唐虞三代之盛"。王韬(1828—1897)的主张学习西方，其侧重点在以"君民共治"的君主立宪取代"国君独治"的君主专制，他在介绍英国的君主立宪制度时说：

> 惟君民共治，上下相通，民隐得以上达，君惠亦得以下逮，都俞吁咈，犹有中国三代以上之遗意焉。
>
> 泰西诸国，以英为巨擘，而英国政治之美，实为泰西诸国所闻风向慕，则以君臣上下互相联络之效也。夫尧舜为君，尚有禹、皋陶、益、稷、契为助，而天下乃治，今合一国之人心为共治，则是非曲直之公，昭然无所蒙蔽。其措施安有不善者哉！窃以为治国之道，此则犹近于古也。③

称西方民主政治"犹有中国三代以上之遗意"、"犹近于古"，也是洋务大吏常用的论证逻辑。如李鸿章致函吴汝纶说：

> 俗人读西学，惊为河汉，不知其精微独到处，往往合于经训

---

① 冯桂芬：《校邠庐抗议·采西学议》。
② 冯桂芬：《校邠庐抗议》。
③ 王韬：《重民》下，《弢园文录外编》，第 23 页。

及周秦诸子所著书。①

至于为洋务大吏作幕僚的改良派学者更力图将西学与中华元典相互勾连，把西方近代民主政治阐释成与中华元典精神别无二致的东西。如冯桂芬申述官制必须改革，引用《尚书·尧典》的"师者众"说，《礼记·王制》的"爵人于朝，与众共之"说，《论语·为政》的"举直错诸枉则民服"说，《孟子·梁惠王下》的"国人曰贤然后用之"说。他把这些元典精义概括为"三代上固有善取众论之法"，并以此作为现存的专制政治的对照物；为提倡地方自治，冯桂芬以《周礼》的周代乡亭之制证之；为提倡以民众舆论监督政府，冯桂芬则主张"复陈诗议"。

郑观应也有类似论述。他曾详引《尚书·泰誓》中"天视自我民视，天听自我民听"，"民为邦本，本固邦宁"，以及《孟子·梁惠王下》"国人皆曰贤，然后察而用之"等语，证明议院的民主精神并非仅仅属于西法，其实还与中国"上古遗意"一脉相通。② 他还指出：

西礼之暗合乎中国古礼之遗意也。③

又称西方的社会保障制度，"迹其意美法良，实有中国古人之遗意"④。这里强调的已不是西学来源于中学，而是论证西方近代学术与中国古学的相通，二者旨趣"暗合"。这是一种较为合乎理性、切近历史真实的论断。

以改革家著称的梁启超素来反对厚古薄今，他说："中国结习，薄今爱古，无论学问文章事业，皆以古人为不可几及。余生平最恶闻此言。窃谓自今以往，其进步之远轶前代，固不待蓍龟，即并世人物

---

① 李鸿章：《李文忠公尺牍》第 12 册，商务印书馆 1916 年石印本。
② 郑观应：《答某当道设议院论》。
③ 郑观应：《盛世危言·典礼上》。
④ 郑观应：《盛世危言·善举》。

亦何遽让于古所云哉?"①但梁氏也很注意以古证今,他在 1896 年撰写的《古议院考》中说:

> 敢问议院,于古有征乎? 曰:法先王者法其意。议院之名,古虽无之,若其意则在昔哲王所恃以均天下也。其在《易》曰:"上下交泰,上下不交否。"其在《书》曰:"询谋佥同。"又曰:"谋及卿士,谋及庶人。"其在《周官》曰:"询事之朝,小司寇掌其政,以致万人而询焉……"其在《记》曰:"与人交止于信。"又曰:"民之所好好之,民之所恶恶之……"

在同年撰写的《变法通议·自序》中,梁氏更广为采撷元典精义以论证"变法"的必要、因循守古的荒谬:

> 《诗》曰:"周虽旧邦,其命维新。"言治旧国必用新法也。其事甚顺,其义至明,有可为之机,有可取之法,有不得不行之势,有不容少缓之故。为不变之说者,犹曰守古守古,坐视其因循废弛,而漠然无所动于中。鸣呼,可不谓大惑不解者乎!《易》曰:"穷则变,变则通,通则久。"伊尹曰:"用其新,去其陈,病乃不存。夜不秉烛则昧,冬不御裘则寒,渡河而乘陆车者危,易证而尝旧方者死。"今专标斯义,大声疾呼,上循土训诵训之遗,下依矇讽鼓谏之义,言之无罪,闻者足兴。

梁启超援引《诗》义、《易》义,并加以现代发挥,以论证维新变法之不可缓,此乃"以中证洋"、"以古证今"的手法。

梁启超于 1901 年撰写的《十种德性相反相成义》,在提倡"独立精神"时,以《中庸》"中立而不倚"释之;在提倡"自信力"时,以《孟子》"自谓不能者,自贼者也","自暴者不可与有言也,自弃者不可与有为也"释之;在提倡"虚心之自信"时,以《论语》"三人行必有我

---

① 　梁启超:《饮冰室诗话》八。

师"，"立于己者，常以百世俟圣而不惑为鹄"释之。此类关于中西学术精义相通的认识，在谭嗣同那里更达到较高的哲理层次，谭氏说：

> 且道非圣人所独有也，尤非中国所私有也，惟圣人能尽之于器，故以归诸圣人。以归诸圣人，犹之可也；彼外洋莫不有之，以私诸中国，则大不可。以彼处于数万里之海外，隔绝不相往来，初未尝互为谋而迭为教。①

谭氏否定了"西学中源说"，指出中西学术是各自独立发展起来的，二者颇多相似，是因为既然同为人类，物质生活、精神生活便自有相通之处。这便较为科学地解释了古今间、中西间发生"文化类同"现象的原因。

五、近代中国"文化重演"现象的历史评价

清末民初是一个古今中西大交汇、文化疾速变革的时代，而恰在此间，一批思想开通的士子行文说话却一再引述中华元典，致力于先秦观念的现代诠释，意在借古义以证今义，借中义以释西义，从而增强其变革主张的权威性，以收"托古改制"、"崇儒更化"之效。这与欧洲中世纪末期的文艺复兴借弘扬希腊、罗马古典文化以宣传近世人文精神有异曲同工之妙。其差别之处在于，文艺复兴是内发的，又历时三个世纪，其文化成就更为深厚；而清末民初的文化重演在很大程度上是在外力刺激下引发的，而且为时仅数十年，加之其间救亡图存使命紧迫，学人来不及从容进行古典的清理和在较高层次上开展古典的现代诠释。其时的先进士子更多的是从政治改革的需要着眼，相当匆忙地实现"文化重演"，以"借古自重"。康有为曾直言不讳地说明，自己作《孔子改制考》，把孔子扮成追慕周文王的托古改制先驱，是因为——

---

① 谭嗣同：《思纬壹"壹"台短书·报贝元征》，《谭嗣同全集》，中华书局1981年版。

> 布衣改制，事大骇人，故不如与之先王，既不惊人，自可
> 避祸。①

康有为把周文王和尧舜都称作孔子改制所假托的圣王，"孔子拨乱升平，托文王以行君主之仁政"，"尧舜为民主，为太平世"②。为何孔子要"托古"呢？因人情"荣古而贱今"，改制是一重大改革，为取信今人，需假古人。作为"布衣"的孔子能这样做，未能取得显赫地位的康有为当然也可以这样做。这便是康有为苦心孤诣地做"孔子改制"文章的意图所在。

　　清末具有改良倾向的思想家言必称三代，文必据元典，都在不同程度上出于与康有为相类似的策略考虑。然而，对于他们的这种论证方式又不能全然以"策略"和"宣传手段"视之。这批求学、出仕、著述于咸丰、同治、光绪间的士人，都是从中古走向近代的过渡型人物，他们的学养决定了其思想的新旧杂糅、中西合璧，中华元典决不只是他们招摇的一面旗帜，而确乎是他们赖以安身立命的精神支柱，得以运思的启示录，同时也是他们接纳西学的基点和母本。梁启超将这一层意思表达得十分透彻：

> 舍西学而言中学者，其中学必为无用；舍中学而言西学者，其西学必为无本。无用无本，皆不足以治天下。③

这番话显然是从"中学为体，西学为用"这一母题引申出来的，其得意之笔便是"以古证新"，或曰"以中国之古证西来之新"，使其维新主张与古义古训相沟通，正如梁氏所说：

---

① 康有为：《孔子改制考》。
② 康有为：《孔子改制考》。
③ 梁启超：《西学书目表后序》，《饮冰室合集》文集第1册。

能以今日新政，证合古经者为合格。①

近世工业文明是一种重商主义的文明，与中国秦汉以降立足于自然经济的"重农抑商"观念恰成反照。而郑观应为了论证重商主义，大量援引元典：

商务者国家之元气也，通商者疏畅其血脉也。试为援古证今，如：太公之九府圜法，管子之府海官山，周官设市师以教商贾，龙门传货殖以示后世。当时讲求商法与今西制略同。②

郑观应确乎慧眼独识，看出三代之时尚未提倡"重本抑末"，商业还享有比较正常的地位，元典对此颇多记述，故郑氏所称元典时代的"讲求商法与今西制略同"并非虚夸，其间的道理正与文艺复兴时期的欧洲人仰慕古希腊、古罗马的重商精神相似。

提倡工业制造，也是近代文化的一个重要论题。郑观应为了论证工业技艺的重要性，同样援引元典，并以元典时代的重视工业制造比衬秦汉以后的贱视工业制造：

自《大学》亡《格致》一篇，《周礼》阙《冬官》一册，秦汉以后佛、老盛行，中国才智之人皆驰骛于清净虚无之学，其于工艺一事简陋因循，习焉不讲也久矣。夫制器尚象，古圣王之所由利用而厚民也。日省月试，既禀称事，劝工之典，并列九经。仍后世概以工匠轻之，以舆隶概之，以片长薄技鄙数之。③

这是立足于近代文明高度，反观工业技艺在上古与中古的不同地位，竭力推崇重视工业技艺的上古，批判轻视工业技艺的中古，并进而抨

---

① 梁启超：《变法通议·学校总论》，《饮冰室合集》文集第 1 册。
② 郑观应：《盛世危言·商务一》。
③ 郑观应：《盛世危言·技艺》。

击当世的"贱工"时弊，指出"贱工"的结局是中国工业日益落伍，以至"一见泰西之工艺，而瞠目咋舌，疑若鬼神也"①。

谭嗣同更将这种崇仰上古、抨击中古与近古的论述扩及政治领域：

> 而有所谓民主者，尤为大公至正，彬彬唐虞揖让之风，视中国秦以后尊君卑臣，以隔绝不通气为握固之愚计，相去奚止霄壤。②

这种"颂古而非今"的言论，实际上是通过"文化返祖"，请出古人、古经，借用其令人敬畏的名义和经典语言，以寻求清算当世弊端的逻辑力量，这在崇古尊祖的中国，是相当具有威慑性的论战方法。

概言之，中国近世哲人的灵感有两大来源：一是对元典精神的依托；二是对西学的采纳，两者彼此激荡，相与涵化，共同构成中国近代文化思潮的复杂状貌，使其颇富时代风貌的理论同时带有厚重的古典风格和民族色彩，不致给人一种"外铄"的舶来品印象，从而增强变法维新思想为国人认同的力量。与此同时，又因西学的刺激，清末思想家的重新阐发和变法实践的磨砺，文化元典中蕴藏的原始民主、因时求变等内涵，在近代大放异彩，并被赋予新的时代意义，从而使元典精神再一次显示出行健不息的生命活力。

与清末进步思想家相似，日本幕府末年和明治初年的一些思想家在引进西洋观念时，也力图从东方传统中寻求呼应力量，幕末变法思想家横井小楠(1809—1869)的"三代之学"便很有代表性。自安政三年(1856)开始，横井小楠在自己的著作中一再阐述"三代治道"、"三代之学"，认为真实的学问也就是"三代之学问"，西洋学问与三代之学是彼此贯通的。横井小楠甚至宣称：

---

① 郑观应：《盛世危言·技艺》。
② 谭嗣同：《思纬壹壹台短书》，《谭嗣同全集》，中华书局1981年版。

> 设使尧舜生于当世，则于西洋之炮船器械，百工之精，技术
> 之功，疾尽其功用，经纶当世而广天工，非西洋可及。①

这便直接把三代之学与西学相沟通。在横井小楠看来，"讲三代治道，得西洋技术"②是"一新皇国"的两大端。日本学者源了圆（1920—?）指出，日本幕末思想家与中国清末思想家在提倡学习西洋的同时，又力主从中国的"三代之治"、"三代之学"中寻求榜样，"两者之所以存在这种类似性，是因为在清末的中国和在幕末的日本，儒教都是作为依然活着的思想而存在着"③。这一看法是颇有见地的。

清末进步思想家在会通中西学术的过程中，力图依靠中华文化传统的奥援，这其间虽然包含着合理性，在实际操作过程中也显示出积极功能，但这种做法又往往陷入牵强附会，这一方面是由于他们对西学知之尚浅，另一方面是由于他们对古学未脱依赖。梁启超在1920年撰写的《清代学术概论》中对此有所反思。他说：

> 中国思想之痼疾，确在好依傍与名实混淆。

这里所谓"好依傍"，正是指的不能从古学故道中走出，新论要靠"托古"方能面世。"名实混淆"则指新时代的改革内容却仍然套在古色古香的名目和词藻之下，往往弄得非古非今、不伦不类。故梁氏指出：（托古之）"病根不拔，则思想终无独立自由之望。"诚哉斯言！这可以说是对改良派发起的思想运动的一个批评性总结。

如果说，主要活动开展于19世纪下半叶的改良派确乎未能从对古学的"依傍"中脱出，其"改制"务须"托古"，那么，主要活动开展于20世纪初叶的革命派则在相当程度上摆脱了这种"依傍"，在近代化的道路上迈开较为轻捷的步伐。与改良派政论相比，革命派从思想

---

①　山崎正董：《横井小楠》，第922页。

②　山崎正董：《横井小楠》，第927页。

③　源了圆：《横井小楠和三代之学》，《哲学研究》1990年增刊。

到文字多已卸下古色古香的服饰，极少康有为"孔子之圣，光并日月；孔子之经，流亘山河"①之类的"颂圣"式言论。他们的宣传较少顶着古人的冠冕，孙中山直言不讳地宣称：

> 余维欧美之进化，凡以三大主义：曰民族，曰民权，曰民生。②

> 今者中国以千年专制之毒不解，异种残之，外邦逼之，民族主义、民权主义殆不可以须臾缓。③

革命派在自己的旗帜上毫不含糊地书写上"中华共和国"④、"中华民国"⑤字样，从而鲜明展现出民主革命的纲领。因此，辛亥革命的近代性是空前的，它再也没有像维新变法运动那样去企求旧制度、旧偶像的庇荫，而是率直、勇敢地将自己的现代化政纲公之于天下。这应当说是中华民族精神的一次跃进。

应当指出，辛亥革命虽在一定程度上摆脱对古学的"依傍"，但也继承并发扬了元典的原创性精神。这尤其表现在对于"忧患"意识的沿袭，"革命"精神的弘扬，"华夷之辨"的改造，"民本"、"民生"等观念的新用上。第十一章、第十二章将详论。

至于五四新文化运动健将们，则进一步摆脱对经典的"依傍"，不以中国经典附会西学，毫不含糊地高扬"德（Democracy）赛（Science）二先生"旗帜，直截了当地宣传来自西方的民主与科学思想，不再借助"三代之学"作旁证、作铺垫。从文化的时代性进程来

---

① 康有为：《请尊孔圣为国教立教部教会以孔子纪年而废淫祀折》，《戊戌奏稿》。

② 孙中山：《民报发刊词》（1905 年 10 月 20 日），《孙中山全集》第 1 卷，中华书局 1981 年版，第 288 页。

③ 孙中山：《民报发刊词》（1905 年 10 月 20 日），《孙中山全集》第 1 卷，第 288 页。

④ 邹容：《革命军》第七章"结论"。

⑤ 章太炎：《中华民国解》，《民报》第 15 期，1907 年 7 月。

看，这自然是一种飞跃；但从文化的民族性保持而言，又潜伏着问题。新文化运动扬弃民族文化传统，其原因在于，这个运动确信文化传统已经死成亡，已经成为文化更新的阻力。这种认识忽视了文化传统有可能助文化更新。文化传统有些确已垂死，有些则生机盎然；有的形似衰老，但经过转换又能焕发青春。总之，文化传统是不能全盘抛却的，正如不能和盘端来使用一样。

五四新文化运动在传统的因革问题上陷入偏颇。由于中国的近代化是次生型（或曰外发型）的，外来的西学充当中国文化近代转型的触媒，本民族文化传统对近代转型一度显露出滞后力，这使得新文化运动健将们着力认同代表着近代化方向的西学，以挣脱本民族文化传统的惰力。另一方面，那些以承续传统为己任的卫道者，则力图抵御西学的入侵，以维护文化民族性的保持。这两种要求分别导出反传统的"西学派"和捍卫传统的"国粹派"，这两种各执一端的文化走向，未能统合文化的时代性与民族性，因而加剧了中华文化在古今中西大交汇时代所身历的危机。这也许是外发型近代化运动难以避免的文化"苦难历程"。

"西学派"和"国粹派"这两个极端的文化走向经过一段分途发展，各自的片面性日益昭彰。人们逐渐清楚地看到，文化创造既不可能一味因袭传统，排斥西学，也不可能尽弃传统，归附西学，而必须走会通中西，融贯古今的道路。就新文化的深层结构而言，西学的启迪与渗透自不待言，但本民族的文化传统也是重要构成因素。新文化运动的积极倡导者虽然较少征引中华元典，有的还以元典掊击者现身，但新文化运动洋溢着的救亡思想，便与元典的忧患意识内在相通，其变革现状的执著追求，更闪耀着元典"自强不息"、"穷变通久"思想的光辉。新文化运动的代表人物，如陈独秀、鲁迅、胡适辈，虽有批判传统的犀利文字传世，甚至宣布过"全盘西化"（又说"全盘世界化"），主张"少读或竟不读中国书"，但他们渊博深厚的学识和丰富的人格，同包括元典在内的"中国书"实在保有深刻联系。

20世纪二三十年代以降，一批学贯中、西、印的哲人，如熊十力、金岳霖、冯友兰、梁漱溟、汤用彤等，力图通过整合中西古今学理，寻求中华文化转型的路径，他们不约而同地把视线投向中华元典（特别是《周易》）上，以复归元典原创性精神、贯通中西哲理为己任。他们的理论其内部结构还不尽完善，更未能对当年的社会主潮产生重要影响，大体属于一种实践性不强的"书斋哲学"，然而，他们的学思所昭示的"涵化中西，融贯古今，开辟新径"的方向却颇有可采之处，他们为中华元典精神作出世界性定位的努力，则富于前瞻性和视界的开阔性，显示了现代哲人的特点。

总之，得益于元典精义的启迪，是中国近代化运动的一个普遍现象。无论近代化运动的主持者们自己正面肯定这一点（如冯桂芬、郑观应、梁启超、章太炎等），还是竭力否认这一点（如五四时期的陈独秀、鲁迅、胡适等），都不能掩盖这种客观的历史事实。而中华元典一再被近代中国先进人物所重新阐释和发扬，既是近人借古意以证新义，又是近人以新的时代精神改造古经精义的一种双向性过程。而这一双向性过程被近人反复运作，正说明元典精神作为一种"文本"具有被后人一再解释，不断赋予新义的巨大潜能，即使在文化生态发生深刻变化的近代，元典精神的这一巨大潜能，也并未减弱，不过其能量的释放，需要完成更复杂的转换过程。

第十一章　中华元典精神的近代转换(上)

元典是距今两三千年前的"轴心时代"的创作物，蕴藏着该民族在后世将要逐步演绎出来的各种精神性状的基元。但是，在某一特定历史时段，这种"全息性文化基元"究竟是哪些部分活跃起来，哪些部分却继续"沉睡"，则取决于某个特定时段的文化氛围和社会需求；同时，元典既然是先民的创造，是古代社会的观念产物，它所蕴藏着的"基元"能够在后世的某一时段苏醒过来，运作起来，并且发挥新的社会作用，必须仰赖后人的创造性转换。

在近代中国，首先是与近代社会运动相切近的那一部分元典精神苏醒并活跃起来。这便是——

　　忧患意识
　　变易—自强观念
　　"汤武革命，顺天应人"思想
　　华夷之辨，内华夏外夷狄的民族主义
　　民为邦本的政治理念
　　养民、厚生思想

中华元典精神的上述成分切合近代中国全时段或某一时段的需要，而中国人在近代社会实践中又对上述古老观念加以转型与重铸，并与西学的某些对应部分接轨，使元典精神如同凤凰在涅槃中浴火重生。①

---

①　印度神话说，凤凰不满足于自己的美丽与尊贵，她要涅槃，以便在寂灭中获得永生，便投进香木燃起的大火，历经烈焰中的万般煎熬，更为辉煌灿烂的凤凰终于腾空飞升，融入生动、自由、雄浑的无限时空。

本书第十章已从"文化重演律"的理论角度探讨了这一问题,本章及下章将从文化史的事实出发,详细展开这样一个论题——元典精神这一参天古木,怎样迎受现代生活的阳光雨露,赢得新生。

第一节 从忧患意识到近代救亡思潮

从人类文明史的一般进程而言,近代史是一部"走出中世纪"的历史,也即由以自然经济为基础的农业—宗法社会转向商品经济发达的工业—法治社会的历史。然而,如前章所述,中国走过这段历程,其情形与西欧大不相同。西欧的近代化是在社会自身的演变中完成的,而中国却是通过西方资本主义殖民势力的侵入,打断本国历史的自然进程,而被强行纳入世界近代化过程的。正如人体在加入外来体液或器官之后,必然要发生剧烈的"排异反应"而导致巨大痛苦一样,由"西力东渐"引发的中国近代化过程也必然给中国人带来诸多矛盾、困扰和煎熬。

中国近代化是一个宏伟而曲折的前进性历程,一百多年间,中华民族面对内外交困的局势,既要挽救民族危亡,又要奋起追赶世界先进文明,使命复杂而艰难。由于时势的剧变和西学的影响,此间中国人观念更新之迅速,非昔时所可比拟,但无论近代中国社会思潮怎样演变迅疾和跌宕起伏,"救亡思潮"却一直是中国近代文化交响乐中的主旋律,这既由近代中国社会现实的需求所决定,也因中国文化传统所导致。近代中国风起云涌的救亡思潮是中国源远流长的爱国主义、经世主义的直接延续,更是中华元典精神之一的"忧患意识"的发扬。

一、元典的忧患观

忧患意识是充溢于中华元典的一种基本精神。元典作者多身处横逆,胸抱哀苦,所谓"愤怒出诗人"。他们怀着对生民家国的忧患,述往思来,方获得一种非凡的具有穿透力的理性思维。诚如司马迁所说:

夫《诗》、《书》隐约者，欲遂其志之思也。昔西伯拘羑里，演《周易》；孔子厄陈、蔡，作《春秋》；屈原放逐，著《离骚》；左丘失明，厥有《国语》；孙子膑脚，而论兵法；不韦迁蜀，世传《吕览》；韩非囚秦，《说难》、《孤愤》；《诗》三百篇，大抵贤圣发愤之所为作也。此人皆意有所郁结，不得通其道也，故述往事，思来者。①

司马迁这番话是有感于自己身世而发的，其旨意在"艰难玉成"，从一个侧面揭示忧患意识的发生机制。南宋思想家叶适（1150—1223)说："自黄帝以下，圣贤之所以更履世患而身亲其忧，至于孔子。"又称，《老子》五千言，深忧时势艰难，"老聃之书，忧天下而思有以救之，其拯一世之溺，盖有急于孔子焉"②。明末思想家刘宗周（1578—1645)也谈到忧患意识在元典系统内的功能："《大学》言正心，以忿懥、恐惧、好乐、忧患证之，是指其所发言也。"③

"忧患"作为一正式概念出现较晚，但忧患意识却形成较早，如《尚书·周书》的许多篇章都流露出周初人物(周文王、周武王、周公、召公等)的"无疆之恤"（无限的忧患），也即对天道自然的深沉思索，对政权兴衰刻骨铭心的忧思。如《无逸》等篇便透露出一种自慎、自勉的心态。刚刚代殷而立的周统治者，并没有以胜利者自居，扬扬得意，颐指气使，而是以殷亡为鉴，诚惶诚恐，兢兢业业。周公担心侄儿成王骄纵，告诫其"先知稼穑之艰难"④，以商代中宗、高宗、祖甲和周文王等贤明君主为表率，"不敢荒宁"，以履冰临渊的谨慎态度治理天下，这样方可享国久远。

"忧"、"患"二字分别使用，在元典中不胜枚举。

① 《史记·太史公自序》。
② 《叶适集·水心别集》卷六《庄子》。
③ 《黄宗羲全集》第1册载《子刘子学言》卷二。
④ 《书·无逸》。

"忧"作为《诗经》的句首字，便出现二十余次，如"忧心孔疚"，(《诗·小雅·采薇》)，"忧心且妯"(《诗·小雅·鼓钟》)，"忧心且悲"(同上)、"忧心且伤"(同上)，"忧心如惔"(《诗·小雅·节南山》)，"忧心如酲"(同上)，"忧心如醉"(《诗·秦风·晨风》)，"忧心如薰"(《诗·大雅·云汉》)，"忧心有忡"(《诗·邶风·击鼓》)，"忧心忡忡"(《诗·召南·草虫》)，"忧心京京"(《诗·小雅·正月》)，"忧心怲怲"(《诗·小雅·頍弁》)，"忧心弈弈"(同上)，"忧心悄悄"(《诗·邶风·柏舟》)，"忧心殷殷"(《诗·邶风·北门》)，"忧心烈烈"(《诗·小雅·采薇》)，"忧心"惙惙(《诗·召南·草虫》)，"忧心殷殷"(《诗·小雅·正月》)，"忧心钦钦"(《诗·秦风·晨风》)，"忧心愈愈"(《诗·小雅·正月》)，"忧心惨惨"(同上)，"忧心靡乐"(《诗·秦风·晨风》)，"忧我父母"(《诗·小雅·杕》)。

《易经》、《春秋左氏传》言"忧"也有多处，如"忧则违之"(《易·乾卦·文言》)、"忧悔吝者存乎介"(《易·系辞上》)，"忧必及之"(《左传·昭公元年》)，"忧必及君"(《左传·成公十七年》)，"忧必雠焉"(《左传·僖公五年》)，"忧未艾也"(《左传·哀公二年》)，"忧乐同之"(《左传·襄公三十一年》)，等等。

"患"字也常见于元典，如"患至掇也"(《易·讼卦》)，"患则救之"(《左传·襄公十四年》)，"患孰恤之"(《左传·僖公十四年》)，"患其过于制"(《礼记·曾子问》)，"患难相死也"(《礼记·儒行》)，等等。

忧、患二字连用为一词，始见于战国中期的《孟子》一书。《孟子·告子下》载孟轲的言论：

> 入则无法家拂士，出则无敌国外患者，国恒亡。然后知生于忧患而死于安乐也。

人称"大道之原"的《易经》是殷周之际与自然和社会顽强抗争、奋斗着的人们"困穷而通"的创作，全篇贯穿忧患意识。同样深怀忧

504

患的战国晚期的《易传》作者深知此中奥妙，故发出感叹：

> 易之兴也，其于中古乎？作《易》者，其有忧患乎？①
> 易之兴也，其当殷之末世，周之盛德邪？当文王与纣之事邪？是故其辞危。危者使平，易者使倾，其道甚大，百物不废。惧以终始，其要无咎，此之谓易之道也。②

意谓：《易经》兴起于殷衰周盛之时，文辞中隐含危机。惟有处于危机中，才能戒慎恐惧，转危为安。反之，安逸易生懈怠，反而倾覆。《易经》的道理非常广大，而以戒惧贯彻始终。《易传》又说：

> 其出入以度外内，使知惧，又明于忧患与故，无有师保，如临父母。③

《易传》还专门阐述居安思危的道理：

> 危者，安其位者也；亡者，保其存者也；乱者，有其治者也。是故，君子安而不忘危，存而不忘亡，治而不忘乱；是以身安而国家可保也。④

《易传》作者还引用《否卦》爻辞，以论证时刻警惕败亡，常怀忧患的道理：

> 《易》曰："其亡！其亡！系于苞桑。"⑤（《易经》说："灭亡！

---

① 《易·系辞下》。
② 《易·系辞下》。
③ 《易·系辞下》。
④ 《易·系辞下》。
⑤ 《易·系辞下》。

灭亡！要时刻警惕，就像物件系在嫩弱的桑树枝条上，随时有可能坠落一样。)

《易传》的忧患意识导源于《易经》。《易传》概括《易经》的特点是"其辞危"①，即充满危机感，遂教人"明于忧患"，"内外使之惧"。后世说《易》者往往把《易经》这种忧患意识归结为姬昌（即后称的周文王）囚于羑里的一种忧郁情结。王夫之曾具体剖析这种情结：

> 文王欲伐，则恐失君臣之大义；欲服事，则忧民之毒，以健顺行乎时位者难，故忧之。②

王夫之立论的基点，仍在《易经》由文王所作，认为是文王在叛殷与事殷二者间左右为难，由此生出郁结。其实，《易经》所流露的周初人的忧患感决不限于姬昌的囚系之虑，也不限于姬昌叛殷与事殷的犹豫徘徊。其实，周初人的忧患是从殷周之际广阔的社会背景中孕育出来的，是殷末的统治危机、殷王朝的土崩瓦解给周初统治者以震撼的产物。

忧患意识在殷末富有远见的人士（如箕子、商容、梅柏、比干）中已有所萌动，他们对殷纣的荒暴充满忧虑，都曾冒死劝谏，后来或被囚禁，或被杀害，可谓第一代富于忧患感的仁人志士。当然，忧患意识作为一种有深远影响的社会思潮，正式勃兴于周初，大约因为此时正是"神本"向"人本"转变的关口。殷商时，人们只有敬畏天神和祖宗的宿命观念，尚难以产生对于社会和人生的理性忧患，即或殷末有少数清醒者担忧殷朝的覆灭，但其呼唤并未引起统治者的觉醒，社会各阶层也少有反响。然而，殷灭周兴的大事变，使新的统治集团——周人（特别是其杰出代表周公、召公等）意识到天命的无常、政权的可变，于是周公、召公们不为眼前的安定和成功所陶醉，而担

---

① 《易·系辞下》。

② 王夫之：《周易内传·系辞下第七章》，中华书局 1977 年版。

忧那些潜隐着的矛盾与危机，担忧继承者的荒怠，告诫他们居安思危，兢兢业业地尽责尽职，发挥最大的主观能动性，去防微杜渐，以避免危难的到来。元典中的忧患意识主要反映了周代君王们的"忧位"之思，以及哲人的"忧君"之虑。

忧患意识是以戒惧而沉毅的心情对待社会和人生的一种理智的、富于远见的精神状态。所谓"生年不满百，常怀千岁忧"①，这是忧患在时间向度上的延展；"圣人不利己，忧济在元元"②，这是忧患从一己之私向大众民生的拓宽。如果说，周初的忧患意识主要体现为"忧位"、"忧君"，即对政权稳固与否的忧思，那么，春秋以降，忧患意识更有放大、加深的趋势。这首先表现在孔丘"忧道"观念的提出：

> 君子谋道不谋食。……君子忧道不忧贫。③

将道术的追求置于物质利益的追求之上，故忧患的目标直指"道"，也即学说、真理。孔丘还讲过同类的话：

> 朝闻道，夕死可矣。④
>
> 德之不修，学之不讲，闻义不能徙，不善不能改，是吾忧也。⑤
>
> 司马牛问君子。子曰："君子不忧不惧。"曰："不忧不惧，斯谓之君子已乎?"子曰："内省不疚，夫何忧何惧?"⑥

"忧道"将周初以"忧位"为内容的忧患意识扩展到对真理能否弘

---

① 汉代《古诗·生年不满百》。
② 陈子昂：《感遇》。
③ 《论语·卫灵公》。
④ 《论语·里仁》。
⑤ 《论语·述而》。
⑥ 《论语·颜渊》。

扬的担忧，这是忧患意识朝哲理方向的一种升华。

战国中期的孟轲，从民本思想出发，又将忧患意识拓向"忧民"和"忧天下"。在与齐宣王讨论忧乐问题时指出：

> 乐民之乐者，民亦乐其乐；忧民之忧者，民亦忧其忧。乐以天下，忧以天下，然而不王者，未之有也。①

孟轲的"忧民"、"忧天下"与周公、召公的"忧位"实质一致，是从忧虑君主的万世基业出发，未脱"君本位"立场，但其忧思毕竟较为深广，人民性大为增进，有一种由"君本位"向"民本位"交叉过渡的意味。

从周初的"忧位"、"忧君"，到孔孟的"忧道"、"忧民"、"忧天下"，忧患意识的内涵愈益丰富。承其绪，后世仁人志士在不同的时代条件下，可以有不同的忧患，或忧君国之衰败，或忧民族之危亡，或忧黎民之困苦，或忧道学的中绝，其间往往也交织着个人的哀伤，所谓"俯仰身世，悲从中来"。然而，作为一种时代使命感和社会责任感的派生物，忧患意识又古今同慨——

墨翟忧叹"华民多有勤苦冻馁，转死沟壑中者"②。

庄周"身在江海之上，心居乎魏阙之下"③，并有感于"今世之仁人，蒿目而忧世之患"④。

荀况"嫉浊世之政"⑤，遂而谈王制，讲富国，议王霸，论君道，忧国忧民忧君之慨溢于言表。

屈原"长太息以掩涕兮，哀民生之多艰"⑥。

---

① 《孟子·梁惠王下》。
② 《墨子·兼爱下》。
③ 《庄子·让王》。
④ 《庄子·骈拇》。
⑤ 《史记·孟子荀卿列传》。
⑥ 《离骚》。

曹植"闲居非吾志，甘心赴忧国"①。

崔颢"报国行国难，古来皆当然"②。

以"布衣忧国"自命的杜甫吟咏的"杜陵有布衣，老大意转拙"，"穷年忧黎元，叹息肠内热"③。

白居易"今愁古恨入丝竹，一曲凉州无限情"④。

"去国怀乡"、"感极而悲"的范仲淹"先天下之忧而忧，后天下之乐而乐"⑤。

苏洵"贤者不悲其身之死，而忧其国之衰"⑥。

抱道忤时，退处林野，却"往往讽议朝政，裁量人物"⑦的东林党人"家事、国事、天下事，事事关心"。

顾炎武"天下兴亡，匹夫有责"⑧。

……

凡此种种，莫不是"乐以天下，忧以天下"的博大而崇高的忧患。这种忧患意识正是中华民族居安思危，自强不息，挫而复起，穷且弥坚的精神动力所在，正所谓"艰难玉成"，"殷忧启圣"⑨。

忧患意识不是悲天悯人的感情宣泄，而是一种社会责任感、历史责任感，是一种对潜在危机的洞见和预防，也即《诗经》和《周易》所言：

---

① 曹植：《杂诗六首》。

② 崔颢：《赠王威古》。

③ 《自京赴奉先县咏怀五百字》。"黎元"指百姓。

④ 白居易：《题灵岩寺》。

⑤ 范仲淹：《岳阳楼记》。

⑥ 苏洵：《管仲论》。

⑦ 《明史》卷二三一《顾宪成传》。

⑧ 《日知录》卷一三《正始》。原文为："保天下者，匹夫之贱，与有责焉耳。"后来梁启超将其简化为"天下兴亡，匹夫有责"，并播扬世上。

⑨ 笔者的四兄生于1938年，正值抗日战争艰苦时期，家父给四兄取小名"启圣"，即从"殷忧启圣"一语脱出。

未雨绸缪。①
见险而能止，知矣哉。②
思患而豫防之。③

深怀忧患意识的哲人往往能在一片升平气象中觉察隐患，所谓"君子居安如危，小人居危如安"④。如生当清代"乾隆盛世"的诗人黄景仁(1749—1783)吟咏道：

千家笑语漏迟迟，忧患潜从物外知。
悄立市桥人不识，一星如月看多时。⑤

这里塑造了一位"悄立市桥"的忧患者的形象，他从"千家笑语"的背后，透见到潜伏于"物外"的危机，这正是对"乾隆盛世"即将转向中衰的敏锐洞察。富于忧患感的诗人在这里显示出卓异的预见性。

二、忧患意识的近代转换

时至近代，中国人面对外敌入侵，内政腐朽，民族危亡迫在眉睫的严峻局势，忧患意识便如燕之重归。

作为中国近代文化史开篇人物的魏源(1794—1857)，也是近代忧患意识的阐发者，他针对当时流行于政坛文坛的昏昏然的"寐患"，向人们发出呼唤：

人不忧患，则智慧不成。⑥

① 《诗·豳风·鸱鸮》："迨天之未阴雨，彻彼桑土，绸缪牖户。"绸缪，紧相缠搏，引申为修补。
② 《易·蹇卦·彖传》。
③ 《易·既济卦·象传》。
④ 郑玄：《〈礼记·礼运〉注》。
⑤ 黄景仁：《癸巳除夕偶成》。
⑥ 魏源：《默觚下·治篇二》。

他受到现实社会危机的刺激，重读《周易》、《诗经》等元典，产生新的感受：

> 而知《二雅》诗人之所发愤。
>
> 而知大《易》作者之所忧患。愤与忧，天道所以倾否而之泰也，人心所以违寐而之觉也，人才所以革虚而之实也。①

这是在对元典忧患意识的阐发中，楔入现实的感同身受，而这种感同身受所面对的正是近代中国的内忧外患。

与魏源同时的徐继畬（1795—1873），也是深怀忧患意识撰述外域史地著作的。王韬为徐氏《瀛寰志略》作跋时指出：

> 中丞(指徐继畬)内感于时变，外切于边防，隐愤抑郁，而有是书，故言之不觉其深切著明也。呜呼！古人著述，大抵为忧患而作。②

王韬对《瀛寰志略》忧患感的揭示，也适合于王氏本人。王氏为《火器略说》作跋时曾力陈中国面临的严重危机：

> 呜呼！迩来日人狙伺于东，俄人鹰瞵于北，几于玉帛干戈待于两境。苟我国不早自强，则强邻悍敌，方且日伺我之左右，而天下事愈难措手矣。③

由忧患意识发展而来的"救亡图存"思想，是近代中国有志之士的共通情志。

---

① 魏源：《海国图志·序》。
② 王韬：《弢园文录外编·瀛寰志略跋》。
③ 王韬：《弢园文录外编·火器略说后跋》。

时至 19 世纪八九十年代，历经第二次鸦片战争、中法战争，割地赔款、丧权辱国的事件接踵而至，爱国者无不扼腕痛惜。郑观应（1842—1921）面对"疮痍满目凄凉悲"，"深盼回春国手医"。① 他那成书于光绪十九年（1893）的《盛世危言》一书正是这一悲剧时段的记录。该书节录的《国民报·公义第二篇》痛论时势，洋溢着忧患感：

> 今日事变叠来，未有终极，且将有印度、波兰之惨，固非止某处而已。……则今日固天下臣民所宜同心并力，不能膜为他事待之他人者也。《诗》曰："迨天之未阴雨，彻彼桑土，绸缪牖户。"《易》曰："其亡其亡，系于苞桑。"我国民其何以自处矣!②

以中日甲午战争中方惨败为标界，中华民族的危亡又迫近一大步，人们的忧患意识遂更为浓厚。老大的清帝国陆军败溃于朝鲜、辽东，海军陷落于黄海，素来被中国人所藐视的东瀛岛国日本加入瓜分中国的行列，这极大地刺激了中国人，敏感的士子揭起"救亡图存"的旗帜，传统的忧患意识遂转型为具有近代爱国主义和近代民族主义意味的救亡思潮。康有为（1858—1927）是这一思潮热情的倡导者。这位早在 19 世纪 80 年代便吟咏出"布衣老大伤怀抱，忧国无端有叹声"，"闭户尚忧天下事，旧游常作梦中欢"③的敏锐哲人，1895 年秋奋笔撰写《强学会序》，向国人描绘了一幅民族危亡图：

> 俄北瞰，英西晱，法南瞵，日东眈，处四强邻之中而为中国，岌岌哉! 况磨牙涎舌，思分余其者，尚十余国。④

在这篇序文中，康有为还借鉴东方诸国衰亡的教训，以激醒

---

① 郑观应：《闻中法息战感赋》。
② 郑观应：《盛世危言·自强论》节录《国民报·公义第二篇》。
③ 康有为：《梁星海编修免官寄赠》。
④ 康有为：《强学会序》。

国人：

> 昔印度，亚洲之名国也，而守旧不变……昔土耳其，四部之
> 大国也……举地球守旧之国，盖已无一瓦全者矣。①

全篇充溢着民族忧患感，惟恐中国沦为印度灭国、土耳其裂国的命运。

康有为的这种忧患感当然是由现实的刺激所导致，同时也引古代忧患者为同调。戊戌变法失败后，流亡海外的康氏于1901年游马来亚槟榔屿时作诗云：

> 乱离日已久，忧思日已多，我欲托诗史，郁结弥山河。每读
> 杜陵诗，感慨更摩挲；上念君国危，下忧黎元疴，中间痛身世，
> 慷慨伤磋跎。②

康氏与杜甫大起共鸣，其忧患感无法自已，极而言之曰："忧患弥天塞太空。"③康有为的学生和战友谭嗣同（1865—1898）也是近代中国救亡思潮的重要倡导者。甲午惨败后，他痛心疾首地说："使天下大局破裂至此！割心沉痛，如何可言！"④挽救民族危亡的急切心情使他决心抛弃无用的考据之学和词章之学，他发表"与旧学辞"的宣言：

> 天发杀机，龙蛇起陆，犹不自惩，而为此无用之呻吟，抑何
> 靡与？三十前之精力，敝于所谓考据辞章，垂垂尽矣！勉于世，

---

① 康有为：《强学会序》。

② 康有为：《避地槟榔屿不出，日诵杜诗消遣》。其中涉及的杜诗诗句为《自京赴奉先县咏怀五百字》中的"穷年忧黎元，叹息肠内热"；《秦州杂诗》中的"俯仰悲身世，溪风为飒然"；《醉时歌》中的"德尊一代常坎坷"。

③ 康有为：《槟榔屿督署秋风独坐杂作》。

④ 谭嗣同：《谭嗣同全集》增订本上册，第196页。

无一当焉，愤而发箧，毕弃之。①

谭嗣同是一位救亡思想的身体力行者，无以遏制的忧患感使他从佛学中汲取"我不入地狱谁入地狱"的"大雄精神"，遂有后来的毅然献身，面对屠刀，高呼"快哉"，演出戊戌变法最壮丽惨烈的一幕。

继谭氏而起的革命派志士们，对国家民族忧患之深广更超迈前贤。

孙中山(1866—1925)1894年在檀香山筹建第一个反清革命团体兴中会时，便郁积着对民族危亡的深沉忧患，他草拟的《檀香山兴中会章程》说：

> 中国积弱，非一日矣！上则因循苟且，粉饰虚张；下则蒙昧无知，鲜能远虑。近之辱国丧师，剪藩压境，堂堂华夏不齿于邻邦，文物冠裳被轻于异族。有志之士，能无抚膺！②
>
> 方今强邻环列，虎视鹰瞵……蚕食鲸吞，已效尤于接踵；瓜分豆剖，实堪虑于目前。③

其思想和文字都与康有为的"忧国之虑"大体近似。

次年，孙中山草拟的《香港兴中会章程》进一步痛述内忧外患，一再发出"呜呼危哉！""呜呼惨哉！"的感叹。④ 1905年孙中山撰《同盟会宣言》，更以"澄清天下"为己任，将忧患意识伸展到民族革命观念的发动上。该宣言说：

> 本会以异族僭乱，天地惨黩，民不聊生，负澄清天下之任，

---

① 谭嗣同：《莽苍苍斋诗补遗·引语》，《谭嗣同全集》，中华书局1981年版。

② 《孙中山全集》第1卷，中华书局1981年版，第19、21、192页。

③ 《孙中山全集》第1卷，中华书局1981年版，第19、21、192页。

④ 《孙中山全集》第1卷，中华书局1981年版，第19、21、192页。

使曩者朱明之绪不绝，太平之师不熸，则犹是汉家天下，政由己出，张弛自易。

孙中山的忧患，决非旧式的"君国之忧"，它具有壮阔的气象和新的时代风貌。他在《中国的现在和未来》中提醒人们区分中国人民和清政府①；在《致港督卜力书》中，于揭露"政府冥顽"，"疆臣重吏，观望依违"的同时，强调"天下安危，匹夫有责，先知先觉，义岂容辞！"②这是一种以民为本位的救亡图存意识，其忧患的深广，不可同日而语。

与孙中山同先后的革命志士，都有着类似的对于国家民族刻骨铭心的忧患。邹容(1885—1905)1901年东渡日本前夕，目睹国家危亡，民众苦难，作抒怀诗云：

落落何人报大仇？沉沉往事泪长流。
凄凉读尽支那史，几个男儿非马牛。

这种历史与现实相交织的忧患情怀，驱使邹容后来创作出"笔极犀利，文极沉痛"的《革命军》。这部书在一切稍有忧国忧民之心的人那里都富于感染力，"读之当无不拔剑起舞，发冲眉竖"③。同邹容齐名的陈天华(1875—1905)，其忧患的侧重点在帝国主义掀起瓜分中国的狂潮。他在《猛回头》中论列这种极端危急的形势：

俄罗斯自北方包我三面，英吉利假通商毒意中藏，法兰西占广州窥伺黔桂，德意志领胶州虎视东方，新日本取台湾再图福建，美利坚也想要割土分疆。

---

① 《中国的现在和未来》一文说："大家经常忘记了中国人和中国政府并不是同义语词。"《孙中山全集》第1卷，中华书局1981年版，第88页。
② 《孙中山全集》第1卷，中华书局1981年版，第19、21、192页。
③ 《苏报》1903年6月8日。

陈天华的忧患还在于"可怜中国人好像死人一般，分毫不知"①，故而向民众宣示："须知这瓜分之祸，不但是亡国罢了，一定还要灭种。""须知国家是人人有份的，万不可丝毫不管，随他怎样的。"②他以警世者的身份歌吟曰：

> 长梦千年何日醒，睡乡谁遣警钟鸣！③

为了唤醒昏睡的国人，陈天华不仅连续撰写《警世钟》、《猛回头》、《狮子吼》等激昂慷慨的文字，而且于 1905 年蹈海自尽，留下《绝命书》，劝勉生者"去绝非行，共讲爱国"，从而将其忧患情感发挥到极致。

忧患意识的唤醒并获得新的时代含义，是那一时代人们从中古迷梦里惊觉过来的契机。吴樾(1878—1905)在描述自己的心路历程时说："予年十三，遂慕科名，岁岁疲于童试。年二十一始不复以八股为事，日惟诵古文辞。"后来，"友人某君授予以《革命军》一书，三读不置，适其时奉天被占，各报传警，至是而知家国危亡之在迩，举昔卑污之思想，一变而新之"④。这段话是颇有典型意义的。一个饱读诗书的士子，当然蕴藏着经世之志和忧患情怀，但往往被科名所囿，于时势无所闻问，暂处蒙昧之中，一旦经新学启迪和时局刺激，其对于国家民族的责任感、义务感顿时勃发起来，以吴樾为例，则断然走向暗杀主义，其思维逻辑是："夫今日之汉族之民气，其涣散不伸，

---

① 陈天华：《警世钟》，《陈天华集》，刘晴波、彭国兴编，湖南人民出版社 1982 年版。
② 陈天华：《警世钟》，《陈天华集》，刘晴波、彭国兴编，湖南人民出版社 1982 年版。
③ 陈天华：《警世钟》，《陈天华集》，刘晴波、彭国兴编，湖南人民出版社 1982 年版。
④ 吴樾：《暗杀时代·序》。

至于此极。……今欲伸民气，则莫若行此暗杀主义。"①企图通过暗杀"满酋"激励国人，儆戒清廷，后来他果然携炸弹谋炸出洋五大臣，献出自己年轻的生命，实践其"以个人性命之牺牲，而为铁血强权之首倡"②的誓言。

吴樾所持"暗杀主义"，自然是一种极端的个人英雄主义，广大革命党人虽景仰吴樾的献身精神，却认为"若暗杀又为个人举动，不足以动摇全局"③。他们怀抱着更切实、更坚韧的忧患，志在大举，行在沉潜，"欲为大汉复仇，虽汤镬弗惧，遑恤苦也"④。许多年轻知识分子鄙视功名利禄，放弃舒适生活，长年在新军下层、会党群中活动，粗衣恶食，历尽艰辛。当革命需要献金时，他们可以典卖家产，直至脱下最后一件布衫；当革命需要献身时，他们悲歌慷慨，义无反顾。辛亥革命的金字，是由这些"身无半文，心忧天下"的革命志士的胆略、献身精神和脚踏实地的活动铸造出来的。驱动着这一代英华作出此类义举的，正是对于"危哉中国"⑤的忧患。在他们壮怀激烈的革命行径中，闪耀着"志士不忘在沟壑"⑥、"勇士不忘丧其元"⑦、"苟利国家，不求富贵"⑧一类元典精神的光辉。导源于元典忧患意识的救亡思潮，构成中国近代文化的一个重要部分。

五四新文化运动是以提倡民主和科学，批判传统文化现身于世的，它公开宣称："要拥护那德先生，便不得不反对孔教，礼法，贞节，旧伦理，旧政治；要拥护那赛先生，便不得不反对旧艺术、旧宗

---

① 吴樾：《暗杀时代·暗杀主义》。
② 吴樾：《暗杀时代·与妻书》。
③ 杨玉如：《辛亥革命先著记》，科学出版社1958年版，第11页。
④ 邹鲁：《中国国民党史稿·刘复基传》。
⑤ 《湖北学生界·叙论》。
⑥ 《孟子·滕文公下》。
⑦ 《孟子·滕文公下》。
⑧ 《礼记·儒行》。

教，要拥护德先生又要拥护赛先生，便不得不反对国粹和旧文学。"①
新文化运动的健将们已不像维新派那样言必称古典，但究其实质，新
文化运动激昂的爱国主义思潮，同样与元典的忧患意识一脉相通，不
过新文化运动的健将们其忧患比古人深广，不再是"忧君"、"忧位"
和一般意义上的"忧民"、"忧天下"，而是担忧中华民族在现代世界
文明的大潮中落伍，担忧落伍者挨打，担忧落伍者遭淘汰。鲁迅
1918 年在《新青年》上著文说：

> 现在许多人有大恐惧；我也有大恐惧。
>
> 许多人所怕的，是"中国人"这名目要消灭；我所怕的，是
> 中国人要从"世界人"中挤出。
>
> 我以为"中国人"这名目，决不会消灭；只要人种还在，总
> 是中国人……
>
> 但是想在现今的世界上，协同生长，挣一地位，即须有相当
> 的进步的智识，道德，品格，思想，才能够站得住脚：这事极须
> 劳力费心。而"国粹"多的国民，尤为劳力费心，因为他的"粹"
> 太多。粹太多，便太特别。太特别，便难与种种人协同生长，挣
> 得地位。
>
> 有人说："我们要特别生长；不然，何以为中国人！"
>
> 于是乎要从"世界人"中挤出。
>
> 于是乎中国人失了世界，却暂时仍要在这世界上住！——这
> 便是我的大恐惧。②

鲁迅的忧患，是一种觉醒了的现代中国人的忧患——担忧中国被排除
在世界现代文明大道之外。正是出于这种忧患感，新文化运动倡导科
学和民主，召唤国人奔向现代的、文明的新社会，去赢得中国人的世

---

① 陈独秀：《新青年罪案之答辩书》，《新青年》第 6 卷，第 1 号。
② 《热风·随感录三十六》，《鲁迅全集》第 1 卷，人民文学出版社 1981 年
版，第 307 页。

界位置。

第二节　从"穷变通久"到"更法—自强"

近代中国面对古今中西一大变革之会，经济、政治、文化、社会生活发生着全方位的转型。这一切催促人们竞相追求变易之道、会通之理；而中华民族面临危亡，又激励人们寻觅自强之策。郑观应在《盛世危言·条约》中说的一番话颇能反映近世中国的这种社会要求：

> 亦望我国变法自强，亟宜尽为修改，以保利源，国体幸甚！生民幸甚！

西方传入的社会进化论之所以风靡于 20 世纪初叶的中国，"优胜劣败，适者生存"成为耳熟能详的流行语，即为这种形势所使然。不过，除向西方探求变革之理以外，近世中国人还力图从本民族的文化传统中找寻启示，而中华元典(特别是《周易》)反复申述的"变易"哲学和"行健自强"观念，正是中国近代改革家着意借重的民族原创性精神。

一、元典论"穷变通久"和"自强不息"

中华元典的运动观和发展观对近代中国影响深巨的是"穷变通久"说——

> 易穷则变，变则通，通则久。①

这一命题是《易传》作者概括的宇宙法则。《易传》认为，易的道理到了尽头就要变化，变化了就通畅，通畅了就能长久。惟有变化，宇宙才可不穷历久。

---

① 《易·系辞下》。

关于变化的思想，在先秦诸子那里几为共识。孔丘指出，宇宙是一道变易不息的大川：

> 子在川上曰："逝者如斯夫，不舍昼夜。"①

老聃说：

> 大曰逝，逝曰远，远曰反。②

庄周则反复申述"万物之化"③，"命物之化"④，"万化而未始有极"⑤，"物之生也，若骤若弛，无动而不变，无时而不移"⑥。荀况说："阴阳大化，风雨博施。"⑦这都是强调变化的普遍性，认为变化是宇宙常则。

作为"六经之首"的《周易》对变化之道阐扬得最为深刻、系统。这部书以易道(即变化之道)包举一切，视宇宙、社会、人生为一个变化不息、生生不已的过程：

> 富有之谓大业，日新之谓盛德，生生之谓易。⑧

认为变易是普遍的、绝对的，充满于整个天地宇宙：

---

① 《论语·子罕》。
② 《老子·二十五章》。
③ 《庄子·人间世》。
④ 《庄子·德充符》。
⑤ 《庄子·大宗师》。
⑥ 《庄子·秋水》。
⑦ 《荀子·天论》。
⑧ 《易·系辞上》。

易与天地准，故能弥纶天地之道。①

宇宙间万物都处于新陈代谢之中，变化在一切现象世界中显现出来：

在天成象，在地成形，变化见矣。②

日往则月来，月往则日来，日月相推而明生焉；寒往则暑来，暑往则寒来，寒暑相推而岁成焉。③

《周易》除论述变易的普遍性，还论述变易由微而著的过程：

善不积，不足以成名；恶不积，不足以灭身。④

变化还是有规则、有秩序的，变化正是在这种秩序中体现出来的：

天地设位，圣人成能。⑤

后来，郑玄(127—200)作《易赞》和《易论》，把《周易》所阐扬的"易道"概括成简易、变易、不易三层含义。其中，"简易"，指掌握了宇宙变化的总规则，预测人生变化就简单明了；"变易"，指从宇宙万物到社会人生永远变化不息；"不易"，指变化的规则、秩序不变，如"天尊地卑，乾坤定矣"之类。易之三义，尤其是变易与不易两义，为后世论易者所重视。

此外，《周易》的变易哲学导向循环论，第七章已述，此不另述。

---

① 《易·系辞上》。
② 《易·系辞上》。
③ 《易·系辞下》。
④ 《易·系辞下》。
⑤ 《易·系辞下》。

　　《周易》从"天人合其德"的观念出发，还将宇宙不断变化、更新这一常则，引申到人类社会领域，力主作为人类精英的"君子"仿效天的运行不止，刚健自强，努力不懈。这便是《易传》的著名命题：

　　　　天行健，君子以自强不息。①

《易传》还多处申述刚健自强的道理，例如：

　　　　需，须也。险在前也，刚健而不陷，其义不困穷矣。②

　　当然，《易传》也不是一味强调刚强，而是提倡刚柔相济。《易传》在"天行健，君子以自强不息"这一名言之外，还有另一对应名言：

　　　　地势坤，君子以厚德载物。③

又说：

　　　　乾，健也；坤，顺也。④

　　认为刚健的乾卦与柔顺的坤卦是对应的，也是相配的，不过二者的关系是刚支配柔，乾驾驭坤。

　　中华元典所阐扬的这种变易哲学，以及由变易哲学引申出来的刚健自强、刚柔相济的社会—人生哲学，在中国两千余年艰难曲折而又辉煌壮丽的历史进程中，构成人们认识世界、改造世界的思维方式和

---

① 《易·乾卦·象传》。
② 《易·需卦·象传》。
③ 《易·坤卦·象传》。
④ 《易·说卦》。

精神动力，也是历代社会改革家推动社会变革，创新思想家倡导观念转变的依据和武器。战国变法家商鞅（前 390—前 338）在驳斥杜挚"法古无过，循礼无邪"之说时，便依凭着变易哲学。商鞅提出：

> 治世不一道，便国不法古。①
> 当时而立法，因事而制礼。②

皆从事物变化的普遍性而立论的。他还创立"上世亲亲而爱私，中世上贤而说仁，下世贵贵而尊官"的"三世说"，认为"此三者非事相反，民道弊而所重易也，世事变而行道异也"③。

韩非的"圣人不期修古，不法常可"④之说，也是着眼于变易哲学，他看到常与变的辩证统一，主张人们应当"适动静之节"⑤。

王安石在从事变法实践时，也藉助于变易哲学，他指出：

> 尚变者，天道也。⑥
> 有阴有阳，新故相除者，天也；有处有辨，新故相除者，人也⑦。

认为天与人都在"新故相除"之中，不过其方式有别。

汉代是变易哲学发生转折的时期。西汉中期成书的《淮南子》讲变易之道，大体还沿着《周易》的路数：

---

① 《史记·商君列传》。
② 《商君书·更法》。
③ 《商君书·开塞》。
④ 《韩非子·五蠹》。
⑤ 《韩非子·解老》。
⑥ 王安石：《临川先生文集》卷六三，《河图洛书义》，《四部丛刊·集部》。
⑦ 杨时：《杨龟山集·字说辨》引王安石《字说》，清光绪九年张国正重刊。

> 法与时变，礼与俗化。衣服器械，各便其用。法度制令，各
> 因其宜。故变古未可非，而循俗未足多也。①
> 先王之制，不宜则废之。②
> 故圣人论世而立法，随时而举事。③

这都是强调社会制度和观念的可变性，坚持中华元典变易哲学中变化普遍性的思想。

与《淮南子》成书期大体同先后的董仲舒则强调事物稳定性的一面，尤其是强调"道"的恒常性。董氏说：

> 道之大原出于天，天不变，道亦不变。④
> 王者有改制之名，无易道之实。⑤
> 春秋固有常义，又有应变。⑥

董仲舒基本取"易有变易、不易"的二分说，其中又重"不易说"，认为具体制度可变，而道的实质内容，即社会政治伦理的根本原则(如天尊地卑，君尊臣卑之类)则不能更改。

如果说，处于社会大变革时期的先秦诸子以强调变易为主，这种思想到汉代《淮南子》那里大体告一段落，那么，董仲舒的以不变论居主导地位的变与不变的二重论，则代表了专制君主集权政治确立以后，统治阶层追求稳定的意愿，他们允许并希望作某些局部性的调整，但禁绝根本性变化。宋明理学基本顺应着这一追求稳定的社会主潮，提出"静体动用说"。如朱熹认为：

---

① 《淮南子·氾论训》。
② 《淮南子·氾论训》。
③ 《淮南子·齐俗训》。
④ 《举贤良对策》。
⑤ 《春秋繁露·楚庄王》。
⑥ 《春秋繁露·精华》。

> 静即太极之体，动即太极之用。①

他还指出，"一"生"两"之后，"两"也即对立双方，便"定位不移"，由此，朱熹进而论证君臣父子的尊卑不可移易：

> 君臣父子定位不移，事之常也。②

从董仲舒到朱熹，强化《周易》变易哲学中"不易'的一面。这种思想贯穿中古，至近世方发生动摇，出现向先秦重"变易"观念的"复归"。

二、近代"更法—自强"观念的勃兴

近代中国处于古今中西一大变革之会，中古时代那种发展迁缓、几近顿滞的格局，至清代嘉道之际（嘉庆 1796—1820，道光 1821—1850）开始发生变化。内外交困的形势，社会的转型，迫使人们决心变革祖宗陈规，去应付新的时势。"更法"成为 19 世纪二三十年代开其端绪的一种时代呼声，而首创者是敏锐的哲人龚自珍。他提出一系列改革之议，其旨趣均与《周易》的变易哲学一脉相通。龚氏说：

> 一祖之法无不敝。③
> 与其赠来者以劲改革，孰若自改革。④
> 自珍少读历史书及国朝掌故，自古及今，法无不改，势无不

---

① 朱熹：《朱子语类》卷九四。
② 朱熹：《甲寅行宫便殿奏一》，《朱子文集》卷一四。
③ 龚自珍：《乙丙之际箸议第七》，《龚自珍全集》，上海人民出版社 1975 年版，第 5 页。
④ 龚自珍：《乙丙之际箸议第七》，《龚自珍全集》，上海人民出版社 1975 年版，第 5 页。

积,事例无不变迁,风气无不移易……①

龚自珍的变易思想包含着循环论意味,他说:

> 万物之数括于三:初异中,中异终,终不异初。一飑三变,
> 一枣三变,一枣核亦三变。②
> 万物一而立,再而反,三而如初。③
> 三王之道若循环。④

循环论固然是一种古老观念,但龚氏对"初—中—终"三阶段相互关系的认识,已相当接近否定之否定律,表明这位站在中世纪与近代边际线上的哲人,其思想已孕育着某种飞跃和突破,不过,历史条件局限着他,终于未能完成这一飞跃和突破。

稍晚于龚自珍而与之齐名的魏源也是一位"更法"倡导者。他将先秦的变易哲学推演为一种历史进化观。魏氏说:

> 五帝不袭礼,三王不沿乐。⑤
> 后世之事胜于三代。⑥
> 江河百源,一趋于海,反江河之水而复归之山,得乎?⑦

---

① 龚自珍:《上大学士书》,《龚自珍全集》,上海人民出版社 1975 年版,第 319 页。

② 龚自珍:《壬癸之际胎观第五》,《龚自珍全集》,上海人民出版社 1975 年版,第 16 页。

③ 龚自珍:《壬癸之际胎观第五》,《龚自珍全集》,上海人民出版社 1975 年版,第 16 页。

④ 龚自珍:《江子屏所著书序》,《龚自珍全集》,上海人民出版社 1975 年版,第 193 页。

⑤ 魏源:《默觚·治篇五》,《魏源集》,中华书局 1976 年版,第 47 页。

⑥ 魏源:《默觚·治篇五》,《魏源集》,中华书局 1976 年版,第 47 页。

⑦ 魏源:《默觚·治篇五》,《魏源集》,中华书局 1976 年版,第 47 页。

气化日禅，虽羲、黄复生，不能返于太古之淳。①

这显然已脱出循环论的故道，明白无误地指出一种前进式的历史方向。如果说，龚自珍一味以"农宗"等"古时丹"去疗治新病，正是他的循环史观的表现，那么，魏源的"更法"主张则更多地着眼于现实和未来，带有一种鲜明的前瞻性，他在鸦片战争结束后不久，便提出"师夷长技以制夷"，除因时势的刺激以外，也与进化史观提供的开放心态有关。这也表明，龚氏的中古色彩较浓厚，而魏氏则较富于近代性。

由龚、魏开其端绪，"更法"观念渐成晚清的一种思潮，而拥有巨大权力的洋务官员提倡"更法"和"自强"，则赋予"更法—自强"主张以实践性格，从而给中国近代历史打上相当深刻的印记。

近代中国面临严重的民族危机，变革弊政以求自强，成为一种日益强劲的社会潮流，所谓"人人有自强之心，亦人人为自强之言"。洋务运动因以"更法—自强"为号召，故又称"自强运动"。

洋务大吏认同"更法"观念，往往在他们兴办洋务事业之先。洋务运动的开山人物曾国藩在咸丰元年(1851年，其时尚在洋务运动之前十多年)论及"经济之学"时说："以本朝为主而历溯前代之沿革本末，衷之以仁义，归之于简易。前世所袭误者可以自我更之，前世所未及者可以自我创之。"这便含有"变法"意蕴。当然，将"变法"这一古老概念赋予近代改革意义，是在洋务运动正式展开以后，其最引人注目的纲领性提法，是洋务运动的集大成者李鸿章在19世纪60年代提出的"借法富强"②，此"法"即指西洋技艺；70年代又说"外须和戎，内须变法"③。李鸿章此时所说的"变法"，已不是古典意义上的变法，而是以近代西方的某些药方来疗治传统的中国之病，他的一封书信透露了这种音讯：

① 魏源：《默觚·治篇二》，《魏源集》，第38页。
② 《李鸿章全集》卷首，第50页。
③ 《复王壬秋山长》，《李文忠公全书·朋僚函稿》卷一九。

　　不得已舍陆登舟，用夷变夏……图在后与之为无町畦，而求
自强之术耳。①

居然与中国人一向骄傲宣称的"用夏变夷"反其意而用之。

　　洋务派后期巨擘张之洞在《劝学篇》的序言中，更将"知变"作为
"五知"之一，指出：

　　不变其习不能变法，不变其法不能变器。
　　专已袭常，不能自存。

　　《劝学篇》还专辟《变法》一章，内称变法固然是"朝廷之事"，却
应当"与士民言"，因为——

　　法之变与不变，操于国家之权，而实成于士民之心态议论。

张之洞历数曾国藩、文祥、左宗棠、沈葆桢、丁宝桢等洋务大员的变
法举措，认为这些颇有兴革意义的举措之所以"不睹其效"、"其效不
广"，是因为受到习惯势力的阻挠、吹求。张之洞还遍引元典，论证
变通之道：

　　变通趣时，损益之道，与时偕行，《易》义也；器非求旧、
惟新，《尚书》义也；学在四夷，《春秋传》义也；五帝不沿乐，
三王不袭礼，礼时为大，《礼》义也；温故知新，三人必有我师，
择善而从，《论语》义也；时措之宜，《中庸》义也；不耻不若人，
何若人有，《孟子》义也。②

---

① 《李文忠公全书·朋僚函稿》卷一。
② 张之洞著，冯天瑜、肖川校注：《劝学篇下·变法第七》，湖北人民出
版社 1991 年版。

可见，洋务派从初期人物、中期人物到后期人物，逐步推进的"变法"主张，其理论依据都是元典的变易之道。

作为清王朝统治集团一翼的洋务派，主张有限度的"变通"，主要是采用西方近代工业及军事技术，以达到"自强"目的。奕䜣（1832—1898）指出：

> 治国之道在乎自强，而审时度势，则自强以练兵为要，练兵又以制器为先。①

与位居中枢的奕䜣大体同时，作为封疆大员的曾国藩（1811—1872）也在19世纪60年代提出"自强"口号，他认为："欲求自强之道，总以修政事、求贤才为急务，以学作炸炮、学造轮舟等具为下手工夫。"②其"自强"内容主要为"师夷智以造炮制船"。左宗棠（1812—1885）早年便研究"中国自强之策"，晚年在与西方列强折冲周旋间更认识到自强的必要，"我能自强，则英俄如我何？我不能自强，则受英之欺侮，亦受俄之欺侮，何以为国？"可见，"变通"是为了"自强"，"自强"的不二法门是"变通"，这便是清末的一种思想主潮。

三、洋务派"变易"与"不易"的二重变奏

洋务派"变通—自强"的实践，为中国近代化留下实绩（近代工业、近代教育、近代军队等），同时又遭到严重挫折（以甲午战争中方惨败为标志）。造成这种双重结局的原因，除国内外形势和洋务派的阶级局限性外，从认识论角度而言，也与洋务派变易观的矛盾性有关。

近代中国处在社会急剧变化的历史关头。1901年，敏感的梁启超指出：

---

① 《筹办夷务始末·同治朝》卷二五。
② 曾国藩：《曾文正公手书日记》（同治六年五月初七日），《曾国藩全集·日记》，岳麓书社1989年版。

中国自数千年以来，皆停顿时代也，而今则过渡时代也。

中国自数千年来，常立于一定不易之域，寸地不进，跬步不移，未尝知过渡之为何状也。虽然为五大洋惊涛骇浪之所冲激，为19世纪狂飙飞沙之所驱突，于是穷古以来，祖宗遗传深顽厚锢之根据地，遂渐渐摧落失陷，而全国民族亦遂不得不经营惨淡跋涉苦辛，相率而就于过渡之道。①

面对这种旷古未有的"过渡时代"，各个不同的阶级和阶层，各种不同的政治和文化派别所作出的反应各不相同：有的顽固抗拒"过渡"；有的致力于探究"过渡之道"，但对"过渡之道"所设计的方案又各不相同。就清朝统治阵营内部而言，从19世纪60年代开始，便分化出顽固派与洋务派两大集团。顽固派如同治间大学士倭仁(1804—1871)，光绪间大学士徐桐(1819—1900)，企图以"忠信为甲胄、礼义为干橹"去抵挡西方工业文明的袭来，他们声言，"道"和"器"均应一仍其旧，宗法—专制制度的体、用两个层面均不得有丝毫改易，从而坚持抗拒"过渡"的立场。洋务派则有限地赞成"过渡"，他们主张"留心西人秘巧"，提倡学习"西技""西艺"，也兼及"西政"，并在他们主持的部门和地区兴建近代的军事和民用工业、修造铁路、创办学堂、组训新式陆海军。洋务派的代表人物，当朝大臣有奕䜣(1832—1898)、桂良(1785—1862)、文祥(1818—1876)；疆吏则有曾国藩、左宗棠、李鸿章、张之洞等人。

作为清廷实力派的洋务派之所以主张变法，乃是因为他们在经办内政外交的实践过程中，真切体验到中国在若干方面(如军事技术、工业制造)落后于西洋。曾作过陶澍、裕谦、曾国藩、李鸿章幕僚的冯桂芬(1809—1874)是较早明确揭示中国"不如"西洋的思想家，他在申述应当"师夷狄"、兴洋务时，特别指出要承认这个"不如"。他说："夫所谓不如，实不如也。忌嫉之无益，文饰之不能，勉强之无

---

① 梁启超：《过渡时代论》，载《清议报》第82期。

庸。"继而他具体指出"不如"之数端："人无弃材，不如夷；地无遗利，不如夷；君民不隔，不如夷；名实必符，不如夷。"①19 世纪 70 年代受李鸿章委派筹办上海机器织布局的郑观应也揭示惊人心魄的情形：与西洋殖民者相比，中国劣势昭然，外交上"彼合而我孤"，枪械上"彼利而我钝"，交通、资讯上"彼速而我迟"，科学技术上"彼巧而我拙"，工农商诸实业上"彼富而我贫"。② 早期改良派的"不如论"也反映了洋务大员的心态。这种"不如论"所揭示的，并非中西两种文化类型的民族性差异，而是中西文化在 19 世纪所分别达到的历史发展水平的距离，实质是一种时代性差异。正是这种时代性差异造成中国在近代世界遭遇"落后挨打"的处境。

对近代中国面临的严峻形势作出更富于全局性判断的是李鸿章。他在 19 世纪 70 年代指出：

> 历代备边，多在西北，其强弱之势，客主之形，皆适相埒，且犹有中外界限。今则东南海疆万余里，各国通商传教，来往自如，集京师及各省腹地，阳托和好之名，阴怀吞噬之计，一国生事，诸国构煽，实为数千年来未有之变局。轮船电报之速，瞬息千里，军器机事之精，工力百倍，炮弹所到，无坚不摧，水路关隘，不足限制，又为数千年来未有之强敌。③

这番话是从军事角逐立论的，其实它还具有更广阔的涵盖性。身处"数千年来未有之变局"，面对"数千年来未有之强敌"，不仅是一种军事形势，也是经济、政治、文化上近代中国人身历的全新境遇。

面对"三千余年一大变局"④，洋务派承认中国落后，而不是像

---

① 冯桂芬：《制洋器议》，《校邠庐抗议》，清光绪十八年敏德堂校刊本。
② 郑观应：《易言·论公法》，《郑观应集》，上海人民出版社 1982 年版。
③ 李鸿章：《筹议海防折》，《李文忠公全书·奏稿》卷二四，南京金陵 1908 年刊本。
④ 李鸿章：《筹议制造轮船未可裁撤折》，《李文忠公全书·奏稿》卷一九。

顽固派那样采取驼鸟政策;又没有丧失进取信心,力主迎头赶上。左宗棠说:"泰西巧而中国不必安于拙也,泰西有而中国不能傲以无也。"①李鸿章说:"我朝处数千年未有之奇局,自应建数千年未有之奇业。"②都显示了现实的态度与自强的锐气,而这两者相结合,促成洋务派变法观的应运而生。

面对"变局",图谋"变法",是洋务派振作有为的表现,然而,洋务派的"变法"主张又有明确的规定性和局限性。

如果将广义文化分作器用的、制度的和精神的三个层面,那么,洋务派的变法,其范围主要限于文化的器用层面,旁及到文化的制度层面的表浅部分(如官制、考选制度、军事制度等),而决不触犯制度层面的深层结构(如宗法—专制社会的国体、政体),至于其精神核心——纲常名教之类更是力加捍卫,不许非议。

洋务派虽然堪称清廷当权派中的练达、务实者,却并未脱离卫道者行列。他们在空前"变局"的刺激下,意识到中国落后,需要急起直追,但他们既不愿也不敢向造成中国落后的深层原因——宗法专制政体开刀。19世纪60年代中期,李鸿章在比较中西优劣时所说的一番话颇有典型意味:

中国文武制度,事事远出西人之上,独火器万不能及。③

包括李鸿章在内的诸洋务大吏对中国落后于西方因而必须变革的认识,以后有所拓宽,如19世纪八九十年代之交,李鸿章已认为"变法度必先易官制"④,这较之他在60年代"中国文武制度远出西人之上"的看法有所改变;张之洞在19世纪90年代末期倡导"新旧兼学",他所谓的"新学"已超越七八十年代人们的"西学"即"西艺"

---

① 见罗正钧纂《左宗棠年谱》,台湾"商务印书馆"1978年版,第125页。
② 李鸿章:《议复张家争止铁路片》,《李文忠公全书·奏稿》卷三九。
③ 《筹办夷务始末·同治朝》卷二五。
④ 李鸿章:《李文忠公尺牍》第7册。

(西方技艺)的认识,而包括"西政"①。可见,洋务派的"变法",其内涵与外延都在逐步扩大。不过,洋务派变法观的主旨却大体一以贯之,这就是通过改革器用部分和制度的表浅层面,来维护制度的深层结构及其精神内核。如张之洞提倡的"西政",仅指"学校、地理、度支、赋税、武备、律例、劝工、通商"诸项,却对西政中"设议院""兴民权"等涉及政体的部分则加以排拒②,至于纲常名教,更是全力维护,认定"三纲为中国神圣相传之至教,礼政之原本,人禽之大防"③,故三纲决不可变更,这便是所谓"保教"④。张之洞宣称:"圣人所以为圣人,中国所以为中国,实在于此。故知君臣之纲,则民权之说不可行也;知父子之纲,则父子同罪,免丧、废祀之说不可行也;知夫妇之纲,则男女平权之说不可行也。"⑤这便堵塞了政治制度和伦常观念变革的路径,时至戊戌变法前后,这种思想全然成为社会进步的阻滞因素。

洋务派对文化的不同层面持不同态度,引申出"变"与"不变"的二重观点。张之洞说:

> 天不可变者,伦纪也,非法制也;圣道也,非器械也;心术也,非工艺也。⑥

这就是说,法制可变而伦纪不可变;器械可变而圣道不可变;工艺可变而心术不可变。总之,器可变而道不可变。为证明"器"的可变性,张之洞旁征博引经典,如《周易》的"穷则变"、"变通尽利"、"变通趣时"、"损益之道";《尚书》的"器非求旧,惟新";《礼经》的"五帝

---

① 见《劝学篇·设学》。
② 《劝学篇·设学》。
③ 《劝学篇序》。
④ 《劝学篇序》。
⑤ 《劝学篇·明纲》。
⑥ 《劝学篇·变法》。

不沿乐，三王不袭礼，礼时为大"；《论语》的"温故知新"，等等。①
为论证"道"的不可变性，张之洞则征引《礼记·大传》的"亲亲也，尊尊也，长长也，男女有别。此其不可得与民变革者也"。他进而发挥道："五伦之道，百行之原，相传数千年更无异义。"②

洋务派变法观中的"变易"与"不易"的二重思想，虽然与诸经都有关系，而其主要渊源则在《周易》关于"变易"与"不易"的二重学说。应当指出的是，洋务派并没有追求"变易"与"不易"间的辩证统一，而是放任"变易"与"不易"间"二律背反"发展，这与其说是洋务派哲学思想的失足，不如说是他们政治上陷入矛盾与惶惑的结果。作为有限的改革者，他们力图变更陈法，改弦更张，在技艺层面，甚至部分地在制度层面采用"西法"③；然而，作为宗法—专制政体和纲常名教的卫道者，他们又竭力维系旧的政治—伦理系统。而近代化过程本来就是全方位的社会转型，企图在保存已经垂死的旧有本体的前提下，变更某些枝节，必然事倍功半。

总之，洋务派从"器可变"观念出发，导演出颇有声色的中国近代化的第一幕：近代工业、近代教育、近代军事，一度达到东亚先进水平④，使继续从事这些现代事业的人感受其赐⑤。然而，洋务派从

---

① 《劝学篇·变法》。

② 《劝学篇·明纲》。

③ 以张之洞为例，其改革主张也曾涉及制度层面。苏云峰著《张之洞的中国官僚系统民主化构思》一文(载台湾《近代中国史研究通讯》第8期)引述张之洞光绪二十七年(1901)发给刘坤一等人的电牍，该电称"西法最善者，上下议院互相维持之法也"。该电文主张仿效英国国会上议院制度的精神，州县长官由全省绅民公举，并建议刘坤一等"本此意而思一可行之法"。可见后期洋务大吏也不乏改革政治体制的设计，然而限于历史条件，未获实施。

④ 如张之洞于19世纪90年代创办的汉阳铁厂，是亚洲第一家现代化钢铁联合企业，早于日本首家钢铁联合企业——八幡制铁所七年。

⑤ 毛泽东在论及中国现代工业建设时曾说：讲到重工业，不能忘记张之洞；讲到轻工业，不能忘记了张謇；讲到化学工业，不能忘记范旭东；讲到航运业，不能忘记卢作孚。语见丁守和《关于近代史人物研究和评价问题》，《近代史研究》1983年第4期。

"道不可变"观念出发，力图维护清王朝所代表的宗法—专制制度，又阻碍着中国现代化向纵深进展，这种"变易"与"不易"形成一个二律背反的怪圈。而突破这一怪圈的历史使命，由继起的维新变法运动和革命运动所承担。

四、维新派变易观的新进展

继洋务派而起的维新派①，其变易观有新的拓展。

多由洋务大吏幕僚出身的早期改良派是 19 世纪末叶维新派的思想前导，他们所持的"变通—自强"观念也依托于元典精义。王韬（1828—1897）著《变法》一文，开篇即引用《周易》的"穷变通久"说：

> 《易》曰："穷则变，变则通。"知天下事未有久而不变者也。上古之天下，一变而为中古；中古之天下，一变而为三代。自祖龙崛起，兼并宇内，废封建而为郡县……三代之天下，至此而又一变。自汉以来，各代递嬗，征诛禅让，各有其局……至今日，而泰西大小各国，无不通和立约，叩关而求互市……秦汉以来之天下，至此而又一变。②

认为从古代到近代，从中国到西方，无不贯穿变易之道。

曾为李鸿章幕僚，后任出使英法的薛福成（1838—1894）还把这种历史性变易按时段归结为小变和大变：

> 天道数百年小变，数千年大变。③

----

① "维新"与"革命"是中国古代两种不同的变革方式，前者是在旧政权框架内的变革，所谓"人惟求旧，器非求旧，惟新"；后者则是推翻旧政权，建立新王朝的变革方式。

② 王韬：《弢园文录外编·变法中》。

③ 薛福成：《筹洋刍议·变法》，《薛福成选集》，上海人民出版社 1987 年版。

薛福成指出，变易是时势所推动，并非人为勉强：

> 有以圣人继圣人，而形迹不能不变者，有以一圣人临天下，而先后不能不变者。是故惟圣人能法圣人，亦惟圣人能变圣人之法。彼其所以变者，非好变也，时势为之也。①

这里的"圣人说"固不足取，然其"时势为之说"却有深理在。

郑观应从《周易》的变易为天地自然之理，论证世界历史由原始渔猎社会、古代农牧社会到近代工业社会的进步：

> 世界由弋猎变而为耕牧，耕牧变而为格致，此固世运之迁移，而天地自然之理也。②

郑氏论变易哲学，除依托《周易》外，还借鉴《中庸》的"时中"说，《孟子》的"圣之时者"说。③ 与洋务派的思想事业多有交叉重合的早期改良派，尚没有摆脱"变易"与"不易"的二律背反，如王韬说：

> 夫形而上者道也，形而下者器也，杞忧生之所欲变者器也，而非道也。……器则取诸西国，道则备自当躬，盖万世而不变者，孔子之道也，儒道也，亦人道也。④

这是毫不含糊的"变器不变道"说。薛福成有类似言论："今诚取西人器数之说，以卫吾尧舜禹汤文武周孔之道。"⑤其意蕴也是"变器不变道"，或"变器卫道"。

---

① 薛福成：《筹洋刍议·变法》，《薛福成选集》，上海人民出版社1987年版。
② 郑观应：《盛世危言增订新编·教养》。
③ 郑观应：《盛世危言·自序》。
④ 王韬：《弢园文录外编·杞忧生易言跋》。
⑤ 薛福成：《变法》，《薛福成选集》，上海人民出版社1987年版。

以著《盛世危言》而暴得大名的郑观应也讲得明白:"道为本,器为末;器可变,道不可变。庶知变者富强之权术,非孔孟之常经也。"①还说:"中,体也,所谓不易也,圣之经也。时中,用也,末也,所谓变易者,圣之权也。"②

这些言论与李鸿章、张之洞似乎别无二致。不过,考察其实际内涵,早期改良派所主张的"变易",其范围颇有超出洋务派之处,其要点在于,洋务派以专制君主政体为不可移易,而早期改良派则认为政体是可以变易的,并且将议会制和君主立宪视作变法的重心,正如郑观应所说:

> 其治乱之源,富强之本,不尽在船坚炮利,而在议院上下同心,教养得法。③
>
> 有国者苟欲攘外,亟须自强,欲自强,必先致富,欲致富,必首在振工商,欲振工商必先讲求学校,速立宪法,尊重道德,改良政治。④

这就将"变易"的范围从器用扩及政治制度,并初涉观念形态。

改良派的"变易—进化"观,还是一种非激变的缓进观。严复援引斯宾塞的话说:"民主可化至于无穷,惟不可期之以骤。"便是这种"缓进观"的代表性表述。

此外,洋务派论变易、不易,基本照搬《周易》,并无创见可言;而改良派思想家的可贵之处在于,他们对元典的变通观加以富于创意的发挥。如汤寿潜(1857—1917)说,凡制度均有由简衍繁的过程,繁则必生谬误,而变通则可纠谬。⑤ 郑观应还从《周易》的"易简说"

---

① 郑观应:《盛世危言增订新编·凡例》。
② 郑观应:《盛世危言·自序》。
③ 郑观应:《盛世危言·自序》。
④ 郑观应:《盛世危言后编·自序》。
⑤ 郑观应:《盛世危言》卷五。

中得到启发，论述变革过程中的由简而繁、由繁而简的转化：

> 万物之数，其始由简而日趋于繁。繁至于极无可加，则又一
> 变而日趋于简。简亦必至于极而后乃复为繁。①

认为变通可以调节简繁，使之保持合理状态。

　　陈虬(1851—1903)也有类似见解，他指出，法度久而衰疲，变通则使其常具效力。② 从动力论角度阐述变通的作用。严复则以"演进"释"易"，将中国固有的变易观与斯宾塞、达尔文的学说相沟通，以发展成现代意义上的进化观。康有为指出："变者天道也"，"变者天下之公理也"，并提出进步史观。他把《春秋公羊传》的"三世进化说"加以现代阐释："据乱世"即蛮夷入侵之世；进化为"升平世"，即拒蛮夷于中国外之世；再进化为"太平世"，即用夏变夷，天下一统之世。经此说明，历史的变易便是一个"日进无疆"的进化过程。③这就从中国古典的循环史观摆脱出来，展示一种进化史观的新格局。

　　维新派变易观的另一重要进展，在于打破中西壁垒，力主学习西学，并以之作为变通自强的良法，郑观应说：

> 夫制无分今古，法无论中西，苟有益于民，有利于国者，行
> 之可也。必鳃鳃然刻舟胶柱，欲如太古之老死不相往来，则庄、
> 列之寓言，佛、老之余沈：绝圣弃智，剖斗折衡。④

　　郑氏在自己的著作中还附载英国传教士李提摩太(1845—1919)的论说："今日识时务者莫不以肄习西学为自强之道。"⑤郑氏本人论

---

① 　郑观应：《盛世危言增订新编·典礼上》。
② 　陈虬：《治平通议》，郑振铎编《晚清文选》，上海书店1987年影印本。
③ 　康有为：《进呈俄罗斯大彼得政变记序》。
④ 　郑观应：《盛世危言·邮政上》。
⑤ 　郑观应：《盛世危言·教养》附录李提摩太《转移识患养民说略》。

述的各项近代化改革措施，如学校、女教、考试、藏书、议院、公举、日报、吏治、典礼、游历、公法、通使、交涉、条约、廉俸、书吏等等，皆以西法相参配，又用中国"三代之法"作比较，从而沟通中西古今，以利于变通自强之策为公众所认同。

康有为也经常运用这种论证办法，以推进近代化改革。他提倡矿务，则援引《周官》，这是以中国之古证西洋之近；他提议建立强学会，又援引"普鲁士有强国之会，遂报法仇；日本有尊攘之徒，用成维新"①。这是以外洋成例证中国新生事物的合理。

康有为又借用中华元典的固有概念，阐明社会进化论，宣传近代民主思想。他说：

> 治法进化由君主而及民主。文王为君主之圣，尧舜为民主之圣。《春秋》始于据乱、立君主，中于升平为立宪，君民共主；终于太平为民主。故《春秋》言文王，终道尧舜也。②

通篇古典人名、故事、术语，而申述的却是君主制向君主立宪、民主共和转化的道理，以"春秋公羊说"附会西方的历史进化论，又以西方的历史进化论改造"春秋公羊说"，这是康氏变法改制思想的一大特色。

康有为还特别注重《周易》的"行健自强"思想，多次用以申述变法之道。他在向光绪帝建策时说：

> 自强为天行之健，志刚为大君之德。③

鼓励光绪帝"独奋乾纲，勿摇于左右之言，勿惑于流俗之说，破除旧

---

① 康有为：《强学会序》。
② 康有为：《春秋笔削大义微言考》卷一一。
③ 康有为：《上清帝第二书》。

习，更新大政，宗庙幸甚！天下幸甚！"①这是以"行健自强"的元典精义直接充作变法利器。

纵观清末"变通—自强"观念，可以得见中华元典的变易思想留下的深刻痕迹，同时也可以看出，近世中国人面对新时代提出的新问题，如何试图改造传统的变易思想。

虽然洋务大吏和维新派的变易观有一定差异，却保有许多基本相似点：他们都确认"易之三义"——变易、不易、简易；都主张"缓进"，反对"骤进"；在政治上他们又在不同程度上维护清王朝，试图在清王朝框架内实现近代化改革。洋务派和维新派的主张，因清王朝的颓势不可挽回而被弃置于历史主潮之外，然从更高远的视角观察，有秩序的渐进观不乏可采之处。

中国近代化运动的行程推进到 20 世纪，一种更为激进的社会变革思想取代缓进的"变通—自强"观念，这便是革命派对西方社会革命论的借取，以及对中华元典中"革命"观念的现代诠释；进而出现的新文化运动，又有"全方位"变革论的提出，特别是观念变革的倡导。中国近代化运动遂发展到一个更为波澜壮阔的阶段。

第三节 从"汤武革命，顺天应人"到近代革命论

中华元典精神的又一卓异而且为近人所注目的要义是"革命"。如果说，活动于 19 世纪中后叶的洋务派和维新派更多地援引元典的"变通说"，那么，20 世纪初叶崛起的革命派则力倡元典的"革命论"。

一、中华元典的"革命"本义

20 世纪以来，"革命"成为中国人耳熟能详的词汇，"革命"也对现代中国人生活的方方面面带来重大影响。

近代中国的革命观，其源头有二：一为西方的社会革命思想；二

① 康有为：《上清帝第二书》。

为中华元典的革命论。

在西方，"革命"的含义有一个复杂的演变过程。以法国为例，"革命"(Révolution)一词在16世纪以前只具有天文学上的"公转"、"绕转"或"循环"的意思，在十六七世纪，则转指"命运的变化"、"人类事务的偶然变动"、"人类时间流程中突发的变故与混乱(无序状态)"。简言之，"革命"是指人类生活中的各种多变性和不稳定性，故"革命"是一个贬义词，1694年出版的《法兰西学院辞典》，1704年出版的《特雷乌法拉辞典》都强调"革命"的消极含义。18世纪中后期兴起的启蒙运动，则逐渐赋予"革命"以积极含义，并将"革命"的意蕴拓宽，引入人类精神领域，成为某种积极的文化转变的代名词，并且强调"革命"是一种过程，是一种摆脱旧事物桎梏的进步过程。经过启蒙思想家的改造，"革命"渐渐成为一个受人欢迎的褒义词。①而18世纪末叶爆发的法国大革命，则把启蒙思想家的革命观付诸实践，而且向前推进一步：革命必须由备尝专制压迫之苦的阶层起来完成，革命将伴随着以暴力手段推翻旧有的专制政权。

与西方的"革命"概念历经"中性"—"贬义"—"褒义"的转变不同，在中国，自元典时代开始，"革命"大体是一个褒义的、充溢着正气的词汇。

在中华元典系统，革，意为去故更新，改革变化②；命，指天命。古时称天子受命于天，故王者易姓(改朝换代)曰"革命"。中华元典反复揭示"革命"的必要性，并将其作为确保政治清明的重要措施。

中国古代实行王位世袭制(兄终弟及或父位子承)，政治体系中缺乏必要的制衡机制，难以杜绝昏君、暴君的出现和国政的腐败。为克服政治危机，元典宣称：当独夫当政，民众绝望时，新的圣者可以

---

① 关于法国的"革命"概念的演变，参见高毅《法兰西风格：大革命的政治文化》，浙江人民出版社1991年版，第136~162页。

② 《易·杂卦》："革，去故也。"《周易正义》："革者，改变之名也。"《释文》："革，马、郑云：'改也。'"

奋起将旧帝王推翻，取而代之，这种革命行动是符合天意民心的。关于这层含义，《周易》的《革卦》及其《象传》有集中说明。《革卦》(䷰)的卦形是下离(☲，火)上兑(☱，泽)，火泽相遇，互相熄灭；又如一室二女，相争不可解，必须进行变革。《象传》说：

> 革，水火相息，二女同居，其志不相得，曰革。①

《周易》进而申述变革的合理性、正义性：

> 革而信之，文明以说，大亨以正。革而当，其悔乃亡。天地革而四时成，汤武革命，顺乎天，而应乎人。②

这段话从四季更替变革使得万物生生不息，说明变革是自然法则，世界的流变是通过一系列变革实现的，并进而引申到人类社会：商汤、周武革去暴君夏桀、殷纣的帝命，是顺乎天道而应乎人心的。《周易正义》对《革卦》的解释为："革者，改变之名也。此卦名改制革命，故名革也。"

《革卦》的《象传》中"革而当，其悔乃亡"这一命题值得注意。它指出：革卦卦象为变革，变革之道易生偏邪，必须守持正固（"革而当"，"当"即贞、正），方可亨通。与这层意思相似，《革卦》第三爻辞还有"革言三就"之说，意谓：革卦卦象为变革。革卦下体为离，离象为火，有炎上之义，九三以阳爻处下体之上，居离之极，有躁于变革之象，如此求进必有凶险，应当守持正固，再三审查当革之言，前后一致相合才可行变革。这都是强调变革要有正确的步骤和方法，不可盲目躁进。

《象传》对《革卦》的诠释，侧重于观物象之变，以推行历法时序的革新：

---

① 《易·革卦·象传》。
② 《易·革卦·象传》。

泽中有火，革。君子以治历明时。

谓《革卦》上兑下离，泽水干涸，泽中之草着火燃烧，这是沼泽的巨大变革。君子观此卦象则制定历法，以明确时序更迭。

《周易》的《序卦传》在说明诸卦间的关系时，有一段精彩的话：

井道不可不革，故受之以革。革物者莫若鼎，故受之以鼎。

（井的使用之道，不常淘清就会混浊，需要革新，所以《井卦》之下是《革卦》。使物革新，莫过于鼎，用鼎煮食物，可全然变更食物风味，所以《革卦》之下是《鼎卦》。）

《周易·杂卦传》进而将此意概括为"革去故也，鼎取新也"，这便是成语"革故鼎新"的出处。

《尚书》中的若干篇章可以说是"革故鼎新"的历史说明，并特别记述了"汤武革命"的事实，其《汤誓》、《泰誓》等篇可称之"革命檄文"。商汤在发动革命，将夏桀放逐鸣条前宣称：

夏王有罪，矫诬上天，以布命于下。帝用不臧，式商受命，用爽厥师。①

周武王在起兵伐纣以前，也历数殷纣违背天命民心的种种劣迹，并将自己起而"革命"的理由归结为天命与民心的相通：

今商王受，弗敬上天，降灾下民，沉湎冒色，敢行暴虐……商罪贯盈，天命诛之。……天矜于民，民之所欲，天必从之。②

---

① 《书·商书·仲虺之诰》。
② 《书·周书·泰誓上》。

《孟子》虽未提及"革命"二字，却承继《尚书》，对于汤武革命的合法性给予充分肯定。齐宣王问：商汤放逐夏桀，周武讨伐殷纣这类行为算不算弑君犯上？孟轲的答复是：

> 贼仁者谓之贼，贼义者谓之残，残贼之人谓之一夫，闻诛一夫纣矣，未闻弑君也。①

将武王诛灭殷纣称之杀一独夫民贼，谈不上什么"弑君"。并指出民众对于这种做法是竭诚支持和盼望的："民望之，若大旱之望云霓也。"②

元典所洋溢着的革故鼎新精神，尤其是对背弃民众的最高统治者予以革除、更替的战斗精神，在中国形成一种传统，并构成中国历史进程的一个必要环节。这大不同于有着"万世一系"的天皇制度的日本的情形。

当然，从《尚书》到《孟子》所称道的"革命"多指贵族革命，是"贵戚之卿"的专有权利。③ 这显然是元典作为历史文献的时代局限所致。中国古代后来发生的历次"革命"，即便是平民(如刘邦、朱元璋)发动的，也只是一种改朝换代，即所谓"昔汉祖以神武革命，开建帝业"④之类。此外，元典所论之"革命"还含有特殊的保守性。日本学者织田万指出：

> 崇古之风，为支那民族之特质。遗训旧制，改废旧习，乃裁

---

① 《孟子·梁惠王下》。

② 《孟子·梁惠王下》。

③ 《孟子·万章》："齐宣王问卿，孟子曰：'王何卿之问也？'王曰：'卿不同乎？'曰：'不同。有贵戚之卿，有异姓之卿。'王曰：'请问贵戚之卿。'曰：'君有大过则谏，反覆之而不听，则易位。'……问异姓之卿，曰：'君有过则谏，反覆之而不听，则去。'"可见，只有"贵戚之卿"才有讨论王位变易的权利。

④ 《晋书·王敦传》。

制破坏古法、旧习者耳。①

这种古典意义的"革命"，既然是改朝换代的手段，所以，通过"革命"获得政权的新统治者总是立即宣布：自己起而"革命"，是纠正天命滥用和变态的不得已之举，现在天命已顺，"革命"便万不可再度发生。如商朝建立后，商汤与左相仲虺的一段对话，就颇能说明新统治者在"革命"问题上的矛盾心理。

> 成汤放桀于南巢，惟有惭德。曰："予恐来世以台为口实。"
> 仲虺乃作诰，曰："呜呼！惟天生民有欲，无主乃乱，惟天生聪明时乂。有夏昏德，民坠涂炭，天乃锡王勇智，表正万邦，缵禹旧服，兹率厥典，奉若天命。"②
> （成汤讨伐夏桀，把桀驱赶到南巢，想到自己是用武力取代桀，内心感到惭愧。说："我担心后代把我的行为当作话柄。"
> 仲虺于是作诰，说："啊！天生下老百姓就有七情六欲，如果没有君主，就会乱起来，只有天生聪明的人才能治理祸乱。夏桀昏乱失德，使人民陷入水深火热之中，天赐给您勇气和智慧，使您成为所有邦国的表率和楷模。您只要继承禹所实行过的一切，遵循禹的律典常规，就是奉顺天意，没有什么可惭愧的。"）

这番"君臣对"，既是对商汤革命合理性的辩说，又流露出对于"革命"的隐忧：惟恐后世误解商汤逐夏桀的行动，以援为叛商借口。仲虺特别吁请商的统治者：

> 慎厥终，惟其始。殖有礼，覆昏暴。钦崇天道，永保天命。③

---

① ［日］织田万：《清国行政法》第1编第1章。
② 《书·商书·仲虺之诰》。
③ 《书·商书·仲虺之诰》。

(要获得好结局，只有从开始做起。有礼的，得到树立；昏暴的，终将灭亡。敬奉老天的意志，永远保守老天的教导。)

可见，统治者(包括那些因"革命"而获得帝王位的统治者)始终生活在"革命"的阴影之下。如果顺应天意民情便可"永保天命"，否则帝位就可能一朝倾覆。中国古代政治常常面对两个困局：一为朝代更替；二为君位继承。后者虽然造成统治集团内部的争斗，以致骨肉相残，但尚为小变，而前者却往往引起社会大动荡，对统治阶层而言，这更是压倒一切的事变，故"革命"确乎成为对专制帝王最大的制约。这是中国政治天平中的一枚重头砝码。中国政治制度和政治思想的许多战略性问题都由此派生出来。

二、中国近代革命论的勃兴

自19世纪中叶以降，中国的仁人志士为挽救民族危亡，作过种种努力。除太平天国是以旧式的"革命"方式，企图建立新王朝取代清朝以外，洋务运动和维新变法都是在保存清朝的前提下，实行社会改革。然而，这些尝试终于纷纷遇挫，国家一天天败坏下去，民族危亡日甚一日。在这种情势下，一批觉醒者决心揭起"革命"大旗，奋然推翻清朝专制帝制，建立全新的民主共和国。这批以孙中山为领袖的革命者，一方面以法国大革命的同志自命，接过欧洲18世纪末叶的革命火炬，高张"自由、平等、博爱"①的旗帜；另一方面又以中国数千年"革命"传统的继承者自命，高呼"汤武革命，顺天应人"的嘹亮口号。当然，中国近代革命论与古代革命论的内涵已有重大区别，古代"革命"不过是改姓换朝，国体、政体未变；近代"革命"则追求一种体制性转轨，因而两种革命不可同日而语，但其承袭性又是显而易见的。

---

① 同盟会《军政府宣言》称："虽经纬万端，要其一贯之精神，为自由、平等、博爱"，"敢有帝制自为者，天下共击之"。

在汉语中，与"革命"相近似的另一词语是"造反"①。但这后一词语毕竟文不雅训，也缺乏经典依据。孙中山等近代革命派最初曾声称"造反"，视陈胜、吴广为前辈，以"洪秀全第二"自命。后经外国友人提示，遂以"革命"取代"造反"。而革命派之所以决定以"革命"自任，其更深厚的文化背景，则是源远流长的元典精神的启示：视"革命"为顺乎历史潮流，纾解民困的一项崇高使命。

晚清政局的腐败，中华民族面临的严重危机，教训了先进的中国人：不能企望在现存政权体制内部谋求变革。而推翻现存政权，以较为清明的政治取而代之，便是古已有之的"顺天应人"的革命。这正是辛亥革命超出戊戌变法的所在。

以孙中山为例，其早期也曾主张在现存政体内部用和平改良方式救治中国，与康、梁思想并无大异，这可由孙中山1894年4月给李鸿章的上书为证。② 此后，实践教育了他：在现存政权框架内已不可能改变中国状况，必须革除清朝，中国方有复兴之望。这种革命主张最早见之于1894年11月24日由他草拟的《檀香山兴中会盟书》，其间鲜明主张代清而立，然而不是由某人称帝立新朝，而是以民主的合众政府取代之。③ 在1897年初撰写的《伦敦被难记》中，孙中山进一步指出，中国的现存条件决定了已无可能实行和平变革，"积渐而知和平之手段不得不稍易以强迫"④，明示将以暴力革命手段推翻清廷。同年8月，在《与宫崎寅藏平山周的谈话》中，孙中山指出自己的政治精神是"执共和主义"。他批驳那种认为"共和政体不适支那之野蛮国"的论调说：

---

① "造反"指发动叛乱，采取反抗行动。此语古已用之，如宋元话本小说《前汉书平话》卷上："陈豨造反，多因为寡人与陈豨军屯衣甲器物，是他韩信执用的物件，以此上仇寡人之冤。"明人沈德符《野获编·叛贼·妖人赵古元》："古元造反，窥伺神器。乃改其名曰赵赶朱，意且将图革命。"清代李宝嘉《文明小史》第六回"秀才造反，三年不成"之说，使"造反"一词更为流行。

② 见《上李鸿章书》，《孙中山全集》第1卷，中华书局1981年版。

③ 《孙中山全集》第1卷，中华书局1981年版，第20、52、172~173页。

④ 《孙中山全集》第1卷，中华书局1981年版，第20、52、172~173页。

共和者，我国治世之神髓，先哲之遗业也。我国民之论古者，莫不倾慕三代之治，不知三代之治实能得共和之神髓而行之者也。①

孙中山在伦敦接见《滨海杂志》的记者时说："中国是世界上最适宜于建立共和制的国度"②，其依据之一也在中国三代之治即得共和之神髓。

以共和取代专制，是孙中山革命学说的精髓。而他在阐明此点时，远追三代之治。而在论证达到这一远景目标的办法时，孙中山又以"革命"为不二法门。

今欲求避祸之道，惟有行此迅雷不及掩耳之革命之一法。③

阐扬革命的正义性，并产生巨大影响的论著莫过于邹容的《革命军》。该书一连用七个排比句界说革命：

革命者，天演之公例也。革命者，世界之公理也。革命者，争存争亡过渡时代之要义也。革命者，顺乎天而应乎人者也。革命者，去腐败而存良善者也。革命者，由野蛮而进文明者也。革命者，除奴隶而为主人者也。④

其中之一"革命者，顺乎天而应乎人者也"即出自《易传》。

于古学极渊博的章太炎在为"吾小弟"邹容的《革命军》作序时，

① 《孙中山全集》第1卷，中华书局1981年版，第20、52、172~173页。
② 《孙中山全集》第1卷，中华书局1981年版，第20、52、172~173页。
③ 广东省哲学社科研究所历史研究室等合编《孙中山年谱》，中华书局1980年版，第126页。
④ 邹容：《革命军》第一章"绪论"。

特别就"革命"的本义和邹著的底蕴作了一番论列：

> 改制同族，谓之革命；驱除异族，谓之光复。今中国既灭亡于逆胡，所当谋光复也，非革命云尔。容之署斯名，何哉？谅以其所规画，不仅驱除异族而已，虽政教学术，礼俗材性，犹有当革者焉，故大言之曰革命也。①

辛亥革命前，章太炎多强调"排满"和"光复旧物"，但在这篇序言中对于包容量更广大的"革命"给予认同，首肯《革命军》这一响亮的题目。

孙中山虽然未像章太炎那样严格区分"革命"与"光复"两个概念，但他也认识到民族革命与民主革命包含着不同内容，而"革命"主要是指反对专制统治的民主革命。他1906年说：

> 中国数千年来，都是君主专制政体，这种政体，不是平等自由的国民所堪受的。要去这政体，不是专靠民族革命可以成功。②

辛亥革命前十年间，各种政治派别就"革命"的合理性、必要性、可行性展开过激烈论战。综观当年时论便可发现，论战双方都以元典为依托，即使保皇派在攻击革命说时，也无法回避元典关于"革命"的论述。梁启超1902年12月著《说革》，便援引《周易》和《尚书》中的革命界说③，不过，梁氏笔锋一转，主张进行各种局部改革，反对以暴力革命推翻清廷，这实际上走向"革命顺天应人"论的反面。梁

---

① 《革命军·章序》。
② 《孙中山选集》上卷，中华书局1981年版，第75页。
③ 梁启超：《说革》："革命之名词，始见于中国者，其在《易》曰'汤武革命，顺乎天而应乎人。'其在《书》曰：'革殷受命。'皆指天朝易姓而言。"见《饮冰室合集》。

氏有一枝生花妙笔,但当他为保皇派张目时,却遮掩不住与元典精义的背离。与此形成反照,革命派的论述则与元典一脉相通,故而顺理成章,言之有据。如《江苏》刊发的一篇文章,在论证革命不可免时,征引元典之义,"夏商之不德兮,有汤武之征诛"①;又如孙中山在驳斥"民智未开,革命不可举行说"时,便以元典为据,滔滔雄辩:

> 彼曰:"革命之说,原本大《易》。"又曰:"中国固始终不能免于革命。"其言是矣,仍何以又曰:"中国今民智为萌芽时代?"夫大《易》者,中国最古之书。孔子系辞,称汤武革命,顺乎天也。岂由汤武至于今,经二十余朝之革命,而犹得谓之萌芽时代耶?②

为说服民众信仰"革命",孙中山可谓苦口婆心,多方论述,而以元典证之便是经常使用的方法。他1910年2月在旧金山的一次演说中讲道:

> 乃在美华侨多有不解革命之义者,动以"革命"二字为不美之名称,口不敢道之,耳不敢闻之,而不知革命者乃圣人之事业也。孔子曰:"汤武革命,顺乎天而应乎人。"此其证也。③

中国虽古来即有"革命"传统,但在森严的专制统治下推翻一个旧王朝,殊非易事;进行近代意义上的民族民主革命,尤非易事。这种困难首先表现在观念的障碍上,在浓重的中古思想氛围下,"谋反大逆不道"、"附从革命则自绝于人类"等论调阻吓着广大民众,使人们视革命者为"匪党"。以孙中山为领袖的革命党人历尽艰辛,运用

---

① 季子:《革命其可免乎》,《江苏》第4期,1903年7月。

② 《驳保皇派书》,《孙中山全集》第1卷,中华书局1981年版,第234页。

③ 《孙中山全集》第1卷,中华书局1981年版,第441页。

多种办法突破此类精神网罗。有人著文向"天"宣战，称"中国有不可思议，无可解说之事，辄曰天也天也"，该文作者遂发出"革天"号召。① 这自然是当日革命精神昂扬的一种表现。当然，元典早已阐发的"革命顺天应人"说，是那一时期最经常引述的，因为它给新时代的革命志士提供了一个经典性的论据，许多与之对立的反革命论都只能望风披靡。

经过 19 世纪末 20 世纪初数年间的宣传，革命观念渐入人心。一位保皇派在 1903 年著文称："革命之说，非自今日始。然从前持此议者，仅三数人而已，近则其数渐多，血气未定膂力方刚之少年，辄易为所惑，又从前持此议者，仅自与其徒党议之于私室而已，近乃明目张胆于稠人广众之中，公言不讳，并登诸报章，以期千人之共见。"② 到辛亥革命前夕，"革命"更成为国人的口头禅。这固然是党人的宣传之功，同时也与元典中早蓄"革命"精义大有干系。

被重新刻勒的元典"革命"精义，播扬于中国广袤的大地，终于在这个古老的国度激发了一场具有新的时代意义的革命运动。这种革命，其内容与目标已非昔时可比，诚如当年革命党人所揭诸报端的：

> 昔之所谓革命，一时表面之更革而已……乃旧世纪之革命，乃一时一事之革命，乃无进步之革命，乃图少数人权利之革命。若新世纪之革命则不然。凡不合于公理者皆革之，且革之不已，愈进愈归正当。③

孙中山则进而概括道：

> 故前代为英雄革命，今日为国民革命。所谓国民革命者。一

---

① 《革天》，《国民日报汇编》。
② 《革命驳议》，《中外日报》1903 年 3 月 8 日。
③ 《新世纪之革命》，《新世纪》第 1 期（1905 年 6 月 22 日）。

国之人皆有自由、平等、博爱之精神，即皆负革命之责任。①

这种革命观是对元典精神的创造性发展，也可以说是元典所固有的革命精义在新时代的飞跃。

以上综论了革命派与元典中的革命精义的关系，若就革命党人内部诸派别而言，其对元典的倚重程度又各有差别，如以章太炎、邓实等人为代表的国粹派，将元典精义的复兴提到战略高度，力倡"披姬周之竹简，搜古吴之漆书"，高呼"国魂者，原于国学者也"，这就与革命党其他派别对元典精义作局部性引述大有差异。如邓实（1877—?）说：

> 十五世纪，为欧洲古学复兴之世，而二十世纪，则为亚洲古学复兴之世。……西学入华，宿儒瞠目，而考其实际，多与诸子相符。于是而周秦学派遂兴，吹秦灰之已死，扬祖国之耿光，亚洲古学复兴，非其时邪。②。

> 墨荀之名学，管商之法学，老庄之神学，计然白圭之计学，扁鹊之医学，孙吴之兵学，皆卓然自成一家言，可与西土哲儒并驾齐驱者也。③

辛亥革命前革命派政论家中，也有人侧重揭露古学的弊端，如《国民日报汇编》所载《箴奴隶》一文，其重点是抨击专制制度把民众变成奴隶，对于先秦学术也颇有微词：

> 盖学术盛于周末，而孔子为称首，且不免微倾于奴隶。……法家主干涉，道家主放任。惟干涉也，律之于奴隶，则为收买者

---

① 《中国同盟会革命方略》（1906 年），《孙中山全集》第 1 卷，中华书局1981 年版，第 296 页。

② 邓实：《古学复兴论》，《国粹学报》1904 年第 9 期。

③ 邓实：《古学复兴论》，《国粹学报》1904 年第 9 期。

也；惟放任也，律之于奴隶，则为贩卖者也。

可见，辛亥革命前夕，在进步思想界内部，对于以元典精神为圭臬的传统文化已有"弘扬"与"批判"两种对立的态度，实启 20 世纪二三十年代文化论战之端绪。

本节不拟对辛亥革命诸流派的各种"元典观"作具体展开和详尽剖析，而只是试图说明：辛亥革命作为一次突破中古专制束缚的近代化运动，有一种对于元典革命精义复归的倾向。这种复归是否定之否定式的跃进。辛亥革命对于元典"革命"精义的发扬，对于元典原始民主和民本精神的求诉和新解，都有着历史性的进步作用，这与法国大革命在否定中世纪的君主专制时借鉴古罗马法颇有相似之处。法国大革命在同中世纪专制传统决裂时，为了扫清封建制度的最后遗迹，在民法典中把古代罗马法——它差不多完满地表现了古典商品生产的那个经济发展阶段的法律关系——巧妙地运用于现代的资本主义条件。

中国的资产阶级革命派，特别是孙中山，不愧为法国 18 世纪末叶革命宣传家和活动家的同志，他们不仅从欧美吸收民主思想，而且在借鉴元典精神以批判君主专制，推进近代化进程上，也与法国革命家一脉相通，东西辉映。

第十二章 中华元典精神的近代转换(下)

中国近代史是中国人民反对西方殖民主义侵略,维护民族独立的历史——民族主义是近代中国人高扬的一面旗帜。

中国近代史又是中国人民挣脱专制政治枷锁,争取民主权利的历史——民主主义(或曰民权主义)是近代中国人高扬的另一面旗帜。

中国近代史还是中国人民走出自然经济的固有循环,摆脱贫困,确立新的土地关系,创建工业文明的历史——民生主义是近代中国人高扬的又一面旗帜。

近世中国兴起的民族主义、民主主义、民生主义固然是西方思潮激荡的产物,同时也承袭着本民族的文化传统,与中华元典精神有着内在联系,如民族主义渊源于元典的"华夷之辨",民主主义参酌元典的民本思想,民生主义借鉴《尚书》的"厚生"说,《左传》的"民生在勤"说。而中国人的近代社会实践,又促成元典精神发生转换和飞跃。

第一节 从"华夷之辨"到民族主义

民族主义是近代世界兴起的一大思潮。近代民族观念发源于对市场的占有和争夺,在世界统一市场逐渐形成的历史阶段,近代民族和民族国家形成,近代民族观念应运而兴。中国近代民族主义便是在这种大背景下勃兴的,并成为中国近代化运动的重要助力。就动员民众的广度而言,其作用往往在其他主义之上。

以注重族别之分和族类自我体认为旨趣的民族观念,并非只是到近代才出现,它其实是一种古老的观念。古老的族类意识是近代民族主义的源头。如果说,民主主义(民权主义)较多地受到西方影响,正如孙中山所说"中国人民的民权思想,都是由欧美传进来的"①,那么,民族主义则大体因袭着中国固有传统。章太炎说:

> 民族主义,自大古原人之世,其根性固已潜在,远至今日,乃始发达,此生民之良知本能也。②

孙中山也说:

> 盖民族思想,实吾先民所遗留,初无待于外铄者也。③

而"吾先民所遗留"的民族思想,首先是元典所申述的"华夷之辨"和"内华夏,外夷狄"观念,这些观念经过改造,给中国式的近代民族主义提供现成的表达形式和基本的文化内涵。

一、元典的华夷观

在中国历史上,古典意义的民族观念一直是以"华夷之辨",也即区分中原农耕人(华夏)与周边游牧人(夷狄)的形态出现的。《左传》所谓"裔不谋夏,夷不乱华"④,"戎狄豺狼,不可厌也;诸夏亲暱,不可弃也"⑤,都是以华夏与夷狄对称,这是因为自三代以来,以黄河中下游为中心出现发达的农耕文明,与周边地区的游牧—渔猎文明形成鲜明对照,反映在观念领域,西周以降,"中国"、"诸夏"、"诸华"与东夷、南蛮、北狄、西戎等"四夷"相对应的观念已经形成。春秋间,随着周王室的衰落,四夷纷纷进入中原,造成中原农耕文明

---

① 《孙中山选集》,人民出版社 1956 年版,第 723 页。
② 《驳康有为论革命书》,《章太炎政论选集》,中华书局 1977 年版。
③ 《中国革命史》,《中山文选》,文化供应社 1948 年版,第 26 页。
④ 《左传·定公十年》。
⑤ 《左传·闵公元年》。

的危机，所谓"南夷与北狄交，中国不绝若线"①。其时对中原农耕文明威胁最大的是军力强盛的北狄，清人顾栋高说："盖春秋时戎狄之为中国患甚矣，而狄为最。……然狄之强莫炽于闵、僖之世。残灭邢、卫，侵犯齐、鲁。"②这种形势激发了中原农耕人的"华夏意识"，华夷间"内外有别"的观念油然而生，所谓：

内其国而外诸夏，内诸夏而外夷狄。③

春秋的北方三霸(齐、晋、秦)都争相举起"尊周"、"尊王攘夷"旗号，自认华夏代表，以尊崇周王室，驱除四夷号召天下，从而"取威定霸"。周天子面对戎狄交侵，也只得求助于诸侯中的霸主，如《左传·僖公十六年》载："王以戎难告于齐，齐征诸侯戍周。"齐、晋、秦等北方诸霸先后都有征伐戎狄、戍周室以卫华夏的举动，这固然是齐桓、晋文、秦穆等春秋霸主们的策略，却也反映了一种社会需要和历史趋向。《左传》载：

初，平王之东迁也，辛有适伊川，见被发而祭于野者，曰："不及百年，此其戎乎，其礼先亡矣。"④

可见，戎狄交侵中原，中原农耕文明及其礼制所受破坏之惨重，这当然是一种历史的倒退。当此之际，谁承担起驱除戎狄、恢复华夏文明的使命，谁就是当日的民族英雄。在"南夷与北狄交，中国不绝若线"的民族危亡时刻，"桓公救中国而攘夷狄"⑤，便受到天下人的拥戴。孔丘正是在这一意义上，高度赞扬辅佐齐桓公"尊王攘夷"的

---

① 《春秋公羊传·僖公四年》。
② 顾栋高：《春秋大事表·春秋四裔表叙》，影印文渊阁《四库全书》。
③ 《左传·成公十五年》。
④ 《左传·僖公二十二年》。
⑤ 《公羊传·僖公四年》。

管仲：

> 管仲相桓公，霸诸侯，一匡天下，民到于今受其赐。微管
> 仲，吾其被发左衽矣。①

同样是在"尊周室攘夷狄"这一意义上，孔丘称赞齐桓公"正而不
谲"②。

严于华夷之辨历来被称之"春秋大义"，是元典精神的重要组成
部分，尤其是每当民族危机深重之时，这种"春秋大义"更被发扬张
厉，如明清之际的王夫之便力倡明于"夷夏之防"，他说：

> 天下之大防二：中国夷狄也，君子小人也。③
> 夷狄之于华夏，所生异地。其地异，其气异矣，气异而习
> 异，习异而所知所行蔑不异焉。④

这种坚夷夏之防的思想在中国古代曾一再发挥过重要的社会效
应，它增进了华夏—汉族的凝聚力，特别是当异族入侵时，成为保家
卫国的精神动力，从苏武、岳飞到文天祥、史可法，其卓绝的民族气
节，便导源于此。

在我国历史上，尤其是宋以后，往往出现这种情形：当北方强悍
的少数民族，乘着中原地区汉族政权处于腐败状态而挥师南下的危急
之秋，除广大汉族人民群众奋起自卫之外，在统治营垒内部总会分化
出一些坚定的抗战分子，他们出于"夷夏之防"的民族精神，又目睹
老百姓所蒙受的巨大灾难，激发出一种浩然民族正气。他们不顾敌我
力量的悬殊，奋不顾身地与敌周旋，悲歌慷慨，大多以身殉国，千百

---

① 《论语·宪问》。
② 《论语·宪问》。
③ 王夫之：《读通鉴论》卷一四。
④ 王夫之：《读通鉴论》卷一四。

年来，这类人物被广大群众所爱戴和追怀。

古今中外的历史反复告诉我们，当民族矛盾尖锐化，并取代阶级矛盾上升为社会主要矛盾时，这个民族内部的各阶级、各阶层，除那些彻底背叛民族利益的投降分子之外，就出现某些一致的要求，如维护全民族的生存权利、捍卫民族的文化传统、抗御异族的掠夺和屠戮，等等。这些一致的民族要求，具有毋庸置疑的正义性和人民性。同时，就一般而言，在古代，人民群众中很难产生可以号召全国的民族领袖，而统治营垒内部的抗战派往往就担负起这个历史的责任。此时此刻，他们的行动虽仍然不可避免地还要受到自身阶级属性的制约，但也会在一定程度上超越本阶级的视野，而代表着全民族的某些共同利益。在这种历史关头，他们的命运是与民族的大多数息息相关的。这就是文天祥的《正气歌》感人至深的奥妙所在，也是《杨家将》、《岳飞传》等戏曲、小说流传千百年而不衰，能够一再拨动广大观众、读者心弦的原因。

当然，"华夷之辨"作为一种古代的民族观念，也有明显的历史局限，它所宣扬的"华夏中心主义"，视异族外邦为无文化的野蛮人，显然是褊狭的、非理性的。

中华民族是一个多元复合体，它大体由聚居在中原地区的，很早就进入农业社会的汉民族和周围诸游牧民族组成。而在几千年间，粗犷的游牧文化与精细的农耕文化之间发生过多次交锋，并在反复冲突中实现融合。游牧文化与农耕文化的相互作用，对整个中华民族文化的发展产生过长远的、全局性影响。这里既有游牧文化给农耕文化造成灾难性破坏的一面，有游牧文化向较先进的农耕文化学习的一面，也有农耕文化以强悍的游牧文化为"补强剂"、"复壮剂"的一面。这是古典的华夷观所较少论及，而我们又不应忽视的方面。

二、近代中国的民族主义

近代中国所面临的民族危机，其复杂性和严峻程度均超过往昔。一方面，西方列强侵入，使中华民族有"亡国灭种"之灾；另一方面，自 17 世纪以来，统治中国的是人数甚少的满洲人，虽然满洲贵族很早就确立了满汉地主阶级联合治理的国策，但满人仍享有广泛特权。近代中国民族主义的兴起，同民众反抗这两种民族压迫直接相关，其间又大体经历了两个阶段：从鸦片战争经洋务运动到戊戌变法为第一阶段，此间，中国人的民族主义主要表现为对西方资本主义列强侵略的抗拒，汉人承认满人做皇帝的清王朝为合法、为正统。① 辛亥革命前十余年间，为第二阶段，此间，清王朝日趋腐朽，甚至宣称"量中华之物力，结与国之欢心"，全然堕落为"洋人朝廷"。承受着双重民族压迫的中国人民认识到，只有推翻满人做皇帝的清王朝，才能进而抵御西方列强的侵略，使中国人自立于世界民族之林。"排满"与"反帝"构成这一阶段民族主义的双重内容，而且"排满"更是首要的目标。

在第一阶段内部，中国人的民族主义又有新旧之分。19 世纪中叶，中国人的民族主义大体沿袭古代传统，先进者如魏源的"师夷制夷"之说，也直接导源于元典的"华夷观"，虽然主张学习外洋技艺，但仍然将西洋人以"夷狄"视之。至冯桂芬则渐有新的民族意识，把中华民族看作世界诸民族之一员。冯氏说："周礼职方疏，神农以上有大九州，后世德薄，止治神州，神州者，东南一州也⋯⋯今则地球九万里，莫非舟车所通，人力所到⋯⋯据西人舆图所列，不下百国。"②这里用古色古香的语言讲明一个道理：中国人并非"天之骄子"，而是众民族、众国度中的一分子。王韬更明确地对传统的"内华外夷之说"进行改造，他指出：

> 谓中国为华，而中国以外统谓之夷，此大谬不然者也。
> 然则华夷之辨，其不在地之内外，而系于礼之有无也明矣。

---

① 第一阶段发生的太平天国运动是一特例，它在 19 世纪 50 年代便举起"反满"旗帜。但随着太平天国在 60 年代的失败，70 年代至 90 年代"反满"思潮基本隐而不彰，后来革命党人宣传"排满革命"，把太平天国视作前驱先路，如孙中山称太平天国史"为吾国民族大革命之辉煌史"(《与刘成禺的谈话》，《孙中山全集》第 1 卷，中华书局 1981 年版，第 217 页)。

② 冯桂芬：《校邠庐抗议·采西学议》。

苟有礼也，夷可进为华，苟无礼也，华则变为夷，岂可沾沾自大，厚己以薄人哉?①

这一论断，既是对秦汉以降的"内华外夷说"的纠正，又是对元典的"文化民族主义"的复归和现代发挥。

甲午战争以后，先进的中国人进一步认识到中国为"天朝上国"的时代已经一去不复返，如汪康年(1860—1911)指出：

中国自古独立于亚洲之中，而其外皆蛮夷视之，素以君权为主，务以保世滋大为宗旨。故其治多禁防遏抑之制，而少开拓扩充之意。②

这是站在现代历史观的基点上，重新以批评眼光审度中国固有的民族观念。

谭嗣同更以全球主义阐发"春秋大一统"：

《春秋》之义，天下一家，有分土，无分民。同生地球上，本无所谓国。③

戊戌变法以后，中国人已较少称外人为"夷狄"，而转以"洋人"相称，这便是由传统的"夷夏观"转向近代民族主义的一种表征。

维新派的民族主义思想带有浓厚的启蒙色彩，其价值在于使国人认识到中华民族所处的现实的世界地位，以惊醒"华夏中心主义"迷梦。但是，维新变法家并没有提出解决中国民族危亡的现实道路，具体而言，对于腐朽的清王朝这一巨大的"民族监狱"，维新派没有与

---

① 王韬：《弢园文录外编·华夷辨》。

② 汪康年：《中国自强策中》，《皇朝经世文续编》卷一下，盛康辑，武进盛氏思补楼 1897 年刊本。

③ 谭嗣同：《仁学》卷下。

之决裂。而这一任务则由革命派担负起来。由革命派发起的以"排满革命"为号召的民族革命，将中国近代民族主义推进到第二阶段。

近代中国人的民族观念由在清王朝一统格局内抗御外洋入侵的第一阶段，转向既抗御外洋入侵，又推翻实行民族压迫的清王朝的第二阶段，经历一个转折过程。作为学者兼革命家的章太炎，其民族主义思想的发展相当典型地反映了这两个阶段的递进。1899 年，与"尊清者游"的章氏在《清议报》第十五册刊发《客帝论》，称"满洲之主震旦"为"客帝"，光绪皇帝为"发愤之客帝"，并尊其为"震旦之共主"，认为"逐满之论，殆可以息矣"。庚子国变使章太炎的"客帝"幻想破灭，迅速转向革命，遂著《客帝匡谬》，对自己以往的"饰苟且之心"加以纠正，并力倡"排满"：

> 满洲弗逐，欲士之爱国，民之故忾，不可得也。浸微浸削，亦终为欧、美之陪隶已矣。

这种以"排满"为当务之急的民族主义，可以援引的元典精神，自然是"华夷之辨"、"攘夷之说"。以此类传统思想用之于宣传"排满"比用之于宣传"反帝"，更为贴切，几乎不必转借就顺理成章，丝丝入扣。孙中山于 1894 年草拟的《檀香山兴中会盟书》便赫然大书"驱除鞑虏，恢复中国，创立合众政府"①；以后，于 1905 年拟订的《中国同盟会总章》又修改为："驱除鞑虏，恢复中华，创立民国，平均地权。"②这些纲领性口号，除民主主义内容（"创立合众政府"或"创立民国，平均地权"）外，最醒人耳目的便是"驱除鞑虏，恢复中华"这一古典式的民族主义口号，它直接仿效于朱元璋的讨元檄文③，

---

① 《孙中山全集》第 1 卷，中华书局 1981 年版，第 20、284 页。
② 《孙中山全集》第 1 卷，中华书局 1981 年版，第 20、284 页。
③ 《明太祖洪武实录》卷二一载，吴元年（1367）冬十月丙寅，朱元璋檄谕齐、鲁、河、洛、燕、蓟、秦、晋之人，提出"驱逐胡虏，恢复中华，立纲陈纪，救济斯民"的北伐纲领。

而其渊源直溯元典的"春秋大义"。

无论"驱除鞑虏，恢复中华"之类的排满革命口号有着怎样的历史局限性，但是，它在当年所起到的发动民众的作用，却是最为巨大的。中国老百姓，包括不少革命党人(如在武昌首义发挥过重要作用的共进会领导者孙武等)，对于民权主义和"平均地权"或者很不理解，或者以为是久远的将来方能解决的问题，然而，"驱除鞑虏，恢复中华"一说，则能大大拨动心弦，使之闻风而起。这在很大程度上是由于元典精神的深入人心，由于"春秋大义"早已成为广大国民的潜意识。革命者宣讲"扬州十日"、"嘉定三屠"等历史故事，印发王夫之《黄书》等"明于华夷之辨"的书籍，"排满革命"、"光复旧物"便迅速成为国人的共识。1903 年 7 月刊于《江苏》的一篇文章颇有代表性，其文说：

> 夫夏商之不德兮，有汤武之征诛；彼暴秦之制兮，刘项起而
> 芟锄。此于家庭犹革命兮，况异族之盘踞？昔蒙古之盘踞兮，得
> 朱明而尽驱；缅凤盖未远兮，乃何独无攘臂而四呼？①

这就把"汤武革命"进而引申到驱除异族、恢复中华这一民族主题上来。革命党人还承袭元典的"华夷之辨"，反复论证汉满分野，说："夫满洲种族，是曰东胡……彼既大去华夏，永滞不毛，言语政教，饮食居处，一切自异于域内，犹得谓之同种也耶？"②既然汉满并非同一种类，本着"非我族类，其心必异"的古训，革满人之命就是不容置疑的正义行动。革命党人还利用传统的"中华正统，夷狄窃据"观念，从根本上否定清王朝的合法性，并将保皇派视作"圣主"的光绪皇帝(1871—1908)称之"载湉小丑，未辨菽麦"③。此类论述或许不甚科学，难免带有种族主义气息，然而在深受元典精神熏陶的国

---

① 季子：《革命其可免乎》，《江苏》第 4 期。
② 章太炎：《驳康有为论革命书》。
③ 章太炎：《驳康有为论革命书》。

人中却发挥了巨大的震撼作用。这类论点也是清王朝最为惧怕的，因为此论无异于釜底抽薪，剥夺清王朝实行统治的理论依据。

革命派在宣传民族主义时，还特别注意以民族文化激励民族自豪感，增进民族主义的力度。如章太炎指出：

> 故仆以为民族主义如稼穑然，要以史籍所载人物、制度、地理、风俗之类为之灌溉，则蔚然以兴矣。不然，徒知主义之可贵，而不知民族之可爱，吾恐其渐就萎黄也。①

20 世纪初（1904）在上海成立的"国学保存会"（邓实、黄节、黄侃、章太炎、刘师培等为主要倡导者），提出保存国学，恢复民族精神，试图以复兴中国古学来达到振兴民族的目的。这是中国近代民族主义的一种走向，可称之"文化民族主义"。

此外，还有一批仁人志士提出"商战"口号，如郑观应诸人早在甲午战争之前便倡言此说，力主发展近代工商业，争取利权，与外洋的经济侵略相抗衡。与此相联系的，一批民族工商业者及其知识界代言人，试图通过兴办实业，挽救民族危亡，这可称之"经济民族主义"。

"文化民族主义"和"经济民族主义"因不合时宜而未能取得成效，一直作为历史支流未被人们注意。然而，无论是"文化民族主义"还是"经济民族主义"，不仅热忱可感，同时还包含着若干真理的颗粒，弃之可惜，后人应当站在现代文明的高度，披沙拣金，认真考究。

第二节　从原始民主和民本思想到民主主义

否定中古专制主义的民主主义的兴起，是世界各国近代化运动的一大潮流，就近代中国而言，民主主义思潮由隐而显，由弱而强，渐成波澜壮阔的社会主流，而考其思想来源，则决非纯为外铄，而是内

---

① 《答铁铮》，《民报》第十四号（1907 年 6 月 8 日）。

外交汇，中西合璧的。要言之，中国近代民主主义，从横向影响而论，欧美的社会契约论、人民主权论、天赋人权论，以及法国和美国的民主共和国模式等，都是中国近代民主主义的重要诱发因子；从纵向渊源而论，中国近代民主主义则承袭着中国传统文化的某些成分，尤其是中华元典所阐发的原始民主和民本思想。

一、中华元典所载之原始民主对近代民主主义的启示

近代中国通用的"民主"概念，意蕴为"多数人的统治"、"人民的权力"、"人民行使权力共同治理国家"，等等。这是中国近代新学家在意译英文 Democracy 时利用汉语固有单字组建的新词。

在中国古代典籍中也出现过"民主"一词，如《尚书》说："天惟时求民主，乃大降显休命于成汤。"①《左传》说："赵孟将死矣，其语偷，不似民主。"②但这些句式里的"民主"是"民之主"的简称，意指"统治者"，与 Democracy 的含义大相径庭。总之，现代汉语系统里通用的"民主"，无论是指一种国家制度，还是指一种政治观念，在中国历史上都难以找到完整的对应物，因此，"民主"这一概念对中国人言之是舶来品。然而，这又决不等于说中国传统文化与民主绝缘。

民主制度和民主思想虽然是在近代社会得到充分发育，并日益成为世界性现象，但其胚胎却蕴藏于距今数千年前的氏族社会的母体之中。世界各地先后出现过的氏族社会几乎都开放过"原始民主"即"氏族民主制"、"军事民主制"的花朵。在古希腊的荷马时代，公社的最高权力属于民众会议，参与其会的是全体成年男子，氏族的一切重大问题，如作战、媾和、迁徙等，都由民众大会裁定。中国汉族关于尧、舜、禹禅让的传说，《礼记·礼运》中关于"天下为公"的大同世界的描述，便是先哲们对远古时代存在过的原始民主政治的理想化追记。

中华元典关于原始的、自然产生的民主制多有记述，几乎涉及原

---

① 《尚书·多方》。
② 《左传·襄公三十一年》。

始民主的各个侧面，例如——

经济生活方面，领袖与民众共同劳作，同甘共苦：

> 贤者与民并耕而食，饔飧而治。①

这里的"贤者"即指氏族民主时代的氏族长，他们与人民一起耕作才有吃的，自己做饭，还要为人民办事。这番由农家许行说出的话，正是原始民主时代经济生活的写照。古帝王没有私产和特权，神农"身自耕，妻亲织"②，"尧无三夫之分，舜无咫尺之地"③，凡此种种说法，都表现了原始民主时代首领生活的完全平民化。参之后世史书关于处于氏族制阶段的少数民族社会形态的记述，如乌桓人"各自畜牧营产，不相徭役"④，可推断元典的这类载文真实地反映了氏族制时代的风貌。

政治生活方面，战争、迁都、选举首领等要务，均需民众会议商讨决定。《周礼》虽是一部晚成的书，但所载多西周遗风，其间保有若干氏族制民主的痕迹：

> 凡国之大事，致民；大故，致余子。⑤
> 若国有大故，则致万民于王门。⑥
> 掌外朝之政，以致万民而询焉。一曰询国危，二曰询国迁，
> 三曰询立君。⑦

原始民主为后世尤其追念的，一为首领公举，所谓"天下为公，

---

① 《孟子·滕文公上》。
② 《淮南子·齐俗训》。
③ 《史记·苏秦列传》。
④ 《后汉书·乌桓传》。
⑤ 《周礼·小司徒》。
⑥ 《周礼·大司徒》。
⑦ 《周礼·小司寇》。

选贤与能"①，其具体操作方式便是禅让，而并非血缘继承，即"传贤不传子"。《左传》说："尧崩，而天下如一，同心戴舜以为天子。"②此类有关"禅让"的记载，元典中为数甚多。《尚书·虞书》载，帝挚死，尧通告"四岳"(众部落酋长)商讨，由谁继承。"四岳"主张从普通成员中选择。鉴于舜的品德优异，"四岳"推举舜承继帝挚，尧接受此议，尧舜遂成为并列的二头盟主。《史记·五帝本纪》的说法是，尧请"四岳"举荐他的继承者，众皆举舜。此说虽与《尚书·虞书》有异，但称由"四岳"推举帝位继承人这一点却是相似的。《史记》关于舜禅位给禹的记述较为简明："舜子商均亦不肖，舜乃豫荐禹于天。十七年而崩，三年丧毕，禹亦乃让舜子，如舜让尧子。诸侯归之，然后禹践天子位。"③这表明那时"禅让"为民众所肯认，虽然舜、禹都有谦退之举，人们还是选择他们担任首领，而不选择先帝之子担任首领。关于唐尧禅位给虞舜，虞舜禅位给夏禹的"禅让"说，在元典中还多有记述，并与后世的帝位传子相对应，所谓"尧舜禅让圣贤，禹汤传授子孙"④。

二为公众舆论监督政务。氏族民主时代尚无任何强制手段，所谓"厚赏不行，重罚不用，而民自治"⑤，群众舆论对首领是最权威的监督力量。"诽谤"在今日已演为贬义词，最初本是民众批评首领之意，是一个富于积极内蕴的词汇。《左传》说：

> 天子有公，诸侯有卿……以相辅佐也。善则赏之，过则匡之，患则救之，失则革之。自王以下，各有父兄子弟，以补察其政。史为书，瞽为诗，工诵箴谏，大夫规诲，士传言，庶人谤。⑥

---

① 《礼记·礼运》。
② 《左传·文公十八年》。
③ 《史记·五帝本纪》。
④ 《尚书·尧典》疏。
⑤ 《韩非子·五蠹》。
⑥ 《左传·襄公十四年》。

杜预作注说："庶人不与政,闻君过则诽谤。"这正是原始民主的一种遗存。古帝王对民众的"诽谤"极其重视,所谓"尧有欲谏之鼓,舜有诽谤之木"①。尧专门设放供提意见的人打击的鼓,舜则竖立供悬挂意见书的表木(天安门前的"华表"即由古之表木演化而来)。

类似情形还可征之于周边诸民族的历史,如蒙古人直至成吉思汗(1162—1227)时期还保留着"忽里勒台"(部落大会),作为一种军事民主制组织,"忽里勒台"拥有选举大汗、决定军政大事的最高权力。

原始民主是人类早期历史的共有现象。就中国而论,这种原始民主被尊称为太古"至德之世"、尊为"尧舜之治",更多的称之为"三代之治",构成中国传统文化中悬之高远的一种理想境界,它是历代无君论者和非君论者常用不衰的武器(如东晋鲍敬言、唐代无能子、宋元之际的邓牧等从元典关于尧舜时代原始民主的记述中寻找依据,以抨击君主制度),而且,近代中国人介绍欧美民主政治时,往往还要以"三代之治"作为参照系和本位文化依托物。

与魏源齐名的首批开眼看世界的人物徐继在1844年谈及美国政治制度时,对华盛顿建国后"不僭位号,不传子孙,而创为推举之法"大加赞赏。② 美国首都华盛顿市的独立纪念碑上,镌刻着徐继对华盛顿这段赞誉词的英译文字。

早期改良派健将郑观应1875年也说,"泰西政事"颇与三代法度相符,认为中国政治的希望在于"上效三代之遗风,下访泰西之良法"③。

另一改良派思想家王韬竭力推崇西方"君民共治"的君主立宪制度,并认为其"犹有中国三代以上之遗意焉"④。

19世纪末叶,康有为作《礼运注》,借礼运大同思想宣传君主立宪和民权主义。

---

① 《吕氏春秋·自知》。
② 徐继:《瀛寰志略》卷下,台湾文海出版社手稿影印本,第201页。
③ 郑观应:《易言·论议政》,《郑观应集》,上海人民出版社1982年版。
④ 王韬:《弢园文录外编·重民下》。

中国近代新学家将西方民主制度比拟尧舜及三代故事，固然落入"西学中源说"窠臼，却又生动地表明，在中国人关于传说时代社会生活的记忆中，确乎包藏着与西方民主政治相通的成分，我们不能把这种比拟全然看作牵强附会，尽管它们是不同层次的两种民主。

二、近代民主主义与元典民本思想的联系及扞格

继原始民主之后，在某些民族出现过奴隶制民主，典型代表是古希腊的城邦民主，它是欧洲近代民主政治的历史源头。中国进入阶级社会以后，没有出现过希腊式的古典民主，却富有与君主专制相辅相成，并发挥重大社会制衡作用的民本思想。

（一）"民本"与"民主"的联系

中国近代新学家宣传民主主义时，并不止于请出"礼运大同"、"尧舜之治"作佐证，更多地则借助民本学说的现代发挥。

在中国，与漫长的君主专制相伴而生的一个重要政治现象，是民本学说的兴起和长期发生影响。这是因为君主专制社会存在的前提，是农业劳动力——农民的安居乐业，也即农民能够维持再生产，给朝廷不断贡献赋役。一旦这种机制遭到大规模破坏，"民不聊生"、"民怨沸腾"，便有削弱以至倾覆王朝的危险。中国历史上一再出现的"民变"、"民暴"引起"国削君亡"的事实，使统治者很早就明白"众怒难犯，专欲难成"①，领悟到民为水，君为舟，而"水则载舟，水则覆舟"②的道理，而反对"杀鸡取卵"、"竭泽而渔"的仁政、王道思想，倡导"民惟邦本"、"使民以时"、"民贵君轻"的民本学说便应运而生，这一学说高张"从众"、"爱民"的旗帜，批评"残民"、"虐民"的暴政，并与声言君主理应独占天下的君权绝对论相互对立，又相互补充，共同组成中国传统政治思潮的主体。

民本思想有着丰富的含义。

一如民众是国家的根本：

---

① 《左传·襄公十年》。
② 《荀子·王制》。

民可近，不可下；民为邦本，本固邦宁。①

二如民意即天意，民心即圣心：

天聪明，自我民聪明；天明威，自我民明威。②
天视自我民视，天听自我民听。③

《尚书·洪范》称，国君遇大疑不能决断时，先要"谋及乃心"（自思），其次要"谋及卿士"，最后要"谋及庶人"。《尚书·酒诰》指出：

人无于水监（鉴），当于民监（鉴）。

三如学而后出仕：

先进于礼乐，野人也；后进于礼乐，君子也。如用之，则吾从先进。④

主张选用先学习礼乐后获官位的平民（"野人"），而不选用凭身份等级获取官位的贵胄（"君子"）。这一思想正是汉唐以降的选举—科举制度的精神先导。

四如安民、重民：

安民则惠，黎民怀之。⑤

---

① 《尚书·五子之歌》。
② 《尚书·皋陶谟》。
③ 《尚书·泰誓》。
④ 《论语·先进》。
⑤ 《尚书·皋陶谟》。

以后，战国诸子发挥民本思想者甚多，如老子说：

> 故贵必以贱为本，高必以下为基。是以侯王自谓孤、寡、不
> 榖，是其以贱为本也。①
> 圣人无常心，以百姓心为心。②

孟子将民本思想发挥到极致，前已详述，此不赘。

(二)"民本"与"民主"的扞格

兴起于晚周而贯穿于整个中国古代的民本思想并不是一种论证主权在民和民众自我治理的学说，它与民主主义之间颇有区格，从内容到形式都难以自然发展为民主主义。

民本学说严格划分"治人者"与"治于人者"的此疆彼界，并从治人者的长治久安设想，注重民众的力量和民心的向背，主张通过维持民众的基本生存条件来确保统治者地位的稳固。这一学说的主要创导者孟子以国君"王天下"为出发点，向梁惠王、齐宣王、滕文公等王侯们提出"轻刑薄税"、"制民之产"、"听政于国人"、"与民同乐"等建策，希望他们通过"养民"、"教民"达到"保民而王"的目的。孟子还歌颂汤武革命，直指桀、纣为"独夫"、"民贼"，肯定吊民伐罪、惩办暴君污吏的正义性，这都显示了民本论者政治上的勇气和远见卓识。然而，究其根本，在民本论者那里，民众不过是被养、被教、被保的客体，是被怜悯和被利用的对象；君主才是养民、教民、保民的主体，是"仁政"、"王道"的实施者和利益的最终获得者，民本论者的逻辑是："百姓足，君孰与不足？百姓不足，君孰与足？"③可见，"君足"才是其出发点和归宿。总之，民本学说在本质上不是民本位理论，而是君本位理论——一种明智的、眼光远大的君本位理论。

民主政治有多种定义，而美国第 16 任总统林肯(1809—1865)

---

① 《老子》第三十九章。
② 《老子》第四十九章。
③ 《论语·颜渊》。

1863 年 11 月 19 日在葛底斯堡的演说，把"民有、民治、民享"①作为民主制度的基旨，这是对民主政治较为精要的概括。如果说"民有、民治、民享"是民主政治不可或缺的成分，那么便不能把中国传统的民本学说看作民主理论，因为此种学说虽然可以宣称"天下，非一人之天下也，天下之天下也"②，似乎包含着"民有"、"民享"意味，但却缺乏"民治"精神。东晋袁宏（约 328—约 376）的《三国名臣序赞》开宗明义曰：

> 夫百姓不能自治，故立君以治之。

以"民自治"为"不能"，而视"立君以治"为当然。这正是中国古代政治实态的写照。又如民本主义的鼓吹者唐甄（1630—1704）说：

> 治天下者惟君，乱天下者惟君。治乱非他人所能为也，君也。③

认为天下治乱取决于君，与民众并无干系。

可见，"民治"缺如是民本主义的基本特性之一。而一个没有"民治"精神的政治学说，其"民有"、"民享"的许诺终究难以落实。

民本学说与"主权在民"的民主理论差距甚大，二者是不同质的政治范畴。但是，由于中国跨入文明社会以后，原始民主随之消亡，君主专制则日趋强化，自秦汉以至于明清，中国社会内部始终未能生长出民主政治。如果说，近代欧洲人在创建民主政体时可以依托希腊、罗马城邦制民主政治的形式和内容（中世纪仍部分保留），加以再创造，那么，近代中国人学习民主政治时，除寻来上古"尧舜之治"、"三代之治"作比拟外，很难从本民族的文明史中找到比较真切的参照物，近代新学家只能把眼光投向民本学说，这是因为民本学说

---

① ［美］亚伯拉罕·林肯：《葛底斯堡的演说》。
② 《吕氏春秋·贵公》。
③ 唐甄：《潜书·鲜君》。

毕竟有与君主专制相对立的某些特征，它在论证君民关系时，力倡"重民"、"爱民"、"恤民"，并对君主的权力作出种种限制。

(三)"新民本"逼近"民主"

值得注意的是，两汉以后，尤其是宋元以降的民本论有所发展，明末清初更超越传统民本论，直逼"民主"而终究未能达到近代民主，笔者将其命名"新民本"。① 例如，君主专制的理论基石是"君权天授"②，由此演化出土地、人民"君主独占论"③，君主与臣民"主奴关系论"④，而新民本论者则认为君权起源于对私有权的争夺，在这种争夺中，强者、智者获得掌控弱者、愚者的权力，所谓"败则盗贼，成则帝王"⑤。这种国家及帝王起源论较之"君权天授论"接近于历史真实。

新民本论者还指出，国君并非三头六臂的天神，而是"状貌咸与人同，则夫人固可为也"⑥。"天子之尊，非天帝大神也，皆人也"⑦。君主与臣民的关系，不是主奴、主仆关系，而是共同服务于"天下"的同事关系。⑧ 反对把君臣关系与父子关系相比拟，因父子是先天的血缘关系，君臣则是后天结成的"以天下为事"的关系，故君臣关系是可变的，而"父子固不可变者也"⑨。

"新民本"还提不出取代君主专制的社会改革方案，只能用扩大相权、提倡学校议政等办法来限制君权，但"新民本"的某些锋锐已

---

① 见冯天瑜、谢贵安《解构专制——明末清初"新民本"思想研究》，湖北人民出版社 2003 年版。

② 董仲舒：《春秋繁露·为人者天》："天子受命于天，天下受命于天子。"

③ 《诗·小雅·北山》："溥天之下，莫非王土；率土之滨，莫非王臣。"《史记·秦本纪》："六合之内，皇王之上……人迹所至，无不臣者。"

④ 韩愈：《原道》："君，出令者也；臣者，行君之令而致之民者也；民者，出粟米麻丝、作器皿、通货财以事其上者也。"

⑤ 邓牧：《伯牙琴·君道》。

⑥ 邓牧：《伯牙琴·君道》。

⑦ 唐甄：《潜书·抑尊》。

⑧ 黄宗羲：《明夷待访录·原臣》。

⑨ 黄宗羲：《明夷待访录·原臣》。

进击到君主专制主义的要害部位，直逼近代民主政治的门槛。正因为如此，这一宝贵的思想遗产很自然地被中国近代新学家所借重。

三、民本思想的近代重铸

中国近代民主主义者多有民本思想基础，后在西学东渐之际接受民主观念，又带着新的近代民主意识反顾传统的民本学说，有意将其升华，使之焕发出民主主义光辉，而这种光辉与其说是民本学说本身所固有的，毋宁说是近代新学家借古人之酒杯，浇胸中块垒时激发出的新思想火花。用阐释学的术语来说，作为阐释者的新学家将"民本"解为"民主"，并非元典所载民本之"本义"，而是"引申义"，是一种在阐释过程中再创造的产物。

活跃于19世纪末叶、20世纪初叶的维新派和革命派便经历了这样的认知历程，他们在接受来自西方的进化论、社会契约论、民权平等思想以后，对中国的民本学说加以全新的发挥和近代化的重铸。

元典所阐发的民本思想不是民主思想，但其重民、爱民主张却可以成为对抗虐民、残民的君主专制的精神力量，到了近代，它更被传播民主主义的志士仁人所借重，如冯桂芬、王韬等人反复论证：畅达民欲，与民协商等民主含义，在《周易》、《尚书》、《周礼》、《孟子》等元典中早已有之。

康有为则借《周易》"群龙无首"之说[1]，阐发民主思想，他指出："群龙无首，以为天下至治，并君而无之，岂止轻哉！"[2]认为《周易》的"群龙无首"比《孟子》的"民贵君轻"更进一步，不仅是"轻君"，而且是"无君"，从而达到"民主"：

> 群龙无首之义，必如瑞士之公议内阁，立议长而不立总统乃

---

[1] 《易·乾卦》："用九，见群龙无首，吉。"象征古代诸侯并立，没有居首者，则无亢龙过失，故吉。

[2] 康有为：《孟子微序》。

为至公。①

这更是以中华元典直接比附西方近代民主。

康有为 1905 年访美，于华盛顿墓前作诗曰：

> 阜宫尚想尧阶土，遗冢长埋禹穴云。不作帝王真盛德，万年民主记三坟。②

将华盛顿与中国的尧、禹并称"三坟"，认为这中外三人是"民主"的楷模，当为万年所记。康有为还用元典的民本精义，向光绪皇帝作建策："夫国以民为本，不思养之，是自拔其本也。"③康有为在 1895 年撰写的《上清帝第二书》中，对《洪范》"大疑大事，谋及庶人"，《孟子》"进贤杀人，待于国人之皆可"进行新的解释，将其赋予近代民主政治的意味。康氏在《孟子微总论》中还直称"孟子立民主之制"，并认为君民关系是被雇者与雇佣者的关系：

> 民者如店肆之东人，君者乃聘雇之司理之耳，民为主而君为客，民为主而君为仆。

这类民为主、君为仆的思想显然大大超出孟子的原意，而是西方民主政治理论启迪的产物，但康有为却说，"今法、美、瑞士及南美各国皆行之"的民主政治，"孟子已早发明之"④，这是康有为惯用的借古人名义发挥新意的"托古改制"技法。

---

① 康有为：《忧问》。
② 康有为：《游花嫩冈谒华盛顿墓宅》，《康南海先生诗集》第 2 册。
③ 康有为：《上清帝第二书》。
④ 康有为：《孟子微总论》，《孟子微·礼运注·中庸注》，楼宇烈整理，中华书局 1987 年版。

梁启超的致思路径，是在服膺于卢梭的民权思想①，奉卢梭、孟德斯鸠为"我本师"②之后，转而对中国传统文化里"三世进化"、"民本君末"的固有概念"点石成金"，使其上升为兴民权、抑君权之说。梁启超还把孟子思想直接比附西方民主，他说："孟子言民为贵，民事不可缓，故全书所言仁政，所言王政，所言不忍人之政，皆以为民也。泰西各国今日之政殆庶近之。"③。他还借孟子"民为贵，社稷次之，君为轻"的模式，排比人类政治史，在《国家思想变迁异同论》中，"试演孟子之言，以证明国家思想之变迁如下"：

18 世纪以前，君为贵，社稷次之，民为轻；

18 世纪末至 19 世纪，民为贵，社稷次之，君为轻；

19 世纪末至 20 世纪，社稷为贵，民次之，君为轻。

这种述史方式，使国人较易理解由君主专制走向民主，进而走向国家主义的历程。

晚清思想界之"彗星"谭嗣同将近代西方民主同中国尧舜禅让相比拟，并藉以抨击秦以后的君主专制主义：

> 而有所谓民主者，尤为大公至正，彬彬唐虞揖让之风，视中国秦以后尊君卑臣，以隔绝不通气为握固之愚计，相去奚止霄壤。④

谭嗣同受到甲午战败的刺激，接触西学之后，在全新的意义上提倡"君末民本"、"君由民择"，他站在近代民主政治的高度回顾中国的历史和文化说："君统盛而唐、虞后无可观之政矣，孔救亡而三代下无可读之书矣！乃若区玉检于尘编，拾火齐于瓦砾，以冀万一有当于

---

① 梁启超曾作《卢梭学案》，称赞卢梭所著《民约论》"以双手为政治学界开一新天地，何其伟也！"

② 梁启超诗云："我所思兮在何处，卢孟高文我本师。"

③ 梁启超：《饮冰室合集》文集之三《读〈孟子〉界说》。

④ 谭嗣同：《思纬壹壹台短书·报贝元征》，《谭嗣同全集》，中华书局1981 年版。

孔教者，则黄梨洲《明夷待访录》其庶几乎！其次，为王船山之遗书，皆于君民之际有隐恫焉。黄出于陆、王，陆、王将缵庄之仿佛，王出于周、张，周、张亦缀邹峄坠绪。"①谭嗣同之所以赞赏黄宗羲、王船山，是因为他们痛恶君主制度("皆于君民之际有隐恫焉")，这正是明清之际进步思想家与近代新学家的相通之处，黄宗羲的思想出于陆、王，而陆九渊、王阳明认为人皆可为尧舜，不尊君权，与庄子近似("缵庄之仿佛")；王船山则承袭周敦颐、张载，周、张又得之于孟子(孟子是邹峄人，"邹峄"代指孟子)的民本思想。可见，谭嗣同是按照自己反君权、重民权的思想轨迹，沿着黄宗羲、王船山—王阳明—庄子、孟子的线索向上追溯思想源头的。

因介绍西方近代思想而被称作"近世玄奘"的严复，也赞颂孟子的"民贵君轻"说是"古今之通义也"，并认为孟子的这一提法与西洋关于"国者，斯民之公产也"的思想别无二致。② 1895 年他著《辟韩》一文(载光绪二十一年二月十七日至十八日的天津《直报》)，系统批驳韩愈《原道》中的绝对尊君论。③ 值得注意的是，严复在清算韩愈这一反映中古时代君臣之义的名论时，以之作对照的正面材料，恰恰是中华元典所反复阐扬的原始民主和民本思想。针对《原道》所主张的臣民应无条件服从君王，如不服从"则诛"的说法，严复反问道：

> 嗟乎！君民相资之事，固如是焉已哉？夫苟如是而已，则桀、纣、秦政之治，初何以异于尧舜、三王？④

① 谭嗣同：《仁学》第三一卷。
② 严复：《辟韩》，《严复集》第 1 册，中华书局 1986 年版，第 32~35 页。
③ 《原道》论君臣关系的一段话，本书前已引述。为便于读者与严复的批判相对照，现再附录如次："君者，出令者也；臣者，行君之令而致之民者也；民者，出粟米麻丝、作器皿、通货财以事其上者也。君不出令，则失其所以为君；臣不行君之令，则失其所以为臣；民不出粟米麻丝、作器皿、通货财以事其上，则诛。"
④ 《辟韩》，《严复集》第 1 册，中华书局 1986 年版，第 33 页。

严复又援引孟子语、老子语以指斥韩愈尊君论的荒谬：

> 孟子曰："民为重，社稷次之，君为轻。"此古今之通义也。而韩子不尔云者，知有一人而不知有亿兆也。老之言曰："窃钩者诛，窃国者侯。"夫自秦以来，为中国之君者，皆其尤强梗者也，最能欺夺者也。窃尝闻"道之大原出于天"矣。今韩子务尊其尤强梗，最能欺夺之一人，使安坐而出其为所欲为之令，而使天下无数之民，各出其苦筋力、劳神虑者，以供其欲，少不如是焉则诛，天之意固如是乎？道之原又如是乎？呜呼？其亦幸出于三代之后，不见黜于禹、汤、文、武、周公、孔子也；其亦不幸不出于三代之前，不见正于禹、汤、文、武、周公、孔子也！①

严复的批判锋芒，非限于《原道》，而是指向整个中古专制帝制。他尖锐指出：

> 秦以来之为君，正所谓大盗窃国者耳。国谁窃？转相窃之于民而已。

严复在谴责秦以来专制帝制时，一方面援引中国元典时代的原始民主和民本思想作为对照物；另一方面援引西方近代民主政治作为对照物：

> 西洋之言治者曰："国者，斯民之公产也，王侯将相者，通国之公仆隶也。"而中国之尊王者曰："天子富有四海，臣妾亿兆。"臣妾者，其文之故训犹奴虏也。夫如是则西洋之民，其尊且贵也，过于王侯将相，而我中国之民，其卑且贱，皆奴产子也。设有战斗之事，彼其民为公产公利自为斗也，而中国则奴为

---

① 严复：《辟韩》，《严复集》第 1 册，中华书局 1986 年版，第 33~34、36 页。《孟子》原文应为："民为贵，社稷次之，君为轻。"

其主斗耳。夫驱奴虏以斗贵人，固何所往而不败?①

　　严复从民众在国家的地位这一角度，论述了民主制度优于专制制度。其中西比较与今古比较，旨意均在说明这一点。有趣的是，严复在谴责中国的中古专制君主政治时，从西方借鉴了近代民主政治，从中国古代则借鉴了元典精义，这是否定之否定律的一次绝妙运用，而且只有严复这样一位具有世界眼光、学贯中西的哲人方能如此娴熟自如地作此接通古今中西的阐发。

　　辛亥革命前十年间多有以元典类比西方民主的政论。如 1902 年 1 月《外交报》第 1 期所载《审势篇》，便以《尚书·泰誓》"天视自我民视，天听自我民听"比附德国政治学家伯伦知理(1808—1881)的"民人之志愿，即国家之精神"。1903 年 8 月，《大陆》第 9 期载《广解老篇》则将老庄与英国社会学家斯宾塞(1820—1903)相类比，认为用《老子》、《庄子》批判中国专制社会的压迫与虚伪，与西方民主学说批判西方专制社会的压迫与虚伪同样有效，其文称：

　　　　故用十八世纪诸学士之说以冲决欧洲压制虚伪之网罗，即不得不用老庄之说以冲决支那压制虚伪之网罗。

　　辛亥革命前十年的政论中，还有不少文字，颂扬"三代之治"，谴责秦以后的君主专制。如 1903 年 6 月《江苏》第 3 期所载《教育通论》说：

　　　　祖国四千余年之历史，当分为两期：由秦以前进化之时代也，由秦以后退化之时代也。……然则由尧舜公其国之日至秦政私其国之初，此二千年断之为进化之时代，非一人之私言，天下之公言也。自兹以降，凡为帝王者，私其国之心日益坚，而把持

---

　　①　严复：《辟韩》，《严复集》第 1 册，中华书局 1986 年版，第 33~34、36 页。《孟子》原文应为："民为贵，社稷次之，君为轻。"

之术日益密，专制之毒亦日益深。

邹容的《革命军》也指出：

> 或谓秦汉以前有国民，秦汉以后无国民。

这种藉元典申述的原始民主和先秦民本思想以批判中古以降的专制制度，是当时宣传民主主义的志士们的常用手法。

孙中山青年时代受教育于西方，其早期革命宣传较少顾及民族传统，但他很快对此作了反省，1896 年他在《与邓廷铿的谈话》中回顾道：

> 我之误处，误在专讲西学，即以西国之规行于中国，所有中国忌禁概不得知，故有今日之祸。①

在此前后，孙中山开始注意对民族传统的学习和国情的研究，由此出发，在他宣传民主主义的论著中，日益增多对中华元典的援引。1895 年 2 月，孙中山拟订的《香港兴中会章程》便引述《尚书》"民为邦本，本固邦宁"的古训以阐发民权说。② 1897 年 8 月，孙中山在与日本友人谈话中声明，自己的政治精神是"执共和主义"，并批驳那种认为共和政体不合中国国情的论调：

> 人或云共和政体不适支那之野蛮国。此不谅情势之言耳。共和者，我国治世之神髓，先哲之遗业也。我国民之论古者，莫不

---

① 《孙中山全集》第 1 卷，中华书局 1981 年版，第 27~28 页。
② 《孙中山全集》第 1 卷，中华书局 1981 年版，第 22、172~173、444、445 页。

倾慕三代之治，不知三代之治实能得共和之神髓而行之者也。①

孙中山称共和为三代之治的"神髓"所在，此说是否全然符合古文实际，此不深论，但孙中山阐扬元典精义，以向海内外人士证明共和可以行之于中国，这种努力是可贵的。

孙中山将其民主主义政治理念称之"民权主义"，以突现主权在民。

孙中山民权学说中富于创造性的是"五权分立的共和政治"。有人指责孙中山在孟德斯鸠"三权分立"说之外，又加上监察权、考试权分立是"矜奇立异"，孙中山理直气壮地辩驳道：

> 宪法者，为中国民族历史风俗习惯所必需之法。三权为欧美所需要，故三权风行欧美；五权为中国所需要，故独有于中国。②

他进而论证监察权、考试权是中国优良古制，"此数千年制度可为世界进化之先觉"③。

辛亥革命以后，孙中山发展自己的民主政治学说，从更深的层次上汲纳元典精神。他指出：

> 中国古时有很好的政治哲学。……中国有一段最有系统的政治哲学……就是《大学》中所说的"格物、致知、诚意、正心、修身、齐家、治国、平天下"那一段话。把一个人内发扬到外，由一个人的内部做起，推到天下止。像这样精微开展的理论，无论外国什么政治哲学家都没有见到，都没有说出，这就是我们政治

---

① 《孙中山全集》第 1 卷，中华书局 1981 年版，第 22、172～173、444、445 页。

② 《孙中山全集》第 1 卷，中华书局 1981 年版，第 22、172～173、444、445 页。

③ 《孙中山全集》第 1 卷，中华书局 1981 年版，第 22、172～173、444、445 页。

哲学的知识中独有的宝贝，是应该要保存的。①

清末革命派有类似的运思逻辑者甚众。陈天华把黄宗羲的《明夷待访录》与卢梭的《民约论》相提并论②，章太炎称"黄太冲发民贵之义，伸官天下之旨"，与西洋"立民"、"崇宪政"的精神"一致同工"③。马叙伦回忆其师陈介石要自己读"《伯牙琴》、《明夷待访录》一类的书，我们又不知不觉懂得须要革命了"④。刘光汉、林獬合著《中国民约精义》，也是把从《孟子》到《明夷待访录》中的民本学说当作民约论、民权论思想加以阐扬的。

总之，以孙中山为领袖的辛亥革命志士创立自己的民主主义政治学说，走的是一条会通中西，"酌古参今"的路线，既以开放的心态采纳外域英华，又承袭和发扬元典精义所代表的优秀民族传统，显示了雄健的创造能力和恢弘的民族自信心。当然，由于时间的仓促和理论准备的不足，他们还来不及深入探讨现代化与传统的对立统一关系，也未能就元典精神的现代化转换问题作出精辟的解答。辛亥革命失败以后，熊十力（1884—1968）等哲人在较深的层次上探讨这类问题，但仍然不能说已经完满地求得了真解。

综上所述，民本学说在中国古代和近代分别发挥着不同的社会效用。在古代，民本学说具有双重功能，一方面，作为一种比较富于人民性的思想，成为具有社会批判意识的士人的精神支柱，从屈原"哀民生之多艰"、杜甫"朱门酒肉臭，路有冻死骨"一类不朽诗篇，到邓牧的《伯牙琴》、黄宗羲的《明夷待访录》、唐甄的《潜书》，无不跳跃着民本思想的脉搏；另一方面，民本学说作为一种替君王长治久安设计的政治方案，又为历代统治者所用，构成君主专制政治的补充物和装饰品。总之，民本学说在中国古代只能是一种绝对君权的抑制剂、

---

① 《孙中山选集》，人民出版社 1956 年版，第 684 页。
② 见陈天华《狮子吼》，《陈天华集》，湖南人民出版社 1982 年版。
③ 见章太炎《书〈原君稿〉后》，《章太炎全集》。
④ 马叙伦：《我在六十岁以前》，三联书店 1983 年版，第 11 页。

制动刹，而没有可能导向主权在民、人民参政的民主政治轨道。然而，到了近代，整个社会条件发生质的变化，民主政治伴随着商品经济的发展，世界市场的建立，日渐打破各国专制政体顽强的壁垒，伸展到海角天涯，即使在君主专制沿袭两千余年的中国也概莫能外。在这种全新的格局下，一些以实行民主政治为己任的先进中国人站在近代民主主义的高度，重新审度传统的民本学说，将其批判专制君王的言论阐扬为反君权思想；将其重视民力、民心，同情民众疾苦的言论阐扬为民权思想。这种将古代学说作现代化诠释的做法，既反映了一种现实的需要，也表明元典精神确乎蕴藏着可资发挥的因子。在这一意义上，民本学说可以看作中国传统文化与民主主义的结合点。而正因为中国传统文化与民主主义的结合点是民本学说这种与民主主义有着质的差异的思想，这就决定了中国近代民主政治格局的特殊形态和发展进程的曲折坎坷。

第三节　民生思想对元典精义的借鉴

近代中国，思潮涌动，其中三种尤其切关宏旨，一为争取民族国家独立的民族主义，二为建立民主共和的民权主义(或称民主主义)，三为平均地权、实现均富的民生主义。

如前已论述，民族主义、民权主义皆与中华元典精神有着深刻的内在联系，而民生主义，既受到西方近代经济思想、社会思想的启示，同时，中华元典深蕴的养民、利用、厚生、均富观念，也是其重要精神资源。孙中山拟定的"民生主义"这一关键词，其词干"民生"便来自中华元典频频出现之"民生在勤"①、"民生厚而德正"②。故民生主义决非纯然的舶来品，而是中西文化交融互动，经现代中国人综合创造的产物。

---

① 《左传·宣公十二年》。
② 《左传·成公十六年》。

一、元典的"养民—厚生"观与近代民生主义

就经济领域言之，解决土地问题和资本问题是近代中国改革者的基本诉求，孙中山将其概括为"民生主义"，其来源，一为西方自由经济思想和批判资本主义弊端的社会主义经济思想。如谭嗣同赞颂自由经济，认为奢华、贪利、竞争是社会进步的杠杆，此即取自西方自由主义经济思想。而孙中山在肯定西方近代经济带来巨大社会进步的同时，又洞见其两极分化造成的弊害，遂有"平均地权"、"节制资本"之倡。孙中山的这种民生学说，渊源于美国经济学家亨利·乔治的《进步与贫困》一书的土地改革理论，又吸收美国社会学者莫里斯·威廉的"求生"史观，并受到欧洲19世纪中后期出现的进化论和国家社会主义理论的影响。然而，中华元典精神也是民生主义的一大渊源，元典包蕴的养民、厚生思想构成民生主义的民族文化土壤。

《尚书·大禹谟》载曰：

> 禹曰，"於！帝念哉！德惟善政，政在养民。水、火、金、木、土、谷，惟修；正德、利用、厚生，惟和。九功惟叙，九叙惟歌。戒之用休，董之用威，劝之以九歌俾勿坏。"
>
> （禹说："啊！帝要深念呀！帝德应当使政治美好，政治在于养民。六种元素：水、火、金、木、土、谷，应当治理；正德、利用、厚生三件利民的事应当配合。这九件事应当理顺，九事理顺了应当歌颂。又用休庆规劝人民，用威罚监督人民，用九歌勉励人民，人民就可以顺从而政事就不会败坏了。"）

孙中山深得《尚书》之"政在养民"精义，以之作为民生主义与资本主义相区隔的要处。他指出：

> 资本主义是以赚钱为目的，民生主义是以养民为目的。①

---

① 《孙中山先生全集》第1册，中国国民党中央党史委员会1981年版，第207、463页。

孙中山将元典的"养民"之义诠释为食、衣、住、行诸方面达到民"足"，他在《建国大纲》中指出：

> 建设之首要在民生。故对于全国人民之食、衣、住、行四大需要，政府当与人民协力，共谋事业之发展，以足民食；共谋织造之发展，以裕民衣；建筑大计划之各式屋舍，以乐民居；修治道路、运河，以利民行。①

这正是对《尚书》"正德、利用、厚生"中和说的现代发挥。

孙中山在讲演集《三民主义》之《民生主义》中论述道：

> 什么是叫做民生主义呢？民生两个字是中国向来用惯了的一个名词；我们常说什么国计民生，不过我们所用的这句话，怕多是信口而出，不求甚解，未见得含有多少意义的。但是今日科学大明，在科学范围之内，拿这个名词来用之于社会经济上，就觉得是意义无穷了。②

孙中山对"民生"的诠释是"人民的生活，社会的生存，国民的生计，群众的生命"，归结为"人类求生存"。这与中华元典的"养民""厚生"义是一脉相承的。

中国近代经济思想从本民族文化传统中汲取营养，还多有例证——

从魏源开其端，洋务派承其绪的"富强观"，即袭用先秦法家"富国强兵"思想；

早期改良派鼓吹乐利主义，则一再重新阐释中华元典，认为《尚

---

① 《孙中山先生全集》第 1 册，中国国民党中央党史委员会 1981 年版，第207、463 页。

② 孙文：《三民主义》，中国长安出版社 2011 年版。

书》、《周易》、三《礼》，乃至《论语》、《孟子》都有劝工、重商思想；

近人征引《尚书》的《洪范》来论证"求富"，援用《周礼》的"保富"说，建议朝廷对私人资本的活动采取保护和扶助政策；

《周礼·考工记》自中古以降一向被视作"小人之学"备受冷落，而近代改良派却每每引述，以证明中国古来即有发达的科学技术，以《考工记》作为发展机器工业的古典根据；

《史记》的《货殖列传》被解释为鼓励自由经济，"天下熙熙，皆为利来；天下攘攘，皆为利往"之说，证明着"逐利"的合理性；

《礼记·大学》的"致知在格物，物格而后知至"被借用以论证科学技术。截至 19 世纪末以前，"格致"成为中国人关于"科学、技术、工艺"的约定俗成概念。

诸如此类援引元典以论证近代文明顺乎天理人情的言论，散见于薛福成的《海外文编》卷三，马建忠的《适可斋记言记行》，郑观应的《盛世危言》，王韬的《弢园文录外编》等篇什。

改良派还津津乐道《中庸》的理财致富观念；又认为《论语》的"敏则有功"，暗示着机械与铁路的功能；《孟子》、《大学》中多有鼓励聚财、制造、通商、勤工、利器的意向。郑观应的一番话颇有代表性：

> 商务者国家之元气也，通商者疏畅其血脉也。试为援古证今，如：太公之九府圜法，管子之府海官山，周官设市师以教商贾，龙门传货殖以示后世。当时讲求商法与今西制略同。①

这些言论当然存在非历史倾向，忽略了"观念距离"，将古代近代直接打等号，故有牵强附会之嫌，但也并非荒唐之言。元典时代还没有像两汉以后那样力倡"重本抑末"，工商业尚得到相当程度的重视，这在元典诸书以及《史记·货殖列传》中可以找到大量实证材料，近代倡言工商者从元典中寻求依据，不仅其情可悯，而且也确有相当根据，并非向壁虚造，在那个近代文明艰难奋斗的早春岁月，元典精

---

① 郑观应：《盛世危言·商务一》。

义的奥援，作用非同小可。

二、元典的"大同—均富"观与社会主义

近代经济思想中的元典启示因子，还有许多例证。如严复在《原富》中说，道家尚节俭，颇与近代经济学的理念相通。至于从防范土地兼并、贫富两极分化的需要出发，近代思想家更常常求助于元典，如孙中山在 19 世纪、20 世纪之交，与友人酝酿民生学说时便从中国传统的均平思想中求得借镜。冯自由《革命逸史》追溯民生主义的创立过程：

> 孙中山在己亥庚子间与章太炎、梁启超及留东学生界之余等晤谈时，恒以我国未来之社会问题及土地问题为资料。如三代之井田，王莽之王田与禁奴，王安石之青苗，洪秀全之公仓，均在讨论之列。[1]

孙中山把元典以"均富""井田"为旨趣的民生观引申到"节制资本""平均地权"的社会主义路向上来。他在《三民主义之具体办法》中说：

> 民生主义，就是时下的社会主义。……兄弟所主张的民生主义，有很好的具体办法……就是归宿到"土地"和"资本"两个问题。
>
> 民生主义……依余所见，不外土地与资本问题。[2]

如果说，"节制资本"参酌了元典的"均富"观，那么"平均地权"则参

---

① 冯自由：《同盟会四大纲领及三民主义溯源》，《革命逸史》第 3 册，中华书局 1981 年版。

② 《孙中山先生全集》第 1 册，中国国民党中央党史委员会 1981 年版，第 408 页。

酌了元典的"三代井田"说，孙中山指出：

> 像周朝所行的井田制度……是民生主义的事实。
>
> 井田制度，就是民生主义平均地权主张的渊源……吾国古时，尝有井田之制，与平均地权，用意正同。①

元典的"大同"及"均产"思想是民生主义最深广的基础。《礼记》的《礼运大同篇》曰：

> 大道之行也，天下为公。选贤与能，讲信修睦。故人不独亲其亲，不独子其子。使老有所终，壮有所用，幼有所长。鳏寡孤独废疾者，皆有所养。男有分，女有归。货恶其弃于地也，不必藏于己。力恶其不出于身也，不必为己。是故谋闭而不兴，盗窃乱贼而不作。故外户而不闭。是谓大同。

此篇描绘的均富大同社会，正是民生主义追求的目标。孙中山一生题词无数，而"天下为公"可能是题写最多的一条。孙中山自幼就向往"有田同耕，有饭同吃，有衣同穿，有钱同使，无处不均匀，无处不饱暖"的"大同"世界，他还曾多次指出自己的民生主义以"大同"为最高目标。

以"大同"喻"社会主义"，并非孙中山首创。早在1891年12月至1892年4月，西方新教传教士在上海所办《万国公报》，译载美国空想社会主义作家贝拉米所著《回顾》一书（中译名《回头看纪略》或《百年一觉》），译者即把贝拉米描述的社会主义美妙图景（生产资料公有、按人之爱好分配工作、男女平等、设公共食堂等）称作"大同世界"。自此，"大同"即以社会主义、共产主义的同义语在中国流播开来。康有为深获此中奥义，他说："美国人所著《百年一觉》一书，

---

① 《孙中山先生全集》第 1 册，中国国民党中央党史委员会 1981 年版，第408 页。

是大同的影子。《春秋》大小远近若一，是大同极功。"①新教传教士林乐之1894年8月在《万国公报》发表宣扬世界主义的文章，题为《大同发轫》。康有为于19世纪末、20世纪初历时20年撰写的《大同书》，也是以礼运大同概括社会主义。康有为对社会主义的阶段性认识颇为精辟，他说：

> 方今为"据乱"之世，只能言小康，不能言大同，言则陷天下于洪水猛兽。②

梁启超更广泛品议中华元典精神与社会主义的相通性，他将孔子思想诠释为"大同主义"，"是绝对的德谟克拉西"③；认为墨子"梦想一种完全互助的社会"，其主张与"俄国劳农政府治下"相类，"墨子的'唯物观'比马克思还要极端"④；孟子"言井田，为大同之纲领"，"孟子言性善，为大同之极致"，"孟子言尧舜，为大同之名号"⑤，又称孟子向往的是"半共产的社会"⑥，"中国古代井田制度，正与近世之社会主义同一立脚点"⑦。梁氏更指称：

> 中国古代是世界社会主义思想率先发明者之一。⑧

---

① 《南海康先生口说》，中山大学出版社单行本。
② 梁启超：《清代学术概论》二十四转引。
③ 梁启超：《孔子》，《梁启超全集》，北京出版社1999年版，第3144页。
④ 梁启超：《墨子学案》，《梁启超全集》，北京出版社1999年版，第3270~3271页。
⑤ 梁启超：《读孟子界说》，《梁启超全集》，北京出版社1999年版，第159~160页。
⑥ 梁启超：《老孔墨以后学派概论》，《梁启超全集》，北京出版社1999年版，第3324~3325页。
⑦ 梁启超：《自由书中国之社会主义》，《梁启超全集》，北京出版社1999年版，第392页。
⑧ 梁启超：《先秦政治思想史》，《梁启超全集》，北京出版社1999年版，第3604页。

可见，将中华元典的大同观与社会主义作古今中西联通，彼此指代，是近代中西思想者的习用之法。

总之，中国近代经济思想，包括其较完整的理论形态——民生主义，固然参酌了西方近代经济学、社会学的某些理论，却也从元典精义获得启迪，而且，这些元典精义又在其间得到新的诠释，被赋予现代意义。流行于近代中国的带有空想性质的社会主义理念，除汲纳西方社会主义思潮外，中华元典精神也是一大来源。

结语　元典精神的现世启示

　　元典精神的不朽生命价值，在其发展全程一再昭显，而又以卓异英姿展露于工业文明普被的当今之世。

一、高歌猛进的现代文明陷入二律背反

　　18世纪以来，获得牛顿力学论证的工具理性，使延续数千年的农业文明向工业文明转化，我们这个星球两三百年间的变化超过以往千万年变化之总和。

　　跨入20世纪以后，工业文明从西欧、北美一隅推向全球范围，而且随着电气化和电子化的展开，工业文明已超越其古典阶段(蒸汽机阶段)，在全新的资讯系统基础上，取得长足进展。特别是第二次世界大战结束后的半个世纪间，那个被西欧人称之"远东"的地区(也即远离工业文明中心的地区)，由日本率其先，"四小龙"紧追其后，继之是中国大陆，在新工业革命的轨道上突飞猛进，展示出现代文明的充沛活力。

　　20世纪自然科学的四大成就——相对论(狭义相对论和广义相对论)，原子结构与基本粒子的发现及量子力学理论的建立，电子计算机的发明和控制论、信息论、系统论的建立，分子生物学的建立特别是遗传物质核酸的分子结构和遗传密码的发现，标志着超越牛顿力学体系的新科技革命在向纵深发展。尤其是电子计算机的发明和愈益广泛的使用，造成一种新的态势：过去的生产工具只是人类体力的扩大、手的延伸，而电子计算机则代替一部分脑力劳动，是人类智力的延伸和扩张，电脑成为人脑的加速与放大，使认识主体发生深刻变化，"人—机系统"成为新的认识主体，从而大大提高了人的认识能力及认

识的效率和水平，其影响已超越科技领域，而达到社会生活的各方面，诸如经营管理、设计试验、信息检索、教学、科研、家务管理、新闻资讯。那种迂缓的、封闭的社会生活格局已相形见绌，难以为继。

今日世界，其文明的器用层面、制度层面、行为层面和观念层面都发生着愈益深刻的现代转型。人类的生活在剧变，人类栖息的星体——地球也出现超乎以往任何世纪的大改观。

"现代化"给人类带来的并不是单一式的进步，而是善恶并举、苦乐同行的矛盾过程，正所谓"省忧喜之共门分，察吉凶之同域"①。中外哲人所臆想的那种"乌托邦"②、"太阳城"③、"君子国"④式的"无差别境界"并没有从天而降。展现在世人面前的，仍然是一个错综复杂的、利弊共存的世界——

一方面，由于现代人类对自然、社会和人生的规律性有了更自觉的认识，又具备较之以往强大得多的改造世界的能力与手段，因而赢得超越往昔的自由，其生活质量也随之大为改善；

另一方面，工业文明的弊端随着现代化的纵深发展而愈益昭彰，人类面临的问题其严重程度不可同日而语。这正如德国哲学家尼采（1844—1900）所慨叹的：

　　凡人类所能享有的尽善尽美之物，都必须通过一种亵渎而后才能到手，并且以此一再要自食其果，受冒犯的上天必降下苦难

---

① 扬雄：《太玄赋》。

② 空想社会主义者托马斯·莫尔（1478—1535）于1516年著《乌托邦》一书，描写了一个美好的社会——乌托邦，其中没有贫穷，一切财产公有，人民安居乐业，各取所需。"乌托邦"遂成为空想社会主义的代名词。

③ 意大利文艺复兴后期思想家托马斯·康帕内拉于1602年著《太阳城》一书，描绘了一个理想社会——太阳城，这是一个庞大的公社，其中一切财产公有，人们过着绝对平均的生活，各尽所能，各取所需。

④ "君子国"是清代作家李汝珍（约1763—约1830）所著小说《镜花缘》中描写的一个理想国度，那里礼仪有度，谦让成习，人人有君子风。

和忧患的洪水，侵袭高贵地努力向上的人类世代。①

这段 19 世纪下半叶创作的哲理诗，当然是针对整个人类文明史而言的，但尤其是针对近代文明而发的，因为在近代，随着工业化的高歌猛进，"文明悖论"②达到更尖锐的程度。

（一）人与自然关系失调

就人与自然的交互关系这一侧面而论，以"征服自然"、"向自然索取"为行动指针的工业文明在造就巨大财富的同时，也带来始料未及的严重问题：

温室效应③加剧
生物多样性的惊人损失④
环境污染
资源系统崩溃
人口爆炸⑤

---

① 尼采：《悲剧的诞生》，周国平译，三联书店 1985 年版，第 39 页。

② 悖论（Paradox），指一种命题听起来是真的，却被有说服力地驳倒了；或听起来是荒谬的，却终于得到了证实。例如"飞矢不动"、"飞毛腿阿基利斯永远追不上乌龟"，即是著名的"芝诺悖论"。文明悖论，指文明的进步，必将随之带来种种弊端，包括人与自然、人与社会关系的紧张化。此即正题引出反题。

③ 温室效应，指地球大气吸收太阳热的一种效应，这时大气起着如温室一样的作用。

④ 据专家统计，每天世界上有 45~270 个物种灭绝。在今后几十年内，人类若不采取积极措施，现有的 3000 万个动植物物种有近 1/4 将永远从地球上消失。

⑤ 以中国大陆为例，总人口由 1949 年的 5.4 亿激增到 1987 年的 10.8 亿，不到 40 年便翻了一倍。预计 1994 年将突破 12 亿大关，2000—2023 年将达 15 亿~16 亿，那时人均耕地仅一亩。从全球范围而言，人口问题也是相当严峻的，现在全世界每天有 25 万婴儿诞生，世界人口在近 30 年间增加了一倍，现已超过 60 亿，21 世纪中叶将突破 100 亿。尤其值得担忧的是，发达国家人口已得到控制（德、法等国人口增长率为零甚至出现负增长），又伴之以人口高龄化趋势，而第三世界各国人口却在高速增长（发达国家一位妇女生育子女的平均数为 1.5，非洲国家则高达 6 或 7），几乎全部消耗掉其经济增长带来的财富。

城市膨胀和畸形发展①

能源危机②

耕地减少③

上述种种，都以惊心动魄的规模和速度呈现。1992 年 11 月，世界 1575 名科学家(内有 99 位诺贝尔奖获得者，包括 1992 年诺贝尔物理学奖得主法国人乔治·夏尔帕克)联名公布一份长达四页的《世界科学家对人类的警告》。此文件开宗明义指出：

> 人类和自然界正走上一条相互抵触的道路。

这份文件将臭氧层变薄、空气污染、水资源浪费、海洋毒化、农田破坏、滥伐森林、动植物物种减少，以及人口增长列为最严重的危险。这份文件说：

> 地球是有限的，不加限制的人口增长构成的压力，对自然界的要求，可以压倒为实现持续发展的未来所做出的任何努力。

文件还指出，资源稀少和"只有难以预测后果的大规模移民"之间将产生冲突。

艺术家也发出类似的呼吁。美国野生环境保护的倡导者、杰出的

---

① 20 世纪 50 年代，人口逾千万的城市仅纽约一座，现在已有 10 座以上，其中墨西哥城、孟买、开罗、上海、圣保罗、里约热内卢等均在第三世界，其城市生态状况尤为恶劣。

② 仅以石油为例，据各种不同的统计，现已探明的全球石油储藏量，以目前的开采量仅能维持 20~40 年。天然气的情况大体相似，煤炭约可供开采 200 年。

③ 1950 年全世界人均占有 0.24 公顷牧场，35 年后已缩小一半；1975 年地球尚有 12 亿公顷耕地，但到 2000 年，有 3 亿公顷将遭受侵蚀，另有 3 亿公顷将被新的城镇及公路所占据。

摄影家安塞尔·亚当斯指出：

> 艺术家们承担着某种不可推卸的社会义务。无论是自然界还是人类社会目前都处在某种危险之中……人口爆炸、环境污染、资源耗竭，以及自然美和文化美的破坏。艺术对这种破坏所具有的抵制力量是巨大的，我坚信这一点。

包括科学家和艺术家在内的人类理性告诫我们：在现代化过程中，必须以高度的理智与自觉去防范和克服人与自然协调关系的崩解。一旦这种"天—人"关系的崩解达到无可挽回的程度，人类仅有的家园——地球的生态环境全面恶化，人类在以往若干个世纪中赢得的文明成就将化为乌有。自然因其被超负荷的掠取而已经失去固有的生态平衡，而失衡本身已经给予人类以有力的回敬，如果人类不能改弦更张，善待自然，那么自然因其失衡必将用自己的铁腕给予人类更猛烈无情的回敬。这是今人万万不可忘却的现实或近在咫尺的前景。

(二)人的社会关系失衡

就人与人的关系这一侧面而论，工业文明取得了社会契约化、法治化、民主化的重要进展，却又带来社会的失衡和人的异化，金钱与权力拜物教的极度膨胀导致的物欲主义泛滥和道德沉沦，两种文化(科学文化与人文文化)的分离割裂等令人困扰的问题层出不穷，造成人变为单相度的片面的人；精神价值的失落，人性的萎缩与畸变，显示着个人失调以致社会失调的危险趋向。早在19世纪中叶，古典的工业文明蒸蒸日上之际，就已经显露出工业文明的进展带来的社会问题：

> 大工业通过普遍的竞争迫使所有人的全部精力极度紧张起来。只要可能，它就消灭意识形态、宗教、道德等等，而当它不能做到这一点时，它就把它们变成赤裸裸的谎言。……它把自然形成的关系一概消灭掉(只要这一点在劳动范围内可能做到的

话）；它把这些关系变成金钱的关系。①

（三）二律背反

以上现象可称为文明的"二律背反"。

二律悖反，原出希腊文 ANTINOMI，指规律中的矛盾，在相互联系的两种力量的运动规律之间，存在的相互排斥现象。18 世纪德国哲学家康德将纯粹理性的二律悖反释为：对同一个对象或问题所形成的两种理论或学说，它们虽然各自成立但却相互矛盾。

借用此说，近代文明发生的"二律背反"，约指人类在征服自然、控制社会的过程中，往往发生伤毁自身的现象。这种文明"二律背反"在现当代更剧烈地推演着。就我国而言，环境问题的严峻性披露甚多，此不赘述。就人际领域存在的问题而言，随着工业文明的迅进颇有扩展的势头。1992 年举行的首次全国性社会人际关系现状抽样调查表明，大多数被调查者对人际关系状况深感忧虑：72.8%的人认为"人都变得自私了"；71.9%的人为"人心难测"、需谨慎提防而苦恼；78.2%的人为"不送礼办不成事"的现象而操心……这一社会学统计资料从一个侧面显示现代社会人与人相互关系弊端正在衍生和发展。

面对上述严峻形势，人类正在寻觅解决途径，力图在新的层面上实现人类的多重价值，实现人类在能力、情感、道德等方面的全面发展，以协调人与自然、人与人、人与社会的关系。前面引述的 1575 名科学家的呼吁文件，由 1990 年获得诺贝尔奖的美国物理学家亨利·肯德尔整理而成。肯德尔现任"关心公共事务科学家联盟主席"，该联盟是一个民间组织，它最初关注核威胁，现在则关注更广泛的环境保护问题。该联盟要求在以下几个方面同时采取行动：

　　对破坏环境的活动，如使用石油和煤、滥伐森林以及不良的

①　《德意志意识形态》，《马克思恩格斯全集》第 3 卷，人民出版社 1963 年版，第 68 页。

农业耕地等加以控制；

更有效地利用能源、水和其他资源；

稳定人口；

减少和最终消灭贫困；

争取妇女平等，其中包括保证她们的堕胎权；

减少暴力和战争威胁。

类似的协调人与自然关系的方案不断有人提出，并在逐步付诸实践。现代人已经意识到，不能仅仅以自然作为征服对象，还必须把自然视作人类须臾不可脱离的朋友、伙伴，人类应当认真地、充满友好感情地对待自然。

在协调人与人、人与社会相互关系方面，现代人类广在竭智尽力，各国度、各民族都为此采取种种措施，国际社会也作出努力，其中联合国便是现代人通过处理国际事务协调人与人、人与社会相互关系的一个重要机构。联合国的宗旨是：维护国际和平与安全；发展各国之间以各国人民拥有平等权利及自决权这一原则为根据的友好关系，促成国际合作，以解决国际间经济、社会、文化和人道主义性质的问题；作为协调各国行动的中心，以达到上述共同目的。这一宗旨显然是针对当今世界存在的种种危机而提出来的。联合国当然不能包治百病，但这个组织的建立和运作，显示了人类在寻求人与自然、人与人、人与社会关系的协调发展方面所作的共同尝试。

二、培元固本，超克文明悖论

现代人类所面临的人与自然、人与人、人与社会的关系问题是严峻和复杂的，为了解决这些决定人类未来命运的战略问题，需要集中全人类智慧。这里所谓的"全人类智慧"，是全相度的，既包括空间相度，又包括时间相度。也就是说，"全人类智慧"不仅指世界现存各国度、各民族的智慧，而且指古往今来的人类智慧。而事实上，睿智的元典精神在协调人与自然、人与人、人与社会的相互关系方面，蕴含着极富洞察力的思想，可以给现代人诸多教益。

中华元典贯穿的一天人、合知行、同真善、兼内外的融通精神，行健不息、生生不已的好勤乐生主义，人道亲亲的人文传统，以及德业双修观念、变化日新观念、社会改革意识、厚德载物的文化包容意识，不走极端的时中精神等，经过现代社会实践的过滤式选择和创造性转换，无疑将成为现代人克服撕裂主体与客体有机联系的"现代病"的良药。

前文对中华元典精神诸侧面的现世意义，皆有论列，这里集中陈述：元典在思维方式层面对现代思维的形成具有培元固本价值。

（一）整体思维

人类在跨入文明门槛以前，有过原始思维和野蛮思维，此不具论；跨入文明门槛以后，其思维史大体经历了古典的整体思维，近代的分析—实证思维，进入现代，则在古典的与近代的思维奠定的基础上，实现分析与综合相统一的新的整体思维，从而完成一个否定之否定的"正—反—合"螺旋式全过程。①

古典的整体思维，其特征是概览森林，却并未详考树木，着眼于事物的统一性，从整体上进行直观考察，并且常用类推逻辑。

近代的分析—实证思维，其特征是详考树木，未对森林作整体把握，或把森林简单看作树木的拼合，着眼于专科研究，竖切一条，割断联系，纵向深入。

现代整体思维则既详考树木，又概览森林，而且不是把森林看成树木的拼合，却认作是众树木的生态系统整合，整体大于部分相加。这是一种整体有序、动态相关地研究对象的思维方式，是定性分析与定量分析相结合的系统思维方式。

现代整体思维作为文明人类思维史的第三阶段，既有对作为第二

① 古典整体思维、近代分析—实证思维、现代整体思维的三段划分，是大略言之，各民族又各有自身的特点。例如希腊人在古典时代，整体思维虽然比较发达，分析思维也相当普遍，"分析"成为希腊人的格言。古希腊文化中处处显示出分析的力量。欧洲近代的分析—实证思维得以发展，与古希腊的分析思维传统有着内在联系。

阶段的近代分析—实证思维的继承和发展，同时又有对近代分析—实证思维的突破和扬弃，这一进程伴随着对古典的整体思维的创造性"复归"。这是就人类思维史的一般过程而论。至于中国的思维史，还自有其特征：古典的整体思维发达，而近代的分析—实证思维未能获得独立的充分发育，只是在 19 世纪末叶以降，随着西方近代文化的输入，近代的分析—实证思维在中国才逐渐普及，但一直没有追上世界先进水平。

中国古典整体思维作为一种惯性和定势，曾经是中国人接受近代分析—实证思维方式的障碍。中国人逐步完成近代分析—实证思维的补课任务，还需要继续克服这种障碍。以为可以超越这一过程，直接进入现代思维殿堂，是一种不切实际的幻想。此处且不深论此点。由本书的题旨所规定，这里着重讨论——时代推进到现世，建立新的整体思维已成为人类的一大使命之际，我们可以从古典整体思维中汲取哪些营养？

整体思维是中华诸元典普遍的运思方式，其中又以《周易》发挥得最为充分。《周易》提出"观其会通"①命题，反对强行割裂事物，力主有机地、整体地看待万事万物。

《周易》描绘了一幅世界生成的整体图式，这便是由阳(—)、阴(— —)两爻排列组合成八卦，八卦互配为六十四卦系统。代表天地的乾、坤二卦是万物的起点，"有天地，然后万物生焉。盈天地之间者唯万物"②。这是整体观的一种精彩概括。中华元典的整体观强调主体与客体的统一，从而创立"天人合一"的宇宙观。这种元典整体观念与追求新的综合的现代科学思维颇有相通之处，可以成为西方实证科学的修正力量。耗散理论创始人、比利时物理学家普里高津说："我相信我们已经走向一个新的综合，一个新的归纳，它将把强调实验及定量表述的西方传统和以'自发的自组织世界'这一观点为中心

---

① 《易·系辞》："圣人有以见天下之动，而观其会通，以行其典礼。"
② 《易·序卦》。

的中国传统结合起来。"①这种古与今、中与西的结合，也许正是现代文化、现代思维发展的方向。

（二）中和观

中华元典还洋溢着与"整体观"密切相连的"中和观"，讲求中庸、中和、时中、中行、中正。例如：

> 君子之中庸也，君子而时中。②
> 喜怒哀乐之未发谓之中，发而皆中节谓之和。③
> 蒙，亨，以亨行时中也。④
> 以乐德教国子，中和祗庸孝友。⑤
> 咸庶中正。⑥
> 中正无邪，礼之质也。⑦

求融通、致中和是中华元典的基本旨趣。《尚书》指出，尧的人格崇高处，在于其主和睦、求协调，所谓"克明俊德，以亲九族。九族既睦，平章百姓。百姓昭明，协和万邦"⑧。中华元典树立的圣王形象是：

> 直而温，宽而栗，刚而无虐，简而无傲。⑨

---

① 转引自颜泽贤《耗散结构与系统演化》，福建人民出版社 1987 年版，第108 页。
② 《礼记·中庸》。
③ 《礼记·中庸》。
④ 《易·蒙卦》。
⑤ 《周礼·春官·大司乐》。
⑥ 《书·吕刑》。
⑦ 《礼记·乐记》。
⑧ 《书·尧典》。
⑨ 《书·尧典》。

这种恩威相济、和合融通的观念，在中国思想史上不少流派那里都有所表现，如惠施力主"天地一体"，庄周讲究"死生存亡一体"①，《易传》倡导"天地交而万物通"，中国化佛教宗派——华严宗以"圆融无碍"为主旨。

求融通、致中和的思想，强调事物的同一性与平衡性，主张以缓和的、调谐的方式解决世间诸问题，意在防范事物走向极端而出现系统平衡的破坏，认为诸事要留有余地，莫走极端，这便是老子所谓：

大成若缺，其用不弊；大盈若冲，其用无穷。②

《易传》也辟"亢"（过分）而主"正"（适度）：

"亢"之为言也，知进而不知退，知存而不知亡，知得而不知丧。其唯圣人乎？知进退存亡，而不失其正者，其唯圣人乎！③

这种知进且知退、知存且知亡的"融通—中和观"的与整体观共同构成中华元典思维方式的主旨，其现世意义，仍可以普里高津的一段话概括：

中国传统的学术思想是首重于研究整体性和自然性，研究协调与协和。现代新科学的发展，近十年物理和数学的研究，如托姆的突变理论，重正化群，分支点理论等，都更符合中国的哲学思想。……中国思想对于西方科学家来说始终是个启迪的源泉。④

---

① 《庄子·大宗师》。
② 《老子》第四十五章。
③ 《易·乾卦·文言》。
④ 颜泽贤：《耗散结构与系统演化》，福建人民出版社 1987 年版，第 107 页。

中华元典提出的"立天之道曰阴与阳，立地之道曰柔与刚，立人之道曰仁与义"①，揭示了天人之际的和谐原则，一方面要保持人与自然的和谐关系；另一方面要保持人与人之间的和谐关系，惟其如此，方能"乐天知命，故不忧"②。这种协调阴与阳、柔与刚、仁与义等对立统一关系，以处理天、地、人诸问题的思想，可以为我们辩证地认识与解决人与自然、人与人、人与社会关系问题提供启示。

(三)历史进步观

元典生成于文明初成期，充满披荆斩棘、奋勇前行的进取精神。

夏、商、周"三代"是中华先民跨入文明门槛(以金属工具使用、文字发明为标志)的初级阶段。文明的迅进给那一时代带来明显的积极效应。荀况曾描绘当时出现的四方文明皆供中原人利用的盛况：

> 北海则有走马吠犬焉，然而中国得而畜使之。南海则有羽翮、齿革、曾青、丹干焉，然而中国得而财之。东海则有紫绐、鱼盐焉，然而中国得而衣食之。西海则有皮革、文旄焉，然而中国得而用之。故泽人足乎木，山人足乎鱼；农夫不斫削，不陶冶，而足械用；工贾不耕田，而足菽粟。……故天之所覆，地之所载，莫不尽其美，致其用。③

略晚于荀况的韩非，对于文明的进步历程，给予了更富于历史进化论色彩的积极肯定。他说：

> 上古之世，人民少而禽兽众，人民不胜禽兽虫蛇；有圣人作，构木为巢以避群害，而民悦之，使王天下，号之曰有巢氏。民食果蓏蚌蛤，腥臊恶臭而伤腹胃，民多疾病；有圣人作，钻燧取火以化腥臊，而民悦之，使王天下，号之曰燧人氏。中古之

---

① 《易·说卦》。
② 《易·系辞上》。
③ 《荀子·王制》。

世，天下大水，而鲧、禹决渎。近古之世，桀纣暴乱，而汤武征伐。今有构木钻燧于夏后氏之世者，必为鲧禹笑矣；有决渎于殷周之世者，必为汤武笑矣。然则今有美尧、舜、汤、武、禹之道于当今之世者，必为新圣笑矣。①

韩非将全族类的成就归功于文化英雄及个别圣王，此说固不足取，但他对人类由蒙昧、野蛮渐趋文明的发展进程的肯认颇有历史主义眼光。韩非可以称作当年"近代化运动"的热烈鼓动者，他的"圣人不期修古，不法常可"、"古今异俗，新故异备"②之论，正是当年的"近代化"宣言。

《易传》肯定文明的进步性，称"生生相续，变易而不穷"为宇宙法则，所谓"天地之大德曰生"，并宣示变通精义：

穷则变，变则通，通则久。

宋代程颐为《易传》作序，驳斥王弼以静为天地万物根本的观点，指出"动之端乃天地之心"③，此议颇得元典真髓。

（四）洞悉文明悖论，超克文明悖论

元典不仅对文明进展的积极效用给予肯认，同时也敏锐地洞察到文明进展还将带来负面后果，《老子》五千言中多有犀利的揭示：

大道废，有仁义；智慧出，有大伪。④
天下多忌讳，而民弥贫；民多利器，而邦家滋昏；民多知慧，而邪事滋起；法令滋章，而盗贼多有。⑤

---

① 《韩非子·五蠹》。
② 《韩非子·五蠹》。
③ 《周易程氏传·复卦注》。
④ 《老子》第十八章。
⑤ 《老子》第五十七章。

　　老子的这类思想曾经被作为"反文化"观念而加以否定。其实，老子是通过对文明进展导致的二律背反的披露，向陶醉于文明进步的人们提出警告。老子本人的思维可能是消极的，然而这种警告却是中肯的，而且，历时愈久，这种警告愈益显示出深刻性和预见性。

　　即使是盛赞历史进步的韩非，在对于由"上古"到"当今之世"的演化加以肯定的同时，也清醒地看到文明发达以后出现的新问题。例如，韩非谈到文明进步后人口骤增，就是一大难题：

　　　　古者丈夫不耕，草木之实足食也；妇人不织，禽兽之皮足衣也。不事力而养足，人民少而财有余，故民不争。是以厚赏不行，重罚不用而民自治。今人有五子不为多，子又有五子，大父未死而有二十五孙，是以人民众而货财寡，事力劳而供养薄，故民争，虽倍赏累罚而不免于乱。①

　　元典时代的哲人洞察到，文明的进步其实是一把"双刃剑"，有其利必有其害。这是一种深刻的历史思辨。

　　元典作者不仅提出了文明进步导致的双重后果问题，而且力图设计克服文明悖论的方案，大略言之，有老庄的"回归自然论"和《易传》的"人与天地合德论"。

　　老子透视文明带来的恶果，主张人类放弃智慧与伦常，返回自然人状态，所谓"绝圣弃智，民利百倍"，"绝仁弃义，民复孝慈"②，号召人们"复归于婴儿"、"复归于朴"③。老子哲学的精义可化约为三个字："道"—"变"—"反"，《老子》云：

　　　　圣人用之：明道，通变用反。

————————

① 《韩非子·五蠹》。
② 《老子》第十九章。
③ 《老子》第二十八章。

道生于自然，道在不断变化，终将复返自然。这便是老子指引的道路。

庄子则主张因任自然，"不以人助天"①，"不以人灭天"②。

老庄关于防范文明恶果的建议，在人与自然相互关系层面，是主张回归自然，不破坏自然的原始状态，"以辅万物之自然，而弗敢为"③；

就人生个体发展史而言，主张回归童年的"赤子之心"，以杜绝伪善、欺诈，明人李贽力主的"童心说"④即脱胎于此；

就人类群体发展史而言，主张回归上古原始社会，"使人复结绳而用之"，回到"邻国相望，鸡犬之声相闻，民至老死，不相往来"⑤的农村公社，甚至幻想过那种"不食五谷，吸风饮露。乘云气，御飞龙，而游乎四海之外"⑥的融化于大自然的神仙生活。

老庄通过回归自然来防范文明弊端的思想，在西方近代也出现过，如俄国文学家托尔斯泰（1828—1910）企图用自由平等的俄国农村公社来防范资本主义的罪恶便是突出的一例。这些思想，其顺应自然规律的方面是富于哲理的，但其否定人类能动性、否定文化积极效应的方面则是消极无为的。

《易传》的思想则既主张顺应自然法则，又肯定人为的积极效应，并力主自然与人为的统一。《易传》提出的理想境界是：

> 夫大人者与天地合其德，与日月合其明，与四时合其序，与鬼神合其吉凶。先天而天弗违，后天而奉天时。⑦

---

① 《庄子·大宗师》。
② 《庄子·秋水》。
③ 《老子》第六十四章。
④ 李贽《童心说》："夫童心者，真心也"，"童子者，人之初也；童心者，心之初也。"
⑤ 《老子》第八十章。
⑥ 《庄子·逍遥游》。
⑦ 《易·乾卦·文言》。

这里既提出了"天不违人"，又提出了"人不违天"，以天人相协为基准，所谓"易与天地准，故能弥纶天地之道"①。

《易传》肯定了"天道"，认为人应遵循天道，不能悖逆天道；但《易传》又赞扬"人道"，并主张人应当积极有为地去效法天道——"天行健，君子以自强不息"。如此论述天人之际，是深刻而周到的。

荀子与这一思想相通，而又更强调人的主观能动性，他的"天生人成"②和"制天命而用之"③两个命题，在肯认自然规律的前提下，称颂人类创造文明的伟力。

中华元典及元典时代诸哲的思想，以其特有的穿透力，畅论人类的文化创造与天道自然的关系，畅论文化创造给人类带来的积极的与消极的效应，对于我们今日解决人与自然、人与人、人与社会诸战略问题提供有益的借鉴。即使是老庄揭露文化悖论的犀利语言，我们也不应该因其带有"反文化"倾向而加以简单否定。这类观点因剖析文化进展带来的负面影响而富于哲理。这种哲理在文明高度发达、文明的弊端面随之日益彰著的今天，尤其显示出锋利的针对性。

现代人求教于元典精神，当然不是要放弃文明，回归远古，去过"小国寡民"的生活，或像托尔斯泰那样，脱离喧嚣的城市，到农村去用木犁耕田，而是在"退却与重回"中获得民族原创性动力，赢得解救"现代文明病"的"精神处方"。这既是"以复古为解放"，也是在探索用新见变化古典气质的"革故鼎新"之路。现代人在这一过程中将因获得灵感启示而有所受益，元典精神也将在新的诠释中赢得新的生命。现代化进程与元典精神的这种双向性辩证运作，有可能探寻出防范"文明悖论"的途径，使文明进步这柄"双刃剑"更多地发挥其利，而限制弊端的蔓延。当然，文明进步既然是一柄"双刃剑"，人类要想只享其利，全然不受其害，也是一厢情愿的幻想，我们所能做到的只是：对弊害的自觉认识和有效控制，从而给中华文化的现代化过程

---

① 《易·系辞上》。
② 《荀子·富国》："天地生之，圣人成之。"
③ 见《荀子·天论》。

创造较为健全的社会心态，规定较为稳健的前行步履。

中华元典精神对于一百多年的中国近代化运动发挥过持续而有力的作用，今后对现代文明还可能显示其特殊的调节功能，同时给进入后现代的世界文化的健康发展提供一种均衡系统。

中外学界对"轴心时代"及其形成的文化元典的历史功能大体已有共识，而时下又有学人瞩望"新轴心时代"，如希伯来大学教授艾森塔特认为，18 世纪大革命和启蒙运动开启了"第二个轴心时代"；哈佛大学教授杜维明探讨"新轴心时代的必要与可能"；北京大学教授汤一介肯认"新轴心时代"来临，并讨论中国文化在其间的定位。也有学人（如何二元）认为，"新轴心时代"来临并无根据，力主"慎谈'新轴心时代'"。

这种关于"轴心时代"的讨论，表明这个特殊时代诞生的元典精神，已然构成人类精神史的轴心，古人和今人的思想还在绕轴旋转。当然，现代文明不断挑战元典，对其作出新的阐释，以至有人期待一个"新轴心时代"的来临。

我们不必拘泥于"新轴心时代"可能性的辩论，但元典精神仍然在生生不息地运行于螺旋式上升的历史过程中，则是基本态势。"轴心时代"的精神成果并未沦为明日黄花，今天以及可预见的往后，元典精神拥有大放异彩的广阔空间，因为它温婉而又坚韧地救正着现代文明的某些偏颇，从而一再彰显其生命活力。在阅读元典（广义的"阅读"），批判元典精神（扬弃义的"批判"）的过程中，创造性地弘扬元典的辩证精神，将推进现代文明的可持续发展。

主要参考文献

一、古典①

1.《十驾斋养新录》，（清）钱大昕撰，上海书店1983年版。

2.《十三经注疏》，（清）阮元校刻，中华书局1980年版。

3.《二程集》，（宋）程颢、程颐著，王孝鱼点校，中华书局1981年版。

4.《广雅疏证》，（清）王念孙撰，钟宇讯点校，中华书局1983年版。

5.《三国演义》，（明）罗贯中著，上海古籍出版社1989年版。

6.《大学衍义辑要》，（清）陈榕门撰，明德堂1865年版。

7.《大唐西域记》，（唐）玄奘撰，章巽校点，上海人民出版社1977年版。

8.《大戴礼记》，（汉）戴德撰，（北周）卢辩注，据明袁氏嘉趣堂本景印，《四部丛刊·经部》。

9.《山海经校注》，袁珂校注，上海古籍出版社1980年版。

10.《小仓山房文集》，（清）袁枚撰，《四部备要·集部·清别集》。

11.《千百年眼》，（明）张燧著，《笔记小说大观·外集》。

12.《文心雕龙注》，（梁）刘勰著，范文澜注，人民文学出版社1958年版。

---

① 国务院古籍领导小组将"五四"前的作品视作"古籍"。本索引的"古典"即循此说。

13.《文原》，（明）宋濂撰，《丛书集成初编·文学类》。

14.《文献通考》，（元）马端临撰，中华书局 1986 年版。

15.《文山先生全集》，（宋）文天祥撰，清吉水焉文堂据明刊本重刊。

16.《文史通义》，（清）章学诚著，刘公纯校点，中华书局 1956 年版。

17.《方以智全书》，（明）方以智著，侯外庐主编，上海古籍出版社 1988 年版。

18.《方植之全书》，（清）方东树撰，清光绪中刊本。

19.《劝学篇·劝学篇书后》，（清）张之洞撰，何启、胡礼垣撰，冯天瑜、肖川校注，湖北人民出版社 1991 年版。

20.《王阳明全集》，（明）王守仁撰，吕何均重编，大东书局 1935 年版。

21.《王廷相集》，（明）王廷相著，王孝鱼点校，中华书局 1989 年版。

22.《天工开物》，（明）宋应星著，钟广言注释，广东人民出版社 1976 年版。

23.《无能子校注》，王明校注，中华书局 1981 年版。

24.《孔子家语》，（明）何孟春注，上海协记书局 1924 年版。

25.《孔子改制考》，康有为著，中华书局 1958 年版。

26.《日知录集释》（外二种），（清）顾炎武著，（清）黄汝成集释，上海古籍出版社 1985 年版。

27.《中说》，（隋）王通撰，（宋）阮逸注，《四部备要·子部》。

28.《中外经世策论合纂》，（清）听秋旧庐主人编辑，1902 年石印本。

29.《公羊解诂》，（汉）何休撰，清同治二年邵阳魏氏用扬州汪氏仿宋本重印。

30.《长兴学记》，（清）康祖贻撰，1892 年思求阙斋翻刻版存上海古香阁书庄。

31.《升庵集》，（明）杨慎撰，《四库全书·集部别集类》。

32.《汉书》，（汉）班固撰，（唐）颜师古注，中华书局 1962 年版。

33.《礼记集说》，（元）陈澔注，上海古籍出版社 1987 年影印本。

34.《礼经通论》，（清）邵懿辰撰，《皇清经解续编》（南菁书院本）。

35.《玉海》，（宋）王应麟辑，江苏古籍出版社、上海书店 1987 年版。

36.《世本八种》，（汉）宋衷注，（清）秦嘉谟等辑，商务印书馆 1957 年版。

37.《东坡集》，（宋）苏轼撰，《四部备要·集部·宋别集》。

38.《司马温公文集》，（宋）司马光撰，《丛书集成初编·文学类》。

39.《史记》，（汉）司马迁撰，中华书局 1959 年版。

40.《史通》，（唐）刘知幾著，中华书局 1961 年影印本。

41.《四库全书总目提要》，（清）纪昀等撰，中华书局 1965 年版。

42.《四书集注》，（宋）朱熹集注，岳麓书社 1985 年版。

43.《册府元龟》，（宋）王钦若等编，中华书局 1960 年版。

44.《申鉴》，（汉）荀悦著，（明）黄省曾注，涵芬楼 1936 年据明文始堂刊本影印。

45.《出使英法意比四国日记》，（清）薛福成著，岳麓书社 1985 年版。

46.《叶适集》，（宋）叶适著，中华书局 1961 年版。

47.《白居易集》，顾学颉校点，中华书局 1979 年版。

48.《白虎通》，（汉）班固撰，《丛书集成初编·总类》。

49.《仪礼》，（汉）郑玄注，据明徐氏宋本影印，《四部丛刊·经部》。

50.《尔雅》，（晋）郭璞注，据宋本影印，《四部丛刊·经部》。

51.《论语》，（宋）朱熹集注，上海刘德记书局 1924 年版。

52.《论衡》，（汉）王充著，上海人民出版社 1974 年版。

53.《庄子》，（周）庄周撰，《诸子汇函》。

54.《农政全书校注》，（明）徐光启著，石声汉校注，上海古籍出版社 1979 年版。

55.《老子》，（周）李耳撰，《六子全书》。

56.《列子》，托名周代列御寇撰，实为晋时作品，《六子全书》。

57.《杜甫选集》，邓魁英、聂石樵选注，上海古籍出版社 1983 年版。

58.《贞观政要》，（清）吴兢编，上海古籍出版社 1987 年版。

59.《吕氏春秋》，（秦）吕不韦撰，（汉）高诱注，《四库全书·子部杂家类》。

60.《朱子语类》，（宋）黎靖德编，王星贤点校，中华书局 1986 年版。

61.《朱舜水集》，朱舜水著，中华书局 1981 年版。

62.《全上古三代秦汉三国六朝文》，（清）严可均校辑，中华书局 1958 年版。

63.《全唐诗》，（清）彭定求等修纂，中华书局 1960 年版。

64.《伯牙琴》，（宋元之际）邓牧撰，张岂之、刘厚校点，中华书局 1960 年版。

65.《红楼梦》，（清）曹雪芹、高鹗著，人民出版社 1982 年版。

66.《后汉书》，（南朝宋）范晔撰，（唐）李贤等注，中华书局 1965 年版。

67.《宋元学案》，（清）黄宗羲原著，全祖望补修，陈金生、陈运华校点，中华书局 1986 年版。

68.《初学记》，（唐）徐坚等著，中华书局 1962 年版。

69.《汤子遗书》，（清）汤斌著，清同治九年刊。

70.《辛亥革命前十年间时论选集》，张枬、王忍之编，三联书店 1960—1977 年版。

71.《张文襄公全集》，（清）张之洞著，中国书店 1990 年版。

72.《严复集》，王栻主编，中华书局 1986 年版。

73.《陈天华集》，刘晴波、彭国兴编，湖南人民出版社 1982 年版。

74.《张载集》，章锡琛点校，中华书局 1978 年版。

75.《李文忠公全书》，（清）李鸿章著，南京金陵 1908 年刊印本。

76.《李文忠公尺牍》，（清）李鸿章著，商务印书馆 1916 年石印版。

77.《困学记闻》，（宋）王应麟撰，翁元圻注，商务印书馆 1935 年版。

78.《围炉诗话》，（清）吴乔撰，《丛书集成初编·文学类》。

79.《牡丹亭》，（明）汤显祖著，徐朔方、杨笑梅校注，人民文学出版社 1963 年版。

80.《邹容文集》，周永林编，重庆出版社 1983 年版。

81.《诗经古注》，（汉）毛亨传，郑玄笺，（唐）陆德明音义，中华书局 1936 年版。

82.《诗经楚辞鉴赏辞典》，四川辞书出版社 1990 年版。

83.《法言》，（汉）扬雄撰，（宋）宋咸注，《丛书集成初编·哲学类》。

84.《郑观应集》，夏东元编，上海人民出版社 1982 年版。

85.《孟子》，（汉）赵岐注，《四部备要·经部》。

86.《孟子字义疏证》，（清）戴震著，何文光整理，中华书局 1961 年版。

87.《孟子微礼运注中庸注》，康有为著，楼宇烈整理，中华书局 1987 年版。

88.《焚书》，（明）李贽著，中华书局 1961 年版。

89.《述学》，（清）汪中撰，成都志古堂 1927 年版。

90.《抱朴子内外篇》，（晋）葛洪撰，《丛书集成初篇·哲学类》。

91.《欧阳修全集》，（宋）欧阳永叔著，世界书局 1936 年版。

92.《弢园文录外编》，王韬著，中华书局 1959 年版。

93.《拙尊园丛稿》，（清）黎庶昌撰，金陵状元阁 1859 年版。

94.《杨龟山先生集》，（宋）杨时著，清光绪九年张国正重刊。

95.《尚书》，（汉）孔安国传，（唐）陆德明音义，《四部备要·经部》。

96.《尚书正义》，（唐）孔颖达等撰，上海书店 1985 年据商务印书馆 1935 年本影印。《四部丛刊三编·经部》。

97.《明史》，（清）张廷玉等撰，中华书局 1974 年版。

98.《明夷待访录》，（清）黄宗羲著，上海大中书局 1932 年版。

99.《明儒学案》，（清）黄宗羲著，沈芝盈点校，中华书局 1985 年版。

100.《国语》，上海古籍出版社 1978 年版。

101.《国故论衡》，章炳麟著，国学讲习会 1910 年版。

102.《昌言》，（汉）仲长统撰，（清）马国翰辑，《玉函山房辑佚书·子编儒家类》。

103.《金瓶梅》，（明）兰陵笑笑生撰，王汝梅等校点，齐鲁书社 1987 年版。

104.《易传》，（汉）京房撰，（清）王谟辑，《汉魏遗书钞·经翼》。

105.《经学历史》，（清）皮锡瑞著，周予同注释，中华书局 1959 年版。

106.《经典释文》，（唐）陆德明撰，上海古籍出版社 1984 年版。

107.《周易》，（宋）程颐传，《古逸丛书》。

108.《周易正义》，（唐）孔颖达撰，中国书店 1987 年影印版。

109.《周易内传》，（清）王夫之撰，《船山遗书》（道光本）。

110.《周易外传》，（清）王夫之著，中华书局 1977 年版。

111.《周易乾凿度》，（汉）郑玄注，《四库全书·经部易类》。

112.《周礼》，（汉）郑玄注，（唐）陆德明音义，湖北官书处 1886 年版。

113.《牧斋有学集》，（明）钱谦益撰，上海涵芬楼影印原刊本，《四部丛刊·集部》。

114.《说文解字》，（汉）许慎撰，中华书局 1963 年版。

115.《说文解字注》，（清）段玉裁注，湖北崇文书局 1872 年版。

116.《诗广传》，（清）王夫之著，王孝鱼点校，中华书局 1964 年版。

117.《洙泗考信录》，（清）崔述撰，《丛书集成初稿·总类》。

118.《荀子》,（周)荀况撰,湖北崇文书局 1875 年版。

119.《南雍志》,（明)黄佐撰,江苏省立国学图书馆影印原本。

120.《南雷文定》,（清)黄宗羲撰,中华书局 1936 年版。

121.《胡宏集》,（宋)胡宏著,中华书局 1987 年版。

122.《楚辞通释》,（清)王夫之著,上海人民出版社 1975 年版。

123.《春秋大事表》,（清)顾栋高撰,《景印文渊阁四库全书》。

124.《春秋公羊传》,（汉)何休解诂,（唐)陆德明音义,《四部备要·经部》。

125.《春秋繁露》,（汉)董仲舒撰,（清)凌曙注,中华书局 1975 年版。

126.《春秋左传集解》,上海人民出版社 1977 年版。

127.《春秋穀梁传》,（晋)范宁集解,（唐)陆德明音义,《四部备要·经部》。

128.《思益堂日札》,（清)周寿昌撰,许逸民点校,中华书局 1987 年版。

129.《思问录·俟解》,（清)王夫之著,王伯祥校点,中华书局 1956 年版。

130.《战国策》,（汉)刘向集录,上海古籍出版社 1978 年版。

131.《隋书》,（唐)魏征等撰,中华书局 1973 年版。

132.《临川先生文集》,（宋)王安石撰,《四部丛刊·集部》。

133.《弇山堂别集》,（明)王世贞撰,广雅书局刊本。

134.《皇朝经世文编》,（清)贺长龄辑(实为魏源辑),上海百宋斋 1891 年版。

135.《皇朝经世文续编》,（清)盛康辑,武进盛氏思补楼 1897 年刊本。

136.《徐光启集》,（明)徐光启撰,王重民辑校,上海古籍出版社 1984 年版。

137.《读通鉴论》,（清)王夫之著,中华书局 1975 年版。

138.《读四书大全说》,（清)王夫之著,中华书局 1975 年版。

139.《浮山集》,（宋)仲并撰,《四库全书·集部别集类》。

140.《唐才常集》，湖南省哲学社会科学研究所编，中华书局1980年版。

141.《容斋随笔》，(宋)洪迈著，上海古籍出版社1978年版。

142.《校邠庐抗议》，(清)冯桂芬撰，清光绪十八年(壬辰)敏德堂校刊本。

143.《通志》，(宋)郑樵撰，中华书局1987年版。

144.《校雠通义》，(清)章学诚著，刘公纯校点，北京古籍出版社1956年版。

145.《顾亭林诗文集》，(清)顾炎武著，华忱之点校，中华书局1959年版。

146.《铁云藏龟》，(清)刘鹗辑，谭隐庐1931年印本。

147.《章氏丛书》，(清)章炳麟撰，浙江图书馆1917—1919年版。

148.《章氏遗书》，(清)章学诚著，商务印书馆1936年版。

149.《章太炎政论选集》，(清)章炳麟著，汤志钧编，中华书局1977年版。

150.《商君书》，(周)商鞅撰，中华书局1936年版。

151.《淮南子》，(汉)刘安撰，商务印书馆1939年排印本。

152.《庸书》，(清)陈炽撰，知今斋1898年石印本。

153.《康南海文集》，(清)康有为著，朱振新辑，上海共和编译局1914年版。

154.《康有为政论集》，汤志钧编，中华书局1981年版。

155.《康熙政要》，(清)章梫撰，1910年刊本。

156.《尉缭子》，(周)尉缭撰，《丛书集成初编·社会科学类》。

157.《黄宗羲全集》(第一、二册)，(清)黄宗羲著，浙江人民出版社1985—1986年版。

158.《黄书·噩梦》，(清)王夫之著，王伯祥校点，北京古籍出版社1956年版。

159.《龚自珍全集》，(清)龚自珍著，上海人民出版社1975年版。

160.《崔东壁先生遗书》，（清）崔述著，北平文化学社 1930 年版。

161.《船山遗书》，（清）王夫之著，李英侯等校辑，上海太平洋书店 1933 年排印本。

162.《晚清文选》，郑振铎编，上海书店 1987 年影印本。

163.《曾文正公全集》，（清）曾国藩著，上海国学整理社 1948 年版。

164.《曾国藩全集·日记》，（清）曾国藩著，岳麓书社 1989 年版。

165.《韩昌黎文集校注》，（唐）韩愈撰，马通伯校注，上海古籍出版社 1982 年版。

166.《韩非子》，（周）韩非撰，《四部丛刊·子部》。

167.《象山全集》，（宋）陆九渊著，中华书局 1936 年据明李氏刻本校刊。

168.《释名》，（汉）刘熙撰，《四部丛刊·经部》。

169.《释名疏证补》，（清）王先谦集，上海古籍出版社 1984 年版。

170.《新书》，（汉）贾谊撰，（清）卢文弨校，《丛书集成初编·哲学类》。

171.《新论》，（汉）桓谭著，上海人民出版社 1977 年版。

172.《新唐书》，（宋）欧阳修、宋祁撰，中华书局 1975 年版。

173.《新旧约全书》，中国基督教协会 1989 年印本。

174.《楚辞》，（汉）王逸章句，（宋）洪兴明补注，《四部丛刊·集部》。

175.《蒿庵闲话》，（清）张尔岐撰，《贷园丛书初集》。

176.《筹办夷务始末·同治朝》，（清）宝鋆等纂，前故宫博物院 1880 年影印本。

177.《揅经室文集》，（清）阮元撰，据清道光阮氏本影印。

178.《谭嗣同全集》（增订本），蔡尚思，方行编，中华书局 1981 年版。

179.《鲒埼亭文集选注》，（清）全祖望原著，黄之眉选注，齐鲁书社 1982 年版。

180.《管子》，（周）管仲撰，（唐）房玄龄注，《四部丛刊·子部》。

181.《潜书》，（清）唐甄撰，中华书局 1963 年版。

182.《潜研堂文集》，（清）钱大昕撰，《四部丛刊·集部》。

183.《颜元集》，（清）颜元著，王星贤等点校，中华书局 1987 年版。

184.《颜氏家训》，（宋）颜之推撰，《四部丛刊·子部》。

185.《颜氏家训集解》，（宋）颜之推撰，王利器集解，上海古籍出版社 1980 年版。

186.《颜氏学记》，（清）戴望著，商务印书馆 1933 年版。

187.《墨子》，（周）墨翟著，张之纯评注，商务印书馆 1928 年排印本。

188.《镜花缘》，（清）李汝珍著，张友鹤校注，人民文学出版社 1987 年版。

189.《薛福成选集》，丁凤麟、王欣之编，上海人民出版社 1987 年版。

190.《戴震集》，（清）戴震撰，汤志钧校点，上海古籍出版社 1980 年版。

191.《藏书》，（明）李贽著，中华书局 1959 年版。

192.《魏源集》，中华书局编辑部编，中华书局 1976 年版。

193.《霜红龛全集》，（清）傅山著，阳曲高级小学 1936 年重印本。

194.《翻译名义集》，（宋）释法云撰，《四部丛刊·子部》。

195.《瀛寰志略》，（清）徐继畬撰，台湾文海出版社手稿影印本。

二、近著

196.《十批判书》，郭沫若著，人民出版社 1976 年版。

197.《十三经概论》，蒋伯潜著，上海古籍出版社 1983 年版。

198.《王国维遗书》，王国维著，上海古籍出版社 1983 年版。

199.《比较文化论集》，金克木著，三联书店 1984 年版。

200.《上古神话纵横谈》，冯天瑜著，上海文艺出版社 1984 年版。

201.《中华文化史》，冯天瑜等著，上海人民出版社 1990 年版。

202.《中国学术论著辑要》，梁启超、章太炎编辑，世界书局排印本。

203.《中国古代哲学史》，胡适著，台湾"商务印书馆" 1986 年版。

204.《中国近三百年学术史》，梁启超著，中国书店 1985 年版。

205.《中国近代思想史上的胡适》，余英时著，台北联经出版事业公司 1984 年版。

206.《中国思想通史》，侯外庐著，人民出版社 1959 年版。

207.《中国哲学大纲》，张岱年著，中国社会科学出版社 1982 年版。

208.《中国哲学史》（第 1 册），任继愈主编，人民出版社 1963 年版。

209.《中国哲学史大纲》，胡适著，商务印书馆 1924 年版。

210.《中国辩证法思想史（先秦）》，方克著，人民出版社 1985 年版。

211.《汉学发达史》，莫东寅著，上海书店 1989 年版。

212.《左宗棠年谱》，罗正钧著，朱悦、朱子南校点，岳麓书社 1983 年版。

213.《古史辨》（第 1 册），顾颉刚编著，上海古籍出版社 1982 年版。

214.《孙中山全集》，孙中山著，吴拯寰编校，三民公司 1929 年版。

215.《孙中山全集》第 1 卷，孙中山著，广东省社会科学院历史研究室等编，中华书局 1981 年版。

216.《孙中山选集》，孙中山著，人民出版社编辑，人民出版社 1956 年版。

217.《观堂集林》，王国维著，中华书局 1959 年版。

218.《辛亥革命先著记》，杨玉如著，科学出版社 1958 年版。

219.《吴虞文录》，吴虞著，上海东亚图书馆 1929 年版。

220.《近代中国思想人物论——保守主义》，付乐诗等著，台湾时报文化出版事业有限公司 1980 年版。

221.《我在六十岁以前》，马叙伦著，三联书店 1983 年版。

222.《犹太——充满"悖论"的文化》，顾晓鸣著，浙江人民出版社 1990 年版。

223.《佛学常识答问》，赵朴初编，中国佛教协会 1983 年版。

224.《青铜时代》，郭沫若著，人民文学出版社 1954 年版。

225.《国史旧闻》，陈登原著，台湾明文书局 1984 年版。

226.《尚书通论》，陈梦家著，中华书局 1985 年版。

227.《明清文化史散论》，冯天瑜著，华中工学院出版社 1984 年版。

228.《周易概论》，刘大钧著，齐鲁书社 1989 年版。

229.《周易大传今注》，高亨著，齐鲁书社 1979 年版。

230.《周予同经学史论著选集》，朱维铮编，上海人民出版社 1983 年版。

231.《金明馆丛编》，陈寅恪著，上海古籍出版社 1980 年版。

232.《金明馆丛稿二篇》，陈寅恪著，上海古籍出版社 1980 年版。

233.《金文编》，容庚撰集，贻安堂 1925 年石印本。

234.《饮冰室合集》，梁启超著，中华书局 1989 年版。

235.《闻一多全集》，朱自清等编辑，开明书店 1948 年版。

236.《胡适文存》，胡适著，上海亚东图书馆 1921 年版。

237.《胡适哲学思想资料选》，葛懋春等编，华东师范大学出版社 1981 年版。

238.《胡适作品集》，胡适著，台湾远流出版公司 1986 年版。

239.《革命逸史》，冯自由著，中华书局 1981 年版。

240.《侯外庐史学论文选集》，中国社会科学院历史研究所中国思想史研究室编，人民出版社 1987—1988 年版。

241.《诸子学派要诠》，王遽常著，中华书局、上海书店 1987 年联合版。

242.《容肇祖集》，容肇祖著，齐鲁书社 1989 年版。

243.《哲学辞典》，樊炳清编纂，商务印书馆 1934 年版。

244.《管锥篇》，钱锺书著，中华书局 1979 年版。

245.《鲁迅全集》，人民文学出版社 1981 年版。

246.《新唯识论》，熊十力著，中华书局 1985 年版。

247.《缀古集》，李学勤著，上海古籍出版社，1998 年版。

248.《解构专制——明末清初"新民本"思想研究》，冯天瑜、谢贵安著，湖北人民出版社 2003 年版。

249.《中国文化近代转型刍议》，冯天瑜著，商务印书馆 2009 年版。

250.《"封建"考论》(修订版)，冯天瑜著，中国社会科学出版社 2010 年版。

251. 邓实：《古学复兴论》，《国粹学报》1904 年第 9 期。

252. 陈独秀：《新青年罪案之答辩书》，《新青年》第 6 卷，第 1 号。

253. 徐中舒：《左传的作者及其成书年代》，《历史教学》1962 年第 11 期。

254. 林志纯：《孔孟书中所反映的古代中国城市国家制度》，《历史研究》1980 年第 3 期。

255. 罗世烈：《孔子与〈春秋〉》，《中国史研究》1980 年第 1 期。

256. 杨柏峻：《经书浅谈》，《文史知识》1982 年第 5 期。

257. 钱穆：《中国文化对人类未来可有的贡献》，《中国文化》1991 年第 4 期。

258. 李学勤：《走出"疑古时代"》，《中国文化》1992 年第 7 期。

259. 裘锡圭：《中国古典学重建中应该注意的问题》，《郭店楚简之思想史的研究》，第四卷，日本东京大学郭店楚简研究会编，2000 年。

260. 郭齐勇：《出土简帛与经学诠释的范式问题》，《福建论坛

（人文社会科学版）》2001 年第 5 期。

三、外籍

261.《大正新修大藏经》，［日］高楠顺次郎编，东京市大正一切经刊行会 1928 年铅印。

262.《大日本史》，［日］源光圀修，源纲条、源治保校补，文化七年源治纪刊本。

263.《工具论》，《亚里士多德逻辑论文集》，李匡武译，广东人民出版社 1991 年版。

264.《小逻辑》，［德］黑格尔著，商务印书馆 1981 年版。

265.《太阳城》，［意大利］托马斯·康帕内拉著，陈大维等译，商务印书馆 1980 年版。

266.《五十奥义书》，徐梵澄译，中国社会科学出版社 1984 年版。

267.《历史哲学》，［德］黑格尔著，王造时译，三联书店 1956 年版。

268.《中国科学技术史》，［英］李约瑟著，中国科学技术史翻译小组译，科学出版社 1978 年版。

269.《古兰经》，马坚译，中国社会科学出版社 1981 年版。

270.《古希腊罗马哲学》，北京大学哲学系外国哲学史教研室编译，商务印书馆 1961 年版。

271.《东方民族的思维方式》，［日］中村元著，林太、马小鹤译，浙江人民出版社 1989 年版。

272.《印度古代文明》，［印度］R. 塔帕尔著，林太译，浙江人民出版社 1990 年版。

273.《世界名人论中国文化》，清华大学思想文化研究所编，湖北人民出版社 1991 年版。

274.《西方哲学原著选读》，北京大学哲学系外国哲学史教研室编译，商务印书馆 1985 年版。

275.《自然辩证法》，［德］恩格斯著，中共中央马克思恩格斯列宁斯大林著作编译局译，人民出版社 1971 年版。

276.《形而上学》，[古希腊]亚里士多德著，吴寿彭译，商务印书馆 1959 年版。

277.《现代西方史学流派文选》，田汝康、金重远选编，上海人民出版社 1982 年版。

278.《莎士比亚全集》，人民文学出版社编，人民文学出版社 1978 年版。

279.《政治学》，[古希腊]亚里士多德著，吴寿彭译，商务印书馆 1965 年版。

280.《哲学史讲演录》(第 3 卷)，[德]黑格尔著，贺麟、王太庆译，商务印书馆 1983 年版。

281.《悲剧的诞生》，[德]尼采著，周国平译，三联书店 1985 年版。

282.《意大利文艺复兴时期的文化》，[瑞士]雅各布·布克哈特著，商务印书馆 1979 年版。

283.《新教伦理与资本主义精神》，[德]马克斯·韦伯著，黄晓京、彭强译，四川人民出版社 1986 年版。

284.《新旧约全书》，中国基督教协会 1989 年印发本。

285.《德意志意识形态》，[德]马克思、恩格斯著，中共中央马克思恩格斯列宁斯大林著作编译局译，人民出版社 1961 年版。

286.《圣教杂志》二十七卷第七期。

287.《中国的古代神话》，[美]杰克·波德著，《民间文艺集刊》第 2 集。

跋　一

在本书结稿之际，笔者想起少时读过的一则留下无穷遐思的希腊神话——

塞浦路斯国王、雕刻家皮克马利翁精心塑造了一座美丽绝伦的少女像，将其命名伽拉忒亚。皮克马利翁对自己的艺术创造如此心醉神迷，以至祈求爱与美女神阿佛洛狄忒①将生命之气吹活这座冰冷的雕像。被艺术家的赤诚所感动的阿佛洛狄忒，让伽拉忒亚成为生机勃勃、仪态万方的活人，并与皮克马利翁结为伉俪。

现在呈献给读者诸君的这部《中华元典精神》没有伽拉忒亚式的旷代之美，但笔者此刻也对它涌起一种无可遏止的依依之情，这当然不是皮克马利翁式的眷恋，却颇类似与朝夕相处的挚友辞别时油然而生的那种难舍和惆怅。

"元典精神"题旨呈现笔者脑际，始于拙著《中华文化史》结稿的1989年底。1990年3月，笔者赴沪处理该书付印前的杀青事宜，结识上海人民出版社陈军编辑，他对"中华文化原典"②这一选题表示浓厚兴趣，并自此成为该选题实施的推动者。

返汉以后，笔者因其他文债尚未了结，"元典"研究时进时辍。然而，运筹愈久，思路渐明。1990年至1991年间，笔者在阅览群

---

①　在罗马神话系统中将"阿佛洛狄忒"改称"维纳斯"。
②　关于"原典"演为"元典"的过程，导论已作交待，此不另注。

籍，做撰稿准备的同时，草就并刊发了几篇有关论文，还以《中华文化原典与中华民族精神》一文参加 1991 年夏天在南京大学举行的"中国传统思想文化与二十一世纪国际学术会议"。经与海内外学者切磋，更深感元典文本研究和元典精神的现代阐释之不可缓。1992 年 1 月 1 日，笔者正式挥毫撰书，截至 1993 年元旦凌晨，在周际迎新爆竹声大作之时，终于草就这部四十万言书稿的最后一个字；以后几月间，又续有增删。连同构思框架、作资料长编、撰写专题论文，则三历春秋。此间，不免于清夜孤灯、六腊寒暑的动心忍性、阐幽表微，其甘苦忧乐，如鱼饮水，冷暖自知。而尤可铭记的，是友朋的启示、编辑的敦促，本所资料员陈利媛更遍查中外典籍，核对三千余条引文。

　　本书只不过提供了一份关于中华元典回顾与前瞻的文本，至于它能否赢得勃勃生机，则仰赖读者诸君——我的阿佛洛狄忒们——的理解和诠释，只有这种再创造才能给文本注入"生命之气"，插上翱翔蓝天的翅膀。

1993 年 4 月 27 日

改定于湖北大学中国思想文化史研究所

跋 二

拙著 1994 年出版后曾三次印刷（台湾文津出版社还出精简本《元典：文本与阐释》），"元典"说渐为学界认同，并有几套以"中华元典"命名的丛书先后面世①。现蒙上海人民出版社盛意，孙瑜编辑热忱推助，《中华元典精神》于初版 20 年之际再版，获得修订机会。今次除润饰全篇文字外，还稍作结构调整（如将"轴心时代"移为第一章并加充实），增写第四章第四节第三目俗讲元典的童蒙读物之编撰，第十二章第三节民生思想对元典精义的借鉴，以补初版之缺憾；又得杨华教授提示，撰第九章第三节出土文献：元典阐释新起点，介绍元典文本面世新进展，昭显"二重证据法"之功用。博士后姚彬彬关于《坛经》等佛典文本存在多种诠释的建议，笔者也采纳入书。

可能因年岁渐老，往事故友常萦脑际，此番结稿之时，两位前辈学者——张岱年先生（1909—2004）和朱祖延先生（1922—2011）慈祥的影像、睿智的言说反复呈现，鲜明如昨——

张先生一直关注笔者的中华元典探讨，曾著文称其为"对于传统文化研究的一项重要贡献"，还于 1997 年 4 月在其逼仄简朴的北大住宅，畅论元典精神的全局意义和不朽价值，陋室宏议，空谷传响，在下终身难忘。

朱先生乃笔者忘年交，1992 年夏季酷热，适值"元典精神"书稿紧张的撰写阶段，那时还少有空调，遂与正在修订某辞书、年届七十

---

① 规模较大者有李振宏教授主编之 16 卷本《中华元典文化丛书》。时下武汉大学文学院李建中教授主持国家社会科学基金重大项目《中华文化元典关键词研究》。

的朱先生相约，借用湖北大学图书馆地下室(比地面稍凉快，但也在摄氏 31 度左右)，整个夏天每日咱俩赤膊上阵，从早到晚挥汗写作，休息时则纵议古今，中国古典诸题自然多有评骘，于拙著构思助益非浅。

两先生如今皆作古人，然其音容笑貌仍历历在目，昭显中华元典精神历久而弥新的辉光。

2014 年 2 月 14 日(甲午年元宵)
记于武汉大学中国传统文化研究中心

本书收入"文存"之际，笔者补第三章第七节　道释经籍亦为元典，又对全篇略加修订。王林伟博士通览清样，有所斧正，笔者特致谢忱。

2016 年 3 月 14 日